New Products Development

신제품개발론

유순근

박영사

가장 먼저 세상이 무엇을 필요로 하는지 알아낸다.
그런 다음 계속해서 발명하려고 한다(Thomas Edison).

　성공적인 기업은 시장이나 고객이 원하는 것을 탐색하고 경쟁제품과 다른 차별화된 새로운 제품을 개발함으로써 고객의 욕구를 충족시킨다. 기존이나 잠재고객이 필요로 하는 것을 알고 이를 충족시키는 활동이 성공인 혁신 기업의 제품개발 과정이다. 제품은 기업의 경쟁 도구일 뿐만 아니라 고객의 삶을 행복하게 하는 수단이다. 또한 제품개발은 기업의 생존과 번영을 위한 경영의 핵심적인 창조적 활동이다. 경쟁자와 다른 독창적이고 진귀한 제품개발은 경쟁우위를 강화하고 시장점유율을 향상하고 수익을 극대화하는 첩경이다. 환경의 변화, 기술공백, 시장이나 고객욕구의 공백은 새로운 제품을 개발할 수 있는 기회이다. 제품개발자가 호의적인 기회를 발견하면 고객의 욕구를 충족할 수 있는 제품편익을 구성하고 제품을 개발하게 된다. 이러한 일련의 제품개발 과정은 창조적 사고 기법과 기술을 필요로 한다. 본 「신제품개발론」은 탁월한 제품 아이디어와 제품컨셉을 창출하고, 새롭고, 다르고, 독창적인 제품개발에 필요한 이론과 실무 기법을 다룬 제품개발 전문서적이다.

　기회의 창은 모든 기업에게 열려 있지만 이를 사업기회로 활용할 수 있는 기업은 많지 않다. 시장은 사업기회와 아이디어의 바다일 뿐만 아니라 기업이 활동해야 경쟁 세계이다. 따라서 시장기회와 소비자의 숨겨진 욕구를 찾는 세계는 기업이 추진할 사업영역이자 경쟁할 영역이다. 이러한 사업영역에서 기업이 소비추세, 미충족 욕구와 적용기술을 찾는다면 독특하고 우수한 신제품을 개발할 수 있다.

　경영환경은 예측할 수 없을 정도로 변화가 극심하다. 이러한 변화는 기업에 따라서 호의적인 환경일 수도 있고 위협요인일 수도 있다. 비전기업들은 경영환경의 변화로부터 기업경영에 호

의적인 사업기회를 찾아내고 이를 제품 아이디어로 전환하여 신제품을 개발한다. 비전기업들은 시장에서 경쟁자들이 고객에게 현재까지 제공하지 못하는 미제공, 과소제공 욕구와 미충족 욕구를 탐지하여 제품 아이디어를 창출하는 데 능숙하다. 소비자가 인식하지 못하는 욕구, 표현하지 못하는 욕구와 시장의 문제는 탐구하는 기업에게만 기회의 창은 열린다.

제품개발은 고객들과 커뮤니케이션하는 창조적 사고과정이다. 고객의 욕구와 필요는 제품개발에 대한 방향일 뿐만 아니라 고객의 명령이다. 이를 무시하는 기업이 있다면 고객들은 그 기업에 분노하고 떠날 것이다. 기업환경의 변화가 극심하다. 새로운 기술의 개발과 고객들의 욕구 변화에 따라 기존 산업이 진부화되고 새로운 산업이 출현하고 있다. 새로운 비즈니스 모델들이 기존산업을 위협하고 거대하게 성장하고 있는 추세이다. 이러한 환경의 변화에 따라 「신제품개발론」을 새롭게 편집하였다. 특히 제품개발에 필요한 디자인 씽킹, 트리즈, 비즈니스 모델과 유튜브 마케팅을 자세하게 서술하였다. 따라서 「신제품개발론」이 좋은 제품과 좋아 보이는 상품을 실현하여 제품 개발자와 마케팅 담당자의 실무 역량을 강화하고 기업의 경쟁력을 향상하는 길잡이가 되었으면 한다. 앞으로도 본서를 통하여 실용적인 이론과 사례를 소개할 것이며, 아울러 독자 제현들의 많은 조언과 충고를 부탁드린다.

2020년 1월

유순근

목차

Chapter 01

혁신과 제품개발

Insight 1 파괴적 혁신 기업과
혁신 지침   4

01 창조성과 혁신   9

  1. 창조성   9
  2. 혁신   12
  3. 창조성과 혁신 간의 관계   16

02 창조 과정과 혁신 과정   18

  1. 창조 과정   18
  2. 혁신 과정   19
  3. 혁신의 확산   20
  4. 캐즘의 극복   22

03 혁신의 방향   24

  1. 기술지향   24
  2. 시장지향   26
  3. 통합지향   28
  4. 기업의 전략   28

Chapter 02

신제품개발의 성공과 실패

Insight 2 아마존도 실패한 신선식품
장보기…마켓컬리의 성공비결
  36

01 신제품개발의 중요성   39

  1. 신제품개발 이유   39
  2. 제품의 분류   41
  3. 신제품의 유형   42
  4. 제품수명주기   46

02 신제품개발의 성공 요인   48

  1. 시장과 고객에 대한 이해   48
  2. 정밀한 제품개발 준비   49
  3. 제품속성과 표적시장의 정의   50
  4. 마케팅 전략 및 핵심역량   52

03 신제품개발의 실패 요인   54

  1. 신제품 실패의 성격   54
  2. 신제품의 실패 요인   55

04 신제품의 개발 과정   58

  1. 아이디어 탐색   58
  2. 해결안 도출   60
  3. 제품컨셉 창출   61
  4. 제품개발   62
  5. 출시전략   63

Chapter 03

사업기회

__Insight 3__ 작품을 만드는 LG의
디자인 혁신   68

01 사업기회   71

  1. 사업기회   71
  2. 사업 아이디어   79

02 틈새시장   99

  1. 틈새시장의 성격   99
  2. 틈새마케팅의 전략 수립   102

03 사업환경 분석   108

  1. 3C 분석   108
  2. SWOT 분석   110
  3. 경쟁환경 분석   113

04 사업기회 개발   116

  1. 사업기회의 탐색   116
  2. 사업기회의 창출   121
  3. 사업기회의 심사   125
  4. 사업기회의 선정   127

Chapter 04

고객욕구

__Insight 4__ 소비자의 숨은 욕구를
찾아라…家電 아이디어
경쟁   132

01 소비자의 구매 의사결정   134

  1. 구매욕구 형성   135
  2. 편익추론 형성   136
  3. 구매 과정   137

02 고객욕구   139

  1. 욕구의 의미   139
  2. 욕구의 유형   140
  3. 고객욕구의 발생원천   148

03 자료수집   150

  1. 조사대상   151
  2. 고객욕구의 포착   154
  3. 조사과정   159

04 자료분석   161

  1. 수단-목적 사슬 접근법   161
  2. 잠재적 욕구분석   163

05 고객욕구의 분류   167

  1. 욕구서술문   167
  2. 고객욕구의 계층적 분류   169
  3. 고객욕구의 선정   171

목차

Chapter 05

아이디어

Insight 5 억만장자 80%는 새로운
시장이 아닌 포화된
시장을 봤다   178

01 아이디어와 창조성   181

    1. 아이디어   181
    2. 창조성   184

02 창조적 사고기법   190

    1. 창조적 사고기법   190
    2. 확산적 사고기법   192
    3. 수렴적 사고기법   205

03 선행기술의 조사   215

    1. 특허정보의 조사목적과 활용   215
    2. 특허 정보조사의 종류   216
    3. 특허정보 검색   217

04 아이디어 선별   219

    1. 사업기회의 선정   219
    2. 아이디어의 창출   223
    3. 아이디어의 평가   225

Chapter 06

트리즈

Insight 6 천재들의 창조적
사고 전략   232

01 트리즈 기법   239

    1. 트리즈 기법   239
    2. 기술변수   249
    3. 발명원리   253

02 문제해결 방법   267

    1. 모순 행렬표   267
    2. 문제해결 방법   268

Chapter 07

디자인 씽킹

Insight 7 한 달에 수익이 30억⋯
유튜브 新갑부시대　　　280

01 디자인 씽킹　　　284

　1. 디자인 씽킹의 이해　　　284
　2. 디자인 씽킹의 규칙　　　285
　3. 디자인 씽킹의 활용　　　286

02 디자인 씽킹의 프로세스　　　288

　1. 공감　　　289
　2. 정의　　　299
　3. 아이디어　　　300
　4. 프로토타입　　　302
　5. 테스트　　　303

03 디자인 씽킹의 성공 사례　　　305

　1. Netflix의 다변수 검증　　　305
　2. Dyson의 독특한 외형과 디자인　　　306
　3. 유튜브 마케팅　　　307

Chapter 08

비즈니스 모델

Insight 8 화장품 · 차 · 책:
넌 아직도 사니?
구독 경제가 뜬다　　　316

01 비즈니스 모델의 구조　　　320

　1. 비즈니스 모델　　　320
　2. 비즈니스 모델 캔버스　　　325
　3. 비즈니스 모델 혁신　　　337

02 비즈니스 모델의 사례　　　340

　1. 플랫폼 비즈니스 모델　　　340
　2. 익스피디아(Expedia)　　　347

목차

▌▌ Chapter 09 ▶

제품컨셉의 창출

Insight 9 신제품 아이디어 99%는
고객 머리에서   360

01 제품컨셉   364

1. 컨셉의 개념   364
2. 제품컨셉의 개념   366
3. 제품컨셉의 구성요소   367
4. 서비스컨셉   368

02 제품의 속성과 편익   369

1. 제품범주욕구의 탐색   369
2. 제품범주의 선정   378
3. 목표고객의 선정   379
4. 속성과 편익목록 선정   380

03 제품컨셉의 개발   381

1. 제품속성과 편익의 변환   382
2. 제품컨셉의 개발   388

▌▌ Chapter 10 ▶

제품컨셉의 선정

Insight 10 살짝 감춰야 성공?
식음료업계까지
분 복면 바람   398

01 제품력   401

1. 욕구발생과정   401
2. 제품력의 의미   402

02 제품컨셉 보드의 개발   403

1. 제품컨셉 보드의 구성   403
2. 제품컨셉 보드의 평가   406

03 제품컨셉의 평가와 선정   410

1. 제품컨셉의 평가방식   410
2. 제품컨셉의 평가   411
3. 제품컨셉의 선정   414

Chapter 11

제품사양

Insight 11 공격할 때만 기다리고
있는 특허괴물   426

01 고객의 소리   429

    1. 고객의 소리   429
    2. VOC의 4가지 측면   430
    3. VOC의 탐색절차   433

02 품질기능전개   435

    1. 품질기능전개   435
    2. 품질의 집 작성 절차   437

03 제품사양   449

    1. 제품사양의 개요   449
    2. 제품사양 창출절차   451

04 제품 프로토콜   458

    1. 제품 프로토콜의 이해   458
    2. 제품 프로토콜의 특징   460

Chapter 12

제품구조

Insight 12 대한민국 100대 상품   464

01 제품구조   467

    1. 제품구조의 이해   467
    2. 제품구조의 유형   470
    3. 제품플랫폼   476
    4. 제품구조의 구성요소   477

02 제품플랫폼 설계   481

    1. 탐색국면   482
    2. 변환과정   483

목차

Chapter 13

제품설계

Insight 13 O2O 경재의 끊임없는
진화   490

01 제품설계   494

1. 제품설계의 개념   494
2. 제품설계의 유형   495
3. 제품설계의 기준   496
4. 제품설계의 고려사항   499
5. 제품설계 절차   503

02 제품설계 평가   507

1. 기술설계의 의미   507
2. 기술설계의 평가   508

03 프로토타입   513

1. 프로토타입의 개요   513
2. 프로토타입의 유형   514
3. 프로토타입의 장단점   515
4. 프로토타입의 개발방식   516

Chapter 14

제품테스트와 제품관리

Insight 14 글로벌 공룡 맞선 다윗…
3개의 혁신 무기   524

01 제품 사용자 테스트   527

1. 제품 사용자 테스트   527
2. 제품 사용자 테스트의 유형   528

02 테스트 마케팅   535

1. 테스트 마케팅   535
2. 테스트 마케팅의 고려사항   541
3. 테스트 마케팅 절차   542

03 지식재산권   545

1. 지식재산권의 개요   545
2. 지식재산권의 종류   548

04 출시전략   563

1. 제품출시   563
2. 제품전략   564
3. 시장전략   565

05 출시 후 제품관리   567

1. 잠재적 문제발견   567
2. 출시 후 제품관리   568

New Products Development

신제품개발론

사람이란 호기심을 채울 수 있어야만 살 수 있는 존재이다(유대인 속담).

혁신과 제품개발

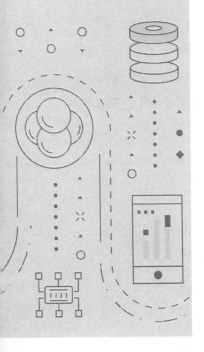

01 창조성과 혁신

02 창조 과정과 혁신 과정

03 혁신의 방향

▶ 기업을 위한 혁신 지침 7가지

새로운 서비스나 제품으로 산업의 지형을 바꾸는 기업을 경영학자들은 '파괴적 혁신 기업'이라고 부른다. 항공업계의 저비용 항공사, 숙박업계의 에어비앤비와 택시업계의 우버가 이에 해당한다. 인터넷의 발달과 함께 등장한 신생기업인 경우가 많다. 경제 전체로 봐서 바람직한 일이지만 기존 기업들 입장에선 전략을 짜기 어렵다. 기존 기업들은 어떻게 새로운 경쟁자와 시장의 변화에 대응해야 할까? 코스타스 마르키데스(Markides · 56) 런던 비즈니스스쿨 교수는 경영학계의 오스카상이라는 싱커스 50명부에 여러 번 이름을 올린 기업 전략 · 혁신 전문가다. 영국의 명문 경영대학에서 30년째 강의하고 있다.

☑ 위기이자 기회로 인식하라

혁신적 기업이 라이벌로 등장하면 제일 먼저 상황을 인식하는 방법과 태도를 바꿔야 한다. '위기이자 기회'라고 볼 줄 알아야 한다. 경쟁사의 등장을 위협이라고만 인식해 단기적인 대응책만 궁리하기 때문에 본질적인 혁신에 실패한다. 반면 이런 상황을 새로운 기회라고 지나치게 낙관적으로 여기면, 대책을 마련하는 속도가 더디고 긴급하게 대응하지 못한다. 인터넷 기업들이 은행, 보험, 유통 등 온갖 산업 분야를 바꾸는 때에는 경영자뿐만 아니라 조직 전체가 지금은 위기이자 기회이고, 장기적인 관점에서 대응책을 세워야 한다.

☑ 사업모델 자체를 재정립하라

모든 기업이 기술이나 제품 혁신에는 관심을 갖는데, 간과하기 쉬운 부분이 사업모델 혁신이다. 대기업들은 몇 십 년 동안 유지해온 사업모델은 그대로 유지하고, 자동화나 유통·물류 시스템 개선 같은 부차적인 부분에서 혁신하려고 한다. 전통적인 금융기관들이 지점에서 높은 수수료를 받으며 제한된 운영 시간 동안 대면 서비스를 제공했다면, 인터넷은행·보험·증권사는 적은 비용으로 하루 24시간 어디서나 금융 서비스를 제공하는 금융시장의 파괴적 혁신 기업이다. 단순히 인력을 감축하거나 상품 가격을 낮추는 것만으로는 이들과 경쟁하기 어렵다. 누구에게, 무엇을, 어떻게 팔 것인가라는 사업모델 자체를 수정해야 한다.

☑ 새로운 고객층을 주목하라

새로운 제품이나 서비스와 함께 등장한 파괴적 혁신 기업들은 기존기업들이 잡지 못한 새로운 소비자층을 발굴해냈다. 항공업계의 혁신 기업인 라이언에어, 이지젯 같은 항공사들은 전통적인 항공사들이 그다지 신경 쓰지 않았던 로엔드(low-end: 기본 기능만 제공하는 가장 저렴한 상품) 시장에 주목했다. 수하물이나 기내식 같은 서비스를 줄이는 대신 항공료를 낮추고 싶어 하는 소비자의 욕구를 기존 항공사들은 제대로 읽지 못한 것이다. 왜냐하면 기업인이나 부유층만 비행기를 탈 것이라고 생각했기 때문이다. 기존기업들은 신생 경쟁업체가 등장했을 때 자사 고객에게 경쟁사의 제품이 끌리는지 묻는다. 반응이 별로 없으면 안심하지만, 파괴적 혁신 기업은 기존 기업들이 그동안 찾아내지 못한 소비 수요를 발굴했다는 점을 간과하는 것이다.

☑ 다른 문화·산업에서 아이디어를 구하라

인터넷의 발달로 파괴적 혁신 기업이 많이 등장한 산업군 중 하나는 언론산업이다. 특히 종이 신문은 위기를 맞았다. 독일의 악셀슈프링거(Axel Springer)그룹은 종이 신문과 온라인 뉴스의 사업모델을 매끄럽게 조화시켜 디지털 시대에 가장 성공적으로 적응한 언론사로 꼽힌다. 산하의 타블로이드 신문인 빌트(Bild)의 사례를 보면, 지면과 온라인 뉴스 내용의 90%가 다르다. 빌트는 먼저 콘텐츠를 차별화한 다음 온라인 뉴스에도 비용을 지불하게 만들었다. 모든 뉴스를 구독하지 않고, 스포츠, 정치, 연예 등 원하는 분야만 골라서 볼 수 있도록 하고, 동영상이나 사진, 심층 분석기사 등을 제공한다. 관심 있는 분야의 기사를 보면서 건당 10센트, 20센트씩 소액을 내기 때문에 독자들의 저항감도 적다. 사업모델을 혁신하기 위해서는 다른 분야와 문화, 새로운 시각이 중요하다. 악셀슈프링거그룹은 중견 기자들을 미국 실리콘밸리로 연수 보내 정보통신(IT)산업과 스타트 업계에 대해 배우고 아이디어를 얻게 했다.

☑ 측면 공격으로 반격하라

기존기업들이 많이 하는 실수 중 하나는, 상대의 방식과 서비스를 따라간다는 것이다. 하지만 상대는 이런 혁신적인 사업모델에 특화된 기업이다. 똑같은 게임으로는 승산이 없다. 게임업체 닌텐도는 1990년대까지 '게임보이'라는 휴대용 게임기로 세계 1위 게임사였지만, 마이크로소프트(MS)와 소니가 텔레비전에 연결해 아주 사실적인 영상과 함께 총격전이나 격투 게임을 즐길 수 있는 게임기 엑스박스(Xbox)와 플레이스테이션을 각각 내놓으면서 경쟁력을 잃었다. 이때 닌텐도는 '텔레비전에 연결한다'는 혁신 아이디어는 차용하되, 게임의 콘텐츠와 주요 타깃을 완전히 달리한 게임기 위(Wii)

를 선보였다. 소니나 MS가 폭력적인 게임으로 청소년들을 공략했다면, 닌텐도는 테니스나 야구, 자동차 경주 같은 스포츠 게임을 내놓고 '가족용 오락기'로 홍보해 새로운 시장을 개척했다.

☑ 핵심사업과 연결하려 애쓰지 마라

현재 어떤 콘텐츠와 자원을 가지고 있는지, 핵심 사업과 어떻게 연결할 것인지에 매달리면 새로운 사업을 발굴하기 어렵다. 디지털카메라를 제일 먼저 개발한 필름업체 코닥의 사례는 널리 알려져 있다. 코닥의 실패는 '필름을 활용한 신사업'이라는 관점에서 벗어나지 못한 탓이 크다. 기껏 디지털카메라를 개발해놓고 필름으로 인화해야만 하는 제품으로 만들었는데, 소비자들은 사진을 컴퓨터로 보고, 인터넷으로 전송하는 데 관심이 많았기 때문이다. 소비자들의 욕구를 읽는 게 먼저고, 회사의 자원과 서비스를 어떻게 접목할 것인지가 그 다음이다.

☑ 차별화된 이익과 가치를 제공하라

스위스의 주요 산업군인 시계 제조업은 1980년대까지 '정확성'으로 경쟁 우위를 누렸다. 1960년대 전 세계 시장에서 스위스 기업의 점유율은 40%에 달했다. 하지만 1980년대 들어 세이코나 타이멕스(Timex)처럼 저렴한 가격과 다양한 기능을 앞세운 파괴적 혁신 기업이 등장하면서, 스위스 기업들의 시장점유율은 1988년 15%까지 급락했다. 스위스 시계 업계의 대응은 스와치였다. 스와치는 2~3개월마다 20여 종의 새로운 디자인과 색상을 선보인다. 스와치는 정확한 시간, 알람, 스톱워치 같은 '시계로서의 기능'이 아닌, 멋스럽고 세련된 디자인이라는 '패션 제품으로서의 가치'를 제공했다. 스와치의 활약 덕분에 1990년대 들어 스위스 기업의 시계 시장점유율은 20%로 반등했다. 소비자들이 자사 제품을 구입해야만 하는 이유를 재정의하고, 경쟁기업이 제공하지 않는 가치를 제공해야 한다. 무엇보다도 '기업이 잘나갈 때' 혁신을 추진하는 게 이상적"이며, "자금 상황이 여유롭고 경영자에 대한 회사 안팎의 신뢰가 높을 때가 사업모델을 혁신하기 가장 좋은 시점임에도 불구하고 많은 기업이 위기가 닥쳐야만 혁신 전략을 고민하기 때문에 성공을 거두지 못한다.

출처: 조선일보 2016.06.26.

▶ 품질 개선 · 비용 감축 아닌 파괴적 혁신해야 성장

클레이튼 크리스텐슨(Clayton Christensen) 하버드대경영대학원 교수는 삼성전자와 현대차의 현 상황을 이렇게 진단한다. 한국 기업의 생존은 파괴적 혁신(disruptive innovation)으로 전혀 접근해보지 못한 신시장을 창출할 수 있느냐에 달려 있다. 현대차는 한때 저가 차량으로 미국에서 유럽·미국·일본 자동차 메이커들을 압도했으나 프리미엄 라인인 에쿠스를 출시한 뒤로부턴 존속적 혁신 경쟁만 이어가고 있다. 스마트폰 시장이 둔화하고 있는 지금, 삼성전자는 전혀 삼성을 모르는 개발도상국에도 진출해 싼값에 휴대폰을 팔아야 한다. 안드로이드 기반 체제인 삼성은 가격 경쟁력 우위가 있어 연간 여러 개의 새 휴대폰 모델을 만들 수 있으며, 매년 평균 한 개 정도 제품을 출시하는 애플보다 유리한 고지에 올라와 있다.

한국 기업들이 파괴적 혁신을 단행하기 위한 첫걸음으로 비소비 계층(non-consumption population)을 공략한다. 선진국 중심의 프리미엄 제품 판매전략에 전념하지 말고, 자사 제품을 한 번도 구매하지 않은 3차원의 공간에서 새 고객들을 창출해야 한다. 한국 기업들은 단기적인 사업 모델도 수정해야 한다. 예컨대, 은행에서 대출금을 특정 기간 내 갚기 위해 단기적으로 회수 가능한 사업을 펼치는 경우가 많은데 이럴 경우 진정한 혁신이 일어나지 않는다.

출처: 이코노미 조선 2016.07.18

01 창조성과 혁신

창조적인 사람들은 새롭고 독특한 아이디어를 현실로 만드는 데 능숙하다. 그들은 새로운 방식으로 세상을 인식하고, 숨겨진 패턴을 찾고, 관련이 없는 것처럼 보이는 현상을 연결한다. 독특하고 비범한 아이디어를 창조하거나 사용하는 데는 창조성이 필요하다. 창조성은 새로운 아이디어나 사물을 산출하는 능력이고, 혁신은 아이디어와 자원을 진귀한 것으로 변환하는 활동이다. 사물이나 대상을 낯설게 보거나 다르게 볼 때 새로운 것을 창조할 수 있다. 새로운 것은 남들이 보지 못하는 사물이나 현상에서 나타난다. 새로운 것을 창출하려면, 사물이나 현상을 새롭게 관찰하고, 새로운 지식과 해결안을 창안하여야 한다. 따라서 새롭고, 독특하고, 수익성이 있는 아이디어의 제품화는 창조성과 혁신을 통해서 이루어진다.

① 창조성

혁신은 창조성이 선결조건이다. 혁신을 통해 기회나 아이디어를 제품이나 서비스로 전환하려면 창조성이 필요하다. 창조성과 혁신은 재능, 기질, 지식과 기술의 배합으로 발명이 되는 상황이 나타난다. 창조적 개인은 시장에서 기회를 찾고, 이 기회를 사업 아이디어로 전환하여, 창조성과 혁신을 통하여 제품을 개발한다. 개발제품은 시장에 출시하여 이익과 성장을 확보하게 된다. 창조성과 혁신을 통하여 신제품이 개발되고, 시장에서 성공할 것으로 기대하고, 자원을 투입하는 과정은 불확실한 미래에 대한 위험추구이다. 창조적인 개인은 발명과 창조성을 밀접하게 연결하고, 발명이 상업적으로 이용할 수 있는 기회에 도전한다.

1) 창조성

사람들은 새로운 것을 상상하고 이것이 얼마나 유용한지를 생각할 수 있지만, 대부분은 현실로 만들기 위한 필요한 행동을 하지 않는다. 소비자들은 새롭고, 진귀하고, 독특한 제품을 원하는 혁신 성향이 있다. 소비자가 기꺼이 지불하고자 하는 제품을 찾고, 기업은 시장에서 경쟁자를 이기기 위해서 창조성과 혁신을 통해 신제품을 개발한다. 이러한 신제품은 시장에서 기존제품을 대체하고 있다. 그러나 진귀한 아이디어라도 가치가 있거나 긍정적인 평가를 포함하지 않는 한 창조적인 아이디어가 될 수 없다.

창조성(creativity)은 새로운 것을 산출하는 능력이다. 즉, 창조성은 새로운 것을 만드는 능력이다. 즉, 창조성은 새롭고 독특하고 가치 있는(new, unique and valuable) 아이디어나 인공물을 만들어 내는 능력이다. 아이디어에는 개념, 시, 작곡, 과학 이론, 요리 레시피, 안무, 창법 등이 포함된다. 인공물에는 그림, 조각, 자동차, 컴퓨터, 에어컨, 세탁기, 전화기, 도기, 종이 접기 등이 포함되며 더 많은 이름을 지정할 수 있다.

• 창조성: 새로운 것을 산출하는 능력

보던(Boden)에 의하면 새로운 아이디어를 창출하는 창조성에는 탐험적, 조합적, 변형적 창조성이 있다. 탐험적 창조성(exploratory creativity)은 구조화된 개념적 영역 내에서 일어나는 것이다. 즉, 개념의 영역 탐구를 통한 새로운 아이디어의 창출을 뜻한다. 도로 표면 처리처럼 구조화된 대상이나 사물에 대한 개선이 좋은 예이다. 조합적 창조성(combinatorial creativity)은 기존의 사물이나 아이디어가 참신한 방법으로 결합될 때 나타난다. 즉, 익숙한 아이디어의 새로운 조합을 의미한다. 예를 들면, 어떤 기존의 과자 제품을 선명하고 새로운 형태로 재포장한다는 아이디어이다. 변형적 창조성(transformational creativity)은 새로운 구조가 생성될 수 있도록 구조의 일부를 변형하는 것으로 구조화된 개념적 개념 공간 밖에서 일어난다. 즉, 규칙을 변형하여 다른 종류의 아이디어를 생성한다. 변혁적 창조성은 사소한 조정이 아니라 영역에 대한 급진적인 변화를 수반하며, 이는 단순히 변화 정도의 문제가 아니라 질적인 차이를 가져온다.

• 탐험적 창조성: 개념의 공간 탐구를 통한 새로운 아이디어의 창출
• 조합적 창조성: 익숙한 아이디어의 새로운 조합
• 변형적 창조성: 규칙을 변형하여 다른 종류의 아이디어 생성

창조적인 사고방식은 혁신을 통해 실질적인 역할을 할 수 있다. 창조성과 혁신은 일반적으로 상호 보완적인 활동이다. 창조적인 아이디어 없이 혁신을 창안하는 것은 불가능하다. 이와 같이 창조성은 새로운 아이디어를 창출하거나 알려진 요소를 새로운 것으로 재결합하여 문제에 대

한 가치 있는 해결안을 제공한다. 또한 인지력과 새로운 아이디어의 창출뿐만 아니라 동기부여와 감정, 그리고 문화적 맥락과 인격 요소와 밀접하게 관련되어 있다. 새롭고 독창적인 것을 창안하는 데 필요한 기술이 있다. 즉, 유연성, 독창성, 유창성, 정교성, 수정, 시각화, 연관사고, 속성 목록, 은유적 사고, 강제 결합, 상상력과 호기심 등이다. 본서에서는 창조성과 창의성을 상호 교환적으로 사용한다.

▼ 그림 1-1 창조성의 유형

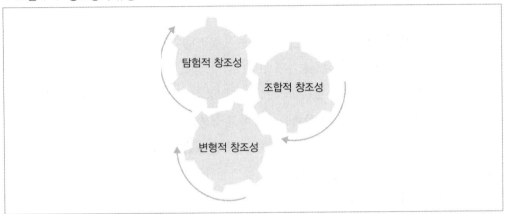

2) 창조성의 목표

창조적 사고의 주된 목적은 기존 경계를 넘어 생각하고, 호기심을 깨우며 합리적이고, 또한 기존의 아이디어와 형식화된 절차를 벗어나 상상력, 확산성, 자유성에 의존하고, 여러 해결안과 대안을 고려하는 것이다. 창조적인 사고의 결과는 기업에서 특히 중요하다. 경영에서 급변하는 모호한 환경에 직면한 관리자와 경영 의사결정은 문제를 해결하기 위한 창조적인 해결안과 창조적인 행동 기반 전략을 필요로 하며 문제 상황에 대한 이해를 높이고 여러 문제를 발견하고 과거와는 다른 여러 해결안을 창안하고, 미래에 발생할 수 있는 다양한 상황에서 가능한 대안을 고려할 수 있다. 가치 있는 아이디어 생성을 통한 창조성은 구체적인 문제를 해결하고 변화 적응을 용이하게 하며 제조를 최적화하고 조직의 성과를 최적화하고 조직 직원의 태도를 변화시킨다. 따라서 이러한 창조적 사고는 특히 R&D 프로세스의 모든 단계에서 중요하다. 다음은 창조성이 예상되는 결과이다.

- 신제품 또는 아이디어의 혁신
- 제품 또는 서비스의 지속적인 개선
- 생산성과 효율성 향상
- 신속성과 유연성 확보
- 높은 성과 실현

3) 창조적인 사람의 특성

창조적인 사람들은 보통 사람들의 눈에는 존재하지 않는 사물이나 대상의 관계를 볼 수 있다. 대부분의 사람들은 선천적으로 창조적이며 성장하면서 또한 창조성을 학습한다. 창의력은 개발할 수 있는 기술이며 관리할 수 있는 프로세스이다. 창조성은 지식의 기초, 훈련이나 사고방식을 습득하는 것으로 시작된다. 상상력을 사용하고 정보를 통합함으로써 실험, 탐구, 질문과 가정을 통해 창조성을 학습할 수 있다. 창조성을 배우는 것은 스포츠를 배우는 것과 유사하다. 올바른 근육을 발달시키고 번성할 수 있는 환경을 조성하는 연습이 필요하다. 창조적인 사람들의 특성은 질문, 관찰, 실험, 연관성과 네트워킹 등이 있다.

- 질문: 일반적인 지혜에 도전하는 질문
- 관찰: 새로운 일을 하는 방법을 찾기 위해 고객, 공급 및 경쟁업체 관찰
- 실험: 통찰력을 확인하기 위해 상호적 경험을 구축하고 특이한 반응 자극
- 연관성: 관련이 없는 분야의 질문, 문제 또는 아이디어 간의 연관성 탐색
- 네트워킹: 다른 아이디어와 관점을 가진 사람과 접촉

2 혁신

혁신은 제품이나 서비스, 기술 프로세스 및 조직의 개선 활동이다. 오늘날 기업들은 동일하거나 유사한 제품이나 서비스를 제공하는 다른 기업과 소비하는 고객에 의해 큰 압력을 받고 있다. 새로운 조건과 상황에 직면하기 위해 기업은 새로운 제품을 제공하거나 기존제품을 개선하는 등 새로운 방식의 생산을 지속적으로 탐색한다. 혁신을 지속적으로 도입해야 한다. 그러나 실제로 혁신이 대표하는 것은 무엇인가? 혁신은 새로운 아이디어, 새로운 지식을 새로운 제품과

서비스로 변형시키는 과정이다.

1) 혁신의 특징

혁신(innovation)을 새로운 아이디어가 결국 제품이나 서비스를 생산하여 수익을 창출하는 단계이다. 혁신은 프로세스, 즉 새로운 제품이나 서비스를 만드는 활동, 새로운 기술 프로세스, 새로운 조직, 기존 제품이나 서비스의 향상, 기존의 기술 프로세스 및 기존 조직을 나타낸다. 고객의 관점에서 볼 때, 혁신이란 삶의 질을 높이고 더 나은 서비스를 제공하는 제품을 의미한다. 기업 측면에서 볼 때, 혁신이란 지속 가능한 성장과 개발, 큰 이익 실현을 의미한다. 직원의 경우 혁신이란 더 많은 보수와 성과를 얻는 데 필요한 새롭고 흥미로운 직업을 의미한다. 전체 경제 측면에서 혁신은 모든 사람에게 더 큰 생산성과 번영을 의미한다.

혁신에는 이익 증가, 제품 다각화, 상품 차별화, 시장점유율 유지 또는 증가, 경쟁우위 확보, 고객욕구 충족과 고객 충성도 등의 장점이 있다. 이와 달리 혁신은 시장에서 제품의 비수용, 제품개발 실패, 제품수명주기 동안 수익을 내지 못할 위험이 있는 높은 투자, 기존제품의 품질 및 마케팅 희생, 과도한 자원집중, 부적절한 성과측정과 조직 구성원의 업무 가중 등이 나타날 수 있다.

▼ 표 1-1 혁신의 특징

장점	위험
이익 증가	시장에서 제품의 비수용
제품 다각화	제품개발 실패
상품 차별화	제품수명주기 동안 비수익
시장점유율 향상	기존제품의 품질 및 마케팅 희생
경쟁우위 확보	과도한 자원집중
고객욕구 충족	부적절한 성과측정
고객 충성도	조직 구성원의 업무 가중

혁신은 독립적인 발명가와 중소기업에서 종종 온다. 그 이유는 무엇인가? 대기업의 연구개발부서는 회사가 이미 만든 제품의 개선에 집중하는 경향이 있다. 이러한 관행은 회사가 거대한 공장과 설비투자로부터 이익을 창출하는 동시에 기존제품과 관련된 새로운 아이디어와 제품을 개발하는 경향이 있다. 예를 들면, 이동통신 회사들은 고객들에게 더 좋은 서비스를 제공하기 위해 중계국을 계속적으로 확장하고, 새로운 부가서비스를 제공한다. 이와 달리 중소기업은

매일 많은 발명에 몰입한다. 중소기업은 새로운 기술과 시장을 도입하고, 새로운 시장을 창조하고, 새로운 제품을 개발하고, 새로운 아이디어와 행동을 촉진해야 한다.

2) 혁신의 유형

창조적 파괴(creative destruction)는 기존 제품공정, 아이디어와 사업을 새롭고 개선된 것으로 대체하는 것이다.[1] 그러나 이것은 쉬운 과정이 아니다. 변화는 위협이지만, 변화의 이면에는 위협과 기회의 양면성이 동시에 상존하고 있기 때문이다. 중소기업이 신기술을 개발할 때 창조적 파괴에 이르는 변화의 추진력이 발생한다. Schumpeter의 주장처럼 중소기업은 혁신을 창조할 때 중요한 역할을 한다. 다음은 중소기업이 창조하는 혁신의 유형이다.

▼ 그림 1-2 혁신의 유형

- 제품혁신: 새롭거나 개선된 제품의 개발
- 서비스혁신: 새롭거나 변경된 서비스의 제공
- 공정혁신: 제품 생산을 위해 물리적 투입을 조직하는 방법의 발명
- 경영혁신: 경영자원을 조직하는 새로운 방법의 창안

혁신의 대부분은 제품과 서비스와 관련이 있다. 미국중소기업청(SBA)의 자료에 따르면, 모든 혁신의 38%는 서비스와 관련이 있고, 32%는 제품과 관련이 있다. 서비스 혁신의 34% 이상은 1명에서 19명의 종업원이 있는 작은 회사로부터 나온다. 창조적 파괴의 공정은 첨단기술 산업이나 대기업에 제한되어 있지 않다. 시장혁신을 계속하지 않는 기업 뒤에는 위험 요소가 언제나 기다리고 있다. 창조적 파괴는 이발소를 대체하는 헤어 체인점처럼 신기한 산업뿐만 아니라 평범한 산업에서도 일어난다.

---

1 Schumpeter, Joseph A(2013), *Capitalism, Socialism and Democracy*, Routledge.

3) 혁신의 원천

혁신은 기회 분석으로 시작된다. 즉, 예기치 못한 사건, 프로세스의 불일치, 프로세스 요구 사항 및 산업 또는 시장 구조의 예상치 못한 변화, 인구 통계학적 변화, 인식 변화, 중요성 및 새로운 지식은 기회이다. 혁신은 개념적이고 지각적인 활동이다. 성공한 혁신가들은 기회를 만족시키기 위해 혁신이 어떻게 되어야 하는가에 대한 질문에 대해 분석적으로 연구한다. 또한 혁신은 성공하기 위해서는 간단하고 집중해야 한다. 복잡하면 해결되거나 해결할 수 없으며 오히려 새로운 것이 모두 문제가 된다. 혁신은 작은 것으로 시작하고, 초창기의 혁신이 리더십을 목표로 삼지 않는다면, 혁신이 달성되지 않을 가능성이 높다.

혁신을 성공적으로 성취하기 위해서는 혁신의 원천이 필요하다. 혁신의 원천은 직원, 비즈니스 파트너, 고객, 컨설턴트, 경쟁업체, 협회, 내부 영업 및 서비스 연합, 내부 R&D, 학계 및 연구소이다. 그러나 비즈니스 파트너 및 고객 협력을 새로운 아이디어의 주요 원천이다. 최고의 원천은 회사 내부보다는 회사 외부에 있다.

- 시장: 신중하게 시장을 파악한다. 예상치 못한 시장 또는 산업 구조의 변화는 잠재적인 혁신 기회이다. 또한 인구 통계, 사회 분위기, 가치관, 규범의 변화, 심지어 생활양식에서도 새로운 요구에 대한 혁신적인 해결책이 필요할 수 있다.
- 기존 고객: 기존 고객은 혁신의 귀중한 원천이다. 통찰력을 얻으려면 시장에서 고객의 욕구에 몰두하는 것이 좋다. 고객은 충족되지 않은 욕구 사항에 대한 중요한 자료를 제공하고 기존 문제에 대한 혁신적인 해결안을 지적할 수 있다. 또한 선도적인 고객이나 혁신적인 고객과 협력하여 혁신을 촉진할 수 있다.
- 공급자: 공급자는 중요한 자료를 제공할 수 있다. 공급 업체는 시장을 선도하는 고객과 함께 일하는 것에 관심이 있다. 핵심 공급업체와의 강력한 파트너십을 개발하면 신흥 비즈니스 요구를 파악하고 두 비즈니스의 장점을 통합할 수 있다.
- 경험: 경험에서 배운다. 예기치 않은 성공과 실패는 새롭고 잠재적으로 가치 있는 정보를 제공할 수 있다. 시장에서 어떤 학습이 혁신을 창출할 수 있는지 탐구한다.

③ 창조성과 혁신 간의 관계

창조성(creativity)은 새로운 것을 산출하는 능력이지만 혁신(innovation)은 아이디어와 자원을 진귀한 것으로 변환하는 과정이다. 즉, 혁신은 새로운 것을 만드는 활동이다. 따라서 혁신은 새로운 아이디어를 갖고 있는 것만으로는 충분하지 않고, 아이디어를 제품으로 변환하는 것을 의미한다. 혁신은 창조적인 아이디어를 유용한 응용으로 변환하는 것이지만, 창조성은 혁신의 선결조건이다. 창조성과 혁신은 종종 동일한 의미로 사용되지만 각각 독특한 의미가 있다. 창조성은 문제와 가능성에 직면하는 새로운 아이디어와 방법을 개발하는 능력이며 혁신은 사람들의 삶을 향상시키기 위해 창조적인 해결책을 수행하는 활동이다.

- 창조성(creativity): 새로운 것을 산출하는 능력
- 혁신(innovation): 아이디어와 자원을 진귀한 것으로 변환하는 활동

혁신적인 기업은 창조적 사고로 기술을 개발하고 적용하는 방법을 유도한다. 창조성과 혁신은 큰 경쟁자와 성공적으로 경쟁할 수 있는 핵심역량이다. 혁신적인 기업들은 새롭고 다른 것을 창조하고, 가치 있는 것으로 변환한다. 많은 사람들이 새롭거나 다른 제품과 서비스를 위한 창조적인 아이디어를 창안하지만, 대부분은 결코 어떠한 것도 생산하지 못한다. 창조적인 사람은 창조적 아이디어를 사업의 구조와 의미 있는 행동과 연결하는 사람이다. 성공적인 기업은 시장에서 창조성, 혁신과 적용을 신뢰하는 지속적인 과정이다. 창조성은 경쟁우위를 구축하는 데 중요한 원천일 뿐만 아니라 생존에 필수적이다. 문제에 대한 창조적인 해결책을 개발할 때 과거에 했던 것 이상을 해야 한다.

[그림 1-3]은 창조성과 혁신의 과정과 결과를 보여준다. 창조적 개인은 시작단계에서부터 다르게 행동한다. 효과적으로 혁신하기 위해서는 고객과 시장, 가능한 것과 불가능한 것, 일어나는 일에 관한 통찰력이 필요하다. 혁신을 성공적으로 이용하는 데에는 개인적인 특성, 경영능력과 돈이 필요하다. 따라서 창조성은 새로운 것을 창조하여 새로운 지식과 새로운 기술을 창안하는 것이며, 혁신은 아이디어와 자원을 유용한 방법으로 변환하여 신제품, 서비스, 공정과 시장을 산출하는 것이다. 발명과 창조성을 밀접하게 연결하고, 발명이 상업적으로 이용할 수 있는 기회를 찾아야 신제품이 된다. 창조성의 시작은 발명이나 기회탐지와 연관되는지 여부이다. 창

조성은 혁신을 통해 제품이나 서비스로 전환된다.

▼ 그림 1-3 창조성과 혁신의 특징

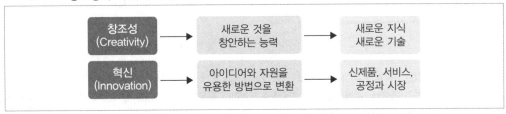

SENSE   창조적 파괴와 파괴적 혁신

창조적 파괴(creative destruction)란 경제학자 조셉 슘페터(Joseph Schumpeter)가 기술의 발달에 경제가 얼마나 잘 적응해 나가는지를 설명하기 위해 제시한 개념이다. 그는 자본주의의 역동성을 가져오는 주요 요인으로 창조적 혁신이며, 경제발전 과정에서 기업가의 창조적 파괴 행위를 강조하였다. 즉, 기술혁신으로서 낡은 것을 파괴, 도태시키고 새로운 것을 창조하고 변혁을 일으키는 창조적 파괴 과정이 기업경제의 원동력이다. 그는 경기변동의 가장 대표적 원인을 기술혁신이라고 믿었다. 그에 의하면 기술혁신에 의해 기존의 기술, 제품, 시장관행 등 낡은 것이 파괴되고 새로운 것이 탄생함으로써 끊임없이 시장질서가 변화하는 과정을 경기변동이라고 한다.

클레이튼 크리스텐슨(Clayton Christensen) 교수가 제시한 파괴적 혁신(disruptive innovation)은 주력 시장이 요구하는 성능과 전혀 다른 차별화된 요소를 이용해 기존과는 다른 기준을 갖고 있는 새로운 고객의 기대에 대응하는 혁신을 뜻한다. 기술과 조직 혁신에 관한 창조적이고 명쾌한 통찰을 담아낸 혁신 이론의 창시자인 크리스텐슨 교수는 신규 진입자가 저가 제품을 통해 기존 시장 질서를 흔들고 새로운 시장을 만드는 것을 설명하기 위해 이 개념을 사용했다. 애플도 에어비앤비도 파괴자와는 거리가 먼 기업이다. 조슈아 갠스 토론토대 로트먼 경영대학원 교수는 기업이 파괴적 혁신의 희생자가 되는 것은 트렌드를 잘못 읽었거나 경영을 잘못해서가 아니라고 봤다. 시장을 바꾸는 새로운 기술이 등장했을 때 이에 맞춰 조직을 변화시키지 않았기 때문이다. 이른바 구조적 혁신을 하지 않았기 때문이다.

02 창조 과정과 혁신 과정

창조 과정과 혁신 과정은 연속적인 과정이다. 새로운 것을 창조하고, 새로운 적용을 모색하는 것은 기업에서 중요한 활동이다. 혁신은 고객의 미충족 욕구와 기대를 충족하는 가치창출 과정이다. 탁월한 가치를 창출하려면, 시장이나 기술의 공백에서 찾아낸 아이디어나 대상을 새롭게 적용하여, 새로운 것을 산출하는 과정과 검증이 필요하다.

1 창조 과정

창조 과정은 시장이나 기술의 공백과 사회의 변화를 통하여 아이디어를 인식함으로써 시작된다. 아이디어는 사업 아이디어로 전환되고, 최종적으로는 신제품이 된다. 시장에서 아이디어를 탐색하고 창출하면, 구체적인 고객의 문제를 해결하는 방법을 찾는다. 이것이 해결되면, 바로 사업 아이디어가 되고, 아이디어 중에서 최적의 아이디어를 선정한다. 적용기술의 개발 가능성과 회사의 자원으로 가능한지를 파악하여, 사업 아이디어를 구체화하고, 최종적으로 고객과 시장의 검증을 받는 단계를 마무리한다. 이러한 전 과정은 창조성과 발명이다.

▼ 그림 1-4 창조 과정

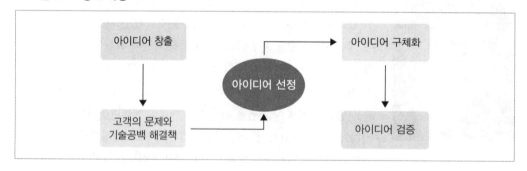

창조성이 기업가 정신을 자극하는 근원이라면 혁신은 기업가 정신의 과정이다. 혁신은 저절로 오지 않는다. 기업가 정신은 변화를 주도하고, 새로운 기회를 창조한다. 모방자가 가격과 비용을 일치할 때까지 혁신자는 이익을 수확할 수 있고, 균형을 깨트릴 수 있다. 때때로 혁신은 무에서 유를 창조한다. 그러나 혁신은 현재 숙고하고 새로운 방법으로 관련 요소를 결합할 때 오거나 더 단순하거나 더 좋은 것을 창조하기 위해서 어떤 것을 버릴 때 온다. 혁신은 기업가들이 다른 사업이나 다른 서비스를 위한 기회로써 변화를 이용하는 특별한 도구나 수단이다. 따라서 기업가들은 혁신의 원천, 기회와 성공적인 혁신을 위한 기회를 보여주는 징후를 의도적으로 찾을 필요가 있다.

② 혁신 과정

혁신 과정은 [그림 1-5]와 같이 많은 단계를 거친다.[2] 각 과정에서 지식, 능숙한 인원과 전문장비의 투입과 시간투자가 필요하다. 혁신이 성공적일 때 새로운 지식의 형태로 초기에 무형적으로 산출되지만, 판매를 위한 제품에 적용된다면 후에 유형화된다. 혁신 과정의 첫 1~3단계는 기본적인 과학지식, 새로운 공정이나 청사진을 위한 계획과 신제품의 초기 프로토타입이나 공정을 산출한다. 이러한 모든 활동은 조사와 개발로써 한 덩어리로 묶지만, 과학연구소, 대학, 투자자와 회사를 포함하는 다양한 주체에 의한 사전 시장활동을 나타낸다. 4단계는 시장성이 있는 제품이나 새로운 공정이 있는 지점으로 혁신이 성취되어야 도달되는 단계이다. 상업화의 국면은 확산으로 특징짓는 사건의 다른 연쇄시작을 촉발한다. 5단계의 확산은 시장에서 새로운 제품이나 공정의 광범위한 수용을 의미한다.

혁신은 단계를 통해서 선형적인 진전이 드물다. 초기 제품이나 공정이 완벽하지 않을 때, 고도화나 점진적 혁신은 매우 중요하다. 점진적 혁신은 극적 혁신과 대조되는데, 기존공정이나 제품에 적은 변화를 주는 것을 뜻한다. 극적이나 근본적 혁신은 방대한 적용이 있는 제품공정의 완전히 새로운 형태를 산출하고, 혁신제품의 새로운 영역을 낳는다. 증기기관차, 내연기관, 전기, 마이크로프로세서와 인터넷이 해당된다. 이러한 혁신은 경제가 작동되는 방법과 다른 혁신의 거대한 범위를 극적으로 변화한다. 1~4단계는 단일 기업에서 언제나 수행되지 않는다. 기업에 의해서 혁신으로 전환되는 새로운 지식의 흐름에 대한 기여자는 공공의 경제연구기관과 대학이다. 예를 들면, 전문 제약사들은 1과 2단계의 R&D를 수행하지만 다른 기업들은 신약을 위한 시약검사를 하

---

2 Rosegger(1986).

는 3단계를 수행한다. 이러한 모든 활동은 어느 정도 일정한 거리를 두고 발생한다.

▼ 그림 1-5 혁신 과정

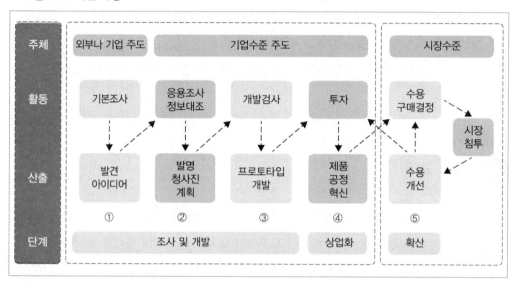

3 혁신의 확산

제품수명주기(product life cycle)는 소비자들의 유형에 따라 신제품이 수용되는 과정을 보여준다. 로저스(Everett Rogers)가 제안한 혁신수용의 확산곡선은 각 수용자를 구성하는 인구의 백분율을 설명한다. 즉, 불연속적 혁신의 변화기술, 문화와 제도를 포함해서 소비자 집단이나 사회가 혁신제품을 수용하는 과정을 설명한 이론이다. 이 이론에 의하면 수용자들은 다음 단계의 수용자들에 대해 영향자와 준거집단으로 행사한다. 대부분의 사람들은 혁신의 혜택에도 불구하고 파괴적 아이디어를 즉각적으로 수용하지 않는다. 소비자의 유형을 혁신의 수용 정도에 따라 혁신수용자, 초기수용자, 조기다수자, 후기다수자와 지각자로 구분된다.

• 혁신수용자: 혁신을 최초로 수용하는 개인으로 2.5%가 된다. 혁신수용자는 위험추구자이고, 젊고, 사회신분이 높고, 경제적으로 윤택하다.
• 초기수용자: 초기수용자는 13.5%가 된다. 이들은 의견선도자들이고, 후기다수자들보다 더

젊고, 사회신분이 높고, 경제적으로 윤택하고, 교육수준이 높고, 사회적으로 진보적이다. 혁신자들보다 수용에 더 신중하다.

- 조기다수자: 수용시간은 혁신수용자와 초기수용자에 비해 더 길고 34%가 된다. 초기수용자들보다 수용과정에서 더 늦는 경향이 있고, 사회신분이 평균 이상이고, 초기수용자와 접촉하나 의견선도자는 아니다.
- 후기다수자: 후기다수자들 34%가 된다. 이들은 높은 회의심으로 혁신에 접근하고, 사회의 다수자들이 혁신을 수용한 후에 수용한다. 이들은 혁신에 대해 대체로 회의적이고, 사회신분이 평균 이하이고, 경제적으로 윤택하지 못하다. 후기다수자와 조기다수자와 접촉하나 의견선도자는 아니다.
- 지각자: 혁신을 가장 늦게 수용하고 16%가 된다. 이들은 대체로 변화를 싫어하고, 연령이 많은 경향이 있다. 사회신분이 낮고, 경제적으로 윤택하지 못하고, 가족과 친한 친구들과 접촉하나 의견선도자는 아니다.

▼ 그림 1-6 혁신수용의 확산 곡선

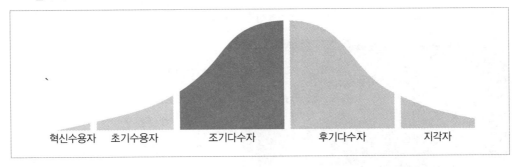

▼ 표 1-2 수용자의 특성

수용자	특성
혁신수용자(innovator)	기술애호가(technology enthusiast)
초기수용자(early adopter)	선각자(visionary)
조기다수자(early majority)	실용주의자(pragmatist)
후기다수자(late majority)	보수주의자(conservatives)
지각자(laggard)	회의론자(skeptics)

④ 캐즘의 극복

캐즘이론(chasm theory)[3]은 첨단기술 제품이 초기시장을 거쳐 대중화되는 과정에 단절된 계곡(캐즘)이 있고 캐즘을 넘어서는 제품은 대중화의 길로 들어서지만, 그렇지 못한 제품들은 일부 초기수용자들의 전유물로만 남는다는 이론이다. 첨단기술 제품 또는 혁신제품이 개발되면 혁신 수용자들이 지배하는 초기시장에서 실용주의자가 지배하는 주류시장(mainstream market)으로 이행하는 과정을 거치기 전에 일시적으로 수요가 정체하거나 후퇴하는 단절 현상을 캐즘(chasm)이라고 한다. 혁신제품은 초기시장이 형성될 당시에는 일반적인 시장가치나 용도를 가지고 있지 않지만, 특정 부류의 사람들에게서 지대한 관심을 끌어낼 수 있기 때문에 일시적으로 유행한다. 그러나 특정 부류의 사람이 아니라 일반대중들이 사용해야 주류시장에 진출할 수 있으나 일반대중들은 혁신제품이 어떤 용도를 충족하는지를 관망하는 시간을 갖는다.

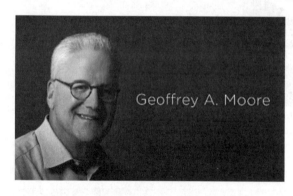

Geoffrey A. Moore

제프리 무어(Geoffrey Moor)의 캐즘이론은 혁신가와 초기수용자가 수용하기 시작하면 대중화의 단계로 넘어섰다고 한다. 16%가 대중화의 기준이 된다. 초기수용자와 조기다수자 간의 넓고 깊은 캐즘의 존재는 의미가 있다. 갈라진 틈은 초기수용자와 조기다수자 간에 있다. 개성과 기대가 다르기 때문에 주류시장은 혁신수용자와 초기수용자 시장과 완전히 다르다. 캐즘을 성공적으로 극복하는 것이 회사에 대한 생사를 의미한다. 기술애호가와 선각자는 신기술과 장치에 진정으로 관심이 있으며, 신제품이나 향후 신제품의 잠재적 이점을 통해 최초 사용자가 될 수 있다는 것에 만족한다. 실용주의자들은 신제품에 두려움이 있다. 애호가와 선각자들은 진보를 찾지만, 실용주의자들은 위험 최소화에 더 관심이 있다.

---

3 캐즘(chasm)은 지층이 이동하면서 생긴 골이 깊고 넓어 건너기 힘든 커다란 단절을 의미하는 지질학에서 사용되는 전문용어이다.

▼ 그림 1-7 캐즘을 포함한 기술수용주기

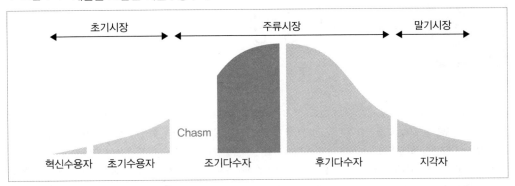

03 혁신의 방향

새로운 기술의 개발은 구기술을 진부화시키고 때로는 기존산업을 퇴출시키기도 한다. 신제품은 기술개발이나 고객욕구에서 비롯된다. 제품 설계자는 기술지향 또는 시장지향을 기반으로 신제품을 개발한다. 혁신의 동력은 신제품개발의 기회가 된다. 제품 설계자는 기술지향 또는 시장지향의 관점에 따라 신제품을 개발한다. 기술지향은 내부 아이디어에 기반을 두고 있으며, 잠재고객에게 현재의 성능을 향상시킬 수 있는 새로운 혁신기술을 적용하는 것이다. 이것은 R&D, 제조와 마케팅의 과정을 거친다. 이와는 반대로 시장지향은 고객욕구 사항과 기대에 따라 혁신이 이루어지는 것을 의미한다. 이것은 고객욕구의 확인, R&D, 제조와 마케팅의 과정을 거친다.

▼ 그림 1-8 혁신의 방향

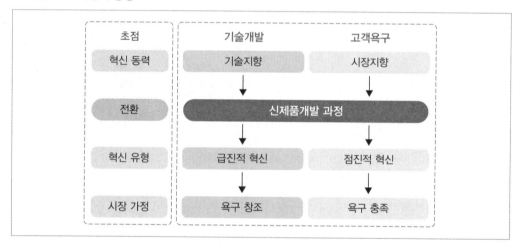

1 기술지향

어떤 혁신 기업은 혁신 프로세스가 아이디어 또는 발견으로 시작한다. 기술지향(technology push)은 기업이 기술 중심으로 전략을 세워 기술을 개발하고 개발된 기술을 적용할 제품용도를 찾아 제품을 생산하여 시장에 공급하는 방식이다. 기술을 먼저 연구하여 개발하면 이 기술을 이용하여 제품용도를 찾는다. 회사는 개발된 기술을 적용한 제품을 만들고 새로운 시장이나 욕구를 창출한다. 이 혁신 프로세스를 아이디어 지향이라고도 한다. 기술의 공백이나 아이디어를 발견하여 이를 근거로 하여 기술을 개발하고 이 개발된 기술을 어떤 부분에 어떻게 적용하는가를 해결해야 한다. 대체로 아이디어나 발견을 발명으로 변형시키는 것과 실용적인 기술을 개발하는 것은 지식과 상상력을 가진 창조적인 개인에 의해서 이루어진다.

레이저의 발명가인 시어도어 메이먼(Theodore Maiman)은 발명의 궁극적인 상업적 용도를 항상 예견하지 못했다. 터치스크린 기술은 영국의 RRE(Royal Radar Establishment)의 연구실에서 개발되었다. 휴렛 팩커드(Hewlett Packard)는 이 기술을 채택하고 터치스크린 컴퓨터를 출시했다. 나중에 기술이 세련되고 손으로 쓰는 것을 인식할 수 있게 되면서 Apples PDA와 Palm Pilot에 적용되었다. 이처럼 기술지향의 과정은 아이디어나 발견, R&D, 제조, 마케팅과 판매의 과정을 거친다. 기술개발팀은 제품을 생산하는 데 사용되는 기술을 개발한다. Apple iPads는 새로운 기술, 새로운 외양, 새로운 기능성 및 완전히 새로운 시장을 개발하였다. 대체로 시장에 등장하는 혁신제품은 기술혁신의 결과로 나타난다. 과학자, 엔지니어 및 설계자는 항상 새로운 일을 새로운 방식으로 주어진 문제에 대한 궁극적인 해결책을 찾으려고 노력하는 사람들이다. 종종 새로운 기술이 탐구 중에 발견된다. 새로운 기술이 적용될 수 있거나 그렇지 않을 수도 있다. 또한 기술은 다른 응용 프로그램으로 이전된다. 따라서 신기술은 신제품을 개발하기 때문에 완전히 새로운 시장 틈새가 나타난다.

기술지향은 새로운 발명품이 R&D, 생산 및 판매 기능을 통해 사용자 요구를 충족시키는지 여부를 적절히 고려하지 않고 시장에 출시된다는 것을 의미한다. 기술지향 관점에서 기술자 또는 과학자는 새로운 지식을 창출하기 위해 실험실에서 연구를 수행한다. 새로운 지식은 생산, 판매 및 유통을 위해 조직의 나머지 부분에 이전되는 새로운 제품, 프로세스 또는 서비스의 기반을 형성한다. 오늘날 조직에서 기초과학 연구 또는 응용 연구 및 개발이 이루어져 효과적이고 경제적으로 제조되어 시장에서 판매될 수 있는 제품으로 설계 및 개발을 통해 진행된다. 시장은 과학 연구 및 발명의 산출물을 위한 용기로 간주된다.

기술 공백	기술 개발	제조	마케팅	판매

2 시장지향

시장지향(market pull)은 시장과 고객욕구를 확인하여 제품 아이디어를 창안하는 방식이다. 즉, 시장지향은 고객욕구와 기대에 따라 혁신이 이루어지는 것을 의미한다. 시장지향은 신제품에 대한 욕구나 필요 또는 시장에서 느끼는 문제에 대한 해결책을 말한다. 욕구나 필요는 잠재고객 또는 시장조사에 의해 확인된다. 시장지향은 잠재적 고객이 기존제품의 개선을 요구하기 시작하는 경우가 있다. 제품 진화에 영향을 미치는 시장지향의 좋은 예는 디지털 카메라의 개발에서 볼 수 있다. 즉시 볼 수 있는 필름이 없는 카메라에 대한 시장 요구가 있었다. 당시의 기술은 이러한 장치의 제조로 이어지지 못했다. 그러나 기술은 대체로 시장 요구를 따라 잡는 습관이 있다. 결국 디지털 카메라의 개발로 이어졌다. 때로는 시장이 혁신적인 신제품을 요구하지만 기술이 개발되지 못하는 경우가 있다. 예를 들면, 자율주행 전기 자동차는 인기를 얻고 있으나 아직은 대중화에 시간이 필요하다.

시장에서 고객욕구를 파악해 이를 충족시키는 제품을 만들어야 성공할 수 있다. 즉, 시장에서 전략을 끌어낸다는 뜻으로 이는 고객 중심이다. 고객욕구의 확인, R&D, 제조, 마케팅과 판매의 과정을 거친다. 고객의 욕구에서 얻는 아이디어를 구체화한 것이 신제품이다. 고객의 욕구와 제품의 수요는 시장을 변화시킨다. 이들은 종종 기존 아이디어에 대한 개선이다. 예를 들면, 프로그램 세탁기이다. 시장지향의 효과는 새롭거나 향상된 제품에 대한 소비자의 욕구, 경쟁제품 출시와 시장 점유율 향상 등이 있다. 따라서 시장지향은 시장 수요, 경쟁자의 제품 또는 고객의 선호도를 토대로 새로운 제품이 개발된다.

시장지향은 제품개발 과정에서 문화 및 행동 접근에 대한 특정 관점에 중점을 둔다. 시장지향을 현재와 잠재고객 및 경쟁자에 대한 정보수집, 시장지식 개발을 위한 정보분석, 전략의 인식, 이해, 창조, 선택, 구현 및 수정을 안내하기 위한 지식의 체계적인 사용을 포함한다. 시장지향은 시장(고객, 경쟁자, 공급자 및 환경)에서 정보를 얻고, 시장정보를 분석하고 평가하는 등 조직 전체가 정보를 사용하는 관점이다. 경쟁자 정보와 고객정보를 수집, 분석 및 사용한다. 기능 간 조정은 정보의 효과적인 사용을 달성하는 데 필요한 정보공유를 지원한다. 시장지향의 영역은 고객지향과 경쟁자 지향이 있고 때로는 이들 기능 조정이 필요하다.

- 고객지향: 지속적으로 우수한 고객가치를 창출하기 위해 고객을 이해한다.
- 경쟁자 지향: 경쟁자의 단기적 강·약점, 장기적 역량과 전략을 이해한다.

▼ 표 1-3 혁신지향의 비교

속성	기술지향	시장지향
기술 불확실성	고	저
연구개발비	고	저
연구개발 기간	장	단
시장 관련 불확실성	고	저
R&D와 고객통합	어려움	쉬움
고객경험	무	유
고객교육	보통 필요	다소 불필요
시장조사 유형	질적 탐색조사	양적 기술조사
고객행동의 변화 필요	광범위	최소

3 통합지향

제품수명주기가 단축됨에 따라 경영자들은 통합된 혁신 프로세스 및 전체 해결안에 대한 관심이 높아졌다. 통합 프로세스 접근 방식은 병렬 활동이다. 기술지향에서 오는 혁신은 오래된 제품 또는 서비스를 성장시키는 데 있어 연구원(내부 또는 외부)의 불만족에서 시작한 다음 새로운 노하우를 제품 또는 서비스로 상업화하는 것이다. 기술지향은 시장에서 수요가 존재하는지 여부를 보지 않고 시장에서 제품 또는 서비스의 창조적이거나 파괴적인 것이 특징이지만, 시장지향은 주로 대체품이나 개선제품이 특징이다.

고객욕구를 확인하여 이를 해결하는 제품을 판매하는 시장지향과 고객욕구를 창조하기 위해 기술을 개발하고 제품을 판매하는 기술지향은 추진 과정이 서로 다르다. 신기술의 개발에 의한 제품개발은 기술지향이고 고객욕구를 파악하여 개선제품을 개발하는 것은 시장지향이 적합하다. 사업의 목적은 고객창조이기 때문에 사업은 혁신과 마케팅이라는 기본 기능을 가지고 있다. 고객에게 제품을 알리고 그들이 혁신을 구매하기 위한 관심을 갖도록 해야 한다.

▼ 표 1-4 혁신 동력의 추진 과정

기술지향	시장지향
새로운 기술개발	고객욕구 확인
적합한 응용 프로그램 발견	잠재고객의 불편이나 고통 해결
고객욕구 창조	고객욕구 충족
시장규모, 수요, ROI 추정	제조문제 해결

4 기업의 전략

제품개발 과정에서 기술지향은 회사 내부 프로세스에서부터 시작되나 고객지향은 회사 외부, 특히 고객이 있는 시장에서 시작된다. 고객지향 조직은 이미 고객이 존재한다고 가정하고, 특히 고객들은 원하고 필요로 하는 측면에서 일정한 행동 패턴을 가지고 있다고 판단한다. 이러한 고객들은 잘 변경되지 않는다. 기업은 제품을 원하거나 필요로 하는 고객을 식별하고 이해해야 한다. 또한 고객의 욕구와 필요를 충족시키는 방법을 찾아야 한다.

반면에 제품지향 조직은 제품에 대한 고객욕구가 존재한다고 가정하지 않는다. 그러나 고객이 제품을 원하고 필요하다는 것을 깨닫기 위해 기술을 개발하고 제품을 개발하여 출시한다. 이 접근법에서 고객은 안정된 행동 양식을 갖고 있지 않으며 회사에 유익한 그리고 수익성 있는 방식으로 행동이나 태도를 변경하거나 바꿀 수 있다고 간주한다.

▼ 그림 1-11 기술지향과 고객지향의 추진 과정비교

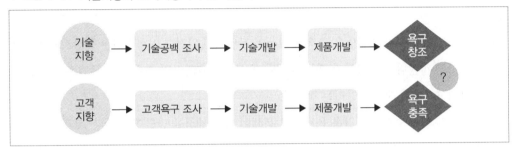

1) 기술지향 기업

기술지향은 먼저 기술을 개발하여 제품을 만든 다음 시장을 찾는 방식이다. 기본적으로 제품이 우수하면 고객이 제품을 구매하여 수익을 창출한다는 가정하에 운영된다. 제품 중심의 환경에서는 재능 있는 개발팀이 시장의 현 상태보다 구체적으로 고객이나 사용자의 욕구와 선호도를 창조하거나 진화시킬 수 있다고 가정한다. 개발팀은 디자인, 기능, 속성, 설계 및 제조에 중점을 둔다. 다른 부서는 제품에 대한 지원 역할을 수행하며 여기에는 재무, 인력 및 IT 부서까지 포함된다. 마케팅팀은 제품을 가져 와서 시장에 도입할 책임이 있고, 제품은 독립적인 사업처럼 관리된다. 직원들은 제품에 특별히 배치되고 제품 관리자는 해당 제품의 CEO 역할을 맡는다. 모든 노력과 자원이 해당 제품에 집중된다.

☑ 기술지향 기업의 전략

기술지향 기업은 고객욕구 대신 제공되는 기술이나 제품에 집중한다. 예를 들면, 애플은 기술지향 기업에 해당된다. 기술지향 조직에서 중요한 결정을 내리는 조직은 임원과 설계자이다. Amazon에서 무엇을 시장에 내놓을지 결정하는 것은 제품 관리자이다. 페이스북의 엔지니어들은 도입할 기능을 관리하는 엔지니어이다. Google도 마찬가지이다. 즉, 큰 의사결정을 내리는 것은 엔지니어이다. 주요 전략에는 대중 마케팅, 독특한 제품과 포지셔닝 집중 등이 있다.

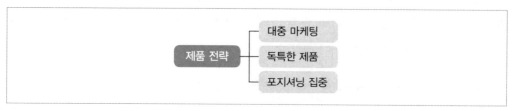

- 대중 마케팅: 기술지향 기업은 고객이 제품이 무엇인지 완전히 인식하지는 못하지만 제품을 찾는 고객이 많다고 가정하기 때문에 대량 마케팅이 효과적인 전략이다. 목적은 가능한 많은 잠재고객에게 제품을 알리는 것이다.
- 독특한 제품: 기술지향 기업은 독특하고 특색이 있는 제품을 만들어야 한다. 고객들이 회사가 제품을 만들거나 판매하는 유일한 기업으로 인식해야 한다. 따라서 고객들은 회사 이외의 다른 제품을 구매할 수 없다.
- 포지셔닝 집중: 기술지향 기업이 독특한 제품을 만들 수 없다면 경쟁제품 중에서 가장 선호되거나 최고의 제품이 되도록 제품을 포지션해야 한다. 예를 들면, 코카콜라가 최고의 청량음료 회사로 자리 잡은 경우이다.

☑ 기술지향 기업: Apple

기술지향 기업의 대표적인 사례는 Apple이다. Steve Jobs는 제품이 출시되기 전에는 고객이 필요한 것을 알지 못하는 제품을 성공적으로 만들었다. 그들은 "우수한 제품을 만들면 고객들이 올 것이다"라는 전략으로 고객이 필요한 것을 알기 전에 iPads를 만들어냈다. 그들은 시장이나 고객을 반드시 확인하지 않고 제품을 만들었고, 일단 제품이 출시되면 시장이 생길 것임을 알았다. 애플은 iTouch와 iPhone을 만들어 운영했다. iTouch 팀은 개발에만 전념했으며 iPhone 팀도 동일한 작업을 수행했다. 두 팀의 제품들은 유사점을 가지고 있었다. 그러나 이것은 경쟁이 아닌 제품에 초점을 맞추기 때문에 제약이 되지 않았다. Apple은 예상보다 짧은 시간 내에 우수한 제품을 만들 수 있었고 서로 보완했다. 결국 Apple은 제품을 출시할 때 장치를 판매하는 유일한 제품이 되도록 독특한 제품을 제안할 수 있었다.

☑ 제품지향 기업: Amazon

Amazon은 제품지향 접근 방식을 성공적으로 채택한 기업의 또 다른 대표적인 예이다. 이것은 Amazon CTO인 Werner Vogels가 거꾸로 일하는 것(working backwards)으로 묘사한다. 제품출시에 필요한 보도 자료 및 자주 하는 질문서를 작성한다. 여기에는 모형(mockup), 상세한 이야기 및 설명이 포함되어 있으며, 이것은 고객경험에 대한 정확하고 상세한 설명을 제공한다. 고객은 제품으로 무엇을 할 수 있는가? 제품이 고객에게 제공할 수 있는 기능은 무엇인가? 이것은 종종 사용자 매뉴얼을 쓰는 것을 수반하며 아마존이 하는 일이다. 또한 이것은 아마존의 모든 사람들에게 고객을 위해 어떤 제품을 판매할 것인지에 대한 명확한 비전과 방향을 제시한다.

2) 고객지향 기업

고객지향은 기업이 시장에 나가서 고객에 대한 정보를 얻고 수집된 정보를 기반으로 제품을 개발하는 과정이다. 초점은 고객에게 있다. 어떻게 하면 고객을 만족시킬 수 있을까? 기업이 고객들의 욕구를 해결하기 위해 무엇을 할 수 있을까? 고객들의 기대를 어떻게 충족시키고 초과할 수 있을까? 고객지향은 고객이 만족할 경우에만 기업이 살아남을 수 있다는 가정하에 운영된다. 따라서 기업은 우수한 고객 서비스 및 지원과 함께 고품질의 제품과 서비스를 제공하기 위해 모든 노력을 기울여야 한다. 이 환경에서의 제품개발은 주로 고객이 원하는 것을 기반으로 한다. 따라서 고객의 욕구와 선호도에 초점을 맞춘 시장조사가 실시된다. 수집된 정보를 바탕으로 제품개발팀은 고객욕구를 해결하는 설계를 제안하고 제품을 개발하여 출시한다. 결국 제품은 고객을 염두에 두고 설계 및 제작되었으므로 이미 시장 및 고객이 있다는 것을 가정한다.

☑ 고객지향 기업의 전략

고객지향에서도 기업이 양질의 제품을 가져야 한다는 것은 말할 필요도 없다. 우수한 제품은 시장이 찾고 있는 제품속성과 기능을 제공한다는 것을 의미한다. 제품품질 외에 기업은 수익을 얻기 위해 몇 가지 기술과 전략을 사용한다. 속도성, 융통성과 편리성, 고객과의 긴밀한 접촉, 추가된 혜택 제공과 서비스 표준의 일관성에 크게 의존한다.

▼ 그림 1-13 고객지향 기업의 전략

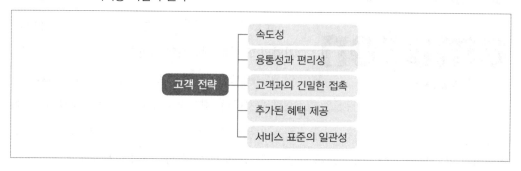

- 속도성: 우수한 기업은 경쟁자보다 제품과 서비스를 신속하게 제공하고 고객을 먼저 얻는다. 고객은 제품과 서비스가 빨리 제공되고 시간 절약을 원한다.
- 융통성과 편리성: 고객은 제품구매 과정에서 융통성과 편리성을 찾는다. 기업은 욕구의 다양화와 구매의 편리성을 위해 다양한 크기의 제품을 제공한다. 온라인 상거래는 고객이 보다 편리하게 구매할 수 있는 경로이다.
- 고객과의 긴밀한 접촉: 기업 운영은 고객과 고객의 욕구, 선호도 및 기대에 의해 좌우된다. 접촉은 기업과 고객 간의 연결 고리이므로 전담 고객 서비스와 지원 업무를 수행하는 것이 필요하다. 고객 설문, 안내 이메일 발송 또는 소셜 미디어 플랫폼을 통한 고객 피드백 획득은 매우 유용하다. 고객들은 직원들의 무례나 고객 서비스의 부족을 발견하면 브랜드 전환을 주저하지 않을 것이다.
- 추가된 혜택 제공: 고객에게 추가된 혜택은 특별한 의미를 제공한다. 고객은 구입할 때 무료나 특정한 혜택을 찾는다. 때로는 무형의 가치가 유형의 가치보다 훨씬 더 크다. 추가된 혜택은 고객의 기대를 뛰어 넘는 것이어야 한다.
- 서비스 표준의 일관성: 기업은 일관성 있는 표준 서비스를 실천한다. 고객 서비스 기준이 마련되어야 고객 서비스를 일관되게 적용할 수 있다. 고객이 경쟁자보다 더 나은 대우를 받는다면 기업을 매우 호의적으로 생각할 것이다.

☑ 고객지향 기업: 삼성

잘 알려진 고객지향 브랜드 중 하나는 삼성전자이다. 삼성전자는 고객과 시장을 이해하고 고객이나 시장의 욕구를 효과적으로 충족하기 위해 마케팅 및 설계에 많은 노력과 자원을 투입하는 기업이다. 제품을 개발하거나 중요한 경영 의사결정을 내리기 전에 필요한 첫 번째 단계는 고객이 원하는 것을 찾아내는 것이다. 고객의 욕구와 필요사항을 충족시키기 위해 할 수 있는 일을 한다. 따라서 삼성은 고객관리 및 애프터서비스에 항상 집중적으로 투자하고 있다. 삼성은 스마트폰을 만들 때 애플처럼 스마트폰에 혁명을 일으키지 않았다. 그러나 삼성이 한 것은 스마트폰에 대해 보다 저렴한 대안을 모색하는 사용자들의 이야기를 경청했다. 그런 다음 iPhone 제품과 쉽게 경쟁할 수 있는 기능을 갖춘 스마트폰을 더 저렴한 가격으로 제공했다.

감각적인 것은 유혹적인 것이다(William Harvey).

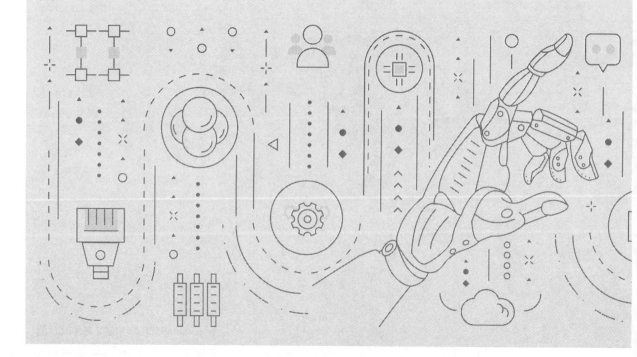

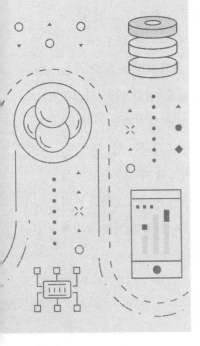

CHAPTER

02

신제품개발의 성공과 실패

01   신제품개발의 중요성

02   신제품개발의 성공 요인

03   신제품개발의 실패 요인

04   신제품의 개발 과정

신선식품의 품질과 신선도 확보: 샛별배송

아마존마저 실패했던 온라인 신선식품 장보기 서비스를 한국의 스타트업이 성공해냈다. 그 주인공이 바로 마켓컬리이다. 마켓컬리는 오후 10시까지 주문하면 다음 날 7시까지 고객의 문 앞으로 배달해주는 '샛별배송'을 선보이며 유통업계에 새바람을 불어넣었다. 우려와는 달리 신선식품의 품질과 신선도에서 합격점을 받으면서 승승장구하고 있다. 2015년 9만여 건에 불과했던 샛별배송 건수는 지난해 376만여 건을 기록했다. 매출도 같은 기간 30억 원에서 1,571억 원으로 급증했다. 아직은 적자 상태지만 최근 적자 폭도 줄어드는 추세다. 마켓컬리가 아마존도 성공하지 못한 신선식품 배송을 성공할 수 있었던 비결은 무엇일까?

수요예측 시스템: 데멍이

마켓컬리의 성공비법으로 바로 '데이터를 물어다 주는 멍멍이'(이하 데멍이)이다. 마켓컬리를 스타 기업으로 만든 것은 샛별배송이지만 데멍이가 뒤에서 든든히 뒷받침하고 있기에 가능했다는 설명이다. 전복은 바닷물 밖으로 나오면 곧 죽어버린다. 전날 오후 10시에 주문한 완도산 생물 전복이 다음 날 새벽 살아 꿈틀거리는 채로 서울의 가정집 앞에 도착할 수 있게 해 주는 것이 데멍이다. 마켓컬리의 매출·물류 예측 시스템이자 주요지표 전사 공유 시스템인 데멍이는 신선식품의 폐기율을 일반 대형마트(2~3%)의 절반 이하인 1% 수준으로 관리해 준다. 데멍이가 샛별배송의 든든한 조력자라 할 수 있다.

하루 배송을 약속하는 온라인 쇼핑몰들은 상품을 직매입해 자사 물류창고에 가져다 두고 주문이 들어오면 빠르게 배송을 시작한다. 그런데 신선식품의 경우 하루 이틀만 지나도 상품의 가치가 떨어진다. 이 때문에 수요보다 많은 상품을 매입하면 폐기율이 높아져 기업의 재무 상태가 악화한다. 하지만 상품을 충분히 준비하지 않아 품절률이 높아지면 '고객경험'이 나빠진다는 딜레마가 있다. 폐기율과 품절률을 동시에 관리하기 위해서는 수요 예측이 필수적이다.

데멍이의 예측 시스템은 알고리즘과 머신러닝을 통해 움직인다. 예를 들어 완도산 생물전복의 수요를 예측한다면 데멍이는 지난 12주간 해당 상품의 판매 데이터를 척추가 되는 주요 원데이터로 추적해 활용한다. 이 데이터는 분 단위이기 때문에 하루에 3,600건의 데이터, 12주에 30만 2,400건이라는 빅데이터를 활용한다. 물론 최근 3주간의 데이터에는 높은 가중치를 부여한다. 날씨나 마케팅 프로모션 등도 기존 학습된 알고리즘을 이용해 수요 예측에 반영한다. 백데이터를 기반으로 알고리즘을 활용해 다음 주 예측치를 만든다. 물류팀 등에서 인력 등 운영계획을 세우는데 참고할 수 있도록 예측 데이터이다.

❙❙▶ 데멍이의 또 다른 기능: 친숙한 데이터 공유

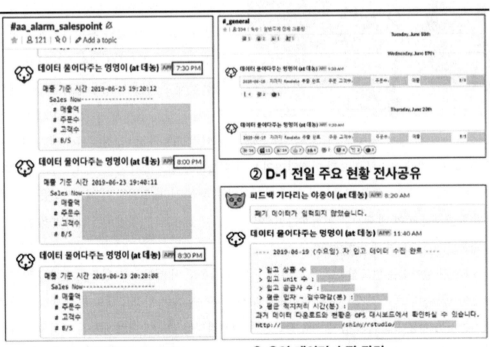

① 10분 단위로 현황 공유 및 예측
② D-1 전일 주요 현황 전사공유
③ 운영 데이터 수집 관리

데이터 과학, 굉장히 멋있고 고도화된 부분이다. 하지만 데이터 분석가들이 동료들에게 이를 전달할 수 있을 때 좀 더 진정한 가치를 발휘할 수 있다. 딱딱한 데이터 분석 시스템에 데이터 물어다 주는 멍멍이라는 깜찍한 이름이 붙은 이유다. 친숙하게 데이터를 전달할 수 있도록 '데멍이'라고 이름지었다. 주요 지표의 전사 공유 시스템은 데멍이의 또 다른 주요 기능이다. 데멍이는 매일 오전 10시 전날 매출과 고객수 등 주요 현황을 공유한다. 또 30분 단위로 현 매출액과 당일 운영 마감시 예상 매출액도 전달한다. 데멍이라는 이름으로 구성원에게 친숙하게 다가간 데이터는 마켓컬리에 크고 작은 변화를 불어넣고 있다. 데멍이 덕분에 구성원들이 데이터에 기반해 설득하고 의사결정을 하는 습관을 갖게 됐다.

▍▶ 신선함의 두 번째 비결: 어디에서도 풀콜드

마켓컬리가 TV CF에서 샛별배송과 함께 강조한 것이 풀콜드다. 마켓컬리의 냉장유통 방식인 '풀콜드'는 일반 콜드체인과 무엇이 다를까? 입고 단계부터 배송까지 다 콜드체인을 통해 관리된다. 시장에 가면 상온에서 진열된 과일을 쉽게 볼 수 있다. 마켓컬리에는 이런 경우가 없다. 산지에서 냉탑 화물차에 실어 보내거나 여의치 않으면 마켓컬리의 냉탑 화물차가 산지까지 가서 가져오기 때문이다. 콜드체인에서 비교우위를 확보하기 위해 마켓컬리는 창업 전 '데일리쿨'의 배송사업을 인수해 냉탑 화물차를 80여 대 확보했고 현재는 100여 대로 확대했다. 외부 차량까지 합하면 하루에 냉탑 화물차 500~600여 대가 배송한다.

소비자가 살아있는 완도산 전복을 받아볼 수 있는 이유도 이 때문이다. 완도산 전복을 활어차에 담아 물류센터로 가져가고 여기서 바닷물과 산소를 주입하는 산소 포장을 거쳐 냉장이 가능한 화물차를 이용해 고객의 집 앞으로 전달한다. 마켓컬리는 남들이 어떻게 하든 원칙을 지켜서 더 나은 고객 경험을 제공하기 위해 최선을 다하고 있다는 회사이다.

출처: 뉴스1 2019.08.13.

01 신제품개발의 중요성

혁신적인 기업은 시장이나 고객이 원하는 것을 탐색하고 고객의 기대를 충족시키는 새로운 제품을 개발함으로써 번창한다. 소비자 선호도의 변화, 경쟁의 증가와 기술의 발전 또는 새로운 기회 등을 활용하기 위해 신제품을 개발한다. 신제품개발은 실패할 위험이 높지만 경영의 본질적인 활동이며 수익창출의 근원이다. 신제품 개발은 시장기회를 판매 가능한 제품으로 변환하는 창조적 활동으로 혁신의 결과이다. 혁신은 새로운 아이디어, 장치나 방법에 의해서 고객의 미충족 욕구와 기대를 충족하는 가치창출 과정으로 기업의 생존과 성장에 필수적이다. 혁신은 기존제품을 새로운 제품으로 대체하거나, 기존제품을 진부화하고, 새로운 제품범주를 창조하는 것을 의미한다.

1 신제품개발 이유

기업이 기존제품과 동일한 제품을 시장에 제공한다면 매출과 수익은 감소할 것이다. 신제품개발은 시장에 현재 존재하지 않는 제품에 관한 새로운 아이디어의 개념화이거나 이미 시장에 존재하는 제품의 향상을 목표로 한다. 신제품개발 이유는 소비자 욕구와 필요의 변화, 제품수명주기 상의 성숙기 제품, 쇠퇴기 제품, 경쟁자의 활동, 제품상의 문제 등이 있다.

▼ 그림 2-1 신제품개발의 이유

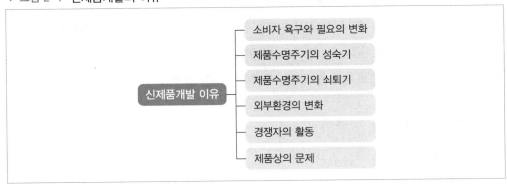

1) 소비자 욕구와 필요의 변화

소비자의 욕구와 필요는 끊임없이 변화하면서 한편으로는 진화한다. 기업은 제품과 서비스를 통해 이러한 변화에 대응해야 한다. 그렇지 않다면, 소비자들은 자신들의 욕구와 필요를 만족하는 경쟁제품으로 전환할 것이다. 예를 들면, 소비자들이 최근에 사회적 환경과 웰빙의 붐을 타고 건강, 다이어트와 미용에 대한 관심과 염려가 증가하고 있다. 이것은 회사에 저당분, 저염분과 저지방 식품과 피부노화를 방지하는 제품을 출시할 수 있는 사업기회가 된다. 그래서 회사는 소비자의 변화하는 기호에 맞춘 제품을 개발하게 된다.

2) 제품수명주기의 성숙기

대부분의 소비재들은 제품수명주기의 성숙기에 진입하였다. 제품이 성숙기에 진입함에 따라 많은 경쟁자들이 출현하고, 다양한 제품으로 시장경쟁은 더욱 치열해졌다. 개선제품과 다양성을 추구하려는 소비자들의 수요증가로 이어져 기업은 소비자의 관심과 충성도를 자극하기 위해 제품을 수정할 필요성이 더욱 증가한다. 예를 들면, 성숙기에 진입한 핸드폰은 홍채인식 기능을 추가한 새로운 버전을 출시한다. 더 이상 새로울 것이 없는 것처럼 여겨져도 소비자들은 항상 새롭고 진기한 것을 추구한다.

3) 제품수명주기의 쇠퇴기

제품은 시간이 흐르면서 제품수명주기의 쇠퇴기에 있을 수 있다. 그래서 회사는 새롭고 개선된 품목을 도입할 수 있다. 작은 변화를 통해서 제품을 새롭게 하거나 큰 변화를 통해서 제품을 매우 새롭게 한다. 예를 들면, 마이크로소프트는 윈도우를 계속하여 새로운 버전을 출시하거나, 가전회사들의 TV 화면을 아주 새로운 기술로 선명도를 경쟁하는 경우이다. 쇠퇴기에는 급격한 혁신을 요구하는 소비자들의 욕구에 커다란 공백이 발생할 수 있다.

4) 외부환경의 변화

기업은 종종 활용하기 원하는 환경과 회피하고 싶은 환경에 불규칙하게 처하게 된다. 기술, 사회, 문화, 법규, 자연환경 등의 변화는 기업에게 새로운 사업의 기회를 주기도 한다. 예를 들면, 음반회사는 전통적인 소매점보다 인터넷 다운로드를 통해 더 많은 음악을 지금 판매하고 있다. 스마트 폰이나 3D 프린터의 등장은 또 다른 기업들에게 새로운 사업환경을 제공하고 있다.

5) 경쟁자의 활동

경쟁자가 시장에서 변화를 강요할 수 있다. 이런 현상은 새로운 제품이 변화와 혁신을 환영하는 표적시장에 끊임없이 도입되는 기술시장에서 매우 분명한 현상이다. 혁신적인 기술제품 소비자들은 새로운 제품의 시용구매를 두려워하지 않을 뿐만 아니라 친구나 동료에게 종종 최신 제품을 보여주고 싶어 한다. 제품이 성공하면 경쟁자들은 모방제품이나 유사제품을 개발하려고 시도할 것이다.

6) 제품상의 문제

기업이 열등한 판매를 경험하거나 부정적인 평판으로 고통을 받는다면 제품을 변경할 때이다. 제품상의 문제는 새로운 해결책을 제시하는 제공물이 출현하게 되는 기회가 된다. 이러한 기회는 문제를 해결한 기업뿐만 아니라 다른 기업에 미치는 영향이 매우 크다. 예를 들면, 2001년 MP3의 출시는 애플컴퓨터의 운명을 바꾸어 놓았다. 애플은 성공적인 iPhone과 iPad를 출시하게 되었고, 그 결과 많은 이익을 얻을 수 있게 되었다. 그뿐만 아니라 이면에는 세계적인 휴대폰 사업자의 운명을 처참하게 만들기도 하였다.

② 제품의 분류

신제품개발과 관련하여 제품을 내구소비재와 비내구소비재, 산업제품과 상업제품, 특수방어나 산업제품, 표준화 제품과 주문제작 제품 등으로 분류한다.

☑ 내구소비재

내구소비재(consumer durables)는 소비자가 구입하여 비교적 오래 사용하는 소비재로 내구 연수가 3년 이상인 제품이다. 예를 들면, 자동차, TV, 냉장고, 가구, 세탁기 등이 있고, 내구성이 더 긴 주택, 상가 등의 건축물도 내구 소비재로 간주한다. 이러한 제품들은 주로 가계에서 소비한다.

☑ 비내구소비재

비내구소비재(consumer non-durables)는 음식, 과자, 종이처럼 한번 쓰면 상품의 효용이 없어지는 제품이다. 제품의 수명이 상대적으로 짧고, 내구소비재보다 제품기능이 덜 복잡하다. 소비재 가운데 오래 쓸 수 있는 것이 아닌 제품으로 주로 가계에서 소비하고, 제품취급점이 많기 때문에 쉽게 구입할 수 있다.

☑ 산업제품과 상업제품

산업제품과 상업제품(industrial and commercial products)은 주로 산업과 상업조직에 의해서 사용되는 표준화 제품이다. 어떤 제품은 제품의 기술적 복잡성이나 변동성이 매우 크다. 이러한 제품들은 기업에서 생산이나 재판매를 위해 사용되며, 자동차, 업무용 컴퓨터와 트럭처럼 완성품이거나 배터리, 전자모듈이나 레이저 프린터의 토너처럼 제조자에게 필요한 제품 구성부품(product components)이다.

☑ 특수방어나 산업제품

군사용 비행기, 군함과 로켓 같은 특수제품은 일반적으로 복잡하고 고가이며, 제조자의 상당한 연구와 개발노력이 있는 첨단제품이다. 소비자들은 대표적으로 정부나 산업계이고, 이러한 제품은 고객의 특정한 필요에 따라 설계와 제작된다. 더욱 복잡한 것은 많은 내부적 연결제품의 결합으로 이루어지는 발전소, 화학공장, 컴퓨터 네트워크와 커뮤니케이션 네트워크이다.

☑ 표준화 제품과 주문제작 제품

표준화 제품(standard products)은 시장조사에 근거하여 연속적인 수요를 기대하여 제조된다. 이러한 제품들은 모든 내구 소비재와 비내구 소비재, 대부분의 상업과 산업재를 포함한다. 주문제품(custom-built products)은 소비자들의 개별적인 요청에 의해 제작된다.

③ 신제품의 유형

소비자가 기꺼이 지불하고자 하는 제품을 찾고, 시장에서 경쟁자를 이기기 위해서 기업은 신제품(new product)을 개발한다. 이러한 신제품은 정기적으로 시장에서 기존 제품을 대체하고 있다. 신제품이 시장에 등장하는 속도는 기하급수적인 속도로 급증하고 있다. 아래는 기업에서 신제품을 개발하는 이유이다.

- 제품차별화로 차별적인 이점 창조
- 제조자를 위한 계속적인 성장지원
- 비약적인 기술적 발전활용
- 변화하는 소비자에 대한 반응

제품의 새로움(newness)이란 용어는 매우 다양하다. 새로움의 정도는 신제품과 기존 제품 간의 차이 지표이다. 제품에 작은 변화나 큰 변화에서 주요 또는 급진적인 변화를 줄 수 있다. 예를 들면, 제조비용을 축소하는 변화는 제조자의 관점에서 주요 변화이지만, 고객의 관점에서는 변화가 아니다. 급진적 변화는 새로운 기술에서 오지만, 작은 변화는 기존 기술 안에서 이루어지는 기술향상에서 온다. 제품의 새로움이 출현할 때 발생하는 효과의 예는 다음과 같다.

- 기술의 혁신: 디지털 컴퓨터가 아날로그 컴퓨터 대체
- 공정의 혁신: 제조비용 축소와 품질일관성 증대
- 특징의 혁신: 휴대폰 같은 소비전자제품
- 사용의 혁신: 가정용으로 사용되는 컴퓨터 칩
- 설계의 혁신: 제조비용의 축소

신제품은 기업에서 이전에 생산한 제품이 특징이나 의도된 사용에서 상당히 다른 제품이나 서비스이다. 따라서 신제품은 어떤 잠재고객이 새롭다고 지각하는 제품, 서비스나 아이디어이다. 이것은 많은 잠재고객이 아직 제품을 채택하지 않았거나 제품의 정상적인 사용자가 되기로 결정하지 않은 경우에 해당한다. 또한 신제품은 기업에 새로운 제품이다. 신제품은 리포지셔닝과 원가절감뿐만 아니라 세상에 새로운 제품을 포함한다. 때로는 세상에 새로운 제품을 신제품이라고 한다. 신제품은 세상이나 기업에 얼마나 새로운가로 분류된다. 예를 들면, Arm & Hammer의 베이킹 소다는 처음에 과자와 빵을 부풀려 볼륨감 있게 만들 때 주로 사용하는 팽창제로 시판하였으나, 냉장고용 탈취제, 하수구 탈취제나 카펫 얼룩 제거제 등으로 용도를 확장하여 동일한 브랜드로 리포지셔닝하였다. 제품혁신(product innovation)은 제품제조에 새로운 기술을 적용하는 과정이다. 제품이 기술과 시장에 새로울수록 위험과 보상이 증가한다. [그림 2-2]는 신

제품의 유형을 분류한 것이다.[1]

▼ 그림 2-2 신제품의 유형

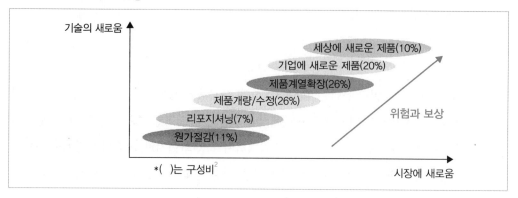

1) 세상에 새로운 제품

세상에 새로운 제품(new-to-the-world products)은 혁신이 있는 제품으로 기존의 제품범주를 근본적으로 변화하는 제품이다. 이러한 신제품은 혁신적인 기술을 포함하고, 소비자들에게 사용설명을 필요로 한다. 신제품은 제품종류의 최초이고 완전히 새로운 시장을 창조하지만, 이러한 제품범주는 신제품 중에서 10%에 불과하다. 이것은 실제로 새로운 제품으로 전체 새로운 시장을 창조하는 발명의 예를 들면, 자동차, 비행기, 라디오, 컴퓨터, HP의 레이저 프린터나 P&G의 페브리즈 등이 있다.

2) 기업에 새로운 제품

기업에 새로운 제품(new-to-the-firm products)은 새로운 제품계열로 세상에는 새로운 제품이 아니지만, 기업의 입장에서 새로운 제품이다. 이러한 제품은 기존제품의 모방제품이며, 기업에 새로운 시장의 진입을 제공한다. 제품이 시장에 존재하고, 기업이 시장에 출시한 제품이 동일하더라도 기업입장에서 신제품이라면 이것도 신제품이다. 이것은 신제품 중에서 약 20%에 해당한다. 예를 들면, P&G의 아기 기저귀 Luvs, LG의 샴푸나 치약, 삼성전자의 휴대폰이나 컬러 TV, Canon의 레이저 프린터 등이 있다.

---

1 Booz, Allen, & Hamilton(1982).

2 Cooper (2001).

3) 제품계열 확장

제품계열 확장(product line expansion)은 회사의 현재 시장에 제공하는 동일한 범주의 제품을 새롭게 설계하거나 경미하게 다르게 하는 것이다. 즉, 제품계열이나 제품품목을 확대한 경우로 신제품의 26%이다. 이러한 신제품은 회사에는 새로운 품목이며, 회사가 이미 생산하는 기존제품 계열 안에서 만들 수 있다. 예를 들면, 타이드 액체 세제와 같은 라인확장이나 자매상품, HP의 레이저 프린터 출시 이후 칼라 레이저나 복합기 등이 있다.

4) 제품의 개량이나 수정

기존제품의 개량이나 수정(improvements or revisions to existing products)은 기존제품을 더욱 좋게 개량한 것이다. 실제로 시장에 출시되어 판매되는 제품은 기존제품의 개량이나 수정제품이 대부분이다. 이렇게 새롭지 않은 제품은 회사의 제품계열에서 기존제품의 대체라 할 수 있다. 그러나 기존제품에 비하여 향상된 성능, 기능이나 더 큰 지각된 가치를 제공한다. 이러한 제품은 신제품의 26%이다. P&G의 아이보리 비누와 타이드 세탁세제는 여러 번 수정되어 왔다. 예를 들면, 현대자동차의 장수제품인 소나타, 삼성전자의 TV, LG전자의 에어컨, Microsoft의 Windows 등이 있다.

5) 리포지셔닝

리포지셔닝(repositioning)은 제품의 판매가 침체되었거나 소비자의 욕구나 경쟁 및 환경이 변함에 따라 기존제품을 새로운 용도나 새로운 이용으로 새롭게 조정하는 활동이다. 새로운 이용은 새로운 시장을 선택하고, 새로운 문제를 해결하고, 다른 시장의 요구를 충족한다. 이러한 제품은 신제품의 7%이다. 예를 들면, 아스피린은 기본적인 두통약과 해열제였지만 새로운 의료급여로 처리된 이후 혈병, 뇌졸중과 심근경색(heart attacks)의 예방뿐만 아니라 기본적인 두통 완화제로써 포지셔닝하였다.

6) 원가절감

회사가 갖고 있지 못한 바람직한 새로운 아이디어를 경쟁자가 갖고 있고, 기술의 차이가 기업 간에 크지 않기 때문에 제품차별화가 더욱 어렵지만, 소비자들로부터 제품가격 인하의 압박이 크다. 따라서 기업은 원가절감을 통한 가격인하로 판매와 수익을 일정 수준 유지하려고 한다.

원가절감(cost reductions)은 소비자들에게 동일한 성능을 저가격으로 제공하는 신제품이다. 원가절감을 제공하는 신제품은 라인에서 기존제품을 대체할 수 있지만, 동일한 편익과 성능을 제공한다. 이러한 제품은 신제품의 11%이다. 예를 들면, PC나 아크릴 섬유 등이 있다.

4 제품수명주기

제품도 인간처럼 도입기, 성장기, 성숙기와 쇠퇴기 등의 단계적인 과정을 갖고 있다. 신제품은 제품수명주기 상 도입기나 성장기 초기에 출시하는 것이 제품성공에 유리하다. 특히 제품이 성장기에 접어들면, 유사제품이나 모방제품의 출시가 급격히 증가하는 현상이 있다. 제품수명주기에 따라서 추구할 마케팅 전략이 다소 다르다.

1) 제품수명주기

제품수명주기(product life cycle)에 따르면, 제품은 시장에 처음 출시되어 도입기, 성장기, 성숙기와 쇠퇴기 등의 과정을 거친다. 대체로 제품이 시장에 처음 출시되는 도입기, 매출액이 급격히 증가하는 성장기, 제품이 소비자들에게 확산되어 성장률이 둔화되는 성숙기, 그리고 매출이 감소하는 쇠퇴기의 네 단계로 구분한다. 전형적인 제품수명주기는 S자 곡선 형태를 띠고 있지만, 제품이나 시장에 따라 다양한 형태의 제품수명주기 유형이 있다.

초기에 도입 부분이 완만한 곡선을 보이는 것은 구매자들의 관심을 유도해 신제품의 시용구매를 자극시키는 것이 매우 어렵기 때문이다. 초기 수용자들이 도입기에서 제품을 구매하는 선도구매자들이다. 제품의 우수성이 입증되면 많은 구매자들이 제품을 구매하면서 성장기에 진입하게 된다. 이후 제품의 잠재적 구매자까지 구매하여 시장이 포화상태에 이르면서 성장률이 하락하고, 안정세를 보이는 성숙기에 이른다. 마지막으로 새로운 대체품이 등장하면서 제품은 쇠퇴기를 맞게 된다.

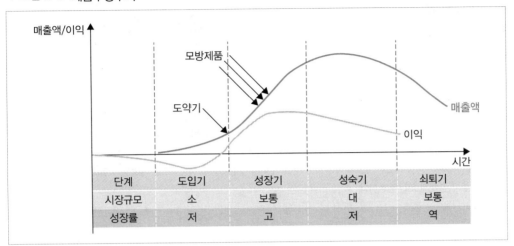

단계	도입기	성장기	성숙기	쇠퇴기
시장규모	소	보통	대	보통
성장률	저	고	저	역

2) 제품수명주기별 전략

신제품이 시장에서 제품수명주기 상에 어디에 위치하고 있는지를 파악한다. 왜냐하면 제품수명주기 단계에 따라서 사용할 전략이 다르기 때문이다. 최근에 제품수명주기가 단축되는 이유는 소비자의 선호급변과 신기술의 급속한 개발이다. 기업은 신제품개발을 신속히 해야 하고, 막대한 R&D 비용이 발생한다. 따라서 기업은 제품개발 기술과 대량생산 기술을 동시에 구축해야 하며, R&D, 자금, 기술의 확보를 위한 전략적 제휴와 세계 시장의 확보가 필요하다. 신제품이 도입기라면 초기 혁신자들을 대상으로 제품확산에 주력하고, 제품의 인지도 구축에 초점을 맞추는 것이 필요하다. 시용구매를 유도하여 반복구매와 구전을 이끌어내야 한다.

▼ 표 2-1 제품수명주기별 전략

구분	도입기	성장기	성숙기	쇠퇴기
마케팅 목표	제품인지와 시용구매의 창출	시장점유율 확대	점유율 유지	지출감소 또는 수확
제품	기본 형태	품질향상	제품의 다양화	단계적 철수
가격	고가격 · 저가격	시장침투가격	방어적 가격	저가격
유통경로	선택적 유통	집중적 유통	집중적 유통	선택적 유통
광고	인지도 구축	인지도 · 관심제고	제품편익 강조	최소한의 광고
판매촉진	시용구매	판촉비 감소	상표전환 유도	감소

02 신제품개발의 성공 요인

신제품은 많은 투자를 필요로 하고, 제품실패의 위험이 크기 때문에 신제품개발은 매우 어렵다. 신제품은 약 40%가 실패한다. 독특하고 우수한 제품은 경쟁자와 차별화하지 않으면 큰 제품실패의 위험에 노출된다. 시장과 고객의 욕구조사를 기반으로 개발된 독특하고 우수한 제품은 고객들에게 매력적인 제품으로 인식된다. 이러한 제품개발은 철저한 시장과 고객조사를 통하여 제품에 구현할 중요한 요소를 구성하는 것이다. 따라서 신제품을 성공적으로 개발하기 위해서 제품개발 전에 중요한 요소를 신중하게 고려해야 한다.

▼ 그림 2-4 신제품개발의 성공 요인

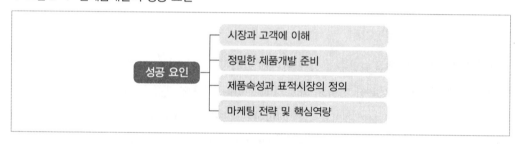

1 시장과 고객에 대한 이해

시장과 고객에 대한 철저한 이해는 아무리 강조해도 지나치지 않다. 제품성공은 고객의 욕구와 가치가 무엇인지 파악하는 것이 중요하다. 고객욕구와 가치에 대한 철저한 이해는 잘 정의된 경쟁전략을 수립할 수 있다. 고객욕구와 필요, 시장의 경쟁상황과 성격을 완전하게 이해하는 것은 신제품 성공의 필수적인 요소이다. 이와 달리 제품혁신에서 강력한 시장추세를 지향하지 못하고, 필요한 시장평가를 착수하지 않는다면, 제품개발 시점부터 고객이 떠나는 재앙을 만드는 길이다. 확고한 고객집중은 성공률과 수익성을 향상할 뿐만 아니라 시장출시 시간을 감소한다.[3] 제품품질을 분석하고 시장조사를 하는 것은 시간과 노력의 낭비가 아니라 오히려 매우 높은 성

---

3 Cooper and Edgett(2002).

공률과 시간효율(time efficiency)을 올리는 것이다. 따라서 시장과 고객에 대한 집중은 최고의 제품 개발을 위한 아이디어 창출이나 제품설계와 같은 전체 신제품개발 과정의 기반이 된다.

② 정밀한 제품개발 준비

　성공적인 기업은 실패한 기업보다 시장과 고객조사, 아이디어 평가, 컨셉평가, 운영 및 기술평가, 제품가치평가, 사업과 재무분석 등에 시간과 비용을 많이 투자한다. 개발초기의 철저한 사전활동은 신제품개발의 완성도를 높이는 데 많은 기여를 한다. 따라서 제품개발의 사전준비 활동이 제품품질에 매우 큰 영향을 준다. [그림 2-5]에서 제품개발 준비활동을 철저히 한 기업과 그렇지 못한 기업 간의 제품품질 편차가 크다는 것을 알 수 있다.

▼ 그림 2-5　초기단계 활동의 수행품질 비교

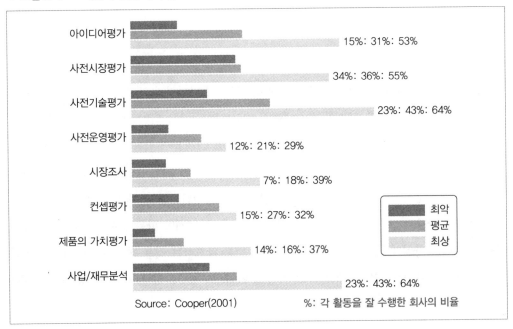

3 제품속성과 표적시장의 정의

명확하고 확고한 제품정의는 프로젝트의 전반적인 수행을 안정적으로 이끈다. 독특하고 탁월한 속성과 편익은 고객들에게 매력적인 제품으로 인식되지만, 가장 중요한 본질적인 요소는 제품의 당연적 품질요소를 충족해야 한다. 이러한 요소들이 구현될 때 매력적인 표적시장에서 제품의 성공을 기대할 수 있다.

▼ 그림 2-6 **제품속성과 표적시장의 정의**

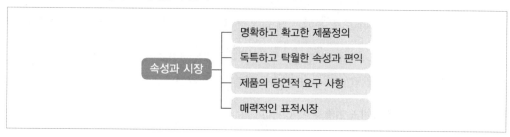

1) 명확하고 확고한 제품정의

신제품 프로젝트에서 최악의 낭비요소는 프로젝트의 범위변형과 불안정한 제품사양이다. 범위변형(scope creep)은 프로젝트의 정의가 계속적으로 변하는 것을 의미한다. 프로젝트의 표적고객이나 제공해야 할 편익이 일관성이 없다면, 제품개발 과정은 초점을 잃고 불안정하게 된다. 이러한 프로젝트는 결국 신제품군을 위한 플랫폼으로 끝날 수 있다. 불안정한 제품사양은 제품요구 사항 및 제품사양이 자주 변경되거나 불명확할 때 발생한다. 제품개발 전체에 변동성이 크기 때문에 기술자는 어려운 개발목표를 추적하게 된다. 사전개발 활동 중에 분명하고, 조기의, 안정된, 그리고 사실에 근거한 프로젝트와 제품정의를 확보하는 것은 최상의 해결책이다. 따라서 프로젝트 범위, 제품사양과 표적시장, 제공할 편익, 포지셔닝 전략과 제품특징 등을 사전에 철저하게 정의할 필요가 있다.

- 프로젝트 범위 정의: 내수·수출, 라인확장, 제품품목, 플랫폼 개발
- 제품사양과 표적시장: 의도한 고객이나 사용자가 누구인가?
- 제품컨셉과 편익: 사용자에게 전달할 제품컨셉과 편익의 기술

- 경쟁위치: 포지셔닝 전략의 묘사
- 제품특징, 속성과 사양의 열거: **필요품질과 기대품질 간의 우선순위**

2) 독특하고 탁월한 속성과 편익

고객에게 독특한 편익과 가치가 있는 제품을 전달하는 것은 다른 어떤 요인보다도 중요하다. 독특하고 탁월한 제품은 차별화 특성이 거의 없는 모방제품이나 평범한 제품보다 고객들에게 매력적인 제품이기 때문에 시장점유율이나 수익률이 훨씬 높다. 매력적인 제품(winning products)은 경쟁제품에 비해 고객들에게 우수한 가치와 탁월한 성능을 제공하고, 고객들의 전체 비용을 감소하는 제품이다. 이러한 제품은 고객의 욕구충족 측면에서 경쟁제품보다 우수하고, 경쟁제품에서 이용할 수 없는 독특한 특징을 제공할 뿐만 아니라 경쟁제품에서 해결하지 못한 문제까지 해결한다. 따라서 매력적인 제품은 고객이 유용한 것으로 인식하는 제품편익이나 속성을 제공하고, 또한 이러한 편익이나 속성을 쉽게 알아볼 수 있는 제품이다.

매력적인 제품의 이점은 제품 의미성과 탁월성에 있다. 제품 의미성(meaningfulness)은 신제품을 구매하고 사용함으로써 얻는 편익이며, 제품 탁월성(superiority)은 신제품이 경쟁제품을 능가하는 정도이다.[4] 따라서 매력적인 제품은 물리적 제품뿐만 아니라 확장제품, 제품과 관련된 편익, 제품서비스나 제품이미지까지 포함하여 경쟁제품이 제공하지 못하는 것을 제공하는 제품이다.

3) 제품의 당연적 요구 사항

제품의 당연적 품질요소는 제품이 충족한다고 하더라도 고객은 만족하지 않지만, 충족하지 못하면 불만족하는 품질요소이다. 이러한 당연적 품질요소를 당연히 충족하고, 그 위에 독특하고 탁월한 제품특징을 추가하여야 제품차별화가 이루어진다. 제품의 기능적 속성인 당연적 요소가 성취되지 않는다면 평범한 제품으로써의 가치도 없는 제품실패를 의미한다. 따라서 [표 2-2]에 제시된 것처럼 고려해야 할 요소는 원가, 품질, 시간과 유연성이 있다.

---

4 Rijsdijk, Langerak, and Jan(2011).

▼ 표 2-2 당연적 품질 고려요소

구분		정의	고려사항
원가	저원가	최저원가로 제품전달	효율적 생산을 위해 설계운영
품질	최고품질	탁월한 품질이나 서비스 전달	제품특징과 높은 고객접촉 필요
	품질의 일관성	설계사양을 충족하는 제품생산	오류감소, 결함예방 설계와 추적
시간	배달속도	신속하게 고객의 주문 대응	생산준비 시간 감소 공정설계
	적시배달	전달시간 충족	고객 주문 처리율 증가 계획
	개발속도	신속한 개발속도	다기능 팀의 통합과 공급자의 관여
유연성	주문생산	제품이나 서비스 설계변경으로 각 고객의 독특한 욕구충족	소량생산, 밀접한 고객접촉과 용이한 재변경
	다양성	제품의 다양한 구색	주문제작 공정보다 더 큰 생산능력
	생산의 유연성	큰 변동성을 신속하게 다루기 위해 제품의 생산량 조정	초과생산능력에 맞는 설계

4) 매력적인 표적시장

매력적인 시장을 표적으로 하는 제품은 매우 성공적으로 될 수 있다. 시장의 매력성을 판별하는 것은 시장잠재력과 경쟁상황 등이 있다. 시장의 규모가 크고, 성장하고, 제품에 대한 강력한 소비자 욕구를 갖고, 제품구매가 고객에게 중요하다면, 이것은 잠재력이 있는 시장이다. 치열한 경쟁, 가격, 고품질과 강력한 경쟁제품, 판매력, 유통시스템과 지원서비스가 강력한 경쟁에 노출된 시장은 진입이나 확장에 부정적인 시장이다. 신제품 프로젝트의 선택 기준으로 이러한 시장의 특징을 고려해야 한다.

4 마케팅 전략 및 핵심역량

기업의 이익은 판매로부터 발생한다. 판매는 제품을 의미하고 제품은 신제품개발로부터 이어지는 일련의 과정이다. 우수한 제품과 우수한 마케팅 전략이 우수한 상품을 만들고 판매를 증대시킬 수 있다. 따라서 기업은 신제품개발능력을 구비할 뿐만 아니라 핵심역량을 활용하여 완벽한 마케팅 전략을 계획할 수 있어야 한다.

1) 핵심역량 활용

현재 기업의 장점, 역량, 자원과 능력을 활용함으로써 기업은 제품개발 성공의 기회를 향상할 수 있다. 기업이 마케팅 활용의 영역을 확인하기 위해 현재 시장상태를 명확하고 철저하게 이해해야 한다. 또한 기술과 마케팅 활용으로 고객의 문제를 물리적으로 구현할 수 있어야 한다. 기술 활용은 자체 개발기술을 설명하고, 내부 공학기술을 활용하고, 기존제조나 운영자원과 역량을 이용하는 기업의 능력이다. 마케팅 활용은 고객기준, 판매력, 유통경로, 고객 서비스 자원, 마케팅 정보기술, 지식과 자원에서의 기업 적합을 의미한다.

2) 완벽한 마케팅 전략 계획

회사가 최고의 제품을 개발한다고 하더라도 고객들이 구입할 수 있는 곳이나 제품 자체를 모른다면 구입하는 고객은 아무도 없을 것이다. 이러한 이유로 강력한 마케팅 노력, 잘 표적화된 판매방식과 효과적인 판매 후 서비스는 신제품의 성공적인 출시에 중요하다. 표적시장의 정의, 포지셔닝 전략과 제품설계와 같은 마케팅 계획의 중요한 면은 제품설계와 개발단계를 시작하기 전에 준비해야 한다. 가격전략과 촉진방법은 프로젝트가 진행됨에 따라 잠정적인 상황에서 명확하고 효과적으로 개발된다.

03 신제품개발의 실패 요인

신제품이 모두 시장에서 성공하는 것이 아니다. 신제품의 실패율이 성공률보다 더 낮기는 하지만, 평균적으로 40% 수준으로 비교적 높다. 제품개발이 모두 성공하는 것도 아니고, 개발된 신제품이 모두 출시되는 것도 아니다. 기업이 신제품의 컨셉개발과 출시에 소비하는 자원의 약 46%는 시장에서 상업적으로 실패하거나 출시하지 못하는 제품에 소비된다.

1 신제품 실패의 성격

실패는 바람직하거나 의도된 목적을 충족하지 못한 조건이나 상태이다. 따라서 제품실패 (product failure)는 시장이나 고객의 욕구를 충족하지 못하여 기대한 수준의 판매나 수익이 저조한 제품상태를 말한다. 시장에 출시한 다른 제품이 특별한 이유로 시장선도를 유지할 때 자사제품이 다음과 같은 상황에 처해있다면 제품실패라고 간주한다.

- 어떠한 이유로 시장에서 제품철수
- 필요한 시장점유율을 실현하지 못하는 제품
- 수익을 달성하지 못한 제품

제품실패율이 80%라고 자주 문헌에 인용되지만, 실증적으로 지지되지 않는다. PDMA 연구에서 제품실패율은 최상의 사업단위가 24%이고, 나머지는 46%로 나타나고, 산업별 제품실패율은 약 35%에서 45% 수준이다.[5] 또한 신제품개발의 수행능력에 따라 제품성공율은 매우 다르다. 신제품개발에 우수한 회사는 상업적 성공이 62%, 상업적 실패가 14%, 출시 전 포기가 24%로 하위 수행자에 비하여는 상당히 높지만, 38%는 제품실패나 포기로 나타난다.[6] 우수한 성과

---

5 Castellion(2012).

6 Cooper and Edgett(2010).

를 보이는 조직은 시장에서 최상의 결과를 꾸준히 달성한다. 이러한 회사들은 더 높은 기준으로 좋은 제품혁신의 원리를 적용한다. 제품실패율은 업종과 회사에 따라서 매우 다르고, 또한 실패한 제품은 잘 드러나지 않기 때문에 통계적 오류가 크다.

▼ 그림 2-7 신제품의 성공, 실패와 포기 비율

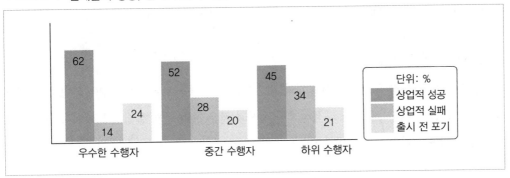

출처: Cooper and Edgett(2010).

② 신제품의 실패 요인

기업이 신제품의 컨셉개발과 출시에 소비하는 자원의 약 46%는 시장에서 상업적으로 실패하거나 결코 출시하지 못하는 상품에 소비된다. 신제품 실패의 주요 요인은 부적절한 시장조사, 제품의 결함, 효과적인 마케팅 노력의 부족, 예상보다 훨씬 높은 원가, 경쟁강도나 반응, 적절하지 못한 출시시기나 기술적 제조문제 등이 있다.[7]

▼ 그림 2-20 신제품 실패의 주요 요인

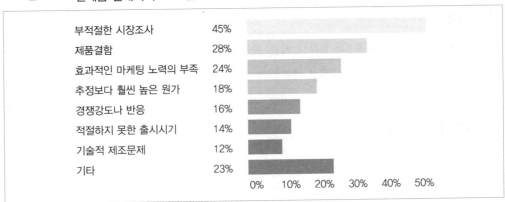

7 Cooper(2001).

☑ 부적절한 시장조사

시장규모, 경쟁상황, 고객욕구와 소비추세 등에 시장조사가 불충분한 경우 제품실패의 가능성은 매우 크다. 시장에서 실제 소비자의 욕구를 확인할 때 철저하지 못한 조사가 이루어지거나 경쟁자의 전략을 확인하지 못하는 경우이다. 대체로 제품실패의 원인은 표적시장에 대한 실제 고객의 행동을 정확하게 반영하지 못하는 마케팅 조사에서 야기된다.

☑ 제품결합 및 기술적 문제

제품결함 등 기술적 문제는 제품설계와 제품생산의 문제를 포함하는 제품실패이다. 이러한 생산이나 품질문제는 기술조사, 제품설계나 생산과 같은 초기 단계 실행의 부족이나 고객의 요구 사항을 잘 이해하지 못해서 발생한다.

☑ 불충분한 마케팅 노력

신제품이 저절로 팔린다는 가정으로 제품출시에 적절한 마케팅, 판매와 촉진자원을 지원하지 않는다. 이것은 각 단계에서 사용하는 마케팅 도구와 기법을 완전하게 이해하지 못하는 경우이다.

☑ 부적절한 출시시기

고객의 선호가 이동하거나 마케팅 기회를 포착하는 신제품으로 경쟁자가 나타나기 때문에 제한된 기회의 창을 잃어 많은 제품들이 실패한다. 제품실패의 이러한 원인은 초기 단계에서 이루어지는 철저한 마케팅조사로 예방할 수 있거나 적어도 확인할 수 있다. 제품개발이 진행되기 전에 고객의 소리를 청취하고, 고객의 통찰력을 찾고, 적절한 시장정보를 입수하는 것이 중요하다.

☑ 기타

과도하게 예측한 시장규모, 부정확한 제품 포지셔닝, 제품특징이나 사용에 관한 그릇되거나 혼동된 마케팅 메시지지 전달, 가치를 제공하는 표적시장과 브랜드 과정의 이해 부족, 적절하지 못한 가격정책, 과도한 조사와 제품개발비용, 경쟁자나 소매점 반응의 정확하지 못한 이해, 유통시점의 미숙 등이 있다.

▼ 표 2-3 신제품 실패 원인과 예방수단[8]

구분	실패 원인	예방 수단
협소한 시장	제품의 불충분한 수요	시장정의, 기회확인, 수요예측
차별성 부족	고객에게 새로운 것을 제공하지 못하는 형편없는 신기술과 불분명한 편익	창조적이고 체계적인 아이디어 창출, 고객에게 집중하는 제품설계, 출시 전 제품과 포지션 조사
경쟁자 반응	제품이 시장에서 성공하기 전에 경쟁자가 빨리 반응한다. 경쟁자가 설계를 모방하여 개선한다.	전략적 포지셔닝, 설계, 가격과 마케팅 계획에서 경쟁자 반응 고려, 시장우위를 위한 공격적 추진
기술개발	기술의 혁신적 변화를 수용하지 못하고, 구기술에 너무 오래 안주	추적관찰, R&D를 위한 교육투자
부문 간 협조	고객욕구를 충족하지 못하는 기술개발	고객자료를 생산개발 과정 반영, 협조적 마케팅과 R&D

---

8   Urban, & Hauser(1993), Design and Marketing of New Products, Prentice Hall.

04 신제품의 개발 과정

 신제품은 기업의 생존과 발전을 위해 독특하고, 경쟁제품과 다른 차별적인 편익과 탁월한 성능을 제공할 수 있는 제품이어야 한다. 신제품개발(New Product Development: NPD)은 시장기회의 인식과 고객의 미충족 욕구의 탐색으로 시작하여 아이디어 창출, 제품컨셉 창출, 제품사양의 결정과 제품설계, 시제품 개발과 테스트, 경제성 분석, 마케팅 전략의 수립과 출시, 그리고 출시 후 관리로 끝을 맺는 활동이다. 따라서 신제품개발은 전략, 조직, 컨셉창출, 제품·시장계획과 신제품의 상업화에 관한 전반적인 과정이다. 신제품개발의 구체적인 절차는 아이디어 탐색, 해결안 도출, 제품컨셉 창출, 제품개발, 마케팅전략과 출시 과정으로 진행된다. 본서에서는 저자가 개발한 신제품개발 모델에 따라서 각 장에서 이론과 실무적 기법을 상세히 설명한다. 본장에서는 신제품개발 과정을 개략적으로 서술한다.

▼ 그림 2-8 신제품개발 모델

① 아이디어 탐색

 성장하고 비전이 있는 기업은 시장의 새로운 변화에 민감하고, 고객의 욕구와 필요를 탐색함으로써 신제품기회를 창출한다. 특정한 제품컨셉을 창출하기 위해 시장기회를 조사하고, 평가하여 제품 아이디어로 전환한다. 시장기회는 신제품, 서비스나 사업을 위한 욕구를 창출하는 일련의 호의적인 환경이다. 시장의 변화는 기업에 기회를 주며, 이러한 기회는 제품개발의 맥락에서 신제품을 위한 아이디어이다. 기회의 창(window of opportunity)은 이용할 수 있는 기회로 특정 시간에 짧은 기간 동안 열렸다가 어느 정도 지나면 닫힌다. 기업은 이 짧은 기회를 감지할 수 있도록 항상 주의하고 관찰해야 한다. 외부적 환경으로 기회의 창이 열려져 있을 때 기업은 시장 상황과 역량이 적합하다면 전략적으로 우월한 위치를 선점할 수 있다. 그러나 시장의 기회를 탐지·판별한 다음 선정할 수 있는 최적의 유망기회를 발굴하는 일련의 과정은 간단한 과정은 아니지만, 시장기회는 모든 사업의 시작이기 때문에 매우 중요한 과업이다. 기회개발 과정은 대상기회의 선정, 기회창출과 판별, 대상기회의 심사와 유망기회의 선정이 단계적으로 진행된다.

욕구(need)는 현재 상태(what is)와 이상적 상태(what should be) 간의 차이 또는 불일치이다. 욕구는 어떤 기본적인 것이 결핍된 상태이다. 필요(want)는 욕구를 만족시킬 수 있는 구체적인 제품이나 서비스에 대한 바람이다. 욕구는 고객의 행동을 유발시키는 동기의 직접적인 원인이 된다. 따라서 욕구는 자극을 받아 동기가 되고, 동기는 특정 행동의 원인이 된다. 고객의 욕구는 고객이 해결되기를 원하는 문제로 상품이 제공하는 편익(benefits)을 통해서 충족될 수 있다.

잠재적 욕구(latent needs)는 구체적으로 표현되지 않고, 고객의 마음속에 잠재되어 있는 욕구로 고객들이 보고 경험하기 전까지 욕구를 인식하지 못하고 깨닫지 못하는 욕구이다. 기업이 이러한 욕구를 고객에게 제공한다면, 고객들은 놀라거나 흥분할 수 있는 욕구이다. 경쟁자와 차별하기 위해서는 소비자의 숨겨진 욕구를 발견한다. 이러한 잠재적 욕구는 미충족 욕구, 미제공 및 과소제공 욕구 등이 있다. 숨겨진 욕구는 고객의 인식여부에 따라 두 종류로 구분된다. 하나는 고객들이 인식한 욕구이지만, 고객들이 표현하지 않거나 표현할 수 없는 욕구이다.[9] 표현하지 않은 욕구는 표현하지 않았을 뿐이지 욕구가 없는 것이 아니다. 인식상태 욕구는 고객들이 인지하고 있으나 단지 표현하지 못한 욕구일 뿐이다. 이와 달리 잠재욕구 중에서 고객이 아직 깨닫지 못한 인식불능 욕구가 있다. 고객이 아직 깨닫지 못한 욕구가 충족된다면 고객은 감동할 것이다. 제품이 충족하지 않더라도 고객은 아직까지 생각하지 못한 상태이기 때문에 실망하지도 않을 것이다. 따라서 혁신적인 기업은 고객들이 인식하지 못한 욕구를 발견하여 고객의 욕구를 창출하고 수요를 유도할 것이다.

---

9 Karkkainen, Piippo, Puumalainen, & Tuominen(2001).

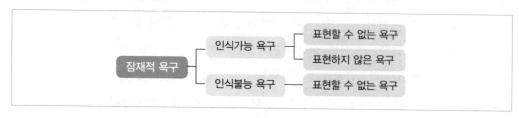

		표현할 수 없는 욕구
잠재적 욕구	인식가능 욕구	표현하지 않은 욕구
	인식불능 욕구	표현할 수 없는 욕구

고객욕구의 확인 방법은 고객과 직접 대면하면서 면접하는 심층면접과 집단을 대상으로 면접하는 표적집단면접 등은 정성적 기법이나 사전에 질문지를 작성하여 개인별로 면접하는 개인면접, 인터넷이나 전화조사와 같은 정량적 방법이 있다. 조사과정은 제품 사명선언문에 근거한 제품개발을 염두에 두고, 시장과 고객에 관한 자료수집, 자료분석, 욕구분류, 상대적 중요도 추출과 아이디어추출 과정으로 이어진다.

② 해결안 도출

아이디어(idea)는 정신적 이해, 인식이나 활동의 결과로써 마음 속에 존재하는 구상이다. 아이디어는 신제품이나 서비스의 초기 지각으로 기회를 이용할 수 있는 해결책의 초기 관점이다. 따라서 아이디어는 시장에 나타난 기회를 개발하고, 실행 가능한 컨셉을 개발하기 위해 필요한 것이다. 창조성은 사물을 새롭게 탄생시키거나, 새로운 사물에 이르게 하는 개인의 지적 특성인 동시에 새롭고, 독창적이고, 유용한 것을 만들어 내는 능력이다. 따라서 창조성은 확산적 사고와 수렴적 사고를 포함하는 다양한 지적능력, 인성, 지식, 환경의 총체적인 관점이다. 확산적 사고기법은 주어진 문제에 대해 가능한 많은 해결책을 창출하는 기법이다. 이에 비해 수렴적 사고는 주어진 문제에 대한 최적의 해결책을 창출하는 사고기법으로 아이디어들을 분석하고, 다듬고, 선택하는 사고과정이다. 시장기회와 고객욕구 확인을 통해서 제공되지 않은 문제에 대한 해결책이 바로 아이디어가 된다. 이러한 아이디어는 확산적 사고를 통해서 많은 아이디어를 생산하고, 수렴적 사고를 통해 최적의 아이디어를 선별하는 것이다.

모순(contradiction)은 서로 양립하거나 공존할 수 없는 것들의 대립현상으로 최소한 두 가지 이상의 요소가 갈등을 일으키는 상황이다. 따라서 모순은 어느 하나를 좋게 하면 어느 하나가 나빠지는 것을 말한다. 모순이 반대 세력으로 성장하고, 본래의 것과 격렬하게 부딪혀 나감으로써 새로운 것으로 발전되어 간다. 모순을 발견하고, 트리즈 기법로 해결하는 방법을 찾는다면 발명으로 이어질 수 있다. 특허기술정보는 최신 기술정보의 원천으로 기술배경, 문제점 및 해결방법이 구체적으로 구현되어 제품개발의 아이디어 및 적용기술 개발에 효과적으로 활용할 수 있다. 이러한 선행 특허정보의 검색은 아이디어의 개발과 중복연구 방지에 유용하다. 또한 특허회피나 침해를 사전에 예방할 수 있다.

③ 제품컨셉 창출

제품 아이디어를 정리할 필요가 있다. 제품 아이디어를 정리한 것이 바로 제품컨셉이다. 제품컨셉(product concept)은 의미 있는 소비자 언어로 상세하게 표현한 신제품 아이디어이다.[10] 즉, 제품컨셉은 제품 아이디어를 소비자가 사용하는 언어로 전환시킨 것이다. 이와 같이 제품컨셉에는 표적고객(target)에게 전달하는 소비자의 문제를 해결할 수 있는 제품속성(attribute), 제품을 구매하거나 사용함으로써 얻는 제품편익(benefit)과 고객이 제품을 구매할 이유(rationale)가 포함된다.

▼ 그림 2-10 **제품컨셉의 함수**

$$\text{Product Concept} = f(\text{Target, Attribute, Benefit, Rationale})$$

아이디어를 개발하여 제품컨셉을 창출하고, 최종 컨셉안을 완성하는 단계까지를 제품컨셉의 창출과정이라고 한다. 이 과정에서 다수의 가설컨셉을 창출하여 평가하고, 최적의 제품컨셉을 선정한다. 가설 제품컨셉 창출의 목적은 가능한 많은 제품컨셉을 개발하여 최적의 제품컨셉을 도출하기 위한 것이다. [그림 2-11]은 제품컨셉의 창출 과정을 설명한다.

---

10 Kotler, Keller, Ancarani, & Costabile(2014).

▼ 그림 2-11 제품속성과 편익 추출 과정

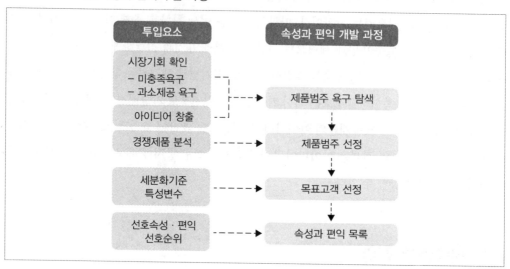

시장기회 확인과정을 통해 제품범주 욕구를 찾는다. 경쟁제품을 분석하여 제품범주를 선정하고, STP의 기준을 활용하여 목표고객을 선정한다. 표적고객이 선호하는 속성을 찾아내어 제품속성과 편익목록을 작성한다. 추출된 아이디어를 정리하여 최종의 최적 제품컨셉을 선정하기 위해 만든 초안을 가설 제품컨셉이라고 한다. 가설 제품컨셉의 수립과 컨셉보드의 구성으로 가설 제품컨셉 작업이 완료되면, 면접이나 서베이를 통해서 가설 제품컨셉을 평가하여 수정하게 된다. 이렇게 하여 제품컨셉은 평가와 수정을 거쳐 최종 제품컨셉에 이르게 된다.

4 제품개발

제품개발은 제품 아이디어를 설계과정을 통해 물리적인 형성화 과정이다. 제품설계는 제품의 모양과 기능을 적용기술을 통해 유형적으로 구현하는 활동이다. 설계자들은 최종사용자에서 최고경영층 간의 연결자로서 확대된 역할을 수행할 뿐만 아니라 제품개발팀에게 최종사용자로부터 입수한 설계변경이 바람직한 최적의 정보를 전달하는 역할을 한다.

제품설계를 완료하고, 설계대로 제품을 제작하는 것을 제품 프로토타입이라고 한다. 제품 프로토타입이 완성되면, 제품개발팀은 제품의 기능테스트를 실시한다. 기능테스트는 제품설계대로 정확하게 제작되었는지와 제작한 프로토타입이 제대로 작동되는지를 평가하는 것이다. 이러한 테스트는 주로 제품사양, 성능, 품질 등에 집중된다. 이 과정을 통과한 제품은 사용자 테스트를 실시한 후, 출시를 위한 테스트 마케팅을 실시하는 과정을 거친다.

제품 사용자 테스트는 제품을 실제로 사용할 고객들이 제품을 평가하도록 하는 것을 말한다. 즉, 사용자 테스트는 일상적인 제품사용 상태 하에서 제품을 테스트하는 것이다. 제품이 아직까지는 완벽하지 않기 때문에 신제품이 고객의 요구 사항을 충족하거나 문제를 해결할 때까지 개발팀은 테스트를 계속 진행한다. 제품 사용자 테스트는 소비자들의 제품사용 전 지각반응이며, 초기 사용경험이 된다. 설계기준과 제품과의 일치성, 사용의 용이성을 제공하는지, 제품의 불만, 불편이나 오류가 없는지는 등에 관한 테스트는 시장진입의 성공가능성을 한층 더 높여준다.

⑤ 출시전략

제품이 개발되면 시장에 출시된다. 제품이 출시 전에 준비할 전략이 바로 출시전략이다. 제품개발 과정 중에 진행이나 중지결정이 신제품의 수요예측을 필요로 하기 때문에 신제품의 예측은 신제품개발에서 중요한 요소이다. 신제품이 성공하기 위해서는 시장수용, 기술적 타당성과 회사의 자원과 관련된 불확실성을 해결한다. 신제품 예측은 매우 어려워 때로는 경시하는 경우가 있다. 그러나 성공적인 신제품 예측은 적절한 기법을 사용함으로써 가능하다.

시장세분화(segmentation)는 전체시장을 비교적 동일한 욕구를 가진 고객의 집단으로 나누는 것이다. 시장을 분할하기 위한 변수를 선택하고, 세분시장의 특성을 구축하여 새로운 세분시장을 확인하는 과정이다. 표적화(targeting)는 시장 세분화를 통해 목표로 하는 시장의 고객집단을 선정하는 과정이다. 포지셔닝(positioning)은 소비자의 지각을 이해하고, 제품을 소비자의 마음속에 경쟁제품보다 유리하게 자리 잡게 하는 과정이다. 시장을 세분화하고, 목표로 하는 소비자를 표적으로 선정하고, 경쟁제품보다 더 유리하게 소비자들의 마음속에 제품을 위치하게 하는 전략을 STP 전략이라고 한다.

제품출시는 개발한 신제품을 상업화하는 활동이다. 상업화(commercialization)는 신제품을 시장에 출시하는 것으로 제품출시, 안정적인 생산량 증가, 마케팅 자료와 프로그램 개발, 공급사슬 개발, 판매경로 개발, 훈련개발과 지원개발을 포함한다. 제품출시는 최초 판매를 위해 신제품을 시장에 도입하는 과정이다. 제품출시 활동은 시장과 유통경로에 물리적인 포지셔닝으로 이전하는 단계로 개발단계에서 지출한 총비용을 훨씬 능가하는 상당한 신제품비용을 필요로 한다. 출시활동 계획에서 오는 실수, 오산과 간과는 신제품 성공에 치명적인 장애가 된다. 신제품 출시는 비용과 시간이 많이 들고, 위험하기 때문에 출시품목, 출시장소, 출시시기와 출시방법 등을 전략적으로 계획해야 한다.

신제품출시 전략은 출시전략과 출시전술로 구분된다. 출시전략은 제품전략, 시장전략, 경쟁전략과 사업전략을 포함한다. 출시전술은 제품믹스, 가격믹스, 유통믹스와 촉진믹스를 포함한다. 출시전략은 신제품의 물리적 개발이 완성된 후에 일어난다. 제품출시의 전체 방향을 설정하고 출시전술을 구사하기 위해 계획된다. 제품전략은 제품범주, 제품수명주기, 출시시기, 출시지역, 출시방법 등에 관한 의사결정이다. 시장전략은 시장성장률과 잠재력 등을 예측하여 충분한 규모의 시장에서 충분한 수익을 얻을 수 있는가를 판단하는 것이다. 경쟁전략은 경쟁대상, 경쟁위치, 경쟁자 위협, STP에 관한 의사결정이다. 사업전략은 원가, 차별화, 핵심역량, 투입자원을 결정하는 것이다. 따라서 이러한 과정은 성공적인 제품출시에 관한 의사결정이다. 출시 후 제품관리는 제품수명주기의 가장 긴 단계이다. 출시 후 단계의 주요 행동은 사업의 실제적인 진행이다.

SENSE 신제품 성공의 추진 요인(Cooper, 2011)

- 독특하고, 탁월한 제품: 고객에게 독특한 편익과 설득력 있는 가치제안을 전달하는 차별화된 제품은 신제품 수익을 추진하는 요인이다.
- 고객의 소리: 시장중심, 고객중심은 성공에 매우 중요하다.
- 고객의 사전 사용: 제품의 고객사용은 사용자 측면의 요구 사항과 욕구를 파악할 수 있기 때문에 신제품을 성공적으로 이끈다.
- 분명한 정의: 제품과 프로젝트의 분명한 정의, 진행변경과 불안정한 사양 회피는 높은 성공률과 빠른 출시를 의미한다.
- 세계적인 제품: 세계시장을 표적으로 한 세계적 제품은 한 국가의 욕구를 충족하기 위한 제품보다 더 많은 수익이 있다.
- 충실한 사전계획: 충실한 마케팅 계획은 출시의 핵심이다.
- 개발속도 계산: 개발계획을 가속화하더라도 질을 희생해서는 안 된다.

기다리는 것만으로 살아가는 사람은 굶어 죽는다(이탈리아 속담).

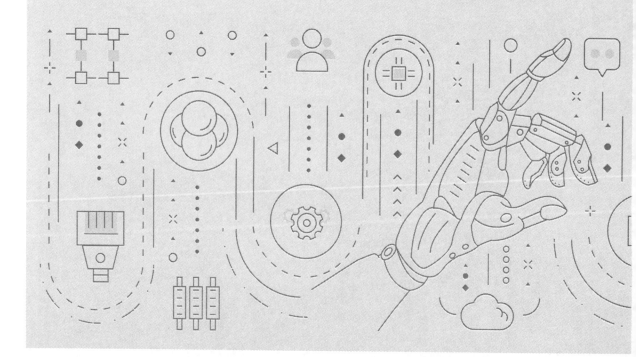

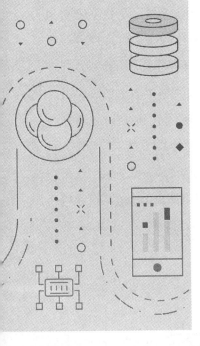

CHAPTER

03

사업기회

01 사업기회

02 틈새시장

03 사업환경 분석

04 사업기회 개발

▌▶ LG의 혁신: 先디자인 後개발

　TV에 방영 중인 LG전자의 초프리미엄 가전 브랜드 'LG시그니처'의 광고 문구다. 'LG시그니처'는 혁신적인 성능 못지않게 예술작품처럼 세련된 디자인으로 소비자들의 주목을 받고 있다. 무엇보다 고객의 마음을 얻을 수 있고, 고객이 사용하기 편리한 디자인과 기능을 갖췄다. 이른바 '先디자인, 後개발'이라는 파격 전략을 내세우면서 LG의 혁신이 디자인으로부터 비롯되고 있다. 'LG시그니처', 'G5' 등 기존과는 차별화된 디자인의 제품을 앞세워 시장공략에 나서고 있다. 세계 경제의 장기적인 저성장과 함께 주력사업의 기술 및 성능 경쟁이 점차 심화되면서 디자인이 제품의 경쟁력을 결정하는 중요한 요소 중 하나로 자리 잡음에 따라 LG의 디자인 역량이 빛을 보고 있다.

▌▶ 디자인 완성도 높인 LG시그니처: 디자인 위원회 첫 작품

LG전자·LG 시그니처 올레드 TV

　LG전자에는 최고 경영진과 사내 디자인 전문가들로 구성된 전사 조직 디자인 위원회가 있다. 이번에 출시한 LG시그니처는 디자인 위원회의 첫 작품이다. 2014년 발족한 디자인 위원회는 제품의 개발 초기 단계에서부터 디자인을 먼저 결정한 후 관련 기술을 뒷받침하는 先디자인, 後개발이라는 파격적인 전략을 실시하고 있다. 제품이 아닌 작품은 TV에 방영 중인 LG전자의 초프리미엄 가전 브랜드 LG시그니처의 광고 문구다. LG시그니처는 혁신적인 성능 못지않게 예술작품처럼 세련된 디자인으로 소비자들의 주목을 받고 있다.

　2016년 초 미국 최대 일간지 USA 투데이의 리뷰 전문 매체 리뷰드닷컴(Reviewed.com)은 LG 시그니처 올레드 TV를 에디터스 초이스(Editors' Choice Award)에 선정하며 올레드 기술과 뛰어난 디자인은 숨을 멎게 한다고 평가했다. 최근에는 美 IT 전문매체 피씨맥(PCMag)이 LG 시그니처 올레드 TV에 5점 만점과 함께 LG 시그니처 올레드 TV는 최고의 화질뿐만 아니라 불가능할 것 같은 디자인을 갖췄다고 표현했다. 또 디지털트렌드(Digital Trends)는 TV의 패널이 얇을수록 좋은 화질을 구현하는 것이 어렵지만, LG 시그니처 올레드 TV는 매력적인 디자인과 압도적인 화질을 모두 갖췄다며 과장이 아니라, 이 제품은 지금껏 본 TV 중 최고라고 호평했다.

▶ LG생활건강, 유명 디자이너와 콜라보레이션: 새로운 변화 시도

LG생활건강 또한, 유명 디자이너와의 콜라보레이션 프로젝트를 통해 화장품 디자인에서 새로운 변화를 시도하며 최고급 이미지를 구축하고 있다. 고급 화장품 시장에서 제품성패의 중요한 키로 작용하는 것이 화장품 자체뿐만 아니라 용기와 패키지 등 디자인 요소이기 때문에, 고객의 감성가치를 충족시킬 수 있는 디자인 강화에 심혈을 기울이고 있다. 나전칠기 장인 김영준, 패션 디자이너 곽현주, 뉴욕의 신진 디자이너 카이옌(Kayen), 뉴욕의 일러스트레이터 올리비아(Olivia) 등 국내외 디자이너들과 끊임없이 협업해 새로운 디자인의 화장품을 선보이고 있다. 최근 가장 대표적인 사례는 라이프 스타일 디자이너 양태오와 콜라보레이션한 오휘의 베스트셀러 쿠션화장품인 얼티밋 커버 CC쿠션이다.

▶ LG하우시스의 전략: 핵심 디자이너 육성

○ LG하우시스. 디스플레이 쇼룸. [사진=LG]

LG하우시스는 핵심 디자이너 육성에 적극 나서고 있다. 국내 주거 문화가 과거의 획일성에서 벗어나 개개인의 개성을 표현하는 방식으로 발전하면서 홈 인테리어 제품의 디자인 요소가 어느 때보다 중요해지고 있기 때문이다. LG하우시스는 우수 디자이너에게 전세계 디자인의 중심지인 이탈리아 밀라노에 위치한 도무스 아카데미(Domus Academy)에서 1년간 연수 기회를 제공하는 글로벌 디자인 전문가 프로그램을 운영 중이다. 지난 2007년부터는 임직원들이 아이디어를 자유롭게 개진하고 이를 상품화시키도록 장려하는 디자인 점프를 운영하고 있다. 디자인 점프를 통해 개발된 제품들은 사업타당성 검토를 거쳐 실제로 시장에 출시되기도 한다. 건축물 외관에 디자인 효과를 내는 익스테리어 필름 제품인 모던 컬렉션, 원목과 알루미늄이 적용된 최고급 창호 제품인 론첼 노바, 디자인 트렌드를 반영한 패브릭 질감의 패브릭 벽지가 대표적인 사례다.

출처: 아이뉴스24 2016. 05. 30

▶ Better by Design: 디자인은 혁신의 지름길

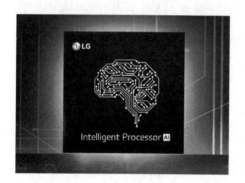

디자인 혁신 컨설팅 기업으로 유명한 시모어파월(Seymourpowell)의 창업자 딕 파월(Dick Powell)의 철학이다. 파월은 국내 대기업을 포함해 글로벌 기업의 디자인 리서치, 브랜드 컨설팅을 하는 제품디자인 전문가다. 파월은 "디자인은 혁신의 지름길이자 연구개발 및 기술공학의 방향을 제시해주는 중요한 요소"라며 "회사별로 다양한 이유가 있겠지만, 점진적으로 디자인에 대한 인식이 변할 것으로 본다"고 했다. 그는 "혁신적인 제품이 잘 안 팔리는 경우도 있다. 미지의 영역일수록 리스크도 높아진다"면서 "그러나 혁신가만이 미래를 향한 길을 밝혀줄 수 있고 후발주자를 이끌어준다"고 주장했다. 그는 토요타의 친환경 자동차 프리우스를 예로 들었다. 출시 당시엔 두각을 나타내지 못했지만, 세계적으로 친환경 제품에 대한 관심이 높아지면서 장기적으로 '베스트셀링카'가 되고, 지금은 친환경 자동차의 선도자(First Mover)가 됐다는 게 그의 설명이다.

출처: 헤럴드경제 2016.10.12.

01 사업기회

아이디어 탐색	→	아이디어 창출	→	컨셉창출	→	제품개발	→	출시전략
시장기회확인		창조적 사고		속성편익		품질기능전개		수요예측
고객욕구확인		선행기술 조사		컨셉서술		제품사양		사업타당성
고객문제확인		트리즈 기법		컨셉보드		제품구조		출시전략
기술공백확인		디자인씽킹		컨셉평가		제품설계		출시전술
		비즈니스모델		컨셉선정		프로토타입		시장추적
						테스트마케팅		
						지식재산권		

① 사업기회

경영환경은 기업가에게 기회와 문제를 제공하는 바다이다. 기회는 신제품이나 사업을 위한 호의적인 환경이다. 뿐만 아니라 기회는 사업에 유리한 조건이지만 문제는 현재 상태에서 개선된 상태로 변환이 가능한 상황으로 현재 상태와 이상적인 상태 간의 차이를 말한다. 기회는 고객의 욕구나 필요가 있는 곳이나 문제를 확인하고 이를 해결하는 곳에 존재한다. 이러한 기회에서 매력적인 아이디어를 창조하거나 발견할 수 있다. 이렇게 발견한 아이디어는 사업을 위한 행동 계획이다. 문제는 사업 아이디어가 될 수 있는 기회이다. 따라서 고객의 욕구를 충족하거나 문제를 해결할 수 있을 때 사업기회가 된다.

기회란 새로운 상품과 서비스를 창출하는 유리한 시장 조건을 의미한다. 기회를 개발하려면 선제성, 노력 및 창조성이 필요하다. 대부분의 사업기회는 갑자기 발생하지 않고 기회에 몰입하는 결과이다. 경제적, 법적, 사회문화적, 인구통계학적 그리고 기술 분야의 변화에서 기회가 발생한다. 기회를 발생하는 요인을 포착하고 이를 아이디어로 활용하는 기법과 지혜가 아이디어 창조 비결이고 부의 원천이 된다.

1) 사업컨셉

기업가는 부의 수직 상승을 위해 아이디어를 창조하고 사업컨셉을 구성한다. 즉, 사업을 시작하기 전에 사업과 관련된 사업 방향을 생각한다. 사업에 필요한 기본적인 틀인 사업컨셉은 사업을 계획하는 데 유용한 지침을 제공한다. 이와 같이 사업컨셉은 상품이나 서비스에 경쟁우위를 제공하는 독창적인 가치와 판매제안에 대한 아이디어이다. 우수한 사업컨셉은 사업 아이디어, 가치제안과 비즈니스 모델을 포함한다. 이것은 고객들에게 제공할 가치와 독특한 판매제안을 의미한다. 또한 사업컨셉은 수익성 높은 사업에 필요한 핵심 항목이 완벽하게 잘 고려된 구조이다. 따라서 사업컨셉은 제품이 어떻게 표적고객에게 전달되는지, 그리고 아이디어가 성공할 만큼 독특한지를 포함한다.

▼ 그림 3-1 사업컨셉의 구성 요소

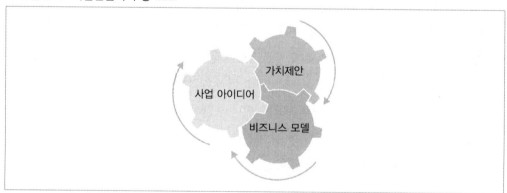

☑ 사업 아이디어

아이디어 구상은 창업이나 제품개발의 첫 단계이다. 고객의 욕구나 문제를 해결할 때 사업 아이디어는 가치가 있다. 사업 아이디어는 종종 시장 진출 및 경쟁우위를 확보할 수 있는 비결이다. 사업은 적어도 하나 이상의 고객욕구나 고객문제를 해결하는 아이디어로부터 시작한다. 아이디어는 기회와 문제에서 찾는다. 기회는 경영환경에서 나타난다. 아이디어는 고객의 욕구나 문제이거나 기술의 공백에 대한 해결방안이다. 따라서 사업 아이디어는 고객에게 유용하고 회사에는 수익성이 있어야 한다.

유망한 아이디어는 고객을 만족시키는 혁신적이고, 독창적이고, 유용한 가치가 있고, 수익성이 있어야 한다. 유망한 아이디어는 적어도 세 가지 특징이 있다. 첫째, 상품과 서비스의 속성을 설명한다. 둘째, 표적고객을 정의한다. 셋째, 아이디어의 구현 방법, 즉 비즈니스 모델을 포함한다. 많은 기업과 개인이 기존 상품과 서비스를 개선하고 이를 통해 사업을 운영하지만 아이디어는 창안하기가 쉽지 않다. 이미 존재하지 않는 것을 발명하는 것은 매우 어려운 과업이만 창조적 기법으로 해결할 수 있다. 고객의 문제를 혁신적이고, 독특하고, 이익이 되도록 해결할 때 경쟁우위가 가능하고 성공하는 아이디어가 된다.

☑ 가치제안

가치제안은 사업 아이디어에 대한 구체적인 제안이다. 가치제안은 소비자가 특정한 상품이나 서비스를 구매함으로써 얻는 이익이 무엇인지를 명확하게 표현한 진술이다. 즉, 가치제안은 고객들이 경쟁제품 대신에 자사 제품을 구매하는 이유를 표현한 진술이다. 고객들이 제품을 구매하거나 서비스를 사용하는 이유를 충족해야 한다. 특정한 상품이나 서비스가 다른 유사한 상품이나 서비스보다 더 많은 가치를 제공하거나 문제를 더 잘 해결한다는 것을 잠재 소비자에게 확신시킬 수 있어야 한다. 따라서 가치제안은 회사가 무엇을 제공하는지, 어떻게 제공하는지와 얼마나 독특하게 제공할 수 있는지 그이유를 기술한 것이다.

☑ 비즈니스 모델

비즈니스 모델은 사업 자체에 대한 아이디어이다. 즉, 어떤 상품이나 서비스를 어떻게 소비자에게 제공하고, 어떻게 마케팅하며, 어떻게 돈을 벌 것인가에 관한 계획이나 사업 아이디어이다. 이것은 새로운 서비스나 제품이 제공하는 가치의 개발, 도입과 촉진 등과 관련된 요인들을 이해하는 체계적이고 구조화된 방식이다. 기업은 비즈니스 모델을 사용함으로써 새로운 상품이나 서비스의 개발, 도입과 촉진에 있는 위험을 잘 통제할 수 있고, 상품이나 서비스의 성공 기회를 확대할 수 있다. 따라서 우수한 비즈니스 모델은 기업이 가치를 어떻게 창조하고 유지하는지에 관한 논리를 일관성 있게 설명한다.

2) 사업기회

연은 바람을 잘 이용하면 오래 멀리 갈 수 있다. 연이 높이, 멀리, 오래 날려면 연의 환경, 즉 비행의 위치와 시기는 풍향과 속도에 잘 맞추어져야 한다. 사업 아이디어도 연과 마찬가지로 경영환경과 적합해야 한다. 경영환경이 아이디어를 수용할 수 있어야 성공할 수 있고 수익성이 있다. 아이디어가 많이 떠오르더라도 시장성 및 수익성 조사를 토대로 지속적으로 이익을 얻을 수 있는 것은 드물 것이다. 유망한 기회는 현재 존재하는 시장의 공백이며 이전과 다르고 더 좋게 고객에게 서비스를 제공할 수 있는 가치이다. 기회는 매우 새로운 세계를 창조하는 데 사용되는 재료이다. 이러한 기회는 상품 및 서비스에만 국한되지 않고 새로운 생산방식이나 사업조직, 새로운 원자재, 완전히 새로운 시장창출의 형태를 포함한다.

좋은 아이디어가 반드시 좋은 기회가 되는 것은 아니다. 아이디어가 고객의 욕구를 충족하고 고객이 선호하는 가치가 될 때 좋은 기회가 된다. 기회는 소비자에게 가치를 창출하거나 추가하고, 매력적이고, 시의적절하며, 장기적으로 지속될 수 있는 것이어야 한다. 기업가는 사업계획을 작성하는 것이 필수적이다. 사업계획을 작성하기 전에 기회를 분석하고 평가한다. 기회 분석을 통해 어떤 아이디어가 고객가치와 사업 잠재력을 갖고 있는지 파악할 수 있다. 기회 분석의 목적은 기업가가 올바른 궤도를 갈 수 있는지 확인하는 사전 단계이다.

☑ 사업기회의 성격

기회는 제품개발의 맥락에서 신제품을 위한 아이디어의 단서이다. 초기에 소비자들이 새로 느끼는 욕구와 새로 개발해야 할 기술이 가능한 해결안을 찾을 때 기회는 비로소 제품개발로 이어질 수 있다. 기회(opportunity)는 기업에 신제품, 서비스나 사업을 위한 욕구를 창출하는 일련의 호의적인 환경이다. 기업은 고객에게 탁월한 가치를 전달하기 위해 기업에 유리하고 유익한 환경을 활용함으로써 기회를 사업의 계기로 만든다. 기회는 경쟁자가 다루지 않았기 때문에 기업이 이용할 수 있는 최신의 확인한 욕구, 필요와 수요추세에서 온다. 기업은 시장기회를 확인해야 미충족 욕구(unmet needs)를 탐색할 수 있다.

새로운 아이디어라고 모두 신제품을 개발하거나 사업을 창업할 수 있는 기회가 되는 것은 아니다. 개인이 발견한 미개발 기회는 합리적 행동의 아이디어를 자극한다. 사업기회란 우수한 가치를 제공하기 위해 창조적인 자원의 조합을 통해 시장 기회를 충족할 가능성이다. 즉, 기회란 사업을 착수할 수 있는 유망한 가능성이다. 이것은 새로운 가치나 유통 방식, 고객과의 의사소통, 내부 및 외부 관계관리 또는 회사에 경쟁력을 제공할 수 있다. 따라서 기회는 현재의 사업 모델과 관행을 개선하는 것에 중점을 두고 어떻게 진행되고 있는지를 나타낸다.

SENSE 유망한 사업기회

- 고객에게 중요한 가치를 제공한다.
- 새로운 시장 욕구와 수요를 충족한다.
- 잠재적으로 높은 수익을 올릴 수 있다.
- 기업가의 역량에 잘 부합한다.
- 시간이 갈수록 향상될 잠재성이 있다.

아이디어란 무엇인가 마음에 떠오르는 생각이다. 아이디어가 중요시되는 이유는 기업가가 아이디어를 얻은 후에 고객이 구매하고자 하는 제품을 실제로 설계하거나 제작하기 때문이다. 벤처기업이 실패하는 이유는 기업가가 시장에 필요한 우수한 아이디어를 창출하지 못하기 때문이다. 모든 사업기회에는 아이디어가 포함되어 있지만 모든 아이디어가 반드시 사업기회를 나타내는 것은 아니다. 아이디어가 기업가에게 기회가 되기 위해서는 특정 성격을 가져야 한다. 사업기회는 사업을 창출하고 이익을 얻으며 더 많은 성장을 보장하기 위해 실행될 수 있는 매력적인 경제적 아이디어로 묘사될 수 있다.

☑ 사업기회의 유형

　사업기회를 분류하는 데는 많은 방법이 있지만 2가지 차원이 특히 유용하다. 기회는 제품 개발팀이 사용할 수 있는 고객욕구와 해결안의 두 측면이 있다.[1] 이것은 고객욕구 지식과 해결안 지식에 관한 생각이다. 기회1에서 기회3으로 갈수록 위험 수준뿐만 아니라 불확실성도 증가한다. 실패위험이 증가하기 때문에 제품 개발팀은 잘 알고 있는 것으로부터 해결안을 찾기 어렵다. 따라서 해결안의 지식이 확장되어야 한다. 기회가 클수록 시장에 대한 욕구는 처리되지 않았거나 새롭게 생기며, 해결하기 위한 대안도 현재까지 사용하지 않은 지식을 요구한다.

　기회1에 대한 해결안은 주로 기존시장에 대한 기존제품의 개선, 확장, 변형과 원가절감이다. 현재 해결안으로 가능하기 때문에 상대적으로 위험이 낮은 기회이다. 기회2는 시장이나 기회 중에 적어도 하나 이상은 적게 알려진 영역이다. 현재까지 사용하지 않은 해결안을 요구하는 영역으로 해결안의 지식을 새롭게 적용해야 한다. 기회3은 불확실성이 최고 높은 수준을 나타내고, 세상에 새로운 기회를 탐구하는 영역이다. 이 기회3 영역은 새로운 해결안과 접근법을 고안해야 가능하다.

▼ 그림 3-2 기회의 유형

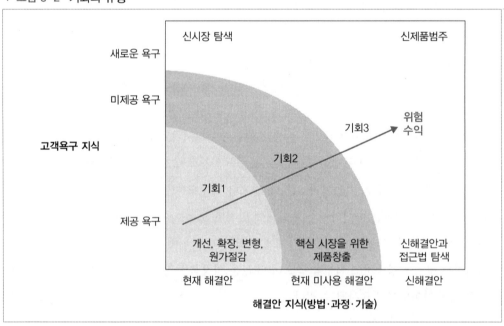

Source: Terwiesch and Ulrich(2009).

1　Terwiesch and Ulrich(2009).

☑ 사업기회의 창

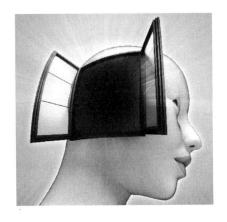

원하는 결과를 달성할 수 있는 조치를 취할 수 있는 기간이 있다. 이 기간이 끝나거나 창이 닫히면 기대된 결과가 더 이상 불가능하다. 기회 한계라고도 하는 기회의 창(window of opportunity)은 짧은 시간 동안만 지속되기 때문에 기회를 포착할 수 있는 매우 짧은 기간이다. 창문이 사라지기 전에 신속하게 활용해야 한다. 다시 말해, 원하는 결과를 달성할 수 있는 기회이지만 매우 빠르게 왔다 갔다 한다. 이 창이 닫히면 더 이상 결과가 불가능하다. 응급 의료에서 종종 황금 시간(golden time)이라고 불리는 기회의 창은 생명을 구하는 치료가 성공할 수 있는 부상, 뇌졸중 또는 심장 마비 후 기간을 설명한다.

전략전문가인 타이어(Tyre)와 올리코스키(Orlikowski)는 기회의 창은 기회로 이용할 수 있는 창문으로 특정 시간에 짧은 기간 동안 열렸다가 어느 정도 지나면 닫힌다고 한다. 기회의 창은 즉시 포착해야만 하는 호의적인 짧은 기회이다. 창이 열리고, 시장이 성숙함에 따라 창은 닫히기 시작한다. 곡선은 PC와 소프트웨어, 스마트 폰과 바이오 기술과 같은 새로운 산업의 급속한 성장 패턴이다. 성숙기 산업은 성장이 빠르지 않고, 곡선의 경사가 가파르지 않고, 기회의 가능성도 적다. 기회의 창을 고려할 때 창이 열리는 시간의 길이가 중요하다. 새로운 벤처가 성공이나 실패를 알기 위해서는 상당한 시간이 걸린다. 즉시 기회를 창조하고 포착하는 과정을 생각하는 방법은 열려 있는 창, 기회의 창으로 이동하는 컨베이어 벨트(conveyer belt)로부터 대상을 선택하는 과정이다. 컨베이어 벨트의 속도가 변하고, 이동하는 창이 끊임없이 열리고 닫힌다. 컨베이어 벨트의 속도가 끊임없이 변화하는 것은 시장이 불안하기 때문이다.

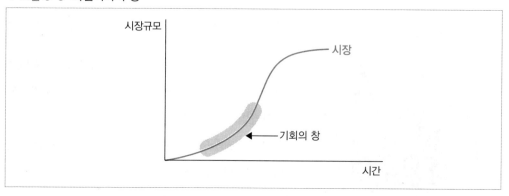

기회를 창조하고 포착하기 위해서 창이 닫히기 전에 컨베이어 벨트로부터 선택할 필요가 있다. 기업은 이 짧은 기회를 감지할 수 있도록 항상 주의하고 관찰해야 한다. 외부적 환경으로 기회의 창이 열려져 있을 때 기업은 시장상황과 역량이 적합하다면, 전략적으로 우월한 위치를 선점할 수 있다. 신제품을 위한 시장이 출현하면 기회의 창이 열리고, 새로운 진입이 일어난다. 어떤 지점에서 시장이 성숙하여 새로운 진입자에 대한 기회의 창이 닫힌다.

☑ 유행과 추세

고객선호와 지각이 시간에 따라서 변하고, 경쟁자들은 고객에게 제공하는 것을 변경한다. 고객의 가치변화는 작은 변화에서 큰 변화에 이르기까지 다양하다. 기존의 고객가치를 밀어내고 새로운 가치가 자리를 잡는데, 이를 가치이동이라 한다. 가치이동(value migration)은 일시적 유행(fad), 작은 변화인 유행(fashion)과 지속적이고 장기적인 변화인 추세(trend)로 이동한다. 일시적 유행은 난기적으로 특정한 지역에서 발생하였다 사라지는 국지적인 변화이지만, 추세는 전국적, 세계적으로 일어나는 거시적 변화이다. 그러나 유행과 추세는 변화의 폭과 양상에서 차이가 있다. 이러한 추세의 과정에서 변화의 폭은 더욱 깊어지고, 변화의 양상은 더욱 다양해진다. 가치이동에 큰 영향을 주는 추세는 기업에게 기회이자 위기일 수 있다. 따라서 기업은 고객의 가치에 변화를 주는 유형이 일시적인 유행인지 장기적인 추세인지를 구별할 수 있어야 한다.

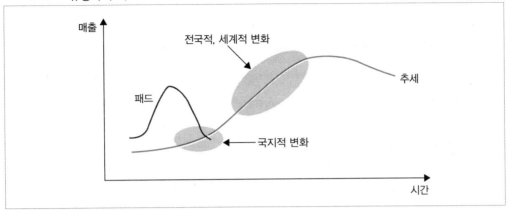

SENSE 팀 버너스 리 월드 와이드 웹

팀 버너스 리(Timothy John Berners Lee)는 영국의 컴퓨터 과학자로 1989년 월드 와이드 웹의 하이퍼텍스트 시스템을 고안하여 개발했다. 인터넷의 기반을 닦은 여러 공로로 웹의 아버지라고 불리는 인물 중 하나이다. URL, HTTP, HTML 최초 설계도 그가 한 것이다. 월드 와이드 웹(World Wide Web: WWW)은 인터넷에 연결된 컴퓨터를 통해 사람들이 정보를 공유할 수 있는 전 세계적인 정보 공간을 말한다. 간단히 웹(Web)이라 부르는 경우가 많다. 웹은 원래 전 세계의 대학 및 연구소의 과학자들 간에 자동화된 정보 공유에 대한 요구를 충족시키기 위해 고안 및 개발되었다. 월드 와이드 웹이 개발된 후 산업, 문화와 소비자들의 가치가 많이 변해 왔다. 이것은 기업에게 많은 기회를 주고 있다.

2 사업 아이디어

우수한 아이디어를 찾고 있는가? 성공적인 기업가들은 우수한 아이디어를 찾기 위해 상상력과 창의력을 사용한다. 성공한 회사는 모두 한 가지 공통점이 있다. 즉, 고객의 문제를 선도적으로 해결했다. Google, Netflix 및 Uber와 같은 회사는 구체적인 고객문제를 해결하고, 계속해서 큰 성과를 거두고 있다. 이들은 경쟁자보다 먼저 고객문제를 발견하고 해결했고, 문제를 해결할 수 있는 상품이나 서비스가 무엇인지를 항상 연구하고 개발한다.

좋은 아이디어를 찾는 것이나 기회를 포착하는 것은 쉽지 않다. 기회란 새로운 상품, 서비스 또는 사업의 욕구를 창출하는 유리한 상황을 의미하지만 기회는 항상 변한다. 어떤 사람들은 변화를 좋아하지 않고 두려워하므로 매력적이라고 생각하는 아이디어를 받아들이기 어려울 수 있다. 따라서 변화를 원하지 않는 사람들은 우수한 아이디어를 포착할 수 없다.

1) 사업 아이디어

완전히 독창적인 아이디어는 거의 존재하지 않는다. 대부분의 유망한 아이디어는 다른 사람의 아이디어를 모방하거나 결합한 것이다. 성공한 사업은 누군가의 아이디어로 시작되었다. 사업 아이디어는 보통은 돈을 벌기 위해 제공될 수 있는 상품이나 서비스에 집중된다. 아이디어는 처음에는 상업적 가치가 없어 보일 수 있다. 사실 대부분의 초기 아이디어는 추상적인 형태로 희미하게 존재하기 때문이다. 또한 창안자의 마음속에 있는 모든 아이디어가 아무리 우수해 보이더라도 수익성이 있는 것은 아니다. 따라서 아이디어는 고객의 욕구를 충족시키거나 문제를 해결할 때 가치가 있고 매력적이다.

사업을 시작하기 전에 실행하고 싶은 사업에 대한 명확한 아이디어가 필요하다. 사업 아이디어는 고객의 미충족된 욕구나 불평, 제품의 문제나 기술의 공백을 해결하는 해결책이 있고 수익성이 기대되는 아이디어이다. 고객의 미충족된 욕구는 현재 또는 잠재적 미충족 욕구이다. 고객들이 돈을 기꺼이 지불할 수 있는 상품이나 서비스가 되어야 판매가 되고 수익을 창출할 수 있다. 모든 사업은 고객 없이 성공할 수 없다. 고객이 누구인지를 아는 것이 중요하다. 특정 유형이나 지역의 고객들에게 판매하는가? 상품이나 서비스를 어떻게 판매할 것인가? 예를 들면, 제조업체는 고객이나 도소매업체에 직접 판매할 수 있다. 어떤 업체는 고객에게만 직접 판매한다.

사업이 사회 및 자연환경과 조화롭게 작동하는 경우에만 장기적으로 지속 가능할 수 있다. 사업이 환경에 어느 정도 의존하는가? 날씨, 토양 또는 다른 천연 자원에 의존하는가? 지역사회에서 특정 유형의 노동이 필요한가? 그것을 지원하기 위해 지역 공동체가 필요한가? 사업이 자연환경을 보완하고 지역사회를 돕기 위해 무엇을 해야 하는가? 사업이 자연환경을 보호하거나 훼

손하는가? 사업에 미칠 수 있는 부정적인 영향을 최소화하거나 전환할 수 있는가?

오드컨셉(Odd Concepts)은 2012년 5월 설립된 시각지능(Visual Cognition) 스타트업으로 현재 패션 도메인의 Marketing, Distribution 섹터에 집중하고 있다. 발상의 전환으로 월평균 거래액 200억 원대 서비스를 만들어냈다. 텍스트가 아닌 이미지로 소비자 요구를 파악해 딱 어울릴 상품을 추천하는 인공지능(AI) 서비스를 개발한 회사이다. 기존 상품 추천 서비스는 소비자가 관련 검색어를 입력하면 이미지를 보여준다. 이 방식을 한번 거꾸로 적용한다. 소비자가 이미지를 입력하면 상품 정보가 나오도록 한다.

쇼핑몰에 접속한 소비자가 원하는 셔츠를 골라 이미지를 올린다. 이때 오드컨셉의 코디 추천 서비스 플랫폼이 작동한다. 그 셔츠와 유사한 상품뿐만 아니라 어울릴 만한 모자나 신발을 그 쇼핑몰에서 찾아 추천한다. 색깔뿐만 아니라 재질, 종류를 분석해 골라준다. 플랫폼은 머신러닝 기반에 이미지 검색 기술을 접목했다. 100만개의 상품 검색 데이터를 모아놓고 AI에 학습시킨 결과다. 이 AI 시스템은 실제 구매로 이어진 데이터를 따로 보관하고 분석한다. 추천이 정확했다고 판단한 결과도 학습한다. 오드컨셉의 월간 AI 코디 서비스 순 이용자는 약 600만 명이다. 월평균 거래액은 약 234억 원으로 추정된다. 사용자가 늘자 투자가 이어졌다. 2016년에 KB인베스트먼트로부터 10억 원의 투자를 받았다.

출처: 조선일보 2019.08.03

2) 사업 아이디어의 관점

사업은 모든 고객들을 만족시키는 것을 목표로 하지 않고 단지 특정한 고객들을 목표로 한다. 특정한 고객이 목표고객 또는 표적고객이다. 사업 아이디어의 관점은 표적고객, 판매제품과 유통경로이다. 이러한 관점이 계획된다면 아이디어를 창안하는 데 더욱 효율적이다. 아이디어의 관점을 설정하기 위한 질문이 있다. 이러한 질문에 답하면 아이디어를 더 정밀하게 창조하는 데 도움이 된다. 아이디어는 자신의 사업을 시작하거나 제품을 개발하는 첫 단계로 매우 중요하다.

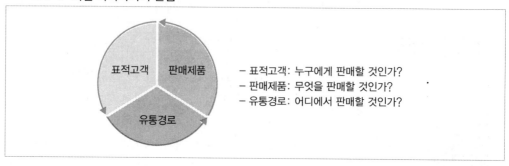

▼ 그림 3-5 사업 아이디어의 관점

표적고객 판매제품

유통경로

– 표적고객: 누구에게 판매할 것인가?
– 판매제품: 무엇을 판매할 것인가?
– 유통경로: 어디에서 판매할 것인가?

　기업은 상품이나 서비스를 통해 고객과 관계를 맺는다. 첫째, 표적고객을 묘사한다. 제품을 구매할 사람들은 누구인가? 그들은 회사, 젊은이들, 노인들, 남자인가 여자인가? 둘째, 팔고 싶은 판매제품을 묘사한다. 무엇을 판매할 것인가? 그것은 어떻게 생겼는가? 제품 특징은 무엇인가? 생산하는 데 얼마나 걸리는가? 제품가격은 어떠한가? 회사의 자원으로 개발과 생산이 가능한가? 수익성과 시장성이 있는가? 셋째, 판매하는 유통경로를 묘사한다. 어디에서 판매할 것인가? 직접 또는 위탁 판매인가? 제품을 표적고객들에게 알릴 필요가 있을 때 어떻게 알릴 것인가?

3) 사업 아이디어의 조건

　사업 아이디어의 수용 가능성과 수익성은 아이디어의 혁신성에 달려 있다. 혁신성은 이전에는 거의 채택되지 않았던 새로운 생산 또는 유통방법을 사용하는 것을 의미한다. 예를 들면, FedEx는 24시간 내 배달과 전 세계 신속배달을 통해 우편 서비스를 혁신적으로 발전시켰다. 따라서 회사는 혁신적인 시스템을 채택하여 결국 세계 최고의 배달 서비스로 성장하게 되었다. 그러나 매우 중요한 점은 아이디어가 고객에게 약속하는 편익이다. 이러한 편익은 비용절감의 형태로 고객에게 전달될 수 있다. 고객들은 모두 적은 비용으로 높은 품질의 제품을 구입하기를 원한다. 비용절감에 중점을 둔 아이디어는 장기적으로 수익성이 높다. 이와 같이 성공적인 사업 아이디어는 고객의 문제해결, 시장의 수용성과 제품의 수익성을 충족해야 한다.

▼ 그림 3-6 사업 아이디어의 요소

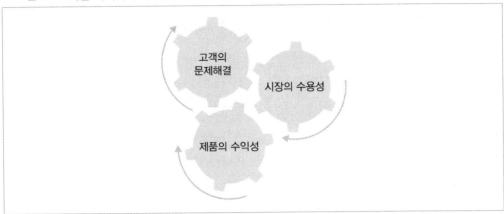

- 고객의 문제해결: 고객의 문제를 해결하거나 고객의 욕구를 충족시킴으로써 고객에게 이익을 제공한다. 고객은 욕구를 충족하기 위해 상품이나 서비스를 구입한다. 아이디어가 고객의 욕구를 만족시킬 수 없다면 성공하지 못한다.
- 시장의 수용성: 시장이 기꺼이 제품을 수용할 수 있어야 한다. 유망한 아이디어는 큰 시장에서 받아들일 수 있는 상품이나 서비스를 제공한다. 경쟁업체와 차별화되는 독특한 가치를 충족시킬 수 있는 적절한 준비가 있다.
- 제품의 수익성: 제품이 수익을 창출할 수 있어야 한다. 유망한 아이디어는 얼마나 많은 돈을 벌 수 있고 어떻게 돈을 벌 수 있는지 보여준다.

SENSE 성공적인 아이디어의 기준

- 성공적인 아이디어는 자신도 구매하고 싶은 것이다.
- 성공적인 아이디어는 고객의 욕구를 충족한다.
- 성공적인 아이디어는 다른 사람들의 아이디어를 모방하되 개선한 것이다.
- 성공적인 아이디어는 다른 사람들이 복제하기가 어려운 것이다.

4) 사업 아이디어의 원천

어떤 의미에서 기회인식 및 선택은 신제품 개발과 유사하다. 따라서 제품 또는 기회인식 및 선택 프로세스는 기회 또는 제품에 대한 아이디어로 시작된다. 기업가가 추구하고자 하는 가장 유망한 기회 또는 제품에 대한 아이디어는 내부 또는 외부의 다양한 원천에서 발견될 수 있다. 사업 아이디어와 기회의 가장 좋은 원천은 무엇인가? 어떻게 사업기회를 찾을 수 있는가? 시작할 수 있는 최고의 사업을 어떻게 알 수 있는가? 창조적이고 혁신적인 아이디어를 개발하려면 어떻게 해야 하는가? 아이디어는 모두 자신과 자신의 환경에 있다. 이러한 아이디어 중 일부는 시장 및 소비자 욕구 분석에서 나오지만 다른 아이디어는 오랜 연구 과정에서 나온다.

▼ 그림 3-7 사업 아이디어의 원천

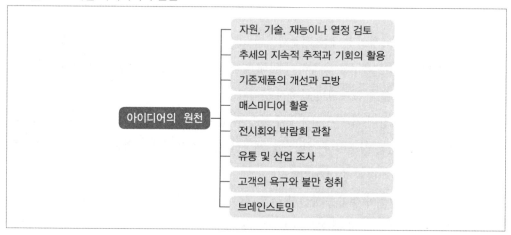

(1) 자원, 기술, 재능이나 열정 검토

아이디어를 찾으려면 우선 자신이 갖고 있는 자원을 파악한다. 자신을 돌아보고 자신의 자원, 기술, 재능이나 열정을 검토한다. 아이디어나 기회를 찾을 때 가장 먼저 자신의 내면을 들여다보는 것이다. 대부분의 사람들은 무지, 나태 및 자기 의심으로 인해 아이디어의 가장 큰 원천을 놓친다. 재능이 있거나 특정 분야에서 입증된 기술을 보유하고 있다면 그러한 재능이나 기술을 분석한다. 자신이 가장 잘할 수 있는 사업이나 사업을 시작하기 위해 다음과 같이 질문한다.

• 고객들이 기꺼이 지불할 수 있는 아이디어인가?
• 어떤 재능이나 기술이 있는가?

- 취미는 무엇인가?
- 사업 열정이 있는가?

자신의 전문기술을 다른 사업 분야에 적용한다. 새로운 상품이나 서비스를 찾는 또 다른 방법은 다른 곳에서 얻은 기술을 사용하는 것이다. 종종 배운 기술을 창조적으로 적용하여 완전히 다른 분야를 개선할 수 있다. 예를 들면, 세계적으로 가장 유명한 기타회사인 펜더의 창시자인 레오 펜더(Leo Fender: 1909-1991)는 라디오 수리공으로 일했다. 전자기술과 증폭기술을 사용하여 최초의 일렉 기타를 제작했다. 사업 아이디어를 고려할 때 모든 기술을 포함한다. 다른 분야에 혁명을 일으킬 재능이 있을 수 있다. 자원, 기술, 재능이 있더라도 이를 실현할 열정이 없다면 성공하기 힘들다.

(2) 추세의 지속적 추적과 기회의 활용

최근 사건을 계속적으로 관찰하고 사업기회를 활용할 준비를 한다. 추세를 지속적으로 추적하고 기회를 찾는 것이 사업의 준비 과정이다. 사회적 사건 및 추세는 매우 좋은 아이디어의 근원이다. 뉴스를 정기적으로 읽고 아이디어를 발견하려는 의도를 갖고 있다면 많은 사업기회가 눈에 보일 것이다. 시장 동향, 새로운 유행, 산업에 대한 정보는 사업 가능성과 잠재력을 지닌 새로운 아이디어를 파악하는 데 도움이 된다. 추세를 파악하기 위해 일반적인 키워드 또는 인터넷 검색어가 무엇인지 확인한다. 이렇게 하면 사람들이 가장 자주 검색하는 내용을 확인할 수 있다. 다음은 추세를 파악하고 사람의 행동을 묘사하는 데 사용할 수 있는 질문이다.

- 사람들은 무엇을 구매하는가?
- 사람들은 무엇을 필요로 하는가?
- 사람들은 왜 구매하는가?
- 사람들은 무엇을 원하고 무엇을 살 수 없는가?
- 사람들은 무엇을 사고 무엇을 싫어하는가?
- 사람들은 무엇을 더 많이 사고 있는가?

(3) 기존제품의 개선과 모방

사업이 독창적인 아이디어만을 기반으로 해야 성공한다고 가정하는 것은 일반적인 실수일 수 있다. 실제로 그것은 정반대일 수 있다. 새로운 아이디어는 검증되지 않았기 때문에 위험하다. 다른 한편으로 주어진 환경에서 사업이 똑같이 성공적이지는 않을 수 있다. 이러한 측면에서 시장조사, 광고 및 홍보가 중요하다. 따라서 아이디어는 기존의 아이디어를 개선하되 독창적이면서 동시에 유용한 가치를 제공해야 한다. 실제로 대부분의 성공한 제품은 기존의 아이디어를 다르고 독창적이고 새롭게 개선한 것이다.

많은 신제품들은 점진적인 기능이나 성능을 개선한 제품이다. 기업들은 제품의 사용성이나 디자인, 포장을 개선하거나 새로운 제품 사용자를 찾아 포지션한다. 대부분의 제품은 자사나 경쟁자의 기존제품을 점진적으로 개선하거나 모방한 제품이다. 이러한 개선이나 모방은 새롭고 독특하고 가치가 있는 경우에 경쟁력이 있다. 다른 방식으로 개선하거나 모방하는 것이 중요하다.

▼ 그림 3-8 기존제품의 개선

☑ 기능 추가, 변형 및 결합

창조성은 새로운 것을 창조하는 것뿐만 아니라 기존의 것을 모방하여 새로운 방법으로 새로운 기능을 추가, 변형하거나 결합하는 것이다. 기존제품에 새로운 기능을 추가하거나 제품을 다른 제품과 결합하면 새로운 가치가 창조된다. 예를 들면, 전화기에 컴퓨터를 결합한 휴대폰이 좋은 경우이다. 또한 휴대폰은 인터넷, 카메라가 결합되어 새로운 기능의 제품으로 출시된다.

기존제품에는 어느 정도의 브랜드 정체성, 고객의 취향과 일정 수준의 고객 충성도가 있다. 또한 브랜드의 인지율과 충성도를 증가시키려면 브랜드 이미지의 힘을 높이거나 디자인 또는 포장을 향상시키는 것이다. 이와 같이 제품에 대한 가치를 추가함으로써 새로운 제품으로 인식되어 고객가치가 증가되고 매출을 높일 수 있는 방법이 된다.

☑ 사용성 향상

제품사용의 용이성은 고객을 편안하게 하고 사용 위험을 경감한다. 부드럽고 윤이 나는 제품 사용에 적절한 질감을 제공한다. 촉각적인 경험은 디지털 세상에서도 제품에 가치를 추가한다.

☑ 디자인 개선

제품 외관, 질감과 기능을 약간만 변경해도 매력을 높일 수 있다. 성공을 위해 제품의 조잡한 디자인을 손질한다. 최고의 소비자에게 색상, 미학 및 모양이 어필되는가? 브랜드 이름이 적절한가? 미니멀리즘이 제품을 간소화하여 공간을 적게 차지하고 효율성을 높일 수 있는가?

☑ 포장 개선

제품 외관보다 포장을 새로 고치는 것이 더 쉽다. 가격을 올리고 싶다면 포장을 변경하여 새로운 가치가 있는 것처럼 보이게 한다. 재활용 포장재를 사용하면 친환경적이고 자원을 절약하기 때문에 고객들이 구매할 때 기분이 좋아진다.

☑ 명확한 사용자

제품사용자가 명확한 제품은 어떻게 작동하는지에 대한 혼란이 감소된다. 둘 이상의 제품 또는 다른 세분시장에 출시하는 경우 가격을 책정하고 표적고객을 명확하게 지정하여 제품의 차이점 및 용도를 분명히 제시한다.

(4) 매스미디어 활용

매스미디어는 훌륭한 정보, 아이디어 및 기회의 원천이다. 신문, 잡지, 라디오, TV, 케이블 및 인터넷 사이트는 모두 정보를 얻을 수 있는 대중매체이다. 신문이나 잡지의 상업 광고를 신중하게 살펴보고 현재 산업의 추세나 변화를 발견한다. 또한 인쇄된 기사나 TV 또는 다큐멘터리에 있는 기사에서 소비자의 욕구나 패션의 변화를 파악할 수 있다. 예를 들어, 사람들이 건강한 식습관이나 체력에 매우 관심이 있다는 것을 읽거나 들을 수 있다.

(5) 전시회와 박람회 관찰

자신만의 좁은 생각 틀 안에서 벗어나기 위해 진지하게 새로운 사람들을 만나면 시야와 정보가 확대된다. 또 자신과 다르게 생각하는 새로운 사람과 대화한다. 업계 외부의 사람들이나 기존고객과 대화를 나눈다. 전시회 및 박람회에는 많은 아이디어와 기회를 제공한다. 이러한 행사를 정기적으로 방문하면 새로운 제품 및 서비스를 찾을 수 있다.

다양한 분야의 사람들과 이야기한다. 새로운 소프트웨어를 생각해 내고자 한다면, 동료 컴퓨터 전문가들과 이야기하지 말고 다른 분야의 사람들, 특히 친숙하지 않은 사람들과 만나서 이야기한다. 상품이나 서비스를 직접 사용하여 삶을 개선하는 방법을 알아본다. 이것은 틀 밖에서 생각하고 다른 각도에서 사물을 보는 데 도움이 된다. 이처럼 새로운 관점은 창의력을 크게 향상시킬 수 있고 새로운 기회를 포착할 수 있다.

(6) 유통 및 산업 조사

영업 담당자, 유통업체, 제조업체 및 프랜차이즈 파트너를 만난다. 이들은 항상 아이디어의 훌륭한 원천이다. 판매점은 최신의 제품과 인기 있는 제품을 취급한다. 판매점을 탐색하면 최신의 추세와 변화를 파악할 수 있다. 아이디어가 필요한 경우 가까운 상점, 가급적 많은 제품이 있는 백화점을 방문한다. 그런 다음 통로를 걸어보고 고객들이 많이 보거나 구매하는 제품을 관찰한다. 판매점은 고객들에게 무슨 제품을 제공하는가? 그러한 제품의 장점과 결점은 무엇인가? 보지 못하는 제품은 팔리는 제품이 시장에 현재 없는 것에 대한 아이디어를 준다.

(7) 고객의 욕구와 불만 청취

새로운 사업 아이디어의 핵심은 고객이다. 설문조사를 통해 상품 또는 서비스에 대한 합리적인 결과를 제공할 고객의 욕구를 확인하거나 분석할 수 있다. 그러한 설문조사는 공식적으로 또는 비공식적으로 사람들과 대화함으로써 실시될 수 있다. 인터뷰, 설문지나 관찰을 통해 조사한다. 시장조사는 일반적으로 아이디어를 얻은 후에 사용되지만 초기 조사를 통해 고객들이 가치 있게 여기는 것을 발견할 수 있다. 이것은 고객들의 욕구와 필요에 근거한 고객지향적 아이디어를 창안하는 데 도움이 될 수 있다.

많은 새로운 상품이나 서비스가 고객의 불만과 좌절로 생겨났다. 소비자가 상품이나 서비스에 대해 심각하게 불만을 제기할 때마다 아이디어를 얻을 수 있다. 또한 고객들이 제품사용 중에 겪는 불편이나 좌절이 있다. 특히, 혁신적인 첨단 기술제품인 경우에는 제품사용 불편이나 좌절이 심할 수 있다. 이것은 매우 가치 있는 정보이다. 아이디어는 더 나은 상품 또는 서비스를 고객에게 제공하거나 다른 회사에 판매할 수 있는 새로운 상품 또는 서비스일 수 있다. 고객들이 가장 성가시게 생각하는 부분은 제품개선의 유용한 아이디어이다.

(8) 브레인스토밍

창의력을 키운다. 이 단계에서 자신의 아이디어를 너무 비판하지 않는다. 대신 마음을 열고 자유롭게 생각해 낸다. 창의력을 자극하고 아이디어를 도출할 수 있는 몇 가지 방법이 있다. 브레인스토밍은 창조적인 문제해결 기법이며 아이디어를 생성하는 원천의 하나이다. 목적은 가능한 한 많은 아이디어를 도출하는 것이다. 대개 질문 또는 문제 설명으로 시작한다. 예를 들면, "오늘 집에서 필요한 상품과 서비스는 무엇인가?"라는 질문을 던질 수 있다. 아이디어는 하나 이상의 아이디어가 추가되어 더 좋고 더 많은 아이디어로 창출될 수 있다.

5) 사업 아이디어의 태도

기업가들은 사업을 위한 성공적인 아이디어나 영감을 어디에서 찾는가? 그들은 좋은 사업 아이디어를 어떻게 찾는가? 사업기회를 확인하기 위해 공식 및 비공식적인 다양한 원천을 사용한다. 영감은 일반적으로 특정 제품에 대한 수요, 수출 가능성과 같은 시장 환경의 추적에서 온다. 아이디어는 경쟁회사의 새로운 제품 및 기술의 발견으로부터 도출될 수 있다. 또한 생산 및 소비에 관한 조사, 시장조사, 수입대체 분석, 기술개발의 효과, 정부 규제 및 정책 등 다양한 조사 결과에서 아이디어를 창안할 수 있다.

회사를 설립할 때 대부분의 기업가는 비공식적인 지식자원에서 시작한다. 이것은 아이디어와 영감이 삶의 상황과 환경에서 취해진다는 것을 의미한다. 아이디어를 탐색하는 동안 사람은 다양한 옵션에서 시작할 수 있다. 영감이나 사업기회는 때로는 취미 또는 스포츠의 맥락에서 발생한다. 많은 헬스 기구들은 이용자들의 아이디어에서 창안되었다. 이러한 상황에서 기업가는 시장의 욕구를 충족시키는 목표보다는 취미에서 오히려 회사를 설립할 가능성이 있으므로 활동에 대한 상당한 경험과 열정이 있어야 한다. 사업을 시작하는 사람에게 이미 유사 산업에서 사업을 하고 있는 사람들이 있는 경우 유리하다.

☑ 아이디어 창출 자세

어떤 사람들에게는 아이디어로 떠오르는 것이 도로에서 신호등을 발견하는 것만큼이나 쉽지만 어떤 사람들에게는 거의 불가능하다. 새로운 아이디어 창출은 쉽지 않은 일이나 창조성을 향상하는 방법과 도구를 활용하면 그렇게 어려운 것은 아니다. 방법을 익히고 충분한 연습을 하고 문제를 인식하고 필요를 확인하기 위해 의식적으로 노력하는 사람은 새로운 아이디어를 생각해 내는 능력을 향상시킬 수 있다. 스티브 존슨(Steve Johnson)은 "좋은 아이디어가 나온 곳"의 저자로서 이 주제에 대해 수년 간 연구하고 저술했다. 그는 다음과 같은 경우에 훌륭한 아이디어를 개발할 가능성이 높다고 주장한다.

- 다른 분야에서 탐험하고 실험해 본다.
- 시간을 두고 아이디어를 천천히 개발한다.
- 이상한 연결에 대한 아이디어를 탐구하고 개방한다.
- 실수를 저지르는 것을 두려워하지 않는다.
- 오래된 제품의 새로운 용도를 찾는다.
- 이전에 출시된 플랫폼을 기반으로 구축한다.

☑ 상호 연결성

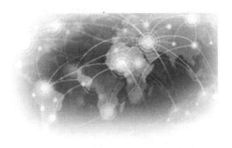

좋은 아이디어는 네트워크의 산물이다. 인간이 처음에 정착촌에 밀집되었을 때 혁신이 급증했다. 농업의 발명으로 인류는 처음으로 수천 명이 넘는 정착집단을 형성하기 시작했다. 이것은 많은 사람들과의 연결이 가능했고, 좋은 아이디어가 다른 사람들의 마음에 빠르게 뿌리를 내릴 수 있었다. 함께 살고 함께 일하면 새로운 아이디어를 생각해 내는 것이 훨씬 쉽다는 것을 깨달았다. 온라인, 도서 및 기타 의사소통에서 많은 사람들의 아이디어와 상호작용하는 경우에 쉽게 창안할 수 있으며 비결은 역시 연결성이다.

인간의 뇌에는 신경세포가 약 1,000억 개 있다. 신경세포가 함께 연결되면, 그들은 결정을 내리고, 주변을 감지하고, 몸에 명령을 내릴 수 있는 신경계를 형성한다. 생각하는 방법과 생각할 수 있는 것은 대체로 이러한 뉴런들이 서로 연결된 결과이다. 모든 느낌, 생각, 기억 및 감각은 뇌의 뉴런 사이를 지나가는 신호의 직접적인 결과이다. 인간의 두뇌에 특히 흥미로운 점은 나이와 상관없이 이러한 연결 고리를 바꾸고 새로운 연결 고리를 만드는 능력이다. 신경 과학자들은 이 속성을 가소성(plasticity)[2]이라고 지칭한다. 경험이 많을수록, 경험하는 행동이나 환경의 변화가 많을수록 뇌가 더욱 탄력적으로 변하거나 새로운 연결과 재연결이 가능해질 수 있다. 많은 연습을 하면 할수록 새로운 연결 고리를 만드는데 더 좋은 두뇌가 된다. 두뇌를 적극적으로 사용할수록 새롭고 좋은 아이디어가 쉽게 떠오른다.

☑ 열정적 취미나 일을 사업으로 전환

자신의 취미나 일이 사업이 되는 경우가 많다. 열정적인 취미나 일을 사업으로 바꾼다. 이미 적극적으로 무언가를 하고 있는 사람들은 사업을 성공할 가능성이 매우 높다. 따라서 정기적으로 무언가를 하고 자신을 잘 알고 있다면 사업이 될 수 있는 방법에 대해 생각해야 한다. 예를 들면, 정기적으로 아이디어로 전환될 수 있는 일은 요리, 그림, 공예, 연구, 보석 가공, 수선, 소셜 미디어, 교육 등이 될 수 있다. 누구나 규칙적으로 또는 비규칙적으로 일을 한다. 이 중 잘하는 것이나 취미를 사업으로 바꾸는 것에 대해 생각한다. 또한 이미 알고 있는 것으로 사업을 시작

---

2 인간의 두뇌가 경험에 의해 변화되는 능력.

하는 것은 자신의 전문성과 경험을 활용할 수 있다. 이렇게 하면 사업처럼 느껴지지 않을 수도 있으며 프로세스를 즐길 수 있다. 일이 잘 풀리면 어떻게 느낄지 신중히 생각한다. 고객 요구 사항을 충족시키거나 판매를 시작하면 더욱 즐거울 수 있다.

많은 일을 하고 경험할수록 새로운 아이디어를 창출하거나 이질적인 아이디어들을 결합할 수 있는 재료가 늘어난다. 빌 게이츠는 새로운 아이디어를 창안하기 위해 짧은 시간에 여러 가지 주제에 관한 책을 읽는다. 폭넓게 독서하지 않고 연결을 찾으려 한다면 항상 다른 사람들과 똑같은 것을 생각하게 된다. 주로 사업과 다른 분야의 서적을 읽는 것은 새로운 아이디어를 탐구하고 주제와 새로운 상관관계를 도출하는 데 도움이 된다. 아이디어를 쉽게 만들기 위해 할 수 있는 다른 간단한 일은 단순히 많은 일을 하는 것이다. 일을 하고 평범한 활동과 다른 것을 읽으면, 더 흥미로운 소재를 찾을 수 있다.

6) 사업 아이디어의 관점

사업을 시작하는 데 많은 일이 필요하다. 사업계획을 세우고, 투자자를 찾고, 융자를 받고, 직원을 모집해야 한다. 그러나 이러한 모든 것을 하기 전에 사업에 대한 아이디어를 먼저 생각해야 한다. 이것은 새로운 상품, 서비스 또는 방법일 수 있지만 고객이 비용을 기꺼이 지불할 수 있는 제품이어야 한다. 훌륭한 아이디어는 사고, 창의력 및 조사를 필요로 한다.

성공하는 기업가가 되기를 원한다면 아이디어를 생각해 낼 때 현재의 문제점이나 시장의 공백을 발견해야 한다. 첫째, 현재의 문제점을 파악한다. 종종 기업이나 발명은 누군가가 현재의 일을 하는 방식에 좌절했기 때문에 시작되었다. 어떤 사람이 무언가에 대해 좌절감을 느낀다면 다른 사람들도 똑같은 방식으로 느낄 수 있기 때문에 잠재적인 시장이 될 수 있다. 둘째, 기업가들은 시장에 있는 공백의 발견으로 인해 성공을 거두고 있다. 공백은 고객에게 미제공이나 과소 제공한 욕구이다. 이것은 문제의 발견으로 문제의 해결을 필요로 한다. 이와 같이 아이디어의 탐구 관점은 문제, 욕구, 돈, 삶, 새로움, 모방과 감정에서 시작한다.

▼ 그림 3-9 사업 아이디어 탐구 관점

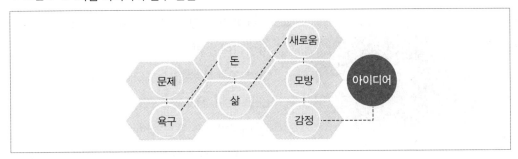

☑ 현재의 문제 해결

　아이디어는 고객이 갖고 있는 문제점을 해결하는 것이다. Google 검색이나 Amazon과 같은 큰 해결안일 필요는 없지만 훨씬 더 작을 수 있다. 사용하는 데 익숙해진 제품은 실제로 고객의 문제를 해결하기 위해 발명된 것이다. 예를 들면, 눈부심을 방지하기 위한 선글라스, 누군가가 침입한 것을 알리는 방범경보기, 화재 발생을 알리는 화재경보기 등이 있다. 따라서 고객의 문제를 확인하면 해결안을 창안하기 쉽다. 자신의 좌절감이 제작에 대한 아이디어라는 것을 깨닫게 되면 실제로 재미있게 시작할 수 있다.

　문제를 해결한 사례는 GoPro 카메라이다. 창업자인 Nick Woodman은 인도네시아 서핑 여행을 하고 있었다. Nick은 서핑을 즐기거나 저렴한 가격에 고품질의 장비를 얻을 수 있는 좋은 사진을 찍을 수 없었다. 다른 저렴한 카메라에서는 볼 수 없었던 탁월한 비디오 및 좋은 액션 샷을 촬영할 수 있는 광각 렌즈 HD 카메라를 창안했다. 문제를 발견하는 습관을 갖게 되면 아마 그것을 즐기기 시작할 것이다. 모든 문제는 새로운 상품, 서비스 또는 회사를 위한 기회이다. 특히 많은 사람들이 가지고 있는 문제인 경우 더욱 그렇다. 이와 같이 아이디어는 시장에서 공백과 결함의 발견에서 시작된다.

☑ 미래의 문제 해결

현재 갖고 있는 문제를 해결하는 것이 새로운 아이디어를 제시하는 유일한 방법만은 아니다. 장차 존재할 수 있는 문제를 해결하는가? Solar City와 Tesla Motors를 포함한 Elon Musk가 수행하는 벤처기업은 약간의 비웃는 소리를 낼지 모른다. 그러나 화석 연료의 부족은 가까운 장래에 문제가 될 것이며 Elon은 그러한 문제를 해결하기 위한 조치를 취하고 있다. 이것은 그가 처음으로 혁신할 수 있는 시간을 제공한다.

아이디어를 위한 시장이 아직 없다면 미래의 문제가 될 것이라고 생각하는 사람들에게 호소하여 아이디어를 창출할 수 있다. 잠재적 문제를 발견하려면 미래를 관찰한다. 성공적인 기업가는 오래된 방법이나 기술을 고집하지 않고 오히려 미래를 바라보고 미래에 어떤 것이 성공할 것인지를 탐색한다. 현재의 추세를 살펴보고 한 걸음 더 나아가면 시간을 앞당겨 잠재적으로 시장에 혁명을 일으킬 수 있는 아이디어가 떠오른다.

☑ 고객의 진화하는 욕구 충족

고객의 진화하는 욕구와 필요를 충족시킨다. 욕구를 생각하고 이러한 욕구를 충족시키기 위해 만들어진 상품과 서비스에 대해 생각한다. Maslow의 욕구단계설에서 생리적 욕구는 가장 기본적인 욕구이다. 의식주를 해결하려는 상품이나 서비스를 고려한다. 사랑과 소속 욕구 수준으로 올라가면 사용자가 친구 및 가족과의 관계를 느낄 수 있는 카톡이나 페이스북을 필요로 한다. 또한 사람들은 존중감을 높이기 위해 좋아하는 책과 음악을 통해 꿈을 이루고 자신감을 높이며 최선을 다한다. 이와 같이 고객의 욕구는 진화하기 때문에 상품이나 서비스도 진화해야 한다. 가정의 안전, 친구에게 사주는 생일 카드의 사랑과 소속, 극기 훈련이나 평화 봉사단과 같은 창의력, 도덕성 또는 자아실현 욕구에 대한 아이디어를 창출할 수 있다. 생리적 욕구는 음식, 쉼터 및 물을 필요로 한다. 정서적 욕구는 선망, 탐욕, 자부심 등을 나타낸다. 욕구는 계속적으로 진화하고, 이를 충족하기 위한 상품과 서비스도 변한다.

☑ 고객의 돈 절약

고객의 욕구를 해결하는 또 다른 아이디어는 고객에게 경제적으로 이익이 되는 아이디어이다. 창안의 좋은 방법은 고객들의 돈을 절약하는 것이다. LED 형광등은 에너지 절약형 전구이기 때문에 고객들이 돈을 절약하기 위해 구입할 수 있다. 자동차의 연비를 향상하는 설계는 자동차 사용자의 경제성을 높인다. 그리고 인터넷 쇼핑몰은 많은 돈을 절약할 수 있기 때문에 소비자들은 인터넷에서 제품구매를 선호한다. 소비자들이 돈을 저축하는 방법을 이해할 수 있다면, 좋은 사업 아이디어를 얻을 수 있다. 좋은 아이디어를 얻으려면 고객의 의견을 경청한다. 고객에게 더 나은 상품이나 서비스를 제공하기 위해 개선할 수 있는 점과 경쟁자가 자신보다 잘하고 있는 점이 무엇인지 물어본다.

☑ 고객의 삶 편하게

고객의 삶을 향상시킬 상품이나 서비스를 탐색한다. 고객의 삶을 향상시키는 것이 무엇인지 마음에 떠오르는가? 고객의 잡일이나 일을 덜 불쾌하게 할 수 없을까? 잠에서 깨어 일어날 시간을 알려주는 타이머, 간편하게 음식을 조리할 수 있는 전자레인지와 ICT와 결합된 앱 등은 일상의 생활을 편하게 해준다. 실제로 기존 서비스를 쉽게 적용하거나 고객의 삶을 편하게 해주는 새로운 혜택을 도입할 수 있다. 인생을 더 편하게 해줄 수 있는 행동, 상품, 서비스 또는 자질구레한 것을 생각해 낼 수 없을까? 어떻게 편리하고, 스트레스가 적고, 즐겁게 사용할 수 없을까? 가장 작은 변화로도 인기 있는 것을 만들 수 없을까?

온라인 세계에서 마케터와 개발자는 소프트웨어를 게임화(gamifying)하기 위해 종종 덜 성가시게 만든다. 일상 작업을 게임처럼 느껴지도록 하면 즐겁고 효율적이다. 화장실에서 즐겁게 지내는 방법은 없을까? 화장실이 음악을 연주하고, 보온 좌석을 갖추고, 따뜻한 공기를 불어 넣고, 물세척기로 닦는다. 이것은 불쾌한 일을 즐겁게 만드는 방법의 훌륭한 예이다. 고객들은 잡일하는 것을 싫어하는가? 어떻게 하면 더 즐겁게 만들 수 있는가? 어떤 해결안이 필요한가?

☑️ 새로운 상품이나 서비스 발명

창조적인 마음을 갖고 있는가? 그렇다면 창의력을 활용하여 과거에는 결코 존재하지 않았던 상품이나 서비스를 발명할 수 있는가? 창의력을 개발하려면 문제를 넘어서는 사고방식이나 인식이 필요하다. 주위를 둘러보고 자신에게 물어야 한다. 구체적인 상황이나 사람들의 문제에 가장 적합한 해결안은 무엇인가? 그러면 사람들이 원하는 추가 서비스에 대해 물어볼 수 있다. 토마스 에디슨(Thomas Edison), 알렉산더 그레이엄(Alexander Graham), 스티브 잡스(Steve Jobs) 등 위대한 발명가나 기업가처럼 생각해야 한다. 에디슨은 "상상력, 큰 희망, 굳은 의지는 우리를 성공으로 이끌 것이다"라고 말한다.

성공한 아이디어를 개발하려면 목표시장에 집중하고 목표고객들이 관심을 가질 만한 서비스에 대한 아이디어를 분석하고 팀원들과 함께 브레인스토밍한다. 새로운 상품이나 서비스에 대한 사업 아이디어를 얻는 열쇠는 충족되지 않는 시장의 욕구를 발견하는 것이다. 예를 들면, 홍채 인식에서 가정 보안 서비스처럼 개인들의 삶을 안전하게 하기 위해 향상된 보안을 요구하는 새로운 보안 상품과 서비스가 폭발적으로 증가했다.

☑️ 다른 사람들의 아이디어 모방

다른 사람들의 아이디어를 모방하는 것은 전혀 부끄러운 것이 아니다. 그러나 모방하되 다르고 더 좋게 모방해야 한다. 실제로 가장 좋은 아이디어는 다른 사람의 생각에 기초한다. 창의력은 다른 사람이 숨긴 원천을 찾아 새롭게 변형하는 능력이나. 충분한 사례를 통해 자신의 아이디어를 제안하거나 다른 아이디어를 향상시킬 수 있다. 현재 업계가 제공하는 것보다 한 발 더 나아간 아이디어를 취함으로써 시장에서 좋은 틈새시장을 개척할 수 있다. 예를 들면, 구글이 사업을 시작했을 때 다른 인터넷 검색엔진이 많이 있었다. 그러나 구글은 검색을 개선하는 매우 정확한 알고리즘[3]으로 개발했다. 즉, 구글은 성공적으로 우수한 아이디어와 인터넷 검색엔진을 실제로 개선했다.

---

3 알고리즘(algorithm)은 어떤 문제를 해결하기 위한 절차, 방법, 명령어들의 집합.

☑ 기본적 감정에 호소

무엇이 사람들을 화나게 하는가? 무엇이 행복하게 하는가?, 무엇이 질투하게 하는가? Andy Maslen(2015)은 「설득적 광고 문안 작성(Persuasive Copywriting: Using Psychology to Engage, Influence and Sell Paperback)」에서 기본적 감정을 사용할 것을 제시한다. 즉, 설득적 광고 문안은 고객의 두뇌 속 깊숙한 곳으로 안내한다. 판매와 스토리텔링(storytelling)은 사람들이 이야기를 하고, 듣고, 다른 사람과 소통하고 싶은 행위를 활용하는 기법이다. 고객들이 광고 문안에 참여하면 더 쉽게 설득되고, 기업가는 아이디어를 수집할 수 있다. 심리적인 욕구를 활용하여 사람들의 행동을 수정한다. Andy는 이야기와 고객의 욕구 및 필요 간의 연관성에 초점을 맞춤으로써 고객으로부터 유용한 결과를 얻었다. 인간은 종종 7가지 기본 감정, 즉 자존심, 선망, 정욕, 탐욕, 열성, 태만 및 분노 중 하나를 토대로 결정을 내린다. 기본 감정을 살펴보고 사용하는 상품과 서비스가 이러한 욕구를 어떻게 충족하고 있는지 검토한다.

감정적 호소는 결정이나 응답을 하려는 표적고객들을 교묘히 다루기 위하여 수시로 이용된다. 감정적인 마케팅의 장점 중 일부는 기억에 남는 마케팅 즉, 오래 기억되고 긍정적인 감정을 유발하여 제품과 호의적인 연관성을 갖게 한다.

- 고객 창출: 고객에게 감정적으로 호소하는 것은 회사를 더 진지하게 생각하게 만들며 고객을 더욱 개인적으로 연결하여 충성도가 높은 고객 기반을 형성할 수 있다. 고객은 자사의 제품을 '다른 제품'으로 간주하지 않고 '내 제품'으로 간주한다.
- 고객과의 유대관계 형성: 고객에게 감정을 호소할 때 회사와 고객 사이에 유대관계를 형성한다. 친숙한 주제와 단서를 사용하여 고객들이 자신의 독특한 방식으로 제품을 사용하고 있음을 암시하는 것은 유대관계에 큰 도움이 될 수 있다.
- 행복감 유발: 사람들은 미래에 되고 싶어 하는 자신, 즉 이상적 자아에 대한 아이디어가 있다. 제품이 고객의 존중과 상징성을 제공한다면 고객은 사회적인 인정을 느낄 수 있고 행복해 한다.
- 공포 호소: 이것은 고객의 주의를 끌기에 아주 설득력 있고 효율적이다. 예를 들면, 금연이나 보험 광고이다. 단점은 너무 많은 두려움이 잠재고객을 강조점에서 회피하게 하여 광고나 제품을 알아채지 못할 수 있다.
- 유머 호소: 이것은 긍정적인 태도를 취한다. 유머 광고를 보는 것은 고객의 마음을 더 머물러 있게 한다. 재미있는 유머는 더 쉽게 관심을 끌기 때문에 사실적 광고와 달리 기억될 가능성이 더 높다.
- 생활 단면 소구: 고객이 더 나은 삶을 누릴 수 있는 방법을 보여주는 광고 기법이다. 재미와 별개로 이 기법은 고객에게 호소하기 위해 모험과 흥분을 사용한다.

02 틈새시장

1 틈새시장의 성격

틈새시장은 개발되지 않은 수익성이 있는 시장으로 남이 아직 모르는 좋은 낚시터이다. 아직까지 진출자가 없어 경쟁이 없는 시장이다. 수익성과 성장성이 있고, 경쟁우위를 갖고 있고, 제한된 경쟁이 예상되는 시장이라야 매력적인 틈새시장이다.

1) 틈새시장의 특징

틈새시장(niche market)은 지금까지 존재하지 않았던, 존재했더라도 관심을 끌지 못하고, 대체재가 없어 새로운 수요가 확실한 시장이다. 틈새시장을 '남이 아직 모르는 좋은 낚시터'로 비유한다. 틈새는 존재하지는 않지만, 다른 기업이 불충분하거나 전혀 다루지 않고, 제품이나 서비스를 개발하지 않고, 전달하지 않는 욕구와 필요를 확인함으로써 창조될 수 있다. 새 시장은 거대 경쟁자가 달성할 수 있는 규모경제에 맞서 중소기업이 경쟁할 수 있는 이용 가능한 매력적인 기회(attractive opportunity)가 있는 시장이다.

- 틈새시장: 지금까지 존재하지 않았던, 존재했더라도 관심을 끌지 못하고, 대체재가 없어 새로운 수요가 확실한 시장

틈새시장은 공통의 욕구와 관심이 있는 큰 시장의 작은 분할이다. 비행기 여행객은 큰 시장이지만, 회사임원과 대기업의 최고경영층은 시장에서 틈새시장이다. 예를 들면 애완시장은 큰 시장이지만, 흰 담비는 대부분의 회사가 제공하지 않는 작은 틈새시장이다. 틈새제품(niche product)

은 틈새시장의 욕구를 제공하기 위해 특별히 창조된 전문품이나 서비스이다. 항공기 기내용 포장스낵은 스낵 제품 포장자가 만든 틈새제품이다. 틈새제품은 틈새제품, 틈새서비스, 틈새유통과 틈새위치로 분류된다.

- 틈새제품(niche physical product): 어떤 틈새시장을 위해 특별히 창조된 제품이나 포장이다. 예를 들면 대형 책, 항공기 간식 및 출산 옷 등이 있다.
- 틈새서비스(niche service): 제품이 실제로 서비스인 것이다. 바쁜 전문직을 위한 가정 식품배달이 해당된다. 전문조류 또는 조류공급 사업처럼 특별한 지식이나 전문지식도 틈새서비스이다.
- 틈새유통(niche distribution): 부가가치가 특별한 시장에 제공하기 위해 기존제품에 집중하는 곳이다. 이것은 인터넷에서 발생한다. 예를 들면 알레르기 환자를 위한 제품을 판매하거나 모든 종류의 배터리만을 판매하는 온라인 상점이 있다. 라지 몰이나 스몰 몰 등은 인터넷에서 볼 수 있는 틈새유통이다.
- 틈새위치(niche location): 일반제품이나 서비스가 전문 틈새의 위치로 배달되는 곳에 있다. 위치가 틈새이다. 해변가의 선탠로션(suntan lotion)이나 오일, 막힌 시외도로에서 판매하는 오징어나 뻥튀기, 졸업식 학교에서 판매하는 꽃다발이나 사진촬영이 해당된다.

틈새시장은 성공을 보장하지는 않지만, 새로운 수익을 창조하는 동안 새롭고 미개척된 자원을 사용하는 수단을 창조적인 경영자에게 제공하기 때문에 틈새시장 탐구는 경영선택을 대표하고 있다. 다음은 이상적인 틈새시장의 5가지 특징이다.

- 수익성: 수익이 있는 적절한 규모와 구매력을 갖고 있다.
- 성장성: 잠재적인 성장이 예상된다.
- 제한된 경쟁: 뛰어난 생산자의 경쟁이 없다.
- 경쟁우위: 필요한 자원, 기술과 경쟁자보다 더 잘 할 수 있는 시장을 갖고 있다.
- 고객호감도: 경쟁을 방어하고, 고객의 충분한 충성도를 구축할 수 있다.

2) 틈새사업과 사업기회

틈새사업(niche business)은 틈새시장에 전적으로 틈새제품을 제공함으로써 구축되는 시장이다.

사업아이디어를 탐구하고 발전할 때 틈새시장, 틈새제품, 틈새마케팅과 궁극적인 목표인 틈새사업 간의 관계를 이해하는 것이 중요하다. 처음부터 시작하는 경우 최소한 방어적인 틈새사업을 시작하는 것이다. 이미 사업을 시작했다면 틈새마케팅을 사용하여 틈새시장에 집중하거나 틈새제품을 추가하는 것은 성공의 길로 가는 것이다. 시작할 때 너무 많은 비용이 들고 수익이 발생하기도 전에 경쟁자들이 포위하고 있는 전체시장에서 경쟁하는 것이 아니다. 사업을 이미 시작했다면 틈새제품과 시장을 생각하고, 틈새시장에서 사업을 하고 있다면 다른 분야의 틈새시장에 걸치는 것을 생각하는 것이 필요하다.

틈새시장은 경쟁이 거의 없거나 적다. 틈새시장에서 고객과의 강력한 관계를 형성할 수 있고, 경쟁이 거의 없기 때문에 사업이 안정적이다. 이러한 시장에서 기업은 계속적인 기술과 능력을 개발하여 새로운 진입자로부터 경쟁우위를 확보할 수 있다. 또한 수익성이 높은 시장에 집중함으로써 새로운 기회를 찾기 위한 노력이나 시간을 낭비할 필요가 거의 없다.

▼ 표 3-1 틈새시장의 이점

구분	설명
약한 경쟁	성공적인 틈새시장은 사실상 경쟁이 없고, 새로운 진입의 위험이 적은 시장이다.
강력한 관계	경쟁위험으로부터 틈새시장 진입자를 보호하고, 핵심고객과의 강한 관계를 구축한다.
사업 안정성	경쟁이 적거나 없다. 변동성을 경험하지 못한 기업에 안정성을 준다.
향상된 능력	회사는 계속적으로 기술과 능력을 추가한다. 이것은 경쟁우위가 된다.
사업의 집중	새로운 기회를 찾기 위해서 시간이나 노력을 낭비하지 않고, 핵심사업에 집중한다.
높은 수익	고객들이 가격을 중요한 속성으로써 고려하지 않기 때문에 수익이 높다.

틈새시장은 성장하거나 변화하는 것을 찾는 사업에 특히 흥미롭다. 하나의 잠재적인 결정은 활동의 규모나 범위를 증가할 수 있다. 일반적으로 성장목표는 판매, 종업원이나 자원의 증가나 사업의 다양성을 포함한다. 성장에 대한 희망은 마케팅 기회나 새로운 자원에 대한 최적화로 운영된다. 대부분의 변화는 새로운 수익의 개발이나 다양화의 형태를 필요로 한다. 틈새중심 변화는 수요측면에서 변화하는 소비자 기호나 기업조직 측면에서 종업원의 강력한 관심에 의해 추진된다. 어떠한 새로운 사업방향도 많은 계획과 바라는 결과의 신중한 고려 없이는 오지 않는다. 내적 사업의도는 외적 틈새시장 기회와 일치해야 한다. 내적 희망의 결과가 이용할 수 있는 기회와 일치된다면 행동에 대해 지속가능하고 효과적인 계획을 개발할 시간이다. 다음은 틈새

시장을 계획할 때 고려해야 할 방향이다.

- 명확하고 일관성이 있는 이미지와 주제
- 사업구조와 문화의 일치
- 전략과 행동의 분명한 연결
- 집중된 주의와 필요조치

② 틈새마케팅의 전략 수립

틈새시장은 유사한 인구, 구매행동과 라이프 스타일을 갖는 고객집단으로 구성된다. 예를 들면 품질보증과 생산자원을 중요시하는 식품 구매자, 편리한 형태에서 쉬운 준비음식을 찾는 소비자를 포함한다. 동일한 구매행동이 있는 소비자들조차도 다른 동기를 갖는다. 표적시장을 이해하는 것은 사업이 잠재고객의 욕구를 충족하는데 필요한 자원, 관심과 사업요소를 갖고 있는지 밝히는 데 중요한 요소이다.

특성이 비슷한 소비자를 확인하면 표적마케팅 활동과 브랜드를 촉진하는 방법으로써 군집화(clustering)하는 것이 도움이 된다. 기업이 제품을 구매하거나 특정한 판매점을 방문하는 소비자의 동기를 이해한다면, 소비자의 군집화는 표적과 효과적인 마케팅 활동을 계획할 수 있다. 군집화는 잠재적 방문자수와 상이한 고객집단에 대한 적절한 가격을 추정하는 데 도움이 된다. 예를 들면, 편의성을 중요시하는 고객집단에 제품을 출시하는 기업을 고려해 보자. 제품을 쉽게 먹을 준비가 된 형태로 만들기 위해 마케팅 자원을 획득한다면 책정된 가격은 필요한 고객에게는 적정할 것이다.

틈새가 확인된 후 다음 단계는 구매자를 발견하고 그들의 주의를 끌어들이는 것이다. 잠재적 구매자와 연결하기 위해 사려 깊은 촉진계획과 메시지를 개발할 필요가 있다. 틈새시장 소비자와 연결하기 위해서 웹 사이트, 홍보전단, 인적 커뮤니케이션, 포장, 이미지 등과 같은 마케팅 믹스는 신뢰할 수 있는 광고 주장, 동기유발 메시지와 일관된 이미지를 통합할 필요가 있다. 다음은 틈새시장 마케팅을 위한 규칙이다.

- 시장의 독특한 욕구 충족: 소비자와 시장조사를 필요로 한다.
- 적절한 정책 개발: 시장의 동기와 관심을 목표로 하는 촉진정책을 개발한다.
- 테스트시장: 소매상이나 협력자와 최소한 시장테스트로 시작한다.

틈새마케팅(niche marketing)은 큰 연못에 있는 작은 고기 대신 작은 연못에 있는 큰 고기(a big fish in a small pond)를 목적으로 한다. 이를 미시마케팅이라고 한다. 틈새시장 마케팅은 경쟁을 완화하고 제품가격에 대한 통제력을 얻는 방법이다. 약한 경쟁으로 틈새시장 제품에 대한 수요는 탄력성이 적다. 대량마케팅은 모든 고객은 동일한 제품욕구를 갖고 있다는 가정에서 사용하는 산탄총(shotgun) 접근이지만, 틈새마케팅은 잘 정의된 고객집단, 즉 고유한 욕구를 제공하는 집중된 소총(rifle) 접근이다.

SENSE   샴푸 · 세제 일회용기 없앤 배송…'그린'이 틈새시장

쓰레기 재활용이라는 아이디어로 비즈니스를 키우고 있는 미국 혁신 기업인 테라사이클은 소비재 기업에는 재활용 솔루션을 제공해주고 제대로 된 방법으로 재활용을 원하는 소비자에게는 재활용 플랫폼을 소개한다. 현재까지 이 회사가 재활용한 쓰레기만 300종을 넘어섰고 일회용 플라스틱뿐 아니라 기저귀, 담뱃재, 씹다 버린 껌, 화장품 용기 등 재활용해 보지 않은 게 없을 정도다. 톰 재키 테라사이클 창업자 겸 최고경영자(CEO)는 "많은 기업은 환경문제에 대해 인식하고 있고 행동해야 한다고 생각하지만 그 방법을 잘 알지 못하는 경우가 많았다"며 "우리는 이들의 가려운 곳을 긁어준 것뿐"이라고 말했다. 이들이 최근 시작한 사업 루프(Loop)는 일회용품 쓰레기를 애초에 만들지 말자는 취지에서 시작됐다. 이 서비스는 P&G, 유니레버, 로레알 등 약 50개 글로벌 소비재 기업과 제조공장, 유통사가 참여하는 일종의 구독 서비스다.

회원은 루프 박스에 원하는 제품을 배송받는다. 샴푸, 아이스크림, 세제, 치약, 칫솔 등 종류가 매우 다양하고 제품이 담긴 용기는 모두 100번 이상 재사용할 수 있다. 소비자들은 용기에 든 제품을 다 쓴 뒤 이를 다시 루프 박스에 넣어 회수를 신청하면 된다. 그러면 테라사이클이 다시 가져가 깨끗이 씻고 소독한 뒤 제품을 채우고 또 다른 사용자에게 보낸다. 가격도 일회용 플라스틱 용기를 사용한 제품과 거의 차이가 없다. 처음 구매할 때 내는 보증금은 다 쓴 용기를 수거할 때 고객에게 다시 반환된다. 지속가능한 소비가 비싸다는 편견도 깼다. 지난 5월 프랑스 파리, 미국 뉴욕·뉴저지 등에서 시범

운영에 들어갔고 내년에는 일본, 후년에는 한국에도 선보일 예정이다. 어넬 심슨 테라사이클 R&D부문장은 "우리는 수많은 종류의 제품을 재활용하고 업사이클링했지만 문제는 이 같은 쓰레기가 하루에도 수백만, 수천만 개씩 더 생겨나고 있다는 것"이라며 "루프 서비스는 환경에 해로운 제품은 처음부터 만들지 않는 게 골자"라고 말했다.

출처: 매일경제 2019.07.19

1) 틈새시장 진입 시 고려사항

생산자의 관점에서 적당한 틈새를 확인하는 것은 부가가치를 붙여 판매가격과 수익을 증가할 수 있는 기회이다. 그러나 특정한 틈새 속으로 확장하는 것을 회사가 결정하기 전에 탐구해야 할 많은 요인들이 있다. 다양한 요인들은 틈새시장으로 이동하기 전에 고려해야 한다. 틈새시장에 진입할 것인지 여부를 결정할 때 고려할 몇 가지 요소가 있다. 즉, 고객인식, 제조에 미치는 영향, 몰입, 시장과 마케팅이다.

- 고객인식: 마케팅은 제품의 싸움이 아니라 인식의 싸움(battle of perceptions)이다. Ries and Trout(1993). 틈새시장으로 이동하기로 결정할 때 제품이 고객의 인식에 어떻게 영향을 주는지를 아는 것이 중요하다.
- 제조에 미치는 영향: 틈새시장에 진출에 필요한 회사의 내부자원을 확인한다. 조직의 확장에 필요한 인력과 장비를 갖고 있는가? 인력이 틈새기회에 필요한 부분에서 훈련되어 있는가? 얼마나 많은 인력이 새로운 기회에 필요한가?
- 몰입: 틈새시장을 추구하기 위해 회사는 몰입되어 있는가? 수익이 있기 위해서는 어느 정도의 기간이 필요한가? 새로운 틈새시장에서의 성공을 어떻게 측정하는가? 부가가치 기회가 회사의 장기계획과 일치하는가?
- 시장과 마케팅: 구체적인 전략을 채택해야 한다. 틈새기회는 이미 제조한 다른 제품과 관련이 있는가? 새로운 틈새시장의 판매에 관하여 지식이 있는가? 새로운 틈새시장에서 주요 경쟁자는 누구인가? 그들은 얼마나 큰가? 강력한 경쟁우위를 개발할 수 있는가?

2) 틈새시장 진출전략 수립절차

틈새마케팅(niche marketing)은 특정한 틈새에 제품을 출시하는 전략이다. 예를 들면, 항공사들이 신혼부부들의 욕구를 알고, 유리한 시장을 향해 표적광고를 할 수 있다. 이러한 고객틈새에 변형 제품을 제공하기 위해 기존제품을 수정하기까지 한다. 틈새시장은 더 작은 틈새에 집중함으로써 사업을 키우는 기법이기도 하다. 다음은 틈새마케팅 전략을 고려할 때 필수적인 요소이다.

- 고객파악: 세분화를 고려한다.
- 명확한 목표 설정: 신시장에 접근하고 비용을 낮추고 높은 가격을 확보한다.
- 자원의 적합성: 틈새마케팅은 회사의 자원, 역량, 선호와 일치해야 한다.

수익성이 있는 틈새시장이 우연히 발견되더라도 틈새기회를 찾고 개발할 때 체계적인 전략이 필요하다. 다음 단계는 수익성이 있는 틈새시장을 활용하기 위해 무엇을 판매할지, 어디에서 팔지, 누구에게 팔지, 그리고 판매가격을 어떻게 할지를 결정하기 위한 틀을 형성한다. 다음은 틈새시장 진출전략을 수립하는 절차이다.

▼ 그림 3-10 **틈새시장 진출전략 수립절차**

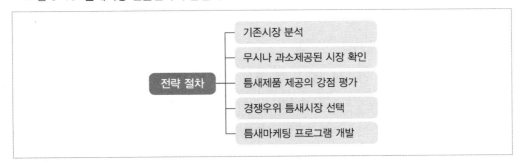

☑ 기존시장 분석

첫 단계는 기존시장을 분석하는 것이다. 고객이 누구인지, 현재 진출자나 경쟁자가 누구인지, 어떤 제품이나 제품계열이 제공되는지, 어떤 가격이 책정되었는지, 그리고 어떤 유통경로가 사용되는지를 찾는다. 이러한 정보는 기업이 수행하는 조사로부터 이용할 수 있다.

☑ 무시나 과소제공된 시장 확인

기존시장에 있는 어떤 세분시장이 현재 무시되었거나 과소제공되었는지를 알아낸다. 정보는 개인적 관찰, 현재 시장참여자들의 면접, 컨설턴트, 협회 간행물, 정부 간행물, 시장정보나 신문을 통해서 얻을 수 있다.

☑ 틈새제품 제공의 강점 평가

무시된(neglected) 또는 과소제공된(underserved) 세분시장의 욕구를 만족할 때 효과적으로 필요한 자원과 기술을 알아낸다. 경쟁에 필요한 원재료, 장비, 기술, 자금과 관리자원을 고려한다. 또한 판매원 규모와 유통경로 구성원과 같은 마케팅 필요사항을 고려한다. 추가적으로 시장분할에서 예상되는 경쟁이나 경쟁자를 알아낸다.

☑ 경쟁우위 틈새시장 선택

경쟁우위를 갖고 제공할 수 있는 틈새시장을 선택하는 것이다. 장점, 위치와 자원에 근거하여 하나 이상의 세분시장을 선택한다. 틈새마케팅은 임시적이거나 경쟁자에 의해서 공격을 받을 때 위험할 수 있다. 하나의 틈새시장보다 더 많이 전문화하는 것은 위험을 감소하고 성공의 기회를 증가한다. 시장틈새에 포지션을 어떻게 설정할 것인가를 고려한다.

☑ 틈새마케팅 프로그램 개발

시장의 욕구를 충족하기 위한 마케팅 프로그램을 개발한다. 선택된 틈새시장에 대해 고객에게 효과적으로, 그리고 이익이 되도록 제공하기 위하여 최고의 제품, 가격, 촉진과 유통 시스템을 밝혀낸다. 탁월한 서비스는 고객충성도를 구축하고 유지하는 데 도움이 된다. 틈새시장에 관한 조사를 하는 좋은 방법은 산업과 관련된 전시회와 박람회에 참가하는 것이다. 이러한 박람회에서 많은 기업들이 틈새시장에 이미 제공하는 것을 확인할 수 있다. 이러한 정보는 틈새시장으로 확장하는 아이디어가 성공할 수 있는지를 판단하는 데 도움이 된다.

기회는 기업에 새로운 수익원과 성장의 발판을 제공한다. 매우 좋은 기회가 드물다면, 기회의 수를 어떻게 증가할 수 있을 것인가? 효과적인 기회탐구 방법은 많은 수의 기회를 만들고, 생성된 기회의 높은 품질을 추구한 다음 기회의 질에서 높은 변화를 창출하는 것이다.

• 많은 수의 기회생성

많은 기회를 생성한다면 더 많은 예외적인 기회를 보게 된다. 여기에 기본적인 방법이 있다. 논리는 간단하다. 100,000명 중에서 키 큰 사람의 수는 10,000명보다 더 많을 것이다. 평균적인 질을 희생하지 않고, 많은 기회를 생성하는 것은 예외적인 기회를 발견하는 데 있어서 중요하다. 예외적인 기회는 예외적인 가치를 제공할 수 있다. 발생된 기회에서 높은 질을 추구한다. 기회창출의 최적방법을 적용하고, 기회의 최적 원천을 찾는 것은 고려하고 있는 기회의 평균적인 질을 향상할 수 있다.

• 생성된 기회의 높은 품질을 추구

기회창출과 기회의 최적 원천 탐색법은 고려사항에 있는 기회의 평균질을 증가하는 것이며 이것은 선택과정에서 또한 최적 아이디어의 질을 향상할 것이다.

• 기회의 질에서 높은 변화를 창출

이것은 확실하지 않더라도 통계학의 의미이다. 평균품질과 지속적인 기회의 수를 갖는다면, 더 큰 변화를 나타내는 과정으로부터 더 많은 예외적인 기회를 발생할 것이다. 변화에 대한 질문은 개선을 진행하는 정상적인 방법과 배치되지만, 기회를 창출할 때 원하는 것이다. 엉뚱한 아이디어와 조잡한 착상은 적어도 매우 좋은 기회이다.

03 사업환경 분석

모든 기업은 독립적으로 존재할 수 없으므로 독특한 환경에서 운영된다. 이러한 환경은 경영활동에 영향을 미친다. 기업은 직원, 고객, 주주, 금융기관, 공급자뿐만 아니라 경제적, 사회적, 법적, 기술적 및 정치적 요소와 같은 모든 내부 및 외부 요인에 영향을 받는다. 사업환경을 주의 깊게 조사하면 사업에 필요한 유용한 기회를 활용할 수 있다. 기업은 이러한 자원을 추적하여 상품과 서비스로 전환할 수 있다.

1 3C 분석

3C 분석은 원래 경영 컨설턴트인 Kenichi Ohmae가 창안하였다. 이 분석 기법은 수년 동안 전략적 비즈니스 모델로 사용되어 왔으며 이 방법을 사용하면 3C 또는 전략적 삼각형 (고객, 경쟁자 및 회사)에 대한 분석을 집중할 수 있다. 이 세 가지 요소를 분석함으로써 핵심 성공 요인을 찾고 실행 가능한 마케팅 전략을 수립할 수 있다. 회사를 먼저 분석하면 회사 자료를 경쟁자 및 고객 분석의 표준으로 사용하는 경향이 있다. 고객의 관점을 이해하는 것이 마케팅에서 중요하다. 따라서 먼저 고객, 시장의 경쟁, 그리고 마침내 회사를 파악한다.

1) 3C 분석

3C 분석(3C Analysis)은 고객(Customer), 경쟁자(Competitor)와 자사(Company)의 현재 상태를 분석하는 기법이다. 3C 분석은 기본적으로 현재 상태에 대한 분석이지 미래의 변화되는 상황에 대한 분석은 아니기 때문에 미래에 대한 분석을 위해서는 시나리오 분석 등이 필요하다. 기업은 3C 분석을 통해 자사와 동일한 고객을 대상으로 경쟁하고 있는 경쟁자를 비교·분석함으로써 자사의 차별화와 경쟁전략을 찾아낼 수 있다. 현재의 시장동향을 파악하여 고객을 정의함으로써 대상 시장을 명확히 한다. 따라서 회사는 3C 분석을 통해서 고객의 욕구와 필요를 파악하여 새로운 제품이나 서비스를 찾아낼 수 있다.

▼ 그림 3-11 3C의 관계

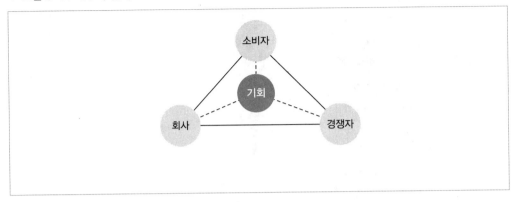

2) 주요 고려 요인

3C 분석은 다음과 같은 질문 사항을 파악하고, 세분시장에서 자사의 강점과 약점을 분석하고, 경쟁우위 부문을 찾아 표적시장을 선정하는 데 활용된다. 고객 혹은 시장의 현재 욕구와 추세는 무엇인가? 고객의 KBF(Key Buying Factor)는 무엇인가? 경쟁자의 강점과 약점은 무엇인가? 자사의 시장영향력이나 기술능력은 어느 정도인가? 따라서 기업은 자사에 대한 SWOT와 3C 분석 등을 활용하여 자사의 핵심역량(core competence)과 USP(Unique Selling Point)를 극대화할 수 있는 전략을 강구할 수 있다. 경쟁자 분석을 통해 경쟁상황을 이해하고, 기회와 위협의 요인을 확인하여 경쟁력을 강화하는 것이 중요하다. [표 3-2]는 환경분석할 때 체크해야 할 사항을 요약한 표이다.

▼ 표 3-2 환경분석의 주요 고려 사항

주요 요소	고려 사항
환경적 요소	제품·서비스에 중요한 경제적 요인 • 산업성장률 • 경제추세 • 원자재 가격 추세
	법률적 요소
	국내외 경제동향과 미래전망
표적고객	주요고객층
	고객별 매출액 예상 • 주요고객 • 내수비중

경쟁환경	주요 경쟁자 • 회사명: • 시장점유율 • 마케팅 전략 • 제품 · 서비스 특징
	시장의 경쟁상황
	보유자원의 장단점 • 장점 • 단점
제품 · 서비스	제품이나 서비스 • 사업의 구체적 시기 • 제품이나 서비스 특징 • 제품개발능력 • 제품생산능력 • 유통계획

2 SWOT 분석

SWOT 분석은 강점(strength), 약점(weaknesses), 기회(opportunities)와 위협(threats)을 종합적으로 고려하여 기업내부의 강점과 약점, 그리고 외부환경의 기회와 위협요인을 분석·평가하고, 전략을 개발하는 도구이다. 이 기법은 기업의 강·약점 등의 내부역량과 기회·위협과 같은 외부의 가능성 사이의 적합성을 평가하기 위해 사용된다. 한 기업의 장점은 다른 기업에는 약점이 될 수 있다. SWOT 분석은 기업이나 조직이 미래에 나아갈 방향을 살펴보고, 명확한 목적을 구체화하고, 유리하거나 불리한 내외적 요인을 확인함으로써 전략수립에 유용한 도구이다.

내부요인(internal factors)은 조직의 강점과 약점으로 다소 통제가능하다. 조직의 강점은 브랜드명, 효율적인 유통 네트워크, 제품이나 서비스에 대한 평판과 우수한 재무상태이다. 회사의 약점은 시장에서 제품인지도 부족, 인적자원의 부족과 열악한 위치 등이다. 외부요인(external factors)은 외부환경에 의해서 영향을 받는 기회와 위협이며, 거의 통제 불가능하다. 기회는 조직이 목적을 달성하는 데 도움이 되는 외적 요인이며, 위협은 조직이 목적을 달성하는데 해로운 외적 요인이다. 기회는 회사제품에 대한 국제수요, 적은 경쟁자와 사람들이 장수하는 것처럼 호의적인 사회추세이다. 위협은 침체하는 경기, 지급비용을 증가하는 금리인상과 노동자를 찾는데 어려운 고령인구 등이다. 외적 요인은 시장이나 경쟁위치의 변화뿐만 아니라 경제, 기술변화, 법률, 사회문화의 변화를 포함한다.

- 내부요인: 내부적으로 통제 가능한 조직의 강점과 약점
- 외부요인: 외부환경에 의해서 영향을 받는 기회와 위협

▼ 그림 3-12 SWOT의 요소

	소비자	불리
내부요인	**감정** 브랜드명 자원	**약점** 낮은 브랜드 인지도 열악한 위치
외부요인	**기회** 제품수요 시장규모	**위협** 경제침체 경쟁자

1) 내부환경 평가

조직이 강점과 약점요인을 평가하는 것이 내부환경 평가이다. 회사가 강점을 알면 회사는 기회를 이용하기 위해서 강점을 사용할 수 있다. 조직이 내부환경을 평가할 때 브랜드 인지도와 위치뿐만 아니라 성과와 같은 요인을 검토해야 한다. 경영자들은 회사의 과거와 현재전략을 검토할 필요가 있고, 어떤 전략이 성공할지와 어떤 전략이 실패할지를 파악해야 한다. 이것은 회사가 미래행동을 계획하고 성공할 가능성을 높인다. 예를 들면, 회사는 제품에 잘 어울리는 포장을 조사하고, 신제품에 동일한 형태의 포장을 사용할 수 있다. 잘 어울리는지를 확인하기 위해 포장을 포함하여 제품상의 변화에 대한 소비자의 반응을 조사할 수 있다. 자신이 성공한 것과 실패한 것을 알아보기 위해 과거에 시도했던 전략을 조사하는 것은 현명하다. 전략이 작동되지 않는다면 무엇 잘못되었는지를 알아보고, 그것을 변경한다. 그렇게 하면 내부환경을 분석할 때 조직이 하는 것과 유사하다.

2) 외부환경 평가

외부환경을 분석하는 것은 주로 통제할 수 없더라도 조직이 사업을 하는 방법에 영향을 주는 시장의 상황을 추적하는 것이다. 이러한 요인은 경쟁, 경제, 문화와 사회적 추세, 정치와 법적 규

제, 기술변화와 자연자원의 가격과 이용성이다. 세계 회사라면 환경분석은 사업을 하는 각국의 외부환경을 조사하기 때문에 더욱 복잡하다. 외부환경이 모든 조직에 영향을 주더라도 회사는 영업과 관련된 요소에 집중해야 한다. SWOT을 확인한 다음에 요인과 상호의존성을 파악하는 것은 최종목적을 달성하는 데 필요한 조치로 기업이 처한 현재의 상태를 명확하게 포착할 수 있다.

3) SWOT 분석에 따른 전략 설정

SWOT 분석은 목적을 달성하는 데 중요한 내·외부 요인을 확인하는 것이다. 기업의 내·외부 요인을 분석하여, 강점과 약점, 기회와 위협을 찾아내어, 강점은 강화하고, 약점은 제거하거나 축소하고, 기회는 활용하고, 위협은 억제하는 전략을 수립한다. SWOT 분석을 통해서 얻은 결과로 전략적 대안을 수립하는 방법은 아래와 같다.

- SO전략: 강점을 가지고 기회를 활용하는 전략
- ST전략: 강점을 가지고 위협을 회피하는 전략
- WO전략: 약점을 보완해 기회를 활용하는 전략
- WT전략: 약점을 보완해 위협을 극복하는 전략

▼ 그림 3-13 SWOT 분석에 따른 전략 설정

	기회(O)	위협(T)
강점 (S)	SO: 강점으로 기회 활용 1위: 성공전략, 시장선점, 제품다각화	ST: 강점으로 위협 회피 2위: 위협 회피, 시장침투, 제품확충
약점 (W)	WO: 약점 보완으로 기회 활용 3위: 약점보완, 핵심강화, 전략제휴	WT: 약점 보완으로 위협 극복 4위: 약점보완, 철수, 집중화

미·중 무역전쟁 확산 우려로 위안화 환율이 달러당 7위안을 넘어서자 원·달러 환율이 장중 20원 넘게 급등했다. 일본 수출규제 후 내리막을 걷던 원화는 급락세를 보이면서 지난 한 달 여간 20개 주요국가 통화 중에서 가장 큰 폭의 절하율을 기록하고 있다. 국내 증시에서도 외국인의 자금이 썰물처럼 빠져나가 원화의 절하를 부추겼다. 반면 안전자산인 엔화에는 돈이 몰려 달러·엔 환율은 105엔대까지 하락(엔화 가치 상승)했다.

5일 서울외환시장에서 원·달러 환율은 전거래일보다 17.3원 오른 1215.3원에 마감됐다. 이날 5.6원 오른 1203.6원에 출발한 환율은 오전 10시40분 1218.3원까지 급등했다. 전거래일보다 20원 넘게 오른 것으로 고점 기준으로 2016년 3월 3일(1227.0원) 이후 가장 높은 수준까지 오른 것이다.

출처: 조선비즈 2019.08.06

③ 경쟁환경 분석

모든 조직은 소비자를 얻기 위해 다투는 직접적이거나 간접적인 경쟁환경을 고려해야 한다. 유사한 제품이나 서비스를 제공하는 경쟁자의 집단은 산업을 형성한다. Michael Porter 교수는 산업분석을 위한 방법인 Five Forces Model을 개발하였다. 그는 장기적으로 특정 산업의 수익성 및 매력도는 산업의 구조적 특성에 의하여 영향을 받으며, 이는 5가지의 힘(Five Forces)에 의하여 결정된다고 주장한다. 5가지의 힘은 신규 진입자의 위협, 공급자의 협상력, 구매자의 협상력, 대체재의 위협, 산업 내 기존 경쟁자 간의 경쟁강도 등이다. 기업은 환경 시스템의 한 구성원이기 때문에 환경 속에서 에너지를 교환하는 것이다. 따라서 기업은 에너지가 유리하게 교환되는 시스템을 구축해야 한다.

▼ 그림 3-14 **마이클 포터 5가지의 힘**

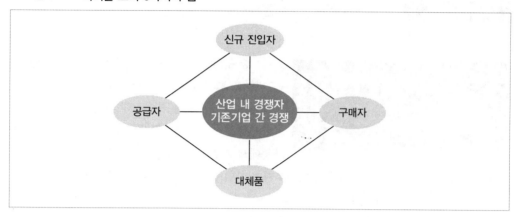

1) 기존기업 간 경쟁강도

기업은 시장지위를 자사에 유리하게 만들기 위해 가격, 신제품개발과 광고 등으로 경쟁을 반복한다. 이러한 경쟁으로 결국 자원을 소모하여 수익이 악화된다. 시장이 성숙단계로 진입하면 기업도 매출을 유지하기 위해 시장을 침식하는 전략에 돌입하게 된다. 경쟁기업 수가 많을 때, 경쟁기업의 규모나 힘이 동등할 때, 차별화가 없을 때나 전환비용이 들지 않을 때 경쟁기업 간의 경쟁을 격화시키는 요인이다.

2) 신규 진입자의 위협

신규 진입자는 기존기업과의 경쟁에서 생존하기 위해 공격적인 마케팅 전략을 구사하기 때문에 산업계 전체의 수익이 저하된다. 이에 맞서 기존기업은 과도한 경쟁을 막고, 수익을 유지하기 위해 진입장벽을 높이는 다양한 전략을 실행한다. 진입장벽을 높이는 방법은 규모의 경제, 제품차별화, 유통채널 확보와 원가우위 전략 등이 있다.

3) 대체재의 위협

대체품의 등장은 기존 산업에 큰 위협이 될 수 있다. 해당 산업의 제품과 유사하여 동일한 고객의 범주욕구를 충족할 수 있는 제품은 대체재로 쉽게 전환될 수 있기 때문이다. 또한 대체재 이 외에도 동일한 시간대에 소비하는 대안재도 큰 위협요소가 된다. 따라서 가격인하는 불가피하고, 수익은 상대적으로 떨어진다.

4) 공급자의 협상력

원자재의 가격변동은 기업의 경쟁력에 중요한 영향을 미친다. 공급자의 교섭력이 증가할수록 기업의 수익은 악화되어 시장매력도가 떨어진다. 가격인상이나 품질수준의 상향으로 비용이 증가되거나 이익이 감소된다. 소수의 공급자에 의해 지배되고 있는 경우, 구매자가 공급자를 교체할 때 전환비용[4]이 높은 경우나 공급자가 전방통합[5]에 나설 경우 공급자의 교섭력을 강하게 만드는 요인이다.

5) 구매자의 협상력

구매자의 교섭력이 크면 구매자는 가격인하, 품질 및 서비스 개선을 요구하여 산업의 매력도가 떨어진다. 또한 구매자가 소수이고, 대량으로 구입하는 경우, 구매자 전환비용이 낮은 경우나 구매자가 후방통합에 나설 경우 구매자의 교섭력을 강하게 만드는 요인이다.

---

4 전환비용(switching cost): 현재 사용하고 있는 제품이 아닌 다른 제품을 사용하려고 할 때 들어가는 비용으로 금전적인 비용과 개인의 희생이나 노력 등 무형의 비용도 포함한다.
5 제조업체가 원자재나 유통업체를 합병하거나 인수하는 경우를 전방통합(forward integration)이라 하고, 반대로 원자재나 유통업체가 제조업체를 합병하거나 인수하는 경우를 후방통합(backward integration)이라고 한다.

04 사업기회 개발

초보적인 아이디어에서 전면적인 사업계획을 형성할 때 기회는 전개된다. 기회인식은 시장욕구나 미제공 자원의 탐색, 지각, 특정한 시장욕구와 특정한 자원 간의 적합성 인지와 발견 등으로 진행된다. 이러한 과정에서 기회의 인식, 발견과 창조가 각각 나타난다. 시장욕구와 자원 간의 적합은 욕구와 자원이 미리 일치된다고 가정하는 것이다. 시장욕구와 기업자원의 현재 일치는 특정한 지역이나 시장의 탐구하는 유형이다. 현재 더 유망한 기회로 자원을 재배치할 기회가 있다고 생각할 때 기업가들은 신제품—신시장을 확장하거나 신사업을 시작하는 것을 결정한다.

사업기회 개발 과정은 시장기회를 확인하여, 결과를 토대로 유망한 사업기회를 선정하는 과정이다. 먼저 시장의 기회확인 대상을 설정하여 탐지·판별한 다음 선정할 수 있는 최적의 유망기회를 발굴하는 일련의 과정은 간단한 과정은 아니지만, 시장기회는 모든 사업기회의 시작이기 때문에 매우 중요한 과업이다. 사업기회 개발 과정은 대상기회의 선정, 기회창출과 판별, 대상기회의 심사와 유망기회의 선정이 단계적으로 진행된다.

▼ 그림 3-15 사업기회 개발 과정

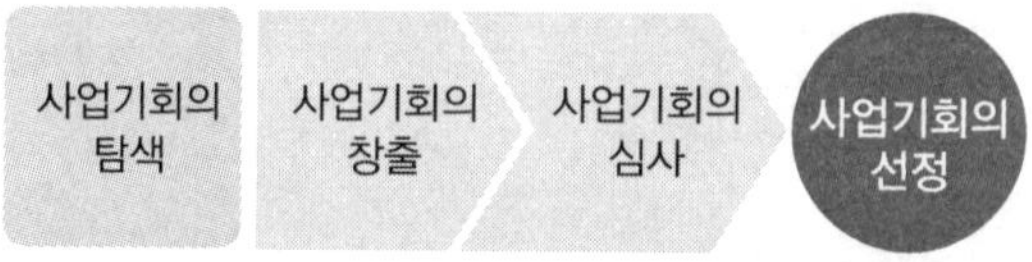

1 사업기회의 탐색

기업가는 제품 아이디어나 기술로 시작하여 제품에 적합한 시장 잠재력을 탐색한다. 마케팅 기회는 기업이 처리하지 않은 고객들의 바람이나 충족되지 않은 고객욕구가 존재한 곳이다. 기업은 기존고객으로부터 판매확대를 통해 수입을 증가하고, 제품계열에서 공백을 보충하거나 새로운 시장을 분할하는 목표를 설정하여 신상품을 창출하기도 한다. 기업은 시장욕구나 미제공 자원을 확인하거나 인식할 수 있다. 새로운 가치창조와 전달을 위해 기회에 대한 민감성은 사람들마다 매우 다르다. 과소제공되거나 미충족욕구를 지각하거나 연결 짓는 능력들도 개인들마다 차이가 크다. 기업가들은 가치창조와 전달을 위한 새로운 능력을 부단히 개발하지만, 새로운 능력과 현실적 적용방법도 매우 다르다. 이러한 개인적인 차이는 유전적 요인, 환경과 경험, 그리고 특정한 기회에 관하여 갖고 있는 정보의 양과 형태에서 차이가 발생하기 때문이다.

어떤 기업가들은 시장의 욕구나 문제에 민감하여 환경에서 기회를 발견하고 신제품에 대한 가능성을 지각한다. 그러나 문제인식이나 가능성에 대한 민감성은 문제를 해결하기 위한 아이디어의 창출로 반드시 전개되는 것은 아니다. 미제공된 제품, 지역, 유휴생산설비, 미활용된 기술이나 발명, 불용자산 등과 같이 전혀 사용하지 않거나 충분히 사용하지 않은 자원을 확인하는데 기업가들마다 다르다. 발명가, 과학자나 개인들은 발명, 신기술의 시장수용이나 상업적 실행가능성과 관계없이 신제품과 서비스에 관한 아이디어를 창출할 수 있는 능력이 뛰어나다. 기회는 누구에게나 의식적이든 무의식적이든 주어진다. 그러나 기회가 있다 하더라도 사전에 추구할 가치가 있는지를 결정하는 것은 쉬운 일이 아니다. 기회를 포착하는 능력과 이를 활용하는 능력이 뛰어나면 사업기회는 확대될 수 있다.

1) 시장규모의 추정

시장규모의 추정은 욕구가 있는 소비자들의 수와 문제를 느끼는 소비자들의 수를 추정하는 것이다. 판매수입계획은 계획기간에 판매수입을 획득할 것으로 기대하는 기회의 일부분이지만 어려운 과업이다. 많은 보고서와 자료로 시작하는데, 일차조사가 충분히 견실할 때까지 조사의 타당성을 전적으로 신뢰하지 말아야 한다. 시장규모의 추정은 잠재고객의 수를 계산하는 과정이다. 잠재고객들이 기업이 제공하는 해결안을 구입할 것이라는 가설을 형성한다. 이러한 속성을 공유하는 다른 소비자들에 대해서도 가설을 검증한다. 좋은 가설이라면 잠재고객으로부터 실제 시장잠재력을 추정하기 위해 보고서와 자료를 찾을 수 있다. 아직도 비현실적인 자료이므로 기회의 최고와 최저 가능 범위로써 시장기회를 생각하는 것은 매우 유용하다.

2) 파괴적 혁신

크리스텐슨(Christensen)의 파괴적 혁신(disruptive innovations)[6]은 단순하고 저렴한 제품이나 서비스로 시장의 밑바닥을 공략한 후 빠르게 시장 전체를 장악함으로써 궁극적으로 기존의 경쟁자를 대체하고 가차 없이 시장을 석권하는 과정이다. 파괴적 혁신을 통해 성장을 추구할 때 가치

---

6 Christensen, Clayton, Richard Bohmer, and John Kenagy(2000).

를 인식하는 기업들은 다양한 점에서 수익을 낸다. 이처럼 파괴적인 신생기업이 가치사슬의 상층을 점령함에 따라 새로운 시장이 닫혀져 기존기업들은 기반을 잃게 된다.

어떤 기업들은 고객의 욕구가 진화하는 것보다 더 빠르게 혁신하는 경향이 있기 때문에 대부분의 기업들은 궁극적으로 매우 정교하고, 비싸고, 복잡한 제품이나 서비스를 생산함으로써 시장의 상층에서 지속되는 혁신을 추구한다. 시장의 상층에 있는 가장 다루기 어렵고 까다로운 고객에게 가장 높은 가격을 부과함으로써 회사는 매우 큰 수익을 달성할 수 있다. 파괴적 기업의 특징은 전통적인 성능과 비교할 때 기존 해결책만큼 매력적인 것으로 보이지 않는 저마진, 작은 표적시장과 단순한 제품과 서비스이다.

▼ 그림 3-16 **시장기회의 탐색 기준**

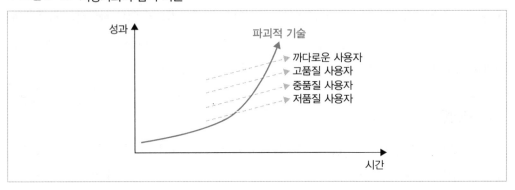

기업이 주요 고객과 잠재고객의 욕구에 집중하여 발견한 기회를 인지하거나 활용하는 것은 쉽지 않다. 잠재고객들이 기업의 본류가 아니고, 지각된 시장규모나 수익이 심사기준을 충족하지 못하고, 욕구를 처리하기 위해 적절한 과정을 갖고 있지 않다. 그래서 기회는 기업이 다루기 더욱 어렵다. 새로 확인한 시장욕구는 기존시장, 공급자와 소비자 관계와 어떻게 관련이 있는지를 찾는 것이 중요하다. 욕구를 발견하더라도 언제나 이용할 수 있는 시장기회를 갖는 것은 아니다. 기업이 제공하는 어떤 해결안에 대하여 잠재고객들이 이용할 수 있는 대안은 많이 있다. 고객들은 기업이 제안한 해결안을 구매하지 못하도록 하는 다른 문제가 있을 수 있다.

SENSE 파괴적 혁신인가

세계 소비자들도 중국이 만든 스마트폰의 뛰어난 가성비(가격 대비 성능) 바람에 휩쓸리며 고가폰에 대한 흥미를 잃기 시작했다. 저가폰 대공습의 중심에는 샤오미, 화웨이 등 중국 브랜드 사이에 벌어진 대혈투가 있다. 불과 5년 전만 해도 세계 스마트폰 시장에서 중국 브랜드를 찾기란 쉽지 않았다. 중국 화웨이와 ZTE는 자국 소비자도 외면하는 브랜드였고, 이름 없는 짝퉁(산차이) 제품하고 경쟁하는 처지였다. 샤오미는 회사를 막 설립한 시점이었다.

그러나 지금의 상황은 완전히 바뀌었다. 2011년 이후 중국 스마트폰시장에서 1위 자리를 놓치지 않았던 삼성전자는 2014년 3분기에 처음으로 샤오미에 1위 자리를 빼앗겼다. 같은 해 4분기에는 2위 자리마저 애플에 내줬다. 급기야 2015년 4분기에는 톱 5위에도 들지 못했다. 2015년 중국 스마트폰 시장에서는 샤오미, 화웨이, 비보, 오포 등 중국 브랜드가 상위권을 거의 휩쓸었다. 기존 강자 중에서는 애플만 명맥을 유지했다.

출처: 조선일보 2016.02.17

3) 추세발견

좋은 틈새시장을 찾기 위해서 추세를 발견해야 한다. 유망제품이나 유행제품을 구분할 필요가 있다. 추세는 사회변화에 따라 일정한 형태가 있기 때문에 틈새를 더 잘 찾을 수 있다. 기회확인 방법은 추세를 관찰하고, 사업가들이 추구하는 기회를 창조하는 방법을 연구하는 것이다. 경제적 요인, 사회적 요인, 기술진보, 정치행동과 규제변화에 대한 추세를 관찰하여 사업이나 제품·서비스를 위한 기회를 탐색하는 데 활용한다. 추세관찰과 사업기회의 탐색은 복합적인 시장조사의 과정으로 새로운 사업의 시작단계에 해당한다.

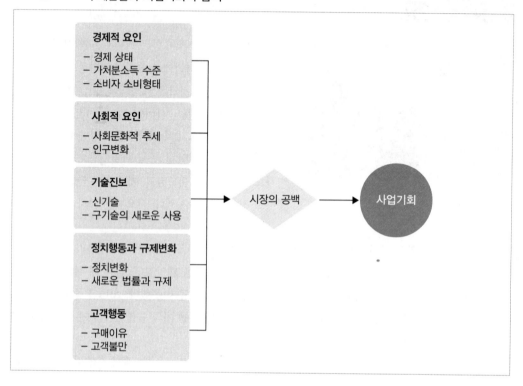

☑ 경제적 요인

경제적 요인은 소비자들의 가처분소득에 영향을 미친다. 경제의 개인 영역은 소비자들의 구매 형태에 직접적인 영향을 준다. 예를 들면, 이자율 하락은 신규주택건설과 소비의 증가를 가져온다. 조사와 관찰, 구매시장 예측과 분석에 의해서 이러한 요인을 확인할 수 있다.

☑ 사회적 요인

사회적 요인이 신제품, 서비스와 사업 아이디어에 어떻게 영향을 주는지를 이해하는 것은 기회인식의 기본이다. 예를 들면, 패스트푸드 레스토랑의 지속적인 확산은 패스트 음식에 대한 사랑 때문이 아니라 사람들이 바쁘다는 사실 때문이다. 새로운 기회가 되는 최근의 사회적 추세는 가족과 근무형태, 인구의 고령화, 작업자의 다양화, 산업의 세계화, 건강관리의 관심증가, 컴퓨터와 인터넷의 확산, 핸드폰 사용자의 증가, 음악의 새로운 규범과 오락의 유형 등이다.

☑ 기술진보

기술진보는 기업가들에게 새로운 기술이 현재와 미래의 기회에 영향을 준다. 일단 기술이 개발되면 뒤이어 제품은 향상되어 나타난다. 기술의 진보는 종종 기회를 창조하는 경제와 사회적 변화와 꼭 들어맞는다. 예를 들면, 핸드폰의 창안은 기술적인 성취이지만 사용자들에 의해 기술적 진보의 자극을 더 받는다.

☑ 정치행동과 규제변화

정치행동과 규제변화는 기회에 대한 토대를 제공한다. 예를 들면, 기업이 법을 준수하도록 하는 새로운 법률은 창업가에게는 기회를 제공한다. 규제를 받는 반대편에 있는 기업은 새로운 사업의 기회가 생성되기 때문이다.

☑ 고객행동

고객행동 안에 있는 미충족 욕구와 기회를 발견한다. 소비자들은 특정제품을 왜 구매하는가? 소비자들의 구매에 영향을 주는 요인은 무엇인가? 고객들의 불만은 무엇인가? 사회의 변화요인은 무엇인가? 고객행동으로 제품선택과 구매이유 등을 파악할 수 있다.

② 사업기회의 창출

사업기회 창출과정은 시장에서 확산적 사고를 통해서 많은 기회를 탐지해내는 과정이다. 기업에서 혁신기회는 조직의 내부, 고객과 기타 외부원천에 의해서 인식된다. 개발팀은 사업기회의 내부와 외부원천에 모두 집중하고 확인한다. 많은 사업기회를 효과적으로 확인한다는 것은 쉬운 일이 아니지만, 다행히도 이러한 벅찬 과업은 구조화된 기법을 활용하여 쉽게 이루어진다.

1) 사업기회의 명확화

사업기회의 발생은 다양하다. 외부환경의 기회요인은 환경의 변화, 신기술 출현 등에서 발생한다. 이러한 요인은 인구구성과 가족구성의 변화, 생활습관과 생활상의 변화, 가처분소득, 법적 규제와 사회문화적 환경의 변화 등이 있다. 경쟁환경의 기회요인은 산업의 경쟁격화, 산업 내 참여자들의 경쟁관계의 변화, 자사의 위상과 기업 이미지의 변화, 미개척 시장의 출현 등이 있다. 내부환경의 기회요인은 자사의 기술개발, 제품의 다양화, 제품의 독특성, 소비자 욕구의 적합성과 가격경쟁력 등이 있다. 사업기회를 확인하기 위해서는 다음과 같은 질문을 할 수 있다.

- 시장진입이 어려운가?
- 시장이 충분히 큰가?
- 시장이 성장하는가?
- 제품은 수익을 발생할 수 있는가?
- 제품을 명확하게 정의할 수 있는가?
- 기업은 경쟁우위를 갖는가?
- 제품이 고객의 문제를 해결하는가?
- 사업을 추진할 기술을 갖고 있는가?
- 고객이 기꺼이 가격을 지불할 용의가 있는가?
- 아이디어를 어떻게 개발할 수 있는가?
- 기업은 조직의 강점을 갖고 있는가?
- 투자비용은 얼마나 들어가는가?
- 아이디어에는 어느 정도의 위험이 있는가?
- 위험을 해결하는 것은 쉬운가?
- 제품이 조직가치, 사명, 문화와 적합한가?

2) 사업기회의 창출기법

창조적인 사람은 새로운 아이디어를 찾아내는 일을 재미있어 한다. 그러나 모두가 다 창조적인 사람이 아니기 때문에 유망한 기회를 창출하는 것은 쉬운 일이 아니다. 새로운 것을 찾아내는 문제가 매우 추상적이고 비구조화되어 있고, 너무 많은 자유도가 있을 때는 더욱 난처하다. 신기술, 추세와 사업모델이 기업들에게 미치는 영향을 고려한다. 개인적인 관심과 연결된 미충족욕구를 확인한다. 어려운 과제이긴 하지만 사업기회 확인을 자극하는 기본 기법을 활용하면 매우 효과적이다.

▼ 그림 3-18 사업기회 창출기법

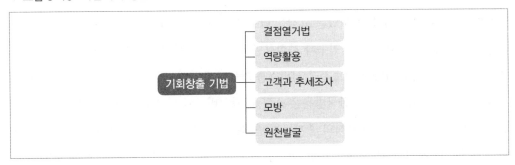

☑ 결점열거법

성공적인 혁신자들은 자신의 주위에 있는 세계를 만족하지 않는다. 그들은 자신을 포함한 사용자의 미충족욕구를 주목하고 관찰한다. 매일 또는 주별로 발생하는 성가심이나 좌절을 모두 열거한 다음 이 중에서 가장 공통적이고 성가신 것(common and bothersome)을 추출하여 해결안을 생각해낸다. 이것은 모든 문제가 기회라는 관점이다. 기회를 낳는 성가심은 고객의 불만이나 시장조사로 발견할 수 있다. 다른 사람의 성가심을 이해하는 강력한 방법은 자사의 제품이나 서비스를 사용하는 사람들의 세계에 몰입하는 것이다. 이렇게 하여 입수한 결점열거목록(bug lists)을 편집한다. 따라서 대상의 단점을 열거하여, 제거하고, 개선방법을 찾아내는 것이 사업기회를 찾는 과정이다.

☑ 역량활용

기업이 아이디어를 독특한 자원으로 이용하여 수익을 획득한다. 자원은 생산능력, 핵심역량과 경쟁우위를 포함한다. 수익을 창출하기 위해 자원은 가치 있고, 희귀하고, 모방할 수 없고, 비대체적(valuable, rare, inimitable, non-substitutable)이어야 한다. 자원은 기업에게 경쟁자보다 더 큰 성과를 달성하게 하고, 경쟁자와 관련된 약점을 감소하게 한다. 이러한 관점에서 자원목록을 명확히 하고, 그런 다음 기회창출을 위한 렌즈로 목록을 사용하고, 표적고객을 정의한다. 따라서 이러한 자원을 활용하여 고객의 욕구를 충족하고, 문제를 해결할 수 있는 기회를 탐색한다.

☑ 고객과 추세조사

기회는 선택된 세분시장 안에 있는 고객을 연구함으로써 확인된다. 잠재적 욕구가 자원과 연결될 때 기회창출이 된다. 기술, 인구나 사회규범의 변화는 종종 혁신기회를 창조한다. 예를 들면, 스마트 폰은 매우 다양한 정보전달 서비스를 가능하게 한다. 또 다른 예로는 점점 증가하는 중국인 관광객인 유커(遊客)의 한국방문은 쇼핑, 관광서비스와 의료서비스에 이어 중국어 서비스 수요를 늘리고 있다. 환경인식의 증가는 그린제품과 서비스를 위한 시장을 창조한다. 사회, 환경, 기술이나 경제추세를 리스트하고, 이러한 요인에 의해 이루어지는 혁신기회를 상상한다.

☑ 모방

모방하되 더 좋게 모방하라(Imitate, but better). 기업이 성공적으로 혁신할 때 사실상 금광의 위치를 발견하는 것이다. 동일한 욕구를 다루는 선택적인 해결안은 주변의 정보를 이용하여 더 좋게 모방할 수 있다. 모방할 수 있는 기회의 원천은 다음과 같다.

- 경쟁자 추적관찰: 매체조사, 무역박람회 참석이나 특허출원 검색 등 다른 기업의 활동을 추적 관찰한다. 예를 들면, 욕구와 해결안을 확인하여 혁신과 관련이 있는 연결을 찾는다. 그런 다음 새로운 접근법으로 욕구나 선택적 대안을 충족하는 방법을 창출한다.
- 제품범주 분해: 가격경쟁은 제품범주의 특징이 되고, 제공물 자체가 대표상품 역할을 하는 경우가 있다. 소비자들이 특정제품을 특정 제품범주로 생각하여 최초 상기군으로 인식한다. 예를 들면, '라면' 하면'신라면'을 생각한다. 이와 같은 상황은 혁신을 위한 기회이다. 이런 종류의 혁신을 추구하기 위해 비싸지 않고, 차별화하지 않은 제품이나 서비스를 열거한 다음 범주분할의 가능성을 고려한다.
- 하향확장과 상향확장: 고급제품 범주 안에 리스트하고, 그런 다음 동일한 편익을 제공하는 저가 하향확장을 상상한다. 저가제품 안에서 열거한 다음 속성과 편익을 고급화하는 고가 상향확장을 고려한다.

☑ 원천발굴

신제품개발의 아이디어는 조직 내부원천과 외부원천에서 온다. 아이디어의 외부원천을 활용함으로써 제품개발의 혁신을 이룰 수 있다. 이러한 외부원천의 종류는 선도사용자, 사회단체 대표자, 대학, 정부연구소와 온라인 아이디어 수집이 있다.

- 선도사용자: 회사는 혁신을 위한 풍부한 인센티브를 갖고 있다. 혁신은 수익의 새로운 원천이다. 선도사용자(lead users)와 독립적인 발명가는 더 큰 인센티브를 갖는다. 선도사용자들은 기존제품이나 서비스로 만족하지 못하는 고급욕구를 갖고 있는 사람들이다. 이들은 미충족욕구를 감내하거나 처리하기 위해 자신을 혁신한다. 예를 들면, 건강관리의 많은 기구와 절차가 선도사용자들의 미충족욕구나 과소제공 욕구를 조사한 임상연구가들에 의해서 발명되었다.
- 사회단체 대표자: 적절한 사회네트워크 이용을 확보함으로써 기회탐지의 날카로움을 향상할 수 있다. 모든 종류의 사회제도는 발명가와 소통을 촉진한다. 어떤 기관은 사업기회와 직접적으로 관련되지 않을 수 있지만, 온라인 소셜네트워크 공동체와 토론은 발명가들 간의 소통을 육성한다.
- 대학과 정부연구소: 학생, 연구원과 교수들은 끊임없이 골치 아픈 과제에 대한 진기한 해결안을 추구하는 연구자들이다. 대학과 정부 연구소에서 확인된 해결안은 기존기업과 창업기업을 포함한 제3자에 의해서 사업화될 수 있다. 대학연구소와 정부연구소는 이러한 과정을 촉진하기 위해 기술이전 조직을 갖고 있다.
- 온라인 아이디어 수집: 기회는 웹 사이트를 통해서 고객과 비고객으로부터 수집되기도 한다. 예를 들면, 컴퓨터 회사 Dell은 고객의 아이디어를 수집하기 위해 온라인 아이디어 스톰(IdeaStorm)을 운영한다. 기업들은 고객의 아이디어나 불만을 자사 웹 사이트를 통해서 수집한다.

③ 사업기회의 심사

사업기회 심사의 목적은 가치창조가 되지 않는 사업기회를 제거하고, 추가조사의 필요가 있는 사업기회에 주의를 집중하는 것이다. 이것은 단일 최적 사업기회의 심사가 아니기 때문에 심사기회가 많을 때 비교적 효과적이다. 효과적인 선택기준은 집단에 의한 전체적인 판단이다. 다중 선발기준(시장욕구, 기술타당성, 전략 등)을 분리적용하면 불필요한 토론을 유발하는 경향이 있다. 강한 의견은 예외적인 아이디어를 알려준다. 이러한 목적은 추가 투자에 가치가 없는 기회를 효과적으로 제거하고, 잠재적으로 우수한 아이디어를 발굴하는 것이다. 기회심사의 방법은 다중투표와 웹 기반 조사가 있다. 두 방법은 모두 집단의 독립적 판단에 의존한다. 심사집단은 조직의 구성원으로 구성되나, 팀, 친구와 가족 등으로 확대할 수 있다. 평가를 수행하는 집단은 기업과 관련이 있어야 한다.

1) 다중투표

다중투표(multivoting)는 참여자가 하나 이상의 사업기회를 집단에 제시하는 것이다. 한 사람이 하나의 아이디어만 고르는 것이 아니라, 여러 개의 아이디어를 동시에 선택할 수 있다. 그 결과 가장 표를 많이 받은 아이디어가 선정되는 방식이다. 이는 다양한 의견을 몇 가지로 축소하기 위한 팀 단위의 구조화된 투표방식이다. 다중투표의 장점은 빠른 시간 안에 결론을 내릴 수 있다는 것이다. 다중투표의 진행절차는 다음과 같다.

- 의견 목록을 만든다.
- 각각의 항목에 번호를 적는다.
- 스티커를 목록수의 1/3만큼 배부한다.
- 각자 하나 이상의 선호하는 기회의 번호에 스티커를 붙인다.
- 가장 득표가 많은 안을 선택한다.

참여자들은 스티커를 가장 선호하는 기회에 모두 붙일 수 있고, 여러 개의 목록에 나누어 붙일 수도 있다. 가장 표를 많이 받은 기회를 선택할 것인지, 또는 상위 순위 몇 개를 선택할 것인지를 집단과 상의한다. 이때 적은 투표를 받은 항목은 제외한다. 다중투표를 이용하면 가장 유망한 컨셉을 효과적으로 선택할 수 있다.

2) 웹 기반 조사

웹 기반 조사는 기회의 가치 여부를 찬성과 반대로 표시하도록 응답자들에게 요청하는 간단한 표현으로 기회의 목록을 작성하는 방식과 다중투표로 선호하는 목록을 우선순위로 집계할 수 있다. 워크 숍은 약 50여 개의 기회를 검토하는 데 효과가 있지만, 50여 개 이상은 웹 기반 심사를 이용하는 것이 좋다. 웹 기반 조사의 장점은 많이 있다. 시간과 장소에 제한을 받지 않고 편하게 조사할 수 있다. 신속하고 정확한 자료의 수집과 분석이 가능하다. 표본의 선정이 비교적 용이하고, 조사비용이 매우 경제적이다. 참여자들이 기회의 질에 대한 선호를 투표하는 것이기 때문에 아이디어의 창안자를 알 수 없다. 따라서 개인적인 친밀도가 작용되지 않는다.

④ 사업기회의 선정

　너무 많은 불확실성이 성공가능성을 감소하기 때문에 단일 사업기회를 주장하는 것은 적절하지 않다. 기회 중에 소수를 개발할 때 자원의 적정투자를 고려한다. 최소한으로 최초심사를 통과한 기회는 소수의 잠재고객과 비공식 토론을 하거나 기존 해결방안에 대한 인터넷 심사를 한다. 추가적인 과업은 고객면접, 기존제품의 시험, 컨셉창출, 시제품, 시장규모와 성장률의 추정 등이 있다. 유망기회의 개발목적은 제한된 시간과 돈 안에서 최저비용으로 각 기회를 둘러싼 매우 큰 불확실성을 해결하는 것이다. 이를 위해 기회의 성공, 불확실성을 해결하기 위한 과업과 개략적인 비용에 관한 주요 불확실성을 리스트 하는 것이다. 예를 들면, 기발한 컨셉에 근거한 제품개발이라도 특허등록의 가망이 희박하다면 가치가 없다.

　일단 소수의 기회가 적절한 자원의 투자로 제품으로 개발되려면 투자의 타당성이 있어야 하고, 불확실성은 충분히 해결되어야 한다. 이를 위해 사용하는 방법은 3M에서 개발한 현실-승리-가치법(Real-Win-Worth doing: RWW)으로 아이디어를 선별하는 방법이다. Real은 기회는 현실적인가? 소비자가 그것을 구입할 것인가? Win은 이길 수 있는가? 경쟁우위를 가져오는가? Worth doing은 할 만한 가치가 있는가? 충분한 잠재수익을 제공하는가? 이 기법에는 기회를 심사할 때 조직이 답해야 하는 3개의 질문이 있다.

☑ Real: 사업기회는 현실적인가?

　제품을 제공할 수 있는 현실적인 시장이 있는가? 확인된 많은 기회는 어떻게 내부원천과 외부원천에서 오는가? 많은 기회를 고려했는가? 고려기준은 시장규모, 잠재적 가격결정, 기술의 이용가능성과 제품이 필요한 비용으로 필요한 양을 전달할 수 있는 가능성을 포함한다.

☑ Win: 사업기회를 얻을 수 있는가?

여과기준이 과학적이고 궁극적인 제품성공의 가능한 추정에 근거한 것인가? 이 기회를 활용하여 지속가능한 경쟁우위를 수립할 수 있는가? 아이디어를 특허등록하거나 제품화할 수 있는가? 경쟁자보다 더 잘 수행할 수 있는가? 탁월한 기술능력을 보유하고 있는가?

☑ Worth doing: 사업기회가 재정적으로 가치가 있는가?

필요한 자원을 갖고 있는지와 투자가 적절한 수익으로 보상된다고 자신하는가? 이러한 요인들을 경쟁자의 기회와 구별한다.

▼ 표 3-3 사업기회의 탐색 기준

1. 사업기회는 현실적인가?

구분	상	중	하
욕구가 있는가?			
욕구가 무엇인가?			
욕구를 어떻게 만족시키는가?			
고객이 구매할 수 있는가?			
시장규모가 충분히 큰가?			
고객이 구매할 것인가?			
제품컨셉이 있는가?			
컨셉을 개발할 수 있는가?			
제품이 사회적, 법적, 그리고 환경적 규범 안에서 수용할 수 있는가?			
타당성이 있는가?			
제작가능한가?			
이용할 기술이 있는가?			
제품이 시장을 만족하는가?			
다른 제품에 비해 상대적 이점이 있는가?			
저원가로 생산이 가능한가?			
고객이 지각된 위험을 수용할 수 있는가? 수용장벽은 무엇인가?			
결과			

2. 사업기회를 얻을 수 있는가?

구분	상	중	하
경쟁우위가 있는가?(성능, 특허, 진입장벽, 대체재, 가격)			
지속가능한가?			
시점이 적절한가?			
브랜드에 적합한가?			
경쟁을 이길 것인가?(얼마나 향상할 수 있을 것인가? 가격, 경로, 참가자)			
우수한 자원을 보유하는가?(공학, 재무, 마케팅, 생산: 핵심역량과 적합성)			
승리할 수 있는 경영자인가?(경험? 적합문화? 기회몰입)			
경쟁자보다 더 잘 시장을 아는가?(고객행동? 유통경로?)			
결과			

3. 사업기회가 재정적으로 가치가 있는가?

구분	상	중	하
돈을 벌 것인가?			
수행할 자원과 돈을 갖고 있는가?			
위험은 수용가능한가?			
무엇이 잘못 될 수 있을까?(기술위험 vs. 시장위험)			
전략에 적합한가?(성장기대, 브랜드 영향, 내재옵션)			
결과			

SENSE   오안(五眼)

- 육안(肉眼): 눈으로 보는 표면적(表面的)인 안식(眼識)
- 천안(天眼): 遠近·前後·上下·晝夜를 자유자재로 볼 수 있는 눈
- 혜안(慧眼): 사물을 밝게 보는 슬기로운 눈
- 법안(法眼): 모든 법을 분명(分明)하게 관찰(觀察)하는 눈
- 불안(佛眼): 모든 법(사물(事物))의 참모습을 보는 눈

승리하는 군대는 먼저 이길 상황을 만들어 놓은 후 전쟁한다(손자병법).

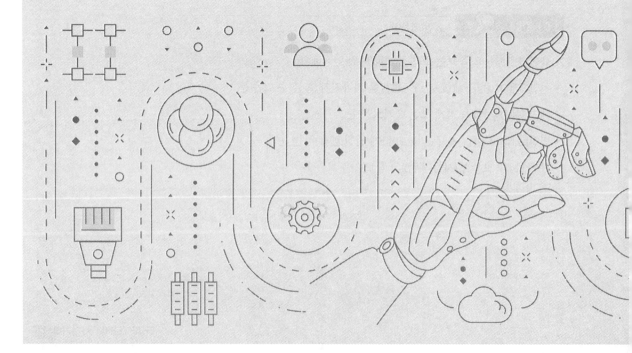

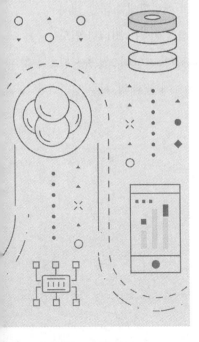

CHAPTER

04

고객욕구

01 소비자의 구매 의사결정

02 고객욕구

03 자료수집

04 자료분석

05 고객욕구의 분류

소비자의 숨은 욕구를 찾아라…家電 아이디어 경쟁

▶ 숨은 소비자 욕구를 찾아라

생활 가전 업체들이 작은 변화로 소비자의 만족을 이끌어내기 위한 아이디어 경쟁에 나섰다. 단지 튼튼하고 잘 돌아가는 제품을 만드는 것이 아니라 소비자의 숨은 요구까지 파악해 해결해주는 세부 기능이 승부처로 떠오른 것이다. 이에 따라 톡톡 튀는 아이디어 제품들이 속속 나오고 있다. 다른 소비자들의 요구를 공략하는 것은 물론이고, 특정 국가에서 얻은 아이디어로 개발한 제품을 글로벌 시장에 내놔 '대박'을 낸 사례도 등장하고 있다. 가전 업계 관계자는 "큰 폭의 성장을 기대하기 어려운 생활 가전 시장에서 제품 차별화를 위한 경쟁이 점점 치열해지는 추세"라고 말했다.

▶ 가전 업계 아이디어 경쟁

국내 가전 업계의 양대 산맥인 삼성전자·LG전자는 기발한 아이디어를 내세워 고급화 전략을 추진하고 있다. 삼성전자의 경우 '액티브워시' 세탁기가 대표적이다. 세탁통 입구에 대야처럼 움푹한 빨래판을 달아 쉽게 애벌빨래를 할 수 있도록 했다. 이 제품은 기존 통돌이 세탁기보다 최대 30% 비싸다.

세탁통 입구에 빨래판이 달려 있어 애벌빨래를 쉽게 할 수 있다. 삼성전자액티브워시는 인도 주부들이 세탁기를 돌리기 전 손으로 애벌빨래를 하는 데서 착안한 제품이다. 쪼그려 앉아 손빨래를 하는 불편을 없애준 것이다. 삼성전자는 2014년 인도에서 먼저 내놓은 제품이 인기를 끌자 용량을 확대해 글로벌 시장에 내놨다. 지난해 2월 출시된 액티브워시는 올 4월까지 전 세계 33개 국가에서 200만대가 팔렸다. 20초에 한 대씩, 하루 평균 4,700대씩 팔린 것으로 삼성전자 세탁기 중 가장 빠른 속도다.

▶ 현지 특화 아이디어로 해외시장 공략

동부대우전자는 중동 지역에서 '히잡 세탁기'를 판매한다. 이슬람 경전인 코란에는 히잡 빨래를 마친 뒤 맑은 물에 가볍게 흔드는 '세례(洗禮) 의식'을 하도록 규정돼 있다. 세탁기에서도 탈수 전에 물을 3분의 1 정도 채우고 세탁통을 좌우로 두 번씩 회전시켜 이 의식을 표현한 것이다. 동부대우전자 중동아프리카 담당 이경철 상무는 "지난달 이란 최대 가전 유통사 '엔텍합'과 제품 공급 계약을 맺어 올해 판매량이 지난해보다 20% 늘어날 것으로 예상한다"고 말했다.

출처: 조선일보 2016.06.27

▶ 밀레니얼 세대의 소확행 실현해 줄 수단

역사가 오래된 브랜드일수록 캐릭터 콜라보 효과를 톡톡히 볼 수 있다. 브랜드 정체성은 유지하되 캐릭터를 통해 젊고 트렌디한 이미지를 부각해 소비층을 넓힐 수 있기 때문이다. 맥심×카카오프렌즈 스페셜 패키지는 당시 회사가 한정판으로 내놓은 물량 68만 개가 한 달이 채 안 돼 '완판'됐다. 판매량 또한 40% 급증했다. 무엇보다 커피믹스에 대한 젊은 층의 인식 변화를 가장 큰 소득으로 꼽을 수 있다. 그동안 커피믹스를 마시지 않던 젊은 층도 상품을 적극적으로 구매하는 등 신규 고객이 많이 늘었다. 밀레니얼 세대에게 캐릭터 제품은 소확행(小確幸)을 실현할 수 있는 좋은 수단이기도 하다. 게다가 한정판 패키지는 희소가치가 있다. 한번 '꽂히면' 지갑을 시원하게 여는 키덜트족(族)이나 캐릭터 열성팬의 구매 욕구를 강하게 자극한다. 올 1월 헬스케어기업 바디프랜드가 선보인 어벤져스 '허그체어'는 '마블 덕후' 사이에서 입소문을 탔다. 상품 전면에는 히어로를 상징하는 컬러를 적용했고, 마스크와 방패를 활용한 헤드 쿠션이 이 제품의 포인트다. 실구매자 중 30~40대 비율이 60.5%를 차지할 정도로 '어른이(어린이+어른)' 소비자에게 인기가 높았다.

출처: 신동아 2019.07.27

01 소비자의 구매 의사결정

신제품개발의 핵심은 가치 있는 제품 제안을 제공하는 수단으로서 기술과 마케팅을 이해한 다음에는 소비자 행동을 이해하는 것이다. 소비자 의사결정은 구매욕구 형성, 편익추론 형성 및 구매 과정으로 구성된다. 이 모델의 구조는 마케팅 아이디어를 기반으로 한다. 소비자는 제품이 원하는 편익을 제공한다고 생각하기 때문에 제품을 구매한다. 이러한 필요와 인식의 지각된 일치는 선호와 시험구매로 이어지며, 약속된 편익을 전달하면 반복구매로 이어진다. 첫 번째 시험구매 후 제품에 대한 경험이 긍정적인 경우, 즉 제품이 소비자의 기대에 부합하는 경우 소비자는 제품을 다시 구매하려고 한다.

▼ 그림 4-1 신제품 구매 의사결정 모델

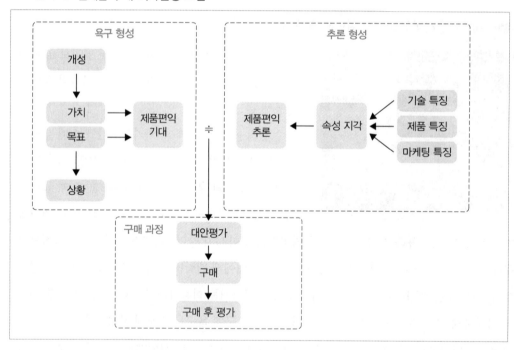

① 구매욕구 형성

구매욕구 형성은 고객이 특정한 순간에 제품으로부터 얻고자 하는 제품편익을 생각하는 과정이다. 제품편익에 대한 기대는 개성, 가치, 목표와 상황 요인에 의해서 좌우된다. 소비자가 제품에서 기대하는 편익은 소비자의 개성, 지속적인 요인과 상황에 따라 다르다. 개성은 가치 판단에 중요하게 작용한다. 개성은 한 개인을 특징짓게 하는 일관된 행동 양식이다. 이것은 시간, 상황이 달라져도 지속되며, 한 사람을 다른 사람과 구별짓는 생각, 감정, 행동들의 패턴이다. 따라서 개성은 환경에 대하여 특정한 행동 형태를 나타내는 개인의 심리적 체계이기 때문에 개인의 개성 차이는 구매욕구와 행태에서 다르게 나타난다. 독특한 개인의 개성은 화장품, 의류나 주류 제품 등 구매에서 많은 차이가 있다.

가치는 제품 및 서비스 구매를 포함하여 일련의 행동과 관련하여 궁극적인 인간 동기를 나타내기 때문에 소비자가 원하는 것에 대한 설명에서 대중적이고 유용한 개념이다. 슈워츠(Barry Schwartz)는 인간의 가치를 권력, 성취, 쾌락, 자극, 자기 지시, 보편주의, 자비, 적합성, 전통 및 안전 등 10개의 영역으로 분류한다. 이것은 개인주의적 가치 대 집단적 가치, 보수 지향적 가치 대 변화 지향적 가치의 축에 걸친 순환적 표현으로 분류될 수 있다. 가치는 모든 인간에게 적용된다는 의미에서 보편적이지만, 사람들은 가치에 붙이는 상대적인 무게가 다르다. 가치는 소비자 선택을 설명하는 데 광범위하게 사용되고 장점은 상황과 시간에 따라 안정적이다. 가치는 소비자의 지속적인 동기부여 측면을 제공하고 종종 특정 제품 선택과 관련이 있지만 특정 행동을 예측하는 데는 상대적으로 약하다.

목표는 가치보다 특이성이 높으며 상황 요소가 있다. 음식을 구입할 때, 소비자는 가족을 기쁘게 하거나 자신에게 보람을 주고, 체중을 줄이는 목표를 가질 수 있다. 가족을 기쁘게 하는 목표는 사랑과 안전과 같은 가치와 연결된다. 예를 들면, 특정 음식의 선택과 관련하여 체중 감량이라는 목표는 즐거운 경험과 서로 충돌할 수 있다. 목표 갈등을 해결하는 제품을 개발하는 것은 특히 식품 분야에서 중요하다. 목표는 접근이나 회피 갈등과 연결될 수 있다.

상황은 제품의 구매나 사용 상황과 관련이 있다. 제품 사용 상황은 사회적 편익이 크게 좌우된다. 사람들은 남과 다르다는 차별성이나 사회적 인정을 추구하는 경향이 있다. 특히 명품이나 패션제품은 사회적 편익에 영향을 크게 받는다. 집에서 사용되는 제품, 사람들이 보는 가운데 사용되는 제품이나 선물용 제품인 경우에는 추구하는 제품편익이 다르다. 제품편익은 기능적 편익, 경험적 편익이나 상징적 편익이 있다.

② 편익추론 형성

　편익추론 형성은 제품편익을 추론하는 것을 의미한다. 사용 가능한 제품이 원하는 제품편익과 일치하는지를 소비자는 제품에서 추론한다. 제품특징, 속성 및 브랜드를 기반으로 소비자는 제품이 제공하게 될 편익과 관련하여 기대치를 형성한다. 이러한 추론은 어느 정도의 불확실성을 지닌다. 많은 경우에 이러한 추론은 이전 경험으로부터 배운 제품경험이나 연상을 근거로 할 수 있다. 이러한 속성은 경험속성이다. 경험속성은 제품을 사용하면 제품속성을 파악할 수 있다. 제품이 안정성, 편리성 및 소비에 직접적으로 인식할 수 있는 다른 이점을 제공하면 다음 소비 상황에서 기대를 강화한다. 많은 제품품질에 있어서 신뢰속성은 경험으로부터 학습이 거의 불가능하다. 예를 들면, 건강검진은 일반적인 소비 후에도 제품품질을 확인할 수는 없는 신뢰속성이다. 소비자들은 정보와 추리 신념으로 알려진 중요한 심리 과정을 통해 신뢰속성을 형성한다.

　정보의 신념 형성에서 소비자는 라벨의 사용, 포장 표시 및 소비자 단체 등의 권고를 통해 관련 및 권위 있는 다른 사람들이 제공한 정보를 추론한다. 추론적 신념 형성에서 소비자는 유익한 관계라고 생각하는 것에 자신의 경험 법칙을 사용한다. 결과적으로 디자인과 같은 단서는 제품이 자연스럽고 지속 가능하다는 것과 같은 신뢰속성에 대한 추론을 유발할 수 있다. 소위 품질신호 또는 품질단서에 기초한 추론적 신념 형성은 제품에서 예상되는 편익이 알려지지 않았거나 이전 경험이 도움이 되지 않을 때 중요한 소비자 전략을 구성한다. 소비자가 이러한 추론을 할 수 있는 능력은 제품에 대한 지식과 역량에 달려있다.

에너지 소비효율 1등급
낮은 전력으로
알뜰하게 사용 가능!

　추론은 의도적일 수 있지만 종종 반자동적이고 거의 자동으로 수행된다. 에너지 소비효율 등급 표시를 보면 전력 사용량을 예상할 수 있기 때문에 제품의 경제성을 추론할 수 있다. 그러나 소비자는 전문가가 아니기 때문에 이러한 유형의 정보를 기반으로 올바른 추론을 한다고 자신감을 느끼지 못한다.

　추론 과정은 신제품이 많은 정보를 전달함에 따라 더욱 복잡해지고 있다. 시장에 나와 있는 신제품은 브랜드 이름을 가지며, 품질 표시와 라벨을 포함한다. 이 정보는 색상, 그림 및 다양한 문체 요소를 사용하는 포장재에 내장된다. 소비자가 사용 가능한 단서에서 제품편익에 대한 추론을 하는 방식은 소비자의 제품지식을 기반으로 한다. 제품단서에서 얻은 제품편익을 추론하는

방법에 대한 지식, 즉 제품편익이 어떻게 목표와 가치를 달성하는 데 도움이 되는지에 대한 지식을 결합하면, 수단목적 사슬이 얻어진다. 수단목적 사슬은 소비자가 제품과 자신에 대한 지식의 결합을 기반으로 제품을 사기 위해 동기부여되는 방법을 보여주는 도구이다.

③ 구매 과정

구매 과정은 대안을 평가하고 제품을 구매하는 과정이다. 대안을 평가한 후 시험구매 및 반복구매를 위한 구매의도가 형성된다. 즉, 대안 간에 제품의 가격이나 제품의 장점을 비교하여 제품을 처음 구입할 의사가 있는지, 그리고 제품을 계속 구매할 것인지의 여부를 결정한다. 소비자가 신제품에서 추론하는 제품편익이 원하는 편익과 일치하는 정도는 소비자가 제품을 구매하려는, 즉 처음 구매할 의사와 관련된다. 그러나 제품이 소비자가 상점에서 요구하는 가격을 기꺼이 지불할 만큼 혜택이 충분히 높다고 인식될 때만 구매로 이어질 것이다. 지불할 의지와 어떻게 지불하려고 하는지는 제품편익에 달려있다. 지불하겠다는 의지를 결정할 때 소비자들은 비교점을 찾으려고 노력할 것이다. 소비자는 새로운 제품이 속한 제품범주의 준거가격을 잘 알고 있을 수 있으며, 일반적으로 이를 기준점으로 사용한다. 신제품이 준거가격보다 높으면 지불할 의향은 감소된다. 혁신성이 높은 제품의 경우 기존 범주로 분류하는 것이 더 어려울 수 있으며 준거가격이 또한 판단의 근거가 되기 어렵지만 대부분의 경우 소비자는 고객이 제품가격에 대한 판단을 내릴 수 있도록 하는 이전 경험을 토대로 비교점을 찾는다.

제품을 한 번 구매한 후에는 소비자가 제품에 대한 경험을 갖게 되며, 이 경험은 소비자가 제품을 반복구매할지에 중요한 영향을 미친다. 소비자가 식품에서 기대할 수 있는 일부 편익은 사실상 맛과 편리이다. 이처럼 제품구매 여부에 대한 결정은 특별한 편익에 대한 경험에 달려 있다. 건강에 좋고 지속 가능성 면에서 다른 이점이 있음에도 불구하고 나쁜 맛을 지닌 제품은 다시 사지 않을 것이다. 또한 소비 후 맛은 구매 전보다 건강에 비해 제품평가에서 더 큰 역할을 한다. 맛과 경험할 수 있는 편익이 다르지 않다면, 구매를 반복할 것이다.

구매 단계에서의 추론과 소비 단계에서의 추론은 소비자가 유기적으로 생산된 제품이 동일한 감각 프로필을 가진 경쟁제품보다 실제로 맛이 좋다고 믿는 경우와 같이 서로 영향을 미칠 수 있다. 경험은 기대에 동화된다. 또한 준비와 소비 과정에서 경험할 수 없는 편익의 존재에 대한 소비자의 인식을 강화하거나 약화시킬 수 있는 새로운 신호가 발생할 수 있다. 예를 들어, 소비자는 포장의 느낌이 매우 지속 가능하지 않다고 생각하거나 제품의 맛이 건강에 좋지 않을 수도 있음을 나타낼 것이라고 생각할 수 있다. 편의성과 함께 제품에 대한 감각적 경험은 새로운 제품의 시험구매가 반복구매로 전환되는지에 중요하다.

02 고객욕구

욕구는 고객의 행동을 유발시키는 동기의 직접적인 원인이 된다. 즉, 욕구가 내·외적 자극을 받아서 활성화되면 동기가 된다. 따라서 욕구는 자극을 받아 동기가 되고, 동기는 특정행동의 원인이 된다. 고객의 욕구는 고객이 제품을 통해 해결되기를 원하는 문제로 상품이 제공하는 편익(benefits)을 통해서 충족될 수 있다.

1 욕구의 의미

욕구(needs)는 현재 상태와 이상적 상태 간의 차이 또는 불일치이다. 욕구는 본원적 욕구로 어떤 기본적인 것이 결핍된 상태이다. 필요(wants)는 욕구를 만족시킬 수 있는 구체적인 상품이나 서비스에 대한 바람이다. 욕구는 현재까지 충족된 상태가 아닐 뿐만 아니라 분명한 해결책을 갖고 있지도 않을 수 있다. 예를 들면, 욕구는 "배가 고프다"처럼 막연한 결핍상태이나, 필요는 "밥이 먹고 싶다"처럼 구체적인 희망을 의미한다.

▼ 그림 4-2 **욕구의 의미**

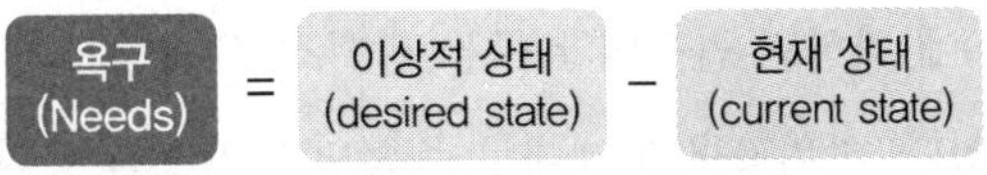

$$\text{욕구(Needs)} = \text{이상적 상태(desired state)} - \text{현재 상태(current state)}$$

고객의 욕구는 단순히 상품이나 서비스의 물리적 또는 기능적 실체에 한정되는 것이 아니라 고객이 제품을 사용하는 전 과정과 관련된다. 따라서 욕구는 결핍상태로 시장을 정의할 때, 필요는 바라는 상태로 제품 포지션할 때 활용된다.

▼ 표 4-1 욕구와 필요의 특징

욕구(needs)	필요(wants)
결핍상태	희망상태
본원적 욕구	구체적 욕구
시장정의	제품 포지션

2 욕구의 유형

고객(customer)은 제품을 구매하는 사람이거나 기업이다. 소비자(consumer)는 실제로 제품을 사용하거나 소비한다. 고객이 소비자이기 때문에 상호 교환적으로 사용되지만, 제품을 구매하는 사람은 궁극적으로 소비하는 사람은 아니다. 욕구(needs)는 만족하지 못해서 무언가를 채우고 싶은 상태로 어떤 것에 대한 지각된 부족이다. 즉, 기본적인 만족의 결핍을 느끼고 있는 상태로 본원적 욕구이다. 예를 들면, 허기, 갈증이나 추위를 느끼는 것은 생리적인 욕구이다. 인간은 생존을 위해 욕구를 충족해야 하는데, 결핍을 느낄 때나 고객이 특정한 상품을 갖고 있지 않다고 느낄 때 욕구가 발생한다. 이러한 정의는 필요성(necessity)과 관계가 없다. 인간은 복잡하고, 단순한 생존 이외의 욕구를 갖는다. 예를 들면, 사람들은 대부분 먹지 않으면 죽는다는 두려움보다는 즐거움으로 먹는다. 즐거움에 대한 욕구가 음식의 존재에 대한 필요성보다 먼저 온다.

1) 매슬로우의 욕구계층

매슬로우(Abraham Maslow)에 의하면 인간의 욕구는 선천적이며, 강도와 중요성에 따라 단계를 이루는 욕구 구조를 갖고 있다. 하위욕구가 제대로 충족되지 않으면 상위욕구가 나타나지 않는다. 심리적으로 건강한 사람은 현재 당면하고 있는 욕구의 수준이 높은 사람이다. 욕구는 기본욕구, 사회욕구와 내적욕구로 구성된다. 기본욕구에는 생리적 욕구, 안전·안정 욕구가 있고, 사회욕구에는 소속·애정 욕구, 존경욕구가 있다. 내적욕구는 자아실현 욕구가 해당된다.

▼ 그림 4-3 매슬로우의 욕구 위계 모형

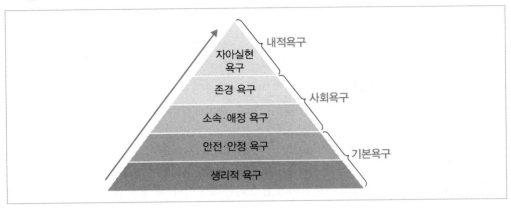

- 생리적 욕구(physiological needs): 인간 생활에 가장 기본이 되는 욕구이다. 기아를 면하고, 생명 유지를 위한 가장 기초적 욕구로 의식주·성적 욕구가 있다.
- 안전·안정 욕구(safety needs): 위험, 위협, 박탈로부터 자신을 보호하고, 불안을 회피하고자 하는 욕구이다. 이것은 외부 환경으로부터의 보호 및 장래에 대한 보장과 관련된 욕구이다.
- 소속·애정 욕구(belongingness and love needs): 인간의 사회적이고 사교적인 동료의식을 위한 욕구이다. 사람들과 친하게 지내고 싶은 인간의 욕구이다. 가족·친구·직장 동료·이웃 등과 친교를 맺고, 원하는 집단에 귀속되어 귀속감을 느끼고 싶어 하는 욕구이다. 애정, 귀속, 우정, 사랑 등이 있다.
- 존경 욕구(esteem and status needs): 자기 존경에 두고 있으며, 타인으로부터의 인정과 존경이다. 자신이 중시하는 것을 타인이 무시하거나 경시하고 있다는 인식은 사람을 불행하게 한다.
- 자아실현 욕구(self-actualization needs): 최상위 욕구가 자아실현 욕구이다. 계속적인 자기 발전을 위하여 자신의 잠재력을 최대한 발휘하는 데 초점을 둔다. 성장 동기가 자아실현의 심리적 조건이 된다.

2) 욕구의 분류

욕구를 명시적 욕구와 잠재적 욕구로 분류할 수 있다. 명시적 욕구는 고객들이 알고 있고, 표현할 수 있고, 대체로 제품으로부터 충족되는 욕구이다. 그러나 잠재적 욕구(latent needs)는 소비자들이 표현할 수 없거나 표현하는 방법을 알지 못하여 비교적 쉽게 제품공급자와 의사소통할 수 없는 욕구이다. 이러한 잠재적 욕구는 제품공급자조차도 잘 알지 못하는 경우가 있다.

(1) 명시적 욕구

명시적 욕구(explicit needs)는 고객들이 알고 있고, 제품공급자와 비교적 쉽게 의사소통할 수 있는 욕구이다. 이러한 명시적 욕구에는 기본적 욕구와 표현된 욕구가 있다.

☑ 기본적 욕구

기본적 욕구(basic needs)는 어떤 상품이나 서비스가 충족하여 줄 것이라고 기대하는 욕구이다. 제품이 고객을 만족시키는 가장 기본적이고 본질적인 욕구이다. 예를 들면, 세탁세제는 의류에 있는 때나 먼지를 제거해 주는 것이다. 샴푸는 두발을 깨끗이 해준다. 기본적인 욕구만으로 상품이나 서비스를 차별화하기는 매우 어렵지만, 제품이 기본적으로 충족해야 할 최소한의 당연적 욕구이다. 기본적 욕구는 제품의 사용목적과 관련이 있는 제품범주 욕구이다.

☑ 표현된 욕구

표현된 욕구(articulated needs)는 구체적으로 표현한 욕구로 고객들이 비교적 쉽게 말로 표현할 수 있는 욕구이다. 고객이 현재 느끼는 욕구 중에서 일부 충족되지 못한 부분이다. 이러한 욕구는 고객들이 기존 제품으로 일부 충족하고 있거나 적어도 기존시장에서 충분히 충족이 가능한 욕구이다. 예를 들면, 열고 닫기에 좀 더 편리한 양문형 냉장고가 있다.

(2) 잠재적 욕구

잠재적 욕구(latent needs)는 구체적으로 표현되지 않고, 고객의 마음속에 잠재되어 있는 욕구로 고객들이 보고 경험하기 전까지 욕구를 갖고 있다고 인식하지 못하고 깨닫지 못하는 욕구이다. 회사가 이러한 욕구를 제공한다면 고객들은 놀라거나 흥분할 수 있는 욕구이다. 고객이 잘 느끼지 못하고 있지만, 기업은 욕구를 충족할 수 있는 해결책을 만들 수 있는 부분이다. 기본적 욕구와 표현된 욕구는 소비자 조사를 통해서 탐색할 수 있지만, 잠재적 욕구는 발견하기 매우 어렵다. 이 잠재적 욕구는 고객들이 기존제품으로 만족하고 있지 않으며 인식하고 있지도 않은 욕구이다. 예를 들면, '배터리가 필요 없는 스마트폰'이다.

고객의 잠재적 욕구를 확인하는 것은 쉽지 않다. 이러한 잠재적 욕구는 미충족 욕구, 미제공 및 과소제공 욕구 등으로 제품범주를 창출할 수 있다. 미제공 욕구(unserved needs)는 고객들의 욕구와 기대가 존재하지만 기업들이 시장에 제공하지 못할 때 발생하는 욕구나 기대이다. 기술부족, 수요부족 예상, 집중화, 시장세분화, 자원의 한계나 기타 사유로 시장에 제공하지 못하는 경우이다. 미제공 욕구의 상품화는 새로운 시장을 창출하는 제품범주 창출전략으로 시장선도전략이 될 수 있는 신제품과 신시장이다. 예를 들면, 많은 대히트작(blockbuster)은 이러한 틈새시장에 접근하여 성공한 경우이다. 과소제공 욕구(underserved needs)는 상품이나 서비스의 기능을 제공하지만 뭔가 부족한 부분이 있는 욕구이다. 완전한 문제해결책을 제공하지 못한 제품들은 시장에 비교적 많다. 상품이나 서비스의 불충분한 제공으로 고객들이 만족하지 못하는 욕구로 불완전한 만족이 발생한다.

▼ 그림 4-4 **잠재적 욕구의 유형**

미충족 욕구(unmet needs)는 기업들이 고객에게 아직까지 제공하지 않아 발생할 수 있으나 고객들은 실제로 인식하거나 못할 수도 있다. 첫째, 고객들의 욕구와 기대가 존재하지만, 기업들이 제품이나 서비스를 제공하지 못하는 경우가 있다. 이는 기술수준, 경제적 요인, 법적 제약이나 사회문화적 요인 때문에 제품이나 서비스가 개발되지 못한다. 둘째, 제품이나 서비스가 개발되었다 하더라도 유통상의 문제나 기타 요인에 의해 고객들의 접근가능성이 낮아 발생하는 경우가 있다. 또 다른 요인은 고객들에게 욕구와 기대가 없는 경우이다. 이러한 경우는 기업이 고객의 욕구를 선도해서 창출하는 경우 기회가 될 수 있다. 따라서 미충족 욕구의 발견은 제품이나 서비스의 차별화를 가져올 수 있어 높은 경제적 잠재력을 갖고 있는 매우 큰 기회이다.

☑ 미제공 욕구

미제공 욕구(unserved needs)는 미충족 욕구의 일종으로 고객들의 욕구와 기대가 존재하지만, 기업들이 시장에 제공하지 못할 때 발생하는 욕구나 기대이다. 기술부족, 수요부족 예상, 집중화 시장세분화, 자원의 한계나 기타 사유로 시장에 제공하지 못하는 경우이다. 미제공 욕구의 상품화는 새로운 시장을 창출하는 제품범주 창출전략으로 시장선도전략이 될 수 있는 신제품과 신시장이다. 예를 들면, 많은 대히트작(blockbuster)은 이러한 틈새시장에 접근하여 성공한 경우이다. 따라서 시장기회의 탐색과 분석이 중요한 이유가 된다.

☑ 과소제공 욕구

과소제공(underserved)은 제품이나 서비스의 기능을 제공하지만 뭔가 부족한 부분이 있는 욕구이다. 완전한 문제해결책을 제공하지 못한 제품들은 시장에 비교적 많이 있다. 제품이나 서비스의 불충분한 제공으로 고객들이 만족하지 못하는 욕구로 불완전한 만족이 발생한다. 기능이나 서비스가 부족하여 시장에 명확하게 과소제공된다면, 시장에서 활동하는 기존의 다른 업체는 그 과소제공에 대한 공백을 메울 것이다. 대부분의 개선제품은 기존제품에서 충분히 제공하지 못했던 기능의 개선, 추가나 변형이 많다. 예를 들면, 소비자들은 이전에 불가능했던 상황에서 의사소통하는 능력을 스마트폰이 제공하기 때문에 새로운 스마트폰을 구매한다.

기업이 제품이나 서비스를 제공하지 않거나 충분하지 않게 제공된 시장을 찾는 것이 적절한 틈새를 창조하는 위험이 적은 방법이다. 과소제공 시장을 확인하는 것은 쉽다. 예를 들면, 빠르게 성장하는 신도시는 쇼핑센터, 교육과 문화시설, 주유소, 레스토랑과 소매점을 필요로 한다. 또한 스마트폰의 사용자 증가는 응용프로그램의 과소공백을 메우기 위해 관련 기업들은 관련 제품을 개발하여 더 빠르게 사용자를 창조해 나아간다.

(3) 잠재적 욕구의 특징

경쟁자와 차별하기 위해서는 소비자의 잠재적 욕구를 발견하고, 이를 기회로 활용하는 것이다. 이러한 욕구를 발견하려면 필요한 욕구의 형태와 욕구의 표현에 몇 가지 특징을 이해해야 한다. 고객욕구와 기업인식의 차이 그리고 표현 또는 표현하지 않은 욕구이다.

첫째, 고객욕구와 기업인식의 차이이다. 소비자들이 원하는 것을 소비자들이 잘 모른다는 일반적인 가정은 사실이 아니다. 소비자들은 그들이 원하는 것을 잘 알지만, 단지 진실로 원하는 것을 표현하는 데 어려움이 있을 뿐이다.[1] 고객욕구를 단기적으로 관찰하고, 고객이 확인하거나 고객이 언어로 표현할 수 있는 욕구에만 기업은 대체로 민감하다. 기업들은 고객이 원하는 속성이 필요라고 인식하고 알려진 욕구(known need)를 단기적으로 충족하려고 한다.

둘째, 고객의 욕구는 표현 또는 표현하지 않은 것으로 분류할 수 있다. 표현한 욕구(articulated needs)는 고객이 말로 직접 표현할 수 있는 욕구이다. 이러한 욕구는 단기적 문제에 대한 해결안과 기술적 특징으로 해결된다. 따라서 전통적인 시장조사방법은 이러한 욕구를 수집하는 데는 적합하지만, 고객이 직접적으로 표현하는 것만을 욕구라고 인식하는 것은 매우 적절하지 않다.[2] 표현하지 않은 욕구에 대한 의미는 숨겨진 또는 잠재적 욕구이다.

잠재적 욕구는 고객의 인식 여부에 따라 두 종류로 구분된다. 인식가능 욕구는 고객들이 인식한 욕구이지만 고객들이 표현하지 않거나 표현할 수 없는 욕구이다.[3] 표현하지 않은 욕구는 단지 표현하지 않았을 뿐이지 욕구가 없는 것이 아니다. 인식가능 욕구는 고객들이 인지하고 있으나 단지 표현하지 못한 욕구일 뿐이다. 이와 달리 숨겨진 욕구 중에서 고객이 아직 깨닫지 못한 인식불능 욕구가 있다. 고객이 아직 깨닫지 못한 욕구가 충족된다면, 고객은 감동할 것이다. 제품이 충족하지 않더라도 고객은 아직까지 생각하지 못한 상태이기 때문에 실망하지도 않을 것이다. 따라서 혁신적인 기업은 고객들이 인식하지 못한 욕구를 발견하여 고객의 욕구를 창출하고 수요를 유도할 것이다.

▼ 그림 4-5 잠재적 욕구의 종류

3) Kano 모형에 의한 욕구 유형

고객욕구는 고객이 제품이나 서비스로부터 얻는 편익의 언어적 기술(verbal statements of benefits)이다. 예를 들면, 고객은 안전한 차, 해상도가 선명한 컴퓨터 모니터, 주름이 잘 가지 않는 바지

---

1 Belliveau, Griffin, & Somermeyer(2004).

2 Carlgren(2013).

3 Karkkainen, Piippo, Puumalainen, & Tuominenet(2001).

또는 살이 찌지 않는 음식을 원한다. 그래서 개발팀은 제품을 설계하기 위해 이러한 욕구를 제품특징으로 면밀히 계획한다. Kano 모형은 제품의 품질요소에 따라 소비자의 만족에 차이가 나타나는 것을 설명하는 모형이다. 품질요소를 욕구로 변경하여 설명한다. 소비자의 욕구를 충족한다고 해서 반드시 소비자는 만족하는 것은 아니다. 따라서 매력적인 욕구를 탐색하여 소비자들이 중요하다고 생각하는 속성을 찾는 것이 바람직하다.

▼ 그림 4-6 Kano diagram[4]

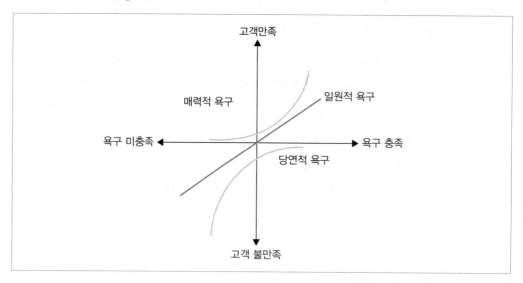

☑ 당연적 욕구

당연적 욕구(must-be needs)는 제품에 당연히 있을 것으로 기대하는 욕구이다. 고객은 욕구가 충족되지 않는다면 매우 실망하는 기본적인 욕구이다. 그러나 충족되어도 고객은 당연한 것으로 받아들여 만족이 증가하지 않을 것이다. 예를 들면, 스마트폰의 통화품질이 양호하더라도 고객들은 통화품질만으로는 만족하지 않지만, 통화품질이 불량이라면 대단히 실망할 것이다. 따라서 만일 당연적 품질조건이 충족되지 않는다면 고객은 제품에 매력을 느끼지 않을 것이다.

☑ 일원적 욕구

일원적 욕구(one-dimensional needs)는 욕구가 충족되면 고객은 만족하고, 충족되지 않는다면 고

---

4 Bayus(2008).

객은 불만족하는 욕구이다. 충족의 수준이 높을수록 고객만족은 더욱 높다. 이런 욕구의 충족은 고객 충성도를 얻을 수 있다.

☑ 매력적 욕구

매력적 욕구(attractive needs)는 제공되는 제품속성으로 고객만족에 높은 영향을 미치는 제품기준이다. 고객은 품질요건을 기대하지는 않으나 충족되면 만족이 크지만 충족되지 않아도 고객은 불평하지 않는다. 매력적 품질욕구는 제품을 경쟁자와 차별화할 수 있는 요소이지만, 경쟁자들이 충족하면 이는 당연적 품질욕구나 일원적 욕구 수준으로 떨어지게 된다.

☑ 무관심 욕구

고객은 기업이 제공하는 제품속성에는 관심이 없으며 그것의 유무에도 관심이 없는 욕구가 무관심 욕구(indifferent needs)이다. 기업은 자원과 시간을 투입하여 고객의 만족에 아무런 영향을 미치지 않는다면 낭비요소가 되기 때문에 이는 자원과 시간을 다른 부문으로 재할당하는 것이 더 현명하다.

☑ 역품질 욕구

고객이 제품속성을 바라지도 않고 오히려 그 반대를 기대하는 욕구가 역품질 욕구(reverse needs)이다. 예를 들면, 일반적으로 고객들은 주택의 창문이 큰 것을 선호하지만 어떤 고객은 오히려 에너지 절약으로 작은 창문을 원하는 경우가 해당된다. 이처럼 고객이 원하는 욕구와 상반되게 제품이 설계되는 경우가 있다. 최근에 실버 폰이 인기를 얻는데 이는 어떤 실버고객은 다양한 기능의 제공보다 오히려 경제성과 사용성에 중요도를 더 두는 경우이다. 하이테크 제품은 기술집약적으로 고객에게 사용의 어려움을 준다. 제품 사용성(usability)을 높이고 기술의 복잡성으로 인한 소비자의 기술저항을 극복하는 것이 필요하다.

☑ 고객감동

꼭 필요한 당연적(must have) 욕구는 보통 현재 기술로 충족되고 신제품이라면 이러한 욕구를 충족해야 한다. 그러나 기존의 경쟁제품에 의해서 이미 잘 충족되기 때문에 제품을 차별화하는 것은 어렵다. 신기술이나 개선된 아이디어가 다다익선(多多益善: the more the better) 욕구에 의해서 만족되는 양이 증가할 때 고객만족은 증가하나 보통 수익은 감소한다. 이러한 욕구는 기술의 진보가 빠를 때 관련이 있다. 고객이 표현하기 어렵거나 충족되리라고 거의 기대하지 않는 욕구를 충족할 때 고객은 감동(delight)을 경험한다. 고객감동의 원천은 초기구매에 강력한 동기와 판매 후 고객만족이 된다. 제품이 기대치를 넘는 감동적인 특징을 갖는다면 고객은 대단히 만족한다. 그러나 오늘의 감동 속성은 내일의 당연적 속성이 된다.

▼ 그림 4-7 고객욕구의 Kano 분류

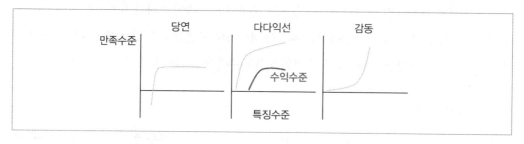

③ 고객욕구의 발생원천

　소비자들의 욕구는 내적 요인과 외적 요인에 의해 발생된다. 욕구는 자극에 의해 동기를 유발하고, 동기는 행동의 원인이 된다. 따라서 행동의 원인을 파악하기 위해서는 소비자들의 욕구를 파악하는 것이 중요하다. 욕구는 단일의 동기에서 발생하는 것이 아니라 복합적인 동기에 의해서 발생하는 다차원적인 개념이다. 욕구의 발생원천은 기능적, 경험적, 상징적 욕구로 구분한다.

▼ 그림 4-8 욕구의 종류

1) 기능적 욕구

기능적 욕구(functional needs)는 실용적 욕구라고도 하며, 제품의 구매나 사용으로부터 기능적인 편익을 추구하고자 하는 욕구이다. 제품의 기본적인 속성과 밀접한 관련이 있지만, 안전과 위험 회피 욕구 등과 같은 기본적인 동기들과도 관련이 있다. 예를 들어 자동차를 구매할 때 엔진의 출력, 주행성, 가격, 안전성과 연비를 비교하여 구매하는 경우가 해당된다.

2) 경험적 욕구

경험적 욕구(experiential need)는 쾌락적 욕구라고도 하며 상품이나 서비스를 사용함으로써 느끼는 쾌감, 환희, 즐거움과 관련된 욕구이다. 이러한 욕구는 오감으로 느끼는 감각적인 즐거움, 지적 호기심, 다양성 추구 등 영화, 콘서트, 뮤지컬, 여행 등이 있다.

3) 상징적 욕구

상징적 욕구(symbolic needs)는 상품이나 서비스의 소비를 통해 얻을 수 있는 비상품 관련 속성에 관한 욕구이다. 즉, 자아 존중감, 자아 이미지, 남과 다르다는 차별성, 사회적 연대감, 사회적 존경이나 인정 등을 얻기 위한 욕구이다. 고객들이 사회적 신분, 유대, 소속, 성취 등을 충족하기 위해 명품, 고급세단, 고급 레스토랑을 이용하는 경우이다.

03 자료수집

고객욕구의 확인은 표적시장의 고객에 대한 정보를 정확하게 수집·분석하여 고객의 미충족 욕구, 숨겨진 욕구, 과소제공이나 미제공 욕구를 확인하여 시장기회를 찾는 과정이다. 고객과 직접 대면하는 심층면접과 집단을 대상으로 하는 표적집단면접은 정성적 방법이다. 사전에 설문지를 작성하여 개인별로 면접하는 개인면접, 인터넷이나 전화조사는 정량적 방법이다. 구조적 방법으로 목록격자기법이나 수단목표분석이 있다. 조사과정은 제품개발 과정의 통합된 부분으로 제품컨셉의 창출과 직접적으로 관련되어 있다. 고객욕구 확인은 제품 사명선언문에 근거한 제품개발을 염두에 두고, 시장과 고객에 관한 자료수집, 자료분석, 욕구분류, 상대적 중요도 추출과 아이디어추출 과정으로 이어진다.

▼ 그림 4-9 고객욕구의 확인과정

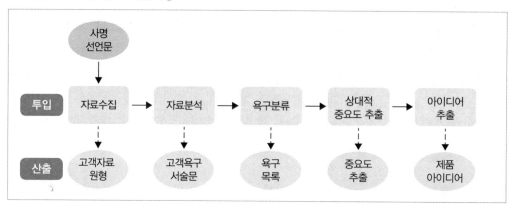

1) 제품 사명선언문

기업이 구체적인 시장전략을 명시하고, 제품개발을 위한 특정한 제약과 목적을 제품개발 전에 제시하는 정보를 제품 사명선언문(product mission statement)이다. 이 사명선언문은 제품계획의 진행방향을 구체적으로 명시한 것으로 제품개발의 지침이 된다. 즉, 제품과 관련된 기능부문, 제품개발 전략, 제품개발 활동과 조직, 제품개발 목표를 회사와 일치시키는 내용을 서술한 것이다. 이 사명선언문은 제품에 필요한 투입요소가 기업의 신제품개발에 잠재적으로 사용되는데, 회사의 목적, 경영전략과 자원이 일치하는 지침을 제공한다. 기업은 사전에 비전, 제품개발 전략과 사업기회를 일치할 제품 사명선언문을 작성한다.

2) 자료수집 방법

고객욕구와 필요, 시장의 경쟁상황과 시장의 성격을 철저하게 이해하는 것이 제품성공에 필수적이다. 고객에게 강력하게 집중하는 것은 제품의 성공률과 수익성이 향상될 뿐만 아니라 한 제품의 제품개발 출시기간(time-to-market)이 감소한다. 따라서 시장과 고객의 정보를 정확하고 적시에 수집한다. 고객에 관한 원자료(raw data) 수집은 고객의 제품사용 경험과 고객접촉에 관한 자료를 수집하는 절차이다. 자료수집 방법은 관찰법, 실험법과 설문법 등으로 단독이나 결합하여 사용한다. 이러한 마케팅 조사결과는 고객행동에 관한 통찰력 있는 지식과 제품의 개발방향을 제공하며, 고객이 만족하지 않는 제품에 대해 진행이나 중단의 결정기준이 된다.

조사방법에는 정량조사와 정성조사가 있다. 정성조사(qualitative research)는 응답자로부터 정보를 수집하기 위해 구조화 방법을 사용할 수 없는 경우에 사용하는 방법이다. 소비자는 잠재의식 속에 있는 욕구, 동기나 가치 등은 잘 노출하려고 하지 않는다. 이러한 경우 관찰이나 면접을 통해서 파악하는 방법이 정성조사이다. 조사방법에는 표적집단면접(FGI), 심층면접법, 관찰면접법 등이 있다. 관찰법에는 대표적으로 소비자 행동의 감사, 기록관찰, HUT, CLT와 갱 서베이 등이 있다. 정량조사(quantitative research)는 조사결과가 수치로 요약되어 소비자의 태도를 전반적으로 파악할 수 있다. 정량조사를 위해서는 모집단을 대표할 수 있는 정도의 표본을 추출하고, 구조화된 설문지를 통해 체계적이고 객관적으로 조사하고, 통계분석을 실시한다. 조사에는 일반적으로 설문을 사용하며, 계량화된 자료는 다양한 통계분석을 할 수 있는 장점이 있다.

① 조사대상

새롭고 독창적인 제품은 기업이 극심한 경쟁시장에서 생존과 성장을 확실히 하기 위해서 필수적이다. 혁신이 기술 가능성과 고객욕구를 결합한 결과이지만, 제품성공의 중요한 요인은 고객욕구이다. 고객욕구를 알아내기 위해서 신제품개발 초기 단계에서 고객의 소리(voice of the customer: VOC)가 무엇인지를 파악해야 한다. 고객의 소리는 고객에 의해 분류되고 우선시하는 고객욕구의 집합이다.

고객이 진실로 원하는 것을 심도 있게 파악하기 위해서는 새로운 시장조사법이 필요하다. 서베이는 고객응답의 계량적인 자료가 간단하게 제공되지만, 심층적인 심리적 내면을 설명하지 못한다. 표적집단면접은 토론의 범위가 현재 제품에 대해 갖고 있는 지식으로 제한되고, 실제상황과 다른 환경에서 실시되기 때문에 숨겨진 욕구분석에는 약하다. 따라서 표적대상과 선도사용자, 숨겨진 욕구, 제품구매와 소비맥락, 제품선호·사용과 유사점·차이점, 사용추세, 그리고 대체품과 대안품 등을 조사한다.

▼ 그림 4-10 **고객욕구의 조사대상**

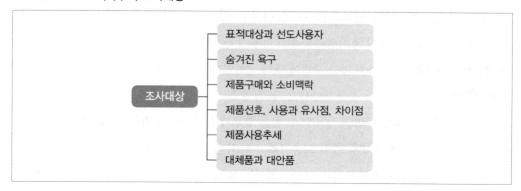

1) 표적대상과 선도사용자

주된 사용자들을 탐색하고, 그들의 욕구를 충족하는 것은 제품성공에 이르는 길이다. 표적대상자에 따라 가치, 선호, 구매방식, 사용장소, 사용량과 사용빈도 등이 매우 다르다. 따라서 표적소비자를 대상으로 고객욕구 조사를 실시한다. 신제품의 확산을 위해서는 선도사용자 확인이 절대적으로 필요하다. 선도사용자(lead users)들은 중요한 시장추세의 최첨단에 있다. 최첨단에서 만나는 신기한 욕구(novel needs)에 대한 해결안을 찾는 데도 강한 자극을 갖고 있다.

2) 잠재적 욕구

경쟁자와 차별하기 위해서는 소비자의 잠재적 욕구(hidden needs)를 발견하는 것이다. 이러한 욕구를 발견하려면 필요한 욕구의 형태와 욕구의 표현에서 몇 가지 특징을 이해해야 한다. 표현한 욕구는 고객이 말로 직접 표현할 수 있는 욕구이다. 이러한 욕구는 장기적인 기본적 욕구를 대신하여 단기적 문제에 대한 해결안과 기술적 특징으로 해결된다. 따라서 전통적인 시장조사 방법은 이러한 욕구를 수집하는 데는 적합하지만, 고객이 직접적으로 표현하는 것만을 욕구라고 인식하는 것은 매우 적절하지 않다.[5] 중요한 것은 표현하지 않은 욕구를 고려해야 한다.[6] 조사자들의 중요한 과업은 소비자의 숨겨진 또는 잠재적 욕구를 포착하는 것이다.

3) 제품구매와 소비맥락

소비맥락이란 소비자들이 소비행동에 의미를 부여하는 주변 상황이다. 소비자들은 사회적, 문화적 및 상황적 맥락에 많은 영향을 받기 때문에 브랜드나 제품에 대한 사용상황은 마케팅에서 중요하다. 이것은 제품이나 브랜드의 선택 및 사용과 관련되는 문제이다. 예를 들면, 응답자가 막힌 코를 치료하기 위해 사용하는 제품은 초기, 중기, 치료 중 또는 낮이나 밤에 욕구가 발생할 수 있다. 제품의 구매와 소비는 각각 시간과 관련되어 확인된다.

남들이 보는 제품의 구매, 선물제품과 집에서 사용하는 제품의 구매는 상황적 요인이 많이 다르다. 물리적 상황이나 욕구상태가 존재한다. 브랜드나 제품은 효과적인 포지션과 광고에 중요한 사용상황과 관계가 있다. 따라서 욕구가 발생하는 상황을 탐색하고 분석할 필요가 있다.

4) 제품선호 · 사용과 유사점 · 차이점

제품선호도나 사용은 주된 구매자나 사용자의 생활양식, 가치관, 신념, 문화, 사회적 신분과 소득에 따라 매우 다르다. 고객들이 제품을 사용하는 이유와 비사용자들이 제품을 사용하지 않는 이유는 각각 다르다. 또한 경쟁자의 다른 제품과의 유사점과 차이점은 브랜드를 구분하는 직접적인 방법이기도 하다. 유사점은 제품의 본래 기능인 제품범주를 나타내고, 차이점은 경쟁자 제품에 비해 강력하고, 독특하고, 신기한 속성을 말한다. 중요한 속성과 결과는 고객의 선호도나 사용률을 증가하여 더 높은 시장성과로 가는 길이 된다.

5) 제품사용추세

제품의 과거사용과 기대된 미래사용 간의 관계는 신제품의 성장성을 예측할 수 있는 지표이며, 소비자의 사용추세는 기업의 수익성과도 관련이 있다. 예를 들면, 이 제품이 과거에 사용했던 것보다 더 자주, 더 적게 혹은 동일하게 사용하느냐고 사용빈도를 질문할 수 있다. 증가, 감소나 동일한 사용은 이유가 각각 다르다. 사용추세는 시장추세와 시장성장의 잠재영역에 대한 생

---

5 Carlgren(2013).

6 Koners, Goffin, & Lemke(2010).

생한 통찰력을 준다.

6) 대체품과 대안품

대체품(subsitutes) 분석은 사용과 관련된 지각된 속성의 유사성 정도를 끌어낸다. 친근하지 않은 브랜드에 대해서 응답자들에게 브랜드를 시용구매하거나 브랜드를 어떻게 대체할 것인지를 설명하도록 요청할 수 있다. 대체 브랜드가 선택 집합에 있거나 없는지와 이유를 응답자에게 질문할 수 있다. 어떤 경우에 특정 브랜드를 사용하는지, 특정 브랜드 사용으로 무엇을 얻는지 알아낸다. 특정 브랜드가 새로운 환경에 적합한 긍정적인 이유와 적합하지 않은 부정적인 이유를 끌어내고, 세분시장을 확인한다.

김위찬과 르네 마보안이 언급한 대안상품(alternatives)은 대체품보다 훨씬 광범위하며, 형태는 달라도 동일한 기능이나 편익을 제공하는 제품 및 서비스를 말한다. 예를 들면, 영화관과 레스토랑은 물리적 특성이나 기능은 다르지만, 저녁 외출을 즐긴다는 점에서 이 둘은 동일한 시간대를 소비하는 대안상품인 것이다.

2 고객욕구의 포착

숨겨진 고객욕구 포착은 통찰력을 창출하고 숨겨진 욕구를 확인하기 위해 원자료를 수집하고 분석하는 것이다. 숨겨진 욕구를 발견하기 위해서 원자료를 수집할 때 방법의 결합사용을 권장한다. 복합적인 자료수집 방법은 숨겨진 욕구를 포착할 기회를 증가하고, 조사결과의 신뢰성을 향상한다.[7] 고객욕구와 신뢰성에 영향을 주는 요인은 조사에 관여된 고객의 수이다. 따라서 숨겨진 욕구 포착 방법은 체계적 관찰법, 맥락적 면접, 감정이입구축법, 감정이입 선도사용자, 개인적 경험, 친구, 친척과 전문가 활용, 고객좌절과 같은 다양한 경험이다.

1) 민족지학 조사법

민족지학(ethnography)은 민족학 연구와 관련된 자료를 수집·기록하는 학문으로 한 지역에 거주하는 민족, 주로 미개민족의 문화·사회 조직·생활양식 따위를 실지 조사를 바탕으로 체계

---

7   Goffin & Mitchell(2010).

적으로 기술하는 학문이다. 이에서 유래한 민족지학 관찰조사법은 주로 고객을 감정이입하여 고객욕구를 탐구하는 방법이다. 고객과 함께 시간을 보내면서 욕구를 탐색하고 고객을 심층 이해하는 것이다. 이러한 방법은 체계적 관찰법, 맥락적 면접법과 감정이입구축법이 있다.

▼ 그림 4-11 민족지학 조사법

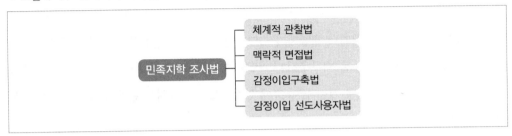

☑ 체계적 관찰법

체계적 관찰법(systematic observation)은 고객들이 말하는 것을 신뢰하지 않는 대신에 고객이 방해받지 않고 실제로 제품을 사용하는 행동을 체계적으로 관찰하는 것이다. 관찰하는 동안 관찰자는 다량의 원자료를 산출하는 고객행동을 녹화하는 것이다. 이때 각 행동에 대해 관찰받는 것을 느끼지 않도록 하는 것이 중요하다. 시간이 많이 소모되고 자료가 분석하기에 복잡하더라도 이 방법은 숨겨진 고객욕구를 발견하는 데 매우 효과적이다.

☑ 맥락적 면접법

맥락적 면접법(contextual interview)은 체계적 관찰법의 실제적 보완으로 관찰, 질문과 녹화를 겸한다. 제품을 사용하는 고객을 대상으로 질문하고 녹화하는 방법이다. 이것은 문서기록과 녹화로 구성되어 자료의 양이 크지만 녹화보다 분석하기가 쉽다. 제품이 어떻게 사용되는지에 관한 충분한 이해를 얻기 위해 고객환경 안에서 수행하는 면접법이다. 고객이 제품을 사용하는 동안 조사자에게 매우 귀중한 암묵적 지식을 드러내 보이도록 함으로써 조사자는 고객이 어떤 방법으로 제품을 사용하는지를 탐구하기 위해 질문을 할 수 있다. 준구조화된 면접질문으로 한 사람은 면접지침에 따라 실시하고, 다른 한 사람은 기록한다. 면접지침은 활동과 관련된 주요 질문으로 신중하게 계획되어야 한다. 그러나 지침은 추가적인 질문이 요청될 수 있다.[8]

---

8 Ulrich & Eppinger(2012).

☑ 감정이입구축법

감정이입구축법(empathy building)은 조사자나 개발자가 고객이 되어, 고객의 입장으로 들어가서 사용자 경험을 하는 것이다. 다른 사람의 처지에서 생각하라는 역지사지(易地思之)이다. 이 방법을 숨겨진 욕구를 확인하는 성공적인 방법으로 추천한다.[9] 다른 사람의 신체적 상황을 자신의 신체로 체험하는 것이다. 이 방법은 정형화되어 있지 않지만, 고객, 조사활동과 집중된 상품이나 서비스에 달려있다. 조사자나 개발자가 고객과 함께 활동을 실천하는 기업도 있고, 기업의 시설 내에 동일한 환경의 활동을 재구축하는 기업도 있다. 예를 들면, Ford Focus 차를 설계할 때 제품설계자들은 자동차 안으로 기어 들어갈 때 연장자들이 직면하는 문제를 탐지하기 위해 두꺼운 옷을 입는다.

☑ 감정이입 선도사용자법

감정이입 선도사용자법(empathic lead users)은 잠재적 욕구를 확인하기 위한 새로운 방식으로 제품설계자나 고객이 선도사용자가 되어 제품을 직접 경험하는 기법이다. 사용자가 직접 제품경험을 통해 매우 혁신적인 신제품을 제안하도록 하는 방법이다. 이 방법을 사용하면 면접법을 사용하는 것과 비교하여 잠재적 욕구를 훨씬 더 많이 발견한다. 그러나 단점은 실제 환경에서 사용될 수 있는 제품을 필요로 하고, 일반 사용자를 선도사용자로 변환해야 하는 점이다.

2) 다양한 경험 활용법

다양한 정보는 고객에 관한 많은 정보를 제공한다. 개인적인 관찰은 유용한 정보를 제공한다. 많은 발명은 개인적인 경험에서 나온다. 개인적 경험, 친구, 친척과 전문가 활용이나 고객으로부터 직접 듣는 고객좌절 등은 직접적이고, 생생하고, 적절한 정보를 더 많이 제공한다. 이러한 자료를 토대로 사업기회를 찾은 사례들이 매우 많다.

▼ 그림 4-12 다양한 경험 활용법

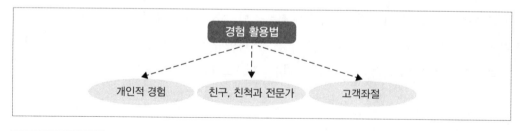

9   Koners, Goffin, & Lemke(2010).

☑ 개인적 경험

제품과 기업은 기업가가 경험한 상태에 대한 불만족으로 창조되었다. 개인적 경험은 사업의 좋은 기회가 된다. 예를 들면, 이디야 커피 문창기 회장은 고객이 합리적인 가격으로 쉴 문화공간이 없는 것을 경험했다. 이처럼 개인적 경험은 사업 아이디어로 훌륭한 원천이 된다. 욕구가 많은 고객집단이 존재하더라도 새로운 해결안을 수용하는 데는 많은 차이가 있다. 따라서 이러한 역학과 조기수용자나 조기다수자로부터 격차를 이해해야 한다.

SENSE 개인적인 경험은 훌륭한 사업 아이디어의 원천

FedEx가 미국 경제 전문지 포춘이 선정한 올해의 '세계에서 가장 존경 받는 기업순위에서 8위를 차지했다. 물류 업계 중에서는 1위다. FedEx의 창립자인 프레드 스미스(Fred Smith)는 편지가 하루 안에 전달되지 못하는 이유를 이상하게 생각했다. 이것이 물품을 하루 안에 배달할 수 있는 회사를 창업한 이유이다. 이탈리아 여행 중에 스타벅스 회장인 하워드 슐츠(Howard Schultz)는 유럽풍 카페가 미국에 없는 이유를 의아하게 느꼈다. 단순히 커피 제품만을 파는 곳이 아니라 이국적 분위기, 친절한 서비스, 재즈 음악을 제공하면서 소비자들에게 감성적 체험을 제공하는 곳이 스타벅스이다.

☑ 친구, 친척과 전문가 활용

친구, 친척이나 준거집단이 어떤 상품과 서비스를 구매하는지와 구매하는 이유를 알아본다. 그러면 그들이 어떤 문제를 해결하기를 원하는지를 탐색할 수 있다. 예를 들면, 조사자가 최첨단 제품을 구매하는 친구를 찾고, 그들이 무엇을 구매요소에서 고려했는지를 알아본다. 또한 전문가, 컨설턴트, 미래학자 등은 틈새를 발견하는 데 도움을 준다. 전문가들은 관련 산업에 대한 지식, 경험과 정보가 풍부하고, 항상 새로운 정보에 정통해 있다. 이들을 통한 기회의 발견은 새롭고 참신한 아이디어를 얻는 데 유용하다.

☑ 고객좌절

고객들은 제품사용 중에 작동이 잘 안 되어 마음이 상하는 좌절을 경험한다. 이러한 고객좌절

(customer frustrations)을 이해하면 기회가 된다. 상품이나 서비스에 좌절을 느끼는 소비자들은 반복구매를 기피하고, 다른 사람들에게 회사를 비판하는 경향이 크다. 이를 토대로 고객 서비스와 제품설계를 개선하여 제품이나 회사에 대한 소비자 좌절을 최소화한다. 경쟁제품의 결함에서 해결안을 도출하여 사업에서 변화를 추구할 수 있다. 자신이 겪은 불편, 불만이나 분노를 자신의 고객도 동일하게 느끼는지를 고객에게 묻고, 직원들이 고객에게 동일한 실수를 하는지를 점검한다. 잘못된 것을 반복적으로 허용하는 것은 사업에서 현실적인 변화를 거부하는 것이다. 사업을 향상하는 데 도움이 되는 해결안은 각 상황 안에 있다.

SENSE 　소비자의 튀는 행동을 주목하라

세계적인 크리에이티브 디렉터인 얀 칩체이스와 사이먼 슈타인하트는 새로운 비즈니스 기회를 찾는 방법을 "소비자의 '창발성 행위(emergent behaviors)'에 주목해 보라"고 조언한다. 창발성 행위란 사용자가 자신에게 주어진 인프라나 서비스를 제공자가 의도한 대로 사용하는 것이 아니라 자신의 문제 해결을 위해 전혀 다른 목적으로 사용하는 것이다. 빵 만드는 데 쓰는 베이킹소다를 주부가 과일 씻는데 사용하는 행동이나 유모차를 지팡이 삼아 끌고 다니는 할머니 행동이 대표 예다.

창발성 행위는 왜 생기는 것일까? 바로 사용자가 어떤 제품과 서비스를 사용하면서 요구나 불편한 점을 추가로 느꼈기 때문이다. 이런 점을 해소하려는 노력이 창발성 행위로 나타난다. 기업이 여기에 주목하면 사용자 불편을 찾아낼 수 있는 것은 물론 개선 방안에 대한 아이디어까지 얻을 수 있다.

영국 킹오브셰이브 창립자이자 최고경영자(CEO)인 윌 킹은 자신의 창발성 행위에서 창업 힌트를 얻었다. 윌 킹도 처음에는 남들처럼 셰이빙 젤이나 폼을 이용해 면도를 했다. 거품이 얼굴을 가려서 면도 부위가 잘 보이지 않아 긁히고 베이기 일쑤였고, 피부 트러블도 자주 생겼다. 이 문제를 해결하려고 윌 킹은 오일을 묻혀 면도하기 시작했다. 이런 자신의 창발성 행위를 사업화하기로 결심했다. 이렇게 탄생한 게 바로 세계 최초의 '면도용 오일(Shaving Oil)'이다. 윌 킹과 같은 문제로 고통 받고 있던 소비자는 단숨에 면도용 오일에 몰려들었다. 킹오브셰이브는 20년이 지난 지금도 영국 면도용 오일 시장에서 1위를 독보하며 굳건히 지키고 있다. 게다가 면도기 분야에서도 질레트를 바짝 추격하며 치열한 경쟁을 펼치고 있다.

출처: 전자신문 2016.03.02

③ 조사과정

  욕구조사는 고객의 욕구를 이해하여 설계규범과 제품해결책을 창출하는 것이다. 설계규범은 고객욕구를 해결함으로써 고객에게 실제 가치를 제공하는 당연적 품질특징이나 성능의 높은 수준을 말한다. 제품해결책은 실제 사용자 욕구를 충족하고, 직접적으로 설계규범을 따르는 컨셉, 제품과 원형제품이다. 고객의 욕구를 밝혀내어 제품 아이디어로 연결하기 위한 조사과정은 구상과 준비, 관찰과 기록, 그리고 해석과 재구성으로 이루어진다.

▼ 그림 4-13 **조사과정**

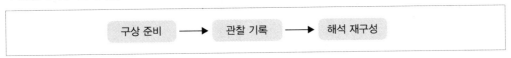

구상 준비 ⟶ 관찰 기록 ⟶ 해석 재구성

1) 구상과 준비

  조사문제, 범위, 목적, 표적고객이나 고객집단을 결정한다. 질문의 유형과 찾을 정보를 사전에 구상하는 단계이다. 다음 단계로 넘어가기 전에 이차자료와 기타 조사를 이해한다. 이미 이루어진 조사를 다시 반복할 필요는 없다. 조사를 시작하기 전에 준비할 사항이 있다.

- 조사문제를 구성하고 조사목적을 결정한다.
- 모집단을 정의한다.
- 표적시장을 확인하고 고객과 시장을 일치시킨다.
- 주제에 근거한 설정된 자료를 조사한다.

2) 관찰과 기록

  고객의 행동과 그들이 직면하는 문제를 발견한다. 고객들이 문제라고 전혀 깨닫지 못하거나 지각하지 못하는 것도 문제이다. 고객의 행동을 방해하지 않고 고객이 관찰받는다는 것을 알지 못하는 자연스런 환경을 조성한다. 다음은 고객을 관찰할 때 고려할 사항이다.

- 관찰할 집단에 몰두한다.
- 고객을 이해하기 위해서 조사자는 관찰할 집단의 상황에 자신을 노출한다.
- 자연스런 행동을 유지하도록 행동을 강요하지 않는다.
- 적절한 기록방법을 사용한다.

3) 해석과 재구성

이전 단계에서 얻은 정보를 해석하고 처리한다. 제품개발 과정은 욕구발견과정과 병행하여 계속 진행할 수 있다. 고객의 입장에서 고객의 언어로 수집한 정보를 해석한다. 고객의 상황을 개선하기 위해 문제가 해결될 필요가 있다는 것을 기억한다.

- 욕구서술문을 만든다.
- 욕구를 분류하고 우선순위를 정한다.
- 조사를 재구성한다.

SENSE   고객의 숨겨진 욕구를 탐구할 때 직면하는 문제

- 새로운 고객욕구를 평가하기 위한 자원이 충분하지 않다.
- 새로운 고객욕구에 관한 정보를 체계적으로 수집하지 않는다.
- 고객욕구의 평가가 과도하게 단기적인 고객만족에 집중된다.
- 숨겨진 미래의 욕구를 잊는다.
- 고객은 경쟁제품 안에 존재하는 동일한 기술적 해결안을 원한다.
- 고객은 배경욕구를 나타나지 않는다.
- 개별고객의 의견이 고객욕구를 평가할 때 너무 지배적이다.
- 고객의 새로운 욕구에 관한 정보는 편견이 있고, 개발 중에 변경된다.
- 사용자들이 현재 제품과 기술적 해결에 지나치게 고착된다.
- 비관련제품일 때 컨셉을 사용자들이 평가하는 것이 어렵다.
- 사용자들이 기술을 이해하기가 너무 어렵다.

04 자료분석

사업기회의 핵심은 미충족욕구(unmet need)와 미해결문제(unsolved problem)가 있다. 이러한 욕구를 어떤 방법으로 해결할 수 있는지를 검증하는 것은 잠재고객이 수용하고 구매하도록 설득할 수 있는 방법을 찾는 것이다. 고객이해는 기업에게는 본질적이다. 고객욕구와 선호에 대한 이해는 기업이 착수할 가치가 있는지를 결정하는 토대일 뿐만 아니라 마케팅에서 중요한 과업이다. 시장조사는 현재고객이나 잠재고객을 이해하는 과정이기 때문에 기업이 반드시 수행해야 하는 첫 과업이다. 고객욕구분석은 컨셉개발, 제품개발, 가치분석과 수단목적 분석을 포함한 다양한 제품과 브랜드 관리 상황에서 사용된다. 이러한 분석조사는 시장과 고객을 한층 더 깊게 이해하는데 유용하다. 기업가들은 고객의 문제를 해결한 다음 기술, 경쟁위치, 경제성과와 자금조달 등에 관한 중요한 해결책으로 이동할 수 있다.

▼ 그림 4-14 **사업기회**

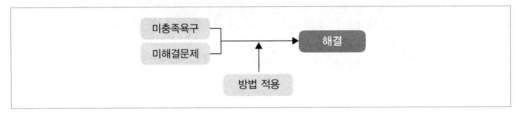

1 수단-목적 사슬 접근법

수단-목적 사슬은 속성, 결과와 가치의 위계적인 3단계로 이루어진다. 예를 들면, 스타벅스는 커피를 판매하는 장소보다는 편안한 장소, 음악과 향기가 있는 분위기와 즐거운 대화를 할 수 있는 곳이다. 커피라는 속성을 토대로 편안한 장소, 음악과 향기가 있는 분위기와 즐거운 대화라는 결과를 얻게 되어 최종적으로 정서적 안락과 행복이라는 가치를 주기 때문에 찾는 곳이다. 소비자는 기업이 제공하는 제품속성을 통해 편익을 느끼며 최종적으로 도달하고자 하는 추상적인 가치를 얻을 것으로 기대하여 구매하게 된다. 이처럼 소비자의 마음속에 제품속성과 속성이 제공하게 될 편익과 가치를 연결하는 인지구조적인 사슬이 존재한다는 개념이 수단-목적 사슬(Means-End Chain)이다. 어떤 제품에 대해 소비자가 갖고 있는 지식의 구조를 속성-결과-가치의 3단계 틀로 보는 것이 수단-목적 사슬이다.

가치는 소비자의 행동을 동기화하고, 제품이나 서비스 속성에 대한 흥미를 유발한다. 따라서 소비자는 어떤 제품이나 서비스를 선택할 때 제품이나 서비스의 속성, 편익과 가치 단계 사이의 연결관계에 초점을 맞추게 된다. 수단적 가치(instrumental value)는 어떤 목적을 실현하는 수단이기 때문에 가지게 되는 가치인 데 비하여, 최종적 가치(terminal value)는 궁극적 가치로 즐거움이나 행복을 줄 수 있는 가치이다. 예를 들면, 미백치약은 연마제라는 속성을 통해 치아를 하얗게 한다. 연마제라는 속성이 미백이라는 편익을 가져와 소비자는 하얀 치아를 통해 자신감과 행복이라는 가치로 연결된다.

▼ 그림 4-15 수단-목적 사슬

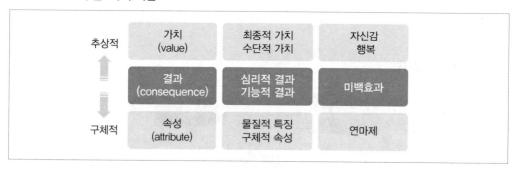

어떤 제품에 대해 소비자가 갖고 있는 지식의 구조를 속성-결과-가치의 3단계 틀로 보는 것이 수단-목적 사슬(Means-end Chain Model)이다. 소비자는 제품의 구체적인 속성들을 자신의 목적(결과나 가치)을 위한 수단으로 여기기 때문에, 자신이 중요하다고 생각하는 결과나 가치에 근거하여, 제품과 브랜드의 속성을 지각하는 경향이 있다. 따라서 어떤 제품에 대한 소비자의 수단-목적 사슬의 분석을 통해 제품에 대한 소비자의 가치나 관여도를 파악할 수 있다. 가치구조는 제품의 속성을 편익이나 가치에 연결시키는 것이다. 따라서 수단-목적 분석은 제품속성, 제품편익, 그리고 기능적 · 심리적 · 재무적 · 사회적 · 지적 및 상황적 가치 간에 존재하는 세 부분의 연결에 집중된다.

② 잠재적 욕구분석

잠재적 욕구의 탐구는 혁신적이고, 비약적인 제품을 창출할 수 있는 기회이다. 고객욕구의 충족과 차별화의 경쟁력을 갖기 위해서 회사는 소비자의 욕구를 끊임없이 처리하고 또 창출해야 한다. 만일 이를 처리하지 않는다면 고객의 소리를 무시하는 결과가 된다. Ulwick에 의하면 회사는 4가지 유형의 정보를 언제나 올바르지 않게 수집한다. 즉, 해결안, 사양, 욕구와 편익이다. 해결안(solution)은 고객들이 사용하는 제품이나 서비스에서 알기를 원하는 물리적이거나 유형적인 특징이다. 제품사양(specification)은 중량, 색상, 크기나 외양처럼 차별적인 설계특징이다. 욕구는 '신뢰할 수 있는', '효과적인' 또는 '확고한'처럼 개발팀에서 잘못 해석하기 쉬운 부정확한 서술이다. 편익(benefit)은 다소 욕구와 비슷하지만, 매우 모호한 표현으로 고객이 누리는 심리적인 혜택이다. 따라서 회사는 이러한 것들을 정확하게 수집하는 시스템을 구축하는 것이 필요하다.

고객에 대한 심층이해의 중요성에도 불구하고 대부분의 회사들은 아직도 전통적인 마케팅 조사에 의존한다.[10] 근본적인 이유는 다음과 같다. 첫째, 회사는 전통적인 방법과 새로운 방법으로 포괄적인 마케팅 조사를 실행할 자원을 갖고 있지 못하다. 둘째, 회사는 새로운 방법에 대한 지식이 부족하다. 마지막으로 회사는 고객의 욕구를 수집하고 분석하는 것이 어렵다는 것을 안다. 그렇기 때문에 조사자들이 조사결과가 실제결과와 다를 때 나름대로 불안감을 해소하고 편안한 심정을 유지하기 위해서 전통적인 방법을 집착하는 경우가 있다.

1) 잠재적 욕구의 원천

잠재적 욕구분석을 수행하기 위한 첫 단계는 조직이 개선제품과 혁신제품을 개발하려고 하는 것을 조사자가 알게 하는 것이다. 목표가 설정될 때 시장조사를 계획한다. 그것은 전통과 새로운 방법을 결합하지만, 목표가 매우 혁신적인 제품을 개발하려는 것이라면 새로운 방법에 집중해야 한다. 그러한 방법은 고객의 소리, 목록격자분석, 감정이입설계, 선도사용자와 제품수명주기 등이 있다.[11] 이 방법이 수행될 때 자료가 수집되고, 그런 다음에 분석된다. 분석으로부터 사용자욕구와 욕구서술이 확인된다. 이러한 과정의 결과로 인해 혁신제품을 확실히 하는 제품속성을 정의한다.

---

10 Carlgren(2013).

11 Goffin and Mitchell(2010).

☑ 고객의 소리

고객들이 더욱 복잡한 사슬을 갖는 경향이 있기 때문에 회사는 표적고객을 아는 것은 중요하다. 고객의 소리(voice of the customer)를 포착하기 위한 표적고객을 신중하게 선정해야 하는 이유가 있다. 만족하지 않은 고객보다 오히려 가장 만족한 고객이 조사에 응한다는 것이다. 그러나 만족하지 않은 고객은 제품에 없는 것에 관한 유용한 정보를 더 많이 제공한다. 조기수용자들이나 잠재고객들이 신기술을 수용하는 첫 번째 사람들이다. 그들은 기술을 더 많이 수용하기 때문에 제품이 주류시장에 출시되기 전에 가치 있는 피드백을 제공한다. 표적고객뿐만 아니라 조사할 분야를 아는 고객이 중요하다. 조사의 목적이 명확하게 정의되지 않았다면 질문과 관찰할 문제를 아는 것은 어렵다. 고객의 소리는 제7장에서 자세히 설명한다.

☑ 고객가치 사슬분석

고객가치 사슬분석(customer value chain analysis)은 회사의 이해관계자들이 서로 상호작용하는 방법을 살피는 도구이다.[12] 이해관계자들은 원자재 공급자, 소매상과 최종사용자를 포함한다. 가치사슬이란 기업활동에서 부가가치가 생성되는 과정으로 생산 → 마케팅 → 판매 → 물류 → 서비스 프로세스를 말한다. 가치사슬은 주요활동(primary activities)과 주요 활동을 지원하는 활동은 지원활동(support activities)이 있다. 주요활동은 기업의 부가가치 창출에 직접적인 영향을 미치는 활동으로 조달물류, 생산활동, 출하물류, 마케팅 및 판매와 서비스 활동 등이다. 반면 부가가치 창출에 간접적인 영향을 미치는 지원활동은 경영일반, 기획, 재무, 회계, 법무 등 기업 하부구조, 인적자원관리, 기술개발과 조달 등이 있다. 따라서 고객의 욕구를 파악해 기업이 어떤 가치사슬 과정에서 차별화된 전략을 할 것인지 결정하는 것이 중요하다.

▼ 그림 4-16 **마이클 포터의 가치사슬**

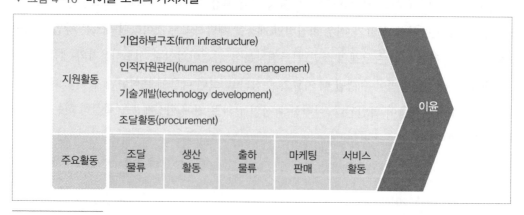

---

12 Porter, Michael(1980).

이해관계자 간의 상호작용은 주로 돈, 정보나 제품의 교환이다. 신제품을 출시할 때 명확한 전략을 갖는 것은 중요하고, 고객가치 사슬분석은 도움이 된다. 모든 관계자들 간에 상호작용하는 방법을 개략적으로 살펴보는 것으로 제품개발팀은 제품이 어떻게 사용되는지와 고객의 욕구와 요구 사항을 잘 이해할 수 있다. 고객가치 사슬분석을 수행하는 것은 어떤 고객집단이 시장분석에서 제외되는 것을 방지하고, 고객의 욕구나 요구 사항을 밝혀낼 수 있다. 기본적으로 가치사슬 분석절차는 6단계로 이루어진다.

① 제품을 위한 사업모델을 결정한다.
② 제품수명주기에 포함될 적절한 관계를 기술한다.
③ 제품과 고객이 상호 어떻게 관련이 있는지를 밝힌다.
④ 고객에 대한 가치제안을 확인하고, 그 흐름을 정의한다.
⑤ 중요한 고객과 가치제안을 결정할 고객가치 사슬을 분석한다.
⑥ 고객가치 사슬분석 결과를 제품설계 과정 안에서 사용한다.

☑ 목록격자분석

목록격자분석(Repertory grid analysis: RGA)은 심리학자 George Kelly가 처음 제안한 것으로 개인의 태도와 신념체계를 발견하는 기법으로 잠재적 욕구를 확인하기 위한 유력한 방법이다. 또한 제품의 유사점과 차이점을 발견하는 데 효과적이며, 유용성과 효과성이 증명되어 활용도가 높은 기법이다. 2개의 비교안과 1개안을 비교하여 평가하는 삼중비교평가(triangular comparison)이다. 숨겨진 욕구는 모든 요소에서 낮게 평가될 때 확인되는 경향이 있다.[13] 이 분석방법은 비교적 복잡하다는 것이 단점이다. 이 목록격자분석을 항목배열기법이라고도 한다.

피면접자에게 친숙한 제품이나 서비스의 이름을 5개 이상 카드에 적도록 한다. 3개의 카드를 골라서 2개의 카드가 어떤 점에서 나머지 한 개의 카드와 비슷하고 다른가를 물으면 개별적 양분적 특징이 나타난다. 이런 특징을 모든 카드에 적용하면, 유사와 차이로 나누어진 결과를 얻을 수 있다. 이 방법은 새로운 유사와 차이가 나오지 않을 때까지 이어진다. 그러면 대개 20~30번 정도 하면 끝이 난다. 마지막으로 아주 다르다, 조금 다르다, 보통이다, 조금 같다, 매우 다르

---

13   Goffin & Mitchell(2010).

다 등 5점 척도로 평가한다. 다음은 목록격자분석 절차이다.

① 피면접자에게 친숙한 제품이나 서비스의 이름을 5개 이상 카드에 적도록 한다.
② 피면접자에게 한 번에 3개의 카드를 제시한다.
③ 피면접자가 제품의 2개가 3번째와 다른 이유를 설명하도록 요청한다.
④ 모든 가능한 조합이 나타날 때까지 새로운 조합을 반복한다.
⑤ 다른 속성에 근거하여 1~5로 점수를 평가한다.

2) 고객욕구의 관리

Ulrich와 Eppinger(2012)는 표현되고 잠재적 고객욕구를 포괄적으로 확인하는 과정을 발표하였다. 기본철학은 고객과 개발자 간의 정보공유 채널을 만드는 것이다. 이것은 프로젝트에 관여한 모든 사람들이 제품의 사용환경을 경험할 기회를 공유하게 하는 것이다. 고객욕구의 확인은 개발 과정의 한 부분이어야 하고, 컨셉창출·선정, 경쟁자 벤치마킹, 제품사양의 설정과 같은 활동과 밀접하게 관련되어야 한다. 고객과 개발자 간의 정보를 공유하고, 고객욕구를 확인하는 과정은 다음과 같다.

• 제품이 고객욕구 주변에서 개발된다는 것을 확실히 한다.
• 표현되고 숨겨진 욕구를 확인한다.
• 고객의 요구 사항을 정당화하기 위한 사실적 기반을 제공한다.
• 과정을 문서로 기록한다.
• 모든 중요한 고객욕구를 확실히 듣는다.
• 고객욕구에 관한 공통적인 사고방식을 개발한다.

05 고객욕구의 분류

개발팀의 욕구분류를 토대로 잠재적 소비자를 대상으로 한 욕구분류를 실시하여 양자를 비교하여 유사점과 차이점을 분석하고, 재구성하는 절차를 밟는다. 왜냐하면 양자가 보는 시각과 정보의 차이가 크기 때문에 잠재적 소비자가 오해하거나 이해하지 못한 부분이 나타날 수 있기 때문이다. 고객욕구의 분석은 분류(categorization), 서열화(prioritization)와 포괄적인 방법으로 할 수 있다. 고객들은 제조나 설계방법보다 오히려 다른 특징과 기능에 따라 제품을 분류하는 경향이 있다. 이것은 고객의 욕구를 정확하게 기술하는 결과가 된다.

① 욕구서술문

가치 있는 분석을 위해 원자료를 욕구서술문으로 변환한다. 욕구서술문은 정보손실을 막기 위해서 원자료처럼 구체적이고 명확해야 한다. 욕구서술문은 제품사양으로 전환을 촉진하기 위해 제품속성으로 기술한다. 욕구서술문을 작성할 때 가능한 고객의 언어를 유지하는 것이다.

1) 욕구서술문의 의미

욕구서술문(need statements)은 고객이나 고객집단으로부터 얻은 명확하고 정확한 욕구서술이다. 욕구서술문을 구성할 때 사실에 근거하고, 편견이 없어야 하고, 제조방법이 아니라 제품 수행기능에 의해서 작성한다. 고객의 표현된 욕구서술문(explicit need statement)은 고객의 관점에서 이루어지는 욕구의 기술이다. 한편 고객의 잠재욕구서술문(latent need statement)은 고객의 상황에 관한 정보와 함께 고객의 소리나 관찰로부터 형성된다. 따라서 고객이 표현한 것과 조사자가 보거나 느낀 것의 차이를 알 수 있다. 이렇게 하면 상이한 문제가 기술적 해법으로 어떻게 접근할 수 있는지를 이해할 수 있다.[14] 가치 있는 욕구서술문은 5W 1H로 설명한다. 고객을 충분히 이해하면 다음의 욕구를 설명할 수 있다.

---

14 Belliveau, et al.(2004).

☑ 누가 제품을 구매하고 사용하는가?

욕구 발동자, 구매 영향력 행사자, 구매결정자, 구매자와 사용자처럼 구매과정에서 상이한 행위자의 역할을 이해할 수 있다. 고객을 유사한 특성을 기준으로 동일한 집단으로 분류하여 시장 세분화를 포함한다.

☑ 고객이 무엇을 구매하고 어떻게 사용하는가?

고객이 제품과 속성으로부터 얻는 가치가 무엇인지 이해하는 것은 중요하다. 구매빈도, 고객 생애가치와 제품에 소비한 지갑점유율(share of wallet)[15]을 이해할 수 있다.

☑ 고객은 어디서, 언제 구매하는가?

고객이 선호하는 유통경로와 이러한 선호가 어떻게 변경되는지를 알 수 있다. 고객이 구매하는 시점에 관하여 수요나 계절성을 이해하고 판매촉진과 가격파괴가 구매촉진결정에 효과적인지를 이해하는 데 집중한다.

☑ 고객이 어떻게 선택하는가?

고객의 구매행동을 설명하는 모델이 있다. 다속성 모델은 소비자들이 제품속성과 그 속성에 대한 중요도, 즉 개인의 주관적 신념에 따라 특정 제품을 구매할 수 있다고 설명한다. 다속성 모델은 제품을 속성의 집합으로 본다. 고객은 각 속성의 특성이 어떤 제품 안에 포함되어 있다고 지각한다. 고객은 각 속성에 따라 중요도를 다르게 놓고, 그것은 구매결정에 직접적인 영향을 미친다. 고객은 선호도를 개발하는 과정에서 속성과 중요도의 지각을 결합한다.

▼ 표 4-2 고객욕구의 구성요소

Who	What	Why	When/Where	How		
표적고객	제품편익	고객욕구	구매시간, 장소	선택이유	선택과정	선택방법

2) 욕구서술문의 활용

욕구서술문은 고객욕구를 명확하고 정확하게 표현한 서술문이다. 이러한 욕구서술문은 조사자들이 처리해야 할 욕구가 무엇인지에 대한 질문을 간단하게 설명한다. 욕구서술은 욕구 조사

---

15 한 소비자의 총 지출 중에서 특정 제품에 사용된 지출 비율

팀의 주의를 집중하게 하는 것이다. 문제의 집중이 너무 좁거나 해결책의 범위가 너무 제한적이라면 해결책의 창조성과 혁신은 억제될 것이다. 적절한 해결책은 실천가능한 해결책에 대한 간단한 이론적 근거와 주장을 포함한다. 좋은 욕구서술문은 고객의 문제를 고객이 표현한 서술문과 문제해결책을 제시한다. 좋은 욕구서술문은 다음과 같은 질문에 답을 해야 한다.

- 문제가 무엇인가?
- 누가 문제를 갖고 있는가?
- 누가 고객가?
- 해결책은 무엇인가?
- 문제를 해결하는 데 사용되는 범위와 한계는 무엇인가?
- 제품에 대한 새로운 특징은 무엇인가?

2 고객욕구의 계층적 분류

다수의 욕구서술문을 추출하고, 그것들을 일차, 이차와 삼차욕구로 계층적으로 분류한다. 일차욕구(primary needs)는 하위수준 욕구의 제목으로 사용한다. 분류 전에 불필요한 서술을 확실히 제거한다. 이 분류과정은 개발팀이나 고객에 의한 방법으로 실행한다. 개발팀은 고객들이 제품을 어떻게 보는가에 근거하여 서술문을 분류하는 것이 유용하다는 것을 기억해야 한다. 고객들이 특정 서술문이 독특한지, 감동적이거나 기대하지 않은 것인지를 체크하도록 요청받는 점수표에 1~5점 사이의 숫자를 할당함으로써 서술문을 평가한다.

욕구의 위계적 분류작업은 친화도를 활용하면 쉽다. 친화도(affinity diagram)는 일본의 인류학자인 카와키타 지로(Kawakita Jiro)가 개발한 방법으로 방대한 자료에서 의미 있는 결론을 이끌어내는데 효과적이다. 조사하여 수집한 다양하고 방대한 자료로부터 의미 있는 결과를 도출하는 기술로 이를 이용하면 다양한 아이디어나 정보를 몇 개의 연관성 높은 집단으로 분류하고 파악할 수 있어 문제에 대한 해결안을 도출할 수 있다. 따라서 이 친화도는 다량의 자료나 아이디어를 유사성에 따라 군집화하기 위해 사용한다. 개발팀이 고객욕구를 설계 요구조건으로 변환하기 위해 고객의 욕구를 확인할 때, 아이디어와 정보를 새로운 형태로 조직하여 문제를 더 좋은 관점에서 다룰 때, 문제의 속성을 정의할 때, 개발팀에게 문제해결, 공정개선이나 신제품개발의 방향을 제시할 때 활용된다. 다음은 친화도를 분류하는 절차이다.

① 각자 아이디어를 카드에 따로 기록한다.
② 카드를 모아서 탁자에 섞어서 펼쳐놓는다.
③ 전체 참석자들이 카드 주위에 모인다.
④ 서로 관련된 아이디어가 적힌 카드들을 가까이 모아서 놓는다. 이때는 대화가 허용되지 않는다.
⑤ 모든 아이디어의 군집화가 끝나면 각 집단의 표제가 될 만한 아이디어를 골라서 그 카드를 해당 집단의 상단에 놓는다.
⑥ 표제어로 쓸 적당한 카드가 없으면 새 카드에 표제를 쓴다. 이때는 대화가 허용된다.
⑦ 집단 간의 결합이 적절하다고 판단되면 집단을 합할 수 있다.

예를 들면, 스마트폰에 관한 욕구에 해당하는 단어를 각각 카드에 적어서 제출하라고 했을 때 "사용성, 심미성, 품목의 다양성, 터치의 반응속도, 메뉴의 복잡성, 외관 스타일, 다른 화면 표시" [표 4-3] 의 3차 욕구를 기재한 카드를 수거한다. 그런 다음에 수거한 카드를 탁자에 무작위로 섞어놓은 다음 유사한 것끼리 모아놓는다. 마지막으로 세 개의 집단에 가장 적합한 표제어를 1차 욕구, 2차 욕구와 3차 욕구 카드에 써서 집단 위에 놓는다. 유사한 종류로 군집화하는 과정이다.

▼ 그림 4-17 친화도에 의한 분류의 사례

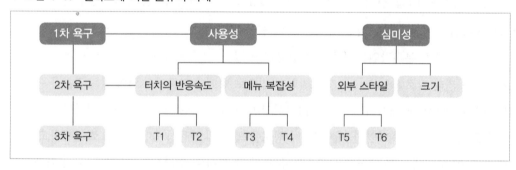

▼ 표 4-3 고객욕구의 계층적 분류표(사례)

대분류	중분류	소분류	평점
1차 욕구	2차 욕구	3차 욕구	
사용성	터치의 반응속도	화면이 열리는 데 오래 걸림	
		터치를 잘 인식하지 못함	
		다른 화면 표시	
		영상 해상도가 깨지기도 함	
		화면 회전이 너무 잘 됨	
	메뉴의 복잡성	분류의 연관성이 부족	
		사용빈도 배열순서가 아님	
		메뉴구성이 가시성이 떨어짐	
		메뉴 길이가 길다	
심미성	외부 스타일 외부 스타일	색상이 단조로움	
		기능성에 어울리지 않는 디자인	
	크기	크기가 크다	
품목의 다양성	구성이 협소	품목이 너무 단순함	
	기타		

③ 고객욕구의 선정

1) 고객문제의 탐지방법

불평은 사용자들에게 공통적이고 신제품에 대한 요청일 뿐만 아니라 고객문제를 발생하기도 한다. 불평이나 골칫거리인 고객의 핵심문제에 대한 탐지에는 역 브레인스토밍(reverse brainstorming)이 일반적으로 사용되는 기법이다. 문제탐지 절차는 제품 사용자를 통해서 현재 사용 중인 제품의 핵심문제 목록을 만들고, 목록을 분류하고, 제품개발에 가장 중요한 문제처리인 골칫거리를 추출하여 서열화하는 것이다. 탐지방법은 제품을 결정하고, 사용자 집단을 확인한다. 그런 다음 골칫거리와 발생빈도를 사용하여 문제를 탐지한다. 다음은 고객문제의 탐지과정이다.

☑ 제품을 결정하고 사용자 집단을 확인한다.

고객문제를 탐구할 제품을 결정하고, 결정한 제품의 다량 사용자 집단을 확인한다. 다량 사용자는 문제를 많이 이해하는 경향이 있고, 대부분의 시장에서 많은 구매력을 나타내는 사람들이다. 해결할 수 있는 문제가 시장 밖에 있는지를 알아보기 위해 비사용자를 조사한다.

☑ 제품과 관련된 문제를 다량 사용자나 보통 사용자로부터 수집한다.

제품으로부터 원하는 편익과 그들이 얻는 편익을 순위화한다. 이들 간의 차이는 고객문제이다. 또한 고객이 생각하는 제품의 중요도(importance)에 따라서 분류하고 순위화할 수도 있으나, 고객이 기대한 편익과 제품이 제공하는 편익의 중요도를 순위화하여, 고객이 기대한 편익의 중요도가 높은 것이 고객문제가 된다.

▼ 표 4-4 기대와 제공 편익의 중요도

항목	순위	
	기대 편익의 중요도	제공 편익의 중요도
가		
나		

☑ 골칫거리와 발생빈도를 사용하여 고객문제를 탐지하는 방법이다.

여기서 골칫거리(bothersomeness)는 현재 사용자 인식으로 사용자가 제품을 사용할 때 가장 문제가 된다고 생각하는 기능이나 속성을 의미한다. 따라서 이것은 사용자들에게 중요하고 현재 해결안이 없는 문제가 된다. 문제발생빈도의 척도는 5점으로 "전혀 발생하지 않는다, 조금 발생하지 않는다, 그저 그렇다, 조금 발생한다, 매우 자주 발생한다"로 묻고 그 응답 결과를 기록한다. 골칫거리의 척도도 5점으로 "전혀 골칫거리가 아니다, 조금 골칫거리가 아니다, 그저 그렇다, 조금 골칫거리이다, 매우 골칫거리이다"로 묻고 그 응답결과를 기록한다. 골칫거리(A)와 문제발생 빈도(B)를 승법(AxB)하여 기록하고 점수가 가장 높은 것이 고객의 가장 큰 문제이다. 이 고객의 가장 큰 문제가 바로 고객의 미충족욕구로 시장의 기회가 된다.

항목	골칫거리(A)	문제발생 빈도(B)	A x B	순위
터치의 반응 속도	3	4	12	2
메뉴 복잡성	3	3	9	3
화면 해상도	2	4	8	4
배터리 사용 시간	4	5	20	1

고객의 골칫거리를 해결하면 신제품이 된다. [표 4-6]에서 가장 골칫거리는 배터리 사용 시간이다. 그 다음은 터치의 반응 속도이다. 이와 같이 고객이 가장 골칫거리로 생각하는 부분을 파악할 수 있다. 기타 제품의 중요도나 제품의 만족도를 조사하여 고객의 욕구와 비교분석하면 의사결정에 더욱 유용하다.

2) 고객욕구의 서열화

고객의 욕구는 모두 동일하지 않거나 중요도가 다르지만, 어느 정도 단계적이다. 고객에 따라서 과소나 과도 추정된 고객욕구가 나타나기 때문에 고객들이 더 매력적으로 느끼는 제품에 상대적 가중치를 주는 것이 일반적인 현상이다. 이것으로 고객욕구를 서열화(prioritization)하는 것이다. 고객욕구를 우선순위 하는 방법은 분석적 위계과정(Analytical Hierarchy Process: AHP), 컨조인트분석(Conjoint Analysis)과 고정총합법(Constant Sum) 등이 있다. 이 중에서 고정총합법은 가장 단순하여 많이 활용되는데 다른 두 방법은 복잡하여 통계패키지를 활용하여야 한다.

고정총합법은 욕구의 총합이 보통 100이 되도록 하는 것으로 어떤 고객욕구가 가장 중요한지를 결정하는 것이다. 즉, 주어진 대안의 상대적 선호도나 속성의 상대적 중요도 총합이 100이 되도록 하는 척도이다. 상대적 비교를 통해 수치가 부여되므로 서열척도의 성격이 강하다. 그러나 조사대상의 수가 적으면 조사결과가 부정확할 수 있고, 조사대상의 수가 많으면 응답하기 어려운 단점이 있다. 예를 들면, 다음은 자동차를 구매할 때 고려하는 요소이다. 7개의 요소 합계가 100이 되도록 각 중요도에 따라 점수를 부여한다. 전혀 중요하지 않은 항목은 '0'점을 줄 수 있으며, 점수를 부여한 후 합계가 100이 되는지를 확인한다.

▼ 표 4-6 고정총합법의 예

항목	점수
성능	20
신뢰성	15
내구성	8
심미성	30
사용성	6
가격	5
브랜드	16
총 합	100

　어떤 욕구가 얼마나 중요하고 그것이 얼마나 만족되었는지를 고객이 평가하는 방법이 있다. 예를 들면, 중요도와 만족도를 측정한 결과 [그림 4-18]과 같다. 4분면에 고객이 평가한 두 축에 배치한다. 중요도에 높은 평점과 만족에 낮은 평점을 받은 욕구(B안)는 노력이 집중되어야 할 욕구이다. 낮은 중요도와 낮은 만족의 결합(E안)은 처리할 수 있는 숨겨진 기회(hidden opportunities)이다. 만일 어떤 욕구가 중요한 것으로 고려되지 않았지만 매우 만족했다면(C안) 회사는 제품의 다른 특징에 자원을 재할당하면 돈을 절약할 수 있다. 만족과 중요도가 높게 평점을 받은 욕구는 현재 수준에서 유지해야 한다.

▼ 그림 4-18 중요도와 만족도

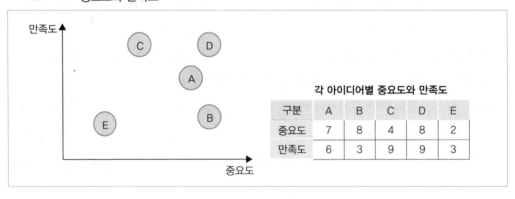

각 아이디어별 중요도와 만족도

구분	A	B	C	D	E
중요도	7	8	4	8	2
만족도	6	3	9	9	3

☑ 제품 중요도 조사

아래는 올해 새로 출시된 중형 H 자동차의 기능들입니다. 이 제품을 구매하실 때 기능들이 얼마나 중요하다고 생각하는지 그 정도를 선택해 주십시오.

	전혀 중요하지 않음	조금 중요하지 않음	보통	조금 중요	매우 중요
안전성	1	2	3	4	5
주행성	1	2	3	4	5
경제성	1	2	3	4	5
심미성	1	2	3	4	5
가격	1	2	3	4	5

• 중요도 조사의 결과로 제품속성의 가중치를 결정하는 데 참고할 수 있다.

☑ 제품 만족도 조사

아래는 올해 새로 출시된 중형 H 자동차의 기능들입니다. 이 제품을 구매하실 때 기능들을 얼마나 만족하는지 그 정도를 선택해 주십시오.

	매우 불만족	조금 불만족	보통	조금 만족	매우 만족
안전성	1	2	3	4	5
주행성	1	2	3	4	5
경제성	1	2	3	4	5
심미성	1	2	3	4	5
가격	1	2	3	4	5

창조성은 모호성에서 시작한다(Craig Wynett).

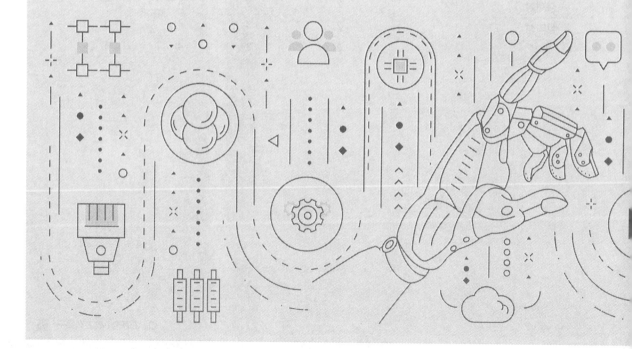

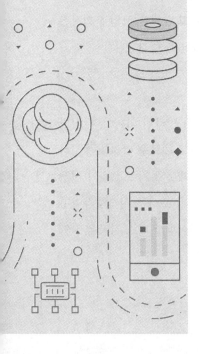

CHAPTER

05

아이디어

01 아이디어와 창조성

02 창조적 사고기법

03 트리즈 기법

04 선행기술의 조사

05 아이디어 선별

▶ 자수성가한 억만장자 120명 연구한 코언: 富의 성공 방정식, 통념과 다르다

독일의 화장품 회사 블렌닥스의 마케팅 임원 디트리히 마테시츠는 아침 호텔에서 신문을 읽다가 놀라운 사실을 알게 됐다. 에너지 음료로 아시아에서 인기를 얻은 일본의 음료 제조사가 일본 최고액 납세기업이었다. 마테시츠는 서구에 비슷한 음료가 없다는 점에 착안, 당장 회사를 그만두고 태국인 파트너와 함께 40세 창업에 뛰어들었다. 마테시츠는 서구인의 입맛에 맞춰 탄산을 첨가한 고카페인 음료 레드불을 선보였고, 1990년대와 2000년대 막 형성되기 시작하던 에너지 음료시장을 평정했다. 레드불의 창업 스토리는 대다수가 알고 있는 억만장자의 성공 방정식과는 거리가 있다. 신기술에 능숙한 젊은 천재들이 억만장자가 되는 것이 아니다. 오히려 대다수 억만장자는 수년 동안 몰입한 분야에서 대박 아이디어를 찾아낸다.

마크 저커버그 페이스북 창업자나 일론 머스크 테슬라 최고경영자처럼 새로운 IT에 능한 젊고 유능한 기업가 이미지에 익숙했던 탓일까? 미치 코언(Cohen) 프라이스워터하우스쿠퍼스 부회장은 기존 시장에서 큰 성공을 거둘 기회는 언제나 숨어있다며, 특정 산업에 대해 더 잘 알수록 잠재된 기회를 포착할 수 있다고 말했다. 코언 부회장은 성공한 억만장자의 경영 전략을 담은 책 '억만장자 효과(The Billionaire Effect)'를 출간했다.

▶ 경쟁이 극심한 시장서 아이디어 얻어라

자수성가한 억만장자들 가운데 한 분야에서 오랫동안 일한 전문가가 많다니 의외이다. 일반인은 자수성가한 억만장자 가운에 극히 일부만 알고 있다. 젊고 유능하고 새로운 비전을 제시하는 기업가들만 주로 스포트라이트를 받았기 때문이다. 2012년 미국 경제 전문지 포브스가 선정한 억만장자 명단 가운데 자수성가한 억만장자를 120명 추려 조사했다. 조사를 시작하자마자 성공적인 창업의 열쇠로 여겨지는 통념이 전혀 맞지 않았다. 기술 산업이 비즈니스 시장을 장악하고 있기 때문에 창업가로 성공하는 경로는 기술 부문에 있다는 인식이 있지만, 조사한 억만장자 중 80%는 레드오션, 즉 경쟁이 극심한 시장에서 막대한 부를 창출했다. 자산 관리, 소비재 부문에서 나온 억만장자 숫자가 기술 부문에서 나온 억만장자 숫자와 비슷했다. 전체적으로는 석유·천연가스·의류·식음료·호텔·인쇄를 포함해 19가지 이상의 산업에서 골고루 억만장자가 나왔다.

전체 억만장자의 70% 이상이 30세 이후에 10억 달러짜리 성공을 안겨준 아이디어를 떠올렸거나 혹은 30대에 억만장자가 되었다. 루퍼트 머독은 아버지가 물려준 신문사를 15년이나 경영한 후 40대에 인수·합병(M&A)시장에 뛰어들었고, 영화 제작사인 20세기 폭스, 월스트리트저널 등을 인수하며, 미디어 재벌로 성장할 수 있었다. 워런 버핏은 열한 살 때부터 투자

를 시작했는데 여러 번 창업을 거쳐 30대에 버크셔해서웨이를 인수, 글로벌 투자회사로 키웠다.

억만장자들의 공통점

억만장자들이 시장을 레드오션 혹은 블루오션(성장 잠재력이 큰 새로운 시장)으로 나눠서 보지 않는다. 모든 시장을 기존 관행과 새로운 기회가 뒤섞여 있는 퍼플오션(purple ocean)[1] 으로 본다. 완전히 새로운 시장을 찾아내 거대한 부를 쌓기도 하지만, 기존 시장에서 충족되지 않았던 소비자의 욕구를 찾아내 이를 활용할 줄도 안다. 억만장자들의 성공 아이디어는 난데없이

떠오른 무작위적이고 즉흥적인 번뜩임이 아니라 축적된 경험에서 나온다. 글로벌 펀드 평가사 모닝스타를 만든 맨수에토(Joe Mansueto)는 1980년대 초반 펀드 중개인이었다. 그는 개별 펀드 투자 설명서를 받기 위해 여러 펀드 회사에 직접 연락해 보는 꼼꼼한 성격이었는데, 어느 날 자료를 정리하다가 특정 속성을 토대로 펀드를 비교하는 형식의 보고서를 만들면 꽤 유용하겠다는 아이디어를 떠올린다. 펀드 실적에 초점을 맞춘 리서치 전문 기업을 세운다. 펀드를 팔았던 경험이 그에게 성공의 아이디어를 안겨준 셈이다.

---

1   레드오션(red ocean: 경쟁시장)과 블루오션(blue ocean: 미개척시장)의 장점을 채용한 새로운 시장.

▐▶ 10억 달러 아이디어가 실현되려면 10년 필요

아무리 멋진 아이디어라도 사업 초기에는 크게 환영 받지 못하는 경우가 많다. 체형 보정 속옷 전문 기업인 스팽스(Spanx)를 세운 사라 블레이클리는 얇은 옷감 겉으로 속옷이 비치는 것이 싫어서 하얀색 바지를 사놓고 입지 않았다. 그는 이 비치는 것을 방지하기 위해 누드스타킹을 꺼내 발 부분을 잘라낸 후 바지 안에 입어보았고, 거기서 사업 아이디어를 얻었다. 하지만 공장주들은 레그스나 헤인스 같은 기존 스타킹 생산 기업들의 매출이 줄어들고 있는 시장에서 발목이 없고, 몸매를 보정하는 스타킹을 만든다는 그의 아이디어가 실패한다고 믿었고, 블레이클리는 시제품을 만드는 데 어려움을 겪었다. 물론 시장에 출시되자마자 스팽스 제품은 날개 돋친 듯이 팔렸다. 업계 관계자들의 예상과는 반대였다.

제임스 다이슨은 미스터 후버라는 강자가 있던 진공청소기 시장에서 먼지 봉투가 없는 진공청소기로 시장의 판도를 바꿨고, 이후에도 날개 없는 선풍기처럼 레드오션에서 혁신적인 상품을 내놓았다. 그런 다이슨도 사업 초기에 제조사를 찾지 못해 결국 직접 제조사를 차렸다.

출처: 조선일보 2016.07.09

01 아이디어와 창조성

아이디어는 욕구나 문제를 발견하고, 문제해결에 관한 생각이지만, 제품 아이디어는 고객의 미충족욕구를 해결하는 해결책이 있고, 수익성이 기대되는 아이디어이다. 창조성이란 사물을 새롭게 탄생시키거나, 새로운 사물에 이르게 하는 개인의 지적 특성인 동시에 새롭고, 독창적이고, 유용한 것을 만들어 내는 능력이다. 혁신은 새로운 아이디어, 장치나 방법에 의해서 고객의 미충족욕구와 기대를 충족하는 가치창출 과정으로 기업의 생존과 성장에 필수적이다. 혁신은 창조성에서 나온다. 아이디어는 창조성으로 구체화된다. 따라서 창조성으로 구현된 아이디어는 혁신을 통해 새로운 제품을 개발하는 시작이다.

아이디어 탐색	→	아이디어 창출	→	컨셉창출	→	제품개발	→	출시전략
시장기회확인		창조적 사고		속성편익		품질기능전개		수요예측
고객욕구확인		선행기술 조사		컨셉서술		제품사양		사업타당성
고객문제확인		트리즈 기법		컨셉보드		제품구조		출시전략
기술공백확인		디자인씽킹		컨셉평가		제품설계		출시전술
		비즈니스모델		컨셉선정		프로토타입		시장추적
						테스트마케팅		
						지식재산권		

1 아이디어

문제(problem)는 현재 상태(actual state)에서 개선된 상태(ideal state)로 변환이 가능한 상황으로 현재 상태와 이상적인 상태 간의 차이를 말한다. 기회는 기업에 신제품이나 사업을 위한 욕구창출에 호의적인 환경이다. 사업기회는 제품수요를 증가하거나 변화추세를 이용할 수 있는 유리한 조건이다. 따라서 경쟁우위를 얻기 위해 이용하거나 문제를 해결할 수 있는 현재상황과 잠재적 미래에 존재하는 확인된 사업이나 기술의 공백(gap)이다. 아이디어(idea)는 정신적 이해, 인식이나 활동의 결과로써 마음속에 존재하는 구상이다. 아이디어는 욕구나 문제를 발견하고, 문제해결에 관한 생각이다. 아이디어는 의도가 있어야 생성되지만, 무심코 생성될 수도 있다.

- 문제: 현재 상태와 이상적인 상태 간의 차이
- 사업기회: 제품수요를 증가하거나 변화추세를 이용할 수 있는 유리한 조건
- 아이디어: 욕구나 문제를 발견하고, 문제해결에 관한 생각

아이디어는 기회와 문제에서 얻을 수 있다. 제품 아이디어(product idea)는 고객의 미충족욕구를 해결하는 해결책이 있고, 수익성이 기대되는 아이디어이다. 따라서 제품 아이디어는 다른 기업이 충족시키지 못하는 소비자들의 욕구와 필요를 탐구하는 과정에서 창출된다. 제품컨셉(product concept)은 소비자들이 제품사용으로부터 얻는 편익으로 제품 아이디어를 언어, 상징, 디자인 등으로 표현한 것이다. 따라서 시장기회의 진화는 시장에서 문제를 확인하고, 기회를 발견하여, 제품 아이디어를 착상하고, 고객에게 편익을 제공할 제품컨셉을 창출하여 신제품으로 변화하는 과정이다.

- 제품 아이디어: 미충족욕구를 해결하는 해결책이 있고, 수익성이 기대되는 아이디어
- 제품컨셉: 제품 아이디어를 언어, 상징, 디자인 등으로 표현한 것

▼ 그림 5-1 **기회의 진화**

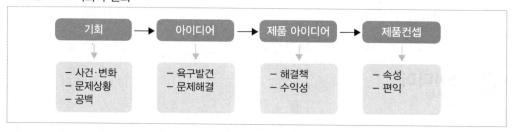

예를 들면, 도둑이 벽을 타고 올라와 집에 있는 물건을 훔쳐 달아나는 사건은 문제이지만, 기회는 이 문제를 인식하고 신제품이나 서비스를 위한 욕구를 창출할 수 있는 호의적인 환경이다. 문제를 인식하고 해결안을 찾을 수 있는 환경이 발생할 때 기회는 오는 것이다. 따라서 방범과 퇴치장치를 생각했다면 아이디어가 된다. 이 아이디어를 발전하여 도둑이 접근하는 것을 감지하여 퇴치할 장치가 바로 제품 아이디어이다. 접근할 때 소리로 퇴치하고, 녹화하여 증거로 남

기는 광음과 녹화기능 CCTV가 제품컨셉이 되고, 이를 제품으로 개발하면 '도둑 끝 CCTV'신제품이 된다. 이를 도식하면 아래와 같다.

▼ 그림 5-2 **시장기회의 진화**

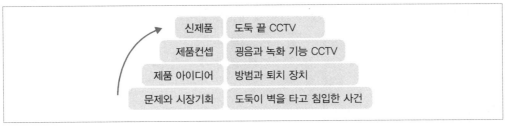

신제품	도둑 끝 CCTV
제품컨셉	광음과 녹화 기능 CCTV
제품 아이디어	방범과 퇴치 장치
문제와 시장기회	도둑이 벽을 타고 침입한 사건

발견(discovery)은 미처 찾아내지 못하였거나 아직 알려지지 아니한 사물이나 현상, 사실 등을 찾아내는 것을 의미한다. 이와 달리 발명(invention)은 지금까지 존재하지 않았던 것을 새로이 창출해내는 것이다. 과학적 창의와 기술적인 아이디어를 통한 새로운 방법 · 기술 · 물질 · 기구 등을 창조하는 것을 의미한다. 발명은 특허법에서는 자연법칙을 이용한 기술적 사상의 창작으로써 고도한 것을 뜻한다. 이러한 발명에는 ① 물건의 발명, ② 방법의 발명, ③ 용도의 발명 등이 있다. 발견은 새로운 것을 찾아내는 것인 반면, 발명은 새로운 것을 만들어 내는 것을 뜻한다. 이와 같이 발견은 발명의 선행단계로 대부분의 경우 발견을 거쳐 발명으로 완성된다. 다음은 발명의 기본요건이다.

- 자연법칙을 이용한 것이어야 한다.
- 기술적 사상(思想)이 반영된 것이어야 한다.
- 고도성이 인정되는 것이어야 한다.
- 산업상의 이용가능성과 신규성

새로운 아이디어를 획득하고 창출할 때 성공하는 방법이 있다. ① 회사의 목표와 중요한 시장을 확인한다. ② 시장의 추세를 발견한다. ③ 새로운 추세를 이끄는 초기수용자 및 선도구매자와 대화한다. ④ 문제나 해결책을 잘 아는 사람을 발견하기 위해서 고객, 수요자, 공급자나 전문가와 상의한다.

② 창조성

창조성이란 사물을 새롭게 탄생시키거나, 새로운 사물에 이르게 하는 개인의 지적 특성인 동시에 새롭고, 독창적이고, 유용한 것을 만들어 내는 능력이다. 따라서 창조성은 확산적 사고(divergent thinking)와 수렴적 사고(convergent thinking)를 포함하는 다양한 지적능력, 인성, 지식, 환경의 총체적인 관점이다.

1) 창조성

창조성이란 무엇인가? 이전에 감추어져 있었던 것을 인식으로 가져오고 새로운 것을 나타내는 것을 창조성이라고 한다. 즉, 창조성은 새로운 생각이나 개념을 찾아내거나 기존에 있던 생각이나 개념들을 새롭게 조합해 내는 정신적인 산출 능력이다. 창조성은 의식적이거나 무의식적인 통찰에 의하여 발휘된다. 창조적인 사람들은 혁신적인 사고에 기여하는 다양한 특성을 소유하고 있다. 창조성(creativity)은 라틴어의 Creo(만들다)를 어원으로 하는 Creatio라는 말에서 유래되었다. 창조성은 無에서 또는 기존의 자료에서 새로운 것을 발견하고, 새로운 것을 만들고, 산출하는 것을 의미한다. 학자들이 주장하는 창조성의 개념은 다음과 같다.

- Guilford(1977): 새롭고 신기한 것을 낳는 힘
- Lubart(1994): 새롭고 유용한 산출물을 생성하는 능력
- Seligman(2000): 독창적이고 가치 있으며, 실행될 수 있는 사고과정이나 산출물

창조성은 의식적 사고나 노력뿐만 아니라 무의식적인 사고와 노력의 영향을 받아 일어나기도 한다. 창조성은 모든 사고가 총체적으로 결합되어 나타나는 가장 고차적인 사고능력이다. 과학과 공학에서 창조성은 새로운 아이디어, 컨셉의 창출이나 기존 아이디어 간의 새로운 연상을 포함하는 정신적 과정이다. 창조적 사고는 신제품을 창조하거나 문제해결과 현상을 설명하는 데 필수적인 과정이다.

2) 창조성의 구성 요소

창조성은 새롭고 상상력이 풍부한 아이디어를 실현시키는 행위이다. 창조성이 있는 사람들은 새로운 방식으로 세계를 인식하고, 숨겨진 패턴을 찾고, 관련 없는 현상 사이를 연결하고, 해결안을 창안한다. 이처럼 창조성은 새롭고, 신기하고, 유용한 것을 산출하는 능력이다. Maslow는 창조성을 일상생활 전반에서 넓게 나타나며 매사를 보다 창조적으로 수행해 나가는 어디에서나 볼 수 있는 성향이라고 하였다. 창조성은 자신이 맡은 일에서 얼마만큼 창조적으로 사고하고 행동할 수 있느냐를 기준으로 삼는다. 창조성의 구성요소는 유창성, 융통성, 독창성과 정교성을 포함한다.

▼ 그림 5-3 **창조성의 요소**

- 유창성: 많은 아이디어를 창안해내는 능력
- 융통성: 사물을 다른 각도에서 볼 수 있는 능력
- 독창성: 아이디어의 양보다 질적인 측면, 소재의 독특성
- 정교성: 아이디어를 정교하게 하거나 개선시키는 능력

SENSE 창조성을 방해하는 요소(Amabile, 1997)

- 평가: 평가 받는다는 것에 대한 스트레스
- 과다한 보상: 보상이 너무 심한 경우 내적 동기가 사라질 위험
- 경쟁: 심리적으로 불안정한 상태에서 창조성이 충분히 발휘되지 않는다.
- 선택권의 제한: 스스로 선택할 수 있는 기회를 주어야 창조성이 증진된다.
- 창조성을 저해하는 말 사용: 부정, 조소, 비난, 무시, 경멸, 핀잔

3) 창조적 개인

창조적 개인은 일반적으로 활기차고 아이디어로 가득 차 있다. 그들은 성장하려는 욕망과 자발적인 호기심으로 가득 차다. 또한 낙관적이며, 불확실성에 대해 관대하고, 목표를 추구한다. 수년 간 많은 학자들이 아인슈타인, 다윈, 모차르트 같은 유명한 사람들의 사고방식을 탐구했다. 천재들은 문제를 해결하기 위해 재생산적으로 생각한다. 그들은 과거의 경험을 토대로 유망한 접근법을 선택하고 다른 것들을 배제한다. 문제에 직면했을 때 해결할 수 있는 다양한 방법을 모두 고려한다. 그들은 비전통적인 독특한 해결안을 생각해내는 경향이 있다. 예를 들어, 서로 다른 대상 간의 관계를 연결할 수 있다.

레오나르도 다 빈치는 소리를 파도에 연결시켰으며 음파를 발견했다. 아인슈타인은 에너지(E), 질량(M), 빛의 속도(C)의 개념을 발명하지 않았다. 그러나 그는 에너지에 대한 그의 방정식을 표현하는 새로운 방법으로 이것들을 결합시켰다. 즉, $E = MC^2$이다. 유명한 창조적인 사상가는 생산적이며 다양한 방식으로 아이디어를 시각적으로 표시할 수 있다. 전구를 발명한 에디슨은 19세기 후반에 가장 많은 발명가 중 한 명이었다. 또한 다 빈치, 갈릴레오 및 다른 사람들은 수학 및 언어적 접근 외에도 다이어그램, 지도, 그래프 및 간단한 그림을 통해 자신의 생각을 시각적으로 볼 수 있는 유연성을 확보했다.

창조적인 사람에게는 적극적인 상상력, 유연성 또는 호기심이 두드러진다. 창의력은 독창적인 아이디어와 새로운 상품을 생산할 수 있는 능력이다. 그것 또한 기존의 작업, 사물 및 아이디어를 다른 방식으로 결합하는 것을 포함한다. 창조적인 사람들을 특별하고 다른 사람들과 다른 것으로 만드는 데 능숙하다. 창조적 과정에 다음과 같은 여러 구성 요소가 포함된다.

• 상상력: 경험하지 않은 대상을 마음속으로 그려 보는 능력
• 독창성: 새롭고 특이한 아이디어와 제품을 제시할 수 있는 능력
• 생산성: 다양한 아이디어를 생성할 수 있는 능력
• 문제해결: 지식과 상상력을 적용하여 문제를 해결하는 능력
• 가치성: 가치를 창출하는 능력

4) 창조성의 체계모델

시카고 대학의 심리학 교수 칙센트미하이(Csikszentmihalyi)가 제안한 창조성의 체계모델에 따르면, 환경에는 문화나 상징적 국면인 영역(domain)과 사회적 국면인 분야(field) 등이 있다. 창조성은 개인, 영역과 분야가 상호작용하는 교차점에서 발견될 수 있는 과정이다. 즉, 창조성은 개인이 영역과 분야 안에서 변화를 만들 때 나타난다. 이 변화는 시간을 통해 변형되는 변화이다. 어떤 개인들은 개인적인 특성이나 영역에서 행운을 갖기 때문에 변화를 만든다. 사회적 환경은 개인들을 자유롭게 실험한다. 개인, 분야 및 영역의 세 가지 주요 시스템은 각각 다른 시스템에 영향을 미치고 또한 영향을 받는다. 각 구성 요소는 창조성에 필요한 요소이지만 그 자체로는 진귀성을 만들기에는 충분하지 않다. 창조성이 발생하려면 일련의 규칙과 관행이 영역에서 개인에게 전달되어야 한다. 그러면 개인은 영역의 내용에 새로운 변화를 가져와야 하고, 그런 다음 영역에 포함시킬 분야에서 변형을 선택해야 한다.

- 개인(person): 유전적 요인
- 영역(domain): 문화나 상징적 국면
- 분야(field): 사회적 국면
- 창조성(creativity): 개인이 영역과 분야 안에서 변화를 만들 때 나타난다.

▼ 그림 5-4 **칙센트미하이의 창조성의 체계**

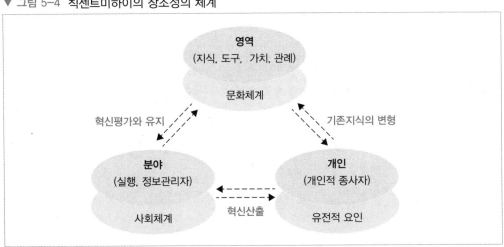

최근까지 많은 과학적 진보는 수단과 여가를 가진 사람에 의해서 이루어졌다. 코페르니쿠스 (Copernicus)나 해부학자인 루이지 갈바니(Luigi Galvani)는 자신의 실험실을 운영할 여유가 있어 자신의 생각에 집중할 수 있었다. 물론 이들은 동일한 교육을 받은 다른 사람들이 공유하는 통찰력을 위해 기록유지, 수학적 상징주의와 자연의 체계적인 관찰로 문화 속에서 살았다. 대부분의 신기한 아이디어는 쉽게 망각된다. 영역에 변화가 포함되거나 포함되지 않는 것을 결정할 자격이 있는 몇몇 집단에 의해서 인정되지 않는다면, 변화는 수용되지 않는다. 이러한 정보관리자를 분야라고 부른다. 분야는 영역에 속하는 것과 속하지 않는 것을 결정하는 교사, 비평가, 언론인, 박물관 관리자, 기관 감독자와 간부들에게는 영역의 사회조직으로 언급한다. 물리학에서 소수의 주요 대학교수가 아인슈타인의 아이디어가 창조적이라는 것을 충분히 입증할 수 있고, 수많은 사람들이 그의 아이디어를 이해하지 못하더라도 아인슈타인의 창조성에 놀란다. 칙센트미하이는 그의 획기적인 연구인 Flow and the Psychology of Discovery and Invention에서 창조적인 사람들의 몇 가지 두드러진 특징을 확인했다.

- 많은 에너지를 갖고 있지만 종종 조용하고 휴식한다.
- 영리하지만 순박한 경향이 있다.
- 장난과 절제 또는 책임과 무책임과 같은 극단을 조합한다.
- 상상력과 환상과 실용성과 현실이 번갈아 나타난다.
- 내향과 외향의 연속성에 반대되는 경향이 있다.
- 겸손과 자부심이 동시에 나타낸다.
- 엄격한 성별 역할에 대한 고정 관념을 거부한다.
- 대대로 반항적이거나 독립적이다.
- 객관성을 유지하면서 작업에 대한 열정이 있다.
- 개방적이고 매우 민감하며 종종 고통과 즐거움의 극단에 노출된다.

누구나 창의력의 천재가 되려면(월트디즈니 이메지니어)

- 새로움을 찾아라: 무한한 가능성을 탐색하며 즐거움을 느껴라.

- 놀라움을 찾아라: 나비, 물방울, 길, 평범한 것에서 놀라움을 발견하라.

- 연결 지어라: 전혀 관계없는 것을 연결지어라.

- 수시로 변신하라: 다양한 상황 속에서 새로운 시각을 가질 수 있다.

- 꿈을 꾸어라:: 엉뚱한 상상을 하며 꿈을 꾸라.

- 규칙을 깨라: 규칙을 깨고 창조적 대안에 마음을 열라.

- 한계를 무시하라: 비판을 두려워하지 말라.

- 장난을 즐겨라: 바보스런 유쾌한 분위기 속에서 위대한 아이디어가 탄생한다.

* 이메지니어(imagineer)란 꿈꾸고, 창조하고, 실행할 수 있는 자유로운 마음을 가진 사람이다. 특히 놀이공원의 놀이 기구를 창작해 내는 창안자를 의미한다. 상상(imagination)과 공학(engineering)이 합쳐진 이메지니어링(imagineering)을 하는 사람이다.

출처: 이상원(편역)(2005), 파란 코끼리를 꿈꾸라(월트 디즈니 창의력의 비밀), 서울: 용오름.

02 창조적 사고기법

제품개발에서 창조성은 새로운 아이디어를 창출하기 위한 다양한 범위와 문제해결을 위한 접근법으로부터 지식과 경험의 요소를 결합하는 능력을 말한다. 이것은 생각의 구조와 패턴을 미리 극복하는 것을 의미한다. 창조성 기법은 향상원리로 새로운 아이디어를 얻는 절차이다. 해결책의 직관적 개발을 위한 연상과 전환, 새로운 접근법의 체계와 분석적 생성을 위한 추상화와 결합이 있다. 창조적 사고기법에는 확산적 사고기법과 수렴적 사고기법이 있다.

1 창조적 사고기법

창조적 사고(creative thinking)는 생산적 사고라고도 하며 이전에는 관계가 없었던 사물이나 아이디어의 관계를 재형성시키는 역동적인 힘이다. 이 기법은 어떤 유형의 사고를 하기 위하여 의도적, 계획적으로 사용하는 사고 절차이다. 따라서 과거의 경험을 이용하여 미지의 새로운 결론이나 새로운 발명을 끌어내는 사고과정이다. 이는 고차적 정신능력을 제공하는 다양한 정보로 다양한 결과를 산출해 내는 능력으로써 확산적 사고와 수렴적 사고가 동시에 요구된다. 수직적 사고(vertical thinking)는 어떤 아이디어나 제안의 옳고 그름을 따지기 위한 선택적 사고이며, 논리의 규칙에 맞추어 따져보는 사고이다. 이와 달리 수평적 사고(lateral thinking)는 옳고 그름을 판단하는 것이 아니라 통찰력이나 창조성을 발휘하여 기발한 해결책을 찾는 사고방법을 말한다. 수직적 사고는 논리적으로 계열적 형태를 따라 하는 사고인 반면에 수평적(측면적) 사고는 단계적 통로를 따르지 않고 기존의 방법과 원리에 도전하고, 다양하게 새로운 해결들을 실험하는 사고이다.[2]

---

2 de Bono(1995).

- 창조적 사고: 다양한 정보로 다양한 결과를 산출해 내는 능력
- 수직적 사고: 옳고 그름을 따지기 위한 선택적 사고
- 수평적 사고: 기발한 해결책을 찾는 사고방법

확산적 사고기법(divergent thinking)은 주어진 문제에 대해 가능한 많은 해결책을 창출하는 기법이다. 유의미하고 새로운 연결을 만들고 표현하는 사고기법으로 아이디어를 생성해 내는 사고과정이다. 반면 수렴적 사고(convergent thinking)는 주어진 문제에 대한 최적의 해결책을 창출하는 사고기법으로 아이디어들을 분석하고, 다듬고, 선택하는 사고과정이다. 따라서 아이디어를 선택하거나 개발하는 초점화의 사고과정이다. 창조적이고 효과적인 문제해결에서는 확산적 사고(발산적 사고, 생성적 사고)와 수렴적 사고(초점적 사고, 비판적 사고)가 자전거의 두 바퀴처럼 보완적으로 이루어져야 한다. 따라서 창조적 사고과정은 확산적 사고기법을 통하여 가능한 많은 아이디어를 창출하고, 그런 다음 수렴적 사고기법을 통하여 최적의 아이디어를 선별하는 것이다.

- 확산적 사고기법: 가능한 많은 해결책을 창출하는 기법
- 수렴적 사고: 주어진 문제에 대한 최적의 해결책을 창출하는 사고기법

▼ 그림 5-5 **창조적 사고기법에 의한 아이디어 선별과정**

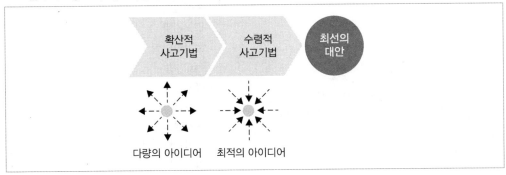

창조적 사고는 새로운 아이디어의 창출, 가능성의 탐색 및 대안 발견을 포함한다. 이것은 이전에는 관계가 없었던 사물이나 아이디어의 관계를 재형성시키는 것이다. 따라서 과거의 경험을 이용하여 미지의 새로운 결론이나 새로운 발명을 끌어내는 사고과정이다. 이는 다양한 정보로 다양한 결과를 산출해 내는 능력으로써 확산적 사고와 수렴적 사고가 동시에 요구된다. 따라서

창조적 사고과정은 확산적 사고기법을 통하여 가능한 많은 아이디어를 창출하고, 그런 다음 수렴적 사고기법을 통하여 최적의 아이디어를 선별하는 것이다. 창조적인 도구는 실제로 다음과 같은 문제를 처리하는 데 사용된다.

- 상품 또는 서비스 개선
- 새로운 상품 또는 서비스 개발
- 새로운 전략개발
- 혁신적 아이디어 창출
- 창조적 도약
- 일상적인 문제해결

▼ 표 5-1 창조적 사고기법의 종류

구분	의미	사고기법
확산적 사고	가능한 많은 아이디어 창출 다량의 아이디어 생산	• 브레인스토밍 • 브레인라이팅 • 스캠퍼 • 시네틱스 • 마인드맵 • 속성열거법 • 연꽃기법
수렴적 사고	아이디어의 분석, 정교화, 선택 소수의 최적안 선택	• 하이라이팅 • PMI기법 • PPC • 고든법 • 평가행법 • 쌍비교분석법 • 역 브래인스토밍

2 확산적 사고기법

확산적 사고기법은 가능한 많은 해결책을 창출하는 기법이다. 해결책이 많아야 좋은 해결책을 선택할 수 있다. 아이디어가 많으면 우수한 아이디어도 많다. 많은 아이디어를 창안하는 것이 우수한 아이디어를 창안하는 길이다. 확산적 사고기법은 주어진 문제에 대해 가능한 많은 해결안을 창출하는 기법이다. 이것은 유의미하고 새로운 연결을 만들고 표현하는 사고기법으로 아이디어를 생성해 내는 사고과정이다. 따라서 많은 아이디어를 산출해야 최적의 아이디어를 선택할 수 있다. 다음은 확산적 사고의 규칙 중 일부이다.

- 문제를 다른 관점에서 시각화하거나 재구성한다.
- 판단을 미루거나 새로운 경험에 개방적이다.
- 양은 질을 낳으므로 많은 아이디어를 산출한다.
- 편승이 허용되며 이 방법으로 시너지 효과를 얻을 수 있다.
- 아이디어를 결합하고 수정함으로써 많은 아이디어를 만들 수 있다.
- 잠재적인 해결안을 모의 실험할 수 있는 미래의 시나리오를 만든다.
- 아이디어를 확대하고, 한계를 넘어서는 아이디어를 상상한다.
- 파괴적인 비판을 피하고, 가치를 추가하는 것을 두려워하지 않는다.

1) 브레인스토밍

브레인스토밍(Brain Storming)은 400여 년 전 인도의 힌두교 교리를 가르칠 때 사용된 교수방법을 토대로 오스본(Alex F. Osborn)이 창안한 기법이다. 브레인스토밍은 뇌에 폭풍을 일으킨다는 뜻으로 어느 한 주제에 대해 다양한 아이디어를 공동으로 내놓는 집단토의 기법이다. 어떤 구체적인 문제에 대한 해결방안을 생각할 때, 비판이나 판단 없이 질을 고려하지 않고 머릿속에 떠오르는 대로 가능한 많은 아이디어를 창출하는 방법이다. 이 방법은 문제해결에 유용하다고 생각되는 정보를 권위, 책임이나 고정관념에 빠지지 않고, 자유분방하게 끄집어내는 것으로 언어의 논리구조의 틀에 제약되는 좌뇌보다는 오히려 이미지, 유추, 비유 또는 패턴형식의 인식 등을 담당하는 우뇌를 활동시키는 것이다.

☑ 브레인스토밍의 4가지 규칙

우수한 아이디어를 대량으로 창안하려면 브레인스토밍 회기에 우수한 진행자가 필요하다. 회기 중에 아이디어는 토론이 허용되지 않으나 아이디어는 모두 즉시 기록된다. 진행자의 역할은 아이디어가 계속적으로 빠르게 생산되도록 집단을 유지하는 것이다. 브레인스토밍은 잘 관리되면 문제에 대한 근본적인 해결책을 다량으로 도출할 수 있다. 이 과정에서 아이디어에 대한 비판은 없어야 하며 창조성을 적극적으로 자극해야 한다. 브레인스토밍은 집단토론을 통해 가능한 많은 아이디어를 산출해내는 사고기법으로 비판금지, 다다익선, 자유분방, 결합과 개선 등 4가지 규칙이 있다. 이와 같은 4가지 규칙을 지지(Support), 자유분방(Silly), 양산(Speed), 결합과 개선(Synergy)으로 4S라고도 한다.

- 비판금지(deferment-of-judgment): 산출 아이디어에 대해서 끝날 때까지 평가나 판단을 금지한다. 어떤 것이든 말하며, 부적절한 제안이라도 평가나 비판하지 않는다.
- 다다익선(quantity yield quality): 아이디어의 수준에 관계없이 가능한 많이 산출하도록 한다. 아이디어의 질보다 많은 양의 아이디어를 산출한다.
- 자유분방(free-wheeling): 과거의 지식, 경험, 전통 등에 관계하지 않고, 누구든지 자유롭게 아이디어를 산출한다.
- 결합과 개선(combination and improvement): 제안된 아이디어에 다른 아이디어를 결합이나 개선하여, 새로운 아이디어를 창출한다.

SENSE 　브레인스토밍의 진행절차

- 집단의 크기 결정: 5~12명(투표를 위해 홀수가 좋음)
- 집단의 구성: 구성원의 성별, 연령이나 수준 등을 균등하게 구성하여 문제에 대해 다양하고 폭넓은 시각을 갖고 다양한 아이디어를 산출한다.
- 사회자: 많은 아이디어를 발표할 수 있도록 자유스럽게 진행한다.
- 기록자: 발표 내용을 빠뜨리지 않고 핵심 단어로 기록한다.
- 사전결정: 진행시간이나 아이디어의 수를 미리 정할 수 있다.
- 평가 후 선택: 아이디어를 정리한 후 하나씩 평가과정을 거쳐 좋은 아이디어를 선택한다.
- 대안적 사고: 소심한 참여자들이 많은 경우에는 Brain Writing으로 변경할 수 있다.

☑ 활동과제

- 마우스의 소음을 제거하는 방법
- 낙뢰를 보관하여 전기로 사용하는 방법
- 석유 없이 가는 자동차
- 무거운 짐을 가볍게 지고 가는 장치
- 10,000원으로 할 수 있는 것

▼ 표 5-2 브레인스토밍 활동지

질문	아이디어1	아이디어2	아이디어3
목표를 충족하는가?			
문제를 해결하는가?			
새로운 문제를 발생하는가?			
현재 자원으로 해결할 수 있는가?			
성장할 수 있는가?			

2) 브레인 라이팅

브레인 라이팅(Brain Writing)은 독일의 형태분석 기법 전문가인 홀리겔(Holliger)이 고안한 기법이다. 이는 말을 하는 것이 아니라 아이디어를 종이에 기록하여 제출하는 방법이다. 참석자 중에 내성적인 사람이 많을 때, 아이디어를 공개적으로 발표하기 어려울 때, 참석자가 너무 많을 때, 많은 아이디어를 빠르게 생성하고자 할 때에 적절하다. Brain Writing은 초기에는 6-3-5법이라고 불리었는데, 6인의 참가자가 3개씩의 아이디어를 5분마다 계속 생각해 낸다는 것이다. 따라서 이 기법은 문제의 원인분석, 해결안의 도출, 실행계획의 수립 및 평가기준 개발 등 문제해결 전 과정에서 광범위하게 활용될 수 있는 기법이다.

SENSE 브레인 라이팅의 진행절차

- 전체 집단을 5~6명으로 구성한다.
- 아이디어를 기록할 활동지를 모두에게 한 장씩 배부한다.
- 참가자들의 아이디어가 소진될 때까지 계속한다.
- 먼저 기록한 아이디어들을 조합이나 추가하여 새로운 것을 만들 수도 있다.
- 제시된 아이디어를 모아서 편집한다.

3) SCAMPER

문제는 해결되지 않은 상황이나 조건이며 이로 인해 원하는 목표를 달성하기 위해 해결안을 필요로 한다. 개인, 집단 또는 조직이 원하는 것과 실제로 중요한 차이가 있는지 알게 되면 문제가 감지된다. 문제를 발견하면 문제 해결안을 찾을 수 있다. 이러한 문제해결 과정은 상황을 분석하고 실행 가능한 해결안을 제시하고 시정조치를 취하는 과정이다. 모든 문제는 해결안을 요구하며 또한 수많은 문제해결 방법이 있다. 문제해결 방법 중 우수한 조직에서 많이 활용하고 적용 부분이 광범위한 문제해결 기법이 바로 SCAMPER이다. SCAMPER 기법은 밥 에벌(Bob Eberle)이 오스본의 체크리스트 기법을 보완하고 발전시킨 것이다.

SCAMPER는 독창적인 아이디어를 산출하는 데 사용된다. 이것을 활용하려면 먼저 해결하려는 문제가 무엇인지 명확하게 정리한다. 즉, 개선할 문제를 정리한 다음 SCAMPER 목록에 따라 질문하고 답을 찾는다. 제품의 기존 용도를 새로운 용도로 대체하거나 재료를 결합하여 새로운 모양이나 음향으로 변경하여 새로운 방법을 찾는다. 이 기법은 제품개선이나 신제품개발에 많이 활용된다. SCAMPER는 대체(Substitute), 결합·혼합(Combine), 적용(Adapt), 수정(Modify)·축소 (Minify), 다른 용도 사용(Put to Other Use), 제거(Eliminate), 재배치(Rearrange) 등의 두음자를 결합한 창조적 기법이다.

▼ 그림 5-6 SCAMPER의 구성 요소

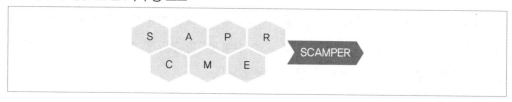

- S: Substitute(요소, 재료, 사람 대체)
- C: Combine(다른 요소 또는 서비스와 혼합, 결합)
- A: Adapt(다른 데 적용)
- M: Modify/Magnify/Minify(수정, 확대 또는 축소)
- P: Put to Other Use(다른 용도 사용)

- E: Eliminate(요소 제거, 단순화, 축소)
- R: Rearrange/Reverse(재배치, 역순)

SCAMPER 기법은 지시된 아이디어의 창출 질문을 사용하여 아이디어가 추가하거나 수정하는 것을 제안한다. 또한 인식, 욕구, 유창성, 유연성 및 독창성을 키우는 학습 도구이다. 이 기법은 창의력을 발휘하고 조직에서 직면할 수 있는 도전을 극복하는 데 사용할 수 있는 방법이다. Michalko(2000)는 "모든 아이디어는 다른 기존 아이디어에서 생겨났다"고 제안한다. SCAMPER는 새로운 것이 이미 모두 존재하기 때문에 이를 개선하여 새로운 용도로 개발하는 것을 가정한다. 이 기술은 문제해결 능력과 창의력을 향상시킨다.

▼ 표 5-3 SCAMPER의 활용

단 계	질 문	예
대체	대신 사용할 수 있을까?	종이컵, 나무젓가락
	누구? 무엇? 성분? 장소?	고무장갑, 태양 전지, 물침대
결합	무엇을 결합할 수 있을까?	전화기, 카메라와 컴퓨터 결합 → 핸드폰
	혼합하면? 조합하면?	스팀청소기, 코펠
적용	조건 · 목적에 맞게 조절할 수 있을까?	장미 덩굴 → 철조망
	번안하면? 각색하면? 비슷한 것은?	산우엉 가시 → 벨크로(Velcro)
	적용하면?	돌고래 → 수중음파 탐지기
수정 · 확대 · 축소	색, 모양, 형태 등을 바꿀 수 없을까?	Post-it, 워크맨, 노트북
	확대? 축소? 변형? 빈도를 높이면?	마트로시카 인형
	생략? 간소화? 분리? 작게? 짧게?	소형냉장고
다른 용도 사용	다른 용도로 사용할 수 없을까?	폐타이어 → 발전소의 원료
	수정하면? 맥락을 바꾸면?	톱밥 → 버섯 재배
제거	삭제, 제거할 수 있을까?	씨 없는 수박
	없애면? 줄이면? 압축시키면?	알뜰 폰, 반값 TV
	낮추면? 가볍게 하면?	압축기
재배치 · 역순	순서를 바꿀 수 없을까?	장갑 → 다섯 발가락 양말
	거꾸로? 반대로? 바꾸면?	발전기, 선풍기, 양수기
	위치를 바꾸면? 원인과 결과를 바꾸면?	가속기, 감속기

구분		개선안 1	개선안 2
S	Substitute		
C	Combine		
A	Adapt		
M	Modify		
	Magnify		
	Minify		
P	Put to other use		
E	Eliminate		
R	Rearrange		

4) 시네틱스

시네틱스(Synectics)는 서로 관련 없는 요소들의 결합을 의미하는 희랍어의 synecticos에서 유래했다. 이 기법은 고든(Gordon)이 개발한 것으로 유사한 문제의 인식을 촉진한다. 이것은 문제 분석, 아이디어 생성 및 선택 단계에 대한 기술을 포함하는 포괄적인 창조적 기법이다. 이 기법은 유추를 사용하여 아이디어 산출 단계에 집중한다. 또한 복잡한 문제에 가장 잘 적용된다. 또한 상상력을 동원해서 특이하고 실질적인 문제전략을 이끌어내는 데 유용하다.

시네틱스는 여러 개의 유추(analogy)로부터 아이디어나 단서를 얻는 방법이다. 이는 낯선 것을 친숙한 것처럼이나 친숙한 것을 낯선 것처럼의 과정이다. 서로 다르고 언뜻 보기에 관련이 없는 것 같은 요소를 연결시킨다. 어떤 사물과 현상을 관찰하여 다른 사상을 추측하거나 연상하는 것이다. 친숙한 것을 이용해 새로운 것을 창안하는 것과 친숙하지 않은 것을 친숙한 것으로 보는 것이다. 고든은 비유를 활용한다. 비유는 사물, 현상, 사건 등의 유사, 비교 등의 관계를 나타내는 것으로 비유를 통해서 특정 사물과의 개념적 거리를 느끼고, 고정관념을 깨뜨리고, 새로운 대안을 창출할 수 있다.

▼ 표 5–5 시네틱스의 진행절차

① 문제제시: 팀원에게 문제를 제시한다.
② 해결목표의 설정: 해결해야 할 문제를 목표의 형태로 구체적으로 기록한다.
③ 유추요구의 질문: 사회자는 목표에 근거 유추한 것에 어떤 것이 있는지 질문한다.
- 직접유추(direct analogy): 창조하려는 대상과 다른 것을 선택하여 두 대상을 직접 비교 검토하는 것(우산으로 낙하산의 원리 파악)
- 의인유추(personal analogy): 자신이 해결하려는 대상이 되어 보는 것(자신이 직접 자동차가 되어 차가 겪는 어려움 생각하기)
- 상징적 유추(symbolic analogy): 두 대상물 간의 관계를 기술하는 과정에서 상징을 활용(마케팅은 성공의 천사이다)
- 환상적 유추(fantasy analogy): 환상적이고 신화적인 유추(하늘을 나는 자동차)
④ 유추선택: 각 도출된 안들 중 과제해결에 사용할 수 있는 것을 선택한다.
⑤ 유추검토: 해결목표에 따라 상세한 힌트를 찾고, 검토한다.
⑥ 가능성 연결: 도출안을 현실적으로 쓸 수 있는 아이디어로 연결한다.
⑦ 해결책 작성

SENSE 8 유추(analogy)

유추는 하나의 문제 혹은 상황으로부터 주어진 정보를 관련 있게 유사한 다른 문제 혹은 상황으로 전이시키는 추리법이다. 동일한 것이나 비슷한 것에 기초하여 다른 사물을 미루어 추측하는 일이다. 두 대상을 연관시키는 기초적인 단서는 바로 두 대상이 공통적으로 갖고 있는 유사성이고, 관계이다. 유추를 잘 한다는 것은 세상으로부터 주어진 복잡하고 어려운 문제를 쉽게 풀 수 있음을 의미한다. 그러나 유사하지 않은 두 대상이 비교되는 경우가 발생할 수 있다.

- 아래 두 그림은 태양계와 원자 시스템이다. 유사한 점이 무엇인가?

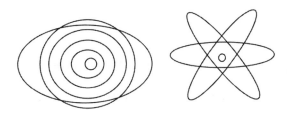

- 관계적 유사성

원자 시스템과 태양계는 각자 자신의 요소들 간 비슷한 관계를 지닌다. 이 둘의 개별 요소들이 가지는 속성은 유사하지 않다. 즉, 핵은 태양계에서 뜨거우나 원자 시스템에서는 뜨겁지 않지만, 양자는 핵을 둘러싼 행성과 원자의 관계는 유사하다. 이것이 바로 관계적 유사성이다.

• 왜 오로지 Kekule만이 문제를 해결했을까?

독일의 화학자인 케쿨레(August Kekule)가 벤젠의 분자모형이 고리 모양임을 자신이 꾼 꿈을 통해 착안했다는 일화는 유명하다. 그는 연구에 몰두하던 중 뱀이 자기 꼬리를 무는 꿈을 꾸었고, 기존의 직선 형태의 모형에서 탈피해 고리 모양의 모형을 생각해 냈다. 그러나 이러한 꿈을 꾼 사람은 무수히 존재하지만 왜 오로지 Kekule만이 문제를 해결했을까?

5) 마인드맵

토니 부잔(Tony Buzan)이 창안한 마인드맵(Mind Map)은 좌·우뇌의 기능을 유기적으로 연결한 사고력 중심의 두뇌개발 기법이다. Mind Map이란 생각의 지도란 뜻으로 무순서, 다차원적인 특성을 가진 사람의 생각을 읽고, 생각하고, 분석하고, 기억하는 것들에 대해 빈종이 위에 이미지, 핵심 단어, 색과 부호를 사용하여 마음의 지도를 그려나가는 기법이다. 이 기법은 복잡한 아이디어를 빠르고 쉽게 파악할 수 있고, 아이디어들 간의 관계를 확인하는 것이 편리하며, 새로운 통찰력을 얻을 수 있는 가능성을 높여 준다.

우뇌 기능인 색상을 활용하여 집중력과 기억력 등을 높이기 위해 가지별로 다른 색상을 사용한다. 같은 가지에서는 핵심 단어를 반복하여 사용하지 않도록 한다. 마인드맵의 장점은 다음과 같다. 두뇌에 숨어 있는 잠재적 가능성을 쉽게 이끌어 낼 수 있다. 신속하게 시작하고, 짧은 시간 동안 많은 아이디어를 발상해 내게 한다.

☑ 중심 이미지

먼저 나타내고자 하는 주제를 종이의 중앙에 함축적으로 나타낸다. 주제를 이미지로 표현한 것을 중심 이미지 또는 핵심 이미지라 한다. 중심 이미지는 함축적인 단어, 상징화한 그림, 기호, 삽화, 만화, 사진이나 인쇄물 등으로 나타내고, 채색을 하여 주제를 가장 효과적으로 시각화하면서 상상력을 자극할 수 있는 방법을 선택한다. [그림 5-7] 예제에서 중심 이미지는 사업 아이디어이다. 예제는 사업 아이디어의 주가지와 부가지를 찾아낸다.

▼ 그림 5-7 중심 이미지

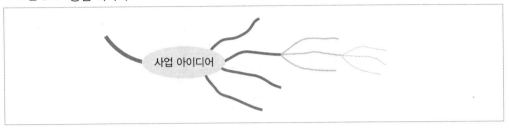

☑ 주가지

중심 이미지로부터 연결된 가지를 주가지라 한다. 중심 이미지 쪽 가지는 굵고, 그 반대 쪽 가지는 가늘어지게 곡선을 유지하도록 한다. 주가지 위에는 핵심 단어(명사, 동사, 형용사, 부사 등)를 쓴다. 그 이유는 중심 이미지가 그림이므로 주가지에서 그림이 다시 나올 때에는 생각의 폭이 넓어져 혼돈을 일으킬 수도 있기 때문이다.

▼ 그림 5-8 주가지

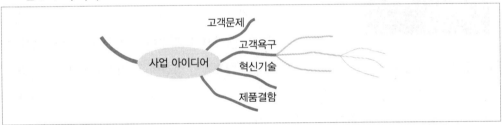

☑ 부가지

주가지로부터 연결된 가지를 부가지라 한다. 부가지는 주가지보다 작고 가늘게 나타내며, 부가지 위에는 핵심 단어, 그림, 기호, 약화 등으로 표현해도 된다. 양쪽 뇌의 기능을 사용함으로써 효과를 높이기 위함이다. 또 부가지 작성 시 주가지 별로 차례대로 작성하지 않아도 된다. 중심 이미지와 주가지가 이미 연결성을 갖고 집중해야 할 생각을 확고하게 만들어 놓고 있으므로 부가지의 경우 생각이 먼저 떠오르는 쪽을 선정하여 연결해도 생각의 혼돈은 일어나지 않는다. 부가지는 생각이 이어지는 한 가지를 계속 그려 나간다.

▼ 그림 5-9 부가지

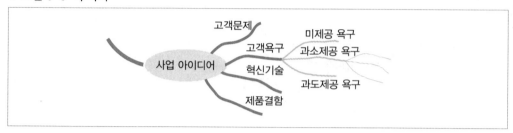

6) 속성열거법

속성열거법(Attribute Listing)은 제품공정 상에서 아이디어나 서비스 개선의 기회를 찾기 위해 네브라스카 대학의 Robert Crawford 교수가 개발한 기법이다. 대상을 속성에 의해서 세분화하고, 각 속성마다 사고의 방향을 국한시켜 새로운 아이디어, 개선안을 만든다. 이 기법은 문제 해결안이나 개선의 아이디어를 찾기 위해서 제품공정이나 서비스 상에서 과정의 속성을 체계적으로 변화시키거나 다른 것으로 대체한다. 어떤 대상, 형태, 사물, 아이디어, 방법, 과제 등의 전체나 각 부분들에 대해 대표적인 성질이나 형태의 특성을 기술하고, 개선, 변형, 대체하는 방법이다. 즉, 사물의 중요한 속성 등을 빼내어 열거하고, 각 항목마다 바꾸는 아이디어를 생각하여 항목을 짜 맞추고, 효과 있는 아이디어에 연결하는 방법이다.

속성열거법은 구성원들이 아이디어를 내지 못할 때, 아이디어가 너무 한 편으로만 치우칠 때 새로운 아이디어가 나오도록 유도하기 위하여 사용된다. 어떤 문제를 제거하거나 축소시키기 위하여 문제에 해당하는 필수적인 속성들을 검사하여, 그 속성 자체를 고치거나 변경하고자 할 때 사용된다. 속성의 종류에는 물리적, 사회적, 심리적, 공정, 가격 및 생태학적 속성 등이 있다.

- 물리적 속성: 명사적 속성, 형용사 속성, 동사적 속성
  - 명사적 속성: 전체, 부분, 재료, 제조 방법(예: 핸들, 바퀴, 백미러)
  - 형용사 속성: 제품의 성질(예: 빠른, 얇은, 무거운, 비싼)
  - 동사적 속성: 제품의 기능(예: 이동한다. 정차한다)
- 사회적 속성: 규범, 금기, 책임감, 정치, 리더십, 커뮤니케이션 등

- 심리적 속성: 인지, 동기부여, 인상, 상징성, 자아상 등
- 공정 속성: 마케팅, 제조, 판매, 기능, 시간 등
- 가격 속성: 제조단가, 도매가격, 소매가격, 소비자가격 등
- 생태학적 속성: 환경에 대한 긍정적, 부정적 영향

SENSE 속성열거법의 진행절차

- 아이디어 발상의 대상과 주제를 결정한다.
- 대상이 가진 특성을 도출한다.
- 물리적 특성으로 나누어 특성을 도출한다.
- 도출된 특성은 카드나 메모지 등에 적은 후 정리한다.
- 5~7명이 같이 하는 편이 훨씬 쉽다.
- 도출된 특성을 나누어 정리한다.
- 중복, 누락 부분을 확인한다.
- 열거한 특성을 기초로 개선 아이디어를 제시한다.
- 도출된 아이디어로부터 개선안을 생각한다.
- 개선안을 평가해 실시안을 결정한다.

7) 연꽃기법

연꽃기법(Lotus Blossom)은 연꽃 모양으로 아이디어를 발상해 나가는 사고기법으로 아이디어나 문제해결의 대안을 다양한 측면에서 얻기 위하여 활용된다. 주로 기존의 기술이나 제품을 응용하여 새로운 방법을 찾으려고 할 때, 미래 시나리오를 가상으로 만들 때 적용된다. 연꽃기법은 마인드맵의 자유로움과 스토리보드의 구조가 결합된 창조적 사고기법으로 일본 크로바 경영 연구소의 마쓰무라 야스오(Matsumura Yasuo)가 개발했다 하여 MY법이라고도 한다. 기본적으로 연꽃에서 힌트를 얻은 아이디어이다. 연꽃의 꽃잎들은 가운데를 중심으로 밀집되어 있으면서 바깥으로 펼쳐진다.

연꽃기법은 아이디어, 문제, 이슈, 주제 등을 3칸과 3줄로 이루어진 표에 배열하는 데서부터

시작한다. 가운데 네모 칸을 둘러싸고 있는 8개의 칸은 연꽃잎이 배열된 모습과 유사하다. 해결책, 아이디어, 독창적인 용도, 주제의 확대 등 핵심 아이디어와 관련이 있는 것들이 꽃잎이 된다. 이러한 프로세스를 한 번 반복한 후에는 중앙을 둘러싼 아이디어들이 새로운 연꽃의 중심부가 될 수 있다.

SENSE 연꽃기법의 진행절차

- 먼저 가로·세로 각각 세 칸짜리 표 아홉 개로 이루어진 그림 가운데 표 중간에 중심 주제를 기록한다.
- 중앙에 쓴 중심 주제를 해결하는 방향이나 관점이 다양한 하위 주제로 중심 주제 주변 여덟 칸에 기록한다.
- 중심 주제를 작성한 가운데 표를 뺀 나머지 표 여덟 개 중간에 중심 주제를 해결하는 다양한 방안과 관점을 담은 하위 주제를 기록한다.
- 하위 주제 아이디어를 생각해 하위 주제 표 주변 여덟 개 칸에 기록한다.
- 상대방의 아이디어를 평가나 비판하지 않고, 자유로운 분위기를 조성한다.
- 개인이 아이디어를 작성하면 중심 주제를 해결하는 하위 주제에 따른 각 아이디어를 조합해 가장 좋은 새 대안을 만들기도 한다.
- 하위 주제별로 최적 아이디어에 동그라미를 쳐서 아이디어를 정리한다.

☑ 스마트폰에 관한 아이디어 찾기

① [그림 5-10]의 가운데에 스마트폰을 기록한다.

② 좌측 상단 A 주위에 a1 …. a8까지 아이디어를 산출하여 기록한다.이 아이디어의 중심 주제가 A가 된다. 이 A를 중앙에 있는 셀의 스마트폰 좌측 상단에 기록한다.

③ 이와 같은 방식으로 B, C, D, E, F, G, H의 중심 주제를 찾아 선정하여 중앙에 있는 스마트폰 주위의 각 셀에 기록한다.

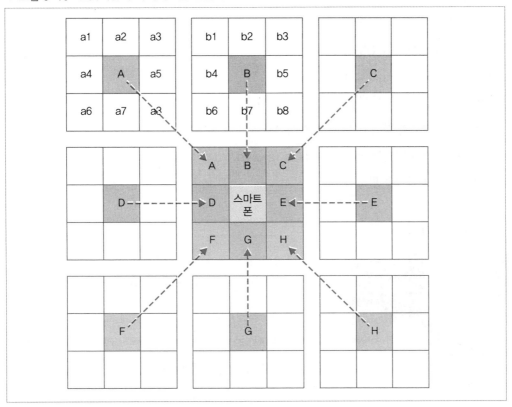

3 수렴적 사고기법

다량의 아이디어에서 여건에 맞지 않는 것을 제거하고 우수한 소수의 아이디어를 선택한다. 수렴적 사고는 주어진 문제에 대한 최적의 해결안을 창출하는 사고기법으로 아이디어들을 분석하고, 개선하고, 선택하는 사고과정이다. 즉, 수렴적 사고는 확산적 사고기법에 의해 산출된 다량의 아이디어 중에서 소수의 최적안을 선정하는 기법이다. 수렴적 사고는 참가자가 여러 가지 가능성 중에서 하나 또는 두 가지 최상의 아이디어나 해결안을 선택하기 위해 검증, 판단 및 평가 기술을 사용한다. 대안 목록을 만들고 목록에서 가장 좋은 해결책을 선택한다. 다음은 수렴적 사고의 규칙 중 일부이다.

- 체계화되고 생성된 아이디어 집합에서 구조와 패턴을 찾는다.
- 아이디어를 질적 및 양적으로 평가한다.
- 직관 사용을 두려워하지 않는다.
- 시간을 내고 신중히 생각한다.
- 아이디어 압살자의 견해를 피하고 불가능을 시도한다.
- 문제의 최적해를 찾는 데 너무 많은 시간을 소비하지 않는다.
- 규칙에 근거한 경험적 방법과 상식을 사용한다.
- 피하지 말고 위험을 평가한다.

1) 하이라이팅

하이라이팅(Highlighting)은 여러 대안들을 몇 개의 같은 범주로 압축하여 분류하기 위한 수렴적 사고기법이다. 직관에 의하여 분류해 보는데 먼저 히트한 대안에 번호를 부여하고, 같은 성격의 아이디어이거나 대안들 간의 어떤 관계를 중심으로 공통 주제끼리 영역을 만들어 조직화한다. 조직화된 영역에서는 공통의 주제를 재진술한다. 생성된 아이디어들 중 괜찮다고 느껴지는 아이디어들(Hit)을 선택한 다음 공통적인 측면이나 요소에 따라 묶음을 만든다(적중영역: Hot Spot). 각각의 히트를 대표하는 적중영역을 문제해결에 적합한 형태로 재진술하는 기법이다.

- Hit: 괜찮다고 느껴지는 아이디어
- Hot Spot: 공통적인 요소로 분류

• 아이디어들을 나열하고, 차례대로 번호를 붙인다.

• 생성된 아이디어들 중 괜찮다고 느껴지는 히트(hit)를 표시한다.

• 서로 관련되어 있는 것 같이 보이는 히트들을 함께 묶는다.

• 적중영역(hot spots)을 발견한다.

• 적중영역(hot spots)을 재진술한다.

• 문제의 요구를 가장 잘 만족하는 적중영역 하나를 선택한다.

• 두 개 이상의 적중영역을 조합하여 하나의 해결책을 만들어도 좋다.

☑ 하이라이팅 기법의 예

• 주제: 환경오염을 방지할 수 있는 방법

• 재진술에 의한 해결책: 산에 나무를 심고, 가급적 일회용품을 사용하지 말자. 또한 쓰레기를 분리수거하고, 자전거로 출퇴근하고, 재활용품 사용 캠페인을 하자.

▼ 표 5-6 하이라이팅 기법의 예

문제	환경오염을 방지할 수 있는 방법	
해결책	괜찮다고 느껴지는 아이디어 선택: 40 개 대안 중 16개 히트	
자전거를 타자.		음식을 날로 먹자.
재활용품을 사용하자.		나무를 많이 심자.
비료를 사용하지 말자.		석유를 쓰지 말자.
살충제를 쓰지 말자.		자연으로 돌아가자.
분리수거를 하자.		일회용품을 쓰지 말자.
쓰레기를 버리지 말자.		재활용 캠페인을 하자
농약을 쓰지 말자.		전기자동차를 사용하자.
공장을 없애자.		걸어 다니자.

※ 위의 아이디어는 40개의 대안 중 히트는 16개이다.

▼ 표 5-7 적중영역 분류의 예

환경	생활	교육	사회	문화	건강
식목	일회용품금지	캠페인	분리수거	재활용품사용	무동력 이동

※ 재진술에 의해 선택된 해결책: 적중영역을 통하여 해결책을 재진술한다.

2) PMI 기법

드 보노(Edward de Bono)가 개발한 PMI(Plus, Minus, Interesting)는 일상생활에서 쉽게 응용할 수 있는데 매우 유용하고, 확산적 사고를 연습하거나 어려운 선택을 결정하는 데 도움이 된다. 제안된 아이디어를 장점(P), 단점(M), 흥미 점(I)을 따져 본 후 그 아이디어를 평가하는 기법으로, 하나의 아이디에 대해 집중적으로 분석할 때 간단하면서도 효과적으로 활용할 수 있는 기법이다. PMI의 목적은 제안된 해결안 중 어느 것이 최선책인지를 결정하는 것이다. 창조적인 사고를 개발하기 위해서는 무엇보다 전통적인 고정관념과 논리로부터 벗어나야 한다. 불가능하다고 생각하는 기존의 관념을 바꿔, 아무리 어려운 문제라도 해결할 수 있다는 자신감으로 전환시키는 사고방식이다.

- P(Plus): 아이디어에 대한 좋은 점(왜 좋아하는가?)
- M(Minus): 아이디어에 대한 나쁜 점(왜 좋아하지 않는가?)
- I(Interesting): 아이디어에 관해 발견한 흥미(왜 흥미가 있는가?)

▼ 표 5-8 PMI 기법의 기록표

구분	설명
Plus(장점)	제시된 아이디어의 좋은 점
Minus(단점)	제시된 아이디어의 나쁜 점
Interesting(흥미 점)	제시된 아이디어와 관련하여 흥미롭게 생각되는 점

SENSE PMI 기법의 진행절차

- PMI의 의미를 집단 구성원들에게 설명한다.
- 각 영역별로 아이디어를 생성한다.
- P를 고려할 때에는 P에만 집중한다.
- PMI 결과를 발표한다.
- PMI 결과를 논의한다.

▼ 표 5-9 PMI 기법의 기록 사례

아이디어	도로를 차종별로 전용차선제를 실시한다.
P(Plus)	교통사고가 줄어든다.
M(Minus)	교통흐름이 길어진다.
I(Interesting)	자동차 보험료가 인하된다.

3) PPC

PPC 기법(Positive-Possibilities-Concerns)은 의심스러운 생각이 드는 아이디어에 대해 긍정적인 면, 가능성이 있는 면, 의심스러운 면으로 구분하여 이야기해 보는 대화기법이다. 이 기법을 사용하면 너무 성급하거나 극단적으로 판단하는 것을 막을 수 있으며, 아이디어가 가지고 있는 모순점을 보완하여 문제해결을 위해 보다 완벽한 계획을 세울 수 있다.

▼ 표 5-10 PPC 기법의 기록표

구분	설명
P(Positive)	긍정적인 면
	제시된 아이디어의 훌륭한 면을 칭찬해준다.
P(Possibilities)	가능성이 있는 면
	아이디어를 구체적으로 응용할 수 있는 상황을 항목별로 작성한다.
C(Concern)	의심스런 면
	없애려면 어떻게 하면 좋을 것인가?

4) 고든법

고든법(Gordon Technique)은 진정한 문제가 무엇인지를 모른다는 상태에서 출발한다. 주제와 전혀 관계없는 사실로부터 발상을 시작해서 문제해결로 몰입하는 것이다. 브레인스토밍과 달리 문제를 바로 제시하지 않고, 문제와 직접적으로 관계가 없는 멀고 폭넓은 추상적인 문제를 제시하여 시작한다. 문제를 알고 있는 사람은 리더뿐이며, 리더는 크고 추상적인 문제로부터 작고 구체적인 문제로 구성원을 유도해 나간다.

SENSE 고든법의 진행절차

• 참가하는 사람은 해결하려고 하는 문제의 성질, 문제해결에 필요한 지식, 기술에 있어서 전문성을 가진 사람으로 구성한다.

- 리더가 문제를 이해한다.

- 리더는 팀원들이 자유롭게 발언하도록 한다.

- 리더는 해결이 가까워질 때까지 팀원들에게 문제를 알리지 않는다.

- 생각이 날 때까지 계속한다.

- 리더는 해결이 가까워지면 팀원들에게 문제를 알려 실현 가능한 아이디어를 형성한다.

- 마지막으로 문제에 대한 해결점을 찾는다.

5) 평가행렬법

평가행렬법(Evaluation Matrix)은 아이디어를 준거에 따라 체계적으로 평가할 때 사용될 수 있을 뿐 아니라 문제해결 과정의 단계에서도 사용할 수 있는 기법이다. 이 기법은 가장 흥미 있는 대안, 생성된 대안이나 행위계획을 위한 대안을 평가할 때 활용된다. 제안된 대안들을 미리 정해 놓은 어떤 준거에 따라 체계적으로 평가하고자 할 때 사용할 수 있다. 평가하려는 아이디어들을 세로축에 나열하고 평가기준을 가로축에 적어 행렬표를 만든 후 각 기준을 기초로 모든 아이디어를 평가한다. 다수의 해결대안을 평가하고 선택할 때뿐만 아니라 문제해결의 어떠한 단계에서도 사용할 수 있다. 그러나 체계적인 만큼 시간과 노력이 소요된다.

SENSE 평가행렬법의 진행절차

- 행렬표를 준비한다.

- 아이디어는 왼쪽에, 준거는 윗부분에 나열한다.

- 행렬표를 완성한다.

- 평정척도에 따라 점수를 부여한다.

- 평정척도는 3점이나 5점 척도가 있다.

- 5점 척도: 1=매우 그렇지 않다. 2=그렇지 않다. 3=보통이다. 4=그렇다. 5=매우 그렇다.

- 3점 척도: 1=부정적, 2=보통, 3=긍정적

- 결과를 해석한다.

행렬표의 결과는 아이디어의 강점과 약점을 확인하는 데에만 이용한다. 점수가 낮다고 나쁜 대안이 아니라 그 기준에 대하여 약하다는 것을 의미한다. 점수가 낮은 대안은 어떻게 하면 대안을 보완할 수 있을까를 생각해 본다. 어떤 기준에서는 점수가 낮은데 어떤 기준에서는 높은 점수로 평가되었다면 그 아이디어를 다듬어 발전시킬 방도를 연구하고 궁리해 봐야 한다. [표 5-11]은 각 아이디어에 대한 기준별 평가표이다.

▼ 표 5-11 **평가행렬표**

아이디어＼기준	구매의도	시용구매	선호도	가격	합계
가	5	4	4	5	18
나	4	4	4	3	15
다	5	3	5	5	18
라	3	3	2	5	13
마	3	4	3	4	14
바	3	5	5	5	18
사	5	5	5	3	18

6) 쌍비교분석법

쌍비교분석법(Paired Comparison Analysis)은 많은 대안들이 모두 중요해서 무엇을 먼저 실천하거나 처리할지를 판단하고자 할 때 사용되는 기법이다. 즉, 우선순위를 정하여 대안을 선택하고 결정할 때 사용하는 기법이다. 모든 대안들에 대하여 한 번에 한 쌍씩 비교하여 상대적인 중요성을 결정한다. 노력과 시간이 많이 들지만, 아이디어들이 모두 중요해서 우선순위를 매기기 힘들 때 적절하게 사용할 수 있다.

SENSE 쌍비교분석법의 진행절차

• 가로축과 세로축에 아이디어를 기입한다.
• 세로축의 아이디어가 더 좋으면 +1, 같으면 0, 나쁘면 –1 즉, ⓐ안이 ⓑ안보다 더 좋으면 +1, 같으면 0, 나쁘면 –1을 기록한다.
• 아이디어의 개수가 5~10개 정도인 경우 효과적이다.
• 주어진 아이디어로부터 만들 수 있는 2개의 쌍들에 대해 우열을 비교함으로써 아이디어별 점수를 계산한다.

▼ 표 5-12 쌍비교분석의 기록표

ⓐ \ ⓑ	출력	정숙성	안정성	연비	합계	순위
출력	0	-1	1	1	1	2
정숙성	-1	0	1	1	1	2
안정성	1	1	0	1	3	1
연비	-1	-1	1	0	-1	4

7) 형태분석법

　　형태분석법(Morphological Analysis)은 즈위키(Fritz Zwicky)가 개발한 발상법으로서 체크리스트법과 속성열거법을 입체적으로 조합한 발상법이다. 이미 존재하는 것들을 새롭게 조합하는 기법이다. 그는 "사람은 문제를 해결하는 데 있어 선입견을 갖고, 사전에 평가하는 경우가 지나치게 많다"라는 생각에서 발상하였다. 선입견과 사전평가에서 벗어나기 위해서는 어떻게 하여야 하나? "확실히 불가능하다고 증명되지 않는 한 어떤 것도 불가능하다고 할 수 없다"라고 하는 가능성 추구의 관점에서 사물을 구성요소로 자세하게 분해하는 것이다.

　　해결해야 할 문제를 모든 구성요소의 조합으로 보고 차트를 그린다. 이 구성요소를 독립변수(independent variables)라 하고, 이 독립변수의 각각이 형태분석차트의 축이 된다. 해결될 것 같지 않은 문제를 해결하거나 여러 가지 대안적인 아이디어들을 생성해 내는 데 도움이 된다. 속성열거법이 제품개선 같은 일반적으로 국한된 문제에 적용하였을 때 효과가 큰 점에 비해 형태분석법은 보다 폭넓은 문제에 효과가 높다는 점이다.

　　고급레스토랑의 접객용 의자를 예로 들어 설명한다. 첫째, 관련된 변수들을 모두 나열하고, 각각의 변수에 가능한 한 많은 속성들을 배정한다. 둘째, 브레인스토밍을 활용한다. 이를테면, 의자는 고급품으로 안락성과 유연성이 높고 디자인이 독특해야 한다. 이때 다양한 각 변수의 속성 중에서 이런 요건에 적합한 속성을 찾아 새로운 조합을 한다.

SENSE 형태분석법의 진행절차

- 개선되어야 하는 상품 또는 서비스를 정한다.
- 2차원 행렬표에 한 축에는 특징이나 속성들을 나열한다.
- 다른 축에는 다양한 안을 기입한다.
- 각각의 안에서 우수하다고 생각하는 것(청색 칸)을 결합할 수 있다.
- 바뀐 단어들을 특징이나 속성들에 적용한다.
- 결과를 토론 또는 평가한다.
- 예제는 고급레스토랑의 접객용 의자를 개선하는 것이다.

☑ 요소결합을 통한 아이디어 개발 사례

- 창조하지 말고, 재결합하라.
- 각 대안별에서 최적의 요소를 추출하여 결합한다.
- 대안 아이디어: 나무, 50cm, 타원형, 갈색

▼ 표 5-13 형태분석법의 기록표

구분	대안 1	대안 2	대안 3	대안 4	대안 5	대안 6
재료	나무	유리	플라스틱	고무	철제	알루미늄
높이	30cm	40cm	50cm	60cm	70cm	80cm
형태	원형	사각	정사각형	타원형	육각형	팔각형
색상	갈색	투명	청색	녹색	황색	회색

8) 역 브레인스토밍

역 브레인스토밍(Reverse Brainstorming)은 Hotpoint 회사가 고안해 낸 것으로 대안이 가지고 있는 부정적인 측면과 가능한 모든 약점에 대한 아이디어를 생성해 내는 것이다. 브레인스토밍은 문제해결이나 상황에 대하여 아이디어를 생성하는 것인 반면에, 역 브레인스토밍은 생성해 놓은 아이디어를 실제상황에 적용하거나 실천할 것을 예상해보고, 아이디어에 대한 비판점이나 문제점, 약점만을 생성하는 것이다. 아이디어가 가질 수 있는 약점들을 모두 발견해 내고, 아이디어가 실천될 때 잘못될 수 있는 것을 예상한 후 최선의 해결방법을 찾는 기법이다.

역 브레인스토밍을 할 때는 평가할 대안의 수가 10개 이내일 경우에 활용하는 것이 효과적이다. 아이디어를 만들어 낸 사람이 직접 아이디어 평가에 참여할 수 있으며, 첫 번째 아이디어에 대한 비판을 모두 하고 나면, 두 번째 아이디어를 비판한다. 약점이 가장 적고 문제를 잘 해결할 수 있을 것 같은 아이디어를 선택한다. 그 다음의 단계는 실천을 위한 행동계획을 세우는 것이다.

SENSE 역 브레인스토밍의 진행절차

• 목표와 문제 확인하기

  종이에 선정된 아이디어들의 목록과 함께 목표와 문제를 제시한다.

• 아이디어에 대한 비판 생성하기

  아이디어가 적힌 종이에 그 아이디어에 대한 반론을 기록한다.

• 해결책 선정하기

  비판된 아이디어를 검토하고 수정하여 가장 적절한 해결책을 찾는다.

• 실천계획 세우기

  해결책의 실천을 위한 행동계획 세우기

▼ 표 5-14 역브레인스토밍의 기록표

문제 :			
순서	아이디어	아이디어 비판	문제해결
1			
2			
3			
4			
5			
해결책 :			

03 선행기술의 조사

선행기술 조사(prior art search)는 연구자들이 연구개발을 하기 전에 연구동향을 조사하기 위해 또는 연구개발 완료 단계에서 특허출원을 하기 전에 유효한 권리획득 등을 목적으로 선행문헌을 조사하는 것이다. 특허정보의 조사는 기술개발의 갭을 찾고, 중복연구를 방지하기 위한 것이다. 발명은 자연법칙을 이용한 기술적 사상의 창작으로써 고도한 것(특허법 제2조)으로 정의하며, 불특허 사유에 해당되지 않고, 다른 선출원이 없는 경우에만 배타적 권리를 특허출원일로부터 20년간 부여한다. 신기술을 발명한 자에게 기술을 공개하는 대가로 독점권을 부여하는 동시에 제3자에게 공개된 신기술의 이용 기회를 부여하는 제도이다.

1 특허정보의 조사목적과 활용

특허는 특허정보를 일반에 공개하는 대가로 특허권자에게 부여되는 독점적 권리이다. 특허정보를 조사하는 목적은 신기술 개발을 위한 기초자료를 입수하고, 특허출원 전 권리획득 가능성을 검토할 뿐만 아니라 향후 특허분쟁에 대비하기 위한 증거자료를 확보하기 위한 것이다. 또한 특허정보의 검색은 현재 기술동향을 파악하여 신제품개발에 유용하게 활용할 수 있다. 신제품은 고객의 요구 사항을 기술적 변수로 변환하는 과정에서 이를 구현할 기술을 필요로 한다. 기술주도로 신제품을 개발하여 고객에게 제공하는 경우도 있다.

특허정보 조사는 기술동향 및 권리동향을 파악하여 미개척 대상 분야, 즉, 기술 갭을 찾을 수 있을 뿐만 아니라 새로운 제품개발에 대한 아이디어를 창안하는 데 매우 유용한 방법이다. 또한 연구개발 방향을 수립하고, 연구개발 중에 일어나는 문제를 해결하기 위한 아이디어를 찾을 수 있다. 그리고 연구개발을 통하여 확보한 기술이 특허권으로 이미 출원되었다면, 연구개발에 기울인 비용, 시간과 노력은 낭비되는 불필요한 중복연구가 된다. 사전에 선행기술을 파악하여 중복연구를 예방할 필요가 있다. 아래는 선행기술을 조사하는 목적이다.

1) 신기술이나 신제품개발을 위한 기초자료

- 관련기술 분야의 개발동향 파악
- 연구개발 주제를 선정하거나 미래기술 예측
- 선행기술조사로 중복연구 및 중복투자 방지
- 기술개발 시 문제점 해결을 위한 아이디어 발견
- 타사의 기술개발 동향 파악
- 종래 기술의 문제점 파악과 참고
- 특허취득 가능성 판단 및 기술적 범위의 확인
- 무용한 특허출원여부 사전 검토

2) 특허분쟁에 대처하기 위한 증거자료

- 자사의 실시기술에 대한 공지기술 확보
- 타사 보유 특허조사로 특허분쟁 사전 예방
- 침해가능 특허에 대한 회피설계 가능여부 파악
- 특허권 소멸여부 확인

2 특허 정보조사의 종류

특허 기술정보는 최신 기술정보의 원천으로 기술배경, 문제점 및 해결방법이 구체적으로 구현되어 제품개발의 아이디어 및 적용기술 개발에 효과적으로 활용할 수 있다. 이러한 신제품개발과 관련된 특허정보를 조사하는 대표적인 방법이 몇 가지 있다. 서지사항 조사(bibliographic search)는 발명자·출원인 등의 인명정보, 특허권자, 출원번호, 공개번호, 등록번호 등을 파악하기 위해 특허공보의 서지사항을 조사하는 것이다. 이를 통하여 경쟁자의 특허권이나 기술개발 동향을 파악할 수 있다. 특허성 조사(patentability search)는 특허출원 전에 특정 발명이 특허를 받을 수 있는 특허의 유용성, 산업성, 신기성을 구비하고 있는지를 판단하기 위해 선행자료를 조사하는 것이다. 권리취득 가능성을 미리 확인한 후 출원여부를 결정하거나 청구범위를 변경할 수 있도록 권리를 취득하기 위해 수행하는 조사이다. 즉. 선행기술이 존재하는지 조사하는 것이다.

특정한 기술 분야에 대한 개괄적인 조사로 보다 효과적이고 전략적인 연구개발 추진을 위해 관련된 특허정보를 광범위로 조사하거나 분석하기 위하여 수행하는 조사이다. 조사방법에 따라 관련 자료를 수집하는 기초 정보조사, 기술을 분류하는 분류 정보조사와 기술을 분류하고 분석하는 분석 정보조사가 있다.

▼ 표 5-15 특허정보의 조사유형

조사유형	설명
기술정보조사 (state of the art search)	특정기술분야나 연구개발 주제와 관련된 일반적인 기술이나 배경기술을 찾아서 기술개발에 활용
제품 출시 전 기술 조사 (freedom to operate)	기술개발 및 특허출원이 어려운 경우 안전하게 출시실시하기 위해서, 특허권이 만료된 특허를 조사하여 활용
특허성 조사 (patentability search)	특허를 조사하여 특허 출원 시 문제시 될 수 있는 청구를 보정
무효/침해조사 (validity/infringement search)	특허권 없이 제품을 판매하고 있으나 타인의 특허권을 침해할 소지가 있는 경우, 타인의 특허권을 무효화하기 위한 무효심판을 청구하거나 타인의 특허 침해여부 성립되지 않음을 확인하는 권리범위 확인심판을 청구할 때 특허 조사
특허맵 (patent landscape analysis)	특정분야의 특허맵을 작성하여, 특허권자가 보유한 기술의 단점을 파악하고, 기술추세 예측하여 체계적인 특허전략에 활용

3 특허정보 검색

미국 특허청 조사에 의하면 특허문헌에 공개된 71%가 다른 문헌에서는 공개되지 않았다. 특허정보를 얻으려면, 특허정보 검색이 중요하다. 특허청에서 제공하는 특허정보 검색서비스와 e특허나라에서 특허정보를 검색할 수 있다.

☑ 한국

- 한국특허정보원(http://www.kipris.or.kr): 국내 산재권(무료)
- e특허나라(http://www.patentmap.or.kr): 국내 산재권(무료)
- 윕스(http://www.wips.co.kr): 국내외 산재권 (유료)

☑ 해외

- 미국특허청(http://www.uspto.gov): 무료

- 일본특허청(http://www.jpo-miti.go.jp): 무료

- 유럽공동체특허청(http://www.epo.co.at): 무료

- 세계지식재산권기구(http://www.wipo.org): 무료

04 아이디어 선별

창조적인 제품은 새로움과 유용성이 있어야 한다. 새로움(newness)은 독창성(originality)과 관련이 있다. 유용성(usefulness)은 사회적 가치의 의미에서 창조성에 이바지한다. 창조성을 평가하는 기준으로 예외성, 특유성, 형질변화와 압축을 사용한다.[1] 그러나 예외성과 특유성은 독특성과 유용성과 동의어로 사용되고, 형질변화는 장벽과 제한을 극복하는 정도와 관련이 되고, 압축은 문제해결책에 포함된 복잡성과 관련이 된다.

1 사업기회의 선정

창조적인 제품은 새롭고 성공적인 제품이 현실에 근거하여 어떤 사람의 번뜩이는 아이디어의 결과로 산출되는 것이다. 창조성은 하늘에서 저절로 떨어지는 것이 아니다. Edison, Curie, Einstein과 Picasso 등은 모두 열심히 일하고, 큰 아이디어를 산출하는 데 집중했다. 천재적인 아이디어가 어느 날 온다는 믿음은 어리석다.

창조적인 사고과정으로 창출된 제품 아이디어(product idea)는 기업이 찾아내어 시장에 제공하는 가능한 제품을 위한 아이디어이다. 제품 아이디어 선별과정은 창조적인 사고과정으로 문제확인으로 시작하고, 사업기회를 선정하고, 아이디어를 창출하는 연속적인 과정이다.

1) 유망기회의 확인

기회(opportunity)는 기업에게 신제품, 서비스나 사업을 위한 욕구를 창출하는 일련의 호의적인 환경이다. 어떤 변화나 사건이 사회에 발생하였는데 이를 해결할 대상이 존재하지 않다거나 있더라도 불편하다면 사업기회가 되는 것이다. 이러한 현상은 시장을 불완전하게 정의하거나 기회를 인식하여 포착하지 않았기 때문에 발생할 수 있다.

---

1   Jackson and Messick(1964).

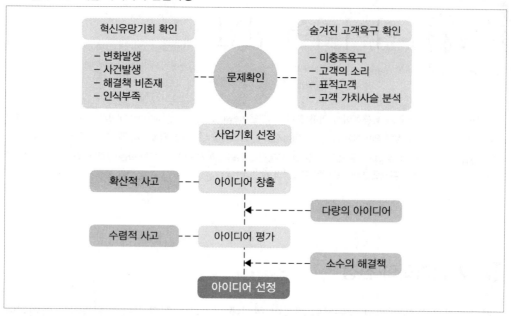

▼ 그림 5-11 제품 아이디어 선별과정

기회는 현실적인데 아직까지 시장에 해결책이 제시되어 있지 않다면 매우 좋은 여건이다. 새로운 역량이나 기술, 충분히 이용하지 않거나 제공되지 않은 자원은 잠재고객을 위한 새로운 가치를 창출할 수 있는 좋은 조건이다. 아무리 좋은 아이디어라도 사회문화적으로 수용하기 어렵고 법적 규제가 있다면 초기에 탈락시키는 것이 바람직하다. 따라서 유망기회를 확인하기 위해서 아래와 같은 질문에서 해답을 찾는다.

• 기회는 현실적인가?
• 아직까지 해결책이 제시되지 않았는가?
• 소비자가 구입할 것인가?
• 제공할 만한 가치가 있는가?
• 충분한 잠재수익을 제공하는가?
• 경쟁우위를 가져오는가?

2) 잠재적 고객욕구 확인

욕구는 고객의 행동을 유발시키는 동기의 직접적인 원인이 된다. 경쟁자와 차별하기 위해서는 소비자의 잠재적 욕구를 발견하는 것이다. 미충족된 시장욕구, 제공되지 않은 제품이나 서비스, 정의하지 않은 기술, 발명이나 제품 아이디어 등은 모두 시장기회가 된다. 고객욕구의 확인과정은 표적시장의 고객에 대한 정보를 정확하게 수집·분석하여 고객의 미충족욕구, 숨겨진 욕구, 과소제공이나 미제공욕구와 불만족한 욕구 등을 확인하여 시장기회를 찾는 과정이다. 숨겨진 욕구의 탐구는 혁신적이고, 비약적인 제품을 창출할 수 있는 기회이다. 회사가 숨겨진 욕구를 처리한다면 고객욕구의 충족과 차별화의 경쟁력을 갖기 때문에 소비자의 욕구를 끊임없이 처리·개발하고 해결책을 창출해야 한다. 만일 이를 처리하지 않는다면 고객의 소리를 무시하는 결과가 된다. 아래와 같은 질문에서 해답을 찾는다.

- 잠재적 욕구는 무엇인가?
- 제공되지 않은 욕구는 무엇인가?
- 고객이 원하는 것은 무엇인가?
- 불만족은 무엇인가?
- 불완전한 만족은 무엇인가?
- 고객은 과연 구매할 것인가?

3) 문제확인

근원적인 문제를 해결하기 위해서는 징후(symptom)가 아니라 원인(cause)을 다루어야 한다. 제품판매와 관련된 문제에서 예를 들면, 제품의 판매가 저조할 때 제품력이나 포지션을 개선하기보다 판촉에 집중하는 경우 일시적인 매출증가를 가져올 수 있으나 그 효과는 단기에 그칠 수 있다. 문제(problem)는 현재 상태에서 개선된 상태로 변환이 가능한 상황으로 현재 상태와 이상적인 상태 간의 차이를 말한다. 이것은 바라는 결과나 행동의 표준과 직간접적으로 관련되어 있다. 분명하게 정의되고, 구체적인 문제를 확인하는 것은 문제해결 과정을 성공적으로 수행하는 중요한 단계이다. 문제에는 위험과 기회의 두 측면이 있다. 기회확인은 문제를 알아차리고, 문제를 해결하는 방법을 발견하는 것이다. 문제는 직관, 행운이나 기회와 같은 단순한 방법과 관찰을 통해서도 알 수 있다.

사업기회는 문제를 해결하기 위하여 체계적으로 시작해야 한다. 적합한 제품 아이디어를 얻는 것은 제품개발 초기 단계에 제품판매의 불확실성을 감소하기 위해 매우 중요하다. 고객욕구의 확인과 기술적 기반으로 이루어지는 새로운 해결책은 고객의 새로운 사용계획을 유발하고, 표적집단을 개발하는 것이다. 따라서 기회확인은 시장에 있는 공백을 찾는 것이다. 그러나 시장에 있는 공백(gap)은 고객의 욕구가 있는 시장이지만, 소매업자나 제조업자에게 이익이 되는 충분히 큰 시장을 의미하지는 않는다. 따라서 고객의 욕구가 있고 충분히 규모 있는 시장의 공백이어야 매력적이다. 다음은 매력적인 아이디어를 발견하는 방법이다.

- 시장에 있는 공백을 찾는다.
- 경쟁이 서투른 것을 찾는다.
- 고객을 위해 문제를 해결한다.
- 아이디어를 새로운 방법으로 결합한다.
- 완전히 새로운 아이디어를 찾는다.
- 창조적인, 모방적인 새로운 방식으로 생각한다.
- 다른 사람의 성공적인 아이디어를 모방한다.
- 아이디어를 추가한다.
- 제품, 서비스나 공정을 개선한다.
- 자신의 취미나 기량을 개발한다.
- 다른 사람이 "~라면 좋을 텐데"가 공백의 표현이다.

② 아이디어의 창출

아이디어 창출은 시장기회와 고객의 숨겨진 욕구에서 찾아낸 정보와 자신의 영감을 회사의 사명과 목적에 적합하게 많은 아이디어로 변환하는 것으로 시작한다. 경영자, R&D 직원, 마케팅 직원들은 내부원천이나 외부원천으로부터 영감을 찾음으로써 활발하게 새로운 아이디어를 탐색하고 노력한다.

- 내부원천: 경영자, R&D 부서, 마케팅 직원, 영업직원, 종업원, 기술자
- 외부원천: 고객, 선도사용자, 특허, 경쟁자, 공급자, 공공정보, 협회 잡지, 외부 컨설턴트, 업계 전문가, 유통 구성원, 대학, 정보, 법·규제

문제중심 질문은 아이디어 창출을 위한 좋은 출발이다. 내·외부 원천으로부터 수집한 정보를 아이디어로 변환하려면 이를 자극하는 요인을 활용하는 것이 효과적이다. 기회와 고객욕구의 탐색을 통해 문제점을 해결하기 위한 자극 요인은 차원 수, 수량, 순서, 시간, 원인결과, 특성, 형태, 상태나 시장 적용 등에 관한 요소들이 있다.

▼ 표 5-16 아이디어의 자극 요인

구분	요소
차원 수	큰, 작은, 긴, 짧은, 두꺼운, 얇은, 깊은, 얕은, 수평 위치, 수직 위치, 십자형
	경사, 병렬, 계층화, 반전
수량	더 많은, 더 적은, 비율 변경, 세분, 결합, 추가, 완성
순서	배열, 우선순위, 시작, 조립, 분해, 집중
시간	빠르게, 느리게, 더 짧은, 연대기, 영속적, 동시, 기대, 갱신, 반복, 교대
원인결과	자극, 격려, 강화, 더 크게, 부드러운, 변경, 파괴, 영향상쇄
특성	강한, 약한, 변경, 변환, 대체, 교환, 안정화, 반전, 탄력, 균일, 저렴한, 비싼
	색상 추가, 색상 변경
형태	동적, 고요, 가속, 감속, 방향, 이탈, 매력, 격퇴, 인정, 금지, 해제, 감소, 회전
	정지, 동요, 진동, 주기, 간헐
상태	더운, 추운, 경화, 연화, 성형, 개폐, 부드럽게, 일회용, 통합, 부분, 전체, 액화
	기화, 분쇄, 마모, 윤활, 대소, 건조, 절연, 거품, 응고, 신축성
시장 적용	기존시장, 신시장, 국내시장, 해외시장
	남성, 여성, 아동, 직장인, 장년층, 노년, 신혼, 독신

아이디어 창출은 브레인스토밍으로 시작한다. 브레인스토밍은 특정한 주제에 관한 대안이나 해결책을 창출하기 위해 집단에 적합한 창조적 사고과정이다. 훌륭한 브레인스토밍은 아이디어의 양과 창조성에 집중한다. 불필요한 아이디어를 제거하기 위해 아이디어를 창출한 후에는 아이디어를 분류하고, 평가하여, 우선순위를 정한다. 아이디어 창출은 경영진, 직원과 잠재고객, 이해관계자 집단을 포함한다. 시장기회와 고객욕구 파악의 결과로 만든 브레인스토밍의 주제를 모든 사람이 확실히 이해할 수 있도록 사전에 충분히 설명한다. 바라는 결과와 관련된 가능한 아이디어를 창출하기 위해 아이디어를 자극할 질문이 많이 있다.

- 크기는 어떠한가?
- 두께는 어떠한가?
- 모양은 어떠한가?
- 많은가, 적은가?
- 연성인가, 강성인가?
- 색상은 어떠한가?

시장기회와 고객욕구 확인을 통해서 제공되지 않은 문제에 대한 해결책이 아이디어이다. 아이디어는 확산적 사고를 통해서 많은 아이디어를 생산하고 수렴적 사고를 통해 최적의 아이디어를 선별하는 것이다. 집단이나 개인에게 적당한 방법을 통하여 아이디어를 생성한다. 아이디어 창출과정에서 제품성공에 이르기까지 불충분한 아이디어는 제거되고, 우수한 아이디어만 생존하는 아이디어 수명주기를 갖는다. 연구자료에 의하면 최초 창출된 아이디어 100%가 마지막까지 생존하는 아이디어는 14%로 각 단계별로 우수하지 못한 아이디어가 탈락한 결과이다. 이와 같이 적합하지 못한 아이디어를 탈락시키고, 우수한 아이디어를 선정하는 것이 아이디어의 평가과정이다.

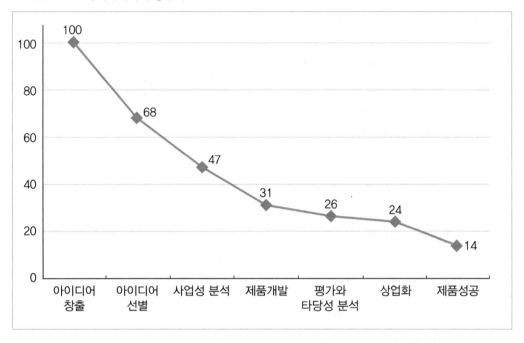

Sources: PDMA CPAS 2004; Cooper, "Winning at New Products"

3 아이디어의 평가

아이디어의 평가는 부적절한 아이디어를 제거하고 우수한 아이디어를 평가하는 아이디어의 선별 과정이다. 선별할 때 중요한 점은 좋은 아이디어를 제거하는 탈락오류(drop error)와 불충분한 아이디어를 제품개발과 상업화로 진행하는 진행오류(go error)이다.

1) 아이디어의 일차평가

아이디어의 선별은 모두 3차에 걸쳐 시행한다. 창출된 아이디어가 많을수록 좋은 아이디어를 많이 생산할 수 있지만, 아이디어가 양적으로 많다고 해서 모두 다 좋은 아이디어라 할 수 없다. 일차선별의 목적은 초기에 열등한 아이디어를 제거하는 것이다. 평가방법은 현재 경쟁자 제품이나 자사제품을 기준으로 하여 기준안을 만들고, 기준안보다 우수하면 +1점을, 동일하면 0점을, 열등하면 −1점을 주어 총합하여 순위를 정한다. 여기서는 전체안 중에서 개략적인 평가에 지나지 않기 때문에 각 안별로 비교하여,비교적 우수한 안을 적정한 숫자만큼 선별한다. [표 5-17]의 아이디어 1차 평가표를 활용한다.

▼ 표 5-17 아이디어 1차 평가표

평가질문	기준안	1안	2안	3안
기회가 현실적이다.	0			
시장에 있는 공백이다	0			
숨겨진 욕구이다	0			
제공되지 않은 욕구이다.	0			
고객을 위한 문제해결이다.	0			
아직까지 해결책이 제시되지 않았다	0			
불만족을 해결한 것이다.	0			
제공할 만한 가치가 있다.	0			
소비자가 구입할 것이다.	0			
충분한 잠재적 수익을 제공한다.	0			
완전히 새로운 아이디어이다.	0			
새로운 방법으로 결합한 아이디어이다.	0			
모방한 아이디어이다.	0			
제품, 서비스나 공정을 개선한 것이다.	0			
합 계				
순 위				

2) 아이디어의 이차평가

가능한 한 좋은 아이디어를 찾고, 불필요한 아이디어를 버리는 것이 중요하다. 쓸모없는 아이디어를 개발하면 시간과 재무투자의 의미에서 자원을 낭비하고, 현재의 포트폴리오에서 활동을 위험에 처하게 한다. 최초심사는 많은 아이디어 중에서 소수로 압축하는 평가이다. 이때 우수한 안이 탈락되고, 불필요한 안이 선택되지 않도록 신중하고 다각적인 심사가 필요하다. 또한 당연충족과 필요충족 기준에 적합한지를 고려한다.

- 당연충족: 정책과 전략의 적합성, 시장의 규모, 사업타당성, 법적 규제, 기업 이미지
- 필요충족: 표적시장의 매력성, 제품개발능력, 제품가치, 생산능력

첫 단계에서 제품개발을 위한 기술적 요구 사항과 시장에서의 제품잠재력을 먼저 평가한다. 기술적 요구 사항 점검은 제조 가능성, 가능한 원가와 적절한 개발시간을 명확하도록 내부평가를 병행한다. 이러한 기준으로 아이디어를 평가하기 위해서 평점모형을 사용하거나 점검목록을 확인한다. 따라서 많은 아이디어 중에서 우수한 소수의 안으로 압축하는 과정이 필요하다. 각각의 평가항목에 대해 10점 척도를 사용하는 것이 좋다. [표 5-18] 평가표에 의해서 평가하여 우수한 아이디어를 선정한다.

▼ 표 5-18 아이디어 2차 평가표

평가항목	1안	2안	3안	4안	5안
회사정책과의 적합성					
법적 규제					
시장의 규모					
사업타당성					
기업 이미지 영향					
표적시장의 매력성					
제품개발능력					
생산능력					
제품가치					
평 점					
순 위					

3) 아이디어의 최종 평가

참으로 좋은 아이디어인가? 필요한 것과 불필요한 것을 많은 아이디어 중에서 선별하는 과정이 최종평가 과정이다. 이 단계에서 과제는 추가적인 탐색을 위한 적절한 아이디어를 확인하고 결정하는 것이다. 기술과 시장용어로 소비자가 바라는 것과 타당성 간의 균형을 발견하는 것이다. 시장반응과 기술적 요구조건에 관한 정밀한 정보가 이 단계에서 이용할 수 없기 때문에 직

관이나 육감에 의존할 필요가 있다. 심사할 때 탈락오류와 진행오류 등 2가지 잠재적 위험을 기억해야 한다.

아이디어 선별의 목표는 성공할 가능성이 낮은 제품 아이디어를 제거하고, 최선의 아이디어를 선택하는 것이다. 그러나 실무에서 최선의 아이디어를 선택하는 것을 종종 실패한다. 실패이유는 불충분한 심사체계의 사용, 동기와 반응의 부족, 다른 사람의 아이디어에 대한 부정적인 태도 등이 있다. 아이디어의 분석과 평가는 단계가 많을수록 성공과 실패에 대한 확신성은 높아지나, 상대적으로 비용과 시간이 많이 소요되는 상충관계이다. 따라서 최적해를 탈락하는 오류와 불량해를 선택하는 오류를 범하지 않기 위하여 평가기준을 사용하는 것이 효과적이다.

▼ 표 5-19 아이디어 최종 가중치 평가표

평가항목		가중치	점수	가중 평가치
전략	회사 전략과의 적합성			
	회사 이미지 일치성			
	법적 제약성			
	수익성			
기술	기술개발 능력			
	기술개발 기간			
	기술개발 비용			
마케팅	고객가치			
	고객편익			
	제품차별성			
	경쟁상황			
	시장규모			
	타제품과 잠식여부			
	매출기여도			
생산	생산원가			
	생산인력			
	생산능력			
	원자재 조달능력			
○안	합 계	100		
	순 위			

이 단계는 이전단계에서 얻은 새로운 정보에 근거하여 아이디어를 재평가한다. 진행결정(go decision)은 아이디어를 사업분석으로 이동하는 것으로 시간과 돈에서 더 높은 투자를 필요로 한다. 여기서는 최종 평가를 위해 가중치를 둔 평가표를 사용할 수 있다. [표 5-22] 아이디어 최종 가중치 평가표를 활용하여 각각의 평가항목에 대해 10점 척도를 사용하는 것이 좋다. 1~2차에서 넘어온 각안을 평가하고 비교하여 득점이 많은 안을 선택할 수도 있고, 각각의 안에서 우수한 평가요소를 결합할 수도 있다.

서로 반대가 되어야 서로를 이루어 준다(주역).

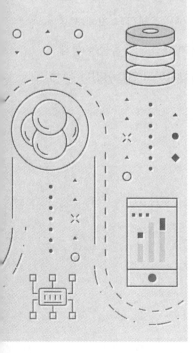

CHAPTER

06

트리즈

01 트리즈 기법
02 문제해결 방법

대부분의 사람들은 어떤 문제에 직면할 때 전에 했던 과거 경험에 근거하여 가장 좋은 방법을 탐색하고 분석적으로 선택한다. 이와 달리 천재는 재생적(reproductive)이 아니라 생산적(productive)으로 생각한다. 예를 들면, 문제에 직면할 때 천재들은 이것을 다르게 볼 수 없을까? 다른 방법을 생각해 낼 수 없을까? 문제를 해결한 사람들에 의해서 배운 바가 아니라 다른 방법으로 문제를 해결할 수 없을까? 그들은 색다르고 독특한 많은 다른 방법을 생각해낸다. 천재들의 특징적인 사고방식은 생산적 사고, 다른 방식의 문제인식, 생각의 시각화, 신기한 결합, 관계형성, 역설적인 사고, 은유적 사고와 기회를 위한 준비 등이 있다.

🔳 생산적 사고

생산적 사고가(productive thinker)는 13을 표현하는 방법이 많다고 말한다. 즉, 1/13, 1과 3, 11과 2 등 표현의 방법이 많다. 생산적인 사고로 많은 대안을 창안한다. 아인슈타인이 그와 보통 사람과의 차이를 질문 받았을 때 보통 사람들에게 건초 더미에서 바늘을 찾으라고 한다면, 바늘을 발견했을 때 보통 사람들은 멈출 것이다. 그러나 자신은 가능한 모든 바늘을 찾기 위해서 전체 건초 더미를 벗기어 낼 것이다. 미국의 물리학자인 파인먼(Richard Philips Feynman)은 천재의 비밀은 과거 사상가 문제에 대해 생각하는 방법을 무시하는 자신의 능력이 있다고 느끼고, 새로운 사고방식을 창안한다. 천재는 다양한 대안과 추측의 예측할 수 없는 생산을 한다는 점에서 생물학적 진화와 유사하다고 한다. 그는 노벨물리학상 수상자이고, 여러 대중적 저작물들을 통해 과학의 대중화에 힘쓴 과학자로 아인슈타인과 함께 20세기 최고의 물리학자라고 일컬어진다.

▨▷ 다른 방식의 문제인식

천재들은 매우 다른 방식으로 문제를 본다. 천재는 누구도 시도하지 않은 새로운 관점에서 발견해낸다. 레오나르도 다 빈치(Leonardo da Vinci)는 문제에 관한 지식을 얻기 위해 다른 방식으로 재구성하는 방법을 시도한다. 다 빈치는 사물을 보는 독특한 방식에 너무 편향되었다고 느껴, 하나의 관점에서 바라봄으로써 문제를 재구축하고 나서 다른 관점으로 이동한다. 이동은 이해를 깊게 하고, 문제의 본질을 알게 한다. 다 빈치는 이탈리아 르네상스를 대표하는 근대적 인간의 전형이다. 다 빈치는 화가이자 조각가, 발명가, 건축가, 기술자, 해부학자, 식물학자, 도시 계획가, 천문학자, 지리학자, 음악가였다. 간결함이 최고의 정교함이다(Simplicity is the ultimate sophistication). 그는 긴급한 일에 깊은 인상을 받았다. 아는 것만으로는 충분하지 않다. 응용하거나 적용해야 한다. 기꺼이 되는 것만으로는 충분하지 않다. 자연은 모든 진정한 지식의 원천으로 자신의 논리, 자신의 법칙을 가지고 있으며, 이유 없이는 결과나 발명은 없다.

알베르트 아인슈타인(Albert Einstein)은 독일 태생으로 미국의 이론물리학자이다. 그의 일반 상대성이론은 현대 물리학에 혁명적인 지대한 영향을 끼쳤다. 또한 1921년 광전효과에 관한 기여로 인하여 노벨 물리학상을 수상하였다. 아인슈타인의 상대성이론은 상이한 관점 간의 상호작용의 기술이다. 어제부터 배우고 오늘도 살고 내일도 희망한다. 중요한 것은 질문을 멈추지 않는 것이다. 우리가 경험할 수 있는 가장 아름다운 것은 신비한 것이다. 그것은 진정한 예술과 과학의 원천이다. 해결안을 창조할 때 우리가 사용했던 동일한 생각이라면 문제를 해결할 수 없다. 새로운 각도에서 새로운 문제, 새로운 가능성을 제기하려면, 창조적 상상력을 필요로 하며 과학의 진정한 발전을 의미한다. 나는 특별한 재능이 있는 것이 아니라 단지 열정적으로 호기심이 많다(I have no special talent. I am only passionately curious.).

프로이트(Sigmund Freud)의 분석방법은 전통적인 방법과 맞지 않는 완전히 새로운 관점을 찾아낸 것이다. 문제를 창조적으로 해결하기 위해 생각하는 사람은 과거의 경험에서 비롯되는 초기 접근법을 포기하고, 문제를 재개념화한다. 기존의 문제를 해결하는 것이 아니라 오히려 새로운 문제를 확인하는 것이다. 언젠가 돌이켜보면 수년간의 투쟁이 가장 아름답다. 자신에게 정직하게 행동하는 것은 좋은 운동이다. 자유는 책임을 수반하고 대부분의 사람들은 책임을 두려워하기 때문에 대부분의 사람들은 실제로 자유를 원하지 않는다. 표현되지 않은 감정은 결코 죽지 않을 것이다. 꽃은 편안하게 볼 수 있다. 그들은 감정이나 갈등이 없다. 의식적인 마음은 햇볕에 샘물이 솟아오르는 분수대와 비교할 수 있다. 자유에는 책임이 수반되고 대부분의 사람들은 책임에 대해 두려워하기 때문에 자유를 원치 않는다. 돌 대신 모욕을 던진 최초의 인간은 문명의 창시자였다.

▶ 생각의 시각화

천재들은 생각을 시각적(visible)으로 만든다. 르네상스 시대에 있어서 창조성은 괄목할 만하게 팽창하였는데, 다빈치와 갈릴레오처럼 회화나 도해에서 방대한 지식을 기록하였고 전달하였다. 갈릴레오(Galileo Galilei)는 자신의 사상을 시각화하여 과학을 대변혁하였으나, 그의 동료들은 전통적인 수학과 언어적 접근만을 사용하였다. 천재들은 최소한의 언어기능을 사용하기 때문에 그들만이 다른 방식으로 정보를 표시할 수 있는 공간적·시각적 능력을 개발한다. 갈릴레이는 이탈리아의 철학자, 과학자, 물리학자, 천문학자이다. 그는 이탈리아 토스카나지방의 피사에서 태어났으며 7남매 중 장남이었다. 아버지 빈센초 갈릴레이는 유명한 류트 연주가로, 음악 이론에 관해 중요한 연구를 일부 남겼다. 아인슈타인이 문제를 생각할 때 도해를 사용하여 주제를 형성하는 것이 필요하다는 것을 발견하였다. 매우 시각적인 정신을 갖고 있었고, 추리를 수학이나 언어적으로 생각하기보다는 오히려 시각과 공간적 형태로 생각하였다. 그는 단어와 수가 사고과정에서 중요한 역할을 하지 않는다고 믿었다.

신기한 결합

　　천재들은 신기한 것을 결합한다. 불일치하거나 특이한 것이라도 아이디어, 이미지와 생각을 다른 조합으로 결합하고, 또 재결합한다. 그레고르 멘델(Gregor Mendel)은 수도원의 정원에서 완두의 교배실험을 하던 중 1865년에 유전법칙을 명확하게 밝혔는데, 당시의 학계로부터는 인정받지 못하였다. 현대 유전학에 근거한 유전법칙은 멘델로부터 왔고, 그는 새로운 과학을 창조하기 위해 수학과 생물학을 결합하였다. 나의 과학적 연구는 내게 큰 만족을 주었다. 전 세계가 자신의 연구 결과를 인정하기까지는 그리 오래 걸리지 않을 것이라고 확신한다. 모든 실험의 가치와 유용성은 사용 목적에 맞는 재료의 적합성에 의해 결정되므로 이전의 경우 어떤 식물을 실험하고 어떤 방식으로 실험을 수행하는지는 중요하지 않다.

관계형성

　　천재들은 사물 간의 관계를 형성하여 새로운 사물을 창조한다. 천재적 미술가·과학자·기술자·사상가인 레오나르도 다빈치(Leonardo da Vinci)는 물을 치는 돌과 벨의 소리 간에 관계를 억지로 맺었다. 이것은 소리가 파동 안에서 이동하는 것을 연결했다. 미국의 화가·전신발명가 새뮤얼 모스(Samuel Finley Breese Morse)는 1837년 독자적인 알파벳 기호와 자기장치를 완성하였는데 이 기호가 개량된 것이 모스부호이다. 그는 말을 위해 역을 중계하는 것을 관찰할 때 전신신호용 교대역을 발명하였다. 이처럼 천재들은 다른 주제들을 연결하여 새로운 것으로 관계를 창조한다. 그는 미국 화가이자 발명가였다. 초상화 화가로서의 명성을 쌓은 후 중세에 유럽 전신을 기반으로 한 단일전신 시스템의 발명에 기여했다. 그는 모스 부호의 공동 개발자였으며 전신의 상업적 사용을 개발하는 데 도움을 주었다. 다음은 그가 남긴 어록이다. 똑똑한 사람은 실수를 하고, 배우고, 다시는 실수하지 않는다. 그러나 현명한 사람은 똑똑한 사람을 찾아 그에게서 실수를 완전히 피하는 법을 배운다.

▶ 역설적인 사고

천재들은 반대로 생각한다. 물리학자겸 철학자인 다비드 봄 (David Bohm)은 반대 사물이나 두 양립할 수 없는 대상 간에 모순을 허용할 수 있기 때문에 천재들은 다른 생각을 할 수 있다고 믿는다. 많은 사람들이 편견을 바꿀 때 생각하고 있다고 생각한다. 믿어야 하는 것보다 무의미에서 더 많은 의미가 있고, 의미에서 더 많은 무의미가 있다. 다르게 인식하거나 생각하는 능력은 이미 얻은 지식보다 더 중요하다. 우주는 비어있지 않고 모든 것이 존재하는 이유가 있다. 독창성을 위한 한 가지 전제 조건은 사람이 보고 있는 사실에 대한 선입견을 강요하지 않아야 한다. 오히려, 이것은 편안하고 사랑하는 생각과 개념이 뒤집힐 수 있음을 의미하더라도 새로운 것을 배울 수 있어야 한다.

로텐버그(Rothenberg)는 아이슈타인, 모차르트, 에디슨, 파스퇴르와 피카소를 포함한 천재들에게서 이러한 능력을 발견하였다. 물리학자인 닐스 보어(Niels Bohr)는 상반된 것을 함께 갖고 있을 때 생각을 일시 중지하고, 마음은 새로운 수준으로 이동하였다. 생각의 일시중지는 행동하고, 새로운 형태를 창조하려는 생각보다 뛰어난 지혜를 낳는다. 반대의 소용돌이는 새로운 관점이 마음에서 자유롭게 달아오르는 조건을 창조한다. 입자와 파동 모두로 빛을 상상하는 닐스 보어의 능력은 상보성의 원리(complementarity)가 되었다. 에디슨이 발견한 조명의 실제 시스템은 전통적인 사고방식으로는 생각할 수 없는 것으로 두 개의 공 안에 고저항 필라멘트가 있는 병렬회로 선으로 연결한 것이다. 왜냐하면 에디슨은 두 개의 양립 불가능한 대상 사이에 모순을 허용할 수 있었기 때문에 큰 발전이 되는 관계를 볼 수 있었다.

은유적 사고

천재들은 은유적으로 생각한다. 아리스토텔레스는 은유(metaphor)를 천재의 신호라고 하였다. 존재의 분리된 두 영역 사이에서 유사성을 인식하고, 그들을 연결하는 능력을 갖는 개인들은 특별한 재능의 소유자라고 믿었다. 닮지 않는 사물들이 어떤 면에서 실제로 비슷하다면 아마 다른 면에서도 비슷하다. 전화기 발명가인 벨(Alexander Graham Bell)은 귀의 내부동작과 강철을 움직이는 막(membrane)의 튼튼한 조직을 비교하여 전화기를 상상하였다. 아인슈타인은 열차가 지나가는 동안 연단에 서있거나 배 위에서 노를 젓는 것처럼 일상의 사건에 유추(analogy)를 끌어냄으로써 추상적인 원리를 설명하였다. 모든 작업에 대한 모든 생각을 집중한다. 한 문이 닫히면 다른 문이 열린다. 그러나 우리는 종종 너무 길고 닫힌 문을 보고 우리를 위해 열린 문을 보지 못한다. 위대한 발견과 개선에는 언제나 많은 사람들의 협조가 필요하다. 터무니없는 아이디어는 거의 실행가능성이 없는 것처럼 보인다. 그러나 그는 그것이 가능하고 문제의 해결책에 대한 단서로 생각한다. 무엇보다 먼저 준비는 성공의 열쇠이다.

기회를 위한 준비

천재들은 기회를 위해 자신을 준비한다. 어떤 일을 시도하고 실패할 때마다 뭔가 다른 일을 끝낸다. 이것은 창조적 사건의 첫째 원리이다. 의도했던 것을 하는데 실패한 이유를 자신에게 묻는다. 이것은 합리적인 질문이다. 그러나 창조적인 사건은 다른 질문을 야기한다. 질문에 신기하게 답변하기 때문에 예상하지 않은 방법은 본질적인 창조적 행동이다. 행운이 아니라 최상위의 창조적인 통찰력이다.

페니실린을 발견한 영국의 세균학자 플레밍(Alexander Fleming)은 치명적인 박테리아를 연구한 첫 번째 의사가 아니다. 덜 재능 있는 의사는 겉으로는 무관한 사건을 폐기했지만, 플레밍은 흥미 있는 것으로 인식하고, 가능성이 있는지를 궁금해 하였다. 이러한 흥미 있는 관찰로 페니실린에 이르게 되었다. 에디슨은 탄소 필라멘트를 만드는 방법을 숙고하는 동안 그의 손가락을 돌리고 틀면서 한 조각의 퍼티(putty)를 갖고 놀았다. 그의 손아래를 내려다볼 때 답이 눈 사이에서 스쳤다. 끝처럼 탄소를 비틀었다. 나는 우리의 삶에서 기회가 놀라운 영향을 미칠 수 있다는 점을 지적하려고 노력했다. 때로는 자신이 찾지 않는 것을 발견한다.

스키너(Skinner)는 과학적 방법론의 첫 원리를 강조하였다. 어떤 것이 관심이 있다고 느낄 때 다른 모든 것을 버리고 연구한다. 어떤 일은 사전에 생각한 계획을 끝내야 하기 때문에 문은 기회의 노크를 너무 많이 대답하지 못한다. 창조적인 천재들은 기회의 선물을 기다리는 것이 아니라 적극적으로 우연한 발견(accidental discovery)을 찾는다. 우리는 훌륭한 책을 가르치면 안 된다. 우리는 독서에 대한 사랑을 가르쳐야 한다. 실패는 항상 실수가 아니며 상황에서 가장 잘할 수 있는 것일 수 있다. 유일한 천재는 사회에 대해 무언가를 하는 사람들이다. 행동주의의 이상은 강압을 제거하는 것이다. 모든 사람에게 유익한 행동을 강화하는 방식으로 환경을 변화시켜 통제를 적용하는 것이다. 관심은 일종의 신경학적 신호로 작용하여 유익한 조사 영역으로 안내한다. 환경은 사람들의 행동을 형성한다(The environment shapes people's actions).

출처: Michalko, M.(2001). Cracking Creativity. Berkeley.

01 트리즈 기법

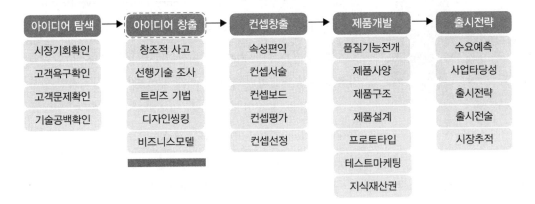

아이디어 탐색	아이디어 창출	컨셉창출	제품개발	출시전략
시장기회확인	창조적 사고	속성편익	품질기능전개	수요예측
고객욕구확인	선행기술 조사	컨셉서술	제품사양	사업타당성
고객문제확인	트리즈 기법	컨셉보드	제품구조	출시전략
기술공백확인	디자인씽킹	컨셉평가	제품설계	출시전술
	비즈니스모델	컨셉선정	프로토타입	시장추적
			테스트마케팅	
			지식재산권	

TRIZ(영어: theory of solving inventive problem)는 러시아의 겐리히 알츠슐러(Genrich Altshuller)에 의해 제창된 발명문제, 즉 창의문제 해결을 위한 체계적 방법론이다. 알츠슐러의 통찰력에 따라 이론은 광범위한 연구를 바탕으로 개발되었다. TRIZ에는 문제해결을 위한 혁신적인 해결안을 창안하는 실용적인 방법론, 도구, 지식 및 기술이 포함되어 있다. 문제 구성, 시스템 분석, 장애 분석 및 시스템 진화 패턴에 유용하다. TRIZ 실무자는 제품, 서비스 및 시스템을 만들고 개선하기 사용한다. 트리즈 연구는 세 가지 주요 결과를 도출했다.

- 산업과 과학 분야에서 문제와 해결책이 반복된다.
- 산업과 과학 분야에서 기술 진화 패턴이 반복된다.
- 혁신은 개발된 분야 밖에서 과학적 효과를 사용된다.

1 트리즈 기법

러시아의 과학자인 겐리히 알츠슐러(Genrich Altshuller) 박사는 "세상을 바꾼 창조적인 아이디어들에는 일정한 형태가 있다"는 가설을 세우고, 특허를 분석하여 가장 많이 활용된 아이디어 유형을 추출한 발명원리와 문제해결 이론을 창안하였다. 창조적인 아이디어에는 일정한 패턴이 있다는 트리즈(TRIZ)는 모순을 발견하고 모순을 해결하면 발명이 된다는 창조적 문제해결 이론이다. 트리즈는 문제 형성, 시스템 분석, 실패 분석 및 시스템 진화의 패턴에 사용하기 위한 도구와 방법을 제공한다. 트리즈는 문제의 성공적인 해결을 결정하는 패턴을 발견하기 위해 수백만

건의 특허를 선별하고 체계화하는 것에 기반을 두고 있다.

1) 트리즈의 특징

TRIZ(트리즈)는 러시아어 Teoriya Resheniya Izobretatelskikh Zadatch의 약자로 영어로는 Theory of Inventive Problem Solving(창조적 문제해결 이론)이다. 14세에 수중잠수장치를 개발한 겐리히 알츠슐러(Genrich Altshuller)는 1940년대 당시 군 관련 기술 문제를 해결하던 중에 전 세계 특허 중에서 창조적인 특허 4만 건을 추출·분석한 결과, 모든 발명과정에는 공통의 법칙과 경향성이 있는 것을 발견하였다. 창조적으로 문제를 해결할 수 있는 체계적인 문제해결책을 찾아내고 이를 트리즈(TRIZ)라 하였다. 다음은 그의 어록이다. 세계는 끝이 없고 우주는 끝이 없으며, 인간의 뇌는 결코 실업으로 위협받지 않을 것이다. 기술적인 모순의 해결은 발명이다. 창조성에 점점 더 관심을 갖게 되었다. 발명품은 어떻게 만들어졌는가? 발명가의 머릿속에 무엇이 나타나는가?

문제에는 모순이 존재하고 이 모순을 해결하면 발명이 된다. 모순은 어느 쪽도 선택할 수 없는 대립되는 성질이다. 39개 모순해결 매트릭스와 40개 트리즈의 발명원리가 있다. 물리적 모순은 시간, 공간, 조건, 전체와 부분 등 분리원리로 해결책을 찾는다. 이와 같이 트리즈 기법은 39개 기술변수를 활용해 그 모순을 정의하고, 모순 테이블을 만들어 이들이 충돌할 때 40개 발명원리를 적용하여 문제를 해결하는 창조적 사고기법이다. 세상의 위대한 발명들은 대체로 물리적 모순이나 기술적 모순을 해결한 것이다.

▼ 그림 6-1 TRIZ의 구조

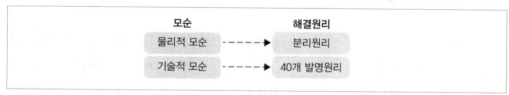

2) 트리즈의 역할

재발명하는 데 시간을 소비할 필요가 없다. 알츠슐러가 이미 언급했듯이 90% 이상의 문제가 이미 해결되었으므로 시간을 낭비할 이유가 없다. 그는 창조적인 문제와 해결 방법을 모색하기 위해 20만 건 이상의 특허를 심사했다. 이 중 4만 건만이 독창적인 해결안을 보유하고 있고 나머지는 간단한 개선 사항이었다. 창조적 문제해결에 어떤 공통된 원리들이 있지 않을까라는 의문을 갖고 찾아낸 원리가 모순의 극복이었다. 트리즈는 3과 4수준의 4만 특허를 분석한 결과 창조적인 문제해결의 공통점은 모순을 극복한 것이었다. 따라서 특허를 잘 활용하면 연구 시간을 60%, 연구비용을 40% 줄일 수 있다.

- 문제와 해결책은 산업과 과학에 걸쳐 반복된다. 각 문제의 모순을 분류하면 문제에 대한 창조적인 해결책을 예측할 수 있다.
- 기술 진화의 패턴은 산업과 과학에 걸쳐 반복된다.
- 창조적인 혁신은 개발된 분야 밖의 과학적 효과를 사용한다.

▼ 그림 6-2 발명의 5가지 수준

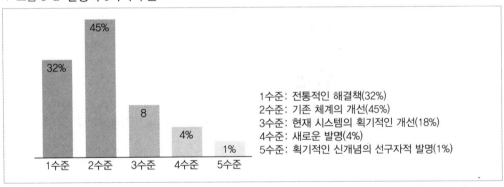

1수준: 전통적인 해결책(32%)
2수준: 기존 체계의 개선(45%)
3수준: 현재 시스템의 획기적인 개선(18%)
4수준: 새로운 발명(4%)
5수준: 획기적인 신개념의 선구자적 발명(1%)

많은 기업들이 실용적이고 일상적인 문제를 해결하고 기술의 미래를 위한 전략을 개발하기 위해 트리즈를 여러 단계에서 사용하고 있다. 트리즈는 기술 기반 조직의 경쟁우위를 강화하므로 세계를 주도하는 많은 조직이 트리즈 방법을 연구하고 사용하고 있다. 트리즈는 원래 기계적 문제해결을 위해 만들어졌지만 전자, 생물학, 경영, 지속 가능한 개발 및 환경 문제를 비롯한 많은 다른 분야에 적용되고 있다. 요즘 기업은 새로운 제품, 기술 및 서비스를 개발하거나 기존 기술을 개선하는 데 모든 노력을 집중해야 한다.

3) 모순도출

모순(contradiction)은 서로 양립하거나 공존할 수 없는 것들의 대립 현상으로 최소한 두 가지 이상의 요소가 갈등을 일으키는 상황이다. 따라서 모순은 어느 하나를 좋게 하면 어느 하나가 나빠지는 관계를 말한다. 모순이 반대 세력으로 성장하고, 또한 이것이 본래의 것과 격렬하게 부딪혀 나감으로써 새로운 것으로 발전되어 간다.

• 모순: 최소한 두 가지 이상의 요소가 갈등을 일으키는 상황

찾아낸 문제 속에서 모순관계를 파악한다. 물리적 모순과 기술적 모순을 분리하고, 발생할 수 있는 모순을 찾고, 선택된 기술적 모순의 특성을 극단적인 상황으로 격상시킨다. 더 많은 모순을 발견하기 위해 기술적 모순을 확대하는 것이다. 문제해결을 위해 하나의 기술적 특성을 개선하면 다른 기술적 특성에 악영향을 미쳐 또 다른 문제를 야기하는지를 파악한다. 모순을 발견하여 해결하면 바로 발명이 된다. 기술적 모순을 물리적 모순으로 전환하고 해결한다.

▼ 그림 6-3 **모순과 발명의 인과관계**

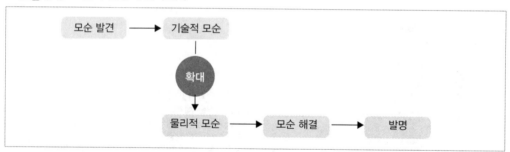

(1) 물리적 모순

물리적 모순(physical contradiction)은 하나의 기술적 변수(parameter)가 서로 양립할 수 없는 다른 값을 동시에 갖는 경우이다. 물리적 모순은 동시 존재함으로써 생기는 모순이다. 즉, 존재해야 하고 동시에 존재하지 않아야 한다(To be and not to be). 물리적 모순은 분리원리로 해결책을 제시한다. 시스템 내의 한 특성이나 특성의 값에 상호 배타적인 요구가 있는 상황이다. 예를 들면, 면도기의 날은 면도 성능을 높이기 위해서는 날카로워야 하고, 피부가 손상되는 것을 방지하기 위해서는 무뎌야 한다.

• 물리적 모순: 하나의 변수 안에 동시 존재함으로써 생기는 모순

▼ 그림 6-4 **모순의 구조**

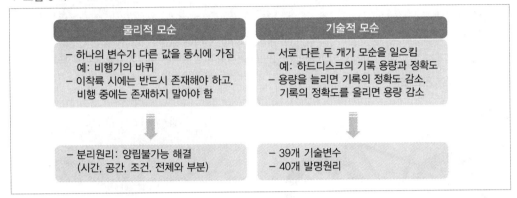

물리적 모순은 한 사물이 정반대의 요구 사항을 갖는 동시에 존재하기 어려운 상황이다. 문제의 시스템이 한 측면에서 한 방향으로 요구되고 동일한 시스템이 같은 측면에서 반대 방향으로 요구된다면 물리적 모순이 발생한다. 이 시점에서 이 상황은 불가능하다. 다음은 물리적 모순의 몇 가지 예이다.

• 소프트웨어는 기능이 많아야 하나 쉽게 사용하려면 간단해야 한다.
• 우산은 비를 맞지 않으려면 커야하나 길에서 잘 걸으려면 작아야 한다.
• 커피는 뜨거워야 향기가 있지만 즐겁게 마시려면 차가워야 한다.
• 아이디어는 독창적이어야 하지만 독창성은 창안하기 어렵다.
• 자동차 에어백은 사고를 방지하려면 빠르게 열려야 하지만 신체에 상해가 없으려면 부드럽게 열려야 한다.
• 브레이크는 사고를 피하기 위해 갑자기 제동되어야 하지만 제어를 확실히 하기 위해 점진적이어야 한다.

자전거 체인은 단단해야 하지만 동시에 유연해야 한다.	비행기의 착륙 바퀴는 있어야 하지만 동시에 없어야 한다.
• 회전력을 바퀴에 전달하기 위하여 체인은 단단해야 하고 • 그리고 둥근 체인 휠에 감기기 위하여 유연해야 한다. • 전체와 부분에 의한 분리	• 지표 접촉 시에 마찰력을 줄이기 위해 착륙 시에는 바퀴는 있어야 하고 • 그리고 비행 중에는 공기 저항을 줄이기 위하여 바퀴는 없어야 한다. • 시간에 의한 분리

(2) 분리원리

분리는 모순을 제거하고 요구가 충족될 수 있게 한다. 설계자는 분리 방법을 사용하여 설계 문제에 대한 초기 해결안을 얻을 수 있다. 바람직한 변화를 나타내는 변수와 악화를 나타내는 변수가 동시에 존재한다. 동시에 서로 다른 속성이 존재한다. 이러한 상황이 물리적 모순이다. 이러한 물리적 모순은 분리원리로 모순을 해결할 수 있다. 분리원리(separation principle)는 시간 분리, 공간 분리, 조건 분리 및 부분과 전체 분리가 있다.

- 시간 분리: 한 속성이 존재하거나 존재하지 않게 시간적으로 분리한다.
- 공간 분리: 한 속성이 한쪽에는 존재하고, 다른 쪽에는 존재하지 않는다.
- 조건 분리: 한 속성이 어떤 조건에서는 높고, 다른 조건에서는 낮다.
- 부분과 전체 분리: 한 속성은 전체에서 존재하지만 부분에서 존재하지 않는다.

☑ 시간 분리

모순된 요구가 다른 시간에 요구되는 경우 시간 안에 분리 방법을 사용하여 분리한다. 예를 들어, 바늘귀는 실이 쉽게 들어가도록 커야 하지만 옷의 손상을 막기 위해서는 작아야 한다. 즉, 바늘귀는 실을 꿸 때에는 커야 하고 바느질하는 동안은 작아야 한다. 디자인 사고의 키워드는 "언제(when)"이다. 언제 +A를 원하는가? 그리고 언제 −A(A의 모순된 상황)를 원하는가? 모순된 요구는 다른 시간에 대한 것이기 때문에 물리적 모순은 시간 분리를 사용하여 분리될 수 있다. 시간 분리의 해결은 5가지 발명원리가 추천된다.

- 원리 9: 사전 반대조치
- 원리 10: 사전 조치
- 원리 11: 사전 예방조치
- 원리 15: 역동성
- 원리 34: 폐기 및 재생

조건 분리의 방법
- 공간 분리 적용 불가: 모순된 요구 사항의 위치는 같다.
- 시간 분리 적용 가능: 바느질을 하기 전에 "구멍이 커야 한다"가 필요하다. 바느질하는 동안 "구멍이 작아야 한다"가 필요하다.

☑ 공간 분리

기술 시스템 내의 다른 위치에서 두 가지 모순된 요구가 필요한 경우 모순된 요구 사항을 분리한다. 디자인 사고의 키워드는 "where"이다. 시스템이 A를 어디에서 원하는가? 그리고 시스템이 −A(A의 모순된 상황)를 어디에서 원하는가? 대답이 다를 수 있다면 반대의 요구를 공간으로 분리할 수 있다. 예를 들어, 하이브리드 카는 엔진과 모터를 분리사용한다. 공간 분리를 사용하여 물리적 모순을 해결하기 위해 추천된 6개의 트리즈 발명원리가 있다.

- 원리 1: 분리
- 원리 2: 추출
- 원리 3: 국부적 품질
- 원리 4: 비대칭
- 원리 7: 포개기
- 원리 17: 차원변화

☑ 조건 분리

조건의 다른 구성 요소에 대해 모순된 요구가 필요한 경우 조건 분리 방법을 사용하여 분리한다. 많은 분리 장치는 점도, 입자 크기 또는 온도의 차이에 반응하는 방식으로 설계된다. 예를 들어, 좋은 기능을 가진 창을 디자인하는 방법이 있다. 모순은 공기가 들어올 수 있도록 창을 열어야 하지만 태양 광선이 들어오지 못하도록 창을 닫아야 한다. 창은 조건이다. 태양과 공기는 조건 구성 요소에 속한다. 조건 분리의 방법은 다음과 같이 제시될 수 있다.

- 원리 3: 국부적 품질
- 원리 17: 차원변화
- 원리 19: 주기적 작용
- 원리 31: 다공성 물질
- 원리 32: 색상 변화
- 원리 40: 복합재료

조건 분리의 방법
- 공간 분리 적용 불가: 동일한 창에 대해 모순된 요구 사항이 필요하다.
- 시간 분리 적용 불가: 공기 허용과 햇빛 허용 불가가 동시에 일어난다.
- 조건 분리 적용 가능: "창은 열려 있어야 한다"는 공기가 필요하다. "창은 닫아야 한다"는 햇빛이 필요하다. 햇빛과 공기는 조건의 두 가지 구성 요소이다.

☑ 부분과 전체 분리

모순된 요구 사항 중 하나가 부분 또는 전체 수준에서 필요하면 부분과 전체를 분리하는 방법을 사용하여 분리한다. 모순된 요구 사항을 전체의 수준에서 부분으로 분리한다. 일반적인 자전거 체인은 이것의 훌륭한 예이다. 자전거 체인은 부분 수준에서는 매우 단단하고 전체 수준에서는 매우 유연해야 한다. 예를 들어, "체인은 강철처럼 강하고 휠에 감기기 위해 유연해야 한다"를 충족할 수 있는 자전거 체인을 생산한다. 부분과 전체 분리 방법을 사용하여 물리적 모순을 해결하기 위해 추천되는 4개의 발명원리가 있다.

- 원리 1: 분리
- 원리 5: 통합
- 원리 33: 동질성

디자이너는 강한 자전거 체인의 문제를 해결하기 위해 발명원리 1을 적용할 수 있다. 최종 설계 해결안은 "체인" 개념을 기반으로 한다. 체인의 구성 요소는 주철로 만들어졌으며 단단하지만 전체 체인은 유연하며 보관 목적으로 접힐 수 있다. 발명원리 1은 다음을 의미한다.

- 전체를 독립된 부분으로 분리한다.
- 물체를 쉽게 분해할 수 있게 한다.
- 부분화 또는 세분화 정도를 높인다.

(3) 기술적 모순

기술적 모순(technical contradiction)은 서로 다른 두 개의 기술적 변수(parameter)들이 서로 충돌하는 것이다. 즉, 시스템의 한 특성을 개선하면 다른 특성이 악화되는 상황이다. 예를 들면, 자동차의 가속성능을 향상하면 연비가 나빠지는 현상이다. 이러한 모순을 해결하는 것이 발명이다. 기술적 모순은 40개 발명원리를 해결책으로 제시한다. 기술적 모순에서 서로 상반되는 기술적 변수들에 해당할 수 있는 것들을 39개 기술변수로 표준화된다. 물리적 모순은 사물의 본질이지만, 기술적 모순은 처리의 결과이다. 따라서 기술적 모순을 더욱 강화하여 물리적 모순으로 전환하여 문제를 해결한다.

- 기술적 모순: 시스템의 한 특성을 개선하면 다른 특성이 악화되는 상황

SENSE 기술적 모순

기록의 정확성과 용량 간의 모순	석유회사의 생산량과 품질 간의 모순
• 컴퓨터 HDD의 저장기록의 정확성을 증가시키면 용량이 감소하고 • 컴퓨터 HDD의 용량을 증가시키면 기록의 정확도가 감소한다.	• 석유정제 시설에서 석유의 생산량을 늘리면 석유의 품질이 저하되고 • 석유정제 시설에서 석유의 품질을 높이면 석유의 생산량이 감소한다.

  기술적 모순은 고전적인 기술의 절충점으로 기술적 특성이 서로 충돌하는 것이다. 이것은 시스템에 있는 어떤 것이 방해하기 때문에 원하는 상태에 도달할 수 없다. 즉, 어떤 것이 개선되면 다른 것이 악화된다. 다음은 기술적 모순 사례이다.

- 제품이 견고할수록 무게가 무거워진다.
- 자동차의 출력이 강할수록 연료가 더 많이 소비된다.
- 서비스가 개별 고객에게 맞춤화되지만 서비스 제공 시스템은 복잡해진다.
- 승객을 보호하기 위해 자동차 에어백을 빨리 열어야하지만 속도를 높이면 어린이 등 연약한 사람들이 부상을 입거나 사망할 수 있다.

SENSE 　모순의 발견은 발명의 시작

　모순(矛盾)은 창과 방패라는 뜻으로 앞뒤가 서로 맞지 않는 말이나 행동을 뜻한다. 이것은 「한비자(韓非子)」 난일(難一) 난세편(難世篇)에 있는 고사(故事)이다. 중국 전국시대의 초(楚)나라에서 창과 방패를 파는 상인이 "이 창은 예리하기로 어떤 방패라도 꿰뚫을 수가 있다. 그리고 이 방패의 견고함은 어떤 창이나 칼로도 꿰뚫지 못한다"고 자랑하였다. 어떤 사람이 "자네의 창으로써 자네의 방패를 찌르면 어떻게 되는가?" 하고 물었더니 그 상인은 대답하지 못하였다고 한다. 헤겔은 모순이 존재하는 것이야말로 모든 진리의 가장 기본적인 규칙 또는 기준이라고 한다. 모순(contradiction)은 무언가가 다른 것과 완전히 반대이거나 다른 것과 매우 다르다는 사실, 그 중 하나가 잘못된 것을 의미한다. 따라서 그 중 하나가 잘못된 것을 발견하고 해결하는 것이 바로 트리즈 기법이며 발명이다.

② 기술변수

기술적 모순은 설계 프로세스에 가장 자주 관여하는 39개 특성을 식별하는 모순 행렬표를 사용하여 해결한다. 물리적 모순은 분리원리에 의해 해결한다. 모순 분석은 40개 발명원리를 적용하는 기본 단계이다. 기술적인 문제를 표현하기 위해 현재 시스템의 어느 부분을 향상시킬 것인지, 그리고 개선과 모순되는 시스템의 어떤 부분을 악화시킬지에 대해 명시해야 한다. 이러한 측면을 설명하기 위해 트리즈는 39개 기술변수를 사용한다. 기술적 모순은 트리즈 개념의 핵심이다. 기술적 모순은 기술적 시스템의 모순되는 두 가지 특성을 나타낸다. 기계의 한 부분이나 특성을 향상시키면 다른 특성이 자동으로 악화된다. 예를 들면, 자동차의 엔진 출력을 증가하면 연료 소비가 증가한다. 기술적 모순을 식별하고 제거하는 경우에만 문제가 해결된다.

문제해결은 종종 모순되는 요구 사항을 이해하고 해결하는 것과 관련이 있다. 기술적 모순은 한 부분의 개선은 다른 부분의 악화로 이어진다. 또는 물리적 모순은 반대 상태에서 동일한 시간이 필요하지만 다른 시간이나 장소에서 원할 수 있다. 예를 들면, 우산은 휴대하기 위해서는 작아야 하고 동시에 비를 맞기 위해서는 커야 한다. 요구 사항의 모순을 이해하면 트리즈 프로세스와 이를 해결하기 위한 도구를 사용할 수 있다. 모순은 해결책의 단순한 충돌이다. 반대의 해결책을 원하거나 새로운 해결책, 즉 시스템의 한 기능에 대한 개선된 변경 사항을 도입함으로써 시스템의 또 다른 기능이 더욱 악화된다. 모순은 반대의 특징이나 기능으로 달성되는 것이다. 다음은 39개 기술변수에 대한 설명이다.[1]

1) 움직이는 물체의 무게: 움직이는 물체에 의해 가해지는 질량 또는 중력이다.

2) 고정된 물체의 무게: 고정된 물체에 의해 가해지는 질량 또는 중력이다.

3) 움직이는 물체의 길이: 길이로 간주되는 선형 치수이다.

4) 고정된 물체의 길이: 고정된 물체와 관련된 선형 또는 각도 차원이다.

5) 움직이는 물체의 면적: 표면 또는 표면적과 관련된 차원이다. 내부 또는 외부일 수 있다.

6) 고정된 물체의 면적: 표면 또는 표면적과 관련된 차원이다. 내부 또는 외부일 수 있다.

7) 움직이는 물체의 부피: 물체가 점유하고 있는 공간의 부피 치수 또는 주위의 공간과 관련된 것이다.

---

1 유순근(2019), 부의 수직 상승: 아이디어에 길을 묻다. 박문사.

8) 고정된 물체의 부피: 물체나 그 주위 공간이 차지하는 공간의 부피 치수와 관련된 것이다.

9) 속도: 물체 또는 어떤 프로세스나 동작의 속도이다.

10) 힘: 물체 조건을 변경하기 위해 의도된 상호작용이다. 선형 또는 회전일 수 있다.

11) 장력, 압력, 응력[2]: 단위 영역에서 행사되는 장력이다. 압력은 힘이 물체에 주는 영향이다.

12) 모양: 심미적인 이유가 아닌 인체 공학 및 기능에 필요한 형태이다.

13) 물체의 안정성: 시스템의 무결성이다. 즉, 시스템의 구성 요소의 관계이다.

14) 강도: 물체가 힘에 반응하여 변화하는 것에 저항할 수 있는 범위이다.

15) 움직이는 물체의 내구력: 물체 또는 시스템이 작동하는 데 걸리는 시간이다.

16) 고정된 물체의 내구력: 물체 또는 시스템이 작동하는 데 걸리는 시간이다.

17) 온도: 물체 또는 시스템의 열(熱) 상태를 측정 또는 확인한다.

18) 밝기: 단위 면적당 입사 광속(light flux), 색상, 밝기, 조명 품질 등과 특성이다.

19) 움직이는 물체가 소모한 에너지: 작동하는 데 필요한 물체의 용량이다.

20) 고정된 물체가 소모한 에너지: 작동하는 데 필요한 물체의 용량이다.

21) 동력: 작동하는 데 필요한 에너지의 비율이다.

22) 에너지의 낭비: 유용한 기능이 수행되는데 기여하지 않는 에너지 낭비이다.

23) 물질의 낭비: 시스템 또는 주변 요소의 손실 또는 낭비이다.

24) 정보의 손실: 자료 손실 또는 시스템 낭비이다.

25) 시간의 낭비: 비효율적인 시간이다. 즉, 대기 시간, 유휴 시간 등이 포함된다.

26) 물질의 양: 시스템의 재료, 물질, 부품, 작동 영역 또는 하위 시스템의 수나 양이다.

27) 신뢰성: 의도된 기능을 예측 가능한 방법과 조건으로 작동할 수 있는 시스템의 능력이다.

28) 측정의 정확성: 정확도이다. 시스템 속성의 실제 값에 대한 측정값의 근접성이다.

29) 제조의 정확성: 시스템 또는 물체의 실제 특성이 지정된 특성 또는 필수적인 특성과 일치하는 정도이다.

30) 물체에 작용하는 유해한 요인: 시스템 내 또는 주변에 해로운 영향을 미치는 비효율적인 요소이다.

---

2 외력(外力)이 재료에 작용할 때 그 내부에 생기는 저항력.

31) 유해한 부작용: 시스템 주위에 해로운 영향을 주는 비효율성의 형태이다.

32) 제조용이성: 제조 및 조립과 관련된 문제이다. 즉, 용이한 제조를 의미한다.

33) 사용편의성: 사용자가 시스템이나 물체를 조작 또는 제어하는 방법을 배울 수 있는 범위이다.

34) 수리가능성: 시스템의 결함을 복구하는 시간과 같은 품질 특성이다.

35) 적응성: 시스템이나 물체가 외부 변화에 반응할 수 있는 범위이다.

36) 장치의 복잡성: 시스템의 경계 내부와 외부를 연결하는 요소 및 요소 상호관계의 다양성과 수이다.

37) 조절의 복잡성: 물체 또는 시스템에서 측정하는 난이도이다.

38) 자동화의 정도: 자동화 수준 또는 범위를 나타낸다.

39) 생산성: 단위 시간당 시스템이 작동하는 유용한 기능 또는 작업의 수이다.

▼ 표 6-1 39개 기술변수

1. 움직이는 물체의 무게(weight of moving object)
2. 고정된 물체의 무게(weight of nonmoving object)
3. 움직이는 물체의 길이(length of moving object)
4. 고정된 물체의 길이(length of nonmoving object)
5. 움직이는 물체의 면적(area of moving object)
6. 고정된 물체의 면적(area of nonmoving object)
7. 움직이는 물체의 부피(volume of moving object)
8. 고정된 물체의 부피(volume of nonmoving object)
9. 속도(speed)
10. 힘(force)
11. 장력, 압력 및 응력(tension, pressure and stress)
12. 모양(shape)
13. 물체의 안정성(stability of object)
14. 강도(strength)
15. 움직이는 물체의 내구력(durability of moving object)
16. 고정된 물체의 내구력(durability of nonmoving object)
17. 온도(temperature)
18. 밝기(brightness)
19. 움직이는 물체가 소모한 에너지(energy spent by moving object)
20. 고정된 물체가 소모한 에너지(energy spent by nonmoving object)
21. 동력(power)
22. 에너지의 낭비(waste of energy)
23. 물질의 낭비(waste of substance)
24. 정보의 손실(loss of information)
25. 시간의 낭비(waste of time)
26. 물질의 양(amount of substance)
27. 신뢰성(reliability)
28. 측정의 정확성(accuracy of measurement)
29. 제조의 정확성(accuracy of manufacturing)
30. 물체에 작용하는 유해한 요인(harmful actors acting on object)
31. 유해한 부작용(harmful side effects)
32. 제조용이성(manufacturability)
33. 사용편의성(convenience of use)
34. 수리가능성(repairability)
35. 적응성(adaptability)
36. 장치의 복잡성(complexity of device)
37. 조절의 복잡성(complexity of control)
38. 자동화의 정도(level of automation)
39. 생산성(productivity)

③ 발명원리

발명원리는 문제에 대한 해결책을 찾는 데 유용하다. 40개 발명원리(40 inventive principles)는 러시아의 과학자인 겐리히 알츠슐러가 특허의 원리를 정리한 발명원리이다. 그는 2만 건의 특허를 심층적으로 연구하여 중요한 규칙을 발견하였다. 그는 새로운 혁신은 이 원리들에 의해서만 이루어질 것이라고 결론지었다. 이러한 원리는 트리즈의 핵심 구성 요소이다. 이러한 발명원리들은 계속해서 진화하고 있다. 사례를 찾아내고 한 가지 또는 다른 원칙을 실제 삶의 문제 해결에 사용한다.[3]

▼ 표 6-2 발명원리 적용의 예

개선변수 \ 악화변수		1 움직이는 물체의 무게	2 고정된 물체의 무게	4 고정된 물체의 길이	6 고정된 물체의 면적	10 힘	11 압력	12 모양
1	움직이는 물체의 무게	+				8, 10, 18, 37	10, 36, 37, 40	10, 14, 35, 40
3	움직이는 물체의 길이	8, 15, 29, 34				17, 10, 4	1, 8, 35	1, 8, 10, 29
4	고정된 물체의 길이		35, 28, 40, 29	+	17, 7, 10, 40	28, 10	1, 14, 35	13, 14, 15, 7

INVENTIVE PRINCIPLES

원리 1. 분리(segmentation)

분리란 전체를 작은 부분으로 분할하는 것이다. 모듈식 디자인은 부품을 서로 다른 방식으로 연결 또는 수리하거나 운반할 때와 같이 제조, 조립 및 분리가 쉽다. 부분을 다르게 처리하거나 서로 다른 재질로 만들어서 모양을 다르게 할 수 있다. 예를 들면, 직사 형태가 아닌 안개 형태로 물을 뿌리는 소방호스는 건물을 훨씬 덜 훼손한다.

(a) 물체를 독립적인 부분으로 나눈다.

(b) 물체를 분해하기 쉽게 한다.

(c) 부분화 또는 세분화 정도를 높인다.

---

3 유순근(2019), 부의 수직 상승: 아이디어에 길을 묻다, 박문사.

원리 2. 추출(extraction)

어떤 물체에서 기능, 성분, 특징이나 요소를 추출한다. 이것은 통증이 있는 치아를 제거하거나 시스템의 중요 부분을 추출하는 것과 같이 무언가를 추출하거나 분리하는 것을 의미한다. 전체에서 다른 부분이나 다른 가치를 찾는다. 가치가 낮은 항목을 제거하거나 가치가 높은 항목을 추출하여 다른 상황에 사용될 수 있다. 방해되는 부분을 물체로부터 분리하거나 물체의 필요한 부분만을 추출한다.

(a) 전체에서 부분을 추출하거나 분리한다.
(b) 개체의 필요한 부분 또는 속성만 추출한다.

원리 3. 국지적 품질(local quality)

품질이나 속성을 전체가 동일한 것이 아니라 부분별로 다르게 한다. 국지적 품질의 원칙은 물체의 구조나 외부 환경을 균일한 상태에서 비균일한 상태로 변화시키는 것이다. 예를 들면, 한쪽 면에 장도리가 있는 해머와 같은 특정 부분의 기능을 변경하는 것을 의미한다. 부품의 배치나 사용이 변경될 수 있다. 이유는 과거에 묻혀 있거나 작동 중에 제공되는 가치보다 제조 편의성이 더 많을 수 있다.

(a) 물체의 구조를 일정한 것에서 비균일하게 변경한다.
(b) 행동 또는 외부 환경을 일정한 것으로부터 비균일하게 변경한다.
(c) 물체의 각 부분이 작동에 가장 적합한 조건으로 기능하도록 한다.
(d) 물체의 각 부분이 다르고 유용한 기능을 수행한다.

원리 4. 비대칭(asymmetry)

대칭적 물체는 제작하기는 쉽지만 가장 유용한 설계는 아니다. 심미적인 사람들은 대칭에 끌리는 경우가 종종 있지만 제품이나 프로세스에서 비대칭성이 더 매력적인 경우가 있다. 비대칭을 사용하면 차별성을 제공할 수 있다. 물체의 서로 다른 차원마다 그리고 둘 이상의 매개변수에 대해 비대칭적인 것들을 만든다. 패션 디자이너는 다양한 스타일을 만들기 위해 비대칭성을 사용한다. 다양한 모양은 하나의 모양이 한 기능을 하고, 다른 모양이 다른 기능을 수행할 수 있는 기회를 제공한다.

(a) 대칭에서 비대칭으로 물체의 속성이나 모양을 변경한다.
(b) 외부 비대칭(예: 인체 공학적 특징)에 맞게 물체의 모양을 변경한다.
(c) 물체가 비대칭이면 비대칭 정도를 변경한다.

원리 5. 통합(consolidation)

통합 또는 결합은 각 물체의 장점을 활용하기 위해 동시에 또는 동일 장소에서 일어나는 일들을 결합하는 것이다. 이는 병렬로 작업하거나 이전에 더 많은 작업이 있었던 단일 장치를 만드는 것을 의미한다. 예를 들면, 회전식 건조기로도 작동하는 세탁기는 결합 원리를 사용한다. 결합은 단순화할 수 있는 기회를 제공한다.

ⓐ 병렬 작업을 수행하기 위하여 동일하거나 유사한 물체를 서로 결합하거나 동일하거나 유사한 부품을 결합한다.

ⓑ 운영을 연속적 또는 병렬적으로 만든다.

원리 6. 다용도(universality)

한 물체에 서로 다른 기능이나 속성을 결합하여 다양한 기능을 수행한다. 다용도 또는 범용성은 스위스 아미 나이프(다양한 종류의 날들이 여러 개 달려 접게 되어 있는 작은 칼) 또는 침대 겸용 소파와 같이 여러 가지 기능을 수행할 수 있는 곳에서 사용된다. 다른 물체가 동일한 기능을 수행하도록 하여 물체를 제거할 수 있는 경우 유용하다.

ⓐ 물체나 구조가 여러 기능을 수행한다. 다른 부품의 필요성을 제거한다.

원리 7. 포개기(nesting)

포개기 또는 중첩은 러시아 마트로시카 인형처럼 한 가지를 다른 것으로 채우거나 물체를 어떤 식으로든 함께 묶는 것을 의미한다. 다른 물체 내에 포함된 물체는 보호되어 전체 장치를 더 작게 만든다. 망원경은 초점을 맞추기 위해 중첩을 사용하고 작고 휴대 가능한 장치로 접을 수 있다.

ⓐ 하나의 물체를 다른 물체 안에 배치한다.

ⓑ 여러 물체를 다른 물체 안에 배치한다.

ⓒ 다른 부분의 구멍을 통해 한 부분을 통과시킨다.

원리 8. 균형추(counterweight)

시스템이 한 방향으로 바람직하지 않은 힘을 가할 때, 균형추는 반대 방향으로 행동하여 균형을 맞추거나 상황을 개선하기 위해 변화를 준다. 예를 들면, 자기부상 열차는 중력의 반대 방향으로 자기력을 이용해 차량을 선로 위에 부상시켜 움직이는 열차이다. 차량의 구동력 조절장치는 완충장치를 변경하여 굴림 경향을 균형 있게 조정한다.

(a) 물체의 무게를 상쇄하기 위해 물체를 들어 올리는 다른 물체와 합친다.
(b) 물체의 무게를 보충하기 위해 환경과 상호작용하도록 한다.

원리 9. 사전 반대조치(prior counteraction)

유해한 영향을 통제하기 위해서 사전에 예방조치를 취한다. 예를 들면, 선수가 경기하기 전에 몸을 푼다. 바람직하지 않은 상황이 일어날 것을 알게 되면, 일어날 때를 대비하여 뭔가를 할 수 있다. 해로운 상황이 일어나는 것을 방지하거나 일어날 때 발생할 수 있는 충격을 줄이기 위해 할 수 있다. 이를 수행하는 방법에는 반대조치를 보강하고 설정하여 문제를 항상 관리할 수 있다.

(a) 유해하고 유용한 결과가 있는 행동을 수행할 필요가 있는 경우 이 행동을 유해한 영향을 통제하기 위한 반대조치 행동으로 대체한다.
(b) 추후 바람직하지 않은 압력에 반대되는 물체에 미리 압력을 만든다.

원리 10. 사전 조치(prior action)

사전 조치는 언젠가 무엇이 이루어질 때 사전 행동을 준비하거나 취해서 사건이 일어났을 때 부정적인 사건을 방지하거나 완화하는 것을 의미한다. 예를 들어, 멧돼지가 밭에 들어오지 못하도록 밭 주위에 철조망을 치운다. 무엇이 필요한 때에 이루어지기 위해 장치 또는 제조 프로세스를 설계한다.

(a) 필요한 변경을 미리 수행한다.
(b) 물건을 미리 준비하여 가장 편리한 장소에서 지체하지 않고 배달한다.

원리 11. 사전 예방조치(cushion in advance)

사전에 안전 조치를 취하는 것은 부족한 기능을 보완하거나 미리 예방하여 위험을 줄이는 수단이다. 일어나지도 않은 일을 사전에 예상하여 실패하거나 잘못될 일에 대비하는 것이다. 예를 들면, 자동차 에어백, 보험, 예방 주사, 교육, 경찰, 군대 등이 있다. 또한 실수로 프로세스를 교정하는 것에서부터 컴퓨터용 무정전 전원공급 장치를 만드는 것에 이르기까지 사전 예방조치는 다양하다.

(a) 물체의 낮은 신뢰성을 보상하기 위해 사전에 비상수단을 준비한다.

원리 12. 동등성(equipotentiality)

물체의 속성, 기능, 수준이나 위치를 동일하게 한다. 많은 작업은 물체를 올리거나 내리는 것이다. 즉, 물체의 밑에 있는 부품에 접근하는 것과 관련이 있다. 동등성은 이러한 무거운 작업을 피할 수 있는 방법을 찾는 것을 의미한다. 예를 들어, 서랍장은 단일 상자의 문제에 대한 간단한 해결책이다. 하단의 물체를 꺼내려면 상층의 물체를 모두 꺼내야 하는 불편을 제거한 것이다.

(a) 잠재적인 분야에서 위치 변경을 제한한다.

원리 13. 역방향(do it in reverse)

역방향이란 정상적으로 보이는 것과 정반대의 행동을 의미한다. 내리는 대신 들어 올릴 수 있고, 역순으로 일을 하고, 거꾸로 하고, 회전하거나 움직이고, 다른 행동을 반대로 뒤집을 수 있다. 이것은 역발상이다. 문제를 해결하기 위해 그 동안 해왔던 방식과 반대 또는 다르게 해보는 것이다.

(a) 문제를 해결하는 데 사용된 행동을 반대로 한다.
(b) 이동 부분을 고정시키고 고정 부분을 이동할 수 있게 한다.
(c) 물체 또는 프로세스를 반대로 한다.

원리 14. 곡선화(spheroidality)

물체의 형태를 직선 대신 곡선, 직선 운동 대신 회전 운동을 사용한다. 사람들은 평평한 표면을 선호하는 경향이 있으나 종종 싫증난다. 예를 들면, 회전의자나 유선형이 있다. 다양한 형태의 곡선을 고려한다. 볼 베어링을 사용하여 마찰을 줄이거나 금속을 부드럽게 구부리거나 힘을 유지하거나 직각이 아닌 부드러운 곡선으로 변화를 준다.

(a) 직선형 부품, 표면 또는 형태를 사용하는 대신 곡선을 사용한다. 평평한 표면에서 구형 표면, 입방체 모양의 부품에서 공 모양의 구조물로 이동한다.
(b) 롤러, 볼, 나선, 돔을 사용한다.
(c) 선형에서 회전 운동으로 이동하고 원심력을 사용한다.

원리 15. 역동성(dynamicity)

역동성은 고정된 물체를 움직이게 하는 것을 의미한다. 이것은 움직이는 특성을 활용하는 것이며 자유도의 증가이다. 시스템이 모두 단단히 함께 연결된 부품으로 구성된 경우 시스템에 적용되는 모든 힘은 모든 부품에서 동등하게 느껴진다. 환경이 바뀌면 변화에 잘 대처할 수 없다. 외부의 변화와 방해에 대처할 수 있는 시스템을 만든다.

(a) 물체, 외부 환경, 프로세스의 특성이 최적으로 변경하거나 최적의 작동 조건을 설계한다.

(b) 물체를 서로에 대해 상대적으로 움직일 수 있는 부분으로 나눈다.

(c) 움직이지 않는 것을 움직이는 것으로 바꾼다.

(d) 자유 운동의 정도를 높인다.

원리 16. 과부족 조치(partial or excessive action)

과부족 조치는 물체의 동작을 더 늘리거나 더 줄이는 것을 의미한다. 즉, 부족한 부분은 보충하고 남는 부분은 제거한다. 때때로 완벽은 고려하기가 불가능하거나 너무 비용이 많이 든다. 항상 고려할 수 있는 것은 100% 미만 또는 심지어 100% 이상이다. 동물들은 체지방으로 향후에 필요한 음식 공급을 저장하거나 동면 또는 수면과 같이 신진대사 속도를 늦춤으로써 다양한 영양 공급에 대처한다.

(a) 현재의 방법으로 목표의 100%를 달성하기 어렵다면 같은 방법의 '약간 적게' 또는 '약간 많게'를 사용하여 문제를 해결하는 것이 훨씬 쉽다.

원리 17. 차원변화(another dimension)

다른 측면에서 기존에 없던 새로운 것을 제시하고 이용한다. 직선과 관련된 문제가 발생하면 2차원 또는 3차원을 사용한다. 위쪽으로, 옆으로 또는 모서리 주변으로 이동한다. 물체를 회전하거나 관측점을 변경하거나 물체 수를 변경하여 치수를 이동할 수 있다. 물체를 단층 대신 다층으로 배열하거나 덤프트럭처럼 기울인다.

(a) 2차원 또는 3차원 공간에서 물체를 이동한다.

(b) 단층 배열 대신에 다층으로 구성된 물체를 배열한다.

(c) 물체를 기울이거나 방향을 바꾸고 옆으로 눕힌다.

(d) 주어진 영역의 다른 면을 사용한다.

원리 18. 진동(mechanical vibration)

기계의 생산성과 효율성을 높이기 위해 진동의 빈도를 증가시킨다. 기계적 진동은 효과적으로 물체에 에너지를 주입하는 방식으로 다른 물체를 분해하거나 쉽게 움직일 수 있다. 진동, 음파 또는 초음파로 이를 수행할 수 있다. 주파수와 진폭을 변경하여 다양한 효과를 만들 수 있다. 예를 들면, 진동

안마의자, 진동 칫솔, 진동 드릴, 진동 커터, 스피커, 저주파 치료기 등이 많이 있다.

(a) 물체를 진동하도록 한다.

(b) 빈도를 높인다.

(c) 물체의 공진 주파수를 사용한다.

(d) 기계식 대신 초음파 및 전자기장 진동을 결합하여 사용한다.

원리 19. 주기적 작용(periodic action)

작용을 변화시키는 것은 주기의 규모나 빈도를 변화시키는 것이다. 주기적 작용은 행동의 단계적 조치를 증가하는 것으로 반복되는 에너지 폭발이다. 에너지 폭발 사이에 간격을 두어 주기적 행동을 창출할 수 있다. 적용 범위, 적용 기간 및 응용 프로그램 간의 기간을 변경할 수 있다. 자동차의 후방램프는 브레이크를 제동할 때만 빨갛게 점등되어 에너지를 절약할 뿐만 아니라 운전자의 주의를 끈다. 타이머는 간헐적 또는 주기적 작용을 지원하고 신호등은 주기적 작용을 지원한다.

(a) 지속적인 동작 대신 주기적 또는 변동하는 동작을 사용한다.

(b) 행동이 이미 주기적이라면 주기적 작용 또는 빈도를 변경한다.

(c) 일시 중지를 사용하여 다른 행동을 수행한다.

원리 20. 유용한 작용의 지속(continuity of useful action)

모든 기계가 항상 최적으로 사용되고 있는 것은 아니다. 따라서 유휴 시간을 줄이거나 더 나은 사용으로 문제를 개선할 수 있다. 동작의 중단이 없으면 시간의 낭비 없이 물체의 능률이 최대한으로 발휘될 수 있다. 작업이 중단되지 않고 지속되어 전체가 최대로 작동되게 하거나 불필요한 동작을 제거하여 낭비 요인을 줄인다.

(a) 지속적으로 업무를 수행한다. 물체가 항상 전체로 작동하도록 만든다.

(b) 모든 유휴 또는 간헐적인 행동이나 작업을 제거한다.

원리 21. 급히 통과(rushing through)

불필요하거나 위험한 요소를 진행해야 하는 경우 고속으로 작업한다. 고속으로 작업하면 문제가 발생할 수 있는 시간이 줄어든다. 예를 들어, 부드러운 재료를 천천히 절단하는 경우 변형되어 절단 작업이 어려워질 수 있다. 이러한 경우 매우 빠르게 절단하면 재료가 변형될 시간이 없다.

(a) 프로세스 또는 특정 단계(예: 파괴, 위험한 작업)를 고속으로 수행한다.

원리 22. 전화위복(convert harm into benefit)

전화위복은 유해한 요인을 활용하여 긍정적 효과를 내는 것이다. 유해한 요인을 이용해서 유해한 요소를 제거한다. 예를 들면, 차량 엔진에서 발생하는 열로 차량 실내를 따뜻하게 한다. 폐기물을 재활용한다. 난방을 하는 데 충분한 가연성 폐기물 가스를 만드는 것과 같이 이익을 창출하기 위해 해를 증가시킬 수도 있다.

(a) 유해 요인을 사용하여 긍정적 효과를 얻는다.
(b) 문제해결을 위해 유해 행동을 추가하여 주된 유해 행동을 제거한다.
(c) 더 이상 유해하지 않은 수준으로 해로운 요소를 증폭시킨다.

원리 23. 피드백(feedback)

피드백은 사용자들에게 필요한 정보를 제공하여 그들로부터 의견을 받아 개선하는 것을 의미한다. 피드백은 시스템의 출력을 감지하고 사용하여 온도를 제어하는 데 사용되는 온도 조절기와 같이 이전에 발생한 이벤트를 변경한다. 또한 피드백을 역전하여 변경 사항을 과장하거나 가속화하거나 바람직하지 않은 효과를 취소할 수 있다.

(a) 프로세스 또는 작업을 개선하기 위해 피드백(상호 체크)을 도입한다.
(b) 피드백이 이미 사용된 경우 피드백의 크기 또는 영향을 변경한다.

원리 24. 중간 매개물(mediator)

매개물은 두 개의 물체 간에 특정한 역할을 한다. 예를 들면, 직선운동을 회전운동으로 변환한다. 중간 매개물을 변화시키거나 활용하여 다른 효과를 발생시키는 것이다. 새 부품을 추가하거나 조치를 수행하기 위해 일시적으로 부품을 사용할 수 있다. 예를 들면, 선박에서 물을 제거하기 위해 펌프를 사용할 수 있다.

(a) 중개 전달 역할 또는 중간 프로세스를 사용한다.
(b) 한 물체를 다른 물체와 일시적으로 병합한다.

원리 25. 셀프 서비스(self service)

셀프 서비스는 고객이 스스로 서비스를 하는 것이다. 혈당, 혈압 측정이나 주유소의 주유 또는 자가 가구 조립 등은 스스로 할 수 있다. 이것은 비용도 절약할 수 있지만 비밀 유지나 자유롭게 수행할 수 있는 장점이 있다.

(a) 보조적인 유용한 기능을 수행하여 물체 서비스를 제공한다.

(b) 낭비 자원, 에너지 또는 물질을 사용한다.

원리 26. 복사(copying)

복사는 간단하고 저렴한 제품을 이용할 수 있는 대체 수단이다. 복잡하고, 값 비싸고, 깨지기 쉽고, 작업하기 어려운 대상은 원본을 사용하는 대신 간단한 복제품을 사용할 수 있다. 복사는 원하는 방식으로 사본을 변경하여 원하는 혜택을 얻을 수 있다. 복사에는 제품, 부품, 서비스나 이벤트 등이 있다.

(a) 복잡하고, 비싸고, 깨지기 쉬운 물체 대신에 간단한 복제품을 사용한다.

(b) 물체나 과정을 광학 복사로 대체한다.

(c) 보이는 광학 복사가 사용되면 적외선 또는 자외선 복사로 이동한다.

원리 27. 값싸고 짧은 수명(Inexpensive short life)

비싸고 내구성이 긴 제품보다 값싸고 수명이 짧은 제품을 활용한다. 상대적으로 가격이 비싸거나 어떤 문제를 일으킬 때 더 싼 것으로 대체할 수 있을 것이다. 많은 발명가들은 사람들이 정기적으로 구매하는 값싼 장치로 소득을 창출할 수 있다. 단기간 효과를 발휘하고 폐기할 수 있도록 제품과 서비스를 디자인한다.

(a) 값 비싼 물건을 여러 개의 값싼 물건으로 교체한다.

원리 28. 기계 시스템 대체(replacement of mechanical system)

기계적 기능을 다른 감각적 기능으로 대체한다. 기계적 시스템을 광학, 음향, 미각과 같은 시스템으로 바꾼다. 물체와 상호작용할 수 있는 전기적, 자기적 장을 이용한다. 물리적 시스템을 보이지 않는 효과로 대체할 수도 있다.

(a) 기계적 수단을 감각적 수단(시각, 청각, 미각, 후각, 촉각)으로 대체한다.

(b) 전기장, 자기장 및 전자기장을 사용하여 물체와 상호작용한다.

(c) 정적인 것을 동적인 것으로, 비구조화를 구조화된 것으로 변경한다.

(d) 활성화 입자와 함께 자성을 사용한다.

원리 29. 공기압 또는 유압 사용(pneumatic or hydraulic construction)

물체의 고체 부분을 기체나 액체로 대체한다. 기체나 액체를 부풀려서 큰 에너지로 만드는 원리를 활용한다. 자동차를 들어 올리는 자키는 유압을 사용한다. 공기압은 일반적으로 압축 공기를 이용하여 건설, 공장 기계에 사용된다. 압축 공기를 이용해 만든 공구는 드릴, 도장용 스프레이가 있다. 유압은 자동차나 중장비에 많이 활용된다.

(a) 고체가 아닌 물체의 액체 및 기체를 사용한다(예: 풍선, 액체, 에어쿠션).

원리 30. 유연막 또는 박막(flexible membranes or thin films)

유연막은 부드러운 껍질이고 박막은 얇은 껍질이다. 박막은 저렴한 비용, 낮은 공간, 유연성과 같은 특성을 가지고 있다. 구조물을 유연막이나 박막으로 대체한다. 유연막이나 박막을 이용하여 격리시킨다. 음식을 포장하는 데 사용되는 랩은 분리하여 격리하고 보호하는 데 사용할 수 있다. 필름은 물체를 외부 환경으로부터 보호할 수 있다.

(a) 입체 구조 대신에 유연막과 박막을 사용한다.
(b) 유연막과 박막을 사용하여 외부 환경으로부터 물체를 격리한다.

원리 31. 다공성 물질(porous material)

다공성 물질은 어떤 물질을 통과하고 다른 물질을 차단하여 원하는 또는 원하지 않는 원소를 분리하고 여과하는 데 사용된다. 이들은 필요에 따라 제어된 방식으로 방출될 수 있는 액체 또는 가스를 흡수 및 수집하는 데 사용된다. 다공성이 바람직하지 않은 효과인 경우에는 구멍을 이용하는 것보다 막는 것이 좋다.

(a) 물체를 다공성으로 만들거나 다공성 요소(삽입물, 코팅재 등)를 추가한다.
(b) 물체가 다공성이면 모공을 사용하여 유용한 물질이나 기능을 도입한다.

원리 32. 색상 변화(changing the color)

물체의 색상이나 투명도를 변화시킨다. 색상은 심미적인 요소나 위험 신호와 같은 실용적인 용도가 될 수 있다. 산성도를 결정하기 위해 리트머스 종이를 사용하는 것과 같은 탐지 기구로 사용할 수도 있다. 광학 필터는 색상의 투명도를 변경할 수 있다. 쉽게 관측하기 위해 색 첨가제나 형광 첨가제를 사용한다.

(a) 물체 또는 외부 환경의 색을 변경한다.
(b) 물체 또는 외부 환경의 투명도를 변경한다.
(c) 보기 어려운 물건의 관찰성을 향상시키기 위해 착색 첨가제 또는 발광 소자
(d) 복사 가열 대상의 방사율 특성을 변경한다.

원리 33. 동질성(homogeneity)

물체가 동일한 재료나 동일한 특성을 가진 물질과 상호작용하도록 한다. 동질 물질은 동일한 재료로 구성된다. 장치를 다른 재료로 만들면 어떨까? 어떤 효과가 있을까? 어떻게 상호작용하는가? 같은 재료를 사용한다면 어떨까? 전기 시스템에서 모든 플러그는 비용을 줄이기 위해 동일하다.

(a) 동일한 재료 또는특성을 가진 물체들이 상호작용하도록 만든다.

원리 34. 폐기 및 재생(rejecting and regenerating parts)

다 쓴 것을 폐기하거나 재생한다. 부품이 사용되고 더 이상 필요하지 않을 때 이러한 부품은 무엇을 하는가? 일반적으로 이것을 버리거나 복원하거나 어떻게든 재활용한다. 어떤 방법을 사용하든 이 문제에 대처하려면 시스템을 포함시킨다.

(a) 기능을 수행한 물체의 일부분을 제거하거나 조작을 하는 동안 직접 용해, 증발 등으로 버리거나 수정한다.
(b) 작동 중에 물체의 소모품을 직접 복원한다.

원리 35. 속성 변화(transformation of properties)

물질의 물리적 상태를 고체, 액체나 기체로 변화시킨다. 또는 농도, 밀도, 온도나 유연성을 변화시킨다. 물질의 화학적 구성을 고려한다. 원자와 분자 사이의 관계는 무엇인가? 그들은 서로 단단히 묶여 있는가? 쉽게 미끄러지거나 떨어져 나오는가? 유연성, 하중, 화학 반응 등에 미치는 영향을 살펴본다.

(a) 물체의 물리적 상태를 고체, 액체나 기체로 변경한다.

(b) 농도를 변경한다.

(c) 유연성의 정도를 변경한다.

(d) 온도, 압력을 변경한다.

원리 36. 상태 변화(phase transition)

상태 변화는 물질의 존재 상태를 변경하는 것이다. 고체를 액체로 바꾸거나 액체를 기체로 바꾸는 등의 현상을 이용하여 문제를 해결한다. 상태 변화는 부피 변화, 열 손실 또는 열 흡수와 같은 상태가 변화될 때 일어나는 현상이다. 물질은 팽창, 증발, 냉각 또는 형상 변화와 같은 변화를 종종 겪는다.

(a) 상태 변화 중에 발생하는 현상을 사용한다.

원리 37. 열팽창(thermal expansion)

물질의 열팽창이나 열수축을 이용한다. 물질을 가열하면 다양한 속도로 확장된다. 열팽창 계수가 다른 여러 가지 재료를 이용한다. 바이메탈 판(bimetallic strip)은 두 개의 연결된 금속판이 서로 다른 속도로 팽창하여 가열될 때 구부러지는 장치를 만드는 간단한 예이며, 이것은 많은 온도습도계의 기초를 제공한다.

(a) 재료의 열팽창 또는 수축을 사용한다.

(b) 열팽창을 사용하는 경우 열팽창 계수가 다른 여러 재료를 사용한다.

원리 38. 산화제(accelerated oxidation)

산소의 농도를 증가시키거나 감소시키는 반응을 이용한다. 보통의 공기를 산소가 많은 공기로 변경한다. 보통의 공기는 산소로, 산소는 오존으로 바꾼다. 공기 중의 산소는 철(녹 발생)에서 가연성 물질(화재 발생)과 같은 많은 물질과 반응한다. 산소와 보다 쉽게 결합하는 물질을 사용하거나 시스템에 더 많은 산소를 추가하여 증가시킬 수 있다.

(a) 보통의 공기를 산소가 많은 공기로 대체한다.

(b) 질소가 많은 공기를 순수 산소로 대체한다.

(c) 이온화된 산소를 사용한다.

원리 39. 불활성 환경(inert environment)

산화제와 반대되는 원리가 불활성 환경이다. 불활성 환경은 변하지 않는 환경이다. 불활성 성분은 어떤 성분이 다른 물질과 전혀 화합하지 못하는 성분이다. 정상적인 환경을 불활성 환경으로 바꾼다. 예를 들면, 물체에 중성 물질이나 중성의 첨가제를 넣는다. 진공 속에서 작업한다. 전구는 공기를 빼고 불활성 가스로 채우고 얇은 필라멘트가 산화되어 파손되는 것을 방지한다.

(a) 일반적인 환경을 비활성 환경으로 대체한다.

(b) 불활성 첨가제를 물체에 첨가한다.

원리 40. 복합재료(composite materials)

단일 재료를 복합 재료로 바꾼다. 물질이 모두 동일한 물질로 만들어지면 물질에 영향을 미치는 문제에 취약하다. 재료의 조합을 사용함으로써 서로 다른 재료가 서로 다른 특성을 제공할 뿐만 아니라 함께 작용하여 어떤 개별 부품보다 우수한 무언가를 제공하는 시너지 효과를 창출할 수 있다. 예를 들어, 합성 활은 단일 재료로 만들어진 활보다 더 지속적으로 화살을 발사할 수 있다.

(a) 단일에서 복합 또는 다중 구조로 변경한다.

▼ 표 6-3 40개 발명원리

1. 분할(segmentation)
2. 추출(extraction)
3. 국지적 품질(local quality)
4. 비대칭(asymmetry)
5. 통합(consolidation)
6. 다용도(universality)
7. 포개기(nesting)
8. 균형추(counterweight)
9. 사전 반대조치(prior counteraction)
10. 사전 조치(prior action)
11. 사전 예방조치(cushion in advance)
12. 동등성(equipotentiality)
13. 역방향(do it in reverse)
14. 곡선화(spheroidality)
15. 역동성(dynamicity)
16. 과부족 조치(partial or excessive action)

17. 차원변화(transition into a new dimension)
18. 진동(mechanical vibration)
19. 주기적 작용(periodic action)
20. 유용한 작용의 지속(continuity of useful action)
21. 급히 통과(rushing through)
22. 전화위복(convert harm into benefit)
23. 피드백(feedback)
24. 중간 매개물(mediator)
25. 셀프 서비스(self service)
26. 복사(copying)
27. 값싸고 짧은 수명(dispose)
28. 기계 시스템 대체(replacement of mechanical system)
29. 공기압 또는 유압 사용(pneumatic or hydraulic construction)
30. 유연막 또는 박막(flexible membranes or thin films)
31. 다공성 물질(porous material)
32. 색상 변화(changing the color)
33. 동질성(homogeneity)
34. 폐기 및 재생(rejecting and regenerating parts)
35. 속성 변화(transformation of properties)
36. 상태 변화(phase transition)
37. 열팽창(thermal expansion)
38. 산화제(accelerated oxidation)
39. 불활성 환경(inert environment)
40. 복합재료(composite materials)

02 문제해결 방법

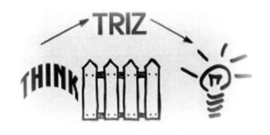

문제해결 방법은 기술변수와 발명원리로 모순 해결책을 찾는 방법이다. 기술 및 물리적 모순은 트리즈의 초석이다. 기술적 모순의 공식화는 문제의 근원을 더 잘 이해하고 문제에 대한 정확한 해결책을 더 빨리 발견하는 데 도움이 된다. 모순 분석은 새로운 관점에서 문제를 찾는 강력한 도구이다. 트리즈에서 문제는 기술적 모순 또는 물리적 모순으로 표현될 수 있다. 트리즈가 본질적으로 하는 일은 적당한 절충안을 찾기보다는 기술 시스템 및 프로세스에서 기술적 및 물리적 모순을 확인하고 과장하고 제거하는 것이다.

발명원리는 기술적 모순을 해결하는 데 사용된다. 문제해결 전략은 4개 유형으로 분류된다. 제거, 이동, 해결 및 회피이다. 제거는 문제 자체를 삭제하는 것을 의미하므로 해결할 필요가 없다. 이동은 문제를 어려운 것에서 쉬운 것으로 또는 주어진 것에서 다시 만드는 것이다. 해결은 주어진 문제를 해결하는 것이다. 회피란 주어진 문제에서 도망가는 것을 의미한다. 어떤 전략이 항상 옳다는 규칙은 없다. 전략은 모두 문제의 유형과 상황에 달려 있다.

1 모순 행렬표

모순 행렬표(contradiction matrix)는 세로축에 개선되는 특성과 가로축에 악화되는 특성을 찾아 기록한 후 이들 간의 기술적 모순을 해결할 수 있는 발명원리를 적용한 표이다. 모순은 해결책의 단순한 충돌이다. 반대되는 해결책을 원하거나 새로운 해결책, 즉 시스템의 한 기능에 대한 개선된 변화를 도입함으로써 시스템의 또 다른 기능이 악화되는 것을 해결하는 데 발명원리가 적용된다. 개선되는 변수와 악화되는 변수가 만나는 쉘에 적용되는 발명원리가 있다. 전체 도표를 16개 영역으로 나누어 발명원리를 제시한 것이 개별 도표이다. 전체 도표에서 영역을 확인한 다음 개별 도표에서 적용된 발명원리를 적용한다. 자세한 내용은 [부의 수직 상승: 아이디어에 길을 묻다](유순근 저, 2019)를 참조하기 바란다.

② 문제해결 방법

기업들은 여러 가지 문제를 동시에 처리해야 한다. 혁신적인 아이디어로 끊임없이 새로운 제품과 서비스를 개발하여 시장 지위를 강화하고 새로운 시장을 창출해야 한다. 트리즈는 혁신기술로 오늘날 알려진 가장 포괄적이고 체계적으로 조직된 발명 지식과 창조적 사고 방법으로 간주된다. 기업은 혁신 관리에 트리즈를 적절하게 통합하여 업무 및 응용 분야에 활용할 수 있다.

• 신제품, 프로세스 및 비즈니스 전략의 개념 개발
• 기술 시스템, 제품, 프로세스의 진화 예측
• 발명적이고 기술적인 문제해결
• 숨겨진 욕구와 고객의 요구 사항 평가, 고객 중심의 시장세분화
• 신규 및 기존제품의 예상 오류식별 및 문제해결

문제들은 일정한 패턴이 있다. 일정한 패턴을 찾으면 현재의 문제해결에 도움이 된다. 따라서 현재의 문제해결을 위해 주로 유사 문제를 찾게 된다. 유사 문제를 발견하면 유사 해결안을 발견할 수 있다. 사람들이 직면하는 문제에는 일반적으로 알려진 해결안이 있다. 알려진 해결안을 가진 사람들은 책, 기술 저널 또는 주제 전문가와 관련된 정보를 통해 해결할 수 있다.

일정한 패턴을 찾아 문제를 해결하는 방법은 [그림 6-5]의 일반적인 패턴을 따른다. 유사 해결안이 알려져 있고 유사 해결안에서 문제에 대한 특정 해결안이 제공된다. 예를 들어, 회전 절단 기계를 설계할 때(내 문제) 강력하지만 낮은 100 RPM 모터가 필요하다. 대부분의 AC 모터는 높은 RPM(3,600 RPM)이기 때문에 유사 문제는 모터의 속도를 줄이는 방법이다. 유사 해결안은 기어 박스 또는 변속기이다. 그런 다음 적절한 크기, 무게, RPM, 토크 등으로 기어 박스를 설계할 수 있다. 이렇게 하면 절단 작업에 맞게 설계할 수 있다.

▼ 그림 6-5 문제해결 방법

▼ 그림 6-5 문제해결 방법

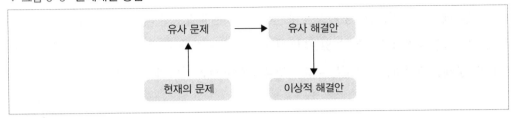

알츠슐러는 현재의 문제는 유사 문제를 찾고, 이 유사 문제에 대한 해결안으로 이상적 해결안을 창안할 수 있으며, 발명가들은 이러한 방법을 따른다. [그림 6-6]은 문제해결 모델로 기술적 문제에 대한 최상의 해결안을 찾을 때 고려해야 할 4단계를 설명한다. 이 모델은 현재의 문제를 해결하기 위해 문제를 정의하고, 정의된 문제를 해결하기 위해 패턴을 적용한다. 패턴적용은 이와 유사한 이전에 해결된 문제를 찾고, 이전에 해결된 문제를 근거로 하여 유사 해결안을 찾는 과정이다. 패턴적용을 토대로 하여 현재의 문제에 대한 이상적 해결안을 찾는다. 결국 문제해결은 현재의 문제에서 패턴을 찾아 이상적 해결안으로 사고를 단계적으로 이동하는 과정이다.

▼ 그림 6-6 문제해결 모델

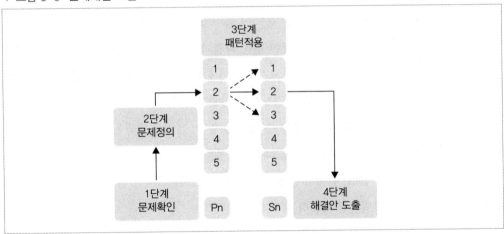

1) 문제확인

모든 발명은 문제를 발견하는 데서 시작된다. 문제의 발견은 문제의 해결이기 때문이다. 발생할 수 있는 현재의 문제를 확인한다. 문제의 모든 측면을 알고 있더라도 현재의 문제(문제가 무엇인가?)에서 이상적 해결안(어떻게 해결할 것인가?)에서부터 문제에 대한 명확한 인식을 염두에 둔다. 이것이 효율적인 문제해결을 위한 핵심 원칙이다. 자원은 문제해결(모순 제거)에 활용될 수 있는 물질, 에너지, 공간, 시간 등 시스템 내·외부의 모든 물질 등을 의미한다. 문제 또는 기회는 무엇인가? 과연 문제를 해결할 수 있는가? 현재 갖고 있는 시간, 돈, 사람들이 문제를 해결할 수 있는가? 문제를 확인하는 단계에는 주요 특징을 명확히 하는 것이 매우 중요하다.

- 현재의 문제
- 필요한 자원
- 유용한 기능
- 유해한 결과
- 이상적 해결안

☑ 문제확인의 예

 용액 스틸 드럼통을 출하하기 위해 용액을 담는 통이 필요하고 이 용액 드럼통을 많이 적재해야 많은 양을 운반할 수 있어 운송비용이 적게 든다. 드럼통에는 용액이 들어 있다. 많은 용액을 운반하기 위해 드럼통을 다층으로 쌓아 두는 환경이 필요하다. 드럼통을 다층으로 적재하려면 드럼통의 강도가 높아야 한다. 드럼통의 요구 조건은 드럼통의 용량, 내부 압력과 강도를 포함한다. 유용한 기능은 용액을 담고 다층으로 드럼통을 쌓을 수 있어야 한다. 유해한 결과는 자재비용이다. 이상적인 결과는 드럼통이나 용액을 손상시키지 않고 다층으로 적재한 드럼통의 무게를 지탱할 수 있다. 현재의 문제를 확인했는가? 지금 혁신할 수 있는가? 브레인스토밍과 같은 다른 창조성 방법론을 사용하는 것이 좋다.

문제확인
- 스틸 드럼통 두께와 인장 강도

---

2) 문제정의

문제정의는 모순을 정의하는 것을 의미한다. 모순의 관점에서 문제정의는 트리즈 방법의 기본이다. 모순은 바라는 기술속성이 개선되면 다른 기술속성이 악화되는 것을 의미한다. 즉, 또 다른 문제가 발생한다. 최소한 두 개의 모순이 각각의 기술적인 문제마다 정의될 수 있다. 모순은 갈등이 언제, 어디에서, 어떻게, 왜 발생했는지 나타낸다. 이상적인 최종 결과, 사용 가능한 자원 및 문제를 해결할 수 있는 트리즈 도구를 통해 문제를 명확히 이해한다. 문제를 해결하는 열쇠는 문제에 대한 모순을 발견하고 이를 제거하는 것이다.

해답을 얻을 때까지 가능한 많은 질문을 한다. 한 번에 왜 5번과 어떻게 2번 질문법(5W와 2H)을 사용한다. 해답을 얻을 때까지 누가? 무엇? 어디에서? 언제? 왜? 그리고 어떻게? 또 어떻게?를 반복적으로 묻는다. 일련의 질문을 완료하려면 "어떻게?"라는 질문을 하나 더 추가해야 한다. 문제에 대한 가능한 해답이나 해결책을 찾으려고 노력한다. 따라서 먼저 문제를 식별하고 해결 방법을 제시하기 위해 "5W와 2H"라는 문구를 사용한다. 즉, 5W와 2H는 문제에 대한 해결안을 찾기 위해 해결해야 할 주요 모순을 파악하기 위한 질문이다.

▼ 그림 6-7 5W와 2H

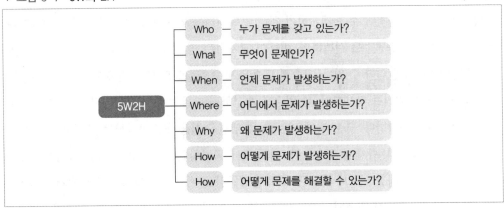

☑ 문제정의의 예

스틸 드럼통의 강도를 강화하기 위해 드럼통 두께를 두껍게 해야 하지만 이럴 경우 비용이 상승하고 중량이 증가할 수 있다. 원자재 가격 때문에 비용을 낮추어야 한다. 비용을 줄이기 위해 스틸 드럼통 두께를 더 얇게 만들어야 하지만 두께를 얇게 만들면 큰 적재하중을 지지할 수 없다. 따라서 스틸 드럼통 두께는 재료비용을 낮추기 위해 더 얇아야 하나 적재하중을 지지하기 위해 두껍게 만들어야 한다. 이것은 물리적 모순이다. 즉, 스틸 드럼통 두께는 비용절감을 위해 얇아야 하나 적재하중을 위해 두꺼워야 한다. 이를 해결할 수 있다면 이상적인 기술적 시스템을 달성할 수 있다.

3) 패턴적용

패턴적용은 이전 해결된 유사 문제를 탐구하여 적용하는 것이다. 이전에 잘 해결된 문제를 탐색하는 단계에서 모순 행렬표를 작성한다. 알츠슐러는 모순을 야기하는 기술특성 변수 39개를 발견했고 이를 39개 기술변수로 명명했다. 이 변수는 개선되는 특성과 악화되는 특성과 같은 기술적 모순을 정의한다. 모든 문제는 39개 기술변수 중 한 쌍의 매개변수 사이의 모순으로 설명될 수 있다. 많은 특허가 이미 여러 분야에서 이러한 모순을 해결했다. 그는 가장 빈번하게 발생하는 모순과 이러한 모순을 해결하는 원리를 선택한다.

모순 행렬표는 기술적 모순을 제거하기 위해 발명원리를 발견할 수 있도록 만든 행렬표이다. 상충되는 두개의 기술변수를 선택하면, 이들이 교차하는 영역에서 기술적 모순을 해결하는 데 사용된 발명원리를 발견할 수 있다. 기술적 모순은 모순 행렬표의 행과 열에 기록하고 모순해결을 위해 40개 발명원리를 적용한다. 한 변수를 개선하면 다른 변수가 악화된다. 이 악화되는 변수를 발명원리로 해결한다. 모순 행렬표는 39x39 행렬을 사용하고 교차하는 각 셀에서 가장 자주 사용되는 발명원리(4단계)를 적용한다. 이 행렬에 교차하는 셀에는 다른 엔지니어가 이전에 성공적으로 모순을 해결하는 데 사용한 40개 발명원리 중에서 문제를 해결하는 매개변수가 들어간다. 모순 행렬표에서 개선되는 요소는 행이고 악화되는 요소는 열이다. 다음은 기술변수를 발견하고 발명원리를 적용하는 모순 행렬표의 구성 요소이다.

- 모순 행렬의 행: 개선되는 특성
- 모순 행렬의 열: 악화되는 특성
- 모순 행렬의 셀: 적용할 수 있는 발명원리 제안
- 기술변수(39): 무게, 길이, 면적, 부피, 속도, 힘, 압력, 모양 등
- 발명원리(40): 분할, 추출, 국지적 품질, 비대칭 등

▼ 그림 6-8 모순 행렬표 예

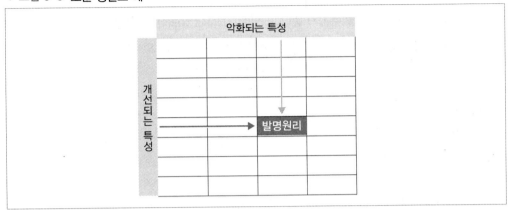

기술적 모순을 도출하고 39개 기술변수를 사용하여 개선되는 특성과 악화되는 특성이 만나는 셀을 해결하는 발명원리를 찾는다. [그림 6-8]은 모순 행렬표의 양식이다. 상충되는 두 개의 기술변수를 선택하면 이들이 교차하는 영역에서 기술적 모순을 해결하는 데 사용된 발명원리를 찾을 수 있다. 교차 셀의 숫자는 발명원리(4단계)로 기술적 문제에 대한 최선의 해결책을 제시한다. 다음은 모순 행렬표를 작성하고 발명원리를 적용하는 절차이다.

- 39개 기술변수를 사용해서 문제를 구성한다.
- 모순행렬에서 개선변수와 악화변수를 찾는다.
- 전항에서 찾은 행과 열이 만나는 셀에 발명원리를 문제해결에 적용한다.
- 발명원리를 참고하여 아이디어를 연상한다.
- 연상된 아이디어 간의 결합을 시도한다.
- 새로운 아이디어를 완성한다.

☑ 이전 해결된 문제탐색의 예

비용절감을 위해 스틸 드럼통 두께는 얇아야 한다. 스틸 드럼통 두께를 얇게 하는 것이 개선요인이다. 스틸 드럼통 두께를 얇게 만들기 위해 변경해야 하는 기술변수는 고정된 물체의 길이(#4)이다. 길이는 길이, 너비, 높이, 지름, 두께 등과 같은 선형 치수를 나타낸다. 스틸 드럼통 두께를 얇게 만들면 드럼통이 가벼워 적재하중이 감소할 것이며 그것과 충돌하는 기술변수는 장력,

압력 및 응력(#11)이다. 고정된 물체의 길이(#4)가 개선변수이며, 장력, 압력 및 응력(#11)은 원하지 않는 악화변수이다. 드럼통 두께가 얇으면 인장 강도가 약해진다. 압력은 힘이 물체에 주는 영향으로 인장 또는 압축 강도일 수 있다. 기술적 모순은 기술변수인 고정된 물체의 두께(#4)를 얇게 할수록 기술변수인 장력, 압력 및 응력(#11)이 악화된다.

> 패턴 탐구
> • 개선되는 변수: 고정된 물체의 길이(#4)
> • 악화되는 변수: 장력, 압력 및 응력(#11)

패턴적용은 유사 해결안을 탐색하여 적용하는 과정이다. 알츠슐러는 40개 발명원리를 추출했는데, 이는 기술적 문제에 대해 독창적이고 특허 가능한 해결안을 발견할 수 있는 단서이다. 기술적 모순을 제거하기 위해 발견한 방법인 40개 발명원리는 모든 모순에 대한 40개 해결책이다. 따라서 모순 행렬의 교차 셀에 나열된 숫자는 가장 자주 사용되는 발명원리로 문제의 해결책으로 적용될 수 있다.

모순 행렬표에서 교차 셀의 수는 발명원리로 모순에 대한 명시된 문제를 해결하고 문제해결 방법을 제시한다. 모순 행렬표([표 6-21])를 확인한다. 각 행렬 셀은 모순을 해결하기 위해 특허에서 가장 빈번하게 사용되는 발명원리를 가리키며 일부 원리는 기술 및 시스템 개발의 동향에 해당한다. 발명원리에서 분할(#1), 곡선화(#14), 속성 변화(#35)를 생각한다.

☑ 유사 해결안 탐색의 예

용액 스틸 드럼통의 두께 또는 움직이지 않는 물체의 기술변수 #4를 향상시켜야 한다. 그러나 바람직하지 않은 역효과는 적재하중 지지력의 손실 #11 압력이다. 이제 용액 드럼통에 대한 각각의 발명원리를 찾아야 할 때이다. 기술변수 #4 고정된 물체의 길이(개선할 기능) 및 #11 압력(원하지 않는 결과) 사이의 모순행렬의 교차 셀에서 숫자를 확인한다. 음료 드럼통의 발명원리는 #1, #14 및 #35이며 가능한 해결책을 설명한다.

▼ 그림 6-9 **가능한 해결안**

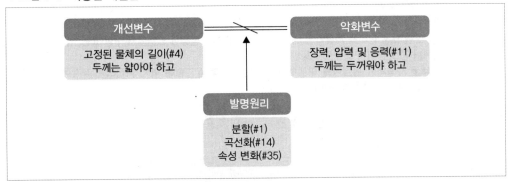

문제에 대해 이미 해결된 기술 해결안을 찾기 위해 트리즈 방법을 적용하는 것을 고려한다. 그러나 먼저 용액 스틸 드럼통 문제에 대한 가능한 해결책을 살펴본다. 용액 스틸 드럼통에 대한 문제해결 방안으로 3가지 발명원리가 발견되었다.

발명원리 1c(분할)

물체를 세분하여 분할한다.
(a) 물체를 독립적인 부분으로 나눈다.
(b) 물체를 분해하기 쉽게 한다.
(c) 부분화 또는 세분화 정도를 높인다.

예를 들어, 발명원리 1c를 사용한다. 즉, 물체의 세분화 정도를 높인다. 용액 스틸 드럼통의 벽은 하나의 부드러운 연속 벽에서 많은 작은 벽으로 구성된 물결 모양 또는 파도 모양의 표면으로 변경될 수 있다. 이것은 벽의 가장자리 강도를 증가시키지만 더 얇은 재료가 사용될 수 있게 한다. [그림 6-10]을 참조한다. 숫자 뒤에 붙는 a, b, c 등은 발명원리의 하부 분류이다.

▼ 그림 6-10 **용액 스틸 드럼통에 대한 발명원리 1c의 적용**

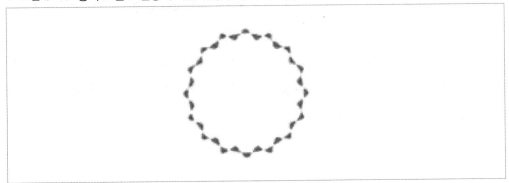

발명원리 14a(곡선화)

곡선화는 다음과 같이 세분된다.
(a) 직선형 부품, 표면 또는 형태를 사용하는 대신 곡선을 사용한다. 평평한 표면에서 구형 표면, 입방체
　　모양의 부품에서 공 모양의 구조물로 이동한다.
(b) 발명원리 14a를 사용하여 원심력을 이용하면 대부분의 뚜껑이 드럼통 벽에 용접되는 직각을 곡선으로
　　변경할 수 있다. [그림 6-10]을 참조한다.

▼ 그림 6-11　용액 스틸 드럼통에 대한 발명 원칙 14a의 적용

발명원리 35(속성 변화)

물체의 물리적 및 화학적 상태의 변화
(a) 속성 변화는 물체의 총 상태, 밀도 분포, 유연성, 온도의 변화를 유발한다. 원리 #35를 사용한다는
　　것은 드럼통 벽에 사용되는 보다 강한 금속 합금으로 속성을 변경하여 하중 지지력을 증가시키는 것을
　　의미한다.

4) 해결안 도출

　　해결안 도출은 이상적 해결안을 창안하는 과정이다. 이 단계에서 발명원리 중 하나가 특정 문제에 적용될 수 있는지 확인한다. 트리즈 방법을 기반으로 문제에 대한 가능한 해결책을 쉽게 찾을 수 있다. 그러나 2단계의 중요성을 명심한다. 모순에 관한 문제를 진술한다. 가능한 많은 시간을 할애하여 올바른 모순을 정의한다. 보다 나은 결과를 얻으려면 브레인스토밍 등을 사용하고 동료와 상의한다. 그렇지 않으면 모순 행렬이나 발명원리가 문제해결에 도움이 되지 않는다.

　　지지하중을 견딜 수 있는 강도를 높이기 위해 드럼통 두께에 사용되는 보다 강한 금속 합금으로 속성을 변경하여 제작한다. 이러한 과정을 통해서 모순을 발견하고 해결한 용액 스틸 드럼통의 완성된 모순 행렬표는 [표 6-4]와 같다.

▼ 표 6-4 용액 스틸 드럼통의 발명원리

개선변수 \ 악화변수	1 움직이는 물체의 무게	2 고정된 물체의 무게	3 움직이는 물체의 길이	4 고정된 물체의 길이	5 움직이는 물체의 면적	6 고정된 물체의 면적	7 움직이는 물체의 부피	8 고정된 물체의 부피	9 속도	10 힘	11 압력	12 모양
1 움직이는 물체의 무게	+		15, 8, 29, 34		29, 17, 38, 34		29, 2, 40, 28		2, 8, 15, 38	8, 10, 18, 37	10, 36, 37, 40	10, 14, 35, 40
2 고정된 물체의 무게		+	+	10, 14, 29, 35		35, 30, 13, 2		5, 35, 14, 2		8, 10, 19, 35	13, 29, 10, 18	13, 10, 29, 14
3 움직이는 물체의 길이	8, 15, 29, 34			+	15, 17, 4		7, 17, 4, 25		13, 4, 8	17, 10, 4	1, 8, 35	1, 8, 10, 29
4 고정된 물체의 길이		35, 28, 40, 29		+		17, 7, 10, 40		35, 8, 2, 14		28, 10	1, 14, 35	13, 14, 15, 7

좋은 아이디어를 원한다면 많은 아이디어를 가져야만 한다(Linus Pauling*).

* 미국의 화학자. 1962년에는 핵실험 반대 운동에 기여한 공로를 인정받은 노벨 평화상 수상자.

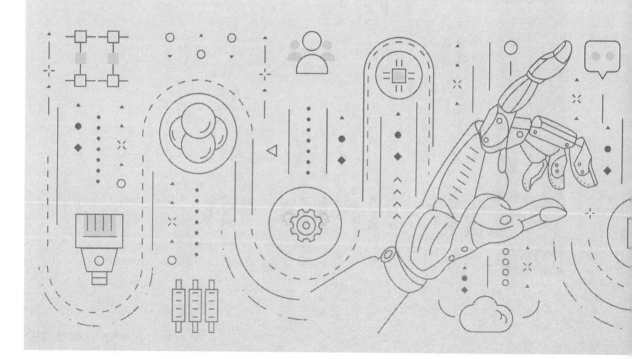

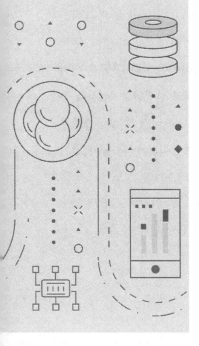

CHAPTER

07

디자인 씽킹

01 디자인 씽킹

02 디자인 씽킹의 프로세스

03 디자인 씽킹의 성공사례

한 달에 수익이 30억…유튜브 新갑부시대

누구나 할 순 있지만 아무나 돈을 벌 순 없다

여섯 살짜리 유튜버(youtuber: 유튜브에서 개인 방송을 하는 사람)가 한 달에 버는 수입이 30억 원 안팎에 달한다는 말도 나온다. 이양의 유튜브 채널 구독자는 3,000만 명이다. 국내 최다(最多)다. 유튜버에 대한 세간의 관심을 자극하는 뉴스다. 작년 한 교육업체가 실시한 초등학생 장래 희망 조사에서 유튜버가 1위였다. 교사·의사·운동선수를 제쳤다. 하지만 이처럼 엄청난 돈을 버는 유튜버는 극히 일부라는 게 전문가들의 지적이다. 연예인의 화려한 면만 보고, 연예인이 되고 싶어하는 현상과 같다는 것이다. 인터넷 업체의 한 관계자는 대다수 유튜버는 아무리 동영상을 올려도 클릭수가 제대로 나오지 않아, 소득이 0원이라고 말했다.

광고 · 협찬 · 후원…수십억 버는 유튜버

한국에서 활동하는 유튜버 수와 이들의 수입은 공개되지 않는다. 유튜브를 운영하는 구글이 주요 정보를 철저하게 감추기 때문이다. 다만 인터넷 업계에선 유튜버를 포함한 1인 미디어 시장이 2조 원은 넘을 것으로 추정한다. 유튜버가 한 푼이라도 돈을 벌려면 넘어야 할 선결 조건이 있다. 구독자가 1,000명을 넘어야 하고, 연간 동영상 시청 시간이 4,000시간 이상이어야 한다. 구글은 이런 유튜버를 대상으로 자체 심사해 광고·후원 기능을 넣는 '유튜브 파트너'로 선정한다. 심사를 통과한 유튜버의 동영상에는 앞뒤나 중간에 광고가 붙는다. 동영상 하단에 배너형 광고가 붙기도 한다. 구글이 광고를 따와, 동영상에 붙이는 방식이다. 광고 단가는 제각각이다. 예를 들어 '건너뛰기'가 불가능한 광고인 '범퍼 애드'의 단가는 CPM(1,000회 노출당 가격) 3,500 원 정도다. 5초 후에 '건너뛰기'를 할 수 있는 '인스트림' 광고는 CPV(재생당 광고 단가)가 30원 안팎으로 알려졌다. 단, 인스트림 광고도 시청자가 5초 이후에도 몇 초 정도 더 봤을 때만 과금이 된다.

광고 금액은 유튜브 채널의 시청자와 동영상 수, 영상의 길이, '좋아요' 숫자에 따라 달라진다. 동영상을 본 시청자들이 사는 지역도 광고 단가에 영향을 미친다. 소득이 높은 북미 등 선진국 시청자가 많으면 광고 단가가 올라가고, 소득이 낮은 개발도상국 지역 시청자 비중이 높으면 내려가는 식이다. 이렇게 확보한 광고 수익은 구글과 유튜버가 나눈다. 배분 비율도 제각각이지만 유튜버가 55%, 구글이 45%라는 것이 전문가들의 추정이다.\

유튜버(Youtuber)의 수익모델

조건: 구독자 1000명,
동영상 시청 시간 4000시간 (연간) 이상.

❶ 광고

- 동영상 전·후·중간에 들어감.
- 광고 수입 가운데 유튜버의 몫은 55%로 알려짐

❷ 협찬

- 기업의 돈을 받아 동영상 제작해 노출

❸ 수퍼챗 (시청자의 후원)

- 영상을 보는 시청자가 보내는 후원금
- 후원금 가운데 구글은 30%를 떼고 70%를 유튜버에 지급

일부 유튜버는 스스로 월 광고 수익을 공개하기도 한다. 유튜버 '쯔양'(구독자 120만 명)은 월 6,000만 원 이상을 번다고 밝혔고, '철구형'(120만 명)은 3,155만 원, '남순'(88만 명)은 2,040만 원의 수익을 냈다고 했다. 미국의 유튜버 분석 사이트인 소셜블레이드가 추정한 국내 최고 인기 유튜버의 수익은 엄청나다. 쌍둥이들의 일상·먹방(먹는 영상)을 업로드하는 '쌍둥이 루지'(356만 명)의 월간 수입이 9만 8,200~160만 달러(약 1억 1,500만~18억 8,000만 원)다. 중간값을 봐도 10억

원 쯤 되는 셈이다. 육아 콘텐츠를 게재하는 '서은이야기'(394만 명)도 월 2만 4,700~39만 5,300달러를 버는 것으로 이 사이트는 추정했다. 특히 아이들이 등장하는 유튜버의 광고 수익이 높은 편이다. 동영상 내용이 자극적이지 않아 광고주들이 선호하기 때문이다. 협찬도 주요 수익원이다. TV 드라마, 영화의 간접광고(PPL)처럼 기업에서 돈을 받아, 홍보하는 것이다. 협찬 품목은 음식·의류·화장품·자동차·스마트폰 등 다양하다. 협찬 수익은 100% 유튜버 몫이다. 동영상에 협찬 포함 여부만 공지하면 된다. 인터넷 업계 관계자는 "광고보다 협찬 수익이 훨씬 더 많을 것"이라며 "유튜버의 인지도나 협찬 품목에 따라 다르지만 건당 수천만 원짜리 협찬도 많다"고 말했다. 시청자에게서 후원받는 수퍼챗(super chat)도 있다. 시청자가 좋아하는 유튜버에게 직접 후원금을 준다. 최소 1,000원부터 최대 50만 원까지다. 한국 아프리카TV의 '별 풍선'과 비슷한 개념이다. 수퍼챗의 수익은 구글과 유튜버가 30대 70의 비율로 나눠 가진다.

▶ 대다수 유튜버는 수익 제로

인터넷 업계에서는 "유튜브로만 생계를 하는 유튜버는 상위 1%에도 미치지 못할 것"이라고 본다. 구독자가 16만 명에 달하는 인기 유튜버 '개리형'은 스스로 "구독자가 3만 명일 땐 월 광고 수익이 100만 원 안팎이었다"고 했다. 주 5일 일하는 편의점 알바보다 수입이 적은 것이다. 개리형보다 구독자가 적은 유튜버들은 손에 쥐는 돈이 수만~수십만원 내외인 경우가 허다할 것으로 보인다. 한 달 내내 영상을 촬영하고, 편집해도 인건비도 벌지 못한다.

탈세 논란도 있다. 국세청은 작년 연소득 20억 원을 벌어들인 한 유명 유튜버에게 5억 원의 세금을 추징했다. 유튜브 광고 수익은 구글의 싱가포르 지사에서 한국 유튜버 계좌에 달러로 직접 송금하는 구조다. 유튜버가 직접 신고하지 않으면 소득으로 잡히지 않는다는 점을 악용한 것이다. 국세청은 지난 4월 유튜버 등 동영상 크리에이터와 연예인 등 176명을 대상으로 한 특별 세무조사를 실시했다. 허위 · 과장 광고 논란도 있다. 일부 유튜버는 성희롱 · 폭력 문제에 휘말리기도 했다.

▶ 해외 인기 유튜버

해외에서는 게임이나 스포츠 영상을 만드는 유튜버가 인기다. 세계에서 가장 많은 구독자(기업 · 연예인 제외)를 가진 일반인 유튜버는 '퓨디파이(PewDiePie · 본명 펠릭스 셸버그)'라는 게임 영상 제작자다. 스웨덴 출신인 그는 주로 공포 · 액션 게임을 직접 놀아보면서 신랄하게 평가하는 동영상으로 인기를 얻었다. 2010년 시작한 퓨디파이 채널의 구독자 수는 9,804만 명이다. 유명 팝스타 저스틴 비버(구독자 4,592만 명)나 에드 시런(구독자 4,096만 명)의 2배에 달할 정도다. 이 채널에 있는 동영상 3,902개의 조회 수는 223억 7,634만 회다. 업계에서는 퓨디파이의 한 달 수익이 최대 23억 5,500만 원에 달할 것으로 추정한다. 그 다음으로 잘나가는 개인 유튜브 채널은 미국 고등학교 농구선수 출신 5인조가 만드는 '듀드퍼펙트(Dude Perfect)'다. 이 채널은 구독자 수가

4,388만 명이며, 209개 동영상의 조회 수는 84억회에 달한다. 인기 동영상은 수영장에 있는 풍선을 활로 쏘아 터뜨리기, 카트를 타고 질주하기와 같은 스포츠 챌린지(도전) 영상이다. 미국 경제 전문지 포브스는 이들이 채널 운영을 통해 연간 2,000만 달러(약 235억 6,000만 원)를 번다고 보도하기도 했다.

출처: 조선일보 2019.07.25

01 디자인 씽킹

아이디어 탐색	→	아이디어 창출	→	컨셉창출	→	제품개발	→	출시전략
시장기회확인		창조적 사고		속성편익		품질기능전개		수요예측
고객욕구확인		선행기술 조사		컨셉서술		제품사양		사업타당성
고객문제확인		트리즈 기법		컨셉보드		제품구조		출시전략
기술공백확인		디자인씽킹		컨셉평가		제품설계		출시전술
		비즈니스모델		컨셉선정		프로토타입		시장추적
						테스트마케팅		
						지식재산권		

디자인은 고객의 요구 사항을 제품 또는 해결안으로 변환하는 과정이다. 디자이너는 어떤 대상이나 상황을 들으면 무언가를 그리듯이 빨리 만들고 또 개선한다. 디자이너는 문제 자체보다는 문제해결안에 집중하여 문제를 해결하는 해결안 중심 사고방식을 사용한다. 디자인 씽킹은 제작자나 전문가 중심이 아니라 고객이나 사용자 중심의 문제해결 방식이다. 따라서 디자인 씽킹은 문제를 해결하고, 관련된 인간의 요구를 이해하고, 인간 중심 방법으로 문제를 재구성하고, 브레인스토밍으로 많은 아이디어를 창출하는 매우 유용한 방법으로 상품 또는 서비스 개발 및 혁신 프로세스에 많이 활용된다.

1 디자인 씽킹의 이해

디자인 씽킹(design thinking)은 디자이너의 감성과 사고방식을 통해 인간 중심 방식을 사용하여 혁신을 실현하는 사고방식이다. 예를 들면, 제품개발자는 조리기를 개발하기 위해 아이디어를 찾는다. 이때 제품개발자는 실제 소비자가 조리하는 환경을 관찰하고 공감하여 많은 아이디어를 찾아낸다. 찾아낸 아이디어 중에서 최적의 아이디어를 선택한다. 이와 같이 디자인 씽킹은 공감과 실험 같은 디자이너 도구의 요소를 활용하여 혁신적인 해결안을 얻는 방법이다.

따라서 디자인 씽킹은 공감, 정의, 아이디어, 프로토타입 및 테스트 과정을 포함한다.

혁신의 중심은 사람이다. 즉, 사람이 사람을 위해 새로운 것을 만든다. 디자인 씽킹이 복잡한 문제를 해결하고 다양한 분야에서 사용되고 있다. 이것은 시장과 경제에 가치를 더할 수 있는 혁신적인 제품을 만드는 도구이다. 시장이 빠르게 변화하고 기업은 시장에서 변화를 일으킬 수 있는 혁신적인 제품을 만들어야 한다. 이것은 다양한 혁신을 통해 가능하다.

- 존속적 혁신: 기술적으로 성능을 향상시키는 혁신이다. 문제해결과 가치추가를 위해 기존제품을 계속해서 개선한다.
- 획기적 혁신: 기존제품의 획기적 변화로 시장에 상당한 영향을 미친다.
- 파괴적 혁신: 단순하고 저렴한 제품이나 서비스로 저가 시장에 먼저 공략한 후 기술개발을 거쳐 주류시장을 잠식하는 혁신이다.

2 디자인 씽킹의 규칙

공감은 인간 중심 사고의 핵심이고 디자인 씽킹은 인간 중심 디자인이다. 인간 중심 디자인은 특정 기술 조건보다는 사람들 또는 고객과 그들의 요구에 초점을 맞추는 고객중심 주의이다. 사용자가 원하는 것을 발견하기 위해 사용자를 관찰하고, 인터뷰하고, 사용자 입장에서 직접 체험한다. 사용자와의 공감을 통해 사용자를 더 잘 이해하고 사용자의 욕구를 더 잘 발견할 수 있다. 사용자는 상품 또는 서비스가 왜 존재해야 하는지를 결정하는 사람이다. Nussbaum(2009)은 디자인 씽킹 프로세스를 관찰, 브레인스토밍, 신속한 프로토타입, 테스트 및 구현으로 요약했다. 이 프로그램에 사용된 디자인 씽킹의 핵심은 다음과 같다.

- 사용자 이해: 현장조사는 소비자와 함께 현장에서 공감대를 형성하는 접근법이다. 관찰은 고객의 행동을 보고 들으면서 이해하는 방법이다.
- 사용자 참여: 컨셉에 대한 사용자 평가를 찾기 위해 초기에 사용자를 참여시킨다. 사용자와의 협업을 통해 부가가치를 추구한다.
- 신속한 프로토타입 제작: 시각화 학습을 가속화한다. 스케치, 모형, 스토리 보드와 같은 프로토타입을 만들어 아이디어를 시각화한다.

디자인 씽킹은 사고의 원칙, 방법 및 과정과 같은 다양한 속성에 대한 광범위한 연구이다. 메이넬(Christoph Meinel)과 루퍼(Larry Leifer)에 따르면 디자인 씽킹의 원리는 네 가지 규칙이 있다. 즉, 인간 규칙, 모호성의 규칙, 재설계 규칙과 유형성의 규칙이다. 이 네 가지 규칙은 디자인 씽킹 프로세스의 기초를 형성한다. 디자인 사고가는 이러한 규칙에 따라 자신의 아이디어를 형성하고 제안하는 것이 필요하다.

▼ 그림 7-1 디자인 씽킹의 원리

- 인간 규칙: 인간의 욕구를 충족시키고 인간적 요소를 고려하는 방식으로 기술적 문제를 해결한다. 디자인 활동은 인간 중심이고 사회적이다.
- 모호성 규칙: 제약 조건이 지나치고 실패에 대한 두려움이 있으면 기회가 발견되지 않는다. 혁신은 지식이나 능력의 한계에서 실험을 요구한다.
- 재설계 규칙: 디자인은 기본적으로 재설계의 예이다. 과거에 인간의 욕구가 어떻게 처리되었는지를 이해하는 것이 필수적이다.
- 유형성 규칙: 아이디어의 유형화는 의사소통을 촉진한다.

3 디자인 씽킹의 활용

디자인 씽킹의 최종 목표는 소비자들이 원하고, 유용하고, 쉽고 편리하게 작동할 수 있는 상품, 서비스 또는 경험을 만드는 데 있다. 소비자들을 관찰하고 공감하면 그들의 욕구와 그들을 파악할 수 있고 그들이 공감하는 가치를 창출할 수 있다. 제품이 인간적 가치가 있다면 고객에게 바람직한 것이다. 따라서 해결안은 고객에게 바람직해야 한다. 디자인은 사용자 중심으로 사람들로부터 시작된다. 사용자를 이해하면 제품과의 상호작용이 효과적이다. 문제의 근원, 상호작용의 맥락, 실제적인 공백이 어디에 있는지를 이해할 필요가 있다. 소비자들이 언제, 어디서, 어떻게, 왜 제품을 사용하는지 살펴본다. 기술적 타당성은 필요한 기술이 제안된 아이디어를 구현할 수 있는 정도이다. 이것은 프로젝트가 확인된 후에 수행된다. 품질과 지속적인 개선은 실행 가능성과 기술적 타당성에 크게 좌우된다. 개선 계획과 디자인 씽킹을 통합하면 구현을 위해 제안된 해결안에 인간적 요소를 맞출 수 있다. 이러한 디자인 씽킹 요소가 함께 고려될 때 고객의 욕구를 충족할 수 있다. 또한 제품은 경제적으로 타당해야 고객에게 제공할 수 있다. 따라서 해결안이 바람직하고 경제적으로 실행 가능하며 기술적으로 실현 가능할 때 혁신이 발생한다.

▼ 그림 7-2 디자인 씽킹의 차원

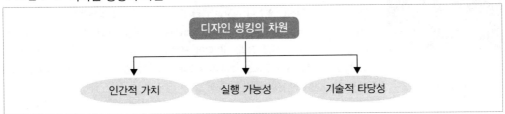

디자인 씽킹을 양자 물리학자들이 상상 속에서 무엇인가를 만들어내는 것으로 비유된다. 이 기법은 관찰과 공감을 통해 특정한 문제를 인간 중심으로 해석하여 잠재적 욕구를 발견하고 최적의 해결안을 창조하는 혁신 방법이다. 사람들이 디자인 씽킹에 대해 듣는 첫 번째 질문 중 하나는 "디자인 씽킹으로 해결할 수 있는 문제는 무엇인가?"이다. 디자인 씽킹은 다양한 문제를 해결하는 데 적합하며 다음과 같은 상황에서 혁신을 이끌어내는 데 가장 적합하다.

- 가치 재정의
- 인간 중심 혁신
- 사회 변화 또는 시장 변화 대응
- 기업 문화 관련 문제해결
- 신기술 관련 문제해결
- 비즈니스 모델 재발견
- 복잡한 사회 문제해결
- 자료로 해결할 수 없는 문제해결

02 디자인 씽킹의 프로세스

디자인 씽킹은 특정한 문제를 해결할 때 지식이나 경험에 의존하지 않고, 고객 관찰과 공감을 통해 고객을 이해하며, 고객과 협력을 통해 다양한 대안을 찾는 방법이다. 제품 기획, 마케팅, 관련 서비스 등 전 과정에 걸쳐 디자이너들의 감수성과 사고방식이 적용된다. 이것은 잠재적 사용자들과의 공감에서 시작된다. 그들의 욕구와 선호를 듣고, 느끼고, 이해한 것을 구체화하는 혁신이 디자인 씽킹이다. 디자인 씽킹은 IDEO와 Stanford Design School의 설립자인 David Kelley가 제안한 5단계 과정이다. 대규모의 공동 작업 및 빈번한 반복을 수반하며, 공감, 정의, 아이디어, 프로토타입 및 테스트를 포함한다. 이러한 프로세스를 반복함으로써 문제를 해결할 수 있는 새로운 방법을 찾을 수 있다. 디자인 씽킹은 확실한 해결 방법이 없는 것처럼 보이는 불명확한 문제해결에 매우 적합하다.

- 공감: 사용자들이 누구이며 무엇이 중요한지에 대한 정보를 수집한다. 관찰, 인터뷰나 경험을 통해 사용자의 입장에서 공감하고 영감을 얻는다.
- 정의: 해결해야 할 문제를 정의한다. 사용자 정보를 통찰력으로 전환한다. 수집된 정보를 바탕으로 해결되어야 하는 문제를 표현한다.
- 아이디어: 통찰력을 기반으로 혁신적인 아이디어를 창출한다. 단순한 해결안을 뛰어 넘어 혁신적인 해결안을 창안한다.
- 프로토타입: 아이디어를 시각화한다. 이것은 문제해결에 많은 시간과 자원을 투자하지 않고 사용자와 함께 해결안을 작동할 수 있다.
- 테스트: 피드백을 받고 반복한다. 사용자에게 프로토타입을 사용할 기회를 제공하며 해결책을 정교화하고 개선한다.

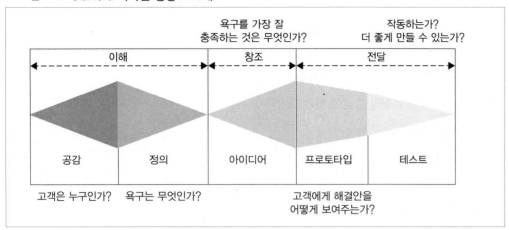

▼ 그림 7-3 Stanford 디자인 씽킹 프로세스

이해		창조	전달	

욕구를 가장 잘
충족하는 것은 무엇인가?

작동하는가?
더 좋게 만들 수 있는가?

| 공감 | 정의 | 아이디어 | 프로토타입 | 테스트 |

고객은 누구인가?   욕구는 무엇인가?

고객에게 해결안을
어떻게 보여주는가?

1 공감

　공감(empathy)은 다른 사람들의 감정을 이해하고 공유하는 능력으로 더 나은 고객경험을 제공한다. 고객을 이해한다면 그들이 원하는 것을 정확하게 제공할 수 있다. 고객에 대한 공감과 통찰력에서 최상의 해결안이 나온다. 디자이너는 사용자의 기능적 요구 사항과 감정적 요소, 즉 욕구, 열망, 관심을 인식한다. 고객의 세계로 몰입하는 것은 명시된 욕구를 이해하고 숨겨진 문제와 불분명한 관심 사항을 밝혀 줄 수 있다. 공감은 사용자의 고통점(pain points)을 관찰함으로써 사용자를 이해하는 단계이다. 고객의 마음을 이해하는 것이 중요하고, 공감을 통해 문제를 해결하면 고객이 감동할 수 있다.

　해결하려는 문제는 특정한 사용자의 문제이다. 사용자의 가치를 학습하여 사용자를 공감한다. 공감은 고객의 실제적인 욕구를 발견하는 과정이다. 공감하는 방법은 관찰, 인터뷰와 몰입이 있다. 관찰은 사용자의 생활환경에서 그들의 행동을 직접 관찰하는 것이다. 인터뷰는 고객이 갖고 있는 문제나 욕구를 고객에게 직접 묻는 쌍방향 참여이다. 몰입은 고객이 경험하는 것을 고객의 입장에서 경험하는 것이다. 이 단계에서 관찰자가 발견하지 못한 아이디어와 가치에 관한 정보가 명확해지며 예기치 못한 통찰력이 발견된다. 통찰력은 눈치 채지 못했던 현저한 사실, 표면적으로 이해할 수 없는 마음의 잠재적인 움직임이다. 이 단계를 통해 호기심에 동감하면서 사용자를 관찰하고 상호작용함으로써 흥미로운 상황과 주제를 찾을 수 있다. 다음은 사용자와 공감하기 위한 질문이다.

- 사용자는 누구인가?
- 사용자는 무엇을 중요하게 생각하는가?
- 사용자는 어떤 고통점을 갖고 있는가?
- 사용자가 무엇을 요구하는가?
- 사용자가 요구하는 것을 이해하는가?

1) 관찰

최신 추세와 고객의 욕구를 포착하는 것은 지속적인 과제이다. 고객의 욕구, 경험 및 기대는 계속적으로 변한다. 제품사용이나 구매방법을 관찰하거나 전시회에 참석하면 고객의 욕구나 추세를 파악할 수 있다. 고객을 관찰하는 것은 그들이 사용하는 제품뿐만 아니라 해당 제품에 대한 그들의 감정과 중요성을 볼 수 있는 방식이다. 예를 들면, 고객이 욕실과 주방에서 제품을 어떻게 사용하는지를 관찰한다. 사용자가 제품과 상호작용하는 방식과 사용방식을 확인할 수 있다. 관찰은 고려하지 않았던 제품에 대한 용도나 사용법을 알 수 있다. 제품을 어떻게 사용하고 어디에 저장하는지 알면 제품개선 기회에 영감을 줄 수 있다.

관찰은 고객의 경험을 나타내는 행동 및 단서를 포착하는 것이다. 고객이 제품을 어떻게 사용하는지를 관찰하는 것은 그들이 생각하고 느끼는 단서를 발견하는 방법이다. 또한 고객이 제품을 어떻게 구매하는지를 관찰한다. 고객의 접근방식, 구매방법에 세심한 주의를 기울인다. 온라인 매장이든 오프라인 매장이든 상관없이 고객의 행동을 관찰한다. 점포에서 단순히 구매하는가? 구매하기 전에 질문을 먼저 하는가? 추가 제품정보를 찾고, 온라인으로 가격을 비교하거나, 구매를 위해 매장 담당자를 찾고 있는가? 온라인 상태인 경우 고객이 클릭하는 위치, 페이지에 머무르는 기간 및 가장 관심 있는 페이지의 부분을 정확하게 파악할 수 있다. 고객의 구매 프로세스에 대한 통찰력을 얻을 수 있다.

행사장이나 전시회에 참석한다. 이는 특히 B2B 고객을 이해하는 데 도움이 된다. 자신의 위치를 파악하고 고객과 상호작용하는 방법을 관찰하면 미래에 대한 자신의 지각과 방향이 밝혀진다. 경쟁업체의 부스 전시는 제품, 광고에서부터 직원 참여에 이르기까지 모든 것을 살펴볼 수 있다. 관심이 있는 사람들과의 상호작용도 관찰할 수 있다. 또한 직원들이 고객과 어떻게 상호작용하고 회사 이야기를 어떻게 전달하는지, 고객들이 무엇에 관심이 있는지를 관찰할 수 있다.

2) 인터뷰

인터뷰는 사용자와 직접 상호작용하는 것으로 사용자의 신념과 가치에 대한 깊은 통찰력을 제공한다. 인터뷰는 문제를 이해하고 사업 아이디어를 발견하거나 검증하기 위한 핵심기술 중 하나이다. 그것은 사용자 또는 고객뿐만 아니라 직원, 이해관계자 또는 주제와 관련된 사람과 함께 수행될 수 있다. 고객 및 이해관계자와의 인터뷰는 공감을 불러일으키고 이점과 고통점에 대한 통찰력을 얻을 수 있는 좋은 방법이다. 인터뷰 대상자의 필요 사항, 동기 및 아이디어에 대한 통찰력을 얻는 것 외에도 의미 있는 사업을 창출할 수 있는 공감대 형성에 도움이 된다.

인지적 편견 없이 고객을 인터뷰하는 것이 중요하다. 가정을 하지 말고, 유도 질문을 하지 않는다. 직접 얼굴을 마주 보고 고객과 진정한 대화를 나는 것은 좋은 방법이다. 인터뷰 질문을 개별 고객에게 맞춘다. 인터뷰 주제를 적극적으로 이끌기 보다는 고객이 이야기를 자발적으로 할 수 있게 하는 것이 좋다. 예를 들어, 인터뷰 주제에 대해 소개한 다음 고객의 감정과 이해를 얻음으로써 구체적인 부분으로 이동한다. 훌륭한 인터뷰가 되려면 사전에 철저하게 준비한다.

SENSE   효과적인 인터뷰 방법

- 쉬운 용어로 질문한다.
- 애매모호한 질문을 피한다.
- 유도하는 질문을 삼간다.
- 대안을 묵시적이 아닌 명시적으로 표현한다.
- 응답자가 답변하기 쉬운 내용을 질문한다.
- 한 번에 두 개 이상의 질문을 하지 않는다.

고객들이 원하는 것을 거의 알지 못할 수 있다. 이러한 장벽을 극복하기 위해 공감 인터뷰는 고객들이 왜 특정한 방식으로 행동하는지를 알 수 있기 때문에 고객들의 행동에 대한 정서 및 잠재의식적 측면에 중점을 둔다. 고객들이 마음에서 말하고 그들에게 정말로 중요하게 생각하는 것이 무엇인지 인터뷰에서 찾아내는 것이 아이디어를 찾는 방법이다. 고객들이 긴장을 완화하고 이야기를 자연스럽게 시작하도록 장려한다. 그러면 고객들이 실제로 생각하고 느끼는 것을 이끌어 낼 수 있다. 추출한 정보는 고객이 무엇을, 왜, 어떻게, 어디서 구매하는지, 어떻게 경험하는지를 보여준다. 해결안을 제공할 수 있는지에 대해 보다 깊이 있게 이해할 수 있다.

경쟁자의 고객 인터뷰는 목표고객 또는 회사에 대한 외부 관점을 제공한다. 경쟁사의 인지된 강점과 약점을 안다는 것은 시장에서 차별화하는 데 매우 중요하다. 일단 그들의 포지셔닝(positioning)[1]에 대한 아이디어를 얻으면 다른 회사의 포지셔닝과 비교할 수 있다. 그들이 혁신, 신제품 개발에 얼마나 많은 시간과 돈을 투자하는지 이해하면 그들이 어디로 현재 가고 있는지 파악할 수 있다.

3) 몰입

몰입(immersion)은 사용자들의 세계를 이해하기 위해 그들의 삶, 상황, 활동 및 환경을 직접 체험하는 것이다. 사용자의 경험에 푹 빠져본다. 특정 환경에 자신을 몰입하여 직접 사용자가 되어 경험한다. 조사의 목적은 집중하고 있는 제품에서 무엇이 이상적으로 변화해야 하는지를 나타내는 무형의 필요와 감정을 밝히는 것이다. 목표는 고객들의 욕구를 밝히는 동안 실제로 어떤 사람들인지를 파악하는 것이다. 뿐만 아니라 사용자의 감정적인 반응, 신체 언어 및 그들을 둘러싼 환경을 체험한다.

사용자의 입장에서 감성적 자세를 취할 때 개인적 관찰로부터 창출되는 기회를 확인하고 수집할 수 있다. 이것은 소비자의 눈으로 사업을 이해하는 데 도움이 된다. 따라서 몰입은 프로젝트의 범위와 경계를 정의하고 사용자의 프로파일과 해결해야 할 기타 주요 행위자를 식별하는 것을 목표로 한다. 일반적으로 팀이 주제를 알지 못할 때 몰입은 문제에 대한 지식을 돕고, 프로

---

1   소비자의 마음속에 자사제품을 경쟁제품보다 가장 유리하게 위치하는 과정.

젝트와 관련된 관계자들을 모으는 것을 목표로 하고, 문제의 초기 이해를 통해 새로운 시각을 제공한다. 사용자, 주요 인물의 프로필 식별 등을 포함한다. 문제를 이해한 후 관련된 사용자와 프로필을 파악하는 것이다. 또한 행동을 식별하고 패턴과 요구 사항을 파악한다. 일반적으로 네 가지 유형의 정보를 수집한다.

- 무엇을 말하는가?
- 어떻게 행동하는가?
- 어떻게 생각하는가?
- 어떻게 느끼는가?

4) 공감지도

공감지도(empathy map)는 사용자의 마음속에 들어가는 가장 좋은 도구 중 하나로 고객의 생각과 느낌, 경험, 말한 것, 이득과 고충들을 시각화한 것이다. 공감지도를 통해 통찰력을 얻고 마케팅 전략을 만들 수 있다. 공감지도는 서로 다른 측면을 탐구하여 고객들에 대한 깊은 이해를 돕는다. 비즈니스 모델을 구축할 때 가장 먼저 시작할 곳은 고객 기반이다. 성공적인 사업은 궁극적으로 고객들의 욕구와 문제를 해결하기 위해 제품이나 서비스를 설계하고, 처음부터 이러한 고객의 욕구와 문제를 파악하는 것이 중요하다. 이것은 공감지도를 사용하여 수행할 수 있다.

(1) 공감지도의 유용성

공감지도는 사용자의 머릿속에 실제로 들어가서 조사하는 도구이다. 이것은 사용자의 사고와 감정, 고통점과 이득뿐만 아니라 보고 듣는 그들의 감각으로 준비된다. 모든 사업은 광범위한 사용자 조사를 수행할 수 있는 예산이나 능력을 갖추고 있는 것은 아니다. 이 경우 고객 공감지도 작성은 회사가 구현할 수 있는 합리적이고 신속한 도구이며, 실제로 고객을 움직이게 만드는 요인을 잘 보여준다. 다음은 이러한 고객 공감지도의 유용성이다.

- 사용자의 관점에서 생각할 수 있는 능력을 향상시킨다.
- 마케팅 활동의 설계, 전략 및 구현에서 의사결정을 향상시킨다.
- 사용자에 집중할 수 있는 기억하기 쉬운 시각적 자료이다.
- 사용자 기반의 세분시장을 조사하는 데 사용할 수 있다.

공감지도는 디자인 프로세스 초기에 가장 유용하다. 초기 사용자가 결정되면 이들을 조사한 이후에 공감지도를 작성한다. 제품전략은 문제를 해결하는 것에 관한 것이고, 공감지도는 해결해야 할 문제와 방법을 밝힌다. 또한 공감지도는 재설계를 위한 훌륭한 도구가 된다. 그러나 공감지도는 실제 자료에서 추출할 경우 더 잘 작동하므로 사용자 인터뷰와 같은 사용자 조사를 거친 후에 만들어야 한다. 기존의 지식과 이해관계자의 피드백을 바탕으로 공감지도를 구축할 수 있다. 공감지도는 사용자에 관한 중요한 통찰력을 제공한다.

(2) 공감지도의 형태

공감지도는 특정 유형의 사용자에 대해 알고 있는 것을 표현하는 데 사용되는 시각화 자료이다. 이것은 사용자의 욕구에 대한 이해를 공유하고, 의사결정을 돕기 위해 사용자에 대한 지식을 구체화한다. 페르소나(persona)는 사용자의 욕구, 목표, 생각, 감정, 의견, 기대 및 고통점을 설명하는 주인공이다. 페르소나는 제품의 표적사용자에 대한 허구이지만 현실적인 설명으로 마치 실제 사람처럼 묘사되어야 한다. 페르소나는 표적소비자의 특성을 나타내는 가상 아바타를 구축하여 사용자 행동을 보다 잘 이해할 수 있는 도구이다.

사용자와 소통하면서 공감을 형성한 후에 사용자 정보를 수집한다. 정보수집 방법은 관찰, 인터뷰나 몰입이 있다. 전통적인 공감지도는 캔버스의 중간에 있는 사용자 또는 페르소나를 중심으로 사용자의 생각과 느낌, 듣는 것, 보는 것, 불편한 것과 얻는 것을 기록한다. 즉, 네 가지 사분면을 그려 사용자의 생각과 느낌, 듣는 것, 보는 것, 말과 행동을 기록하고, 그리고 사분면 아래 두 열에 불편한 것(고통점)과 얻는 것(이득)을 넣는다. 좋은 고객 공감지도 작성 방법은 캔버스에 다른 색의 스티커 메모를 사용하여 각 영역을 채우는 것이다.

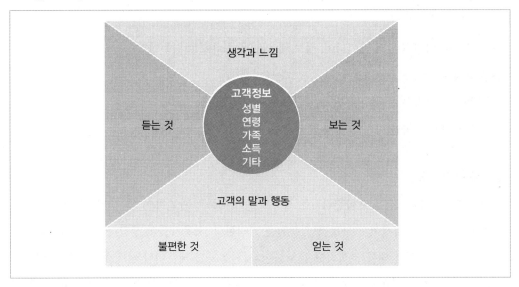

☑ 보는 것

사용자들이 보는 것은 환경, 친구, 시장이 제공하는 제품이나 서비스이다. 디자이너는 사용자 입장에서 제품이나 서비스를 관찰한다. 사용자가 보는 것은 그들이 제품을 구매할 때나 사용할 때 보게 되는 모든 것을 의미한다. 이상적인 사용자들이 볼 수 있는 모든 것, 즉 사용자가 환경과 상호작용을 하는 모든 것을 공감지도 캔버스에 넣는다.

- 사용자가 무엇을 보는가?
- 주변 환경에서 무엇을 볼 수 있는가?
- 사용자의 환경을 구성하는 다른 사용자는 누구인가?
- 사용자는 어떤 종류의 제품을 보는가?
- 사용자에게 어떤 종류의 문제와 과제가 있는가?

☑ 듣는 것

사용자들에게 주로 제품구매나 사용에 영향을 주는 사람들은 동료, 친구 및 가족일 수 있다. 사용자들에게 영향을 미치는 모든 사람들이나 대상들을 기록한다. 사용자들은 가족이 제품을 구입하는 것을 듣는가? 그들은 구매결정을 내리기 위해 가족이나 동료들에게 의지하는가? 또한 사용자들이 제품에 대한 정보를 얻는 데 사용하는 채널이 포함된다.

- 사용자는 어떤 종류의 아이디어, 정보 및 의견을 공유하고 있는가?
- 사용자는 무엇을 듣는가?
- 사용자가 가장 많은 영향을 받는 사람들은 누구인가?
- 사용자에게 영향을 미치는 매체 및 전술은 무엇인가?

☑ 생각과 느낌

사용자의 생각과 느낌을 포함한다. 즉, 사용자들이 제품과 관련하여 생각하거나 느끼는 것을 파악한다. 생각의 긍정적이고 부정적인 측면을 고려한다. 사용자들이 생각하고 느끼는 것을 기록한다. 그들의 감정 상태를 분석하고 문서화한다. 사용자가 제품이나 서비스에 어떻게 반응하는지 파악하는 것이 중요하다. 회사가 사용자를 확보하고 유지하려면 만족한 사용자들이 누구인지, 제품에 관심이 있는 사람이 누구인지, 제품에 무관심하거나 크게 불만을 가진 사람들을 인지해야 한다. 이러한 것들은 브랜드 이미지에 큰 영향을 줄 수 있다.

- 사용자에게 중요한 것은 무엇인가?
- 핵심적이고 아직 설명되지 않은 것은 무엇인가?
- 무엇이 사용자의 감정적 반응을 일으키는가?
- 사용자의 기대와 목표는 무엇인가?
- 사용자는 무엇을 우려하는가?

☑ 말과 행동

사용자가 인터뷰 또는 다른 조사에서 실제로 말하는 내용이 포함된다. 이것은 조사에서 사용자가 말한 대화를 직접적으로 인용한다. 사용자들이 무엇을 말하려고 하는가? 사용자가 다른 사람들에게 말하는 것을 문서화한다. 사용자의 전형적인 행동을 기록한다. 사용자가 제3자로부터 영향을 받아 행동할 수 있다. 여기에는 친구, 가족, 온라인 리뷰 또는 다른 정보 원천이 포함될 수 있다. 사용자들이 말하는 것을 알기 위해 귀를 기울여야 하고 개선 영역을 찾아야 한다.

- 사용자는 어떻게 행동하는가?
- 사용자의 우선순위는 무엇인가?
- 사용자의 표현과 실제 행동 간에는 어떠한 차이가 있는가?
- 영향력 행사자와 의견 선도자로서 행동하는가?
- 사용자가 다른 사람들에게 영향을 미칠 수 있는가?

☑ 불편한 것

사용자가 제품사용에서 불편을 느낄 수 있다. 사용자 고통점(pain points)은 사용자가 겪는 불편한 점이다. 즉, 사용자가 이탈할 수 있을 만큼 불편하게 생각하는 장애물이다. 사용자의 고통점에는 좌절감, 두려움 및 장애가 있다. 또한 사용자들이 매일 직면하는 문제와 과제가 있다. 이것들은 사용자에게 부정적 감정을 일으키는 미충족 욕구(unmet needs)와 기대를 의미한다.

- 좌절을 일으키는 주된 원인은 무엇인가?
- 열망과 기대에 도달하는 방법은 무엇인가?
- 목표를 달성하기 위해 사용하는 방법은 무엇인가?

☑ 얻는 것

사용자가 얻는 것은 사용자의 이득(gains)이다. 즉, 사용자가 원하는 것이다. 사용자가 원하는 것을 파악한다. 사용자의 이득은 그들의 목표와 목적을 반영한다. 사용자의 이득은 무엇인가? 어떤 목표와 꿈을 가지고 있는가? 또한 고객 이득은 고객의 삶의 질을 향상시키는 요소이다. 표현된 욕구에 기인한 것은 아니지만 존재한다면 고객의 삶을 더 쉽고 편리하게 만든다.

- 사용자들의 목표와 욕구는 무엇인가?
- 사용자들이 이득은 얻는 방법은 무엇인가?
- 이득을 측정하는 기준은 무엇인가?

(3) 공감지도의 활용

고객이 누구인지 식별하는 것은 아이디어 창안에 중요하다. 성공적인 설계 및 마케팅 전략을 위해서는 전체 고객 여정에서 고객과 공감할 필요가 있다. 고객의 선호, 사고 및 행동을 이해하면 고객 수명주기를 안내할 수 있는 직관적이고 단순한 경험을 개발할 수 있다. 이것은 고객 공감지도 작성으로 가능하다. 제품이나 서비스는 고객의 욕구와 일치해야 성공할 수 있다.

고객의 머릿속에 들어가 고객이 실제로 원하는 것을 발견한다. 즉, 고객의 명시적 욕구와 잠재적 욕구를 발견한다. 즉, 명시적 욕구(말과 행동)와 잠재적 욕구(생각과 느낌)를 구분할 수 있다. 명시적 욕구는 고객들이 표현할 수 있는 욕구이지만, 잠재적 욕구는 고객들이 표현하기 어려운 욕구이다. 이것은 욕구를 인식하지 못하거나 욕구를 인식하더라도 표현 방법이 부족하기 때문이다. 이러한 욕구를 발견하면 성공적인 사업 아이디어가 된다.

공감지도는 표적고객의 관심 분야, 기술 또는 라이프 스타일을 보고, 느끼고 생각하는 것으로 나아가 표적고객이 어떤 사람인지에 대해 더 깊이 이해할 수 있게 해준다. 공감지도는 비즈니스 모델을 설계하는 경우 큰 이점이 있다. 공감지도를 사용하면 이상적인 고객이 누구인지, 표적고객의 욕구가 무엇인지, 문제점이 무엇인지, 그들이 갖고 있는 문제에 대한 해결책을 발견할 수 있다. 공감지도의 장점은 실제 자료를 많이 사용하지 않아도 된다. 참여자들과 함께 표적고객의 욕구가 무엇인지, 그들이 생각하고 느끼는 것, 그들이 갖고 있는 기대에 대해 의견을 파악할 수 있다. 또한 충분한 정보를 바탕으로 의사결정을 내리기 위해 많은 통계 자료를 사용할 필요가 없다. 다음은 공감지도를 활용한 비즈니스 모델의 전체 프로세스를 준비하는 절차이다.

- 고객을 인터뷰한다.
- 공감지도에서 시각화한다.
- 주요 고객정보를 가치제안 캔버스로 옮긴다.
- 가치제안 캔버스에서 비즈니스 모델 캔버스로 옮긴다.
- 비즈니스 모델 캔버스를 계획한다.

이러한 공감지도는 개발자, 엔지니어와 작성자가 실제로 제품을 사용할 사람들에게 공감하는 신제품을 만들 때 효과적이다. 비즈니스 모델 개발, 제품개발, 제품확장에서 고객정보가 필요하다. 혁신적이고 완전히 새로운 비즈니스 모델을 찾는 경우 제품 및 서비스의 극단적 사용자(extreme users)[2]에 대한 조사에 효과적이다. 그들이 사용하는 제품이나 서비스를 관찰하면 완전히 새로운 시장의 가능성을 열어준다. 그들은 자사의 제품을 많이 구매하거나 맞춤형 품목을 사용

---

2   일반 고객세분화에 적합하지 않은 제품 사용자.

할 수 있다. 예를 들면, 땀이 많이 나는 발이나 발 길이가 다른 사람들보다 상대적으로 큰 고객의 고통을 해결하기 위해 맞춤형 신발을 제작할 수 있다.

2 정의

정의(define)는 공감을 통해서 얻은 사용자와 환경에 대한 이해를 바탕으로 사용자가 원하는 실제적인 문제를 정의하는 과정이다. 정의는 사용자가 해결하고자 하는 문제점을 명시적으로 나타낸다. 실제적 정의는 공감으로 얻은 새로운 통찰력을 토대로 과제를 구성한다. 모든 조사를 결합하고 사용자의 문제가 있는 곳을 관찰한다. 사용자의 욕구와 통찰력에 근거하는 독특한 접근 방식 및 독창적인 해결안을 창안하기 위해 문제를 정의한다.

통찰력은 사용자에게 달려있지만 디자인 목표는 이 단계에서 문제를 해결하는 실무자가 정의해야 하며 독창성이 있어야 한다. 때로는 자신의 아이디어와 좁은 관점에 집착하는 편견이 될수 있지만 팀 공동 작업을 통해 다른 사람들과 협력하여 아이디어로 전환하는 것이 바람직하다. 이 단계에서 창안할 수 있는 발견 유형은 사용자의 문제해결 방법에 접근하여 문제의식을 연마하는 방법이다. 다음은 사용자의 문제를 정확하게 정의하기 위한 질문이다.

- 사용자의 욕구는 무엇인가?
- 사용자가 생각하는 해결안은 무엇인가?
- 사용자가 해결안이 필요하다고 생각하는 이유는 무엇인가?
- 사용자가 용어 정의에 동의하는가?
- 문제의 정의에 결함이 있는가?
- 사용자의 기대를 관리할 수 있는가?

디자인 개요는 고객의 요구 사항을 표현한 것이다. 이것은 고객 관점에서 문제정의는 표적고객, 불편한 상황과 이유를 설명한다. 고객의 입장에서 문제를 바라보고, 고객이 불편을 겪는 상황을 찾고 원하는 상태를 파악한다. 고객이 바라는 수준으로 문제를 해결하여 감동을 느낄 수 있도록 한 문장으로 정리한다. 이것이 바로 고객 관점의 문제정의이다. 이것은 구두 또는 서면, 단순 또는 복잡할 수 있다. 디자이너는 이를 통해 기대를 공유할 수 있다. 이때 사용자의 경험을 사실대로 받아들인다.

고객의 문제와 맥락을 학습하고 문제를 정의하고 문제를 진술한다. 이 진술은 고객이 직면한 문제를 해결하는 데 필요한 방향을 제시한다. 공감 단계에서 얻은 모든 요점과 답을 다룰 필요가 있다. 이것이 통합 과정이 묘사되는 단계이다. 모든 대답을 모아서 일관된 단일 진술로 변환해야 한다. 다음은 디자인 사상가(design thinker)가 답을 얻기 위한 지침이다.

- 장점 확대: 고객 요구의 긍정적인 면을 확대하는 방법을 생각한다.
- 단점 제거: 관찰된 나쁜 요소를 제거한다.
- 반대 개념 탐구: 문제를 기회로 전환하는 방법을 찾는다.
- 가정 질문: 당면한 가정에 의문을 제기한다.
- 미활용 자원 식별: 고객이 언급하지 않은 자원의 활용 방안을 찾는다.
- 유사성 연결: 당면한 문제와 관련이 있는 이미지 간의 연결을 찾는다.
- 문제 분해: 작업을 더 쉽게 하기 위해 문제를 분해한다.

3 아이디어

아이디어 단계(ideate)는 정의된 문제에 대한 생각을 구체화하는 단계이다. 디자인 개요에 대한 다양한 잠재적인 해결안을 창안한다. 다양한 사람들과 협업을 통해 가능한 많은 혁신적인 아이디어를 창안한다. 아이디어 창안 방법은 확산적 사고와 수렴적 사고이다. 확산적 사고는 다양한 아이디어의 창조를 촉진하기 위해 질보다는 양을 강조한다. 수렴적 사고에서는 문제해결에 있어 적합성과 독창성과 같은 축을 기반으로 창안된 아이디어를 통합하고 평가하고 결정한다. 따라서 수렴적 사고에서 개발자는 공통점과 차이점을 찾아 아이디어를 범주화하고 평가하여 범위를 좁힌다. 다음은 아이디어를 창출하기 위한 질문이다.

- 정의된 내용을 충분히 이해하는가?
- 충분한 조사정보가 있는가?
- 아이디어 창안에 어떤 방법을 사용할 것인가?

아이디어 단계는 다양한 아이디어 창조 기술을 통해 아이디어와 해결안을 생성하는 과정이다. 창의력과 혁신을 사용하여 해결안을 개발한다. 문제를 해결하는 일반적인 방법을 넘어서 더 우수하고 정교하며 사용자의 제품사용 경험에 영향을 미치는 문제에 대한 해결책을 제시한다. 아이디어는 프로토타입을 혁신적으로 만드는 데 필요한 재료를 모두 제공한다. 아이디어란 선천적이든 후천적으로 학습할 필요가 있든 특정 특징을 의도적으로 창조하는 것을 의미한다. 개성과 사고방식에 관계없이 사람들이 패턴과 친근감을 고수하는 함정에 빠져든다면 아이디어를 창조하기 어렵다. 전문가와 초보자 모두 끊임없이 자기 인식을 해야 하며 의도하지 않은 아이디어를 유발할 수 있는 열린 마음과 비옥한 주변 환경을 조성해야 한다. 다음은 성공적인 사상을 위해 필요한 특성이다.

- 적응: 정보가 생성될 때 정보를 인식하고, 이해하고, 생각을 확장한다.
- 연결: 새로운 가능성을 창출하기 위해 비관련 개념, 속성을 연결한다.
- 파괴: 일상적으로 유지된 신념, 가정 또는 규범을 파괴한다.
- 전환: 곤경을 기회로 전환한다.
- 꿈과 상상력: 추상적 욕구를 그림이나 이야기로 바꾸어 현실의 모습을 시각화한다.
- 실험: 가능성을 탐구하고 위험을 감수하고 아이디어를 시험한다.
- 패턴 인식: 공통된 의미, 보는 방식과 행동을 찾는다. 특성 또는 공유된 가치를 인식하고, 해결안을 구축하기 위해 이러한 공통점을 활용한다.
- 호기심: 불편하고 어리석거나 미친 질문을 기꺼이 한다. 새롭고 다른 것을 이해하고 배우기 위해 탐험하고 경험한다.

수집된 조사와 정의 단계에서 설정된 제약 조건을 사용한다. 아이디어 단계가 진행됨에 따라 정의 단계에서 오해 또는 단점이 있는지, 충분한 수준의 조사가 수행되었는지는 명확해질 것이다. 고객과의 의문점을 명확히 하고 정의 단계에서 잘못 정의된 측면을 해결하기 위해 전반에 걸쳐 피드백을 얻을 수 있다. 해결안을 선택하기 전에 가장 유망한 부분을 추가로 조사할 수도 있다. 혁신 아이디어 발굴을 위한 아이디어 방법은 제2장 창조적 사고기법을 참고하기 바란다.

4 프로토타입

다른 사람들에게 아이디어를 시각적으로 제시하기 위해 신속하고 저렴하게 프로토타입을 제작한다. 프로토타입(prototype)은 시제품 또는 원형 제품이다. 이것은 창안된 아이디어를 구체화하여 아이디어에 대한 공통된 인식을 창출한다. 기능과 작동을 확인하고 변경하기 위해 간단한 재료를 사용한다. 이렇게 하면 비용도 적게 든다. 이 단계에서는 아이디어를 구성하고 최종 해결안에 도달할 수 있는 가능성을 확인한다. 프로토타입 제작의 목적은 경험의 창조와 피드백이다. 프로토타입 단계는 최종 사용자에게 그림을 그려주는 단계이다. 유형적인 형태를 부여함으로써 개념의 모호함에서 비롯된 개별적인 감각적 차이가 제거되고 구체적인 표현이 가능하다. 따라서 개발팀 내에서 불일치가 발생하는 것을 방지하고 학습과 발견에서 아이디어를 신속하게 갱신할 수 있다.

고객으로부터 아이디어에 대한 비판, 제안 및 평가를 받는 유형화 단계이다. 프로토타입은 사용자를 비롯한 다른 사람들이 경험을 쌓고 피드백을 줄 때 가장 효과적이다. 개발자는 아이디어를 재검토하고 즉시 피드백을 얻을 수 있다. 사용자가 어떻게 행동하고 생각하고 느끼는지를 이해하고 파악할 수 있다. 프로토타입을 사용하여 아이디어의 기술적 타당성을 검증하고, 실제로 아이디어가 작동하는지 확인할 수 있다. 다음은 프로토타입을 만들기 위한 질문이다.

• 아이디어를 어떻게 유형화할 수 있는가?
• 이 해결안은 프로토타입이 필요한가?

- 프로토타입은 어떤 요소를 테스트하는가?
- 프로토타입의 기능은 무엇인가?

- 프로토타입 제작을 미루지 않는다.
- 프로토타입 제작에 너무 많은 시간을 낭비하지 않는다.
- 프로토타입은 최종 사용자를 염두에 두고 제작한다.
- 프로토타입은 사용자를 위한 경험을 만들어야 한다.
- 사용자가 만족스럽지 않을 경우 프로토타입은 가치가 없다.

5 　테스트

테스트는 프로토타입을 고객에게 제시하고 고객으로부터 평가와 피드백을 받는 단계이다. 이 단계는 개발자가 최종 사용자의 아이디어에 대한 피드백 없이 자신의 아이디어와 디자인 또는 목표가 적절한지 여부를 알 수 없기 때문에 중요하다. 아이디어에 유효하지 않은 것이 무엇인지에 관한 사용자의 피드백을 얻을 수 있고, 아이디어를 수정할 수 있다. 테스트를 통해 사용자 피드백을 바탕으로 디자인 씽킹을 다시 수행함으로써 아이디어를 재구성할 수 있다.

테스트는 제안된 설계 해결안을 선택하는 지점이다. 의사결정 기준은 목적에 대한 적합성이다. 요구와 목표를 충족하는가? 효과적으로 고객과 의사소통하는가? 그러나 모든 요구 사항을 충족하는 것이 바람직하지 않을 수 있다. 예를 들면, 시장세분화는 서로 다른 부문에 대해 서로 다른 마케팅 및 해결안을 요구한다. 비용 및 시간 요소는 선택 단계와 관련이 있지만 단계가 진전됨에 따라 변경될 수 있다. 예산에 적합한 해결안을 수용하지 못할 수도 있다. 예산 및 시간 제약 조건은 정의 단계에서 확인되어야 하고 설계 과정 전반에서 고려되어야 한다. 디자이너와 고객이 선호하는 것이 다를 수 있다. 다음은 테스트를 위한 질문이다.

- 디자인이 정의된 요구 사항을 충족하는가?

- 사용자가 디자인을 공감하는가?

- 시간과 예산에 맞춰 디자인을 제작할 수 있는가?

- 고려해야 할 다른 요소가 또 있는가?

- 의뢰인이 설계를 승인하는가?

테스트 단계를 실행 단계라고도 한다. 이것은 최종 해결안이 전체 규모로 테스트되는 단계이다. 사용자의 피드백에 따라 가장 좋은 아이디어가 실행된다. 실행 단계에서 디자인 사상가는 협업적이고 민첩해야 한다. 테스트는 실제로 작동하는 것과 그렇지 않은 것을 이해하는 데 도움이 된다. 테스트를 마친 후에는 전체 디자인 씽킹 과정을 반복할 수도 있다. 또한 최종 사용자가 해결안을 승인하면 디자인 씽킹 프로세스는 중단된다. 그러나 최종 사용자가 결과에 만족하지 않으면 디자인 사상가는 마지막 테스트 단계의 통찰력을 통합하여 새로운 문제를 정의해야 하며 최종 사용자와 함께 더 나은 방법으로 다시 공감해야 한다.

03 디자인 씽킹의 성공 사례

세계 최고의 회사들이 디자인 씽킹을 제품개발에 어떻게 활용하여 성공했는지 살펴본다. 성공 사례는 강력한 사고를 제공한다. 성공한 기업들은 모두 산업 분야의 선도업체이며, 제품을 제공하기 전에 고객을 정말로 알아야 한다는 것을 강조하는 회사들이다. 업계에서 경쟁이 치열하기 때문에 고객의 욕구와 관점에서 생각해야 한다. 이것은 디자인 씽킹 과정을 통해서 가능하다. 성공한 회사가 제품을 제작하고 재설계함으로써 경쟁업체에 비해 경쟁우위를 확보한 방법이 무엇인지를 관찰한다. 디자인 씽킹은 소매, 여행, 제조, 기술, 의료, 금융 등 모든 산업에서 중요한 역할을 한다. 많은 기업들이 혁신을 강화하고 제품개발에 드는 돈과 노력을 절약하기 때문에 디자인 씽킹을 활용하고 있다.

1 Netflix의 다변수 검증

넷플릭스(Netflix)는 1997년 8월 29일 캘리포니아주 스콧츠 밸리에서 리드 해스팅스(Reed Hastings)와 마크 랜돌프(Randolph)가 설립한 미국의 주문형 인터넷 엔터테인먼트 서비스 분야의 세계적 선도 기업이다. 넷플릭스는 인터넷(Net)과 영화(Flicks)를 합성한 이름이다. 포브스에 따르면 넷플릭스의 설립자인 Reed Hastings는 2001년까지 스트리밍을 연구하는 데에 1년에 1천만 달러를 지출했다고 한다.

넷플릭스는 디자인과 고객 중심을 강조하고 속도와 자유에 집중하며, 유연성을 중시한다. 또한 제품 디자이너는 비즈니스 성장 기회를 파악하는 데 중점을 두고 있다. 넷플릭스는 다변량 테스트라는 고유한 프로세스를 통해 혁신을 추진한다. 이는 인터페이스, 인터랙션 디자인, 탐색 패턴, 제스처 지원 및 컨텐츠에 대한 급진적인 변화가 테스트되어 혁신을 통해 경험을 개선 할 수 있는 새로운 방법을 찾도록 도와준다. 넷플릭스의 디자인 중심 접근 방식은 다음과 같은 네 가지 규칙으로 분류한다.

- 큰 생각(think big): 기존 DVD 사업을 방해하는 것을 두려워하지 않았다.

- 소규모로 시작(start small): 시장이 형성될 때까지 새로운 제품을 출시하지 않는다.

- 빠르게 실패(fail quickly): 언제 손을 접어야 하는지를 안다.

- 신속한 계층구조(scale fast): 원본 컨텐츠로 빠르게 이동한다.

플랫폼은 디자인, AI 추천 사항, 훌륭한 사용자 경험을 우수하게 설계한다. LinkedIn에 올리는 글에서 친구가 인터넷에서 사용할 수 있는 새로운 DVD 플레이어용 넷플릭스 버튼을 찾은 후 DVD에서 넷플릭스로 전환되는 방식을 강조한다. 더 재미있고 눈길을 끌기 위한 마케팅 커뮤니케이션에서 고객경험에 중점을 두고 있다. 새로운 Gilmore Girls 시리즈의 출시를 위해 폭죽 양초를 제작했다. 각 양초마다 90분마다 다른 향기가 나온다. 또한 디자이너에게 큰 변화를 줄 수 있는 자유를 부여할 뿐만 아니라 팀의 모든 사람에게 아이디어를 자유롭게 실험할 수 있는 기능을 제공한다. 그들은 디자인 조직의 계층 구조를 수평적으로 하여 누구나 좋은 아이디어를 가질 수 있고 동등한 가치를 지녀야 한다는 철학을 강조한다.

2 Dyson의 독특한 외형과 디자인

1991년 엔지니어 James Dyson이 설립한 이 회사는 사이클론 기술과 무선 손바닥 크기의 모델로 진공청소기를 재창조했다. 그는 사이클론 분리 원리에 따라 작동하는 이중 사이클론 진공청소기의 발명자로 가장 잘 알려져 있다. 개척 기술을 일상생활의 더 많은 영역으로 발전시키기 위해 핸드 드라이어에서 헤어 툴, 공기 청정기, 난방 시스템까지 진출했다. 다이슨의 제품은 독특한 외형과 디자인이다. 이전에 없었던 디자인이 고객들의 이목을 끈다.

다이슨은 2018년 인터뷰에서 다음과 같이 말했다. 기술은 현재 매우 빠르게 발전하고 있으며 점점 더 복잡해지고 있다. 하드웨어 엔지니어로 시작한 우리조차도 이제 하드웨어 엔지니어보다 더 많은 소프트웨어 엔지니어를 고용한다. 그리고 비전 시스템, 인공지능, 로봇 공학자 등 이제 10년 전보다 제품을 생산할 엔지니어 수가 5배나 많다. 이것은 엄청난 변화이다.

다이슨의 제품은 저렴한 제품은 아니지만, 품질 공학, 상징적인 디자인 기능 및 격렬한 고객 리뷰로 인해 많은 사람들이 기꺼이 고급품으로 사용할 수 있다. 그들의 전시 점포는 고급스러운 브랜드 아이덴티티를 완벽하게 요약한다. 실시간 시연 및 개인 추천 사항뿐만 아니라 자사 제품의 기술에 대한 몰입도를 제공한다. 진행 중인 프로젝트로는 수도 거리 주변의 대기 질에 관한 Kings College London과의 공동 사례 연구인 Breathe London이 있다. 이 연구를 위해 브랜드는 어린이 배낭에 부착된 웨어러블 센서를 개발한 다음 학교 여행 중 대기의 질을 추적한다. 수집된 데이터는 런던 학교 주변의 오염이 심한 지역을 찾아내는 데 도움이 된다. 다이슨은 혁신적인 설계 및 엔지니어링 접근 방식을 사용한다.

③ 유튜브 마케팅

자본이 거의 없고 잠재고객이 적어 오프라인에서 기회를 찾기 어렵다면 날로 번성하는 유튜브 동영상 제작자이자 마케팅 담당자로서 돈을 벌 수 있는 방법이 있다. 유튜브는 계속 기하급수적으로 성장하고 있으며 점점 더 많은 사람들이 이 매체를 통해 가상생활을 하고 있다. 유튜브 성공자가 되기 위해 동영상 제작자, 기술 전문가나 마케팅 전문가일 필요는 없다. 절실한 욕구가 있는 적절한 청중들에게 매력적인 비디오 및 오디오 컨텐츠를 제공하면 된다.

10억 이상의 사용자가 있는 온라인 엔터티를 상상할 수 있는가? 전 세계 수많은 사람들이 비디오 정보 및 엔터테인먼트를 요구하는 유튜브가 있다. 실제로 하루 3천만 명이 넘는 사람들이 50억 개 이상의 비디오를 볼 수 있다. 콘텐츠 제작자가 정기적으로 동영상을 만들어 내기 때문에 자신의 콘텐츠가 눈에 띄어야 한다. 모바일 동영상 시청은 더욱 증가하고 있다. 실제로 시청자의 50% 이상이 40분 동안 지속되는 모바일 장치를 사용하여 시청한다. 매력적인 비디오가 자주 공유되고 링크가 계속 클릭되지만 희박해질 가능성이 항상 있으므로 성공적인 You Tuber가 되는 방법에 지속적으로 주의를 기울인다.

1) 계정 및 유튜부 채널 구축

YouTube 채널을 웹 사이트로, 동영상을 페이지 또는 게시물로 생각한다. 독창적이고 유익한 아이디어를 찾아내어 관심과 행동이 필요한 흥미로운 비디오로 가득 찬 매혹적인 채널을 만드는 것이다. 더 많은 동영상을 추가하면 채널이 강화된다. 이렇게 하면 추가 시청자 및 구독자를 자신의 영향력 영역에 초대할 뿐만 아니라 채널 순위를 높이고 동영상을 최적화하는 데 도움이 된다. 그러나 YouTube와 Google 모두에서 적절한 최적화를 보장하려면(예: 유튜브 동영상이 Google의 첫 페이지에 종종 표시됨) 동영상이 관련성이 있는지 확인한다. 예를 들면, 채널이 원예에 관한 것이라면 건강과 영양을 중심으로 하는 동영상을 만드는 것은 이치에 맞지 않다. 한 가지 틈새시장 또는 하위 틈새시장을 더 잘 아는 것이 좋다. 채널에 완전히 다른 주제를 강조하면 채널 권위가 더 손상될 수 있다. 상쾌하고 유용한 콘텐츠로 가득한 적절하고 관련성 높은 동영상은 브랜드와 권위를 강화하여 유튜브 및 Google에서 동영상의 순위를 높인다. 시청자의 관심사와 어려움을 해결하는 비디오는 돈을 버는 경향이 있다.

유튜버로 수익을 거두려면 일정한 사전 절차가 필요하다. 구글 계정을 설정하고. 유튜브 채널을 개설한다. 새로운 브랜드 채널명에 브랜드 이름을 기입한다. 유튜브에서 수익 창출을 하려면 유튜브 파트너가 되어야 한다. 12개월 간의 시청 시간이 4,000시간을 넘어야 하고, 구독자 수는 1천명을 넘으면 유튜브 파트너를 신청한다. 홈 우측 상단의 자신의 계정 이름이 있는 곳을 클릭하면 「크리에이터 스튜디오」로 이동하여 수익 창출 신청을 등록한다. 등록을 성공하면 구글 애드센스에 가입한다. 이러한 심사를 통과하면 콘텐츠에 광고를 붙일 수 있다. 일정한 광고 수익이 발생하면 PIN 번호가 나온다. 도착한 PIN 번호를 애드센스에 입력하면 수익금을 받을 계좌번호를 입력할 수 있고, 계좌번호와 각종 정보를 입력하면 돈 받을 준비가 완료된다. 수익금이 100달러를 넘기면 입금된다. 유튜브의 수익구조는 발생한 수익의 45%는 유튜브가, 55%를 애드센스를 통해 유튜버에게 지급된다.

▼ 그림 7-5 **유튜브 수익 창출 과정**

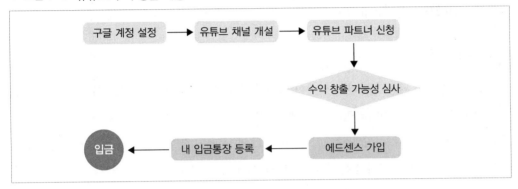

2) 동영상 제작 및 게시

목적과 상업적 의도를 가진 비디오를 구성한다. 관심 없는 비디오나 매우 싫어하는 비디오를 식별할 수 있다. 예를 들면, 하위 컨텐츠가 포함된 로봇 음성을 사용하면 창 닫기를 즉시 클릭할 수 있다. 요점에 도달하지 않는 것을 보여주는 다른 비디오도 시청자를 좌절시키는 경향이 있다. 주의를 끌지만 명확한 행동 유도 없으면 외면당할 수 있고, 시청자들은 경쟁 동영상이 제공하는 솔루션을 찾게 된다. 마케팅 목표를 설정하고 각 동영상에 목표를 설정한다. 예를 들면, 특정 시간까지 채널 구독자 수와 좋아요를 증가하는 목표를 설정할 수 있다. 이처럼 유튜버는 비디오의 제작자이자 감독자이다. 따라서 숙지하고 깊이 알고 있어야 할 구성 요소가 있다.

☑ 잠재고객 파악

유튜브는 구독자 모델이다. 구독자의 수에 따라 유튜브에서 상패가 수여된다. 구독자가 10만 명 이상이면 실버 플레이 버튼, 구독자가 100만 명 이상이면 골드 플레이 버튼, 그리고 구독자가 1,000만 명 이상이면 다이아몬드 플레이 버튼으로 구분한다. 이처럼 구독자 수가 수익의 원천이 된다. 따라서 동영상을 구독할 잠재고객의 욕구를 파악하는 것이 매우 중요하다. 인구통계를 알면 최고 수준의 비디오를 만들고 영향을 극대화하는 것이 훨씬 쉽다. 누구에게 마케팅을 하려고 하는가? 그들의 열정, 흥미, 관심사 및 문제는 무엇인가? 핫 버튼과 도움말 제공 방법을 알고 표준 뷰어/고객 아바타를 개념화한다. 예를 들면, 비디오가 수천 명의 시청을 원한다. 그러나 동영상이 소수의 사람들이 시청한다면 채널이 원하는 인기 수준에 도달할 수 없다. 브랜드가 고객의 관점에서 강력하고 표적이 적절하면 돈이 따를 것이다.

☑️ 주제 선정

주제는 참신하고 남들과 다른 차별성이 있어야 매력적이다. 주제 선정은 이야기 거리를 선정하는 것이다. 주제를 선정하려면 우선 틈새시장의 주요 문제를 파악한다. 유튜브 시대에는 취미가 돈이 되는 시대이다. 취미가 주제가 될 수 있기 때문이다. 잠재고객이 결정되면 그들에게 제공할 주제를 선정한다. 인기 있는 주제는 고객의 주요 문제이다. 또한 언어의 장벽이 없는 콘텐츠는 인기 있는 주제가 될 수 있다. 예를 들면, 유아, 교육, 게임, 요리, 건강, 여행, 애완동물, 문화, 패션, 미용, 음악, 생활의 지혜, 미스터리, 공예나 미술 제작 과정이 해당된다. 이러한 주제가

자신이 좋아하고 즐겁게 제작할 수 있는 것이어야 한다. 운동, 여행, 탐험, 사진 촬영, 공예, 실험, 제작 등 취미, 일상이나 관심사는 즐겁고 꾸밈이 없고, 재능, 전문 지식이나 역량을 몰입할 수 있으며, 표적고객들에게 거부감을 유발하지 않고, 제작의 완성도를 높일 수 있는 분야이다. 유튜브 채널 랭킹(https://ladder.kr)을 활용하면 유튜버들의 순위를 파악하고 주제를 참고할 수 있다.

트래픽과 경쟁의 균형을 유지하면서 틈새시장 또는 하위 틈새시장의 주요 문제를 파악한다. 이것은 첫 번째 원칙의 연장이다. 특정한 사회에 가장 시급한 감정적 유발 요인을 찾기 위해 깊이 파고들어야 한다. 동시에 트래픽을 생성하지만 경쟁 수준이 그다지 높지 않은 분야에 집중한다. Google 키워드 플래너(Google keyword planner)와 같은 무료 분석 도구를 사용하는 것이 좋다. 키워드 플래너는 키워드 아이디어와 예상 트래픽을 제공하여 검색 네트워크 캠페인 구축 과정을 도와주는 도구이다. 트래픽과 경쟁을 알면 유튜브 동영상의 기능에 대한 아이디어를 얻을 수 있다.

☑ 추세평가

Google 트렌드(Google trends)와 같은 무료 도구는 재정적으로 번영을 이루는 효과적인 수단이다. 구글 트렌드는 이용자들이 특정 키워드로 검색한 횟수를 지수화해 대중의 관심도를 보여주는 지수이다. 그들은 빨간색으로 뜨겁게 추진력을 얻고 있는 틈새를 나타낼 수 있다. 전자담배, 드론 및 액세서리, 미니멀리스트(minimalist) 시계 및 기타 유형의 품목은 인기의 정점에 도달하지 못할 수도 있다. 기하급수적으로 성장하고 있는 제품을 찾는다. 좋은 방법은 적어도 한동안 시장 구석구석에서 우승자를 찾는다. 욕구가 많은 것을 대중에게 줄 때 유튜브로 돈을 버는 것이 훨씬 쉽다.

☑ 고품질 제작과 홍보

주제가 결정되면 시나리오를 구성하여 촬영에 필요한 스마트폰과 소품을 준비하여 동영상을 촬영한다. 이 동영상을 편집 프로그램을 사용하여 완성도를 높인다. 영상편집 프로그램은 베가스 프로, 애프터 이펙트, 어도비 프리미어 프로, 뱁믹스와 Maya 등이 있다. 인기가 좋은 영상편집 프로그램 중 하나인 베가스 프로는 영상을 제작하거나 편집하여 용량이 적은 동영상을 만들어 낼 때 유용하다. 애프터 이펙트는 도구의 종류가 다양하고 효율적이다. 어도비 프리미어 프로는 실시간, 타임라인 기반의 영상 편집 응용 소프트웨어로 그래픽 디자인, 영상 편집, 웹 개발 응용 프로그램의 제품군인 어도비 크리에이티브 클라우드에 속해 있다. 뱁믹스는 초보자들이 영상을 편집할 때 사용하기에 좋고, 자막이나 특수효과를 넣는 기능은 매우 우수하다. Maya는 캐릭터, 애니메이션, 비디오, 게임, 영화, CF 등의 영상 산업에서 상상하는 모든 것을 시각적으로 실현해 낼 수 있는 프로그램이다.

주제 선정, 스토리 구성과 촬영 등 과정이 끝나면 동영상을 편집하여 매력적이고 고품질을 확보할 수 있어야 한다. 이때 필요한 도구가 영상편집 프로그램이다. 영상 편집 프로그램 사용법을 충분히 익혀 주제가 효과적으로 전달되고 독자들에게도 흥미를 잃지 않도록 제작하여 평균 시청 지속 시간을 높여야 한다.

연예기획사가 소속 가수를 발굴해 육성하고 방송 활동을 지원하듯 다중 채널 네트워크, 즉 MCN(Multi Channel Network)은 인터넷 스타를 위한 기획사이다. 유튜브의 인기가 높아지고 수익을 내는 채널이 많이 등장함에 따라 이를 관리해주는 회사이다. MCN은 제품, 프로그램 기획, 결제, 프로모션, 파트너 관리, 저작권 관리 및 판매, 잠재고객 개발 및 수익창출 등의 영역을 콘텐츠 제작자에게 지원한다.

☑ 강력한 클릭 유도 문안 사용

시청자들이 동영상 제목과 콘텐츠를 자세히 보지 않을 수 있다. 섬네일과 콘텐츠 제목은 클릭을 유도하는 도구이다. 따라서 콘텐츠에 적합하게 구성하여 클릭을 확보할 수 있어야 한다. 이것들은 게시물이 독자들에게 선택되는 데 지대한 영향을 미친다. 섬네일(thumbnail)은 유튜브에 게시한 콘텐츠를 한눈에 알아볼 수 있게 줄여 화면에 띄운 것이다. 이것은 사진을 탐색하면서 알아보기 쉽게 만들어 주며 그림을 일반 문자열 색인과 같게 취급한다.

시청자들이 제작자의 마음을 읽을 수 없다. 실제로 그들은 제작자에게 반직관적인 행동을 취할 수도 있다. 따라서 진행 방법을 알려주는 것이 중요하다. 예를 들면, 항상 사람들에게 바람직한 조치를 취하도록 안내한다. 동영상으로 돌아가서 시청자에게 '좋아요 버튼'을 누르고 구독하도록 요청한다. 설득력 있는 클릭 유도문안은 판매를 유발할 것이다. 시청자가 쉽게 구매할 수 있도록 하는 것도 잊지 않는다. 필요한 링크(판매 페이지로 직접 연결되는 링크)를 제공하고 '지금 구매' 버튼이 어디에 있는지 정확하게 알려준다.

사물과 현상을 낮설게, 거꾸로 보아라(Robert Root Bernstein).

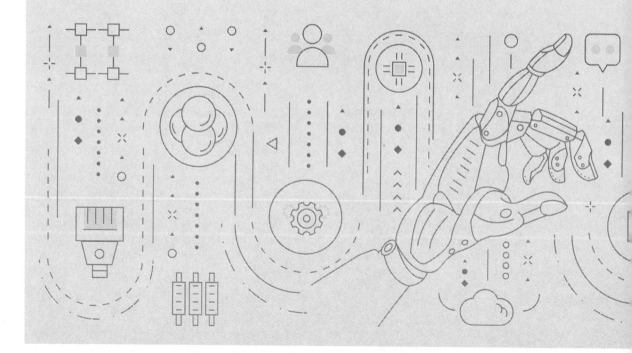

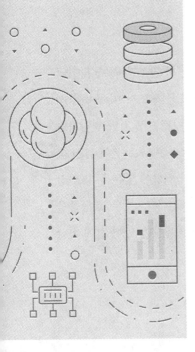

CHAPTER

08

비즈니스 모델

01   비즈니스 모델의 구조

02   비즈니스 모델의 사례

구독 경제란

구독(subscription)은 일정 기간 구독료를 내고 상품과 서비스를 받는 경제활동을 뜻한다. 구독경제(subscription economy)란 신문처럼 매달 구독료를 내고 필요한 물건이나 서비스를 받아 쓰는 경제활동을 의미한다. 최근에는 고가의 자동차와 명품 의류 같은 물건뿐

만 아니라 식음료 서비스까지 다양한 분야로 월정액 서비스가 확대되고 있다. 이러한 구독경제는 소비자를 제품을 '사는' 고객이 아니라 '구독'하는 사람으로 바꾼다. 전통적인 산업에 다양한 서비스가 구독의 형태로 더해진 것이다. 구독경제가 어디까지 진화할지 주목된다. '소유'의 시대를 넘어 '접속'과 '이용'의 시대가 현실로 다가왔다. 신문이나 우유, 각종 생필품을 정기 배송받는 게 전통적인 방식이었다면 이제는 '경제적 이익'과 '새로운 경험'이 구독 경제의 키워드다. 정해진 금액을 선불로 납부한 뒤 무제한으로 서비스나 상품을 이용한다. 구독 경제는 세계적으로 지난 5년간 연 200%씩 고성장하며 '소유하지 않는 소비'를 이끌고 있다. 술뿐만 아니라 연 6~8회 제철 제주 농수산물을 정기 배송하는 '무릉외갓집', 월 1회 취미를 배달해주는 '하비인더박스', 월 2회 꽃을 정기 배송하는 '꾸까', 월 1~2회 깨끗한 새 침구를 배송해주는 '클린 베딩', 매주 잘 다려진 셔츠 3~5벌을 배송해주는 '위클리 셔츠', 매달 화제의 책을 10권 읽을 수 있는 '밀리의 서재'까지 아이디어로 무장한 스타트업이 국내 구독 경제를 이끌고 있다.

화장품 구독

30대 여성 ㄱ씨는 3개월 전 화장품 '구독'을 시작했다. 최소 구독료는 한 달 5만 원이다. 한국 여성이 한 달에 화장품에 쓰는 평균 비용인 10만 원보다 적다. "다른 시도를 해보자"며 구독을 시작하자마자 가이드가 찾아와 피부 상태를 측정했다. 피부결이나 톤이 나쁘진 않지만 민감하다는 결과가 나왔다. 화장품은 '피부 재생주기'라는 28일마다 배달된다. 스킨이나 로션이 담긴 통에는 자신의 이름이 각인된 가죽 라벨이 달려 있다. 시중에서는 ㄱ씨의 취향에 맞는 무향 화장품을 찾기 어려웠지만 여기서는 모두 원하는 제형과 향으로 제작할 수 있다. ㄱ씨는 "화장품을 검색하고 쇼핑하는 데 쓰는 시간과 에너지가 확연히 줄었다"면서 "28일 용량만 있어 집에 화장품을 쌓아둘 필요도 없다"고 말했다.

차량 구독

ㄴ씨(33)는 한 달 72만 원에 현대차의 쏘나타, 투싼, 벨로스터를 바꿔 탈 수 있다. 장기 렌트나 리스 상품과 달리 주행거리에 제한이 없는 점이 마음에 들었다. 앱으로 모든 걸 주문할 수 있어 사용하면서 불편함은 느끼지 못했다. 한 달에 한 번 48시간 이용할 수 있는 스포츠유틸리티차량(SUV) 팰리세이드도 타봤다. 신혼인 ㄴ씨는 "주변 아빠들이 다들 나중에 아기가 생기면 SUV로 가야 한다고 하는데 구독서비스를 이용하면서 나는 SUV랑 안 맞는다는 걸 알았다"고 말했다. 그는 "신차 구입을 앞두고 짧은 시승만으로는 차량을 결정하기 어려울 때, 그리고 한국에 잠깐 들어왔다가 출국해야 하는 입장의 사람들이 짧게 이용하기에 괜찮은 접근"이라고 했다.

도서 구독

ㄷ씨는 평소 베스트셀러, 혹은 지인들이 추천한 책을 샀다가 돈이 아깝다는 생각을 한 게 한두 번이 아니다. 그렇다고 도서관에 가서 책을 빌리고 반납하기엔 시간이 빠듯하다. 이런 이유로 책과 멀어지던 중 지난해 여름부터 월정액 독서앱 '밀리의 서재'를 이용하게 됐다. 한 달 9,900원으로 무제한으로 책을 읽을 수 있는 서비스다. 읽을 책을 고르지 못했을 때는 밀리가 '배달'해준 책을 본다. 덕분에 몰랐던 분야, 관심 없던 분야의 책을 만나기도 한다. 정말 '인생의 책'이 아닌 이상 소장할 필요는 없다는 게 ㄷ씨 생각이다. 현재 ㄷ씨의 온라인 서재에는 읽은 책 50여 권과 인용한 문구 592개가 차곡차곡 저장돼 있다. 실물이 없다는 점은 ㄷ씨에게 오히려 장점이다. 자취를 하고 있어 책과 책장의 부피는 부담이다. ㄷ씨는 "하지만 실제 효과는 책을 소유하고 있는 것과 비슷하다"고 말했다. 자신이 읽은 책 목록을 이미지로 볼 수 있고, 구독을 끊지 않는 한 언제 어디서든 책을 읽을 수 있다. 위 그림은 ㄷ씨가 구독하고 있는 독서앱 '밀리의 서재' 화면이다.

▶ 소유의 시대에서 구독의 시대로

"날 구독하세요." 세상 여기저기서 들리는 말이다. 구독은 일정 기간 구독료를 지불하고 상품과 서비스를 받을 수 있는 경제활동을 뜻한다. 신문, 우유 배달 같은 오래된 유형부터 넷플릭스와 멜론 같은 디지털 스트리밍 형태의 구독, 월정액을 내면 정기적으로 면도기나 의류, 식료품 등을 배송받는 서비스까지 구독이 전방위로 확장되면서 '구독경제'가 형성됐다. 구독경제는 소비자를 제품을 '사는' 고객이 아니라 '구독'하는 사람으로 바꾼다. 기업은 제품을 서비스로 만들어 반복적인 수익을 창출한다. 소비자는 소유하지 않고 구독하면서 물건이 아닌 경험을 소비한다.

전통적인 산업에 다양한 서비스가 구독의 형태로 더해지면서 '만물이 서비스화'하는 시대로 바뀌고 있다. 구독 자체는 새로운 것이 아니다. 일정 비용을 내고 회원으로 가입하면 물건이나 서비스를 제공받는 형태로 이미 미디어·콘텐츠 분야를 중심으로 수백 년 전부터 존재했다. 전기료와 수도세, 통신료도 구독경제에 속한다. 하지만 현재는 디지털 기술 발전에 따라 그 외연이 질적으로 달라지고 있다. 먹고 마시는 것부터 책과 음악, 영화, 법률 서비스와 컴퓨팅 자원(아마존·네이버), 자동차(포르쉐·BMW·현대 등)와 비행기(서프에어), 침대(코웨이)도 디지털의 '옷'을 입고 구독하는 시대가 됐다.

구독경제의 성장은 기술 발전과 궤를 함께한다. 과거에 방문판매와 우편, 전화 등 오프라인 기반의 멤버십 모델이 모바일로 바뀌면서 접근성이 크게 높아졌다. 정보기술 분야 칼럼니스트인 류한석 씨는 "모바일로 검색만 하면 사람들이 소셜미디어(SNS)에서 공유한 정보를 확인할 수 있고, 스마트폰 앱으로 빠르게 신청하고, 앱에서 즉각 원하는 서비스를 이용할 수 있다"며 "접근성이 높아지면서 많이 이용하게 됐다"고 설명했다.

시장조사기관 포레스터리서치는 이런 변화상을 '고객의 시대'로 표현했다. 소비자들이 기업과 대등한 정보력을 갖추고, 필요한 순간에 어디서든 그 상황에 맞는 적절한 기기로 원하는 정보나 서비스를 이용할 수 있기를 기대하는 시대를 말한다. 멤버십을 구매하고 쓰지 않으면 '호갱'이 되지만 잘 쓰면 알뜰한 소비가 가능하다. 디지털 방식의 소비에 익숙한 젊은 세대일수록 유리하다. 1인 가구가 증가하고, 장거리 주말부부 등 가족 형태가 비정형화된 변화를 보이면서 소비 역시 이에 대응하는 방식으로 바뀌었다는 것이다.

출처: 한국경제 2018.09.07, 경향신문 2019.02.24

01 비즈니스 모델의 구조

기업들은 가치 있는 제품과 서비스를 제공하면서 조직의 장기적인 가치를 창출할 수 있는 체계적인 방법을 찾는다. 이러한 방법이 바로 비즈니스 모델이다. 비즈니스 모델은 기업 업무, 제품 및 서비스의 전달 방법, 이윤을 창출하는 방법을 나타낸 모델이다. 기업이 지속적으로 이윤을 창출하기 위해 제품 및 서비스를 생산하고, 관리하며, 판매하는 방법을 표현한다. 비즈니스 모델은 시장에서 비즈니스를 이해, 정의 및 디자인하기 위한 전체 프레임 워크이다.

1 비즈니스 모델

  기술 발전이 새로운 비즈니스 방식으로 나아가고 있다. 인터넷은 여전히 검증되지 않은 새로운 모델을 제공한다. 인터넷의 출현으로 새로운 사업을 개발하기 위해 비즈니스 모델이라는 용어가 널리 사용된다. 아마존, 이베이, 델과 에어비앤비와 같은 회사들은 가치창조의 기존 논리를 파괴하고, 그들의 산업영역을 사로잡는 혁신적인 모델로 세계적으로 알려지게 되었다. 이러한 기업들은 가치창조와 가치포착의 특별한 방법을 시도했다. 아마존의 혁신적인 비즈니스 모델은 도서 소매부문에서 기존의 소매회사와 다른 온라인 소매업 기업의 새로운 유형을 창조하였다. 비즈니스 모델은 새로운 서비스와 제품을 조사하는 체계적이고 구조화된 방식을 제시한다.

1) 비즈니스 모델의 개념

비즈니스 모델(business model)은 어떤 상품이나 서비스를 어떻게 소비자에게 제공하고, 어떻게 마케팅하며, 어떻게 돈을 벌 것인가에 관한 계획이나 사업 아이디어이다. 비즈니스 모델은 새로운 서비스나 제품이 제공하는 가치의 개발, 도입과 촉진 등과 관련된 요인들을 이해하는 체계적이고 구조화된 방식이다. 기업은 비즈니스 모델을 사용함으로써 새로운 서비스나 제품의 개발, 도입과 촉진에 있는 위험을 잘 통제할 수 있고, 서비스나 제품의 성공기회를 창조할 수 있다. 비즈니스 모델은 기업이 가치를 어떻게 창조하고 유지하는지에 관한 논리를 일관성 있게 설명한다. 비즈니스 모델은 사업 아이디어이지만 사업계획은 아이디어의 구현이다. Moingeon과 Lehmann-Ortega에 따르면 비즈니스 모델은 고객에게 가치제안, 가치구성과 수익등식을 통해서 가치를 창조하는 구조이다.

- 가치제안: 가치제안은 고객세분화와 고객에게 제공되는 상품이나 서비스를 포함한다. 고객은 회사로부터 가치를 제공받을 사람이고, 가치제안은 회사가 고객에게 가치를 제공하는 것을 의미한다.
- 가치구성: 가치구성은 고객에게 가치를 어떻게 전달하고, 가치를 달성하기 위해 사용되는 활동과 자원을 의미한다. 이러한 요소는 가치사슬의 결합이다.
- 수익등식: 수익등식은 가치제안과 가치구성의 결합으로 얻는 결과이다. 수익등식은 판매수입, 비용구조와 자본에 영향을 준다.

▼ 그림 8-1 비즈니스 모델

2) 비즈니스 모델의 분류기준

비즈니스 모델은 공급자, 회사, 고객과 기타 다른 협력자로 구성되는 가치사슬 흐름에 근거한다. 이러한 비즈니스 모델의 주요 기준은 거래품목, 소유권 관계와 수익으로 구분된다. 고객, 공급자와 협력자가 비즈니스 모델의 역할 수행 구성원들에게 주어진 특정한 역할이 있다는 것을 고려하는 것이 중요하다. 어떤 회사는 다른 회사를 위해 고객의 역할을 하지만, 이것은 자신의 고객을 위해 공급자로서 행동하는 것을 의미한다.

▼ 표 8-1 비즈니스 모델 분류기준

거래품목			소유권 관계			수익		
서비스	상품	보조제품	생산	콘텐츠	중개	직접수익	수수료	구독료

☑ 거래품목

비즈니스 모델에서 고객, 공급자와 협력자들은 어떤 품목의 교환을 통해서 서로 상호작용한다. 거래품목은 수익을 얻기 위해 고객에게 제공된 제품이다. 이 기준은 서비스, 상품과 보조제품이 있다. 서비스는 고객지원, 구매자와 판매자 연결과 같은 서비스이다. 상품은 유형제품이고 보조제품은 기업의 핵심 서비스나 상품이 아니라 서비스나 상품의 구매를 촉진하는 제품이다.

☑ 소유권 관계

제공된 상품이나 서비스의 소유권은 생산, 콘텐츠와 중개로 구분된다. 생산은 회사가 생산한 품목이다. 콘텐츠는 대중매체나 관련 미디어 활동에 게재된 구조화된 메시지이다. 콘텐츠는 사용자들 간의 상호작용 없이 생산될 수 없다. 중개기관은 상품과 서비스를 사용자와 연결하는 플랫폼을 제공하는 것을 의미한다.

☑ 수익

수익은 직접 수익, 수수료와 사용료가 있다. 직접 수익은 비즈니스 모델의 소유자로서 회사가 정의된 사용자나 고객에게 상품이나 서비스를 제공함으로써 수익을 얻는다. 수수료는 이커머스 회사의 주된 수입으로 서비스의 사용자들이 지불하는 돈이다. 구독료는 사용자들로부터 받는 수수료로 임대의 형태로 얻게 된다. 이 수수료는 고정, 기간이나 사용량 기준으로 부과된다.

3) 비즈니스 모델의 분류

많은 학자들이 비즈니스 모델의 유형을 분류하였다. 그 중에서 Michael Rappa는 9가지 비즈니스 모델을 제안하였고, 각 유형별로 사업운영 방식에 따라 보다 구체적인 모델들을 제시하였다.

그러나 비즈니스 모델은 아직도 다양한 방식으로 개발되고 정의되고 분류되고 있다. 인터넷 비즈니스는 계속 진화하기 때문에 제시된 분류는 완전하지는 않지만 새로운 비즈니스 모델을 혁신하는 데 유용하다.

▼ 표 8-2 비즈니스 모델의 분류

모델 유형	설명
중개모델	중개인은 다른 관계자들에게 서비스를 제공하고 대가를 받는다.
광고모델	상품과 서비스의 광고를 제공하는 모델이다.
정보중개모델	고객정보를 수집하여 기업에 판매하는 모델이다.
판매자모델	상품과 서비스의 도매상과 소매상의 온라인 상점이다.
생산자모델	생산자가 직접 판매하는 모델이다.
제휴모델	상품구매를 촉진하기 위해 파트너 사이트와 제휴하고 재무 인센티브를 제공한다.
공동체모델	유사한 흥미를 가진 사람들끼리 서로 정보를 공유한다.
구독료모델	사용자들은 서비스를 사용하기 위해 주기적으로 사용료를 지불한다.
사용량모델	사용량에 따라 사용료를 지불한다.

☑ 중개모델

중개모델은 중개인이 다른 관계자들에게 서비스를 제공하고, 대가로 요금을 부과하는 모델이다. 제품은 중개인의 소유가 아니다. 서비스에 따라 중개인은 수익을 창출하고 서비스의 양에 따라 수수료를 부과한다. 그러나 다른 회사가 생산한 상품이나 서비스의 소유권을 갖는 경우도 있다. 또한 중개인은 시장조성자로서 직접적 수익을 창출한다. 중개인은 판매자도 되고 구매자도 되어 거래를 촉진한다. 중개인은 B2B, B2C, C2C에서 다양한 역할을 수행하고, 이러한 거래수행에 대해 수수료를 사용자에게 부과한다. 새로운 비즈니스 모델의 계속적인 출현으로 수수료 부과 방식은 매우 다양하다.

☑ 광고모델

광고모델은 이커머스 회사가 상품과 서비스의 광고를 제공하는 모델이다. 수익방법은 제공된 상품과 서비스에 따라 다양하다. 회사가 웹 사이트에 광고를 게시하고, 이러한 경우에 수입은 수수료 기준이다. 광고회사는 콘텐츠와 배너광고 형태의 광고 메시지가 결합된 서비스를 제공한다. 배너광고는 광고회사를 위한 수입의 주요 원천이다. 광고회사는 콘텐츠 제작자나 유통자이다. 방문이 많거나 사이트가 전문화될 때 광고모델은 가장 효과적이다.

✓ 정보중개모델

정보중개모델은 인터넷에서 고객정보를 수집하여 기업에 판매하는 모델이다. 고객정보는 다양한 방법을 통해 수집, 가공되어 데이터베이스화된다. 특정 시장에서 소비자, 생산자 및 제품을 이해할 수 있도록 정보중계를 제공하여 수익을 창출한다. 회사가 사업 파트너에게 제공되는 서비스나 제품에 근거하여 대가를 받기 때문에 비즈니스 모델에서 만들어지는 수익은 직접적인 형태에 근거한다. 정보가 신중하게 분석되고 표적 마케팅 캠페인에 사용될 때 소비자와 소비습관에 관한 자료는 가치가 크다. 독립적으로 수집된 제조자와 제품에 관한 자료는 구매를 고려할 때 소비자들에게 유용하다.

✓ 판매자모델

판매자모델은 상품과 서비스의 도매상과 소매상의 온라인 상점이다. 즉, 아마존닷컴, 예스24처럼 오프라인 비즈니스 모델을 온라인으로 옮겨놓은 것이다. 판매자모델에서 주된 수입은 판매이윤으로 직접적이다. 판매는 표시가격이나 경매에 근거한다.

✓ 생산자모델

생산자모델은 생산자가 생산한 제품을 직접 판매하는 모델로 직접 구매자에게 접촉하는 모델이다. 생산자는 제품의 완전한 소유권을 갖고 제품을 제공한다. 생산자가 제품을 생산하고, 직접 구매자에게 판매하여 기존 유통망을 생략하는 모델이다. 델 컴퓨터가 인터넷과 전화를 사용해 직접 판매하는 대표적인 사례이다. 생산자모델은 생산의 효율성, 개선된 고객 서비스와 고객 선호도의 이해가 중요하다.

✓ 제휴모델

제휴모델은 웹 사이트 발행자가 그의 노력에 의해 파트너의 웹 사이트에 방문자, 회원, 고객의 수나 매출을 기준으로 소정의 보상을 받는 수익모델 기법이다. 제휴모델을 통해 판매자에게는 판매기회가 발생한다. 변형 형태는 배너교환, 클릭당 광고료 지불과 수익공유 프로그램 등이 있다.

☑ 공동체모델

공동체모델은 온라인을 통해서 유사한 흥미를 가진 사람들끼리 서로 정보를 공유할 수 있게 한다. 공동체 비즈니스 모델의 경우 주로 전문적인 문제해결에 기여한 사람에게 제공된다. 기여자의 성격은 동일하고, 서비스의 소유권은 콘텐츠 소유권이다. 회사가 고객이나 파트너의 활동을 지원하기 위해 어떤 도구나 제품을 제공한다면, 거래품목은 보조적이고 생산자 소유권이 된다. 콘텐츠 소유권자는 웹 페이지에 방송광고에 대한 수수료를 받는다. 공동체 비즈니스 모델의 실행가능성은 사용자 충성도에 근거한다. 수익은 보조제품의 판매나 자발적인 기여에 근거할 수 있다. 수익은 맥락광고와 고급서비스에 대한 예약과 관련이 있다.

☑ 구독료모델

구독료모델은 사용자들이 서비스를 사용하기 위해 주기적으로 사용료를 지불하는 모델이다. 거래품목은 서비스이고, 서비스는 동일한 성질을 갖고 있는 측면에 달려있다. 회사는 콘텐츠 소유권을 갖고 있다. 회사가 사전에 돈을 받고 어떤 전문제품을 제공한다면, 제공된 서비스나 자료는 제품으로 간주된다. 모든 경우에 수익은 구독료에 따라 발생된다. 회사가 웹 사이트 광고를 게시한다면 수익의 위임 형태이다.

☑ 사용량모델

사용량모델은 수도요금, 전기요금이나 전화요금처럼 사용량만큼 지불하는 방식이다. 서비스는 동일한 유형의 고객들에게 제공되고, 회사는 정보의 콘텐츠 소유권을 갖는다. 이용자의 요구에 따라 네트워크를 통해 필요한 정보를 제공하는 방식이다. 구독자 서비스와 달리 측정된 서비스는 실제 사용률에 근거한다. 인터넷 서비스 제공자는 주로 연결된 시간 동안 고객에게 요금을 부과한다. 사용량 모델은 서비스 이용률이 높을 때 유지 가능한 모델이다.

② 비즈니스 모델 캔버스

비즈니스 모델은 설계할 때 많은 요인들이 고려되어 매우 복잡한 과업이다. 설계과정을 용이하게 하기 위해 알렉스 오스터왈더가 창안한 시각도구를 사용한다. 도구의 시각 구성요인은 사업의 다양한 구성요소가 상호 간에 어떻게 영향을 주는지를 이해함으로써 설계과정을 단순화한다. 비즈니스 모델 캔버스는 9개의 상호 관련된 영역으로 구성되고, 이것은 각 영역이 설명되는 순서에 따라 간단하게 기술된다. 각 영역의 내용과 관련된 영역 간의 흐름과 친숙해지면 비즈니스 모델 캔버스는 사용하기 더욱 쉬워진다. 진단도구로서의 역할을 하고, 시나리오 계획에 도움이 되기 때문에 비즈니스 모델 캔버스는 다목적이다.

1) 비즈니스 모델 캔버스의 개념

비즈니스 모델 캔버스는 회사가 제공물을 창조하고, 고객에게 전달하고, 거래로부터 수익을 얻는 방법을 기술하는 기법이다. 즉, 어떤 상품이나 서비스를 어떻게 소비자에게 편리하게 제공하고, 어떻게 마케팅하며, 어떻게 돈을 벌겠다는 아이디어를 기술한다. 캔버스는 조직이 어떻게 가치를 창조하고, 전달하고, 포착하는 원리를 효과적으로 기술한 것이다. 이것은 사업계획에서 기대되는 모든 세부사항과 깊이를 포착하려는 의도가 아니라 아이디어가 사업으로 어떻게 전환되는지에 관한 명확한 통찰력을 커뮤니케이션하는 것이다. 알렉스 오스터왈더(Alex Osterwalder)와 예스 피그누어(Yves Pigneur)는 비즈니스 모델을 9개 요소로 분해한다.

▼ 표 8-3 비즈니스 모델 9개 영역

영역 구축		설명
제품	가치제안	제공된 상품과 서비스의 독특한 강점
기반관리	핵심활동	가치제안을 실행할 때 가장 중요한 활동
	핵심자원	고객을 위한 가치를 창조하는 데 필요한 자원
	핵심파트너	가치제안을 수행하는 데 필요한 파트너 관계
고객접점	고객세분화	제공하려는 특정한 표적시장
	유통경로	유통의 제안된 경로
	고객관계	고객과 함께 회사가 원하는 관계의 유형
재무측면	비용구조	비용구조의 특징
	수익원	회사가 돈을 버는 방법과 가격결정 방법

출처: Osterwalder, A. & Pigneur, Y.(2010), *Business Model Generation: A Handbook for Visionaries, Game Changers and Challengers*, Wiley.

2) 비즈니스 모델 캔버스의 구조

오스터왈더(Osterwalder)는 기업이 사업기회를 활용하기 위해 고객에게 가치를 어떻게 제공하는지를 충분히 기술하기 위해 9개 차원을 사업 의사결정이라고 제안한다. 또한 이해, 창조성, 토론과 분석을 촉진하기 위한 실제적이고, 직접 해 보는 도구로서 캔버스(canvas)를 제안한다. 이 모델 캔버스는 대안을 평가하고, 기록하고, 평가하기 위한 구조를 제공한다. 9개의 영역은 비즈니스 모델 캔버스라는 단일 다이어그램에서 포착할 수 있다. 기본 초점 영역으로 비즈니스 모델의 중심에 가치제안을 설정한다.

- 고객세분화: 고객은 누구인가?
- 가치제안: 제공할 핵심가치는 무엇인가?
- 유통경로: 핵심가치를 어떻게 전달할 것인가?
- 고객관계: 고객들과 어떤 관계를 맺을 것인가?
- 수익원: 이윤을 어떻게 창출할 것인가?
- 핵심자원: 보유하고 있는 핵심자원은 무엇인가?
- 핵심활동: 어떤 핵심활동을 수행해야 하는가?
- 핵심파트너: 어떤 파트너십을 가져야 하는가?
- 비용구조: 모든 활동을 수행하기 위한 비용구조는 어떠한가?

▼ 그림 8-2 Osterwalder의 비즈니스 모델 캔버스 구조

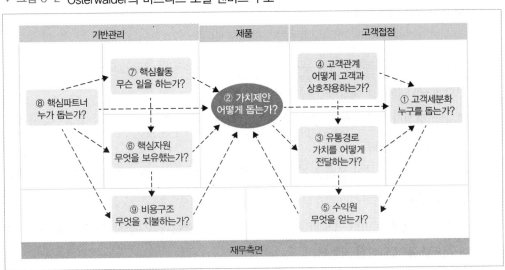

(1) 고객세분화

고객세분화는 상품과 서비스를 제공할 고객집단을 확인하는 것이다. 수익은 고객들로부터 발생하기 때문에 고객들은 모든 기업들의 핵심이다. 성공적인 기업들은 고객을 이해하고, 고객을 위한 가치창조를 인식하고, 고객의 욕구를 충족하는 적절한 제공물을 제공한다. 또한 우수한 기업들은 만족한 고객을 수익원으로 전환하는 방법을 안다. 기업들은 서로 다른 욕구와 특성을 갖고 있는 독특한 고객집단을 이해해야 한다.

고객이 누구인지를 확인하기 위한 핵심질문을 함으로써 비즈니스 모델을 기술한다. 이러한 질문에 답하고, 비즈니스 모델이 제공하는 다른 고객집단을 확인하고, 각각의 고객을 상세하게 기술한다. 이러한 기술은 인구통계, 지리적 정보, 핵심욕구와 같은 다양한 특성을 포함한다. 기존고객의 특성을 시각화하는 것은 고객세분화에 유용하다. 상이한 고객집단의 기술을 완성한 후 확인된 집단에서 기존고객을 분류한다. 기존고객의 수, 수익성이나 성장잠재력과 같은 통계적인 정보를 추가한다.

표적고객은 가치제안의 구성요소로 표적고객을 기술하는 것은 고객세분화 영역이다. 고객세분화의 주요 기준은 고객들이 독특한 제공물을 요청하는 욕구이다. 이것은 유통경로나 관계의 다른 형태를 통해서 구별될 수 있다. 또한 고객세분화는 제공물의 다른 측면에 기꺼이 지불하려는 의도나 다른 수익성이 있을 수 있다. 고객들은 비즈니스 모델의 중심이고, 고객 없이 어떤 기업도 수익을 얻을 수 없다. 고객에게 더 잘 제공하기 위해 회사는 공통적인 욕구, 행동이나 다른 속성을 특징으로 하는 세분시장으로 집단을 분류한다. 이러한 세분시장은 대량시장, 틈새시장, 세분시장과 다각화 시장이 있다.

- 대량시장: 상이한 고객세분화를 무시하는 시장으로 가치제안, 유통경로와 고객관계 모두가 동일한 욕구와 문제를 해결하는 시장 관점이다.
- 틈새시장: 경쟁사가 접근하지 않고, 특정한 고객세분화를 위해 제공하는 시장으로 고객의 특정한 요구에 맞춘다.
- 세분시장: 상이한 욕구와 문제를 갖고 있는 전체시장을 비교적 동일한 욕구를 가진 고객의 집단으로 나누는 것이다.
- 다각화 시장: 매우 상이한 욕구와 문제를 갖고 있는 비관련된 고객세분시장에 새로운 상품이나 서비스를 제공하는 것이다.

• 다면시장: 욕구가 다른 고객군을 상호 연계해 거래 상대를 찾게 해주고, 고객군 간에 가치를 교환할 수 있는 상품이나 서비스를 제공하여 부가가치를 창출하는 시장으로 플랫폼이라고 한다. 신용카드나 SNS, 검색엔진이 있다.

▼ 그림 8-3 고객세분화 설계

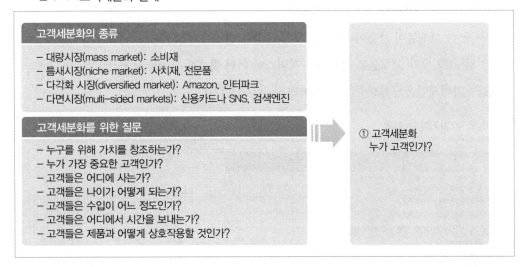

고객세분화의 종류

– 대량시장(mass market): 소비재
– 틈새시장(niche market): 사치재, 전문품
– 다각화 시장(diversified market): Amazon, 인터파크
– 다면시장(multi-sided markets): 신용카드나 SNS, 검색엔진

고객세분화를 위한 질문

– 누구를 위해 가치를 창조하는가?
– 누가 가장 중요한 고객인가?
– 고객들은 어디에 사는가?
– 고객들은 나이가 어떻게 되는가?
– 고객들은 수입이 어느 정도인가?
– 고객들은 어디에서 시간을 보내는가?
– 고객들은 제품과 어떻게 상호작용할 것인가?

① 고객세분화
누가 고객인가?

(2) 가치제안

가치제안은 특정한 고객집단의 욕구를 만족시키기 위해 가치를 창조하는 상품과 서비스이다.[1] 이것은 고객문제를 해결하거나 욕구를 충족한다. 가치제안은 혁신적이거나 파괴적인 제공물을 제시하는 것을 의미한다. 제공물이 기존 제공물과 동일하더라도 특징과 속성을 추가한 것이다. 우수한 가치제안은 고객을 위해 특정한 상황에 있는 중요하거나 기본적인 문제를 해결한 것을 뜻한다. 이러한 가치제안은 가격, 성능, 서비스의 속도와 같은 양적 요소와 새로움, 디자인, 편의성, 사용성, 신분, 고객경험과 같은 질적 요소가 있다.

어떤 시장이나 고객을 위해 가치제안을 창조하는가? 고객들에게 제공하는 상품과 서비스의 다발을 기술함으로써 특정한 고객집단을 위해 창조하는 가치를 확인한다. 가치제안은 캔버스의 중앙에 위치해 있다. 가치제안을 결정하면 비즈니스 모델 캔버스를 작성하기가 더 쉽다. 가치제안은 각각의 표적고객에게 독특하기 때문에 완성된 가치제안으로 설계과정을 시작하는 것은 비즈니스 모델의 가장 기본적인 영역 구축이다. 따라서 가치제안을 구축할 때 고객경험, 제

---

1 Osterwalder & Pigneur(2010).

공물, 제공편익, 대체품과 차별화, 그리고 증거를 고려한다.

- 고객경험: 고객들은 무엇을 가장 가치 있게 생각하는가? 가치제안의 효과성은 실제 고객, 잠재고객이나 종업원 피드백에 달려있다.
- 제공물: 어떤 상품이나 서비스를 제공하는가?
- 제공편익: 고객들이 상품이나 서비스로부터 얻는 편익은 무엇인가?
- 대체품과 차별화: 고객들은 상품이나 서비스에 어떤 대체적 선택을 갖는가?
- 증거: 가치제안을 구체화하기 위해 어떤 증거가 있는가?

▼ 그림 8-4 **가치제안 설계**

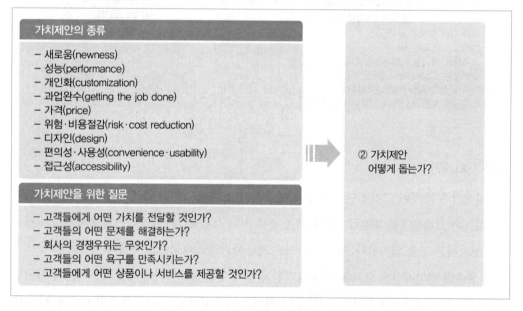

(3) 유통경로

유통경로는 회사가 가치제안을 전달하기 위해 고객집단에 어떻게 커뮤니케이션하는지를 기술하는 영역 구축이다. 회사는 다양한 커뮤니케이션과 유통경로를 통해서 고객에게 접근한다. 커뮤니케이션과 유통경로는 회사, 가치제안과 고객들 간의 상호작용을 전달한다. 이러한 고객접점은 광고, 소매점, 판매팀, 웹 사이트, 회견이나 판매제휴를 포함한다.

우수하고 통합된 경로 디자인은 차별화와 경쟁우위를 위한 강력한 도구이다. 유통경로 영역에 회사가 고객에게 어떻게 커뮤니케이션하고 유통하고 판매하는가를 기술한다. 경로의 목적은 고객인지를 높이고, 고객이 제공물을 평가하는 것을 돕고, 상품과 서비스를 구매하고, 구매 후 고객지원을 제공한다. 유통경로는 다음과 같은 마케팅 기능이 있다.

- 상품과 서비스의 인지 향상
- 고객의 가치제안 평가 조력
- 고객에게 상품과 서비스의 구매 허용
- 고객에게 가치제안 전달
- 구매 후 고객지원 제공

▼ 그림 8-5 **유통경로 설계**

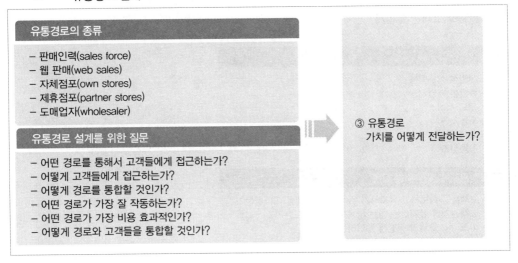

(4) 고객관계

회사는 어떻게 고객과 상호작용하는가? 고객관계는 회사가 특정한 고객집단과 구축하는 관계의 유형을 기술하는 영역 구축이다. 고객관계는 고객확보, 고객유지와 판매촉진을 목적으로 한다. 고객관계의 본질은 가치제안에서 직접적으로 온다. 예를 들면, 고객이 보안 프로그램을 구입하면 필요시 갱신과 지원을 제공할 것이라고 고객들은 기대한다. 그러나 새로운 요리를 고객들이 구매한다면 고객들은 동일한 정도를 기대할 것이다. 따라서 회사는 인적 상호작용, 자동적인 셀프 서비스, 공동체와 공동창조 등을 활용하여 고객관계를 강화한다.

- 개인적 상호작용: 회사는 고객에게 판매 과정과 판매 후에 도움을 주기 위해 커뮤니케이션한다. 콜 센터, 이메일, 블로그나 소셜 미디어 등을 통해 커뮤니케이션한다.
- 특별한 지원: 직원과 고객 간의 상호작용과 특별한 지원은 고객유지에 필수적이다.
- 자동적인 셀프 서비스: 셀프 서비스 고객을 위한 방법을 제공한다. 이것은 고객 셀프 서비스와 자동화된 과정을 통합하는 정교한 형태이다.
- 고객 커뮤니티: 회사는 사용자들이 지식을 교환하고, 공통의 문제를 해결하게 하는 온라인 공동체를 제공하고, 고객기대를 관리한다.
- 공동창조: 회사가 고객과 함께 가치를 창조한다. 예를 들면, 고객들이 선호하는 상품에 대해 후기를 쓰고 가치를 창조할 수 있도록 장려한다.

▼ 그림 8-6 고객관계 설계

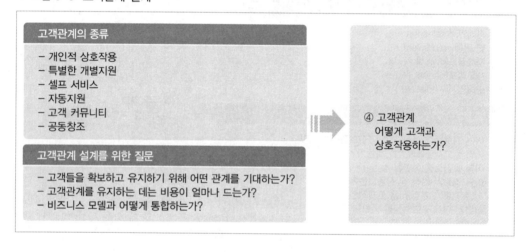

(5) 수익원

비즈니스 모델의 지속가능성은 가치창조와 고객 대면활동으로부터 획득하는 수익에 달려있다. 수익원(revenue streams)은 회사가 각 고객집단으로부터 창출하는 현금을 표시하는 영역 구축이다. 수익원은 고정정가, 염가판매, 경매, 시장 의존, 판매량 의존이나 수율관리와 같은 상이한 가격구조이다. 수익원은 제공물을 얻기 위해 가치에 기꺼이 지불하는 고객들로부터 발생된다. 이것은 사업과 수익모델이 어떻게 혁신하는지를 잘 알 수 있는 토대가 된다.

고객은 수익의 중심이 되는 비즈니스 모델의 핵심이다. 수익원은 고객에게 성공적으로 제공되는 가치제안의 결과이다. 수익원은 가격결정 방식으로부터 온다. 예를 들면, 수수료, 구독료,

임대료, 리스료, 중개수수료와 광고수수료 등이 있다. 수익원은 일회성 판매나 반복적인 거래일 수 있다. 고객들이 어떤 가치에 기꺼이 가격을 지불하려는가? 어떻게 현재 지불하고, 그렇게 하는 것에 만족을 느끼는가? 수익원은 전체 수익과 이익에 기여하는가?

- 판매: 소유권은 실제 제품으로 판매된다. 아마존은 책, 음악, 가전제품 등을 온라인으로 판매한다. 현대자동차는 구매자가 운전, 재판매나 처분할 수 있는 자동차를 판매한다.
- 구독료: 서비스에 대한 반복적인 액세스가 판매된다. 체육관은 회원들에게 운동시설을 이용할 수 있는 월간 또는 연간 회원권을 판매한다.
- 사용료: 서비스의 실제 사용량이나 정해진 양의 서비스에 따라 사용료를 받는다.
- 임차와 리스: 고정된 기간 동안 특정한 자산에 대한 독점권을 제공함으로써 수익원이 창출된다. 대여자는 반복적인 수입을 받고, 임차인은 소유권의 전체비용 중 일부를 지불하고 일정 기간 동안 사용한다.
- 저작권 사용: 컨텐츠 소유자는 제3자에게 저작권 사용을 허용하지만 저작권을 보유한다. 미디어 회사는 이러한 방식으로 수익을 확보한다.
- 중개수수료: 수익은 두 사람을 위해 수행된 중개 서비스로부터 발생한다. 중개인은 구매자와 판매자를 성공적으로 일치시킬 때마다 수수료를 번다.
- 광고료: 특정 상품, 서비스나 브랜드 광고수수료 등이 있다.

▼ 그림 8-7 수익원 설계

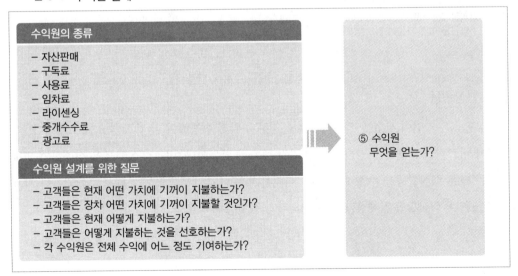

(6) 핵심자원

핵심자원은 비즈니스 모델 운용에서 가장 중요한 자산을 기술하는 영역 구축이다. 즉, 가치제안과 수익을 창출하는 데 필요한 핵심자원이다. 회사는 비즈니스 모델을 실행할 핵심자원이 있어야 한다. 이러한 핵심자원은 물적자원, 지식자원, 인적자원과 재무자원을 포함한다. 즉, 핵심자원은 비즈니스 모델에 필요한 가장 중요한 자산으로 사람, 기술, 제품, 시설, 장비, 경로와 브랜드 등이다. 핵심자원은 가치제안을 창출할 수 있는 것으로 통제할 수 있어야 한다.

- 물적자원: 생산시설, 건물, 차량, 장비, 기계, 시스템, 유통 네트워크
- 인적자원: 창조적이고 지식이 높은 직원
- 지식자원: 브랜드, 독점적 지식, 지식재산권, 동업자와 고객 데이터베이스
- 재무자원: 금융해법과 보증

▼ 그림 8-8 **핵심자원 설계**

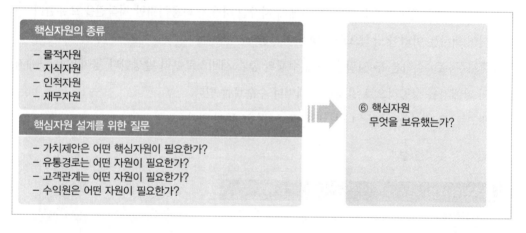

(7) 핵심활동

핵심활동은 기업이 사업을 성공적으로 운영하기 위해 수행해야 할 가장 중요한 조치이다. 즉, 회사가 비즈니스 모델을 운영하기 위해 가장 중요한 활동이다. 비즈니스 모델을 실행하기 위해 회사는 많은 핵심활동을 수행해야 한다. 이것은 파트너의 네트워크를 통해서 수행되거나 자체로 수행한다. 핵심활동은 제품생산, 문제해결과 플랫폼과 네트워크가 있다.

- 제품생산: 충분한 규모로 제품을 설계하고, 제조하고, 전달하는 것이다.
- 문제해결: 경쟁우위를 차지하는 핵심활동이 되는 문제해결
- 플랫폼 네트워크: 페이스북이나 아마존 등의 비즈니스 모델에서 플랫폼이나 네트워크를 개발하고 유지하는 것은 핵심활동이다.

▼ 그림 8-9 **핵심활동 설계**

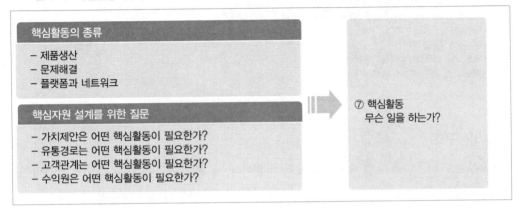

(8) 핵심파트너

핵심파트너 영역에서 비즈니스 모델을 운영하는 공급자와 협업자의 네트워크를 기술한다. 회사는 비즈니스 모델을 최적화하고 위험을 줄이며 자원을 확보하기 위해 파트너십을 구축한다. 비즈니스 모델은 파트너 네트워크, 합작투자, 협업과 제휴의 결과가 된다. 파트너는 가치제안을 보완하고, 전문가 역량을 추가한다. 기업들은 자신의 비즈니스 모델과 수익성을 최적화하고, 위험을 감소하거나 자원을 확보하기 위해 제휴한다. 최적화는 비용을 절감하기 위해 모든 자원을 소유하지 않고, 모든 활동을 회사 내에서 수행하지 않는다. 위험과 불확실성의 감소는 전략적 제휴를 통해서 이루어질 수 있다.

▼ 그림 8-10 핵심파트너 설계

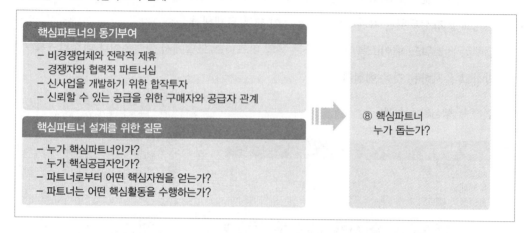

(9) 비용구조

비용구조는 비즈니스 모델에 포함된 모든 비용이다. 즉, 원가구조에 있는 직접비, 간접비, 규모와 범위의 경제를 포함한다. 원가구조는 핵심자원, 핵심활동과 파트너십의 비용이다. 핵심파트너의 동기부여는 비용중심과 가치중심이 있다. 비용중심은 고정비, 변동비, 규모의 경제 (economy of scale)[2]와 범위의 경제(economy of scope)[3]로 비용의 최소화이다. 즉, 자동화 프로세스 등을 통해 최대한 비용을 절감하는 데 중점을 둔다. 가치중심은 높은 개인화된 서비스 제공으로 고급 가치제안에 집중한다. 즉, 비용절감에 초점을 맞추지 않고, 보다 높은 비용을 정당화하는 고급 서비스와 제품을 제공한다. 비용구조는 모델의 영역을 구축하는 필요한 직접적인 결과이다. 모델을 운영하는 데 발생하는 비용을 기술한다.

▼ 그림 8-11 비용구조 설계

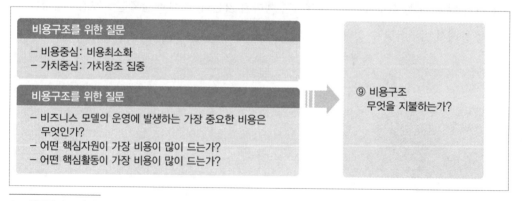

---

2 생산량의 증가에 따라 단위당 생산비가 감소하는 현상.

3 기업이 여러 제품을 생산할 경우 각각 생산하는 경우보다 생산비용이 적게 드는 현상.

③ 비즈니스 모델 혁신

비즈니스 모델 혁신은 기존 비즈니스 모델의 요소를 새롭게 수정하는 것이다. 즉, 비즈니스 모델 혁신은 회사가 경쟁하는 상품과 서비스 시장의 기존 비즈니스 모델이나 활동을 새롭게 재형성하는 것이다. 새로운 비즈니스 모델은 시장에 새로운 방식으로 재형성된 사업활동이다. 혁신은 기존 지식을 수정하거나 발전시키는 것을 의미한다. 비즈니스 모델 혁신은 실제로 다른 상품과 서비스 시장에서 비즈니스 모델을 모방하거나 개선하는 것을 포함한다. 기술개발은 많은 비용이 들고, 회사는 과거보다 더 빠르게 상업화하기 위해 새로운 기술을 개발해야 한다. 그래서 기업이 비즈니스 모델 혁신에 집중해야 하는 이유이다. 우수한 비즈니스 모델은 우수한 아이디어나 제품을 산출한다.

1) 비즈니스 모델 혁신의 개념

비즈니스 모델 혁신(business model innovation)은 회사가 경쟁하고 있는 상품과 서비스 시장에 새로운 비즈니스 모델을 재구성하는 것이다. 즉, 새로운 방식으로 고객들과 사용자들을 위해 가치를 창조하는 9개 구성요소의 하나 이상을 새롭게 하는 것이다. 혁신은 세상에 새롭고 가치를 창조하는 것이다. 혁신과정은 고객면접, 고객관찰이나 고객참여를 포함한다. 가치를 창조하고, 포착하는 새로운 방법으로서 비즈니스 모델 혁신은 하나 이상의 구성요소를 변경함으로써 달성된다. 비즈니스 모델 혁신은 다른 형태의 혁신보다 수익과 더 높은 상관관계가 있다. 기업모델 혁신이 성공적인 회사에서 가장 상관관계가 가장 뚜렷하다.

- 산업모델 혁신: 새로운 산업으로 이동을 통한 산업 가치사슬 혁신
- 기업모델 혁신: 네트워크, 공급자, 고객의 재형성을 통한 가치사슬 혁신
- 수익모델 혁신: 제공물의 재구성과 가격결정 모델을 통한 수익모델 혁신

▼ 그림 8-12 비즈니스 모델 혁신의 분류

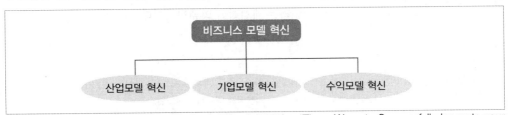

출처: Giesen, E., Berman, S. J., Bell, R., & Blitz, A.(2007), "Three Ways to Successfully Innovate your Business Model," *Strategy & Leadership*, 35(6), 27-33.

2) 비즈니스 모델 혁신의 중요성

혁신적인 비즈니스 모델은 역동적인 기업환경에서 경쟁력을 유지하는 도구이다. 미국의 54% 기업들이 새로운 상품과 서비스에 대한 새로운 비즈니스 모델을 미래 경쟁우위의 원천으로 선호하고 있다.[4] 비즈니스 모델의 혁신은 새로운 시장을 창조하거나 기존시장에서 새로운 기회를 이용할 수 있는 도구이다.

비즈니스 모델 혁신은 기업의 변화와 개선을 위한 도구로서 효과가 있지만, 변화가 수익을 보장하지 않는다면 비즈니스 모델 혁신은 필요하지 않다. 기술발전 자체가 혁신적인 비즈니스 모델의 사용을 통해서 커다란 상업적 가치를 가지지 못한다.[5] 예를 들면, Xerox는 Ethernet[6] 기술을 최초로 발명했지만, 3Com은 IBM 개인용 컴퓨터에 네트워크 능력을 제공하는 부속 프로그램 설계로 이용하였다. 심지어 독특한 기술이 없어도 새로운 비즈니스 모델은 사업성공을 보장하는 핵심적인 요소가 된다. 예를 들면, Dell은 PC의 디자인 개선 대신에 최종사용자에게 강력한 편익을 전달하는 공급사슬 모델로 혁신하였다.

3) 비즈니스 모델 혁신의 유형

보스턴 컨설팅 그룹의 Lindgardt 등은 비즈니스 모델 혁신을 가치제안, 운영모델과 비즈니스 시스템 구성으로 분류한다. 비즈니스 모델을 혁신하려면 비즈니스 모델에 적어도 한 요소를 변경하는 것이 필요하다. 비즈니스 모델 혁신은 개별적인 요소의 변화를 통해서 다른 비즈니스 모델로 변화하는 것이다.

홍콩에서 태동한 세계 최대 무역회사 리앤펑(Li & Fung)은 자체 공장을 하나도 보유하고 있지 않지만, 매출은 200억 달러가 넘는 글로벌 기업이다. 이익창출을 위해 공급사슬관리(Supply Chain Management; SCM) 시스템을 구축한 후 자체 생산설비 없이 공급업체와 고객을 조정하는 역할만 수행하면서 매출 200억 달러를 올리는 세계적인 의류회사이다.

---

4 Raphael Amit and Christoph Zott(2012).

5 Chesbrough(2010).

6 특정구역 내 정보통신망인 LAN(local area network)에 사용되는 네트워크의 모델.

리앤펑은 제품 개발, 소싱, 생산 및 배송을 담당하는 공급 업체를 연결한다. 이 모델은 Uber의 유사성을 보유하고 있다. M&A를 통해 확보한 공급자 네트워크를 통해 고객협력사에 빠르고 안정적이고 높은 품질의 제품을 납품한다. 리앤펑은 전 세계 40개국에 약 1만 5,000개의 공급자 네트워크(공장), 200만 명 이상의 관련 업체직원, 70여 개의 조달사무소를 두고, 전문화된 생산, 배송능력이 있는 회사들과의 협업을 통해 고객의 욕구를 충족시킨다.

이와 달리 자라(Zara)는 제품의 50% 정도를 자체 공장에서 생산하는 회사이다. 자라는 1975년 스페인에서 사업을 시작했으며 현재 전 세계 74개국에서 사업을 운영하고 있다. 자라 비즈니스 모델은 공급망 중심의 비즈니스 모델이다. 원자재부터 염료, 가공, 재단, 봉재 등의 과정은 수직계열화이다. 자라의 경영자들은 생산시설에 투자하는 것이 조직의 유연성 증가, 일정과 생산능력에 대한 통제가 가능하다고 생각한다.

자라의 목표 시장은 젊고 가격에 민감하며 최신 패션 트렌드에 매우 민감한 소비자들이다. 연령대와 라이프 스타일을 세분화하여 대상을 정의하지 않기 때문에 기존 소매 업체에 비해 유리한 점이 있다. 고객들은 여성(60%), 남성(25%) 및 빠르게 성장하는 어린이(15%)로 구성된다. 비즈니스 전략을 통해 회사는 희소성과 독점성으로 인해 더 많은 품목을 정가로 판매할 수 있다. 최소화된 상품이 경쟁사에 비해 크게 줄어들기 때문에 총 비용은 최소화된다. 자라는 각 스타일의 제조 수량을 줄임으로써 인위적인 부족을 초래하고 판매할 수 없는 재고를 가질 위험을 감소한다. 패션의 희소성은 바람직함을 증가시키며, 이는 다음에 상품을 구매할 수 없기 때문에 쇼핑객이 빨리 구매해야 한다는 것을 의미한다. 또한 수량이 적을수록 시즌이 끝날 때 처분해야 할 것이 많지 않다는 것을 의미한다. 자라는 업계 평균의 절반인 판매량의 18%만 할인한다.

▼ 표 8-4 비즈니스 모델 혁신의 유형

모델	제공물			
가치제안	상품과 서비스	경험	신뢰	무료
	GE	Apple	Whole Foods	Google
운영모델	가치사슬 해체	가치사슬 통합	저원가	직접유통
	리앤펑	Zara	Tata Motors	Nestle Nespresso
비즈니스 시스템 구성	개방	대면	인접 수요 확장	연속
	Facebook	Paypal	Ikea's mega mall division	Virgin

출처: Lindgardt, Z., Reeves, M., Stalk, G. and Deimler, M.S.(2009).

02 비즈니스 모델의 사례

고객의 문제를 이해하는 것이 비즈니스를 시작할 때 직면하게 될 가장 큰 과제이다. 고객은 실제 고객의 문제를 해결하는 제품을 원한다. 따라서 제품이 고객의 문제를 해결하는지 확인하는 것이 성공적인 비즈니스의 유일한 길이다. 고객의 문제를 확인하는 것이 어떻게 돈을 벌 수 있는지를 알아내는 것이다. 고객의 문제를 이해하는 것은 비즈니스 모델이 작동하는 것이다. 비즈니스 모델은 비즈니스가 어떻게 돈을 벌 수 있는지에 대한 설명이다. 적절한 비용으로 고객에게 가치를 전달하는 방법에 대한 설명이다.

회사는 상품이나 서비스를 생산하고 고객들에게 판매한다. 모든 것이 잘 진행된다면 판매로부터 얻는 수입은 운영비용을 초과하고 기업은 수익을 실현한다. 기술이 발전하고 기업이 수익을 창출하기 위해 새롭고 창조적인 방법을 찾기 때문에 새로운 모델이 계속적으로 출현한다. 비즈니스 모델은 사업계획의 중심이기 때문에 모델을 신중하게 설계해야 한다. 따라서 성공적인 모델을 구축하려는 회사는 비즈니스 모델의 핵심요소를 설명할 수 있어야 한다. 성공한 회사의 비즈니스 모델을 분석하는 것은 새로운 사업 아이디어를 얻는 방법이기도 하다.

1 플랫폼 비즈니스 모델

혁신 모델을 주도하는 플랫폼 비즈니스 모델(platform business model)은 공동 작업환경을 조성하며 생태계 가치창출을 가능하게 한다. 이것은 제품, 서비스 및 아이디어를 연결시키는 기술을 사용하는 비즈니스 모델이다. 플랫폼(platform)은 두 개 이상의 상호 의존적인 집단, 즉 소비자와 생산자 간의 교류를 촉진함으로써 가치를 창출하는 비즈니스 모델이다. 이러한 교류를 실현하기 위해 플랫폼은 사용자 및 네트워크를 활용하고 생성한다. 플랫폼은 사용자가 상호작용하고 거래할 수 있는 네트워크 효과로 커뮤니티 및 시장을 창출한다.

플랫폼 모델은 두 개 이상의 매우 다른 고객집단을 가지고 있는 비즈니스 모델로서 중간에 중개인이 있다. Apple, Google 또는 eBay는 모두 플랫폼 모델을 사용하여 시장의 양면을 결합하는 회사이다. 예를 들어, Apple은 소비자 및 응용 프로그램 개발자라는 두 개의 큰 고객집단이 있다. 애플은 중간에 플랫폼을 제공하지만, 가치의 대다수는 응용 프로그램 개발자에 의해 생성된다. 애플은 돈을 지불하는 것이 아니라 오히려 앱 개발자들로부터 돈을 받는다. 이 돈은 소비자가 제품을 이용하는 대가로 지불하는 돈이다. 애플은 거래 장터인 플랫폼을 제공하고 양쪽으로부터 모두 돈을 받는 플랫폼을 운영한다.

1) 플랫폼 비즈니스의 구조

플랫폼 비즈니스 모델이란 소비자와 생산자 간의 교류를 촉진함으로써 가치를 창출하는 비즈니스 모델이다. Facebook, Uber 또는 Alibaba는 공급망을 통해 제품을 직접 생성하고 관리하지 않고 단지 플랫폼을 이용한다. 플랫폼 비즈니스는 생산수단을 소유하지 않고 대신 연결수단을 제공한다. 성공적인 플랫폼은 거래비용을 줄이고 외부화된 혁신을 가능하게 하여 교환을 촉진한다. 이와 같이 연결된 기술의 출현으로 이러한 생태계는 플랫폼이 기존 비즈니스에서 할 수 없는 방식으로 확장할 수 있다.

플랫폼은 기술뿐 아니라 비즈니스 모델이라는 것을 기억하는 것이 중요하다. 플랫폼은 소비자와 생산자를 하나로 모아 가치를 창출하는 전체론적 비즈니스 모델이다. 그러나 플랫폼 비즈니스 모델은 새로운 것이 아니다. 실제로 고대 로마의 초기 시장, 바자회 및 경매장으로 거슬러 올라간다. 플랫폼 비즈니스 모델은 이미 경제를 지배하고 있다.

가장 성공한 플랫폼은 Google, Amazon, Apple, YouTube 및 Facebook이다. 그러나 이것은 빙산의 일각에 불과하다. 실제로 오늘날 가장 큰 IPO 및 인수의 대부분은 플랫폼이며 거의 모든 성공적인 신생기업이다. 또한 Alibaba, Tencent, Baidu 및 Rakuten과 같은 플랫폼 회사가 중국 등에 있다. 예를 들어, Alibaba는 중국 전자 상거래 시장의 80%를 지배했으며 Baidu는 중국 검색의 70% 이상을 점유한다. 아시아에서 가장 가치 있는 회사인 Tencent는 WeChat 메시징 플랫폼에 약 8억 5천만 사용자를 보유하고 있으며 세계에서 가장 큰 게임 회사로 추산된다. 그리고 중국의 차량공유 서비스 업체 Didi Kuadi가 택시 시장을 지배한다. 이와 같이 플랫폼 비즈니스를 구축하든 아니든 플랫폼이 어떻게 작동하는지 이해하지 않고는 오늘날의 경제에서 성공할 수 없다.

(1) 핵심거래의 단계

플랫폼은 궁극적으로 거래를 촉진하여 가치창출을 가능하게 한다. 전통적인 사업은 제품 또는 서비스를 제조하여 가치를 창출하지만 플랫폼은 연결을 구축하고 거래를 제조함으로써 가치를 창출한다. 핵심거래 권한을 얻는 것은 플랫폼 디자인에서 가장 중요한 부분이다. 핵심거래는 플랫폼의 공장, 즉 사용자를 위해 가치를 창출하는 방식이다. 잠재적 연결을 거래로 변환하는 프로세스이다. 플랫폼 비즈니스는 사용자가 프로세스를 반복하여 가치를 창출하고 교류하기 때문에 핵심거래 권한을 얻는 것이 플랫폼 설계의 가장 중요한 부분이다.

▼ 그림 8-13 핵심거래의 단계

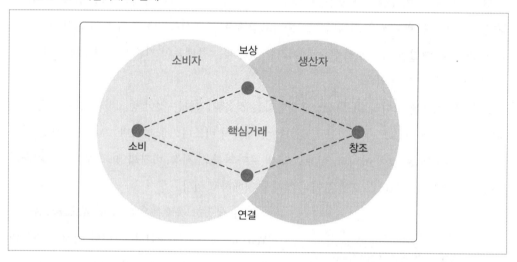

- 창조: 가치를 창출하고 플랫폼을 통해 사용 가능하게 만든다.
- 연결: 생산자가 플랫폼에 연결하는 작업을 수행한다.
- 소비: 사용자가 생산자가 만든 가치를 소비한다.
- 보상: 사용자는 소비한 것에 대하여 생산자에게 가치를 지불한다.

(2) 플랫폼의 핵심기능

플랫폼은 핵심거래를 수행할 수는 있지만 사용자의 행동을 직접 통제하지는 않는다. 과제는 수백만 명의 사람들을 원하는 방식으로 행동하게 하는 것이다. 먼저 사용자를 유치해야 하고,

그런 다음 신뢰를 구축하고, 품질을 유지하기 위해 거래를 촉진하고, 네트워크를 관리하는 규칙을 수립하는 기술을 제공하여 이들을 서로 조화시킨다. 플랫폼의 핵심기능이 사용자의 공감을 얻을 때 플랫폼은 원활하게 작동될 수 있다. 플랫폼의 네 가지 핵심기능은 거래 장터, 중개, 도구 및 서비스 제공, 규칙 및 표준 설정이다.

▼ 그림 8-14 **플랫폼의 핵심기능**

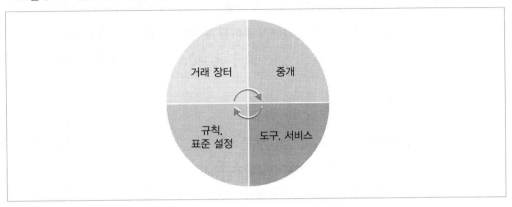

☑ 거래 장터

플랫폼은 네트워크에서 잠재적 연결을 사용하여 거래로 변환하는 방법이다. 이 플랫폼에 사용자와 생산자가 들어올 수 있는 연결되는 공간이 거래 장터이다. 거래 장터는 거래가 반복적인 프로세스를 갖게 하는 사용자와 생산자를 연결하는 공간이다. 플랫폼은 핵심거래의 효율성을 극대화하는 것을 목표로 한다.

☑ 중개

모든 거래에는 생산자와 사용자가 필요하다. 사람들은 모두 고유하며 모든 생산자 또는 사용자 기반에는 다양한 특성이 있다. 사용자 집단은 서로 다른 동기, 욕구 및 필요를 가지고 있다. 사용자와의 공감과 이해를 통해 사용자가 선호할 수 있는 가치를 극대화하는 방법을 파악한다. 예를 들면, Uber는 소비자와 위치 및 이용성을 기반으로 운전자를 연결하는 거래 장터이다.

☑ 도구 및 서비스 제공

비즈니스 모델의 주요 기능이 결정되면 플랫폼은 기술을 구축하여 올바른 종류의 가치창출에 집중할 수 있다. 이 기술은 적절한 가격으로 플랫폼을 통해 충분한 가치를 창출하고 교환해야 한다. 예를 들면, Airbnb는 생산자가 예약, 이용성, 통신 및 지불을 쉽게 관리할 수 있게 해주는 소프트웨어를 제공한다. 수입에 대한 세금 계산에도 도움을 주고 고객을 다루는 보험을 제공한다.

☑ 규칙 및 표준 설정

플랫폼 비즈니스는 가치교환을 촉진하기 위해 기술을 사용하여 여러 사용자 집단 간의 접근 및 사용을 차단한다. 플랫폼은 규칙을 만들어서 올바른 종류의 성장을 장려하고 희망적으로 유도할 수 있는 마을의 시장으로 생각해야 한다. 예를 들면, 트위터는 140자 제한을 설정한다.

2) 플랫폼 비즈니스의 유형

모든 플랫폼은 유형이 다르다. 플랫폼 비즈니스 유형들은 플랫폼의 핵심거래에서 교환되는 가치 유형별로 구성된다. 각 유형에는 교환되는 특정 유형의 가치를 중심으로 하는 핵심거래가 있다. 그러나 각 유형의 플랫폼은 산업 전반에 걸쳐서 매우 유사하게 작동한다. Uber처럼 거래비용 절감에 중점을 두는 플랫폼도 있고, 사용자가 실제로 만들 수 있는 기본 인프라를 제공하는 플랫폼도 있다. 교환 플랫폼은 직접 일대일 연결을 지원하나 제작자 플랫폼은 다중 연결을 용이하게 한다. 플랫폼 유형은 대체로 핵심거래를 정의하는 가치교환의 유형이다.

☑ 교환

- 서비스 시장: 서비스
- 제품 마켓 플레이스: 실제 제품
- 결제 플랫폼: 결제(P2P 또는 B2C)
- 투자 플랫폼: 투자/금융 수단(금융상품으로 교환되는 돈, 지분, 대출)
- 소셜 네트워킹 플랫폼: 소셜 상호작용 네트워크
- 커뮤니케이션 플랫폼: 직접적인 사회적 커뮤니케이션(메시징)
- 소셜 게임 플랫폼: 경쟁/협력을 통해 다수 사용자가 참여하는 게임 상호작용

☑ 제작자

- 콘텐츠 플랫폼: 핵심거래가 다른 사람들의 발견과 상호작용에 초점을 맞추는 소셜 플랫폼, 미디어 발견 및 상호작용에 초점을 맞춘 미디어 플랫폼

• 개발 플랫폼: 소프트웨어 프로그램

3) 플랫폼 비즈니스의 원리

최근 가장 성공적인 큰 신생기업 중 일부는 플랫폼 비즈니스이다. 또한 플랫폼 비즈니스는 현대 경제에서 가장 강력한 비즈니스 중 하나이다. 이러한 경이로운 성공에서 영감을 얻은 혁신가들은 점점 더 많은 산업 분야에 플랫폼을 도입하기 시작했다. 그들은 성공을 발판으로 산업계를 변화시키고 있다. 앞으로도 다양한 진화가 예상되는 플랫폼 비즈니스 모델의 근본적인 경제적 원리는 경제적 이익, 가치창조와 네트워크 효과이다.

▼ 그림 8-15 **플랫폼 비즈니스의 기본 원리**

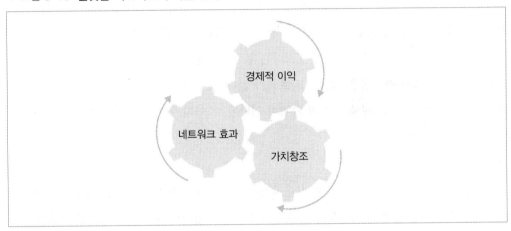

(1) 경제적 이익

혁신 아이디어의 성공은 혁신이 고객에게 제공할 경제적 이익에 크게 좌우된다. 플랫폼 비즈니스의 경우 연결하는 여러 측면에 플랫폼이 제공할 경제적 이점에 의해 결정된다. 그렇다면 다면 플랫폼(multi-sided platform)[7]은 실제 경제적 가치를 추가하는가? 아니면 가치를 창출하지 않으면서 가치를 포착하려고 하는 단지 또 다른 중개인에 불과한가? 대부분의 경우 이에 대한 대답은 가치를 부가한다.

---

7 다수의 고객과 공급자를 연결해 주는 중재 플랫폼

(2) 가치창조

어떤 학자들은 플랫폼을 고대 바자회 또는 실제 시장과 비교한다. 그들은 장터가 구매자를 판매자와 연결시켰으며 현대 플랫폼에서도 이러한 면에서 동일하다고 주장한다. 플랫폼 비즈니스는 두 유형의 집단을 연결해서 가치창조에 관여시킨다. 두 유형의 플랫폼은 둘 다 서로 안전하게 상호작용할 수 있는 관리 기능을 제공한다.

(3) 네트워크 효과

다면 플랫폼을 지원하는 기본 개념인 네트워크 효과는 다른 사용자 및 비사용자에 대한 네트워크 가치에 대한 사용자의 영향이다. 경제학자 하비 라이벤스타인(Harvey Leivenstein)은 네트워크 효과를 어떤 상품에 대한 수요가 형성되면 이것이 다른 사람들의 수요에 영향을 미치는 것으로 정의한다. 네트워크효과는 다른 사람이 참여함으로써 기존 참여자가 느끼는 가치가 상승하는 현상이다. 제품이나 서비스 자체 품질보다는 얼마나 많은 사람이 사용하고 있느냐가 더 중요하다. 오프라인 소매 판매점은 네트워크 효과가 없다. 식품점에 쇼핑객이 많거나 적다고 값이 변경되지 않는다. 규모의 경제로 인해 가격이 인하될 수 있지만 이는 경제적인 구조가 다르며 네트워크 효과로 간주되지 않는다.

- 직접 네트워크 효과: 같은 종류의 사용자가 증가할수록 사용자가 느끼는 가치가 상승하는 현상이다. 예를 들면, 페이스북에 친구나 가족이 거의 없다면 아주 작은 가치를 제공할 것이다. 그러나 더 많은 친구가 가입하면 Facebook의 가치가 더 커진다. 사용자가 성장함은 사용자의 네트워크 가치가 증가한다.
- 간접 네트워크 효과: 다른 종류의 사용자가 증가할수록 해당 사용자가 느끼는 가치가 상승하는 현상이다. 즉, 다른 유형의 네트워크 참여자에게 미치는 영향이다. 다른 유형의 참가자는 누구인가? 이들은 다른 경제적 목적으로 네트워크를 사용한다. 예를 들어, 광고주는 Facebook을 광고용으로 사용한다. 더 많은 사람들이 사용자 측(비광고주)에 가입함에 따라 페이스북은 비광고주들뿐만 아니라 광고주들에게 더 가치를 제공한다.

2 익스피디아(Expedia)

익스피디아(Expedia)는 여행 관련 호텔 및 항공권 등의 온라인 예약과 결제를 통합적으로 관리해주는 서비스 플랫폼 회사이다. MS의 경영진의 한 사람이었던 리차드 바튼(Richard Barton)이 1996년 익스피디아를 설립했다. 아무도 익스피디아가 시가총액이 20년 내에 20조 원이 될 것이라고 상상하지 못했다. 플랫폼 비즈니스 모델의 힘으로 짧은 시간 내에 대규모로 확장할 수 있었다. 플랫폼 비즈니스 모델은 가장 중요하고 혁신적인 비즈니스 모델로 간주되고 있다. 가장 성공적인 신생기업 중 Google, Facebook, Alibaba, Uber, Airbnb, Paypal 및 기타 여러 기업이 비즈니스 모델을 기반으로 한다. 익스피디아는 다양한 여행 온라인 플랫폼과 관련 비즈니스를 운영하여 다양한 비즈니스 모델을 운영한다. 익스피디아는 2015년 오비츠의 인수와 함께 세계 1위 규모의 온라인 여행사가 되었다. 다음은 중요한 비즈니스 브랜드에 대한 간략한 개요이다.

- Expedia.com: 호텔, 항공편, 렌트카, 여행자 보험, 객실 판매
- Hotels.com: 숙박 시설에 초점을 맞춘 온라인 여행사
- Orbitz.com, Wotif.com: Expedia가 인수한 대형 온라인 여행사
- Trivago.com: Expedia가 대부분 소유한 여행 메타 검색엔진
- Egencia: 풀 서비스 기업 여행사
- HomeAway: 공유경제 가정 숙소 여행 플랫폼(Airbnb와 유사)
- 기타: Expedia는 약 75개국에서 약 200개의 여행 웹 사이트를 운영

(1) 고객세분화

데이터 중심 접근 방식은 고객의 극소 세분화가 가능하다. 비즈니스 모델에서 플랫폼은 호텔 객실을 구입한 다음 여행자에게 재판매한다. 상인들은 일찍부터 일괄적으로 객실을 구입한다. 상인들은 항공료, 렌터카에서 수익을 얻는다. 플랫폼 비즈니스에는 가치를 제공해야 하는 고객

이 두 명 이상 있다. 온라인 여행 대행사의 경우 가치제안은 수요 측면에서 여행자이며, 공급 측면에서 여행 서비스 제공자, 호텔 등이다.

▼ 그림 8-16 고객세분화 설계

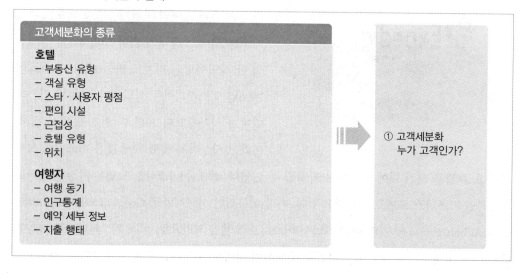

고객세분화의 종류

호텔
- 부동산 유형
- 객실 유형
- 스타·사용자 평점
- 편의 시설
- 근접성
- 호텔 유형
- 위치

여행자
- 여행 동기
- 인구통계
- 예약 세부 정보
- 지출 행태

① 고객세분화
   누가 고객인가?

(2) 가치제안

가치제안의 대상은 서비스 제공업체와 여행자가 있다. 익스피디아는 양측에 가치제안과 함께 가치창출 방식으로 제공하는 간접적인 네트워크 효과가 있다. 수요와 공급 측면에서 다양한 범주로 구분할 수 있다. 익스피디아는 여행자에게 최고의 가치를 제공한다. 즉, 탁월한 제품 및 제품 선택, 여행 서비스 제휴업체, 타의 추종을 불허하는 글로벌 유통 기회, 동급 최고의 고객 및 파트너 경험이다.

☑ 서비스 제공업체에 대한 가치제안

- 증분 수익: 공실 채우기
- 반응 능력: 호텔이 익스피디아에게 신축적으로 서비스를 공급할 수 있는 능력
- 전 세계적 서비스: 호텔의 글로벌 시장진출 지원
- 위험 감소: 예약과 수수료 없음
- 호텔 웹 사이트 트래픽 증가: 광고판 효과

▼ 그림 8-17 가치제안 설계

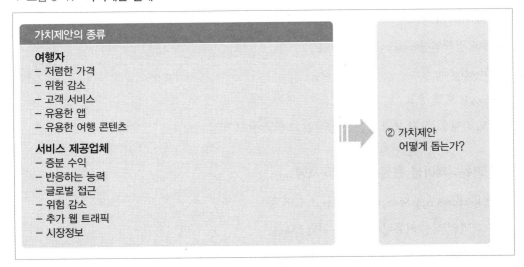

(3) 유통경로

유통경로는 익스피디아 고객의 판매 채널, 광고 채널, 커뮤니케이션, 콘텐츠 및 기타 경로 등 다양한 경로를 갖고 있다.

☑ 익스피디아 고객의 판매 채널

• 익스피디아 웹 페이지

• 자회사의 웹 페이지: 약 200개의 서로 다른 도메인/사이트

• 모바일에 최적화된 웹 페이지

• 익스피디아 앱

• 세계 최대 규모의 여행 사이트 TriPadsvisor[8]를 통한 판매

☑ 광고 채널

• 일반 검색엔진, Google, Bing

• 유료 광고

• 유용한 콘텐츠를 통한 자연적 검색(organic sear)[9] 순위

---

8 호텔 등 여행에 관한 가격 비교를 중심으로 하는 세계 최대 규모의 웹 사이트

9 광고료를 지불하지 않고 노출되는 검색 영역

- 기타 온라인 여행 대행사

- TriPadsvisor 광고

- 메타 검색엔진(meta search engines)[10]

- Trivago.com 광고

- Google 호텔 광고

- TV, 라디오, 잡지 등과 같은 전통적인 브랜드 광고 채널

☑ 커뮤니케이션, 콘텐츠 및 기타 채널

- 앱용 iTunes App Store, Google Play 스토어 등

- 고객과의 직접 커뮤니케이션을 위한 EMail

- 기타 검색엔진 및 웹 페이지

- Expedia YouTube 채널

- YouTube 광고

- 기타 디스플레이 광고 및 재 타겟팅 광고

- 소셜 미디어 사이트, Facebook, Instagram 등 흥미로운 기사 및 유용한 내용

- 여행 목적지

▼ 그림 8-18 유통경로 설계

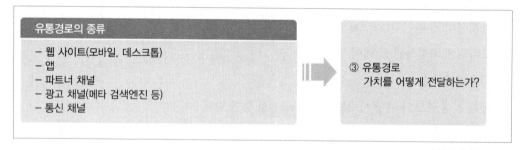

(4) 고객관계

호텔과 온라인 여행사 간의 관계는 매우 밀접하나 이것은 애증의 관계이고, 주요 호텔 체인의 경우 특히 심하다. 호텔은 충성도 프로그램을 많이 홍보한다. 그들은 온라인 여행 대행사에 수수료를 지불하는 것을 피하면서 더 높은 수준의 직접 예약을 달성하기 위해 이 프로그램을 사용

---

10 자체적으로 검색 기능은 없으며 다른 검색엔진들을 연결시켜 검색한 정보를 보여주는 검색엔진이다.

한다. 무료 편의 시설과 같은 로열티 혜택은 종종 충성도 프로그램을 통해서만 사용할 수 있다. Expedia, Hotels.com 및 Orbitz는 대규모 충성도 프로그램을 운영하고 있다. 충성도 프로그램의 세 가지 필수 요소는 통화(포인트), 독점 상품과 비금전적 특혜이다.

익스피디아 신용카드는 고객에게 결제 서비스를 제공하고 연대감을 강화한다. 적절한 순간에 올바른 형식의 올바른 컨텐츠를 제공할 수 있도록 컨텐츠 전략을 수립하면 고객의 방문 브랜드가 될 수 있다. 세분화를 통해 고객의 평생가치를 이해하고 마케팅 노력을 조정한다. 일반적으로 고객 충성도 프로그램은 반복, 교차판매, 상향판매에 유용하다. 익스피디아는 다른 호텔과 함께 충성도 프로그램을 확장한다. 구매행동에 보상을 주는 충성도 프로그램이다.

- 유용한 기능을 갖춘 충성도 앱(모바일 체크인, 채팅 봇 등)
- 메시징 앱(예: Facebook 메신저)을 통한 상호작용
- 디지털 지갑 서비스 생성·사용
- 가구별로 가치 재정의
- 게임화(gamification) 고려
- 맞춤 설정: 여행환경 추적

▼ 그림 8-19 **고객관계 설계**

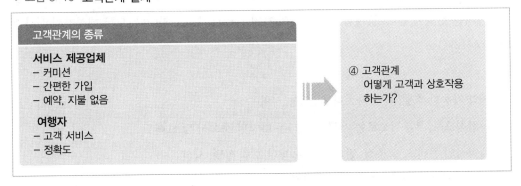

(5) 수익원

온라인 여행사가 수익을 실현하는 비즈니스 모델은 판매자 비즈니스 모델, 대행 비즈니스 모델, 광고 비즈니스 모델, 구독료 비즈니스 모델과 기타(예: 여행자 보험료, 마케팅 서비스)이다. 익스피디아의 가맹점은 숙소, 렌터카 등의 예약에서 해당 수수료가 발생한다. 메타 검색엔진인 Trivago는 클릭당 광고수익을 얻는다. HomeAway는 공실에 대한 수익을 얻는다. 여행자들의 여

행 안전을 위한 여행 보험료 수익이 있다. 익스피디아의 가맹점 비즈니스 모델은 여러 특징이 있다. 가맹점은 도매가격으로 호텔 객실을 할인하여 구입한다. 여행자 우대 프로그램에 따라 적격한 고객은 숙박 후 호텔에서 비용을 지불할 수 있다. 계약에 따라 사전 예약 마감일에 예약 취소된 객실을 다시 호텔에 반납할 수 있다. 패키지 상품은 주로 판매자 모델을 사용하여 판매된다.

▼ 그림 8-20 수익원 설계

수익원의 종류

- 판매자 비즈니스 모델
- 대행사 비즈니스 모델
- 광고 및 기타 수익
- HomeAway(가입)

⑤ 수익원
무엇을 얻는가?

(6) 핵심자원

익스피디아는 패키지 상품을 판매한다. 회사는 각 분야에 많은 참여자가 있어 완전한 패키지를 만들 수 있는 능력을 키울 수 있다. 네트워크 비즈니스 모델의 가장 중요한 특징 중 하나는 성장할 때 더 많은 가치를 제공한다. 비네트워크 비즈니스 모델은 많은 가치를 제공하지 못한다. 플랫폼 비즈니스가 성장함에 따라 공급 측면과 수요 측면 모두를 활용할 수 있다. 대규모 공급 측면에서는 전환이 높다. 플랫폼 비즈니스의 자원은 네트워크 효과이다. 모든 핵심자원은 사업에 기여한다.

- 예약 가능한 호텔, 숙박 파트너 수, 적용 지역 수
- 독립적으로, 부분적으로는 서로 경쟁하는 다양한 자회사 및 브랜드
- 매력적인 콘텐츠: 고품질, 전문사진, 훌륭한 호텔 설명, 시설
- 신선한 사용자 생성 콘텐츠: 리뷰, 평점
- 사용자 데이터 및 독점 알고리즘
- 웹 사이트 및 앱의 사용자 경험
- 익스피디아 소유 플랫폼의 글로벌 네트워크
- 숙련된 기술직원과 숙련된 고객 서비스 직원
- 로열티 프로그램과 회원

- 제휴 프로그램 회원
- 웹 사이트 및 앱 인프라와 다양한 호텔, 항공편, 렌트카, 기타 유통 시스템
- 지식재산권, 상표, 영업비밀, 도메인 등

▼ 그림 8-21 **핵심자원 설계**

핵심자원의 종류

- 호텔 수
- 위치
- 훌륭한 콘텐츠
- 사용자 데이터/알고리즘
- 사용자 경험
- 글로벌 네트워크
- 숙련된 직원

⑥ 핵심자원
　무엇을 보유했는가?

(7) 핵심활동

플랫폼 비즈니스 모델의 장점은 네트워크 효과이다. 핵심활동은 이들을 향상시키는 것을 목표로 해야 한다. 네트워크 효과 및 고객경험을 향상한다. 예약 가능한 숙박 시설의 수, 예약 가능한 속성의 유형(다양성), 사용자 리뷰, 이미지 등의 유용한 컨텐츠, 기술혁신을 통해 고객경험을 향상시킴으로써 플랫폼의 가치를 높인다. 알려진 직접 경쟁자의 움직임을 관찰한다. 프로모션이나 구독자에게 알림을 통해 수요를 촉진하고, 수집된 데이터와 진화하는 기술, 추세 및 피드백을 기반으로 웹 사이트 및 앱을 개선한다. 여행자의 고객 여정을 안내하고, 파트너 및 고객 기반 확대를 위한 새로운 여행 관련 서비스를 개발한다. 유료 광고 채널에서 최상위 순위 유지 및 자연 검색 순위를 향상하는 검색엔진 가시성을 추구한다.

▼ 그림 8-22 **핵심활동 설계**

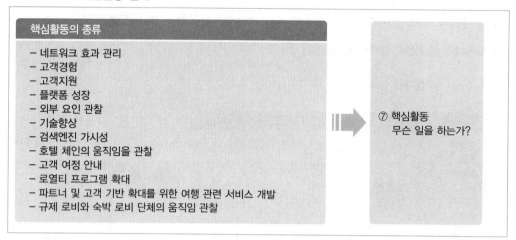

(8) 핵심파트너

핵심파트너는 여행 서비스 제공업체, 회사 여행 관리자, 기술 파트너, 메타 검색엔진, 로비스트 및 기타 관광단체가 있다. 이러한 핵심파트너는 익스피디아가 경쟁력을 갖고 수익을 창출하는 데 핵심적인 역할을 한다. 오프라인 여행 계열사는 여행사 제휴 프로그램에 따라 위탁 수수료를 받는다. 위탁 수수료는 패키지(항공편 + 호텔, 항공편 + 호텔 + 렌터카)에 따라 대체로 3~11%이다. 기술 파트너는 새로운 기능을 개발하고 여행 계획, 예약 및 경험 과정에서 갈등을 제거한다. 이것은 호텔 체인 및 기타 여행 플랫폼을 뒤지지 않게 유지하는 데 큰 역할을 한다. 익스피디아는 다른 큰 여행 메타 검색엔진인 Google 호텔과 공동으로 작업한다.

- 여행 서비스 제공업체
  - 호텔 소유자
  - 기타 숙박 시설 제공자
  - 항공사
  - 렌트카
  - 활동 제공자
- 회사 여행 관리자: 익스피디아는 Booking.com보다 기업 여행 관리에 더 야심 찬 방법을 사용한다. 자체 비즈니스 여행 관리 포털 Egencia를 보유하고 있다.

- 기술 파트너: 익스피디아는 5,500명의 사내 IT·기술직원을 보유하고 있다.
- 메타 검색엔진: 메타 검색엔진이 점차 중요해지고 있다. 익스피디아는 Trivago.com에서 대부분의 소유권을 보유한다.
- 로비스트: 로비스트는 주도권 싸움에 큰 역할을 한다.
- 기타: 관광 단체 VisitBritain 외 다수

▼ 그림 8-23 **핵심파트너 설계**

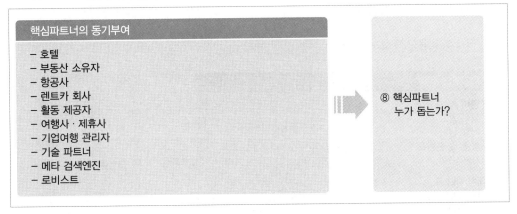

(9) 비용구조

익스피디아의 비용구조는 플랫폼 비즈니스를 운영하는 데 소요되는 모든 비용이다. 운영구조는 직접적으로 운영에 지출되는 운영비와 운영에 필요한 자산비용이 있다. 판매 및 마케팅 비용, 고객 대응비용, 기술 및 콘텐츠 개발비용과 관리비용이다. 금융비용은 차입이자, 지분 배당금, 무형자산이나 영업권이 있다. 이러한 비용을 상회하는 수익이 창출될 때 비즈니스 모델은 건전하다.

- 운영비용
  - 판매 및 마케팅 비용
  - 직접비용
  - 검색엔진 및 인터넷 포털의 트래픽 생성 비용
  - 텔레비전, 라디오 및 인쇄 지출
  - 개인 라벨 및 제휴 프로그램 커미션

- 홍보 및 기타 비용

- 간접비용

- 관리비용

• 금융비용

- 차입이자

- 지분 배당금

- 무형자산이나 영업권 취득

▼ 그림 8-24 비용구조 설계

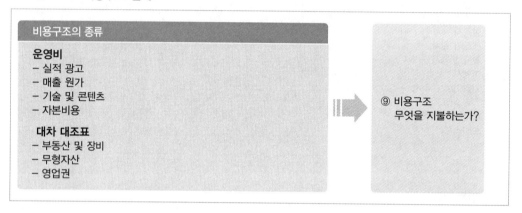

(10) 비즈니스 모델 캔버스

익스피디아는 호텔 및 항공사에서 시작하여 렌트카, 크루즈 및 기차로 끝내주는 주요 파트너의 훌륭한 구조를 갖추고 있다. 이것들은 가치제안의 핵심이다. 고객은 가장 중요한 핵심파트너 중 하나이며 기술과 제품은 지속적으로 자신의 필요에 따라 개발되고 있다. 익스피디아는 기술 플랫폼, 숙련된 직원 및 정보 데이터베이스와 같은 주요 자원을 사용하여 제품개발 및 관리, 영업 및 마케팅, 고객 네트워크 관리 및 빅데이터 관리 등의 주요 활동을 성공적으로 수행한다. 이러한 익스피디아는 세계에서 가장 성공적인 기업 중 하나이지만 위협에 직면해 있다. 주요 경쟁자인 프라이스라인 그룹(Priceline Group)과 함께 그들은 세계적인 양립을 이룬다. 최고의 자리를 지키기 위해서는 인수뿐만 아니라 새로운 시장으로의 확장과 혁신이 계속되어야 한다.

▼ 그림 8-25 익스피디아 비즈니스 모델 캔버스

익스피디아 비즈니스 모델				
⑧ 핵심파트너	⑦ 핵심활동	② 가치제안	④ 고객관계	① 고객세분화

– 호텔
– 부동산 소유자
– 항공사
– 렌트카 회사
– 활동 제공자
– 여행사 · 제휴사
– 기업여행 관리자
– 기술 파트너
– 메타 검색엔진
– 로비스트
– 기타
	– 네트워크 효과 관리
	– 고객경험
	– 고객지원
	– 플랫폼 성장
	– 외부 요인 관찰
	– 기술향상
	– 고객 여정 안내
	
	⑥ 핵심자원
	
	– 호텔 수와 위치
	– 훌륭한 콘텐츠
	– 사용자 데이터
	  /알고리즘
	– 사용자 경험
	– 글로벌 네트워크
	– 숙련된 직원
		여행자
		– 저렴한 가격
		– 위험 감소
		– 고객 서비스
		– 유용한 앱
		– 유용한 여행 콘텐츠
		
		서비스 제공업체
		– 증분 수익
		– 반응하는 능력
		– 글로벌 접근
		– 위험 감소
		– 추가 웹 트래픽
		– 시장정보
			서비스 제공업체
			– 커미션
			– 간편한 가입
			– 예약, 지불 없음
			
			여행자
			– 고객 서비스
			– 정확도
			
			③ 유통경로
			
			– 웹 사이트
			  (모바일, 데스크톱)
			– 앱
			– 파트너 채널
			– 광고 채널
			  (메타 검색엔진)
			– 통신 채널
				서비스 제공업체
				– 부동산 유형
				– 객실 유형
				– 스타/사용자 평점
				– 편의 시설과 근접성
				– 호텔 유형과 위치
				– 인프라 유형
				
				여행자
				– 여행 동기
				– 인구 통계
				– 예약 세부 정보
				– 지출 행태
				– 극소 세분화

⑨ 비용구조			⑤ 수익원	
운영 – 실적 광고 – 매출 원가 – 기술 및 콘텐츠 – 자본화된 비용 **대차대조표** – 부동산 및 장비 – 무형자산			– 판매자 비즈니스 모델 – 대행사 비즈니스 모델 – 광고 및 기타 수익 – HomeAway(가입)	

CHAPTER 08 비즈니스 모델 **357**

Concept generation answers the question of "how" the product will satisfy the customer needs as mapped into the functional specifications.

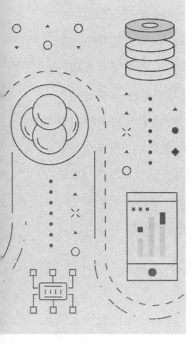

CHAPTER

09

제품컨셉의 창출

01 제품컨셉

02 제품의 속성과 편익

03 제품컨셉의 개발

메드트로닉의 창업동기

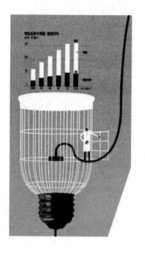

　　미국 미네소타대 부속 병원의 한 수술실이 정전(停電)돼 심장병 수술을 받던 신생아의 몸과 연결된 인공 심장박동기(pacemaker)의 전력 공급이 차단되자 아이가 돌연 사망했다. 마땅한 해법을 찾지 못하던 주치의 릴레하이(Lillehei) 박사는 뜻밖의 행운을 만났다. 병원 인근 의료기기 수리점을 운영하던 얼 바켄(Bakken) 씨와 대화를 나누던 중 그가 "내가 개발한 반영구적 수명의 초소형 배터리 기술을 결합하면 전력 중단 걱정을 할 필요가 없는 휴대용 제품을 만들 수 있다"고 제안한 것이다. 두 사람이 협력해 개발한 휴대용 인공 심장박동기는 개발 4주 만에 해당 병원에 보급됐고, '내 기술과 남의 아이디어의 결합'에서 힌트를 얻은 바켄은 심장병, 고혈압, 당뇨 등 만성 질환을 치료하는 의료기기 회사 메드트로닉(Medtronic)을 창업했다. 지금 메드트로닉은 어떤 회사가 됐을까? 직원 4만 5,000명에 매출 161억 달러(약 18조원), 영업이익률 30%. 이 회사의 지난해 성적표다. 인공 심장박동기는 몸속에 넣는 제품으로 발전해 현재 매년 50만명이 시술받아 쓰고 있다.

메드트로닉의 성공 비결

　　메드트로닉의 성공 비결은 이 회사 강령의 하나로 못 박혔다. '자체적으로 기술을 만들 뿐 아니라 남의 기술도 적극 도입하자'는 대목이다. 오픈 이노베이션(open innovation · 개방형 혁신)이 창업의 동기가 되고, 회사의 DNA가 된 것이다. "세상엔 숨어 있는 열정적인 아이디어가 많습니다. 갑자기 발견하는 게 아닙니다. 평소에 생활 속에서 겪는 어려움에서 자연스럽게 나오는 것입니다. 메드트로닉 오마 이슈락(Ishrak · 56) 회장은 기자에게 물었다. "삼성전자, 벨연구소, 미쓰비시, 이런 대기업들의 특징이 뭔지 아세요?" 그는 스스로 대답했다. "사내 연구개발실에서 낸 아이디어로 제품을 만든다는 것입니다. 반면 우리는 외부 아이디어를 수혈해 제품을 개발하는 열린 혁신을 추구해요." "혁신적인 신제품을 개발할 때 우리의 핵심 원칙은 '우리 머릿속에서 나온 제품 아이디어는 쓰지 말자'입니다. 무조건 외부 의사 등 전문가의 아이디어로만 99%를 만듭니다. 아이디어 제공자의 아이디어가 제품으로 출시될 때는 해당 제품 매출의 1~4%를 일정 기간 로열티로 지급하는 방법으로 보상합니다. 그래서 우리는 다른 회사들과 달리 'R&D(연구 · 개발)'에서 R(연구)보다 D(개발)를 많이 하려고 노력합니다. 우리 연구 · 개발 예산은 주로 개발에 투입됩니다."

◀▶ 다양한 방식으로 열린 혁신 추구

메드트로닉은 다양한 방식으로 열린 혁신을 추구하고 있다. 그 원칙은 크게 세 가지다. 첫째, 고객의 고객까지 이해하는 것이다. 이 회사의 1차 고객은 의사이지만, 의사의 고객인 환자를 이해하지 않는다면 결코 좋은 제품을 만들 수 없다. 둘째, 나에겐 없는 아이디어를 보유한 기업을 사들이는 것이다.

지난 20년간 이 회사는 연간 이익의 50%를 주주들에게 돌려줬지만, 나머지 50%는 기업 인수·합병에 써왔다. 매년 10~15개의 회사를 인수·합병한다. 셋째, 의료계의 위키피디아(Wikipedia)로 변신하는 것이다. 메드트로닉은 문턱 없이 지식을 나누는 위키피디아 모델을 벤치마킹한다고 했다. 전 세계 의사들로부터 아이디어를 접수하고, 유망한 아이디어는 라이선싱해 사용하는 개념이다. 매년 접수되는 500~600개 아이디어 중 4~5개를 엄선해 제품을 개발한다.

▶ 진짜 좋은 아이디어는 하버드大 같은 곳이 아니라 무명의 작은 조직에서

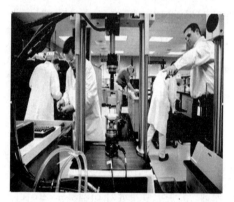

미국 멤피스에 있는 메드트로닉의 생체역학 검사 연구소

메드트로닉은 매년 50~60개의 제품을 출시한다. 매출 상위 제품에는 인공 심장 박동기에 이어 협심증 치료에 쓰이는 스텐트(stent), 이식형 제세동기(defibrillator)가 포함된다. 이슈락 회장은 오픈 이노베이션에 쏟은 노력과 무관하지 않다고 말했다. 글로벌 제약회사 노바티스(Novartis)도 최근 5년간 출시한 신약의 매출액 비중이 28%(2011년 기준)인데, 그게 글로벌 제약업계 1등이다. 그는 "가장 좋은 아이디어는 하버드대 같은 유명한 조직에선 나오지 않더라"고 했다. 반면 잘 알려지지 않은 작은 조직에서 아이디어가 많이 나타났다고 했다.

▶ R(연구)은 하지 않고 D(개발)만 한다

메드트로닉의 R&D 원칙은 'R(연구)는 외부 전문가에게 얻고 D(개발)에 집중한다'는 것이다. 이 회사의 과학자와 엔지니어들은 그냥 아이디어가 와주기만 기다리는 것일까? "아닙니다. 9,000명의 엔지니어와 과학자들은 기존에 나온 제품을 수정하고 개선해 출시하는 '내부 혁신'을 합니다. 기존 보유 기술을 끊임없이 발전시키죠. 또 하나 중요한 건 품질 관리입니다. 의료기기는 아이폰과 다르거든요. 아이폰은 고장 나면 버리면 되잖아요? 그런데 의료기기는 잘못 만들어 고장나는 순간 목숨을 잃을 수도 있어요." 그래서 핵심 부품인 건전지·회로판·콘덴서 같은 것은 아웃소싱 하지 않고 직접 만드는 게 원칙이다. 티타늄 같은 제품 외관만 아웃소싱한다. "주요 부품은 세계에서 가장 잘하는 곳 딱 4곳에서만 생산합니다. 푸에르토리코·아일랜드·싱가포르·스위스 로잔입니다. 고급 엔지니어가 많이 배출되는 곳입니다."

▶ 고객의 고객에게 바로 가라

단순히 기업이 아이디어의 문호를 개방한다고 해서 개방형 혁신이 가능할까? 이슈락 회장은 "조직의 뿌리에서부터 최종 고객에 대한 갈망이 있어야 한다"고 강조했다. 그는 "쉽게 말해 1차 고객인 의사보다 의사의 고객이자 우리의 최종 고객인 환자를 깊이 이해하는 것"이라고 설명했다. "임상 훈련을 받은 메드트로닉의 병원 영업 직원은 최소 1년에 한 번 수술실에 입회합니다. 물론 의사의 동의를 받고요. 몇몇 직원은 연간 수백 차례 들어가기도 해요. 환자의 생생한 고충과 어려움은 생생한 아이디어의 원천입니다." 매년 메드트로닉 본사에서 전 사원이 참여하는 가운데 메드트로닉 제품으로 인생이 바뀐 환자를 초청해 이야기를 듣는 프로그램을 여는 것도 이 때문이라고 했다. 환자의 불만은 제품 개선의 지름길이다. 척수에 미세한 전류를 보내 통증을 완화하는 자세 감지 척수 자극기(SCS)가 한 사례다. 그는 "기존엔 환자들이 걷거나 앉는 등 자세를 바꿀 때마다 몸에 설치된 척수 신경 자극기를 스위치로 조절해야 했지만, 환자들이 불만을 토로해 환자의 움직임을 자동으로 인식하는 소프트웨어를 탑재해 개선했다"고 했다. 메드트로닉은 요즘 인도와 중국 같은 신흥시장에 공을 들이고 있다. 신흥시장 진출 전략의 모토 역시 '환자에게 바로 가라(Go direct to patient)'이다.

▮▶ 긍정의 힘을 쉬지 않고 퍼뜨려라

이슈락 회장은 "의료에 대한 니즈(needs)는 결코 사라지지 않을 것"이라며 미래를 낙관했다. 그는 "서구 사회의 인구구조는 고령화돼 가고 있고, 신흥시장에서는 고령화뿐만 아니라 사람들이 고품질 헬스케어에 대한 접근성을 높이는 게 더 중요해졌다. 그 의미는 헬스케어에 대한 니즈가 여전히 크다는 것"이라고 덧붙였다. "헬스케어 기업 CEO가 양보하면 안 되는 원칙이 무엇인가"란 마지막 질문에 그는 "흔들리지 않는 단호함(decisive)"이라고 말했다. "또 하나는 쉬지 않고 주위에 퍼트리는 '긍정의 힘'입니다. 또 연구개발비를 목숨처럼 생각해야 해요. 수십 년째 매출의 9% 이상을 연구개발에 쏟고 있습니다."

출처: 조선일보 2013.04.20

01 제품컨셉

제품컨셉은 제품이나 서비스가 소비자의 미충족욕구를 해결해 줄 수 있다는 약속, 욕구를 충족시켜줄 수 있는 이유와 그 제품에 대한 소비자의 인식에 영향을 줄 수 있는 모든 요소를 묘사한 것이다. 제품컨셉의 창출과정은 시장기회, 고객욕구 및 문제확인 등을 통하여 아이디어 탐색부터 시작한다. 탐색된 아이디어를 확산적 사고와 수렴적 사고기법을 활용하여 해결안으로 전환한다. 선정된 아이디어에 대한 해결안을 소비자의 언어로 표현하는 제품컨셉을 창출하고, 최종 컨셉안을 완성하는 단계까지를 제품컨셉의 창출과정이라고 한다. 이 과정에서 다수의 가설컨셉을 창출하고, 평가하여 최적의 제품컨셉을 선정한다. 가설 제품컨셉 창출의 목적은 가능한 많은 제품컨셉을 개발하여 최적의 제품컨셉을 도출하기 위한 것이다. 제품컨셉 창출의 기법인 면접법, 표적집단면접, 전문가면접이나 서베이 등을 통해서 최종 최적의 제품컨셉을 선정한다.

1 컨셉의 개념

컨셉(concept)은 라틴어 concipere의 과거분사 conceptus(생각, 의도)에서 연유하며, 개념, 구상, 발상, 상품·판매의 기본적 테마 등을 의미한다. 어떤 대상의 특성을 마음속에서 결합함으로써 형성된 어떤 대상에 대한 생각이다. 이처럼 컨셉은 어떤 대상을 마음속에서 상상한 것이며, 사고나 판단의 결과로써 형성된 특정한 사물, 사건이나 상징적인 대상들의 공통된 속성을 추출하여 종합한 보편적 관념이다. 또한 컨셉은 경험으로부터 얻는 일반화로 실제 세계나 다른 생각 안에 있는 것, 또는 실제나 잠재적 대상을 구체화하는 기능이 있다. 이러한 컨셉은 수많은 대상으로부터 유사성을 추출하여 단순화하고, 이 단순화는 높은 수준의 사고를 가능하게 한다. 따라서 컨셉은 여러 관념 속에서 공통적인 성질을 뽑아 종합하여 얻은 새로운 보편적인 관념으로 표현의 중심이 되는 아이디어이다.

- 컨셉: 여러 관념 속에서 공통적인 성질을 추출한 보편적인 관념

어떠한 사물이나 대상의 공통적인 요소를 추출하여 인간의 감각적 경험으로 표현할 때 인식은 매우 효과적이다. 왜냐하면 어떤 대상의 보편성을 뽑아 전달할 때 인식의 공감이 이루어지기 때문이다. 인식을 높이기 위한 컨셉의 구성요소가 있다. 바로 컨셉은 전달하는 내용을 듣는 대상인 청자(Who), 전달할 내용(What), 전달하는 방법(How)과 공감해야 할 이유(Why) 등으로 이들은 간결해야 한다. 즉, 컨셉은 표적대상, 전달내용, 전달방법과 공감이유의 함수이다. 따라서 소비자들의 지각과 인식은 이러한 4가지 요소에 크게 영향을 받는다.

▼ 그림 9-1 컨셉의 함수

Concept = f(Who, What, How, Why)

2 제품컨셉의 개념

concept

- 개념, 구상, 발상, 관념, 사상, 생각, 착상, 사고(방식)(hought)
- (제품의) 설계 개념 : 계획(scheme)
- (상품·판매의) 기본적 테마, 콘셉트

- A general idea or understanding of something
- A pian or original idea
- A unifying idea or theme, especially for a product or service
- A concept is an idea or abstract principle.
- A concept is an abstraction or generalization from experience or the result of a transformation of existing concepts.
- An abstract or general idea inferred of derived from specific instances

---

- Advertising: A briefly stated clear idea around which an ad or marketing campaign is organized.
- Product development: A clear, detailed description of the attributes and benefits of a new product that addresses the needs of the targeted customers.
- The reasoning behind an idea, strategy, or proprsal with particular emphasis placed on the benefis brought on by that idea.

한 제품의 언어는 그 제품의 세계이다. 시장기회를 탐색하여 제품 아이디어를 얻게 되면 제품 개발을 하기 위해 제품컨셉을 창출하고, 여러 과정을 통하여 최적의 제품컨셉을 선정하게 된다. 제품컨셉은 제품 아이디어를 구체화하기 위한 과정으로 제품을 형태화하는 토대가 된다. 제품컨셉(product concept)은 제품 아이디어를 의미 있는 소비자 언어(meaningful consumer terms)로 상세하게 표현한 것이다. 즉, 제품컨셉은 제품 아이디어를 소비자가 사용하는 언어로 전환시킨 것이다. 제품컨셉은 소비자의 미충족욕구(unmet needs)를 특정 제품이나 서비스가 해결해 줄 수 있다는 약속, 그 욕구를 제품이 만족시켜줄 수 있는 이유와 그 제품에 대한 소비자의 인식에 영향을 줄 수 있는 요소를 설명하거나 기술한 것이다. 따라서 제품컨셉은 소비자들이 제품사용으로부터 얻는 편익이나 가치를 의미한다.

제품의 기능, 속성, 편익, 가치, 존재 이유나 독특한 판매제안에 관한 명확한 기술인 제품컨셉은 간단하고 쉬운 일상용어로 표현해야 한다. 소비자가 알기 어려운 전문용어로 표현한다면 소비자는 그 제품의 기능, 속성이나 편익을 충분히 이해하지 못한다. 그러므로 제품컨셉은 간단하고, 쉽고, 분명하고, 사실적으로 구성하는 것이 매우 중요하다. 제품컨셉의 용도는 신제품개발 목적에 따른 설계지침, 물리적 원리, 재료와 형태에 관한 추상적 구현이라 할 수 있다. 이러한 제품컨셉은 사용목적과 상황에 따라서 설계컨셉, 프로토타입, 제품, 브랜드컨셉, 광고컨셉이나 표현컨셉 등으로 진화한다.

③ 제품컨셉의 구성요소

제품컨셉은 실제 세계뿐만 아니라 인간의 마음속에 존재하거나 존재할 수 있는 제품의 기능, 속성, 편익이나 가치를 표현한 것으로 제품의 특징이 된다. 제품은 유형적 형태와 이미지의 관념을 포함하기 때문에 유형적이거나 무형적 요소가 포함된다. 제품컨셉은 제품 아이디어를 구체적으로 언어로 표현한 것이다. 예를 들면, 제품개발(유순근 저)은 제품개발 전문가나 제품개발을 공부하는 사람(표적고객)이 제품개발에 관한 전문지식(제품편익)과 창조적 아이디어의 창출과 최적의 제품컨셉 선정 기법(차별성)을 학습하여 성공적인 신제품과 출시를 위해(구매이유) 쓴 경영학 전문서적(제품범주)이다.

> 제품개발(유순근 저)은 제품개발 전문가나 제품개발을 공부하는 사람(표적고객)이 제품개발에 관한 전문지식(제품편익)과 창조적 아이디어의 창출과 최적의 제품컨셉 선정 기법(차별성)을 학습하여 성공적인 신제품을 개발하기 위해(구매이유) 쓴 경영학 전문서적(제품범주)이다.

이와 같이 제품컨셉에는 표적고객(Target)에게 전달하는 소비자의 문제를 해결할 수 있는 제품속성(Attribute), 제품을 구매하거나 사용함으로써 얻는 제품편익(Benefit)과 고객이 제품을 구매할 이유(Rationale)가 포함된다. 따라서 제품컨셉은 고객에게 전달하는 속성, 제품편익과 고객이 구매할 이유 등으로 구성된다. 즉, 제품컨셉은 표적고객, 제품속성, 제품편익과 구매이유의 함수이다. 그러므로 소비자들의 제품에 대한 지각과 인식은 이러한 4가지 요소에 주로 영향을 받는다.

▼ 그림 9-2 제품컨셉의 함수

$$\boxed{\text{Product Concept}} \quad = \quad \text{f(Target, Attribute, Benefit, Rationale)}$$

서비스컨셉

서비스컨셉(service concept)은 조직이 고객, 종사자, 주주와 채권자들에 의해서 지각되는 서비스를 가지려는 방법이며[1], 서비스 패키지의 구성요소나 고객편익 패키지이다.[2] 즉, 서비스컨셉은 고객에게 제공하는 편익(benefit)과 가치(value), 전달방법과 구매이유의 기술이다. 따라서 서비스컨셉에는 고객에 대한 편익인 서비스 마케팅컨셉(service marketing concept)과 서비스가 전달되는 방법의 명세인 서비스 운영컨셉(service operations concept)이 있다.[3] 서비스 기업은 고객의 욕구를 이해하고 만족시키도록 조직을 자극하는 시도로써 마케팅컨셉을 사용한다.[4] 이러한 서비스컨셉은 대부분의 서비스 조직에 존재하는 서비스 마케팅과 서비스 운영의 불리할 수 없는 교차로에 있다.

서비스컨셉은 만족되어야 할 고객의 욕구, 만족시키는 방법, 고객을 위해 수행해야 하는 것과 달성되는 방법에 관한 상세한 기술이다.[5] 서비스컨셉은 서비스 전달 방법(way)인 서비스운영, 고객의 서비스에 대한 직접적인 경험인 서비스경험, 고객에게 제공된 서비스 결과와 고객이 서비스의 비용에 대하여 서비스에 내재한 것으로 지각하는 편익인 서비스의 가치이다. 따라서 서비스컨셉은 서비스를 제공받는 표적고객과 서비스 제공자(people), 서비스운영(Operation), 서비스경험(Experience), 서비스 결과(Outcome)와 서비스 가치 (Value)의 함수이다.

▼ 그림 9-3 서비스컨셉의 함수

$$\boxed{\text{Service Concept}} \quad = \quad \text{f(People, Operation, Experience, Outcome, Value)}$$

---

1 Heskett(1986).

2 Collier(1994).

3 Lovelock and Wright(1999).

4 Dibb et al.(1997).

5 Edvardsson et al.(2000).

02 제품의 속성과 편익

제품컨셉의 속성과 편익은 고객들에게 핵심편익을 제공하는데 매우 중요하다. 시장의 기회를 확인하고, 미충족욕구나 과소제공된 욕구를 발견하여 제품 아이디어를 창출하고, 목표로 하는 제품범주 욕구를 찾는 데서부터 출발한다. 이를 토대로 목표고객을 선정하여 최적의 속성을 추출하는 과정으로 속성과 편익을 개발한다. 여기서 개발된 속성과 편익 목록은 제품컨셉 개발의 투입요소로 잠재고객의 미충족된 욕구, 과소제공이나 미제공된 욕구를 반영하여 선정된다. [그림 9-4]는 투입요소를 사전에 검토하여 제품컨셉의 속성과 편익을 개발하는 일련의 과정을 설명한다.

▼ 그림 9-4 제품속성과 편익 추출 과정

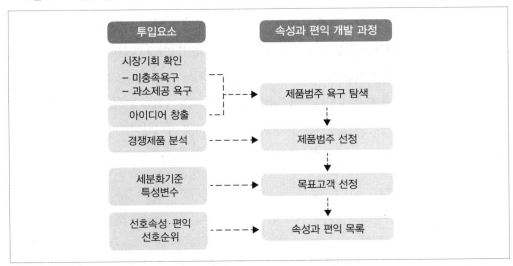

1 제품범주욕구의 탐색

1) 시장기회의 확인

시장기회를 확인하면 시장에서 경쟁자나 자사가 소비자들에게 제공하지 못한 속성이나 편익을 발견할 수 있다. 특히 소비자들이나 경쟁자들이 미처 알지 못하여 제공하지 않은 미충족욕구나 여러 가지 환경의 제약으로 과소제공된 속성은 제품 아이디어(product idea)가 된다. 이러한 아이디어를 통해 문제를 확인하여 해결방안을 찾으면 바로 신제품이 될 수 있다. 예를 들면, 최근에 인기가 있는 실버세대를 위한 알뜰폰은 "실버세대에게 꼭 필요한 기능만 제공하고 저렴한 용도로 쓸 수 있는 핸드폰은 없을까"라는 아이디어에서 출발한 것이다.

숨겨진 욕구의 탐구는 혁신적이고, 비약적인 제품을 창출할 수 있는 기회이지만, 고객욕구는 날로 진화하고 있기 때문에 포착하기 쉽지 않다. 고객욕구의 충족과 차별화를 갖기 위해서 회사는 소비자의 욕구를 끊임없이 다루고, 새롭게 창출해야 한다. 만일 이를 처리하지 않는다면 고객의 소리를 무시하는 결과가 된다.

2) 아이디어의 창출

시장기회와 고객욕구의 확인을 통해서 제공되지 않은 문제에 대한 해결책이 바로 아이디어가 된다. 이러한 아이디어는 확산적 사고를 통해서 많은 아이디어를 생산하고, 수렴적 사고를 통해 최적의 아이디어를 선별한다. 아이디어 창출에 활용되는 기법인 창조적 사고기법은 확산적 사고와 수렴적 사고를 모두 포함한다. 아이디어 창출은 시장기회와 고객의 숨겨진 욕구에서 찾아낸 정보와 자신의 영감을 회사의 사명과 목적에 적합하게 아이디어로 변환하는 것으로 시작한다. 아이디어 창출 과정에 경영진, 직원과 잠재고객뿐만 아니라 이해관계자 집단을 포함하는 것이 바람직하다.

3) 경쟁제품분석

경쟁제품이 제공, 미제공이나 과소제공하는 제품특징과 편익을 탐색하고, 경쟁제품의 결함이나 고객의 불만사항을 파악하여 차별화된 제품을 설계하기 위해 경쟁제품을 분석하는 것이다. 따라서 자사의 제품범주를 정의하여, 경쟁제품을 분석하는 절차를 수립하는 것이 필요하다.

(1) 경쟁자와 경쟁환경분석

경쟁제품을 분석하기 전에 먼저 해야 할 사항은 주된 경쟁자의 설정과 경쟁자의 자원을 분석하고, 그런 다음 경쟁제품을 분석하는 것이 바람직하다. 다음은 경쟁자와 제품 경쟁환경을 분석하기 위해 고려해야 할 주요 요인들이다.

- 주된 경쟁자는 누구인가?
- 경쟁자의 제품과 서비스는 무엇인가?
- 경쟁자가 제공하는 제품이나 서비스의 범위는 무엇인가?
- 경쟁자는 판매를 확대하고 있는가? 아니면 축소하고 있는가?
- 오랫동안 경쟁자는 사업을 얼마나 하고 있는가?
- 경쟁자가 갖고 있는 자원은 무엇인가?

(2) 경쟁제품분석

회사가 경쟁하고자 하는 경쟁제품을 선정하고 나면 경쟁제품의 소비자 반응 상태를 탐색하여 주요 정보를 수집한다. 경쟁제품의 표적고객, 핵심편익, 제품차별화 속성이나 성능을 추출한다. 경쟁제품이 제품범주를 창출했는지 또는 분할했는지, 선도제품인지, 어느 위치에 포지션하였는지를 분석한다. 다음은 경쟁제품을 탐색하기 위해 고려해야 할 주요 요인들이다.

- 경쟁제품의 표적고객은 누구인가?
- 경쟁제품의 제품범주는 무엇인가?
- 경쟁제품이 선도제품인가?
- 제품수명주기의 위치는?
- 경쟁제품의 핵심속성과 편익은 무엇인가?
- 경쟁제품의 기술적 특성은 무엇인가?
- 경쟁제품의 이미지나 스타일은 무엇인가?
- 고객이 평가하는 경쟁제품의 긍정적인 속성은 무엇인가?
- 고객이 평가하는 경쟁제품의 부정적인 속성은 무엇인가?
- 경쟁제품의 규모와 수익은 어떠한가?
- 자사 제품은 경쟁제품과 어떻게 다른가?
- 현재 고객이 경쟁제품을 평가하는 정도는 어떠한가?
- 경쟁제품의 가격은?

▼ 표 9-1 경쟁제품분석 항목

평가항목	경쟁제품	자사제품
표적고객		
제품범주		
제품수명주기의 위치		
핵심편익		
차별점		
제품이미지		
제품속성		
제품가격		
제품기능		
제품품질		
제품 사용성		
고객인지도		
긍정적 속성		
부정적 속성		
고객의 전반적 평가		

역 엔지니어링(Reverse Engineering: RE)은 구조분석을 통해 장치나 시스템의 기술적인 원리를 발견하는 과정으로 기계장치, 전자부품, 소프트웨어 프로그램 등을 조각 내에서 분석하는 기법이다. 즉, 제품의 세부적인 작동을 분석하는 것을 포함한다. 리코프(Rekoff)는 역 엔지니어링을 복잡한 하드웨어 시스템의 견본을 분석하여 일련의 설계명세를 개발하는 과정이라고 하였다. 최종제품을 분해하여 제품사양, 설계와 구조를 추론한다. 이를 활용하면 제품개선을 위한 아이디어나 통찰력을 얻을 수 있기 때문에 많은 기업에서 실시하고 있다.

(3) 경쟁제품의 정보원천

경쟁제품의 정보원천은 경쟁제품, 광고, 판매 광고전단, 신문과 잡지, 협회자료, 직접관찰, 경쟁자의 임직원과 고객의 제품평가 등이 있다.

☑ 경쟁제품

경쟁제품분석은 매우 훌륭한 정보를 입수할 수 있는 방법이다. 경쟁제품의 기능, 속성, 사용성, 디자인이나 이를 구현한 기술적 특성은 자사제품의 특성과 차별화를 위한 비교 기준점이 된다. 경쟁제품에서 느끼는 고객의 지각된 품질수준, 만족, 불만족과 불편사항이나 고객의 요구사항을 추적하고, 경쟁제품의 미제공이나 과소제공 부분을 탐색하여 해석한다.

☑ 광고

제품광고는 경쟁제품의 가격뿐만 아니라 제품특징, 핵심편익, 기능과 차별화요소 등 많은 제품정보를 알려준다. 또한 광고는 경쟁제품의 판촉전략과 예산의 지표를 제공한다. 따라서 경쟁자의 광고물은 제품내용, 이벤트, 강조하는 제품특징과 편익 등을 알 수 있는 훌륭한 제품정보의 원천이다. 그러므로 경쟁자가 전달하는 제품 이미지, 광고물의 디자인과 풍조를 아는 것은 매우 중요하다.

☑ 판매 광고전단

판매 광고전단(sales brochures) 또한 풍부한 제품정보를 포함하고 있다. 경쟁자가 판매하기 위해 사용하는 제품과 회사의 포지션뿐만 아니라 제품특징과 편익이 무엇인지를 광고전단을 통해 비교적 상세히 알 수 있다. 또한 경쟁자의 광고변화는 새로운 전략이 시도되고 있다는 지표로 중요한 원천이다.

☑ 신문과 잡지

신문과 잡지는 경쟁자가 미래를 위한 계획, 신제품 정보와 혁신이 무엇인지, 그리고 조직을 어떻게 운영하는지를 알 수 있는 정보의 훌륭한 원천이다. 기자들은 때때로 비판적인 자세로 경쟁자에 관해 비호의적인 정보를 드러내 보인다. 신문이나 잡지의 제품평가는 경쟁제품의 강점과 약점을 노출한다.

☑ 협회자료

전문협회는 협회잡지나 뉴스레터를 통해 산업통계를 정리하고, 편찬하고, 간행할 뿐만 아니라 산업소식을 이해관계자들에게 전달한다. 또한 전문협회는 전시회나 기타 전문회의를 자주 후원하거나 개최한다. 이러한 협회자료나 행사는 장차 경쟁자가 되는 새로운 회사를 발견하는 기회를 제공한다.

✓ 직접관찰

직접관찰은 고객의 경쟁제품 구매, 사용과 만족 상태를 직접적으로 관찰하거나 직접 경쟁제품을 사용하여 제품으로부터 기능, 성능, 사용성, 결함과 불만족사항을 발견하여 정보를 얻을 수 있다. 잠재고객으로 행동하기도 하면서, 판매원, 설계자나 A/S 담당자에게 제품에 관하여 질문하여 제품정보를 입수할 수 있다. 또한 경쟁제품을 자사제품과 비교하면서 경쟁제품으로부터 선택과 범위를 배울 수 있다. 그러나 직접관찰이나 직접사용을 통해서 경쟁자로부터 입수한 정보를 결코 편견이나 왜곡하지 않는 것이 무엇보다도 중요하다.

✓ 경쟁자의 임직원

전시회, 설명회, 협회회의 등에서 경쟁자의 경영자나 직원을 만나 볼 수 있다. 이러한 경우에 단순하고, 우호적인 대화로도 경쟁자에 관한 많은 정보를 얻을 수 있다. 사람들은 대부분 대화하는 것, 성공 스토리를 공유하는 것과 사업동료와 관계를 형성하는 것을 좋아한다.

✓ 고객의 제품평가

고객과 잠재고객에게 제품특징과 편익에서 가장 중요한 것이 무엇인지를 판매원과 고객의 피드백으로부터 알 수 있다. 고객이 만족하는 부분, 불만족하는 부분, 요구 사항이나 구전관계를 탐색하는 것은 매우 바람직하다. 기타 제품이나 서비스의 경쟁위치는 주로 경쟁자와 차별화하는 방법과 가격에 의해서 결정된다. 중요한 순서에 따라 제품특징과 편익의 목록을 만들고, 사용자가 경쟁제품을 만족하는지를 알기 위해 목록을 작성한다.

4) 제품범주

✓ 제품범주의 개념

조직화(organizing)는 제시된 자료를 속성에 따라 의미 있는 단위로 묶어서 기억하는 방법을 말하는데, 범주화와 군집화가 있다. 범주화(categorization)는 사물이나 개념들이 지닌 속성, 용도, 관계 등을 공통적인 특징에 따라 사물이나 개념들을 분류해서 체계화[6]하는 것이다. 범주화는 관련

---

6 체계화(systematization): 일정한 원리에 따라서 개개의 부분이 짜임새 있게 조직되어 통일된 전체로 됨

내용을 의미 있게 묶는 것이다. 범주화는 개념이나 대상을 쉽게 변별하고, 이해하고, 기억하는 데 많은 도움을 준다. 도표, 개념도, 개요도, 모식도, 그래프, 순서도 등이 범주화의 좋은 도구들이다. 군집화(clustering)는 서로 연관이 있는 것끼리 묶는 것이다. 예를 들어 '실, 생수, 낙타, 바늘, 컵, 사막'으로 구성된 목록을 기억할 경우에는 '실-바늘, 생수-컵, 낙타-사막'으로 묶는 것이다. 제품범주(product category)는 제품유형에 따라 제품을 조직화하는 방법이다. 따라서 제품범주는 소비자의 욕구와 사용목적이 동일한 제품의 집합이다. 제품유형(product typology)은 제품범주 내에서 보다 구체적인 욕구를 만족시키는 여러 가지 제품형태를 의미한다. 즉, 제품유형은 소비재와 산업재, 소비재 중에서는 편의품, 선매품, 전문품으로 분류한다.

- 조직화(organizing): 제시된 자료를 속성에 따라 의미 있는 단위로 묶어서 기억하는 방법
- 범주화(categorization): 사물이나 개념들이 지닌 속성, 용도, 관계 등을 공통적인 특징에 따라 사물이나 개념들을 분류해서 체계화하는 것
- 군집화(clustering): 서로 연관이 있는 것끼리 묶는 것
- 제품범주(product category): 소비자의 욕구와 사용목적이 동일한 제품의 집합
- 제품유형(product typology): 제품범주 내에서 구체적인 욕구를 만족시키는 여러 가지 제품형태

개념을 일반적으로 보편개념과 개별개념으로 구분한다. 보편개념(universal, general concept)은 수많은 사물에 공통으로 적용될 수 있는 개념으로 일반개념이라고도 한다. 개별개념(singular or individual concept)은 개별적인 대상을 나타내는 개념이다. 개별개념은 고유명사나 고유명사와 교환 가능한 이름으로 정의할 수 있는 반면, 보편개념은 고유명사를 사용하지 않고서도 정의될 수 있다. 예를 들면, 본 책의 저자인 '유순근 교수'에서 특정인을 지칭하는 '유순근'과 '교수'는 개별개념이지만, '교수'는 상황에 따라서는 특정인을 지칭하지 않고 대학에서 연구와 강의하는 학자를 지칭할 때는 보편개념이 된다. 여기서 개별개념은 고유명사를 지칭하는 단일개념이지만, 보편개념은 복수로 이루어진 개념의 집합으로 보통명사를 지칭한다. 따라서 보편개념은 개별개념의 집합이다.

- 보편개념(universal concept): 수많은 사물에 공통으로 적용될 수 있는 개념
- 개별개념(individual concept): 개별적인 대상을 나타내는 개념
  - 산: 보편개념, 보통명사
  - 소양강, 한강, 낙동강, 영산강, 금강: 개별개념, 고유명사

예를 들면, 가정에서 사용하는 제품들을 TV, 스마트폰, PC, 자동차, 냉장고와 주택 등으로 분류할 수 있다. TV가 제품범주라고 할 때 제품유형은 흑백 TV, 컬러 TV 등이 있다. 삼성 SUHD TV와 LG 울트라 HD TV처럼 개별상표는 고유명사로 개별개념이고, 이들 개념의 집합인 컬러 TV는 보편개념이며, 제품범주가 된다. 컬러 TV 제품범주는 TV 제품범주에서 제품범주가 분할되거나 창출된 것이다. 제품범주의 하부개념은 개별개념이 되고, 개별개념이 하부개념으로 다시 분화한다면 그 하부개념에 대해서는 보편개념인 제품범주가 된다.

개념을 종개념과 유개념으로 구분하여 사용하면 더욱 명확하게 제품컨셉을 표현할 수 있다. 유개념(類槪念, generic concept)은 종개념을 포함하는 상위개념으로 보편개념이고, 종개념(種槪念, specific concept)은 유개념의 하위개념으로 개별개념이 된다. 어떤 개념의 외연(일정한 개념이 적용되는 사물의 전 범위)이 다른 개념의 외연보다 클 때 전자를 유개념, 후자를 종개념이라 한다. 따라서 유개념은 제품범주이고, 종개념은 개별제품이다. 종차(種差, specific difference)는 한 유개념 속의 어떤 종개념이 다른 종개념과 구별되는 요소로 제품에서는 차별성을 의미한다.

▼ 그림 9-5 유개념과 종개념의 관계

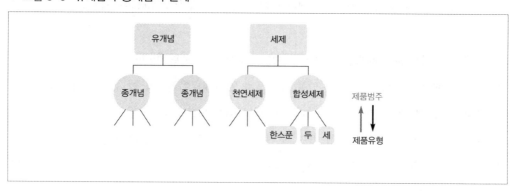

[그림 9-5]는 개념을 도식화하여 제품범주를 설명한 것이다. 세제(유개념)를 구성하는 것은 천연세제(종개념)와 합성세제(종개념)가 있다. 따라서 종개념은 상위개념(유개념)에 대해서는 종개념이지만, 하위개념에 대해서는 유개념이 된다. 여기서 한스푼, 두스푼, 세스푼은 종개념이자 개별개념이고, 이것의 유개념인 합성세제는 제품범주가 된다. 유개념, 종개념과 종차 개념을 활용하여 제품컨셉을 표현하면, 소비자들은 다른 제품보다 더 분명하고 쉽게 제품을 인식할 수 있다. 예를 들면, 한 스푼(종개념: 제품명)은 조금만 넣어도 때가 잘 빠지는(종차: 차별화 속성) 세제(유개념: 제품범주)이다. 따라서 종개념은 개별개념이고, 유개념은 보편개념이다.

```
종개념 = 종차 + 유개념   ⇒   제품명 = 차별화 속성 + 제품범주

한스푼(종개념) = 조금만 넣어도 때가 잘 빠지는(종차) + 세제(유개념)
```

☑ 제품범주욕구

제품범주(product category)는 제품유형에 따라 제품을 조직화하는 방법이다. 제품범주는 소비자의 욕구와 사용목적이 동일한 제품의 집합이다. 제품유형(product typology)은 제품범주 내에서 보다 구체적인 욕구를 만족시키는 여러 가지 제품형태를 의미한다. 제품범주 욕구(category needs)는 제품범주의 기능을 활용하여 문제나 결핍감을 해소하려는 욕구로 제품의 용도와 관련된 욕구이다. 이러한 욕구에는 기능적 욕구, 경험적 욕구와 상징적 욕구가 있다. 제품범주 욕구에서는 특정한 브랜드를 고려하기 보다는 대체로 특정한 문제를 해결하려는 욕구이다. 따라서 제품범주는 제품의 핵심적 욕구를 함축하고 있다. 이를테면, 자동차는 거리이동, 휴대폰은 통화, 장난감은 즐거움을 제공하는데 이러한 제품범주의 핵심적인 욕구가 범주욕구이다.

- 제품범주: 소비자의 욕구와 사용목적이 동일한 제품의 집합
- 제품범주 욕구: 제품의 용도와 관련된 욕구

▼ 표 9-2 범주욕구의 종류

범주욕구	구매동기	제품 예
기능적 욕구	문제해결(Problem Solution)	진통제: 심한 통증(제품범주 욕구)
		진통제 복용: 통증해소(문제해결)
	문제예방(Problem Prevention)	문제발생 전 사전예방
		생리대, 섬유유연제, 컨디션, 예방주사
	접근-회피갈등(Conflict Resolution)	긍정적 편익은 접근, 부정적 편익은 회피
		다이어트식품
	불완전한 만족(Incomplete Satisfaction)	불만족하지만 구매를 방해할 정도는 아님
		닥터캡술

경험적 욕구	감각적 즐거움(Sensory Pleasure)	소비자의 감각기관 자극
		술, 기호식품, 오락, 대중음악
	지적탐구(Exploratory Interest)	두뇌활동 자극
		독서, 영화, 바둑, 기념품 수집
상징적 욕구	사회적 인정(Social Recognition)	상징물로 자아표현과 자아이미지 형성
		열망집단 동일 시, 화장품, 패션제품, 명품

2 제품범주의 선정

시장환경과 경쟁상황을 분석한 다음 시장진입을 어떻게 할 것인가는 매우 중요하다. 왜냐하면 경쟁자와 관련하여 다각도로 검토하고, 자사의 제품에 적합한 제품범주를 설정하여, 제품컨셉을 창출하는 것은 향후 포지션을 설정하고, 시장에 출시하는 모든 과정에 영향을 미치기 때문이다. 이러한 제품범주의 선정전략은 제품범주 창출, 제품범주 분할과 시장세분화 전략 등으로 구분할 수 있다.

▼ 표 9-3 제품범주 진입전략

전략	의미
제품범주 창출전략	시장선도자가 제품범주를 창출하여 최초로 시장에 진입하는 전략
제품범주 분할전략	후발 참여자가 시장에 이미 형성된 제품범주를 분할하여 자사제품을 차별화된 하위범주에, 기존 경쟁제품은 진부한 하위범주에 연결하여 차별화를 시도하는 계층적 구조를 형성하는 전략
시장세분화 전략	이미 동일한 제품범주에 다수의 상표들이 진입하여 제품범주가 있는 시장에 신제품으로 진출하는 전략으로 동일한 제품범주에서 동일한 표적고객이나 다른 표적고객을 대상으로 하는 전략

1) 제품범주 창출전략

제품범주 창출전략(category creating strategy)은 시장선도자가 새로운 제품범주를 창출하여 처음으로 시장에 진입하는 전략이다. 제품범주가 형성되어 있지 않아 선발자로서 제품범주를 처음으로 창조하고, 편익을 유발하여야 한다. 제품범주를 규정하는 편익인 범주욕구를 자사의 제품과 연관하여 포지션하는 방법이다. 상표를 특정 제품범주 욕구와 연관하여 포지션하는데 이를 1차 포지션이라고도 한다. 예를 들면, 숙취해소제의 컨디션, 즉석밥의 햇반, 섬유유연제의 피죤이나 섬유탈취제의 페브리지 등은 최초로 출시하여 시장을 개척하고, 제품범주를 창출한 제품들이다. 이러한 제품범주 창출형 제품들은 시장을 선도하고, 해당 제품범주의 대표제품으로 인식되어 제품 성공력을 높여줄 수 있다.

2) 제품범주 분할전략

제품범주 분할전략(category partitioning strategy)은 후발 진입자가 시장에 이미 형성된 제품범주를 분할하여 자사의 제품을 차별화된 우수한 하위범주와 관련시키고, 기존의 경쟁제품은 진부하고 열등한 하위범주와 관련시키는 계층적 구조를 형성하는 전략이다. 예를 들면, 조미료 시장에서 과거에 미원에 비해 열세를 만회하지 못하던 CJ는 천연조미료라는 다시다를 출시하면서 자사제품은 천연조미료, 경쟁자 제품은 화학조미료로 포지션하는 전략을 사용하였다. 조미료라는 제품범주를 화학조미료와 천연조미료라는 제품범주의 분할을 통해 시장을 분화한 것이다.

3) 시장세분화 전략

시장세분화 전략(market segmenting strategy)은 이미 동일한 제품범주에 다수의 상표들이 진입하여 제품범주가 만들어져 있는 시장에 기업이 새로운 제품으로 진출하는 전략이다. 이것은 동일한 제품범주에서 동일한 표적고객이나 다른 표적고객을 대상으로 하는 전략이다. 이미 경쟁상표들은 동일한 제품범주명에 의해 집단화한 상황에서 후발 진입자는 제품범주 욕구를 충족하면서 선발진입상표와 차별화를 시도하는 전략이다. 이때 가장 중요한 점은 제품범주 내에서 경쟁상표와 차별화된 속성-편익과 관련하여 포지션하여 경쟁제품보다 탁월하다는 것을 소비자들이 인식할 수 있어야 한다. 예를 들면, 세탁세제를 출시할 때 원래의 제품범주 욕구를 충족하면서 경쟁제품과 다른 탁월한 차별점인 고농축으로 적게 쓰는 세제를 부각한 경우이다.

3 목표고객의 선정

제품시장과 서비스 시장을 세분하려면 중요한 소비자, 제품이나 상황 등 관련된 기준에 근거하여 세분시장을 확인하고, 표적시장을 선정한다. 세분화 기준은 대체로 인구통계변수, 심리변수와 행동변수가 있다. 인구통계변수는 인구, 연령, 소득, 사회계층과 지리 등이 있다. 심리변수는 라이프 스타일, 개성, 지각, 태도와 추구편익 등이 있다. 행동변수는 구매, 거래, 소비, 사용, 매체사용, 기술사용, 충성도 등이다.

제품범주의 선정은 경쟁제품과 비교하여 구체적인 표적고객의 특성을 제품이 제공하는 욕구와 편익으로 연결하는 것이다. 구체적 목표고객의 특성은 기존 사용자, 잠재적 사용자 등의 예상 사용량이나 사용빈도, 라이프 스타일, 사회적 신분과 소득 등 변수를 고려한다. 이를 선호하는 표적고객을 "~를 위한 제품, ~가 선호하는 편익"처럼 암묵적으로 나타낸다. 예를 들면, 컨디션은 우루사를 경쟁제품으로 할 수 있다. 직장인들의 음주가 많았던 시절에 숙취해소제인 컨디션은 "직장인을 위한 숙취해소제"와 같이 표적고객을 직장인으로 선정하고, 제품편익을 나타내는 숙취해소제의 제품범주를 제시할 수 있다.

④ 속성과 편익목록 선정

시장에서 제공되지 않거나 과소제공되는 미해결된 제품범주 욕구 중에서 잠재고객이 선호할 속성과 편익을 선정한다. 고객의 문제를 해결할 해결안에 따라서 잠재고객의 선호속성과 편익을 순위에 따라 목록을 작성할 수 있다. 이때 중요한 점은 추출한 속성과 편익이 자사의 자원으로 해결이 가능한 지를 함께 검토하는 것이다. 또한 현재 개발되었거나 개발될 기술이 제품화할 수 있는지를 관련부서와 협의하는 것이 바람직하다. 속성과 편익을 개발한 후에는 제품컨셉을 제작하는 과정으로 전환한다.

▼ 표 9-4 속성과 편익목록

미해결 욕구	문제	범주욕구	속성	편익	목표고객
미충족욕구					
과소제공 욕구					
미제공 욕구					

03 제품컨셉의 개발

시장기회를 통해 고객의 미충족욕구나 과소충족 욕구를 발견하고, 제품 아이디어를 개발하여 기업이 새롭게 제공할 수 있는 해결안을 찾는다. 이러한 제품 아이디어에 대한 해결안을 근거로 제품개발을 위한 속성과 편익을 추출한다. 추출한 속성과 편익목록을 토대로 변환과정을 통하여 제품컨셉을 창출한다. 즉, 제품속성, 설계편익과 구매이유를 결합하여 제품컨셉을 창출하게 된다. 소비자는 단순히 제품을 구매하는 것이 아니라 여러 가지 속성의 덩어리를 구매하는 것이기 때문에1, 속성 덩어리를 구성하기 위한 언어적 구성이 바로 제품컨셉의 변환과정이다. 선정된 속성과 편익이 제품컨셉 창출의 투입요소가 된다. 투입되는 속성과 편익에서 제품특징과 이를 구현할 적용기술, 핵심적이고 차별적이면서 고객이 감각적으로 자각할 수 있는 편익, 그리고 제품을 구매해야 할 이유를 드러낼 수 있는 제품컨셉을 개발한다. [그림 9–7]은 제품컨셉의 개발모델이다. 이 모델을 토대로 제품컨셉의 개발과정을 설명한다.

▼ 그림 9–7 제품컨셉의 개발모델

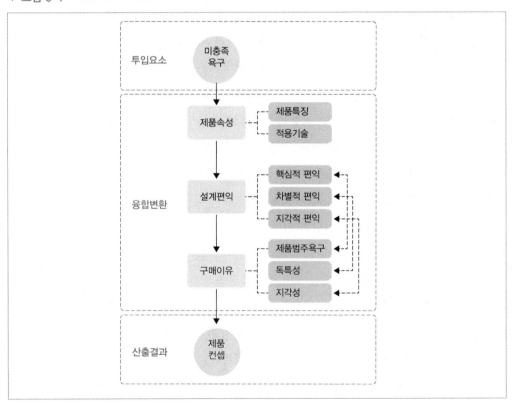

1 Lancaster(1996).

① 제품속성과 편익의 변환

1) 제품속성

소비자들은 제품을 평가할 때는 다양한 속성을 고려하기 때문에 신제품개발 이전에 소비자의 욕구를 충족할 수 있는 제품속성을 파악하는 것이 신제품 성공의 중요한 과정이 된다. 가령 자동차를 구입할 경우 안정성, 연비, 디자인, 가격, 내구성, 브랜드 명, A/S, 옵션 등을 비교하게 된다. 따라서 기업은 제품속성을 변화시킴으로써 소비자에게 매력적인 품질을 제시하여 고객들의 제품선호도를 증가시킬 수 있다.

☑ 제품속성의 성격

기업이 제공하는 제품은 다양한 속성으로 구성되어 있다. 제품속성(product attributes)은 다른 제품과 구별되는 원재료나 완성품의 특징이다. 이러한 제품속성은 크기, 색상, 기능성, 구성요소와 시장에서 제품의 소구나 수용에 영향을 주는 특징을 포함한다. 속성은 소비자들의 기능적, 사회적, 상징적인 욕구를 만족시켜주는 성질이자 소비자들이 제품을 평가하는 지표이다.

제품속성에는 제품기능을 가능하게 하는 제품특징과 적용기술이 있다. 제품특징(product features)은 기업이 출시하여 판매하는 제품속성의 물리적 특징(physical characteristics)으로 외관, 형태, 크기, 색상, 무게, 속도, 내구성, 재료, 기능, 성능과 같은 품질이나 변수를 포함한다. 제품편익(product benefits)은 제품이 구매자에게 제공하는 이익이나 가치이다. 제품특징이 제품 자체에 존재하는 것이라면, 제품편익은 소비자가 제품으로부터 이끌어내는 가치의 본질이다. 제품특징은 제품을 사용하는 방법이나 사람과 관계없이 동일하게 유지되지만, 제품편익은 제품사용자에 의해서 평가될 뿐만 아니라 제품특징에 의존한다. 제품특징은 잠재적 소비자에게 소구를 높일 수 있는 제품이나 서비스의 특징이며, 제품의 유용성을 부각할 수 있는 요인이다. 또한 제품특징은 다른 제품과의 유사점과 차이점을 동시에 나타낸다.

제품은 유형적이거나 무형적 속성을 포함하고, 필요기술을 적용하여 제품실체가 구현된다. 기술(technology)은 제품의 성능이 기능하여 편익을 창출할 수 있는 물리적 형태와 무형적 요소를 구현하는 공정방법을 의미한다. 따라서 제품은 속성의 다발로 제품을 구성하는 다양한 고객의 요구 사항이나 신기성을 구체적인 특질로 변화하기 위해서는 개발자의 창조성, 직관, 통찰과 필요한 기술이 결합된다. 제품특징과 이를 가능하게 하는 제조공정인 기술이 결합되어 제품속성을 기능할 수 있도록 한다.

- 제품속성 제품특징과 적용기술
- 제품특징 제품속성의 물리적 특징
- 제품편익 제품이 구매자에게 제공하는 이익이나 가치
- 적용기술 물리적 형태와 무형적 요소를 구현하는 공정방법

제품속성(product attributes)을 내재적 속성과 외재적 속성으로 구분할 수 있다. 내재적 속성(intrinsic attributes)은 형태, 성분, 맛, 색깔과 향기와 같은 물질적 속성(physical attributes)으로 제품 자체의 성질을 변경하지 않고는 변하지 않고, 소비됨에 따라서 소모되는 속성이다. 따라서 내재적 속성은 제품의 물리적 속성과 관련된 것으로 제품 자체를 변화시키지 않는 한 유지된다. 외재적 속성(extrinsic attributes)은 제품과 관련된 것이지만, 물리적 특성과는 다른 것으로 가격, 상표명, 광고, 원산지 등이 포함된다.

- 내재적 속성 형태, 성분, 맛, 색깔과 향기
- 외재적 속성 가격, 상표명, 광고, 원산지

제품속성을 제품관련 속성(product-related attributes)과 심상(imagery)과 브랜드 개성(brand personality)과 같은 비제품 관련 속성(non-product-related attributes)으로 구분한다.[7] 제품관련 속성은 핵심속성이며, 비제품 관련 속성은 부차적 속성이다. 소비자들은 제품의 기능적 속성에 더 주의를 기울이기 때문에 내재적 속성에서 경쟁자에 비해 우수해야 경쟁력을 갖는다. 제품속성은 제품이 지닌 독특한 특성, 수준 등으로 구체적 속성과 추상적인 속성 모두를 포함한다. 소비자들은 제품의 기능적 속성에 더 주의를 기울이기 때문에 내재적 속성에서 경쟁자에 비해 우수해야 경쟁력을 갖는다. 한편 제조 원산지와 같은 외재적 단서(extrinsic cues)는 소비자가 제품품질과 같은 내재적 정보가 잘 알려져 있지 않은 제품을 평가할 때 특히 중요하다. 예를 들면, 가전제품처럼 같은 브랜드명이라 하더라도 동남아시아에서 생산한 제품보다는 한국에서 생산한 제품이

---

7 Keller(2003).

소비자들의 선호에 더 큰 영향을 미친다. 소비자의 유형적, 사회적, 심리적인 욕구를 만족시켜주는 제품특성 때문에 소비자가 제품을 평가하는 중요한 지표이다.

　제품속성은 1차 속성, 2차 속성과 3차 속성으로 구분할 수 있다. 1차 속성에는 기술적 속성과 인간적 속성이 있다. 기술적 속성은 물리적 속성과 기능적 속성으로, 인간적 속성은 미적 속성, 사용자 속성과 심리적 속성으로 구성된다. 인간은 합리적이면서도 감성적인 판단을 한다. 감성적인 판단은 구매결정에서 결정적인 역할을 수행하기 때문에 인간적 속성의 중요성이 날로 증대하고 있다. [그림 9-8]과 같이 제품속성을 분류한다.

▼ 그림 9-8 제품속성의 분류

1차 속성	2차 속성	3차 속성
기술적 속성	물리적 속성	재료, 재질, 원료, 물성 촉감, 질감, 형태, 길이 무게, 크기
	기능적 속성	기능의 효율성 작동의 용이성 구조의 신뢰성 기술과 특허 수준
인간적 속성	미적 속성	디자인, 색상, 형태 스타일의 특징, 그래픽 장식, 마감처리
	사용자 속성	사용자 인터페이스 사용의 편리성과 쾌적성 사용의 안전성과 적응성
	심리적 속성	스타일의 유행성, 상징성 사회적 적합성과 차별성 감각성과 가시성

☑ 제품속성의 결정

　소비자에게 편익을 제공하는 제품특징과 속성을 결정한다. 제품특징은 제품을 구성하는 사양(specification)의 작동으로 제품 아이디어가 제품화되었을 때 표적고객에게 제공할 수 있는 기능성(capability)을 확보할 수 있어야 한다. 또한 경쟁자의 제품에 비해 표적고객에 대한 속성들의 차별적 편익을 고려한다. 고려할 사항들은 기능, 디자인, 제품품질, 품질수준이나 품질일관성 등이 있다. 제품품질(product quality)은 소비자들이 기대하는 편익을 제공하는 능력이다. 품질수준(level of quality)은 소비자들의 욕구를 충족시킬 수 있고, 가격에 비해 합당하게 생각하는 수준이다. 품질일관성(quality consistency)은 소비자가 기대하는 품질수준을 일관성 있게 제공할 수 있는 정도이다.

- 제품품질: 소비자들이 기대하는 편익을 제공하는 능력
- 품질수준: 소비자들의 욕구를 충족시킬 수 있고, 가격에 비해 합당하게 생각하는 수준
- 품질일관성: 소비자가 기대하는 품질수준을 일관성 있게 제공할 수 있는 정도

2) 제품편익

제품편익(product benefit)은 소비자들이 제품사용으로 얻는 혜택으로 고객의 욕구나 필요를 만족하는 실제적인 요소나 지각요소를 포함한다. 실제적인 요소는 비용 효과성, 디자인, 성능 등으로 구성되나, 이미지, 인지도, 평판 등으로 상징요소를 형성한다. 제품편익을 확인하는 것은 다양한 제품특징을 열거하는 것이 아니라 고객의 욕구와 필요를 발견하는 것이다. 고객들은 문제해결과 욕구충족을 원하기 때문에 제품과 서비스를 구매한다.

제품이 고객들을 위해 무엇을 갖고 있는지를 고객들은 질문을 한다. 이러한 질문에 답하기 위해 제품은 기능적 편익, 상징적 편익과 쾌락적 편익 등을 제공한다. 이러한 세 가지 편익은 제품편익이다. 기능적 편익(functional benefit)은 제품의 기능적, 실용적이거나 물리적 성능으로 문제를 해결하여 얻는 편익이다. 상징적 편익(symbolic benefit)은 제품의 소비를 통해 얻는 자아 이미지와 관련되어 있는 자기 표현적 욕구이다. 또한 보석, 패션이나 자동차와 같이 사회계층, 사회적 신분이나 특정한 사회집단과 제품을 연상으로부터 얻는 지각된 편익이다. 명품 의류, 고급 승용차, 보석이나 고급 레스토랑 이용 등이 해당된다. 쾌락적 편익(hedonic benefit)은 스포츠 관람, 게임이나 TV 시청처럼 제품을 사용함으로써 즐거움, 재미, 환희와 긴장완화를 얻는 편익이다. 쾌락적 편익은 경험적 편익(experiential benefit)과 동의어로 사용된다.

- 기능적 편익: 제품의 기능적, 실용적이거나 물리적 성능으로 문제를 해결하여 얻는 편익
- 상징적 편익: 제품의 소비를 통해 얻는 자아 이미지와 관련되어 있는 자기 표현적 편익
- 쾌락적 편익: 제품을 사용함으로써 즐거움, 재미, 환희와 긴장완화를 얻는 편익

▼ 그림 9-9 **제품편익의 종류**

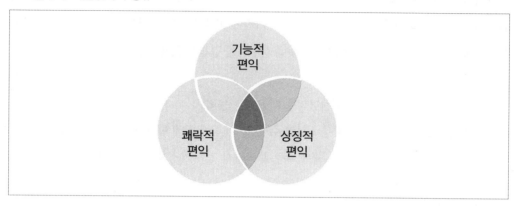

3) 설계편익

설계편익은 핵심적, 차별적 지각적 편익으로 구분된다. 핵심적 편익(core benefit)은 주로 기능적 편익으로 제품이 무슨 용도로 사용되는가를 나타내는 편익이다. 이 편익은 제품의 고유기능으로 제품범주 안에 포함된 제품범주 욕구를 의미한다. 즉, 고객들이 제품이나 서비스로부터 기대하는 주요한 편익이나 만족을 의미한다. 예를 들면, 승용차를 구매할 때 어떤 사람은 디자인이나 색상과 같은 심미적 편익을, 다른 사람은 성능이나 가격과 같은 기능적 편익을 핵심편익으로 고려하는 것처럼 개인이나 상품에 따라서 다르다. 또한 핵심적 편익은 브랜드명이나 포지션할 때 매우 중요하다. 핵심적 편익이 모호하면 제품분류인 제품범주에서 혼란이 일어나 경쟁제품을 잘못 설정하기 쉽다. 예를 들면, 청량음료로 출시하였으나 청량음료, 탄산음료 아니면 이온음료인지 구분하기 어려워 소비자들이 올바로 인식하지 못하고 실패하여 브랜드 활성화를 하는 경우가 있다.

차별적 편익(differential benefit)은 제품이 경쟁자의 제품에 비하여 어떻게 다른가를 나타내는 편익이다. 경쟁제품에 비하여 다른 편익을 제공하는 것이다. "기능이 다른가, 이미지가 다른가, 디자인이 다른가, 또는 서비스가 다른가?" 등 경쟁제품과 다른 면을 제시하는 것이다. 이는 제품의 기능에서 오는 기능적 편익이나 제품의 구매와 사용으로부터 오는 사회적, 상징적 편익에서 제공하는 제품의 독특성에서 오는 편익을 의미한다. 예를 들면, 제품의 디자인이나 사용성에서 경쟁자와 차별화를 시도하여 혁신 기업으로 꼽히는 애플의 제품들은 소비자들에게 다양하고 진기한 감각적 편익을 제공하기도 한다. 기업 간에 기술수준의 차이가 적기 때문에 제품의 차별화를 하는 도구로 많이 활용하는 편이다.

　지각적 편익(sensible benefit)은 고객이 제품에서 지각할 수 있는 물리적이거나 유형적인 제품 특성이다. 이것은 제품을 오감으로 인식할 수 있는 정도로 경쟁제품보다 쉽게 인식할 수 있는 편익을 제공하는 것이다. 또한 합리적인 편익과 고객욕구를 일치하는 정서적 편익(emotional benefits)을 전달할 수 있어야 한다. 따라서 오감으로 쉽게 지각할 수 있도록 소비자들의 인지적 과부하를 유발하지 않으면서 경쟁자의 제품보다 더 잘 인식하고, 핵심적 편익이나 차별적 편익을 분명하게 구별할 수 있도록 표현되어야 한다.

- 핵심적 편익: 기능적 편익으로 제품이 무슨 용도로 사용되는가를 나타내는 편익
- 차별적 편익: 제품이 경쟁자의 제품에 비하여 어떻게 다른가를 나타내는 편익
- 지각적 편익: 고객이 제품에서 지각할 수 있는 물리적이거나 유형적인 제품특성

4) 구매이유

　소비자들의 구매이유는 표현컨셉의 3요소로 요약된다. 구매컨셉은 제품이 사용하는 용도가 무엇인지(제품범주 욕구), 경쟁자의 제품과 어떻게 다른지(독특성)와 소비자들이 오감에 의해 쉽게 지각과 인지할 수 있는 정도(지각성) 등이 간결하게 표현되어야 한다. 제품범주 욕구는 제품범주를 나타내는 표현이어야 소비자들이 제품용도를 혼돈하지 않는다. 아무리 제품의 성능이 뛰어나더라도 제품이 무엇에 사용하는 제품인지 소비자가 잘 알지 못한다면 제품은 성공할 수 없다.

▼ 그림 9-10　구매컨셉의 3요소

　경쟁자의 제품과 차별성이 없다면 제품은 존재감이 부각되지 못한다. 제품이나 서비스의 독특성은 경쟁자와 차별하는 요소이다. 독특성(uniqueness)은 제품의 지각된 독점성(perceived exclusivity)과 진귀성(rareness)으로 제품에 대한 소비자의 욕망이나 선호를 증가시킨다. 독점성은

다른 제품에는 없는 속성을 특정한 제품만이 갖고 있는 상태이며, 진귀성은 신기성(novelty)으로 다른 사람들이 이미 생산해 낸 것과는 다른 것으로서 새롭고, 특이하고, 예상했던 것이 아닌 낯선 현상을 의미한다. 또한 진귀성은 새로운 문화의 공유된 경험이나 개인의 주관적인 지각에서 발생하는 현상이다. 고객들이 제품을 더욱 독특하다고 생각할수록 비싼 것으로 인식하여 더욱 가치 있는 것이 된다. 특성(individuality)은 특징적이거나 개인화된 상표, 신기한 물건, 또는 희귀한 제품의 취득을 통해서 성취할 수 있다.[8]

차별화와 독점성은 어떤 브랜드의 소비와 사용이 독점적인 고객에게만 주어질 때 충족될 수 있다. 소비자의 독특성 요구는 자아 이미지와 사회적 이미지를 고양하려는 목적으로 소비재의 획득, 이용과 처분을 통해 타인에 비해 차이점을 추구하는 특질이다. 제품을 통한 소비자의 자아 이미지 고양은 내적, 주관적 과정이며, 상징적 의미를 갖는 것으로써 소비자들이 제품을 인식할 때 나타날 것이다. 독특성을 확립하는 수단은 대체로 소비자의 차별성과 진귀성의 선택과 유사성의 회피 행동이다. 독특성을 표현하는 것은 이미지의 역할, 즉 자아와 사회적 이미지를 강조하기 위한 것이다. 소비자가 오감에 의해 제품을 인식하지 않는다면, 그 제품은 소비자의 관심과 흥미를 끌지 못한다. 소비자들은 자신의 경험을 토대로 기억을 재구성하기 때문에 소비자의 인지적 지각을 높이려면 소비자의 경험에 근거한 표현이 효과적이다.

▼ 그림 9-11 제품의 독특성

2 제품컨셉의 개발

제품컨셉은 제품을 쉽게 이해할 수 있도록 제품 아이디어를 언어나 그림으로 묘사한 것이다. 제품을 사전에 경험하지 못한 잠재고객들이 제품이 제공하는 편익을 이해하여 제품 구매의도가 있는지를 판단하는 데 유용하다. 다량의 제품컨셉을 창출하고, 컨셉의 문제점과 개선점을 발

---

8 Ayalla Ruvio(2008).

견하여 최적의 컨셉에 이르는 과정을 거치는 것이 제품컨셉의 정교화 과정이다. 제품컨셉을 개발할 때 사전에 고려할 사항을 확인한 후에 제품컨셉의 개발과정으로 진입하는 것이 바람직하다. 컨셉조사는 제품을 구매할 때 관심의 정도, 제품에 대한 긍정과 부정적 지각, 사용될 수 있는 제품특징, 가격지각, 사용빈도와 같은 행동정보 등을 발견하기 위한 것이다. 다음은 제품컨셉의 개발과정을 설명한 것이다.

1) 제품컨셉의 개발과정

제품컨셉의 개발은 가설 제품컨셉의 창안부터 시작된다. 많은 가설 제품컨셉을 개발하는 것은 제품컨셉을 정교화하기 위해서이다. 추출된 아이디어를 정리하여 최종의 최적 제품컨셉을 선정하기 위해 만든 초안을 가설 제품컨셉(temporary product concept)이라고 한다. 불충분한 제품컨셉을 제거하고, 최적의 제품컨셉을 찾기 위해서 가설 제품컨셉은 아이디어별로 구성요소를 변경하여 10개 정도 개발하는 것이 적당하다. 가설 제품컨셉의 산출과 제품컨셉 보드의 구성으로 가설 제품컨셉 작업이 완료되면, 개인면접, 표적집단면접이나 서베이를 통해서 가설 제품컨셉을 평가하여 수정한다. 또한 수정 제품컨셉도 동일한 과정을 반복적으로 거쳐 정교화 과정을 거친다. 이렇게 하여 제품컨셉은 평가와 수정을 거쳐 최종 제품컨셉에 이르게 된다.

제품컨셉을 정교화하기 위해서는 잠재고객에게 제품컨셉 보드를 제시하여, 제품속성, 제품편익이나 구매이유 등을 측정하여 수정하는 작업을 거친다. 이러한 절차로 개발된 제품컨셉은 개별면접, FGI나 CLT(Central Location Test), 서베이, 컨조인트분석(Conjoint analysis) 등의 방법으로 잠재적 소비자의 구매의도나 선호도를 조사하여 우선순위를 평가한다. 이렇게 하여 제품컨셉의 후보안을 3~5개 정도로 압축한다. 구매의도 측정은 보통 5점 척도를 사용한다. 이때 구매거부 이유와 구매유발 이유를 찾아내어 제품컨셉을 개선하는데 활용한다. 적절한 과정의 반복을 통해 최적해를 찾아낸다.

▼ 그림 9-12 제품컨셉의 정교화 과정

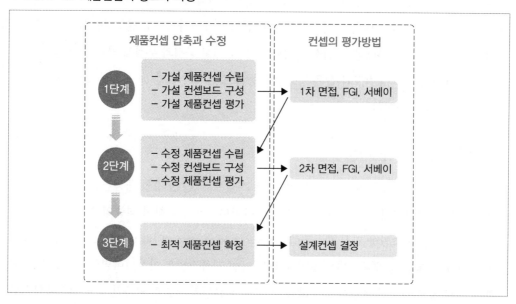

2) 최적 제품컨셉의 조건

아이디어도 좋아야 하지만 이를 추상화하는 제품컨셉 제작도 매우 중요하다. 최적의 제품컨셉은 다양한 속성이나 기능을 함축적으로 또 상징적으로 간단하고 분명하게 표현하는 것이 필수적이다. 이러한 제품컨셉에 포함될 사항은 문제해결 편익, 욕구를 충족하는 이유, 제품형태, 디자인, 외적·기능적 요소, 브랜드명, 크기, 가격 및 기타 등이다. 최적 제품컨셉이 되기 위한 조건은 다음과 같다.

- 고객가치: 돈을 지불할 만한 가치 제공
- 제품편익: 의미 있는 편익 제공
- 차별화: 경쟁제품보다 탁월한 가치 제공
- 대중성: 사업성 및 시장규모의 확대가능성
- 창조성: 경쟁제품과 다르게 느낄 수 있을 정도의 독특성

최적 제품컨셉은 소비자들이 돈을 지불할 만한 가치가 있는 것이어야 한다. 즉, 소비자들에게 의미 있는 편익이어야 한다. 제품컨셉의 대중성은 성장하고 있는 현재 시장의 추세를 반영하고, 시장규모를 창출하거나 확대할 수 있어 수익을 얻을 수 있는 정도이다. 창조성은 뛰어난 기능이

나 성능을 제공하여, 경쟁자의 제품과 다르게 느낄 수 있는 정도를 말한다.

▼ 그림 9-13 **최적의 제품컨셉**

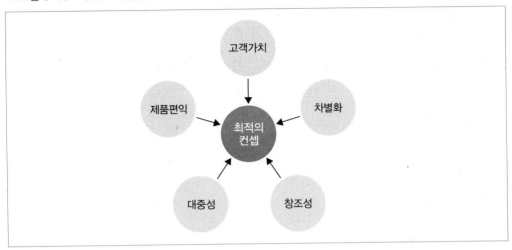

3) 제품컨셉 서술문

소비자가 지각하는 제품컨셉을 탐색하고, 제품컨셉 서술문을 작성한다. 제품컨셉 서술문은 고객에게 시용구매를 얻기 위해 특정한 문제에 대한 제품이나 서비스의 해결책을 언어나 시각으로 표현한 것이다.

☑ 제품컨셉 서술문의 추출

제품을 어떻게 지각하는가와 정보단서가 실제 제품편익과 어떻게 관련되어 있는지를 소비자들이 이해할 수 있도록 하는 것은 중요하다. 우수한 제품컨셉의 선별방법은 제품 아이디어로부터 많은 제품컨셉을 만들고, 이 중에서 소수를 선별하는 과정을 거친다. 따라서 최종의 최적 제품컨셉을 선정하기 위해 다수의 제품컨셉을 만들어 정교화과정을 거치지 않은 제품컨셉을 가설 제품컨셉이라고 한다. 다수의 가설 제품컨셉을 비교평가하기 위해 제품컨셉 서술문을 구성한다. 제품컨셉 서술문(product concept statement)은 고객에게 시용구매를 얻기 위해 특정한 문제에 대한 제품이나 서비스의 해결책을 언어나 시각으로 표현한 것이다. 기존의 다른 제품이나 문제해결과 관련하여 선택된 편익을 제공하는 기대된 제품특징, 형태나 기술에 관한 진술이다. 제품아이디어로부터 제품속성, 제품편익과 구매이유를 소비자의 언어로 변환하여 서술한다. 예를 들면, 농축세제는 적게 써도 기존의 다른 세제보다 세척력이 탁월하다. 세제를 적게 사용하면서 세척이 뛰어난 제품을 제품 아이디어라 한다면 이를 제품컨셉 서술문으로 구성하면 "적게 써도 세척력이 탁월하고, 기존제품을 농축하여 보관과 사용이 간편한 세탁세제"라고 할 수 있다. 이 농축세제의 성분이나 기능이 전문용어가 아닌 소비자가 이해할 수 있는 일상 언어로 표현하는 방법이 바로 소비자의 언어라고 말한다. 따라서 이 세제의 특징적인 속성은 다음과 같다.

- 기능성: 세척력
- 편리성: 무게, 보관, 사용
- 감각성: 작은 크기
- 공정기술: 농축

▼ 표 9-5 제품컨셉 서술문 추출

제품 아이디어		
제품속성	제품특징	
	적용기술	
설계편익	핵심적 편익	
	차별적 편익	
	지각적 편익	
구매이유	제품범주 욕구	
	독특성	
	지각성	
제품컨셉 서술문		

전기면도기의 사례

- 아이디어: 전기면도기는 털이 더 잘 깎일 것이다.
- 제품컨셉 서술문: 망사필터가 아주 얇아 시장에 있는 다른 어떤 면도기보다 작은 털을 한 번에 깎을 수 있고, 1분에 충전이 완료되는 새로운 전기면도기
- 제품컨셉 서술문 구성요소 분해
  - 기능성: 작은 털 면도, 급속충전
  - 편리성: 한 번에 깎음, 짧은 충전시간
  - 감각성: 망사 필터
  - 공정기술: 망사필터, 급속충전기

☑ 제품컨셉 서술문의 형태

　제품컨셉 서술문(product concept statement)은 제품 특유의 특징, 기능과 편익을 포함하는 모든 관련 제품속성을 약술한다. 특징(features)은 심미적 특성, 구성요소와 재료, 구체적인 제조특성, 가격, 서비스 등을 포함한다. 기능(functions)은 제품이 작동하는 방법(how)과 제공하는 것(what)을 설명한다. 소비자의 구매의사결정은 궁극적으로 제품이 약속하는 기대된 편익(expected benefits)에 근거하기 때문에 제품컨셉 서술은 경쟁제품과 차별성과 그 차별성이 소비자에게 이익이 된다는 것을 표현한다. 편익은 특별한 사용, 감각적 즐거움과 경제적 이득과 관련이 있다. 결국 제품컨셉 서술문은 제품편익과 그 차별성이 고객이나 최종 사용자에게 어떻게 전달해 주는지를 기술한 것이다. 제품컨셉 서술문은 새로운 제품편익을 명확하게 하고, 구매 시에 차별성이 되는 실제적인 속성을 서술한 것이다. 제품컨셉 서술문의 정보는 언어 형태, 그림, 도해, 모형이나 시제품 등으로 잠재구매자들에게 보통 제시된다. 제품컨셉 평가 초기에 그다지 중요하지 않게 보이지만, 의미 있는 객관적인 반응을 얻을 수 있는 제품컨셉의 해석, 초안이나 모형을 제공하는 것은 중요하다. 중요한 것은 제품편익과 경쟁자와 다른 차별성을 사실적으로 기술해야 한다. [그림 9-14] 아이디어의 진화과정은 전기면도기를 예를 들어 구분하여 설명한 것이다.

▼ 그림 9-14 아이디어의 진화과정

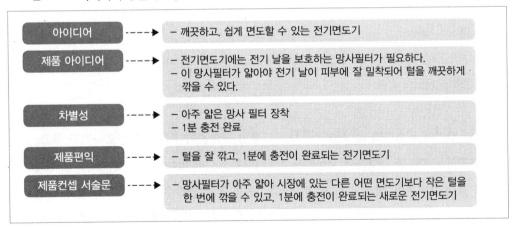

☑ 제품컨셉 서술문의 예

　예를 들면, 햇반을 즉석밥, 영양식과 다이어트식으로 구분하여 다수의 대안 컨셉을 설정할 수 있다. 햇반은 원래 쌀을 쪄서 건조하여 물에 불려서 먹는 전투식량이었으나, 이를 새로운 아이디어로 변환하여 출시한 제품이다. 조리시간 단축에서 나온 간편식인 햇반은 시간절약, 영양과 다이어트에서 "맛있는 밥"으로 제품컨셉을 변경하여 시장에서 성공한 제품이다. 햇반의 성공은 새로운 "간편식"이라는 새로운 제품범주를 창출하였으나, 초기 판매부진을 만회하기 위해 "맛있는 밥"으로 리포지셔닝하여 경쟁제품들이 속속 출시되어 큰 시장을 형성하였다.

▼ 표 9-6 제품컨셉 서술문의 예

구분	설명
	조리 시간을 단축할 수 있는 밥
신제품 아이디어	• 제품컨셉 1: 조리시간을 단축할 수 있는 간편한 밥
	• 제품컨셉 2: 영양가가 풍부한 잡곡밥
제품컨셉	• 제품컨셉 3: 다이어트를 원하는 사람에게 좋은 현미밥
	• 제품컨셉 4: 맛있는 밥

최적의 컨셉을 선정하기 위해서는 컨셉 서술문을 소비자 관점에서 평가하여 수정과정을 거친다. 제품컨셉 서술문을 제시하여 3점 척도로 평가한다. 긍정이면 3점, 중간은 2점, 부정이면 1점으로 하여 집계한 다음 최대점수를 득점한 안을 선정한다. 각 서술문의 요소 중에서 우수한 요소를 선택하여 재구성할 수 있다.

• 긍정이면 3점

• 중간은 2점

• 부정이면 1점

사람에 따라서 최소한의 속성을 제시하는 간략한 서술문이나 도형을 선호하기도 하고, 시제품이 제공하는 충분한 설명을 선호하기도 하기 한다. 그림이 있는 제품컨셉 서술문은 실제적인 차이를 적게 보여주어, 잠재고객들로부터 많은 반응을 얻어낼 수 있는 장점이 있다. 상업적인 형태는 많은 현실성과 생생함을 제공하지만, 실제적인 차이가 발생할 수 있는 서술문의 편향 위험이 있다는 것을 알아야 한다. 여러 개의 제품컨셉 서술문을 작성하고, 선별된 제품컨셉 서술문을 통하여 제품컨셉 보드를 작성하고, 잠재고객들에게 구매의도나 선호도를 측정하여 최적의 제품컨셉을 선정하게 된다. [표 9-6] 은 제품컨셉 서술문의 예이고, 이러한 컨셉서술문의 평가는 [표 9-7] 제품컨셉 서술문 평가지를 활용하면 매우 효과적이다.

▼ 표 9-7 제품컨셉 서술문 평가지

구분	제품속성		제품편익			구매이유				합계	
	제품특징	적용기술	핵심	차별	지각	범주욕구	독특성	지각성	구매의도	총점	순위
컨셉1안											
컨셉2안											

송곳도 끝부터 들어간다.

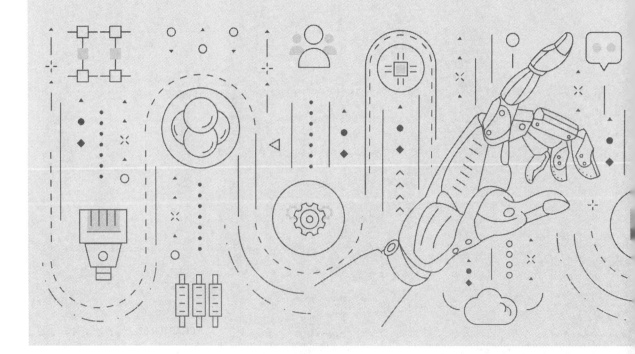

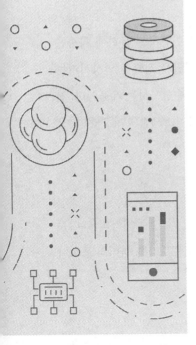

CHAPTER

10

제품컨셉의 선정

01 제품력

02 제품컨셉 보드의 개발

03 제품컨셉의 평가와 선정

호기심 유발해 소비심리 자극하는 마케팅 활발

"어디서 들어본 목소리인데 … 도대체 가수가 누굴까?" 가면을 쓰고 노래하는 사람을 알아맞히는 한 예능 프로그램이 인기를 끌고 있다. 시청자들은 궁금증과 기대감을 안고, 가면 속 누군가에 계속 집중하게 된다. 식음료업계에도 기대감이 마케팅 키워드로 떠오르고 있다. 제품을 노골적으로 드러내는 대신 궁금증과 기대감을 갖게 하는 매개체를 제품 콘셉트로 삼아 소비심리를 자극하는 것이다.

소비자들의 상상력 자극하는 이색 제품명

어떤 맛일까? 소비자의 궁금증을 자아내는 독특한 이름의 제품들이 눈에 띈다. 코카콜라사의 '태양의 홍차화원'은 세계적 홍차 생산지 우바산 홍찻잎을 직접 우리고, 우유를 더해 풍부한 맛과 향을 구현한 로얄밀크티 제품이다. 제품 이름은 화창한 햇살 아래 그늘이 드리워진 화원에서 즐기는 듯한 맛있는 휴식을 표현, 바쁜 일상 속 '태양의 홍차화원'이 선사하는 티타임의 특별함을 배가시킨다. 진한 홍차에 우유 고유의 담백하고 깔끔한 맛이 어우러져 밀크티 특유의 풍미를 느낄 수 있으며, 벚꽃향 제품은 입 안과 코끝에 퍼지는 꽃향기로 시원하고 상쾌한 기분까지 선사하는 점이 특징이다.

음료 한 병을 마셔도 특별함을 찾고 개인 SNS(소셜네트워크서비스)에 인증하는 문화에 익숙한 젊은 소비자들에게 인기를 모으고 있다. 배스킨라빈스의 웰컴 투더 정글은 정글을 연상시키는 그린 컬러를 더해 아이스크림을 맛보는 즐거움은 물론 보는 재미를 함께 선사하는 제품이다. 진한 초콜릿 아이스크림과 솔티 카라멜 아이스크림, 부드러운 바닐라 아이스크림의 세 가지 맛으로 이루어져 진하고 부드러운 맛을 느낄 수 있다.

마치 나의 이야기처럼 공감 이끌어내

제품 이름을 소비자의 이야기처럼 풀어내 공감을 자아내는 제품도 있다. 일동제약의 '그녀는 프로다'는 음료를 마실 때도 몸속까지 생각해서 마시는 '프로'인 그녀의 음료라는 의미와 프로바

이오틱스 발효액으로 만든 음료라는 의미를 동시에 표현한 제품이다. 세련된 이미지를 가지고 있으면서 다작배우로서 프로의 모습을 가진 배우 김고은을 광고 모델로 발탁하기도 했다. 위드미의 숙취해소 아이스크림 '견뎌바'는 전날 마신 술 때문에 숙취로 힘든 하루 일과를 견뎌야 하는 직장인의 고충을 제품명에 재미있게 풀어낸 제품이다. 위트 있는 제품명은 물론 업계에서 최초로 출시된 숙취해소용 아이스크림 제품으로 출시와 함께 온라인상에서 인기를 모으고 있다.

▶ 먹는 방법 강조해 먹어보고 싶은 마음 건드려

한번쯤 맛보고 싶거나 조리해보고 싶은 욕구를 자극하는 제품들도 있다. 풀무원건강생활의 핸디밀은 '유용한, 가까운 곳에 있는' 등의 뜻을 가진 핸디(handy)와 식사를 뜻하는 밀(meal)을 합쳐 만든 제품 이름으로, 채소와 곡물·우유를 담은 든든한 아침 대용식 제품이다. 블랙, 옐로우, 화이트 세 가지로 출시됐으며 각 컬러에 맞춘 채소와 곡물 그리고 신선한 우유가 주 원료로 식이섬유도 함유돼 한 끼 식사로 좋다.

돌(Dole)의 얼려먹는 과즙 100% 아이스 주스바는 아이스바와 주스 총 두 가지 방법으로 즐길 수 있는 제품 특성을 반영한 제품명이다. 인공색소를 넣지 않은 100% 과즙을 그대로 담아 새콤달콤한 주스로 마실 수 있고 6시간 이상 얼려서 먹으면 시원하고 건강한 아이스바로 더욱 맛있게 즐길 수 있다.

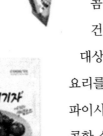

대상 청정원의 '렌지로 튀기자' 2종은 조리가 번거로운 양념튀김 요리를 전자레인지로 간편하게 즐길 수 있는 제품임을 나타냈다. 스파이시 치킨강정은 부드러운 닭가슴살로 만든 치킨강정으로 매콤달콤한 소스로 튀김옷을 코팅해 별도의 소스 없이도 간편하게 먹을 수 있다. 새콤달콤 칠리새우는 한입 크기의 새우튀김에 스위트칠리소스로 코팅해 맛을 냈다.

출처: 경향신문 2016.08.03

아이디어 탐색	아이디어 창출	컨셉창출	제품개발	출시전략
시장기회확인	창조적 사고	속성편익	품질기능전개	수요예측
고객욕구확인	선행기술 조사	컨셉서술	제품사양	사업타당성
고객문제확인	트리즈 기법	컨셉보드	제품구조	출시전략
기술공백확인	디자인씽킹	컨셉평가	제품설계	출시전술
	비즈니스모델	컨셉선정	프로토타입	시장추적
			테스트마케팅	
			지식재산권	

제품컨셉의 사용목적은 제거해야 할 매우 좋지 못한(poor) 컨셉을 확인하고, 제품판매, 시용구매율, 구매의도나 시장점유율의 초기예상 등을 추정하기 위한 것이다. 또한 속성의 결합을 통해 제품의 매력을 극대화하기 위한 결정과정이다. 아이디어로부터 창출된 가설 제품컨셉은 속성의 결합이나 수정을 통해 평가하는 과정을 거친다. 제품컨셉은 고객에게 핵심적인 차별적 편익을 경쟁자와 다르게 제공할 수 있어야 한다. 또한 다양한 선정기준과 평가기법으로 최종안을 선정한 다음 제품사양을 설정하게 된다.

제품컨셉 선정과정은 잠재고객에게 제품 컨셉보드를 제시하여 핵심편익, 독특성, 호감도, 신뢰성과 가격 등을 평가하여 우수한 안을 선정하는 것이다. 제품컨셉을 선정하기 위해서는 가설 컨셉을 평가하고, 여러 가지 창출된 컨셉안에서 우수하게 평가받은 속성을 추출하고, 이를 결합하여 가설 제품컨셉을 수정하여 평가한다. 제품컨셉의 선정과정은 가설 제품컨셉의 제작, 제품컨셉 서술문 작성, 제품컨셉 보드 작성 등의 과정이 있다.

01 제품력

1 욕구발생과정

기대욕구(expected needs)는 "아름다워지고 싶다"처럼 제품을 아직 구입하지 않은 상태에서 돈을 지불하고 합당한 가치가 있을 것으로 기대하는 욕구이다. 아름다워지고 싶기 때문에 화장품이 자신의 미를 꾸며줄 것으로 기대하게 된다. 시용욕구(trial needs)는 "아름다워지고 싶기 때문에 미인 화장품을 사용하고 싶다"처럼 특정 상품을 처음으로 사용하고 싶은 마음이 유발되는 욕구이다. 이러한 욕구로 매점을 방문하여 미인 화장품을 처음으로 구매를 하는 경우를 시용구매(trial purchase) 또는 초도구매(initial purchase)라고 한다. 시용구매는 아직까지 제품을 사용하지 않은 상태에서 한번 사용하고 싶은 생각으로 구매하기 때문에 제품컨셉이 제공하는 핵심편익이나 독특성에 의해서 좌우된다. 미인 화장품을 사용하면서 아름다워지니까 만족하고, 만족하니까 반복적으로 구매하는 것을 반복구매(repeat purchase)라고 한다. 반복구매는 제품사용 경험으로 만족할 때 일어나기 때문에 제품성능이 좌우한다. 제품컨셉에 의해서 신제품이 판매되고 제품경험에 의해 반복구매가 일어나기 때문에 제품컨셉이 우수하지 못하면 신제품은 확산되기 어렵다.

- 기대욕구: 상품을 아직 구입하지 않은 상태에서 돈을 지불하고 합당한 가치가 있을 것으로 기대하는 욕구
- 시용욕구: 특정 상품을 처음으로 사용하고 싶은 마음이 유발되는 욕구
- 시용구매: 특정 상품을 처음으로 구매하는 것
- 반복구매: 특정 제품의 사용만족으로 반복적으로 구매하는 것

▼ 그림 10-1 욕구발생과 구매과정

② 제품력의 의미

팔리는 상품을 만들기 위한 제품 아이디어를 선정할 때 고려해야 할 요소는 제품력이다. 제품력은 제품 구매 전에 구매하고 싶어지는 유인력으로 시용구매를 유발하는 제품컨셉과 구매 후 만족하여 반복구매를 유발하는 제품성능(performance)으로 이루어진다. 제품컨셉은 소비자 욕구를 자극하여 제품을 구매하도록 초도구매를 유발하는 한편, 제품성능은 소비자에게 만족을 주어 반복구매와 긍정적인 구전에 이르게 한다. 따라서 시용구매, 반복구매와 긍정적인 구전에 이를 수 있는 제품 아이디어를 선별하고 제시하는 것이 제품력을 강화하는 과정이다.

▼ 그림 10-2 제품력의 구성요소

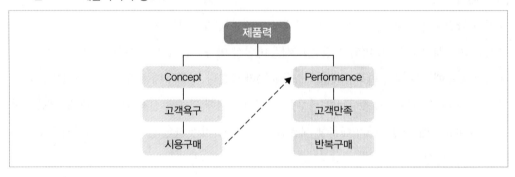

02 제품컨셉 보드의 개발

1 제품컨셉 보드의 구성

제품컨셉 서술문을 통해 제품컨셉 보드를 작성한다. 제품컨셉 보드(product concept board)는 면접조사나 표적집단면접을 통해서 개발된 제품컨셉이 얼마나 소비자 욕구에 부응하는지, 제품컨셉 자체의 문제점과 개선점, 그리고 구매의도를 발견하기 위해 제품개발 전에 사용된다. 또한 제품컨셉에서 제시하는 제품속성, 핵심편익과 구매이유를 평가하여 최적의 제품컨셉을 도출하는데 매우 효과적이다. 따라서 시장에 출시될 제품과 매우 유사하고, 과장 없이 사실적으로 구성한다. 제품컨셉 보드에 들어갈 구성요소는 다음과 같다.

▼ 표 10-1 제품컨셉 보드의 구성요소

① 컨셉 헤드라인: 신상품을 한마디로 표현할 수 있는 핵심문장
② 제품범주명:
③ 핵심표적:
④ 브랜드 체계:
⑤ ABV(Attribute-Benefit-Value) 체인:
⑥ 부가적 편익(Sub Benefit):
⑦ 예상 TPO(Time, Place, Occasion):
⑧ SKU(Stock Keeping Units): 출시할 모든 제품의 종류 제시
⑨ 가격:

1) 제품컨셉 헤드라인(Core Concept)

소비자들이 제품편익과 특성을 쉽게 알 수 있는 핵심문장을 한 마디로 표현한다. 제품컨셉 헤드라인은 제품컨셉의 요약으로 제품컨셉에서 가장 중요한 아이디어를 표현하는 문장을 작성할 때 주의할 점이 있다.

- 헤드라인 안에는 하나의 핵심컨셉만을 포함한다.
- 소비자들은 헤드라인만을 기억한다.
- 다른 요소를 작성한 이후 헤드라인을 최종적으로 작성한다.

2) 제품범주명(Product Category Name)

고객들이 제품범주명을 보고 무엇에 사용하는 제품인지를 명확히 인식할 수 있어야 한다. 범주욕구를 자극할 수 있는 문장으로 표현한다.

3) 핵심표적(Core Target)

개발할 제품의 구매나 사용자를 명확히 설정한다. 또한 표적고객이 호감을 느낄 수 있도록 디자인이나 제품편익을 표현한다.

4) 브랜드 체계(Brand System)

제품컨셉을 반영하고 제품편익을 나타낼 수 있는 브랜드 체계를 구축한다.

5) ABV 체인(ABV Chain)

제품컨셉에는 속성-편익-가치(attribute-benefit-value)가 수단과 목적처럼 서로 연결되어야 상위 개념으로 추상화하여 소비자들이 인식을 쉽게 해준다. 예를 들면, 자동차의 배기가스가 자연환경을 오염하기 때문에 이를 해결할 자동차 매연배출 감소장치를 개발하려고 한다. 이 제품은 환경을 보호하여 세계평화를 유지할 수 있다고 가정한다.

- 속성: 매연배출 감소장치
- 기능: 매연배출 30% 이상 감소

- 편익: 환경보호
- 가치: 세계평화

6) 부가적 편익(Sub Benefit)

제시된 제품컨셉 표제어로 표현이 부족할 때 추가적인 제품편익 등 구매이유를 제시할 수 있다. 그러나 압축적이면서 이해하기 쉽도록 하고, 가능한 많은 것을 다루지 않아야 한다. 간결함은 최고의 정교함이다(Simplicity is the ultimate sophistication).

7) 예상 TPO(Time, Place, Occasion)

신제품의 사용 시기, 사용 장소, 사용 상황 등에 대해 설명한다.

8) SKU(Stock Keeping Units)

출시할 모든 제품의 종류를 제시한다. 라면을 출시할 경우 맛을 선호하는 사람들이 다를 수 있기 때문에 매운 맛과 순한 맛의 두 종류로 품목을 결정할 수 있다. 또 용량이나 가격에 따라 품목이 다수일 수도 있다.

9) 가격(Price)

소비자들은 지불하는 가격과 제품이 제공하는 제품편익을 비교하여 구매하게 된다. 또한 제품의 품목이 다른 경우 가격도 다를 것이다.

▼ 그림 10-3 **제품컨셉 보드의 예**

신선한 인삼 한 뿌리의 효능이 그래도 살아있는 한뿌리

- 인삼 엑기스를 희석해서 만든 인삼음료와 달리 인삼 한 뿌리 전체(1)를 사용하였습니다.
- CJ의 기술(2)로 인삼 한 뿌리의 맛과 영양(3)을 생생하게 살렸습니다.
- 꿀과 우유의 맛과 부드러움(4)이 스며 있습니다.
- 피곤할 때나 공복(5) 시에 마시면 든든한 인삼의 영양을 섭취할 수 있습니다.

가격: 2,500원/100ml

SENSE · 제품컨셉 보드 제작 유의점

- 한 페이지 사용
- 큰 활자체와 적은 활자의 적절한 배합
- 소비자에 대한 약속 부각
- 제품명이 눈에 띄도록 할 것
- 핵심정보는 굵은 글씨체로 관찰자의 주목 유인
- 굵은체의 남용 금지
- 한 줄 이내의 문장 사용
- 정보는 몇 개의 구분된 문장으로 표현

▼ 그림 10-4 제품컨셉 보드의 형태

2 제품컨셉 보드의 평가

제품컨셉 보드를 제시하고, 제품 아이디어가 표적 소비자에게 어떻게 전달되는지와 소비자들이 느끼는 반응을 평가하는 것이 제품컨셉의 평가이다. 제품컨셉 평가는 제품 아이디어의 서술과 실제 제품개발의 간격을 점검하는 일종의 품질검사이다. 각각의 제품컨셉은 소비자 욕구나 편익에 집중하여 제시되는 하나 이상의 제품컨셉 서술문을 잠재 소비자집단이 평가하는 것이

다. 제품컨셉 평가의 목적은 아래와 같다.[1]

- 초기 아이디어 발전
- 좋지 못한 제품컨셉 제거
- 제품컨셉의 가치확인
- 최고의 잠재고객 세분화 확인
- 제품컨셉의 시장잠재력 추정
- 시용구매율이나 판매추정

　제품컨셉 평가는 소비자들에게 자극(제품컨셉)을 제시하고, 최종구매와 같은 행동반응을 예측하기 위해 구매의도와 독특성 등 소비자 반응을 측정하는 것이다. 제품컨셉은 제품속성의 단순한 사실적인 기술로부터 설득적인 주장이나 전체 모의광고에 이르기까지 형태가 매우 다양하다. 제품컨셉 보드는 문자서술 보드와 장식서술 보드가 있다.

　문자서술 보드(stripped descriptions)는 제품의 이미지 없이 주로 짧고 간결한 방법으로 제품특징을 문자로 표현하는 보드를 의미한다. 이러한 서술문은 문제해결에 집중하기 때문에 제품에 관한 이해를 높인다. 소비자의 문제를 해결하기 위해서 제품이 제공하는 핵심편익을 언급한다. 그러나 추가적으로 이미지, 제품외관이나 사용방법을 제시할 수 있다. 이와 달리 장식서술 보드(embellished descriptions)는 매우 인기 있는 형태로 전형적인 광고처럼 이미지나 제품외관뿐만 아니라 친숙한 상업적 언어, 말과 어구를 적용한다. 또 다른 제시 방법은 대략적인 모형광고나 심지어 완전한 광고형태도 있다.

　디자인의 최종결과가 어떻게 보이든지 제품컨셉 서술문은 명확하고 현실적이어야 하며 제품컨셉을 과장해서는 결코 안 된다. 서술문이 상업적이든 비상업적인 형태이든 간에 시장에서 제품컨셉과 기존 대안 간의 차이 없이 신뢰할 수 있어야 한다. 또한 제작된 제품컨셉 보드를 잠재고객들에게 제시하기 전에 검토하여 수정과 보완 작업을 거치는 것이 좋다. 제품컨셉 보드의 평가기준은 제품이 제공해 줄 수 있는 핵심편익, 구매이유, 차별성, 가독성과 지각성 등을 검토한다.

1　Peng and Finn(2008).

▼ 표 10-2 제품컨셉 보드의 평가기준

속성	세부 내용
핵심편익	핵심편익은 명확하게 설명되어 있는가?
	핵심편익의 설명을 명확하게 이해할 수 있는가?
	단어나 그림들이 단순하고도 직접적인 소비자의 언어인가?
구매이유	소비자들이 구매할 만한 이유가 있는가?
	그 이유를 믿을 수 있는가?
차별성	제품의 우수성과 품질을 설명하는가?
	제품의 혁신성과 독특성을 설명하는가?
	의미 있는 차별화인가?
가독성	컨셉을 30초 이내에 읽을 수 있는가?
	보기와 읽기가 편한가?
	읽기가 지루하지 않은가?
	아이라도 이해할 수 있을 만큼 쉽게 썼는가?
지각성	컨셉에 있는 사진이 구매욕구를 불러일으키는가?
	제품형태가 컨셉 내에서 볼 수 있는가?
	모든 품목을 제시하는가?
	브랜드명이 포함되어 있는가?

▼ 표 10-3 문자서술 보드의 구매의도와 독특성 측정 설문의 예

전기면도기 제조회사인 H사는 새로운 전기면도기에 대한 고객들의 반응을 얻고자 합니다. 다음 질문에 답하기 전에 제품 설명문을 읽으십시오.

※ 새로운 전기면도기

망사필터가 아주 얇아 시장에 있는 다른 어떤 면도기보다 작은 털을 한 번에 깎을 수 있고,
1분이면 충전이 완료되는 새로운 전기면도기입니다.

▶ 구매의도, 독특성, 가독성, 신뢰성과 속성의 중요도 측정

1. 출시된다면 제품을 구입할 의향은 어느 정도입니까?(구매의도)
  ① 전혀 구매하지 않을 것이다.
  ② 아마 구매하지 않을 것이다.
  ③ 구매할 수도 있고, 구매하지 않을 수도 있다.
  ④ 아마 구매할 것이다.
  ⑤ 확실히 구매할 것이다.

2. 이 제품이 유사한 제품에 비해 어느 정도 독특하다고 생각하나요?(독특성)
  ① 전혀 독특하지 않다.
  ② 별로 독특하지 않다.
  ③ 어느 쪽도 아니다.
  ④ 약간 독특하다.
  ⑤ 확실히 독특하다.

3. 이 설명서가 제품을 잘 설명하였다고 생각하나요?(가독성)
  ① 전혀 설명하지 못했다.
  ② 별로 설명하지 못했다.
  ③ 어느 쪽도 아니다.
  ④ 어느 정도 설명했다.
  ⑤ 아주 잘 설명했다.

4. 이 제품을 어느 정도 믿을 수 있나요?(신뢰성)
  ① 전혀 믿을 수 없다.
  ② 별로 믿을 수 없다.
  ③ 어느 쪽도 아니다.
  ④ 약간 믿을 수 있다.
  ⑤ 매우 믿을 수 있다.

5. 귀하는 00제품 구매 시 중요하다고 생각되는 속성을 순서대로 3개까지 선택해 주십시오.
  1순위 : ___, 2순위 : ___, 3순위: ___(속성의 중요순위)
  ① 속성1
  ② 속성2
  ③ 속성3
  ④ 속성4
  ⑤ 속성5

03 제품컨셉의 평가와 선정

1 제품컨셉의 평가방식

제품컨셉 평가의 조사대상은 해당 제품의 주사용자를 대상으로 한다. 정량조사를 통해 제품 컨셉 평가를 시행하는데, 집단별 10~20명으로 나누어 약 200명의 표본을 추출한다. 고객집단의 성·연령 분포를 조사하고, 구성에 맞게 표본을 할당한다. 조사방법은 이미지와 동영상을 제시하여 조사하는 방법이 있으나, 제품컨셉 보드를 제시하여 조사하는 개인면접조사, 온라인 조사, FGD 조사 등이 일반적이다. 제품컨셉 평가 방식은 크게 3가지가 있다. 한 사람에게 하나의 제품컨셉만 제시하여 제품컨셉을 평가하도록 하는 단일안 평가방식(simple monadic test), 한 사람에게 여러 개의 제품컨셉을 제시하고 순차적으로 평가하도록 하는 복수안 순차평가방식(sequential monadic test)과 한 사람에게 여러 안을 동시에 제시하여 선호하는 것을 선택하도록 하는 비교평가방식 등이 있다.

단일안 평가방식은 한 사람이 1개의 제품컨셉만 평가하는 방식으로 제품의 실제 구매상황과 사용상황이 매우 유사하여 편향이 적게 발생하는 등 간섭효과가 발생하지 않아 정확도가 비교적 매우 높다. 평가치는 기준치(norm)로 유사한 제품과 비교할 수 있다. 그러나 한 사람이 1개의 제품컨셉을 평가하는 것은 시간이나 비용이 많이 소요된다. 복수안 순차평가방식은 한 사람이 여러 개의 제품컨셉을 순차적으로 평가하는 방식이다. 한 사람에게 제품컨셉 1안을 제시하여 평가받고, 또 다른 제품컨셉 2안을 제시하여 평가받는 방식이다. 비용과 시간을 절약할 수 있고, 제품컨셉 간의 비교가 가능하지만, 한 사람이 여러 개를 평가하면 집중도가 떨어지기 때문에 불성실한 평가가 될 수 있다. 또한 제시된 순서에 따라 효과를 다르게 평가할 수 있지만, 신속한 평가를 할 수 있기 때문에 가장 보편적으로 쓰이는 방법이다.

상대평가방식은 한 사람에게 여러 가지 제품컨셉을 동시에 제시하여 최적안을 선택하도록 하는 비교평가방식이다. 평가안이 여러 개일 때는 시간과 비용을 절약할 수 있고, 제품컨셉 간의 순위 도출이 가능하나, 경험치(norm) 구축이 불가능하고, 제품컨셉의 절대적 수준을 파악하기 어렵다. 상대평가방식은 2개를 비교하여 평가하는 쌍대비교평가(paired comparison)와 2개의 비교안과 1개안을 비교하여 평가하는 삼중비교평가(triangular comparison)가 있다. 이 비교평가방식은 제품컨셉 포지션이 유사한 경우에는 보다 더 나은 안을 선택할 수 있다. 상대적 비교평가 방식인 Pugh Method는 최적안을 선정하거나 각 대안의 속성 중에서 우수한 속성을 추출하고, 또 각 대안의 우수한 속성을 추출하여 결합함으로써 최적안의 수립에 많이 활용된다. [표 10-4]는 평가방식의 종류와 특징이다.

▼ 표 10-4 평가방식의 종류와 특징

구분	단일안 평가방식	복수안 순차평가방식	상대평가방식
내용	한 사람이 한 개 평가	한 사람이 다수 평가	한 사람이 다수 평가
제시방법	한 개 제시	순차적 제시	동시 제시
장점	구매상황과 유사	비용과 시간 절약	비교평가
단점	많은 비용과 시간	순서효과, 응답피로	인지적 과부하

② 제품컨셉의 평가

1) 제품컨셉의 평가

제품컨셉 평가는 신제품의 소구점을 측정하고, 최적의 제품컨셉을 선정하는 과정이다. 평가목적은 제품을 구매할 때 관심의 정도, 제품에 대한 긍정적 · 부정적 인식, 사용할 제품특징, 가격인식과 유통채널, 사용빈도에 대한 행동패턴 등에 관한 정보를 파악하고, 많은 제품컨셉 중에서 최적안을 선정하기 위해 제거해야 할 좋지 못한 컨셉을 확인하는 것이다. 만일 제품컨셉이 첫 번째 장애물을 통과한다면, 다음은 제품이 시장점유율이나 수입을 높일 수 있는 판매나 시용구매율을 추정한다. 구매의도와 구매 간에는 긍정적 상관관계가 있기 때문에 의미 있는 추정이다. 따라서 우수한 제품이 되기 위한 최고의 잠재력을 갖고 있는지를 결정하는 것은 자원을 확대하는 것이다. 그렇지만 제품컨셉을 평가하고 선택하는 것은 쉬운 일이 아니다.

제품컨셉 평가는 비교와 의사결정을 포함한다. 의사결정에 필요한 정보를 제공하기 위해 대안 제품컨셉과 소비자들의 요구 사항을 비교한다. 평가기준과 대안을 항목별로 나누는 것이다. 즉, 대안을 각각 기준에 비교하는 것이다. 대안과 기준은 동일한 언어로 이루어져야 하고, 명확한 언어를 사용하여야 한다. 제품컨셉 평가를 착수하기 전에 다음과 같이 질문한다.

- 제품컨셉이 분명하고, 신뢰할 수 있는가?
- 제품이 소비자가 당면하는 문제를 해결하거나 욕구를 충족하는가?
- 기존제품이 소비자의 욕구를 충분히 만족하는가?
- 제품가치에 비해 가격이 적당한가?
- 제품을 구매할 수 있는 고객은 누구이며, 구매빈도는 어떠한가?

2) 제품컨셉의 평가 항목

제품컨셉으로부터 얻는 정보는 대체로 4가지이다. 구매의도, 제품진단, 속성진단과 응답자 인구통계 수집자료 등이다. 구매의도는 5점 척도로 구입의향을 묻는 설문으로 시용구매의도이다. 기타 구매척도는 구매량과 구매빈도이다. 다음은 제품컨셉 보드를 제시하고, 구매의도를 묻는 문항이다.

[설문] 이 제품이 출시된다면 구매할 의향이 있습니까?
- 절대로 구입하지 않는다.
- 아마 구입하지 않을 것이다.
- 구입하거나 하지 않을 수 있다.
- 아마 구입할 것이다.
- 확실히 구입할 것이다.

제품진단(product diagnostics)은 제품컨셉의 독특성(uniqueness), 제품의 신뢰성(credibility), 사용자의 문제해결 능력과 돈에 합당한 가치(value for money) 등을 얻는 것이다. 속성진단(attribute diagnostics)은 어떤 특성이나 속성이 쓸모없는 정도나 개선되어야 하는 정도를 알려준다. 즉, 속성진단은 어떤 특성이나 속성이 개선되었거나, 제품컨셉 보드에 제시된 이미지나 사진이 구매욕구를 불러일으키는 정도이다. 응답자 인구통계 수집자료는 표적시장의 인구통계와 사회경제적 특징을 확인하는 데 도움이 된다. 따라서 이러한 속성과 현재 구매습관 자료는 미래행동을 예측하는데 도움이 된다.

☑ **다음은 제품컨셉 보드를 제시하고 독특성을 묻는 문항이다.**

[설문] 이 제품이 유사한 제품에 비해 어느 정도 독특하다고 생각하나요?(독특성)

- 전혀 독특하지 않다.
- 별로 독특하지 않다.
- 어느 쪽도 아니다.
- 약간 독특하다.
- 확실히 독특하다.

☑ **다음은 제품컨셉 보드를 제시하고 속성개선을 묻는 문항이다.**

[설문] 이 제품은 기존제품을 많이 개선하였다고 생각하나요?(속성진단)

- 전혀 개선하지 못했다.
- 별로 개선하지 못했다.
- 어느 쪽도 아니다.
- 어느 정도 개선했다.
- 아주 잘 개선했다.

▼ 그림 10-5 **제품컨셉의 평가항목**

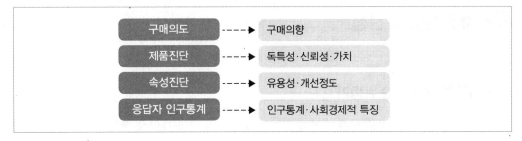

3). 제품컨셉안 선정절차

- 제품컨셉 보드와 제품컨셉안 선정을 위한 설문지를 제시한다.
- 평가 취지를 설명하고, 설문지의 응답을 부탁한다.
- 응답 설문지를 회수하여 제품컨셉별로 점수를 집계한다.
- 제품컨셉별로 우선순위를 평가하여 최적의 컨셉안을 선정한다.
- 핵심속성, 구매유발, 거부동기나 속성진단을 토대로 제품컨셉안을 수정한다.
- 이러한 일련의 과정을 반복하여 최적의 제품컨셉을 도출한다.

4) 제품컨셉의 분석방법

조사자의 목적에 따라 분석기법이 다를 수 있다. 조사의 목적이 관련 시장분할을 확인하는 것이라면 군집분석은 소비자들이 바라는 제품속성에 따라서 집단응답자들에게 수행될 수 있다. 그리고 잠재시장의 크기를 평가하기 위해서 구매빈도와 같은 변수로 교차분석(cross tabulation)을 실시할 수 있다. 제품속성이 제품컨셉의 전체 평가에서 가장 중요하다고 생각한다면, 다중회귀분석(multiple regression analysis)을 실시할 수 있다. 시장분할의 특성을 확인하기 위해서는 판별분석(discriminant analysis)을, 최적의 포지션 전략을 확인하기 위해서는 다차원척도법(multidimensional scaling)을 사용할 수 있다. 대부분의 제품컨셉 테스트는 5점 구매의도(purchase intention)로 얻는 결과의 분석에 집중된다. 이러한 결과의 해석은 80%의 선호답변(확실히 또는 아마 구매할 것이다) 이상의 제품컨셉 점수라면 계속적으로 제품개발을 진행할 수 있다. 또한 산업이나 제품범주 기준(norm)을 검토해보는 것이 현명하다. 제품의 시용구매율은 top box score(확실히 구매할 것이다)와 일반적으로 비슷하다.

③ 제품컨셉의 선정

1) 제품컨셉안의 순위평가

제품컨셉안의 선정과정은 많은 대안을 평가하여 순위가 낮은 대안을 제거하는 과정이다. 각각의 대안별로 제품컨셉 평가 설문지를 통하여 응답자들의 응답을 집계하고, 비교·평가하여 최적의 제품컨셉안을 선정한다. 각각의 설문항목에 가중치를 두어 평가할 수도 있다. 이때 가중치는 속성의 중요도에 따라 다르게 설정할 수 있다. 설문지의 응답점수를 [표 8-5] 제품컨셉 평가 집계표에 기재하여 총점을 산출한다. 대안컨셉별로 평가하여 집계하고, 총점을 산출하여 순위를 산정한다. 또한 각 대안컨셉에서 우수한 속성을 추출하여 결합하는 재구성 방법으로 최적 제품컨셉을 선정하는 과정도 필요하다.

예를 들면, [표 10-5]에서 제품컨셉안은 컨셉 1안이 총점 순위와 구매의도에서 최고 점수를 얻어 최적의 제품컨셉안으로 선정될 수 있다. 설문문항은 5점 척도이다. 각각의 속성과 문항의 배점을 차례대로 곱하여 합산하면 총점이 된다. 제품컨셉 1은 제품속성과 구매의도에서 1위이다. 가중치와 컨셉 1안의 총점계산은 다음과 같다.

$$(0.2 \times 5) + (0.1 \times 4) + (0.1 \times 4) + (0.1 \times 3) + (0.1 \times .4) + (0.1 \times 3) + (0.1 \times 4) + (0.1 \times 4) = 3.9$$

▼ 표 10-5 제품컨셉 평가 집계표(1)

설문항목	가중치	제품컨셉 1	제품컨셉 2	제품컨셉 3
핵심편익	0.2	5	3	2
제품 호감도	0.1	4	3	3
제품가치	0.1	4	4	3
독특성	0.1	3	3	4
신뢰성	0.1	4	3	3
가격	0.1	3	3	5
디자인	0.1	3	5	4
브랜드 이미지	0.1	4	3	4
A/S	0.1	4	4	3
총 점	1	3.9	3.4	3.3
구매의도		4.6	4.5	3.8
순 위		1	2	3

2) 제품속성의 결합과 수정

대안컨셉에서 대안별로 우수한 속성을 결합하여 다시 제품컨셉안을 작성할 수 있다. 예를 들면, [표 10-6]에서 우수한 속성만을 선정하면 [표 10-7]의 C11, C12, C13, C14, C15, C36, C27, C18, C19이다. 다른 컨셉안에서 C16, C17을 C36, C27로 교체하여 제품컨셉 4를 작성할 수 있다.

다른 제품컨셉 안에서 우수한 속성만을 추출하는 것은 쉽지 않다. 이처럼 잠재고객들이 선호도가 높은 속성을 추출하여 결합하는 방식이다.

제품컨셉 평가 결과로 나타난 개선방향을 찾아 제품컨셉을 수정하고, 실제제품을 제작하기 위해 설계컨셉을 계획하는 단계로 이동한다. 설계컨셉은 개발자를 위한 제품설계 지침이 된다. 이때는 가급적 전문가가 이해할 수 있는 전문용어로 설계컨셉을 수립하는 것이 좋다.

▼ 표 10-6 제품컨셉 평가 집계표 예제용

설문항목	가중치	제품컨셉 1	제품컨셉 2	제품컨셉 3	제품컨셉 4
핵심편익	0.2	C11	C21	C31	C11
제품 호감도	0.1	C12	C22	C32	C12
제품가치	0.1	C13	C23	C33	C13
독특성	0.1	C14	C24	C34	C14
신뢰성	0.1	C15	C25	C35	C15
가격	0.1	C16	C26	C36	C36
디자인	0.1	C17	C27	C37	C27
브랜드 이미지	0.1	C18	C28	C38	C18
A/S	0.1	C19	C29	C39	C19
총 점	1				수정안

3) 최적제품컨셉안 선정

상대비교 기법인 Pugh Method로 최적안을 선정하거나 속성의 재결합으로 수정안을 도출할 수 있다. Strathclyde 대학의 Stuart Pugh 교수가 개발한 Pugh Matrix는 Pugh 분석, 의사결정 매트릭스(decision matrix method), 선택 매트릭스(selection matrix), 기회분석(opportunity analysis) 등으로 불리기도 한다. 의사결정 모델로 대안 중에서 최적안을 선택할 때 사용되는 기법이다. 의사결정에 가장 중요한 기준을 선택하고 대안을 이 기준과 비교한다. 개인보다는 팀이 사용하는 기법으로 Pugh Matrix는 기준안(baseline)에 대한 다양한 대안을 평가하는 방법이다. 미리 설정된 기준에 대한 몇 가지 대안을 비교하는 데 유용한 도구로써 약한 해결책에서 강력한 해결책을 마련하기도 하지만, 다른 대안의 혼합된 형태나 변형된 형태의 최적 대안을 도출할 수 있다.

기존제품이나 경쟁제품을 비교기준으로 선택하고, 평가 항목별로 기준안과 상대 평가한다. 기준안은 각 속성을 0으로 놓는다. 기준안과 각 대안을 비교하는 것으로 기준안보다 좋으면 1, 못하면 –1, 그리고 같으면 0점을 표시한 다음 합산하면 단순합계가 된다. 가중합계는 각 안의 값과 가중치를 곱하여 합산한 것이다.

- 기준안보다 좋으면 1
- 기준안보다 못하면 −1
- 기준안과 같으면 0

예제 [표 10-7]에서 단순합계는 1안과 2안이 공동으로 우수하나, 가중합계에서는 2안이 0.4로 최적안이다. 따라서 2안을 선택할 수 있다. 수정안은 각 안에서 최고점을 받은 항목만을 결합하여 재조정한 안이다. 이때 단순 합계는 4점, 가중합계는 0.9점으로 가장 우수한 최적안이 된다.

▼ 표 10-7 제품컨셉 평가 집계표(2)

Criteria	1안	2안	3안	기준안	가중치	수정안
핵심편익	-1	1	1	0	0.2	1
독특성	0	1	-1	0	0.3	1
호감성	1	0	-1	0	0.3	1
신뢰성	0	0	0	0	0.1	0
가격	1	-1	1	0	0.1	1
sum of positive	2	2	2			4
sum of negative	1	1	2	최종 점수가 가장 높은 2안에 1, 3안의 장점을 결합하여 개선안 도출(0.9)		0
sum of same	2	2	1			0
단순 합계	1	1	0			4
가중 합계	0.2	0.4	-0.3			0.9

4) 복수안 평가방법

제품컨셉을 평가하는 방법은 이미 설명한 대로 여러 가지가 있다. 각 방법별로 장단점을 갖고 있기 때문에 종합적으로 사용하여 최적의 제품컨셉을 선정하여야 한다. 단일평가, 순차평가나 비교평가 방식을 사용할 경우 각 방법별로 다른 결과가 나온다면 그 이유를 규명해야 할 것이다. 또한 속성의 재결합을 통해서 최적안을 구성하는 것이 바람직하다. [표 10-8]은 복수의 평가 방법을 사용할 때 활용할 수 있는 집계표이다.

▼ 표 10-8 제품컨셉 평가 종합 집계표

방법	속성	가중치	컨셉1	컨셉2	컨셉3
단일평가 / 순차평가	속성1				
	속성2				
	속성3				
	속성4				
	속성5				
	총 점				
	순 위				
비교평가	총 점				
	순 위				
컨셉의 선정	• 선정 컨셉: • 선정 사유: • 핵심편익: • 기타:				

▼ 표 10-9 제품컨셉 평가용 설문지(1)

▶ 제품컨셉 평가용 설문지

※ 응답자 선정 질문

1. 귀하의 성별은 어떻게 되십니까?
   ① 남성 ② 여성

2. 귀하의 나이는 어떻게 되십니까?(잠재고객이 아닌 경우는 조사중단)
   ① 만 19세 미만
   ② 만19~29세
   ③ 만30~39세
   ④ 만30~40세
   ⑤ 만50세 이상

3. 귀하가 현재 거주하고 있는 지역은 어디입니까?

4. 귀하가 사용했던 제품은 무엇입니까?(경쟁제품 나열)
   ①   ②   ③   ④   ⑤   ⑥   ⑦

▶ 제품컨셉 인식 조사

5. 귀하께서 O제품에 대해 전반적으로 얼마나 호감을 느끼나요?(제품 호감도)
   ① 전혀 호감이 가지 않는다.
   ② 조금 호감이 가지 않는다.
   ③ 보통이다.
   ④ 약간 호감이 간다.
   ⑤ 확실히 호감이 간다.

6. 귀하께서 O제품을 구매하실 때 각 기능들이 얼마나 중요하다고 생각하시는지 그 정도를 체크해
   주십시오.(핵심기능)
   (1. 전혀 중요하지 않음 2. 조금 중요하지 않음 3. 보통 4. 조금 중요함 5. 매우 중요함)

기능 \ 점수	1	2	3	4
기능1				
기능2				
기능3				

7. 제품설명을 보신 후 가격이 어느 정도 가치가 있다고 생각하십니까?(제품가치)
   ① 전혀 가치가 없다.
   ② 조금 가치가 없다.
   ③ 보통이다.
   ④ 약간 가치가 있다.
   ⑤ 매우 가치가 있다.

8. 출시된다면 제품을 구입할 의향은 어느 정도입니까?(구매의도)
   ① 전혀 구매하지 않을 것이다.
   ② 아마 구매하지 않을 것이다.
   ③ 구매할 수도 있고 구매하지 않을 수도 있다.
   ④ 아마 구매할 것이다.
   ⑤ 확실히 구매할 것이다.

9. 구입할 의향이 있는 이유는 무엇입니까?(8번 문항의 3, 4, 5 응답자: 구매유발동기)
   ① 성능이 마음에 들어서
   ② 가격이 적당하기 때문에
   ③ 디자인이 마음에 들어서
   ④ 지금 당장 구매 필요성을 느껴서
   ⑤ 기타(구입 의향 있는 이유 추가)
     (중복응답이나 순위응답 가능)

10. 구입할 의향이 없는 이유는 무엇입니까?(8번 문항의 1, 2번 응답자: 구매거부동기)
   ① 성능이 마음에 안 들어서
   ② 가격이 비싸기 때문에

③ 디자인이 마음에 안 들어서
④ 지금 당장 구매 필요성을 못 느껴서
⑤ 기타(구입의향 없는 이유 추가)
 (중복응답이나 순위응답 가능)

11. 말씀하신 내용이 개선이 된다면 구입하실 의향은 어느 정도인가요?
 (10번 응답자의 개선 후 구매여부)
① 전혀 구매하지 않을 것이다.
② 아마 구매하지 않을 것이다.
③ 구매할 수도 있고 구매하지 않을 수도 있다.
④ 아마 구매할 것이다.
⑤ 반드시 구매할 것이다.

12. 이 제품이 시판 중인 유사한 제품에 비해 어느 정도 독특하다고 생각하나요?(독특성)
① 전혀 독특하지 않다.
② 별로 독특하지 않다.
③ 어느 쪽도 아니다.
④ 약간 독특하다.
⑤ 확실히 독특하다.

13. 귀하는 OO제품 구매 시 중요하다고 생각되는 속성을 순서대로 3개까지
 선택해 주십시오.
 1순위 : ____, 2순위 : ____, 3순위: ____(속성의 중요순위)
① 속성1
② 속성2
③ 속성3
④ 속성4
⑤ 속성5

※ 컨셉보드 속성진단 조사

14 . 이 제품은 기존제품을 많이 개선하였다고 생각하나요?(속성개선)
① 전혀 개선하지 못했다.
② 별로 개선하지 못했다.
③ 어느 정도 개선했다.
④ 아주 잘 개선했다.

15. 이 제품을 어느 정도 믿을 수 있나요?(신뢰성)
① 전혀 믿을 수 없다.
② 별로 믿을 수 없다.
③ 어느 쪽도 아니다.
④ 약간 믿을 수 있다.
⑤ 매우 믿을 수 있다.

※ 스포츠 음료에 관한 연구에 참여하여 주셔서 감사합니다.

1. 성별은?
　① 남 ② 여

2. 식료품을 구매할 때 귀하의 역할은 무엇입니까?(택일)
　① 대부분을 책임진다.
　② 다른 사람과 함께 동등하게 구매책임을 진다.
　③ 다른 사람이 대부분을 책임진다.

3. 식료품을 구매할 때 가장 참고를 많이 하는 정보의 제공자는?
　① 광고회사　　② 마케팅 조사회사　　③ 소매업자　　④ 제조업자　　⑤ 없다.

4. 과거에 구매한 적이 있는 브랜드는 어느 것인가?
　① 코카콜라 블랙　　② 게토레이　　③ 파워에이드　　④ 포카리스웨트　　⑤ 레드불
　⑥ 기타　　　⑦ 없다

※ 일반적인 상점에서 출시한 신제품인 힘파워 음료의 설명이다.

강력한 힘을 주는 건강음료 힘파워
• 힘파워는 타우린, 비타민이 첨가된 음료
• 힘파워는 활기찬 생활리듬을 도와준다.
• 활력과 상쾌함을 전달하는 힘파워

건강을 생각하는 기업
힘파워음료(주)

5. 나는 이 제품이 출시된다면
　① 전혀 구매하지 않을 것이다.
　② 아마 구매하지 않을 것이다.
　③ 구매할 수도 있고 구매하지 않을 수도 있다.
　④ 아마 구매할 것이다.
　⑤ 반드시 구매할 것이다.

6. 구입한다면 이 제품을 일주일에 몇 병을 구입할 것이다.
　① 1병　　② 2병　　③ 3병　　④ 4병　　⑤ 5병　　⑥ 6병 이상

7. 이 제품이 1병 당 1,500원이라 한다면 느끼는 가치는 어느 정도라고 생각하는가?
　(0= 전혀 가치가 없다 ~ 100=매우 가치가 있다)
　① 0~19점　　② 20점대　　③ 30점대　　④ 40점대　　⑤ 50점대　　⑥ 60점대　　⑦ 70점대
　⑧ 80　　⑨ 90점대　　⑩ 100점

8. 이 제품은 다른 제품에 비해 새롭고 독특한 점은 어느 정도 되는가?
   ① 전혀 독특하지 않다.
   ② 별로 독특하지 않다.
   ③ 어느 쪽도 아니다.
   ④ 약간 독특하다.
   ⑤ 확실히 독특하다.

9. 이 제품을 좋아하는 정도는?
   ① 전혀 호감이 가지 않는다.
   ② 조금 호감이 가지 않는다.
   ③ 보통이다.
   ④ 약간 호감이 간다.
   ⑤ 확실히 호감이 간다.

10. 이 신제품이 출시된다면 다른 제품에서 이 제품을 구매할 것인가요?
   ① 전혀 전환하지 않는다.
   ② 별로 전환하지 않는다.
   ③ 어느 쪽도 아니다.
   ④ 약간 전환할 것이다.
   ⑤ 확실히 전환할 것이다.

11. 이 제품을 얼마나 자주 구매할 것인가?
   ① 매일   ② 이틀마다   ③ 삼일마다   ④ 일주일마다   ⑤ 한 달마다
   ⑥ 전혀 구입하지 않을 것이다

12. 이 제품을 믿을 만한가?
   ① 전혀 믿지 않는다.
   ② 매우 믿지 않는다.
   ③ 보통이다.
   ④ 조금 믿는다.
   ⑤ 확실히 믿는다.

13. 제품의 아이디어가 귀하와 얼마나 관련성이 있는가?
   ① 전혀 관련이 없다.
   ② 매우 관련이 없다.
   ③ 보통이다.
   ④ 조금 관련이 있다.
   ⑤ 확실히 관련이 있다.

14. 이 제품은 돈에 합당한 가치가 있는가?
   ① 절대로 동의하지 않는다.
   ② 동의하지 않는다.
   ③ 그저 그렇다.
   ④ 동의한다.
   ⑤ 확실히 동의한다.

15. 맛이 좋은가?
　① 절대로 동의하지 않는다.
　② 동의하지 않는다.
　③ 그저 그렇다.
　④ 동의한다.
　⑤ 확실히 동의한다.

16. 포장이 매력적인가?
　① 절대로 동의하지 않는다.
　② 동의하지 않는다.
　③ 그저 그렇다.
　④ 동의한다.
　⑤ 확실히 동의한다.

17. 높은 수준의 에너지를 제공해주는가?
　① 절대로 동의하지 않는다.
　② 동의하지 않는다.
　③ 그저 그렇다.
　④ 동의한다.
　⑤ 확실히 동의한다.

18. 음료를 구입하는 장소는?
　① 할인점　　② 슈퍼마켓　　③ 편의점　　④ 기타

19. 가족의 구조는 어떠한가?
　① 대가족　　② 부부가족　　③ 자녀가 있는 부부　　④ 독신

나는 모든 것을 연결한다. 고로 나는 창조한다(진형준).

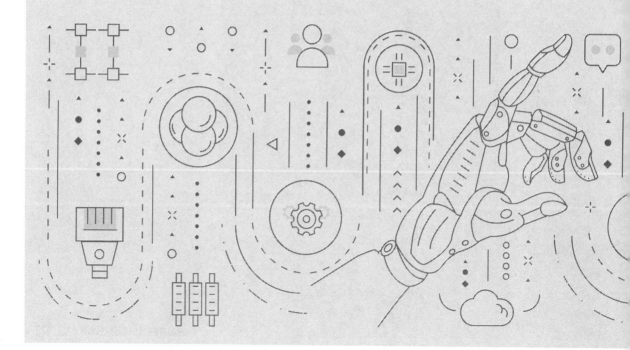

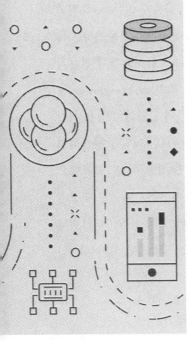

CHAPTER

11

제품사양

01 고객의 소리

02 품질기능전개

03 제품사양

04 제품 프로토콜

▐▶ 소송 70%가 정보통신 · 전자 국내 간판기업 쥐고 흔들어

이란 수도 테헤란의 한 가전제품 매장에 삼성전자(사진 윗줄 오른쪽부터)와 애플, 화웨이의 스마트폰이 나란히 진열돼 있다. 최근 화웨이가 삼성전자를 상대로 특허 소송을 걸고, 해외 특허괴물들이 국내 주요 기업에게 특허권 시비를 제기하면서 국가 주도의 정밀한 대응방안을 마련해야 한다는 목소리가 높다. 삼성을 특허로 줄기차게 괴롭혔던 애플은 올초 '특허괴물' 버넷X에 걸려 참패했다. 미국 텍사스 연방지방법원이 애플이 버넷X 특허를 무단 사용했다며 무려 6억 2,560만 달러(약 7,400억원)를 배상하라고 평결했기 때문이다. 애플의 영상통화 기능인 '페이스타임'이 버넷X의 특허를 무단으로 도용했다는 게 판결 이유였다. 특허괴물의 무서움을 보여주는 대표적인 사례다.

출처: 서울경제 2016.06.03

▐▶ 특허괴물(patent troll): 특허관리 전문회사(NPEs)

What Are Patent Trolls? – INFOGRAPHIC

특허괴물(patent troll)은 특허의 실제 가치 이상으로 침해자에 대해 특허권을 행사하려는 사람이나 회사를 기술하는 경멸적인 용어이다. 특허괴물은 문제가 되는 특허에 근거하여 종종 제품을 제조하거나 서비스를 공급하지 않는다. 특허괴물은 특허관리전문회사를 의미하며, 특허관리 전문회사는 특허 지주회사(patent holding company: PHC), 특허권행사 전문기업(patent assertion entity: PAE)과 비활동 기업(non-practicing entity: NPE)을 포함한다. 특허괴물은 개인 또는 기업으로부터 특허기술을 사들여 로열티 수입을 챙기는 회사를 일컫는 말이다. 특허권을 침해한 기업에게 소송을 제기하여 막대한 이익을 창출하기도 한다. 제품을 제조하거나 판매하지 않고, 특허권 또는 지식재산권만을 집중적으로 보유함으로써 특허권 사용료 수입으로 이익을 창출하는 특허관리 전문회사를 의미한다. 이들은 대량의 특허권을 개인 또는 기업으로부터 매입하거나 원천기술을 보유한 소규모 기업을 인수·합병하는 식으로 특허권을 확보한 후 특정기업이 특허기술을 무단으로 사용한 제품이나 서비스를 선보일 경우 그 기업을 상대로 사용료를 요구하는 협상을 하고, 협상이 이루어지지 않을 경우 수입금지·판매금지 소송 등을 통해 기업을 압박하여 막대한 보상금을 챙긴다.

▶ 특허괴물의 유래

미국의 테크서치는 인터내셔널 메타 시스템스(IMS)라는 마이크로프로세서 생산업체의 특허권을 매입하였다. 그런 후 1998년 미국의 반도체 회사 인텔(Intel Corporation)에 특허침해 소송을 걸어 특허권 매입가의 1만 배에 해당하는 배상액을 요구하였다. 당시 인텔 측 사내변호사인 피터 뎃킨(Peter Detkin)이 테크서치를 가리켜 특허괴물(Patent Troll)이라고 비난한 데에서 이 말이 유래되었다. 특허파파라치, 특허해적, 특허사냥꾼이라고도 불린다.

▶ 경계해야 할 잠수함 특허

잠수함 특허(Submarine Patent)는 출원인이 특허출원 후 심사를 고의로 지연시키고 있다가 어느 날 갑자기 특허등록을 진행시켜 무차별적으로 특허권을 행사하는 것으로써, 물속에서 잠망경만을 내놓고 있다가 물 위의 시장이 활성화되기를 기다린 뒤 특허된 발명을 어뢰처럼 발사시켜 특허권을 행사하는 잠수함형이다.

▶ 특허괴물, 5년 간 한국기업 상대 844건 소송

이른바 '특허괴물'로 불리는 NPEs(특허관리전문회사)가 최근 5년 동안 한국기업을 상대로 제기한 소송건수가 844건에 달하는 것으로 나타났다. 최근 5년간 NPEs로부터 소송을 당한 건수는 총 844건으로 대기업이 724건, 중소·중견기업이 120건으로 집계됐다. 이 중 공개된 배상 또는 합의금만 해도 6건에 4억 1,350만 달러(약 4,550억)로 1건당 평균 7,000억 달러에 이른다. NPEs는 개인이나 기업에서 보유하고 있는 특허를 매입한 뒤 자신들이 보유하고 있는 특허를 침해했다고 판단되는 기업에 소송을 제기해 이익을 얻는 회사다. 실제 특허 분야 자체가 기술, 법, 경영 차원에서 고도의 전문성을 요하는 영역으로 중소기업이 독자적으로 감당하기에는 어려운 점이 많다.

출처: 이투데이 2015.06.11

▥▶ 미국의 전형적인 특허괴물 NTP

미국의 전형적인 특허괴물로 꼽히는 특허지주회사 NTP가 캐나다의 무선단말기 제조업체인 림(RIM)의 '블랙베리 폰'에 소송을 제기하여 2006년 6억 1,250만 달러의 합의금을 받아냈다. 세계적으로 위력을 떨치는 특허전문회사로 미국 마이크로소프트와 인텔 등이 주도하여 2000년 창립한 인텔렉추얼 벤처스(Intellectual ventures: IV)를 비롯하여 무선통신 분야에서 수천 건의 특허를 보유한 인터디지털(Interdigital), 모바일 이메일과 RF 안테나 분야 등에서 핵심 특허를 보유한 NTP, 생명공학 분야를 중심으로 다량의 특허를 보유한 아카시아 리서치(Acacia Research), 소프트웨어 분야의 핵심 특허를 기업인 수합병을 통하여 확보한 Forgent Networks, 특허·상표·저작권 등 지식재산권 분야를 전문으로 하는 Ocean Tomo 등이 있다. AVS는 2012년 1월 대형 NPE인 아카시아 리서치(Acacia Research)가 완성차업체와 자동차 부품업체를 상대로 특허전쟁을 벌이기 위해 설립했다. AVS는 설립 후 5개월만인 2012년 6월 Toyota와 BMW에 첫 소송을 제기했다. 이후 현대·기아차와 Honda, Mazda, Benz, Subaru 등에 총 50건의 소송을 제기했다. 현대·기아차는 2012년 10월 첫 소송을 당한 후, 2013년과 2014년 3년 연속으로 제소돼 총 17건에 이른다. AVS가 무서운 이유는 260여 개 보유 특허 중 40여 개만을 소송에 활용했다는 점이다. NPE 특성 상 한 번 제소한 기업을 또다시 제소할 가능성이 크고, 보유 특허는 언제든 소송 무기화할 수 있기 때문이다. 스마트카 영역은 완성차업체들 간 시장 선점 경쟁이 치열한 곳으로 NPE들 역시 호시탐탐 노리는 기술 영역이다.

출처: 전자신문 2014.12.10

01 고객의 소리

아이디어 탐색	→	아이디어 창출	→	컨셉창출	→	제품개발	→	출시전략
시장기회확인		창조적 사고		속성편익		품질기능전개		수요예측
고객욕구확인		선행기술 조사		컨셉서술		제품사양		사업타당성
고객문제확인		트리즈 기법		컨셉보드		제품구조		출시전략
기술공백확인		디자인씽킹		컨셉평가		제품설계		출시전술
		비즈니스모델		컨셉선정		프로토타입		시장추적
						테스트마케팅		
						지식재산권		

1 고객의 소리

　고객의 소리(Voice of the Customer: VOC)는 고객이 표현하거나 하지 않은 욕구나 요구 사항을 기술하는 데 사용하는 용어로 고객의 기대, 선호, 불만과 고객의 요구 사항을 포착하는 심층과정이다. 고객의 소리는 욕구의 계층적 구조 속에서 조직화되고, 상대적 중요도와 만족을 서열화하는 제품개발기법이다. VOC 포착결과는 제품개발자에게 중요한 결과와 혜택을 준다. VOC는 다음과 같이 유용한 정보를 제공한다.

- 고객의 욕구와 필요
- 제품과 관련된 특징과 편익의 상대적 중요도
- 제품이나 서비스가 충족되거나 충족되지 않는 기대와 약속

- 증가된 만족에 대한 고객의 욕구
- 고객의 요구 사항에 대한 자세한 이해
- 개발팀이 향후에 진행하는 공통의 언어
- 신제품에 대한 적절한 설계사양을 설정하기 위한 중요한 입력자료
- 제품혁신을 위한 매우 유용한 출발점

기업이 고객에게 귀를 기울이지 않는다면, 어느 기업도 산업의 선두가 될 수 없다. 고객의 지각된 품질(customer-perceived quality)은 사업성공의 주요 추진 요인이다. 효과적인 VOC 프로그램은 핵심적인 투입요소에 고객을 연결한다. 고객의 변화하는 요구 사항을 포착하기 위해서는 기업은 선제적이고 혁신적이어야 한다. 고객의 소리를 수집하는 방법은 직접토의, 면접, 설문조사, 표적집단면접, 고객의 선택사양, 관찰, 보증 데이터, 현장 보고서, 불만 등이 있다. 이러한 자료는 개발팀이 공정이나 제품 안에 통합하기 위해 공급된 구성부품이나 재료에 필요한 품질속성을 선택하는 데 사용된다. 다음은 VOC를 조사하는 이유이다.

- 고객의 욕구와 필요를 충족하기 위해 제품의 추가와 특징을 주문제작할 수 있다.
- 회사의 수익을 극대화할 수 있다.
- 표현한 욕구와 필요를 확인하고, 서열화할 수 있다.
- 문제와 제품사양을 서열화할 수 있다.
- 새로운 제품컨셉, 아이디어와 해결책을 요청하고, 평가할 수 있다.

2 VOC의 4가지 측면

VOC에는 고객욕구, 계층적 구조, 성능의 우선순위와 고객지각 등 4가지 측면이 있다. VOC 조사는 일반적으로 정성과 정량적 시장조사로 구성되고, 더 나은 고객의 욕구와 필요를 이해하기 위한 신제품이나 서비스 설계계획의 시작으로 간주된다. VOC는 신제품 정의, 품질기능전개나 자세한 설계사양의 설정을 위한 중요한 입력 자료이다.

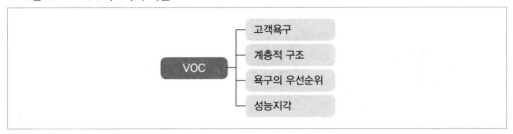

1) 고객욕구

고객욕구(customer needs)는 고객 자신의 언어(customer's own words)로 제품이나 서비스에 의해 충족되는 편익을 기술한 것이다. 예를 들면, 컴퓨터 모니터에 있는 대각선을 기술할 때, 고객은 계단현상 없이 똑바른 선처럼 보이는 것으로 말한다. 고객욕구는 모니터의 특정한 유형처럼 하나의 해결책이나 선 안에 있는 뚜렷한 틈의 수와 같은 물리적 측정도 아니지만, 고객이 모니터에서 나타나는 이미지를 원하는 방법의 상세한 기술이다. 이러한 물리적 측정과 고객욕구 간의 차이는 고객이 자신의 지각 렌즈로 세상을 보기 때문이다.

고객욕구를 아는 것은 제품개발과 마케팅에 중요하다. 제품개발팀이 고객의 소리를 듣지 않고 너무 일찍 제품개발에 집중한다면, 창조적 기회를 잃게 될 것이다. 선호는 고객이 세상을 어떻게 보는지에 근거한다. 이러한 지각은 전체적으로 정확할 수도 있고, 그렇지 않을 수도 있다. 또한 그것은 제품특징에 근거하지만, 광고, 포장, 가격, 구전이나 사회적 맥락에 의해 생성되는 이미지에 근거한다. 마케팅은 물리적 특징인 제품을 설계하고, 소비자 지각에 영향을 주려는 통합된 활동이다.

고객의 소리는 고객가치와 고객이 이러한 욕구에 관한 선호를 어떻게 형성하는지를 확인한다. 고객의 소리는 광고가 지각, 이용성과 지각된 가치에 어떻게 영향을 주는지를 확인할 수 있다. 물리적 제품의 특징은 기업의 마케팅 믹스나 고객의 구전활동으로 제품 이미지를 형성하는데 많은 영향을 미친다. 이러한 물리적 특징과 제품 이미지를 근거로 하여 고객은 제품에 대한 특정한 지각을 형성하여, 다른 제품보다 더 좋아하는 선호를 형성한다. 선호는 구매태도에 영향을 미치는 일련의 단계적인 과정이며, 특히 관여도가 높고 자신에게 제품의 구매가 중요할 때 고객은 이러한 일련의 이성적 판단을 하게 된다.

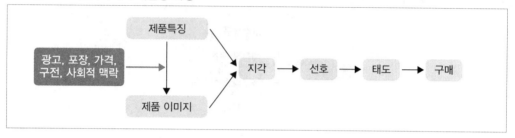
▼ 그림 11-2 소비자의 구매결정 과정

2) 계층적 구조와 욕구의 우선순위

고객욕구는 일차, 이차와 삼차욕구의 단계로 위계적이다. 일차욕구는 마케팅을 위한 전략적 방향으로 설정하는 팀에 의해서 사용되는 2~10개의 최상위 수준의 욕구이다. 각각의 일차욕구는 2~10개의 이차욕구로 세분화된다. 이차욕구는 마케팅 관리자가 대응하는 일차욕구를 만족시키기 위해 해야만 하는 것을 더 상세하게 나타낸다. 공학, R&D 및 광고기관은 제품의 상세한 특징이나 일차와 이차욕구를 만족하는 광고카피를 개발하고, 상세한 욕구로 알려진 삼차욕구는 더 많은 상세한 정보를 제공한다. 어떤 욕구는 다른 욕구보다 고객에게 더 높은 우선순위(priorities)를 갖고 있다. 마케팅 관리자는 그러한 욕구충족의 희망과 고객욕구 충족의 비용이 균형을 이루는 결정을 하기 위해 우선순위를 사용한다. 우선순위는 제품특징이나 공학 해결책보다 오히려 지각된 고객욕구에 적용된다. 욕구의 우선순위는 관련된 욕구를 언급한 빈도를 기록함으로써 추정될 수 있다.

3) 성능에 대한 고객지각

고객지각(customer perception)은 고객이 제품의 성능을 어떻게 지각하는가를 계량적 시장조사로부터 확인할 수 있다. 제품이 아직 존재하지 않는다면, 지각은 고객이 이러한 욕구를 어떻게 충족하는지를 나타낸다. 가장 필요로 하는 것을 어느 제품이 충족하는지, 어떻게 충족하는지와 최고의 제품과 기존제품 간의 차이가 있는지를 아는 것은 마케팅 의사결정에 많은 자료를 제공한다. 응답자들이 각 제품을 평가하는 설문지에 의해 욕구 자료를 얻게 된다.

③ VOC의 탐색절차

고객이 회사와 실시간으로 자신들의 목소리를 공유할 때 회사가 귀를 기울이고, 행동하고, 보고하기를 기대한다. 회사는 이를 효과적으로 실행하기 위한 VOC의 프로그램을 구축해야 한다. VOC는 계속적인 대화를 할 때 가장 잘 듣게 된다. 효과적인 VOC 프로그램은 제품성능을 개선하는데 도움이 되는 시기적절한 방법으로 정보를 수집하고 사용하는 것이다. 조직은 판매, 지원, 보장을 포함하여 전체 조직에 걸쳐 발생하는 고객과 다양하게 접촉한다. VOC 프로그램을 구축할 때 고려해야 할 요소와 절차가 있다.

▼ 그림 11-3 VOC의 탐색절차

포착 분석 조치 추적

1) 포착(capture)

내외적으로 고객함(listening posts)을 확인하는 것이 중요하다. VOC 수집방법은 직접 고객에게 질문하여 조사하는 방법과 고객함을 이용하여 간접적으로 수집하는 방법이 있다. 설문조사는 모든 고객접점과 부서에 걸쳐 고객함을 설치하는 방법이다. 사이버 상의 고객함은 자사의 웹 사이트에서 수집하는 고객의 제품구매 후기, 불평, 요청사항이나 건의사항 등은 신속하고 광범위한 자료이다. 고객의 소리를 청취하는 방식은 이야기, 일화, 제안 및 인용 등이 있다. 이러한 의견을 모두 검토하고, 추가분석을 위해 주요의견을 선택한다. 다음은 고객의 소리를 사용하여 분석하는 예이다.

▼ 표 11-1 고객의 소리

VOC	설계특성에 이용될 자료				
	WHAT	WHEN	WHERE	WHY	HOW
등산하면 발바닥이 아프다					
언덕을 오를 때 잘 미끄러진다.					
하산할 때 무릎이 아프다.					

발목이 잘 삔다.				
끈이 잘 풀린다.				
남의 눈에 잘 띄지 않는다.				

2) 분석(analyze)

핵심적인 통찰력을 얻은 후 실시간으로 고객의 소리를 분석한다. 경영층에게 고객의 소리로부터 분석한 명확하고 실행할 수 있는 통찰력을 전달하는 것이 중요하다.

3) 조치(act)

성공적인 VOC 프로그램은 실시간 통찰력에 따라 행동할 수 있는 가장 좋은 위치에 있도록 해준다. 고객의 소리를 분석한 결과 고객의 욕구가 어디인지를 안다면 수정조치를 할 수 있다.

4) 추적(monitor)

지속적인 추적은 시간이 경과함에 따라 결과를 점검하는데 도움이 된다. 고객에 대한 실시간 추적은 어디를 개선해야 할지를 알기 위한 패턴을 밝히는 데 도움이 된다.

SENSE '안티팬 · Mr. 쓴소리'와 머리 맞대는 현대차

현대자동차가 차량 개발과 서비스 개선을 위해 '안티 현대차' 성향의 소비자들과 머리를 맞댄다. 현대차 소비자 감시단인 'H-옴부즈맨'은 2016년 7월 2일 서울 여의도 콘래드호텔에서 발대식을 열고 5개월간 활동에 들어갔다. H-옴부즈맨은 현대차가 소비자의 제안을 듣고, 현대차를 둘러싼 오해를 없애는 등 소비자와의 소통을 강화하기 위해 구성했다. H-옴부즈맨으로는 20개 팀 79명이 최종 선발됐다. 여기에는 '안티 현대차' 온라인 커뮤니티로 유명한 '보배드림' 회원 등 안티팬 33명도 포함됐다. H-옴부즈맨에는 데니스 홍 미국 UCLA 교수, 송길영 다음소프트 부사장, 이동철 하이엔드전략연구소 소장, 홍성태 한국마케팅학회장 등 4인의 멘토가 참여한다. 이들이 각자 팀을 맡아 현대차와 옴부즈맨 사이에서 다리 역할을 하며 현대차에 쓴소리를 할 예정이다.

출처: 한국경제 2016.07.03

02 품질기능전개

1 품질기능전개

1) 품질기능전개

품질기능전개(Quality Function Deployment: QFD)는 1972년 일본 미쓰비시의 고베(Kobe) 조선소에서 개발되어, Ford와 Xerox사에 의해 도입된 종합적 품질관리기법이다. 새로운 프로젝트를 개발하기 위해 혁신적인 해결책, 정보를 얻는 방법과 가장 좋은 가능한 결과를 확보하는 방법으로 의사결정을 관리하는 방법이다. 회사의 성공은 회사가 고객의 요구 사항을 이해하고 다루는 방법에 달려있다. 고객의 욕구를 설계의 필요사항으로 전환하고, 이러한 필요사항을 중요한 특징과 구체적인 필요사항으로 전환하는 것이다. 품질기능전개는 제품기획, 설계, 생산의 각 단계에서 고객의 요구 사항(고객의 목소리)을 회사의 기술적 요구 사항으로 전환시키기 위한 체계적인 접근방법이다. 품질기능전개는 제품개발 및 생산의 각 단계에서 고객의 요구 사항을 파악하여 각 부문에 전달함으로써 고객만족을 통한 수익실현과정이다.

▼ 그림 11–4 품질기능전개

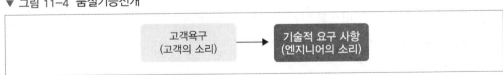

품질기능전개는 고객의 소리(voice of the customer)를 엔지니어의 소리(voice of the engineer)로 전환하는 것이다. 제품을 잘 설계하기 위해 설계팀은 설계하고 있는 것이 무엇인지와 최종 사용자가 설계로부터 기대하는 것이 무엇인지를 알 필요가 있다. 예를 들면, "필기가 잘 되는 펜"과 같은 고객욕구를 "일정한 잉크 점도나 부드러운 볼펜의 접촉면"과 같은 기술적 요구 사항으로 전환하는 것이다. QFD는 주관적 품질기준을 계량화하고 측정할 수 있는 객관적 기준으로 해석하는 것으로 품질, 기능과 전개 등 3가지 요소가 중심적이다. 품질(quality)은 고객의 기대를 만족시키는 우수한 제품의 품질, 속성, 특징, 성능을 의미한다. 기능(function)은 제품이 수행하는 것으로 측정 가능한 기능이고, 전개(deployment)는 [그림 7-5]처럼 고객의 소리를 누가, 어떻게, 언제 전환하는가에 관한 것이다. 따라서 품질기능전개는 고객욕구를 기술적 요구 사항으로 전환하는 것을 의미한다.

▼ 그림 7-5 품질기능전개의 역할

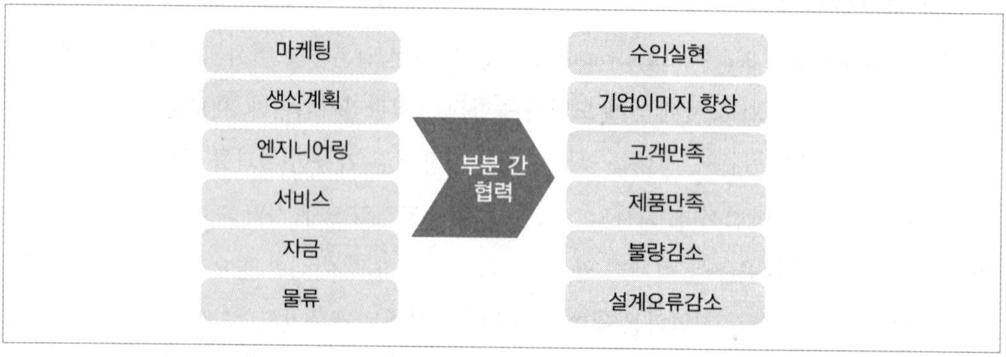

마케팅		수익실현
생산계획		기업이미지 향상
엔지니어링	부분 간 협력	고객만족
서비스		제품만족
자금		불량감소
물류		설계오류감소

2) 품질기능전개의 목적

고객의 소리를 엔지니어의 소리로 전환하는 품질기능전개의 목적은 주로 3가지가 있다. 첫째, 출시할 고품질의 제품을 빠르고 저원가로 개발할 수 있다. 둘째, 고객욕구에 근거한 제품설계를 달성할 수 있다. 마지막으로 미래설계나 공정개선을 위해 추적 시스템을 제공할 수 있다. 다음은 이러한 QFD를 수행함으로써 얻는 결과이다.

• 고객욕구에 대한 더 나은 이해
• 제품품질과 고객욕구의 일치 증가
• 향상된 개발 프로젝트 조직

- 생산에 대한 개선
- 개발 후 적은 설계변경
- 생산준비 문제의 감소
- 사업기회 증가
- 고객의 요구 사항에 따라 문서화된 제품정의

QFD는 신제품 계획, 제품 요구 사항의 설계, 공정특성의 결정, 제조공정의 관리, 기존제품사양의 기록 등에 도움이 된다. QFD를 활용하는 경우는 고객이 제품에 대하여 만족하지 않거나 욕구사항이 있을 때, 고객만족도와 시장점유율이 지속적으로 감소할 때, 제품개발 시 부서 간의 의사소통이 원활하지 않을 때, 품질개선의 특성치가 명확하지 않을 때 또는 재설계가 빈번하고, 문제해결이나 제품개발 기간이 지연될 때 등이 있다.

2 품질의 집 작성 절차

QFD는 고객의 요구 사항(customer requirements)을 기술적 요구로 전환하여 품질의 집(House of Quality)이라는 행렬(matrix)을 이용하는 기법이다. QFD공정을 실행하는 첫 단계에서 품질의 집을 만든다. 고객으로부터 입수한 자료를 통해 고객 요구 사항을 기술적인 사양으로 전환하는 것이다. 품질의 집은 고객의 요구와 그의 중요도, 고객의 요구를 만족시킬 설계특성, 고객요구와 설계특성과의 관계, 설계특성 간의 상관관계, 그리고 경쟁자 제품과의 품질특성 비교, 경쟁기업의 벤치마킹 등을 고려하여 설정한 각 설계특성에 대한 목표치를 하나의 집과 같이 일목요연하게 나타낸 일람표이다. QFD도표는 개발팀이 고객에게 가장 중요한 문제를 설정하고, 이러한 것을 개발팀이 기술적으로 달성하도록 도움을 준다. 경쟁제품의 평가는 기술자와 경쟁자에 대한 고객의 평가에 의해서 수행된다. 품질의 집은 엔지니어에게는 제품설계에 사용할 수 있는 기본적인 자료를 요약하는 방법이며, 마케팅부서에게는 새로운 기회를 제공하는 방법이다.

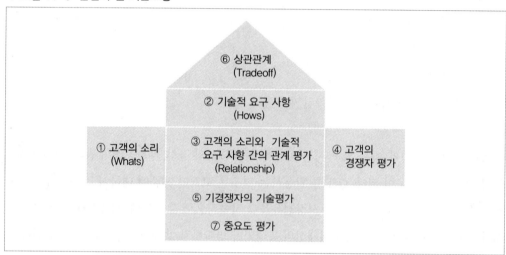

품질의 집을 작성할 때 투입요소는 고객욕구, 특성의 중요도와 자사와 경쟁자의 등급비교 등이 있다. 이러한 투입요소로 기술적 변수들의 비중과 목표 값, 기술적 변수들의 상대비중, 절대비중의 순위, 각 기술적 변수들의 목표 값(target value) 등을 산출한다.

▼ 표 11-2 **투입과 산출요소**

투입요소	산출요소
• 고객욕구	• 기술적 변수들의 비중과 목표 값
• 특성의 중요도	• 기술적 변수들의 상대 비중
• 자사와 경쟁자의 등급비교	• 각 기술적 변수들의 목표 값 설정

품질의 집을 작성하는 절차의 첫 단계는 VOC로부터 고객의 요구 사항을 포착하는 단계이다. 이를 토대로 고객의 중요도를 평가한다. 그리고 경쟁제품을 평가하여 기술설명서를 작성하고, 개선방향을 찾는다. 관계행렬과 기술 난이도, 경쟁자 제품의 기술분석, 기술설명에 대한 목표 값, 절대적 중요도와 상대적 중요도, 상관행렬을 작성함으로써 전 절차가 완료된다.

▼ 그림 11-7 품질의 집 작성 절차

1) 고객의 요구 사항
2) 고객의 중요도 평가
3) 고객의 경쟁자 제품평가
4) 기술설명 작성
5) 개선의 방향
6) 관계행렬과 기술 난이도
7) 경쟁자 제품의 기술분석
8) 기술설명에 대한 목표값
9) 절대적 중요도와 상대적 중요도
10) 상관행렬

1) 고객의 요구 사항

QFD의 첫 단계에서 목표로 하는 세분시장에서 무엇을 분석할 것인지 결정하고, 고객이 누구인지 확인한다. 그런 다음 고객으로부터 제품이나 서비스에 대해 갖고 있는 요구 사항에 관한 정보를 수집한다. 품질의 집은 고객의 요구 사항(customer requirements)을 기술적 요소(technical attributes)로 바꾸어주는 행렬이다. 고객의 요구 사항은 제품에 대한 고객의 불만, 불평, 개선사항 등 고객의 소리를 설문조사 등으로 수집한다. 고객의 소리는 개발 대상 제품에 대해 가장 중요한 고객의 요구 사항으로 성공적인 제품개발에 매우 중요한 요소이다.

다음은 고객이 등산화에 대한 요구 사항의 예이다. 착용하기가 쉽다. 걷는 데 편하다. 다른 옷과 잘 어울린다. 걸이 고리가 편하다. 이동이 자유스럽다. 가볍다. 등산하는 데 안전하다. 디자인 등이 매력적이다. 이러한 자료를 토대로 작성한 도표이다.

즐 겁 고 안 전 한 등 산	사용성	착용이 쉽다								
		걷는 데 편하다								
		옷과 잘 적합								
		고리가 편하다								
		자연스런 이동								
	성능	가볍다								
		안전하다								
	심미성	매력적이다								

2) 고객의 중요도 평가

제품에 대한 요구 사항별로 고객이 생각하는 중요도(customer importance)를 평가하여 기록한다. 경쟁자 제품을 같이 평가한다면 자사의 제품과 경쟁자의 제품의 장단점을 비교할 수 있을 뿐만 아니라 자사의 경쟁적 위치를 결정할 수 있다. 고객이 1-5점 척도로 각 요구 사항의 중요도를 평가한 숫자를 관계행렬 안에 기록한다.

▼ 표 11-4 고객의 중요도 평가

고객 요구 사항 (Whats)	기술적 변수(Hows)		고 객 중 요 도							
즐 겁 고 안 전 한 등 산	사용성	착용이 쉽다	3							
		걷는 데 편하다	5							
		옷과 잘 적합	2							
		고리가 편하다	3							
		자연스런 이동	5							
	성능	가볍다	3							
		안전하다	5							
	심미성	매력적이다	2							

등급은 중요도가 가장 낮은 정도 1에서부터 가장 높은 정도 5까지 제시된다. 고객으로부터 평가받은 중요도는 고객의 요구 사항에 대한 경쟁자와 해당 항목들에 대한 상대적 경쟁위치를 비

교할 수 있다. [표 11-4]는 고객이 평가한 각 속성에 대한 중요도이다.

3) 고객의 경쟁자 제품평가

고객이 경쟁자 제품을 평가한 자료(customer rating of competition)는 기업에게 엄청난 경쟁우위 자료가 될 수 있다. 자사의 제품이나 서비스가 경쟁자와 관련하여 평가하는 방법을 고객에게 묻는 것은 좋은 아이디어이다. 고객의 경쟁자 제품평가 자료를 활용하면 판매기회, 지속적인 개선목표와 고객불만을 확인하는 추가적인 기회가 증가될 수 있다. [표 7-5]에 고객 요구 사항에 대해 고객이 평가한 제품자료를 기록한다.

▼ 표 11-5 고객의 경쟁자 제품평가

기술적 변수(Hows)〈br〉고객 요구 사항(Whats)			고객 중요도						고객평가 경쟁력 비교				
									1	2	3	4	5
즐거고안전한등산	사용성	착용이 쉽다	3										
		걷는 데 편하다	5										
		옷과 잘 적합	2										
		고리가 편하다	3										
		자연스런 이동	5										
	성능	가볍다	3										
		안전하다	5										
	심미성	매력적이다											

4) 기술설명 작성

기술적 변수(engineering characteristics)는 고객의 요구 사항을 만족시키기 위한 기술요소이다. 기술설명(technical descriptors)은 고객의 소리를 기술적 변수로 설계팀이 변환하는 것으로 엔지니어의 소리(voice of the engineer)이다. 즉, 고객의 요구 사항을 공학적인 용어로 정의한 것이다. 측정할 수 있고, 경쟁자에 대해 벤치마킹한 제품이나 서비스에 대한 기술속성이다. 기술설명은 회사가 제품사양을 결정하기 위해 이미 사용하고 있을 수 있다. 고객의 요구 사항을 충족하기 위해서 제품의 어떠한 기술적 요소가 필요한 지를 브레인스토밍을 통하여 찾을 수 있다. 고객의 "무엇(whats)"에 대해 기술적인 "어떻게(hows)"로 해결할 것인지를 결정한다. 기술변수를 선정하는 절차는 다음과 같다.

- 고객의 소리를 기술용어인 설계특성으로 전개한다.
- 고객의 요구 사항을 만족시킬 수 있는 수단을 찾는다.
- 고객의 요구 사항을 분석하여 추출한다.
- 하나의 고객의 소리에 대해 여러 개의 설계특성이 존재할 수 있다.
- 측정 가능한 용어로 표현한다.
- 고객이 직접적으로 지각할 수 있어야 한다.
- 친화도(Affinity Diagram)를 이용하여 세분화한다.

▼ 표 11-6 기술적 변수 기록

고객 요구 사항 (Whats) / 기술적 변수(Hows)			고객 중요도	성능측정			크기 범위	기술명세		고객평가						
				규격 충족	무게	인장 강도	색상	바닥 재질	패딩 두께	이중 창	에어 홀	경쟁력 비교				
												1	2	3	4	5
즐겁고 안전한 등산	사용성	착용이 쉽다	3										■		▲	●
		걷는 데 편하다	5										▲			■
		옷과 잘 적합	2									●		▲		■
		고리가 편하다	3									●			■	
		자연스런 이동	5										■	●		▲
	성능	가볍다	3										■	▲	●	
		안전하다	5										■			
	심미성	매력적이다	2										■		●	▲

5) 개선의 방향

개발팀이 기술설명을 정의한 바에 따라 판정은 각 설명에 대해 이동 방향으로 이루어져야 한다. 특성치의 변경(증가나 감소)이나 고정에 따라서 3가지로 기록한다. 어떠한 경우이든 고객만족을 증가해야 한다. 사례에서는 무게를 감소하고, 나머지 요소를 증가하면 고객만족이 증가한다.

- ↑ : 이 특성치를 증가시키면, 고객 요구 사항을 만족시킬 수 있는가?
- ↓ : 이 특성치를 감소시키면, 고객 요구 사항을 만족시킬 수 있는가?
- ≡ : 이 목표를 달성하면, 고객 요구 사항을 만족시킬 수 있는가?

▼ 표 11-7 개선방향 기록

개선방향			고객중요도	↑ 규격충족	↓ 무게	↑ 인장강도	↑ 색상	↑ 바닥재질	↑ 패딩두께	↑ 이중창	↑ 에어홀	고객평가 경쟁력비교				
고객 요구 사항 (Whats)	기술적 변수(Hows)			성능측정			크기범위	기술명세				1	2	3	4	5
즐겁고안전한등산	사용성	착용이 쉽다	3													
		걷는 데 편하다	5													
		옷과 잘 적합	2													
		고리가 편하다	3													
		자연스런 이동	5													
	성능	가볍다	3													
		안전하다	5													
	심미성	매력적이다	2													

6) 관계행렬과 기술 난이도

고객의 요구 사항과 기술적 요소 사이의 관계와 이 프로젝트를 수행하는 데 있어서 자사의 기술난이도를 표시한다. 관계행렬(relationship matrix)은 고객의 요구 사항과 이를 제품으로 구현하기 위한 기술적 변수 간의 관계를 표시한 것이다. 따라서 두 변수관계의 강도를 나타낸다. 개발팀은 기술설명과 고객요구 간의 관계의 강도가 어떤지에 관해 질문한다. 행렬의 수평축과 수직축에 있는 항목 간의 연결관계 강도를 표시한다. 관계의 척도는 약, 중, 강으로 각각 1, 3, 9점이다. 즉, 평가 척도는 약=1, 중=3, 강=9으로 3가지 구분으로 사용한다. 절대적 중요성을 계산하기 위해서는 척도 숫자 값(numeric value)을 별도로 기록한다. 욕구를 충족하기 위해 고객욕구와 회사 능력은 관계행렬과 기술난이도로 표시한다.

　기술의 난이도(technical difficulty)는 설계속성을 평가하는 것으로 각 기술적 변수를 구현하기 위한 기술상의 어려움 정도를 평가하여 기록한다. 어떤 속성이 직접적인 충돌에 있다는 것은 가능하다. [표 11-8]은 관계행렬과 기술난이도를 기재한 것이다. 사례에서는 바닥재질과 패딩두께의 기술난이도가 가장 높은 것으로 나타났다. 기술난이도의 척도는 1=쉽다 ~ 5= 어렵다로 5첨 척도를 사용한다.

- 기술난이도의 척도: 1=쉽다 ~ 5= 어렵다로 5첨 척도이다.

▼ 표 11-8 관계행렬과 기술난이도

고객 요구 사항 (Whats) / 기술적 변수(Hows)			고객중요도	성능측정			크기범위		기술명세			고객평가 (경쟁력 비교)				
개선방향			↑	규격충족 ↓	무게 ↑	인장강도 ↑	색상 ↑	바닥재질 ↑	패딩두께 ↑	이중창 ↑	에어홀	1	2	3	4	5
즐겁고안전한등산	사용성	착용이 쉽다	3			3				9						
		걷는 데 편하다	5					3	9	3	1					
		옷과 잘 적합	2				3	3	3	9						
		고리가 편하다	3								9					
		자연스런 이동	5		3			3		3						
	성능	가볍다	3		9	3				3	1					
		안전하다	5	9	3	9										
	심미성	매력적이다	2		1		9			1	1					
기술난이도(technicail difficulty)				3	4	3	3	5	5	3	4					

7) 경쟁자 제품의 기술분석

이 단계에서는 경쟁자 제품의 기술적 분석(technical analysis of competitor products)이다. 경쟁자를 잘 이해하려면 경쟁자의 기술특성을 비교한다. 경쟁자의 제품과 자사 제품을 비교함으로써 요구항목들이 우위 또는 열세에 있는지를 파악할 수 있다. 이것은 경쟁자 기술설명에 대한 구체적인 가치를 결정하기 위한 역 엔지니어링의 과정으로 개발팀에 매우 유용한 정보를 제공한다.

벤치마킹을 통하여 경쟁자의 품질자료를 수집하여 1~5 등급으로 평가한다. 1=낮은 성과에서 5=최고의 성과를 의미한다. 경쟁자 비교분석을 통하여 고객욕구를 제품개발 기회나 판매점으로 전환하여 활용할 수 있다. 경쟁자의 대상은 시장선도자, 인지도가 높은 회사, 혁신적인 기술이나 서비스를 제공하는 회사 등이다. 고객의 강한 욕구에도 불구하고 어느 기업이 품질수준이 낮은 경우는 고객에게 만족하는 제품을 개발할 수 있는 기회이다. 경쟁사 2개와 자사를 비교한다. [표 11-9]는 자사제품과 경쟁자 제품의 기술적 변수에 대해 고객들이 느끼는 중요도이다. ■는 우리 회사, ▲는 회사 A와 ●는 회사 B로 구분하여 표시하고, 우리 회사의 속성을 연결한다.

▼ 표 11-9 **경쟁자 제품의 기술분석**

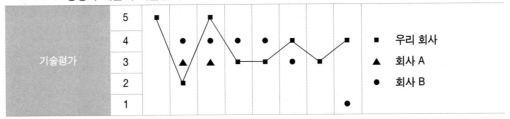

8) 기술설명에 대한 목표값

이 단계에서 설계팀은 각 기술설명에 대한 목표값을 설정한다. 목표값(target values)은 기술설명(technical descriptors)에 대한 값으로 제품특성에 대한 기준선으로 제품을 개발할 때 제품성능을 나타내는 목표값이다. 이 단위(unit)는 제품사양의 측정단위(measurement units)이다. [표 11-10]은 기술적 변수에 대한 사양의 단위와 목표값이다.

▼ 표 11-10 **목표값 설정**

단위(unit)	%	g	N/㎟	y/n	y/n	㎟	㎟	y/n
목표값(target value)	100	150	145	4	5	2	5	3

9) 절대적 중요도와 상대적 중요도

설계팀은 각 기술설명에 대해 절대적 중요도(absolute importance)를 계산한다. 각 항목별로 고객 중요도와 각 항목의 점수를 곱한 값을 합하면 절대적 중요도가 된다. 이러한 수치 계산값은 고객중요도와 고객평가의 산물이다. 이 절대적 중요도로 제품의 어떤 기술측면이 고객에게 가장 중요하다는 것을 알 수 있다.

상대적 중요도(relative importance)는 다음과 같이 계산한다. 고객으로부터 결정된 상대적인 중요도를 수치적으로 표현하는 방법은 계산된 기술적 특성에 대한 절대적 중요도를 모두 합하여 이를 분모로 하고, 각 항목의 절대적 중요도를 분자로 하여 계산하면 상대적 중요도가 된다. 상대적 중요도는 어느 기술특성이 더 중요한지를 파악할 수 있다. 표는 기술 특성값에 대한 평가를 숫자로 표시하였으나 부호로 표시하면 시각적 효과로 특징을 쉽게 파악할 수 있다. [표 11-11]은 고객 요구 사항과 기술적 변수간의 관계를 나타낸 것이다.

① 절대중요도 계산
- 규격충족: (3×0+5×0+2×0+3×0+5×0+3×0+5×9+2x0)=45
- 무게: (3×0+5×0+2×0+3×0+5×3+3×9+5×3+2×1)=59

② 상대중요도 계산
- 절대중요도 합: (45+59+63+24+36+62+77+35)=401
- 규격충족: 5/401=0.11(11%)
- 무게: 59/401=0.15(15%)

▼ 표 11-11 절대적 중요도와 상대적 중요도

3			3				9	
5					3	9	3	1
2			3	3	3	9		
3								9
5		3			3		3	
3		9	3			3		1
5	9	3	9					
2		1		9		1	1	
절대적 중요도	45	59	63	24	36	62	77	35
상대적 중요도	11	15	16	6	9	15	19	9

10) 상관행렬

상관행렬(correlation matrix)은 기술특성 간 상호관련성 및 상호의존성을 표현한 것이다. 기술적 요소 사이의 상관관계를 나타낸다. 상관행렬 칸은 행렬이 지붕이 있는 집처럼 보이게 만들기 때문에 품질의 집(House of Quality)이 있는 곳이다. 상관행렬은 품질의 집에서 마지막 사용되는 것이다. 설계팀 구성원들은 각 기술설명이 서로에게 어떠한 영향을 미치는지를 검사해야 한다. 설계팀은 기술설명 간에 강한 부정적 관계는 물리적 모순(physical contradiction)으로 제거해야 한다.

상관관계 행렬은 칼럼을 이용하여 칸이 채우는 것으로 측정치들 상호 간의 Trade-off 에 대한 분석이다. 예를 들면, 출력이 높은 엔진은 연비가 떨어진다. 따라서 출력과 연비는 대체로 강한 부정적 상관관계이다. 이와 같은 두 개의 서로 대립되는 항목을 개선하여 목표를 달성하기 위해서는 시간이 많이 소요되고 혁신이 요구된다. 상관관계의 성격에 따라서 표시 방법은 다음과 같다.

- ++: 강한 긍정적 상관관계
- +: 중간 긍정적 상관관계
- ――: 강한 부정적 상관관계
- ―: 중간 부정적 상관관계

이러한 과정을 통해 완성된 품질의 집은 [표 11-12]와 같다.

▼ 표 11-12 품질의 집

품질의 집: 등산화

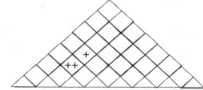

++: 강한 긍정
+: 중간 긍정
ーー: 강한 부정
ー: 중간 부정

개선방향	고객중요도	↑ 규격충족	↓ 무게	↑ 인장강도	↑ 색상번호	↑ 재질번호	↑ 패딩두께	↑ 이중바닥	↑ 에어홀	경쟁력비교
기술적 변수(Hows)		성능측정			규격		기술명세			고객평가
착용이 쉽다	3			3				9		
걷는 데 편하다	5					3	9	3	1	
옷과 잘 적합	2				3	3	3	9		
고리가 편하다	3								9	
자연스런 이동	5		3			3		3		
가볍다	3		9	3				3	1	
안전하다	5	9	3	9						
매력적이다	2		3		9			1	1	
기술 난이도(technical difficulty)		3	4	3	5	4	4	5	4	
단위(unit)		%	g	N/㎟	y/n	y/n	㎟	㎟	y/n	
목표값(target value)		100	150	145	4	5	2	5	3	
절대적 중요도(401)		45	59	63	24	36	62	77	35	
상대적 중요도(100)		11	15	16	6	9	15	19	9	

고객요구 사항(Whats): 즐겁고 안전한 등산 — 사용성(착용이 쉽다, 걷는 데 편하다, 옷과 잘 적합, 고리가 편하다, 자연스런 이동), 성능(가볍다, 안전하다), 심미성(매력적이다)

경쟁력비교 (scale 1 2 3 4 5)

강: 9
중: 3
약: 1

기술평가 (scale 1~5)
■ 우리 회사
▲ 회사 A
● 회사 B

03 제품사양

① 제품사양의 개요

제품사양(product specification)은 제품이 수행할 것을 정확하게 측정할 수 있도록 상세하게 설명한 기술규격이다. 즉, 사용재료의 규격, 종류, 등급, 공법 등 도면에 나타내기 어려운 것을 자세히 쓴 설명서이다. 따라서 재료, 설계, 제품이나 서비스 등에 의해 만족되는 문서로 된 요구 사항이다. 제품이 무엇을 할 수 있는가를 명확하고 측정 가능한 형식으로 표현한 것이다. 이것은 제품이 충족해야 할 자세한 요구조건을 공식적으로 문서화한 것으로 제품의 규격과 제품의 내용을 포함한다. 제품 요구 사항(product requirements)이나 기술사양(technical specifications)과 동의어이다. 제품사양은 전체 사양이 많은 개별기술로 이루어지고, 각 개별사양은 측정기준(metric)과 측정값(value)으로 구성된다. 제품사양은 고객욕구를 만족시키기 위해 개발팀이 달성하고자 하는 것과 분명하게 일치해야 한다. 예를 들면, 자동차는 1리터당 16km를 주행한다. 이 자동차의 제품사양은 자동차 연비측정의 기준인 1리터가 측정기준(metric)과 주행거리인 16km가 측정값(value)으로 구성된다. 제품사양은 고객욕구를 특정한 설계, 제품이나 공정이 수행해야 하는 문서로 된 물리적이고 기능적인 요구이다.

제품설계는 제품사양으로부터 시작한다. 제품설계를 시작할 때 엔지니어는 적절한 제품사양을 고안할 필요가 있다. 제품사양을 고안하는 목적은 최종 제품의 필요사항을 명확하게 정의하기 위해서이다. 이것은 높은 품질의 제품을 창조하는 사양의 목록이다. 엔지니어와 고객들은 모두 제품 기대에 관한 합의에 도달하기 위해 제품사양을 사용한다. 따라서 제품사양서는 설계작업의 기초자료이므로 오차나 오류 없이 정확하고 구체적으로 작성하는 것이 중요하다. 제품사양을 창안하는 목적이 있다. 첫째, 제품사양은 프로토타입 검사계획의 근거를 제공하고, 이를 통해서 부적절한 제품을 설계하는 것을 찾아내기 때문에 고객의 욕구를 잘 충족할 수 있다. 둘째, 제품사양은 설계나 제조시간을 절약한다. 목표기술서 제작은 제품에 집중할 수 있도록 해준다. 마지막으로 제품사양을 통해 의사소통함으로써 경영층과 고객은 욕구의 충족을 조기에 조정할 수 있고, 고객은 제품에 기대하는 것을 확인할 수 있다.

제품설계와 제품개발은 시장에서 성공의 기회를 증가하기 위한 많은 과정을 포함한다. 이를 위해 제품설계의 과정은 제품사양의 창안부터 시작된다. 제품사양은 새로운 설계가 고수해야 하는 모든 필요한 요구 사항과 제약사항을 기록한 것이다. 그뿐만 아니라 제품의 시장수요와 상세한 시장조사 내용을 개괄적으로 표현한다. 이러한 제품사양의 중요한 영역은 이해관계자나 제품에 따라서 매우 다르고, 지향하는 관점도 동일하지 않다.

고객 요구 사항은 성능, 시간, 비용과 품질에 근거한다. 따라서 고객요구를 점검하는 주요변수가 있다. 성능(performance)은 제품의 구체적이거나 의도된 기능이다. 시간(time)은 설계에 관여되는 모든 시간을 포함한다. 적절한 설계는 신제품을 시장에 출시하는 주기를 단축할 수 있다. 비용(cost)은 설계의 금전적 측면이다. 품질(quality)은 표현된 욕구를 만족하기 위한 능력과 관련이 있는 제품특징이다. 고객의 요구 사항에 대한 중요한 측면은 제공된 기능과 비용의 비율이다. [표 11-13]은 기본적인 고객 요구 사항이다.

▼ 표 11-13 기본적인 고객 요구 사항

구분	설명
성능(performance)	제품이 기준을 수행하는가? 제품이 의도된 기능을 수행하는가?
특징(features)	제품에 어떤 편익을 제공하는가? 유형적인 편익인가? 무형적인 편익인가?
신뢰성(reliability)	품질은 일관성이 있는가? 제품은 잘 작동되는가?
내구성(durability)	제품의 내구성은 좋은가? 제품수명은 어느 정도 지속되는가?
일치성(conformance)	제품이 내부와 국가사양을 충족하는가?
사용성(usability)	제품은 사용하기 쉬운가?
심미감(aesthetics)	제품은 시각적 매력이 있는가?
품질(perceived quality)	가격이 제품의 품질을 반영하는가?

2 제품사양 창출절차

고객욕구를 제품이 작동하는 수치값으로 전환한 것이 제품사양이다. 제품사양서를 창출하기 위하여 고객욕구를 조사하여 고객욕구 서술문을 작성한다. 이 고객욕구 서술문을 회사의 비전이나 사업목표에 의거하여 제품사명기술서로 변환한다. 이 사명기술서가 제품사양을 창출하는 기반이 된다. 제품사양서를 창출하는 방법을 Jimenez 등이 사용한 사례를 들어 설명한다. 사례는 고객욕구 서술문을 토대로 작성한 잡초제거기에 대한 사명기술서이다. 제품사양을 창출하는 절차는 3단계로 이루어진다. 즉, 학습 및 계획의 1단계, 목표 제품사양 고안의 2단계, 그리고 성과평가와 최종사양 확정의 3단계로 진행된다.

▼ 표 11-14 잡초제거기에 대한 제품사명기술서

구분	요구 사항
제품기술	사용하기 쉽고, 가볍고, 인체 공학적으로 설계된 기계도구에 의해 정원에서
	잔디와 잡초를 제거하는 데 사용하는 휴대용 장치
핵심사업목표	환경 친화적이다.
	첫 프로토타입은 테스트 준비가 되어 있다.
	프로토타입 제작비용은 예산과 동일할 것이다.
	첫 제품출시는 2분기가 될 것이다.
	판매가격은 150,000원 정도 될 것이다.
	투자수익률은 30% 정도 될 것이다.
	환경 친화적인 잡지와 인터넷을 통해서 판매될 것이다.
일차시장	잡초를 제거하는 자연적인 방법을 선호하는 환경 친화적 고객
	주택 소유자
	정원관리자
이차시장	조경사
제품차별성	사용이 쉽다.
	손에 쥐고 쓸 수 있는 소형
	부품과 동작부분 최소화
	잡초제거가 쉽고 성장을 방지한다.
개발조건	기존특허권을 회피하는 최초 아이디어이다.
	부식방지 재료를 사용한다.
	제품중량은 5kg이하로 한다.
	설계할 때 안전이 최우선이다.

내부 관계자	생산, 제조
	마케팅과 판매
	배송과 유통
외부 관계자	구매자와 사용자
	조경업자
	철물점
	소매업자

자료: Jimenez, Jones, Munoz, Schrandt and Watson(2001)

1) 학습 및 계획

사명기술서는 제품사양을 만드는 비교적 완벽한 방법이다. 이러한 사명기술서는 실행 가능한 목표상태로 목표 제품사양으로 전환하는 것이다. 최종 사양문서를 산출할 수 있는 사양을 이해 하는 단계이다. 학습단계에서 안출된 어떠한 아이디어도 나쁜 것이 없으므로 다른 사람의 아이 디어에 귀를 기울인다.

- 주요 아이디어를 학습한다.

  사양을 작성하는 방법과 작업을 작업일지에 기록한다.
- 핵심개념을 정의한다.

  사양, 목표사양, 최종사양, 측정기준, 측정값과 타당성 등이 있다.
- 학습동기를 설정한다.

  가능한 많이 사양을 배우는 것이 도움이 되는 이유를 열거한다.
- 사양작성 과업을 위해 목표를 정의한다.

  사양 필요조건은 구체, 측정가능, 달성 가능, 결과와 시간제한 등이 있다.
- 제품사양 작성 과업을 위한 계획을 수립한다.

  과업을 완수하기 위한 단계적인 계획을 적고, 최적의 아이디어를 선택한다.

그러나 해결책을 언급하지 않고, 해결해야 할 문제만을 나열한 사명기술서는 주의해야 한다. 이러한 기술서는 제품실패의 증거가 된다. 따라서 불충분한 기술서로 제품사양서가 작성되지 않도록 주의한다.

▼ 표 11-15 잡초제거기에 대한 고객욕구 목록

일차욕구	#	이차욕구	중요도
환경 친화적이다.	1	기계형태이다.	4
	2	잡초 인근 채소는 안전하다.	4
	3	화학물질 없이 사용한다.	4
	4	전기선은 위험하지 않다.	5
준비와 사용이 쉽다.	5	가볍다.	5
	6	운반이 쉽다.	4
	7	휴대형이다.	4
	8	작업하는데 많은 노력이 필요하지 않다.	5
	9	조작법을 배우기가 쉽다.	4
	10	조작할 때 편하다.	4
	11	잡초에 민감하다.	4
	12	사용자가 서서 작업할 수 있다.	2
	13	허리 수준에서 작업할 수 있다.	3
	14	높이를 조절할 수 있다.	5
	15	사용할 때 재미있다.	3
	16	사용하는 동안 허리 구부리는 것이 적다.	5
	17	기계에서 잡초를 제거하기 쉽다.	5
	18	빨리 잡초를 제거할 수 있다.	3
	19	뿌리를 제거할 수 있다.	5
	20	깊은 뿌리도 제거할 수 있다.	4
	21	짧은 뿌리도 제거할 수 있다.	4
효율적이다.	22	작업이 빠르다.	5
	23	손으로 뽑는 것보다 더 효과가 있다.	5
	24	분해상태에서 빠르게 사용할 수 있다.	5
	25	많은 잡초를 제거할 수 있다.	2
	26	한 번에 잡초를 제거할 수 있다.	5
	27	잡초 주위에 위치하기 쉽다.	3
	28	잡초만 뽑는다.	4
다양한 환경에서 작업이 가능하다	29	화단에서 작업할 수 있다.	5
	30	진흙, 모래와 잡초에서 작업한다.	4
	31	덤불을 제거할 수 있다.	1
	32	다양한 잡초를 제거한다.	4

	33	돈에 비해 가치가 있다.	5
저렴하다	34	가격경쟁력이 있다.	4
	35	강한 재료로 만든다.	5
장시간 작업가능	36	부식에 강하다.	5
	37	유지보수가 거의 필요 없다.	3
보관이 쉽다	38	보관에 많은 공간이 필요하지 않다.	3
	39	고리에 걸 수 있다.	3
안전하다.	40	안전하지 않은 상태에서 사용이 불가능하다.	5
	41	보관이나 청소할 때는 작동되지 않는다.	5

자료: Jimenez, Jones, Munoz, Schrandt and Watson(2001)

2) 목표 제품사양 고안

목표 제품사양(target specifications)의 고안 단계는 제품에 관해 질문을 하고, 그 질문에 답변하는 단계이다. 제품사양은 고객의 기대와 일치해야 하고, 또 제품사양을 간단하고, 짧고, 분명하게 하고, 방법이 아니라 내용을 열거해야 한다. 예를 들면, 웨어러블 장치(wearable device)가 어떻게 보이느냐가 아니라 그것을 만드는 데 어떤 특허를 사용하느냐이다. 목표사양을 고안하는 절차는 다음과 같다.

- 측정기준의 목록을 준비한다.
- 벤치마킹 정보를 수집한다. 목표를 선택하기 위한 측정기준과 측정값을 이해하기 위해 정보를 조사하고 수집한다.
- 이상적이고 수용이 가능한 목표 측정값을 설정한다.
- 고객욕구와 제품사양을 일치한다. 욕구와 측정기준 행렬을 완성하고, 사양이 고객욕구를 충족하도록 한다.
- 목표 사양문서를 완성한다.
- 고객과 대화한다. 목표 사양문서를 고객에게 제공한다.
- 이 과정을 반복한다. [표 11-16]은 완성된 목표사양의 예이다.

▼ 표 11-16 목표사양의 예

#	측정기준	중요도	Units	한계값	이상값
1	기본형태는 기계	4	이분법	Y	Y
2	효과범위	4	Cm^2	<49	<24
3	화학물질 없이 사용 가능	4	이분법	N	Y
4	제품중량	5	kg	<1.4	<0.18
5	분해길이	3	cm	<20	<3.5
6	분해깊이	3	cm	<20	<3.5
7	분해높이	3	cm	<109	<34
8	분해부피	3	cm^3	<21000	<416
9	제품길이	4	cm	<20	<3.5
10	제품깊이	4	cm	<20	<3.5
11	제품높이	4	cm	<138	<34
12	제품부피	4	cm^3	<55200	<416
13	휴대용	4	이분법	Y	Y
14	구동력	5	주관적	>1	<2
15	작동단계	4	#	<4	1
16	사용중 휴대	4	이분법	Y	Y
17	허리에서 몸 굴곡의 정도	5	각도	<30	<15
18	잡초제거 상력	4	주관적	<3	1
19	끄는 힘	4	주관적	<5	<3
20	작업반경	4	cm	<4	<3
21	서있는 동안 사용	2	이분법	Y	Y
22	앉아 있는 동안 사용	2	이분법	N	Y
23	사용 재미	3	이분법	N	Y
24	완전 뿌리제거의 물적 증거	5	이분법	Y	Y
25	잡초제거 시간	5	초	<3.5	<2
26	회당 잡초제거 수	1	#	1	>1
27	제품효율성	5	%	>80	100
28	생산비용	4	원	<50,000	<55,000
29	작업 중 부품 변형	5	이분법	Y	Y
30	잡초제거 시간	3	sec	<1	0
31	사용 중 안전성	4	목록	None	목록

자료: Jimenez, Jones, Munoz, Schrandt and Watson(2001)

3) 성과평가와 최종사양 확정

목표 제품사양 목록을 평가하고, 현실적으로 타당한 안을 선정하여 완성하는 단계이다. 즉, 제품사양의 최종목록을 제작하는 단계이다. 제품사양을 검토하고, 가능과 과잉, 개선해야 할 것과 목록에서 누락된 것이 무엇인지에 관하여 기술적 관점에서 답을 찾아 가장 충실한 것을 편집한다. 아직도 애매한 것을 명확하게 한다. 구성원들은 정보를 수집하고, 팀의 욕구를 충족하기 위해 개인적인 노력을 한다.

(1) 성능평가

성과에서 강점을 확인한다. 목표사양을 작성할 때 성능을 다시 생각한다. 다음은 강점을 기술할 때 고려해야 할 사항이다.

- What: 강력한 성능을 달성하기 위한 사양을 열거한다.
- Why: 사양이 성능을 왜 강화하는지를 설명한다.
- How: 강력한 성능이라고 생각하는 사양을 기술한다.

(2) 필요조건 확인

제품설계의 종결 단계에서 비교수단을 갖기 위해 목표 제품사양은 열거된 제품특징에 대한 수용범위를 확실히 제공한다. 목록작성을 완성할 때 정확한 추적을 위해 제품사양의 필요조건을 충족하는지를 검토한다. 목표사양이 다음의 필요조건을 충족하지 못한다면, 목표 제품사양 목록에서 제거한다. 제품사양의 필요조건은 다음과 같다.

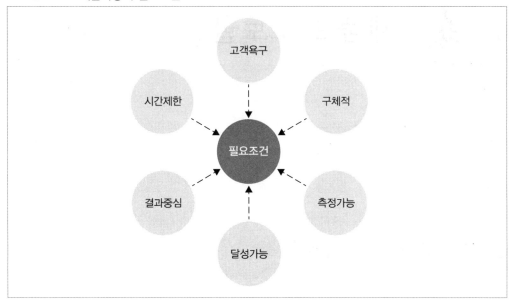

- 고객욕구(customer needs): 고객욕구를 충분히 충족한다.
- 구체적(specific): 제품사양은 충분히 구체적이어서 상품이 무엇인지를 모든 사람이 알 수 있다. 언어는 명확하고 간결하다.
- 측정가능(measurable): 개별적 필요사항은 측정 가능한 성능을 갖고 있다.
- 달성가능(attainable): 제품사양은 달성 가능하다.
- 결과중심(results oriented): 제품사양은 방법이 아니라 결과이다.
- 시간제한(time bound): 제품사양은 제한된 시간 안에서 실현가능하다.

(3) 성능개선 가능성 확인

- 추천: 미래성능을 향상할 수 있는 구체적인 방법을 제시한다.
- 행동계획: 강점이 성능에 왜 영향을 주는지를 설명한다.

(4) 문서완성

- 목표사양이 고객욕구를 해석하여, 최종 제품사양문서로 완성한다.
- 다음 단계를 위한 준비작업에 착수한다.

04 제품 프로토콜

1 제품 프로토콜의 이해

1) 제품 프로토콜의 개요

프로토콜(protocol)은 협상 당사자 간의 서명협정이다. 프로토콜의 일반적 의미는 모든 문화나 조직에 특유한 규칙이나 지침이며, 사업, 오락, 협상이나 정치의 행위에서 모든 당사자들에 의해서 관찰된다. 제품 프로토콜은 새로운 제품이 설계되어야 하는 속성, 특징과 편익의 기술이다. 제품 프로토콜은 고객, 마케팅, 제조와 유통 등의 모든 당사자를 고려하여 준비된다. 기술측면에서 동일한 사양에 대해 서로 다른 기업이 호환성 있는 기구를 생산할 수 있는 동의이고, 공개되고 배부되는 표준이다. 동일한 프로토콜에서 생산된 모든 기구는 어떠한 수정이나 조정이 없이 서로 함께 작동한다. 따라서 프로토콜과 고객의 욕구는 동전의 양면으로 프로토콜의 상대물인 고객욕구는 시스템의 고유한 부분을 포함한다.

• 제품 프로토콜: 새로운 제품이 설계되어야 하는 속성, 특징과 편익의 기술

제품 프로토콜에 있어서 협상 당사자들은 마케팅, 기술, 운영 등이다. 승인한 합의서는 공식적이지만, 이러한 국면에서 촉발하는 재무분석은 제품품질, 원가, 지원체제, 특허와 시장성과와 같은 가정에 달려있다. 그것들이 전달되지 않는다면, 경영층의 모든 방책은 작동되지 않는다.

대부분의 프로젝트는 다기능 팀의 형태이기 때문에 전체 집단은 프로토콜을 작성하는 데 책임이 있다. 신제품이 실제로 상충관계(tradeoffs)라 하더라도 용어의 긍정적 사용으로 협상된다. 다기능팀이 함께 잘 작업을 하더라도 기술적 한계는 합의를 어렵게 한다. 따라서 프로토콜이 필요한 이유이다. 좋은 프로토콜은 시장성공을 통하는 전략이 어떠한 것인지, 전략이 과정집중을 어떻게 주는지, 컨셉이 어떻게 창출되고 수집되는지, 컨셉이 어떻게 검토되고 평가되는 지와 평가과정이 어떻게 결론에 이르는지 등 전반적인 관점에서 신제품과정을 볼 수 있어야 한다.

2) 제품 프로토콜의 목적

제품 프로토콜은 세분시장에 따라서, 시간에 따라서 변한다. 제조, 품질, 조달 등으로부터 도움이 되는 기술부문이 마케팅 부문만큼 잘 작동되어야 한다. 기업의 각 부문은 기업, 산업과 사회에 의해서 서로 밀접한 관계를 유지한다. 기업의 각 부문은 과업을 어떻게 해야 하는가? 이에 대한 해답은 기업과 산업에 따라서 다르지만, 제품개발에 관한 한 프로토콜 서술문에서 각 부문이 통합되는 것이다. 모든 부문이 각자의 과업을 시작하는 데는 프로토콜이 필요한 것이다.

프로토콜 서술문(protocol statement)의 첫 번째 목적은 각 부문이 고객이 구매하는 최종 제품 전달을 구체화한다. 예를 들면, 새로운 골프신발을 개발한다. 각 부서는 골프신발에 관하여 수집한 정보를 관련 부서로 전달한다. 새로운 골프신발은 모든 기후와 잔디 조건에서 사용할 수 있어야 한다. 마케팅 부서에서 수집한 새로운 골프신발 정보에 의하면, 아시아, 유럽, 미국, 호주 등의 골프전문가 중 적어도 80%가 개인적으로 시용할 것이다. 구체적으로는 올해 미국과 내년도 말까지 다른 시장 수요자의 80%를 포함할 것이다. 모든 정보가 이 단계에서 알려지지 않았지만, 중요한 것은 알려져 있다. 골프 신발에 관하여 기상악화와 잔디 조건, 많은 골퍼에 대한 골프프로의 영향력, 시용의 평가와 복잡한 제품에 관한 기술적 문제의 확실한 중요성을 모른다면, 신제품개발을 수행할 수 없다. 프로토콜은 훌륭한 시장조사처럼 해야 할 것을 하게 하는 필요사항을 기술한다.

프로토콜 서술문의 두 번째 목적은 신제품개발 관여자들에게 정보가 동일하다. 모든 관여자들이 행동을 통일하고, 전체심사와 일치하는 직접적인 결과를 도출하는 것은 필수적인 소통이다. 어떤 신제품개발자들은 문서에 대한 단순한 요구가 초기 고객관계에 도달한다고 생각하지만, 종종 그렇지 않다.

세 번째 목적은 과정이나 순환주기에서 개발기간을 단축할 수 있다. 기업들은 시장에 신한 개발을 높은 순위로 두고, 개발시간을 단축하는 것이다. 얼마나 많은 시간이 낭비되고, 비용이 많이 드는지, 그리고 얼마나 단계가 반복되는지를 고려한다. 개발에 착수하기 전에 의도하고, 중요점을 구체화하는 것이 좋다. 제품정의가 잘못된다면, 과정에서 늦어져 비용이 많이 드는 수정에 이르게 될 것이다.

넷째 프로토콜은 측정될 수 있는 언어이어야 한다. 이것은 개발과정을 관리할 수 있게 해주고, 이루어야 할 대상, 시간, 이유, 방법, 사람과 가장 중요한 것을 알려준다. 즉, 필요사항이 충족되는지를 알 수 있다. 아직도 공개적인 필요사항이 있다면, 상품을 시장에 출시할 준비가 되어 있지 않다는 것을 자동적으로 경고할 것이다.

② 제품 프로토콜의 특징

제품 프로토콜의 명세는 매우 다양하지만, 모든 것이 전달되어야 하는 것은 아니다. 어떤 기업은 당연적 품질기준을 사용한다. 당연적 품질기준은 기술, 비용과 시간 안에서 가능하고, 현실적이라면 갖추어야만 하는 필수사항이다. 그러나 회사는 이런 일에 대해 자신의 언어를 갖는다. 어떤 기업은 당연적 품질기준을 프로토콜과 기대 안에 넣는다. 제품 프로토콜의 내용은 표적시장, 제품 포지션, 제품속성이나 지각도 등이 있다.

1) 표적시장

대부분의 기업은 컨셉평가, 심사, 프로토콜 등 신제품 프로젝트 기법을 다룬다. 팔리는 신제품을 찾아내기 위해 좋은 실적을 갖고 있는 과학자를 의존하거나, 최종소비자와 제휴하는 새로운 방법을 찾고, 작업에서 보여주지 않은 기술을 찾는다. 이러한 것 중 어느 것도 프로토콜에는 적절하지 않다. 지각과 선호도 기법은 편익세분화가 확인되고, 구체적인 욕구가 이해되기 때문에 유용하다. 시장규모, 성장률, 긴급한 욕구, 구매력, 경쟁적 진출의 용이성 때문에 주요 표적시장을 갖으려고 한다. 하나 이상의 이차 표적시장은 성공적인 도입 후 이동하기 위해 선택될 것이다. 일차시장이 기술적 실패, 규제, 경쟁 등으로 물 건너간다면, 대안적인 표적시장이 적어도 하나는 선택될 것이다.

2) 제품 포지셔닝

제품 포지셔닝은 많은 기업에게는 현실적인 난제이다. 제품 포지셔닝은 광고업계에서 나온 말이다. 예를 들면, X제품은 어떠한 편익 때문에 다른 제품보다 사용하기에 더 좋다는 것이다. 제품 포지셔닝은 새로운 것으로 알리고, 시용구매하기 위한 실제적인 이유를 최종사용자에게 제공한다. 경쟁자들이 지금 사용하고 있는 것보다 더 좋게 만들고, 경쟁자들이 공격하는 문제를 최종사용자에게 알려준다. 지각도 때문에 쉽고 차별화된 경쟁영역 선정활동은 제품에 대한 바람직한 포지션 옵션에 대한 중요한 정보를 제공한다. 좋은 제품컨셉은 이해관계자들이 제품의 시용구매와 포지션 주장에 흥미를 갖도록 한다. 기술자들은 신상품의 포지션을 자주 듣지 못한다. 포지션의 오해는 다른 것보다 기술과 마케팅의 원인이 된다. 제품 포지셔닝은 별도로 자세히 설명한다.

3) 제품속성

제품(product)을 편익, 기능과 특징의 3가지 유형으로 정의한다. 제품편익은 기능이나 특징보다 더 많이 프로토콜을 사용하는 가장 바람직한 형태이다. 컨조인트분석과 다른 컨셉평가 기법으로 얻는 정보는 특징, 기능과 사양의 결합이 제품으로 들어가야만 하는 것을 결정할 때 유용하다. R&D 직원은 바람직한 편익을 제공하기 위해 제품을 가장 잘 설계하는 법을 찾아내는 데 자유롭다. 기능(function)은 혼란을 일으킨다. 마케터들은 기능을 종종 성능사양, 성능요인 (performance parameter)이나 설계요인으로 부른다. 서비스 프로토콜은 서비스의 생산이 제품이 아니라 수행이기 때문에 수행용어로 인식된다. 제조자들은 컨셉평가나 제품사용평가가 고객욕구 충족의 확인을 쉽게 얻을 수 있기 위해 프로토콜을 빨리 착수한다.

고객들은 구매의사결정을 하고, 구체적인 사양이 있는 제품을 요구한다. 고객들이 자격이 있고, 제품특징이 그들을 위해 할 수 있는 것을 회사보다 더 잘 안다면, 귀 기울이는 것이 현명하다. 선도구매자들로부터 최종 제품컨셉에 관하여 의견을 듣는다. 벤치마킹 전략은 최선 중에 최선을 가져야 한다. 최선의 특징을 시장에서 찾고, 새로운 제품으로 조립한다.

현명한 자는 찾아내는 것보다 더욱 많은 기회를 만든다(Francis Bacon).

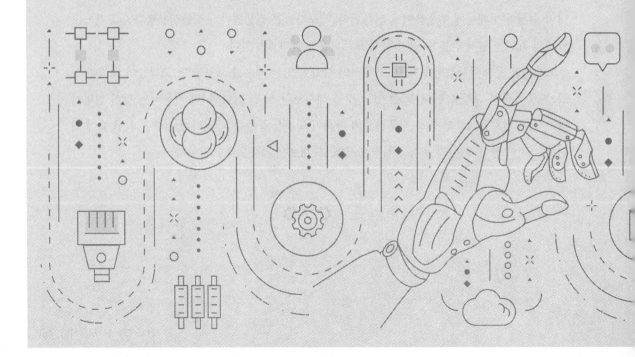

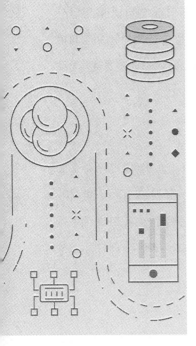

12

제품구조

01 제품구조

02 재품플랫폼 설계

첨단기술의 빠른 확산과 함께 변화 속도가 날로 격해지는 가운데 소비자들의 선택을 받기 위해 모든 기업이 무한 경쟁을 벌이고 있다. 소비자 기호 역시 다양해지고, 또 변화무쌍해진 것이 사실이다. 이런 시대에 소비자들의 선택을 받는 제품을 보유하고 있다는 것은 기업에 크나큰 힘이다. 한국능률협회컨설팅(KMAC 대표 김종립)이 매년 조사하는 '더 프라우드(THE PROUD) 대한민국 100대 상품'은 소비자 선택과 시장 트렌드를 반영하는 대표적인 척도다. 올해로 24회째를 맞는 더 프라우드는 소비자 조사와 전문가 평가를 통해 주목받는 신상품, 고객가치 최우수상품, 대한민국명품 등 3대 항목에 근거해 대한민국 100대 상품을 선정하고 기업에는 상품개발 로드맵을, 소비자에게는 가치 있는 구매 준거를 제공하는 국내 최고 수준의 상품평가제도다.

▐▶ 트랜드는 치유

올해 트렌드는 '치유(HEAL)'다. 치유 트렌드는 대내외적인 문제들로 많은 불안감을 느끼고 스트레스에 시달리는 소비자들에게 기능적인 가치는 물론 감성까지 고려해 진정성을 담아 다가가려는 기업의 배려심이 반영되었다고 할 수 있다. 한국능률협회컨설팅은 이를 '집의 귀환(Homescape)', '영향력이 큰 유명인과 인터넷 유명인사들의 영향력 강화(Economy of celebrity and influencer)', '건강에 해가 되는 제품 등을 피하는 위험회피(Avoidance of danger)', '적은 노력으로 큰 효과를 볼 수 있는 제품(Less effort, more results)' 등 4가지로 요약했다.

▐▶ 주목받는 신상품

올해 조사에서 주목받는 신상품에는 △신한 FAN(앱카드) △한화생명 100세건강 입원수술정기보험 △한화생명 간편가입 건강보험 △비비빅·빠삐코·더위사냥 라떼(세븐일레븐) △파리바게뜨 천연효모빵 △마시는 고려은단 비타민C 1000 △카카오드라이버 등이 꼽혔다. 고객가치 최우수상품에는 △신한미래설계 △하이세탄 에쓰-오일 경유 △세븐카페 △쏠라이트 배터리 △설화수 윤조에센스 △알바천국 △고려은단 비타민C 1000 △자연실록 △슬림닭가슴살 △한샘ik △요리에센스 연두 △위닉스뽀송 제습기 △카카오택시 등이 선정됐다. 대한민국명품에는 △신한 PWM △커피얼음정수기 휘카페-Ⅳ 엣지 △설화수 △힐스테이트 △SSG 푸드마켓 △서울대학교병원 강남센터 건강검진 △시몬스 침대 △로얄컴바스 등이 최고의 상품 경쟁력을 지닌 대한민국 1%로 선정되었다.

집의 귀환

올해의 4大 키워드
- 집의 재발견 - 커피도 내려주는 정수기·고품격 주거
- 유명인의 힘 - SNS 소개로 불티난 초코파이·화장품
- 건강 지키고 - 건강검진·100세보험·천연효모 건강빵
- 시간 아껴라 - 편의성 높인 앱카드·맞춤형 자산관리

집의 귀환은 집의 의미가 새롭게 부각되는 시대란 점이 반영된 것이다. 불과 몇 년 전만 해도 집은 잠만 자는 곳의 의미가 강했지만 최근에는 휴식처와 도피처, 나만의 아늑한 공간 등으로 재조명되기 시작하면서 집과 주거인을 위한 상품과 서비스가 주목받는 모습이 나타났다. 초소형 사이즈로 물과 얼음은 물론 에스프레소 커피까지 가능하게 해 홈카페에 대한 니즈를 충족한 '커피얼음정수기 휘카페-Ⅳ 엣지', 라이프와 스타일에서 앞서가는 리더들에게 품격과 지위를 제공하는 주거단지 '힐스테이트', 집 리모델링 콘텐츠 방송인 집방이 성행함에 따라 이러한 현상을 반영한 '한샘ik'와 '로얄컴바스', 점차 늘어가는 수면장애 경험자들의 숙면에 대한 욕구를 고품질 침대와 매트리스로 충족시킨 '시몬스 침대' 등이 홈스케이프 현상을 대표했다.

유명인사들의 영향력 강화

▶ 대한민국명품

분류	상품
디지털·가전	LG SIGNATURE OLEDTV (LG전자)
	커피얼음정수기 휘카페-Ⅳ엣지 (청호나이스)
자동차	BENTZ SCLASS (메르세데스-벤츠 코리아)
친환경 주거·리빙	힐스테이트 (현대건설)
	시몬스 침대 (시몬스)
	로얄컴바스 (로얄앤컴퍼니)
뷰티	설화수 (아모레퍼시픽)
금융	신한 PWM (신한은행)
전문서비스	SSG푸드마켓 (신세계)
	신라호텔 (호텔신라)
	서울대학교병원 강남센터 건강검진 (서울대학교병원)
	서울대학교 암병원 (서울대학교병원)

유명인사들의 힘이 강해졌다는 것이다. 소셜미디어 등의 확산과 함께 이제는 SNS 세상에서 유명인사들인 '인플루언서'까지 등장했다. 이는 우리만의 현상이 아니다. 중국에서 등장한 왕홍(網紅·SNS에서 팔로어를 50만명 거느린 사람)의 영향력 강화는 세계적인 트렌드임을 보여준다. 셀러브리티와 인플루언서, 나아가 개개인의 평가와 홍보는 너무 많은 상품 속에서 갈피를 잃은 소비자들의 구매 기준으로 작용하기도 했다. '비비빅·빠삐코·더위사냥 라떼'는 소비자들이 즐겨 먹던 아

이스크림을 우유로 만든 상품으로 인터넷상에서 상당수 리뷰가 올라오고 추천을 받았다. '초코 파이 정(情) 바나나' 역시 SNS상에서 '인증'이 홍보 효과로 작용해 품귀 현상까지 빚었다. '설화수' 는 국내를 넘어 글로벌 셀러브리티가 이용해 해외 고객 마음까지 사로잡았으며 특히 단일 상품 매출 1조원을 달성한 '설화수 윤조에센스' 등이 이러한 셀러브리티 경제와 인플루언서 영향을 증명했다.

▶ 위험회피

건강에 해가 될 수 있는 제품을 피하려는 위험 회피다. 메르스·지카바이러스 감염 사태를 비롯해 미세먼지 등 대기오염 문제는 건강관리에 대한 관심을 증대시켰다. 이제 건강관리를 위한 적극적 노력은 단순한 사후 대책이 아니라 건강을 위협할 수 있는 요소를 사전에 차단하는 사전적 예방으로 나타나기 시작했다. 이러한 현상이 소비자의 상품 선택 기준이 된 것이다. 잠재적인 질병 가능성을 사전에 확인하고 차단하고자 하는 소비자 의지가 반영된 '서울대학교 강남센터 건강검진', 100세까지 보험료 인상 없이 보험금을 지급해 언제 찾아올 지 모르는 질병에 대한 불안감을 해소한 '한화생명 100세 건강 입원수술정기보험', 천연 누룩에서 찾아낸 효모로 만들어 식감과 맛은 물론 건강빵 트렌드까지 선도한 '파리바게뜨 천연효모빵' 등이 건강관리에 대한 소비자 관심을 대표했다.

▶ 적은 노력으로 큰 효과

바쁜 현대인을 위해 짧은 시간에 최대 효과를 내는 제품들도 인기를 끌었다. 근로 인구 중 42%가 타임푸어족에 속해 있다. '타임푸어족'은 시간을 효율적으로 배분하고 현명하게 쓰려고 시도할 수밖에 없다. 관련 서비스는 물론 O2O 서비스까지 이용할 수 있게 해 이용자 편의성을 높인 '신한 FAN(앱카드)', 착화성이 좋아 연비를 향상시키고 소음과 진동은 줄인 '하이세탄 에쓰-오일 경유', 끊임없는 기술혁신으로 배터리 부식률을 개선하고 수명을 연장하여 더 높은 가치를 갖춘 '쏠라이트 배터리', 합리적인 가격으로 양질의 커피를 편의점에서 대기시간 없이 즐길 수 있도록 한 '세븐카페', 온디맨드 서비스로 언제든지 필요할 때 택시기사와 대리기사를 배치하여 소비자들의 이용 편의성을 도운 '카카오택시'와 '카카오드라이버' 등이 편의·편익을 모두 고려한 상품으로 선택됐다.

매일경제 2016.07.12

01 제품구조

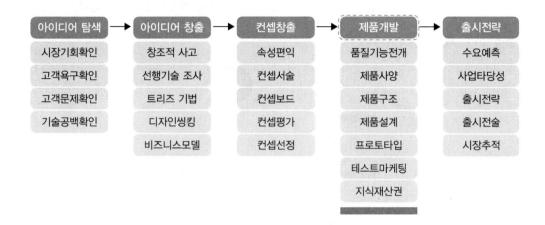

아이디어 탐색	아이디어 창출	컨셉창출	제품개발	출시전략
시장기회확인	창조적 사고	속성편익	품질기능전개	수요예측
고객욕구확인	선행기술 조사	컨셉서술	제품사양	사업타당성
고객문제확인	트리즈 기법	컨셉보드	제품구조	출시전략
기술공백확인	디자인씽킹	컨셉평가	제품설계	출시전술
	비즈니스모델	컨셉선정	프로토타입	시장추적
			테스트마케팅	
			지식재산권	

1 제품구조의 이해

1) 제품구조의 개념

제품은 전체적인 성능을 구성하는 기능요소와 부품을 결합한 외형요소로 이루어진다. 제품의 기능적 요소(functional elements)가 물리적 덩어리(physical chunks)로 배열되고, 덩어리가 상호작용하는 방식이다.[1] 제품구조는 제품이 어떻게 설계, 제작, 판매, 사용과 수리되는지를 알려준다. 예를 들면, 자동차의 진행방향을 조절하는 조향장치는 조향 핸들, 조향 축, 조향 링크와 조향 기어 등의 구성부품으로 이루어져 있다. 이 구성부품이 조향장치라는 덩어리 속에서 결합된다. 덩어리 (chunks)란 하나의 기능을 수행할 수 있도록 관련된 구성부품을 결합한 것을 의미한다.

제품구조(product architecture)는 제품 본래의 기능을 수행할 수 있도록 관련된 덩어리의 집합으로 필요한 기능을 전달하기 위해 제품의 물리적 요소(physical element)를 배열한 것이다. 제품구조

---

1 Ulrich(1995).

는 제품의 기능(function)을 형태(form)로 전환하는 과정에서 만들어지는 결과물로 제품의 구성부품, 하위시스템과 이들 간의 인터페이스로 이루어진다. 제품구조는 기능을 형태로 배치하는 과정이지만, 제품설계(product design)는 형태에 대한 형태(form to form)를 배치하는 상위구조를 하위구조로 배치하는 과정이다. 따라서 제품의 물리적 요소는 부품, 구성부품, 모듈, 덩어리, 제품플랫폼의 과정을 거친다. [그림 12-1]은 제품의 위계적 구조를 일반적으로 표한한 것이다.

▼ 그림 12-1 제품의 위계적 구조

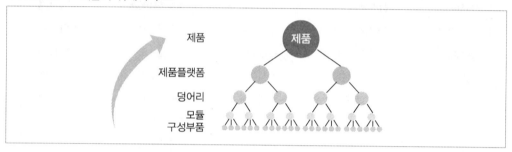

기능(function)은 어떤 부품이나 장치가 작동하는 일이며, 형태(form)는 기능을 달성하기 위한 물리적 형상, 구성, 재질 등을 말한다. 제품의 기능적 요소는 제품의 전체 성능에 영향을 주는 개별적 작동과 변환이며, 물리적 요소는 실제로 제품의 기능을 구현하는 부품과 구성요소로 주요 구성부품과 제품의 기능을 구현하는 부품의 집합으로 구성된다. 다음은 제품에 요구되는 품질특성에 관한 요소이다.

- 물리적 요소
  - 외관의 특성(크기, 길이, 두께, 무게)
  - 동적 성질(속도, 강도, 취성), 물성(통기성, 투광성, 신축성)
  - 광학적 성질, 음향적 성질, 화학적 성질, 전기적 성질
- 기능적 요소: 효율, 안전성, 기능의 다양성, 사용성, 휴대성
- 인간적 요소: 이미지, 희소성, 습관, 지적 정서적 충실감
- 시간적 요소: 내한성, 내습성, 내진성, 지속성, 속효성(速效性),[2] 내구성, 보전성
- 경제적 요소: 저가, 유지비, 수선비, 처리비

---

2 빠르게 나타나는 효과를 가진 성질

- 생산적 요소: 작업성, 원재료, 수율
- 시장적 요소: 적시성(유행, 계절), 품종의 다양성, 신용, 제품수명주기

2) 제품구조 용어

구성부품(component)은 제품을 완성하는 데 필요한 확인할 수 있는 부품으로 제품을 구성하는 구성요소를 뜻한다. 구성부품은 시스템이 작동할 때 독특하고, 필요한 기능을 수행하며, 완성이나 포장의 한 부분으로 포함되기 때문에 매우 중요한 품질과 비용항목이다. 덩어리는 하나의 기능을 수행할 수 있도록 관련된 구성부품을 결합한 것을 뜻한다.

모듈(module)은 제품을 구성하는 요소이다. 즉, 기계, 가구, 건물 등을 구성하는 규격화된 조립부품이다. 모듈은 구성부품이 하나 또는 소수로 이루어져 기능을 구현하고, 매우 명확한 상호작용을 한다. 제품구조(product architecture)는 제품 안에 있는 구성부품의 배열을 의미하며, 이는 기능요소의 배열, 기능요소를 물리적 구성부품으로 배열, 상호 작용하는 물리적 구성 요소 가운데 인터페이스 사양으로 구성된다. 제품구조에는 모듈식과 통합식이 있다.

제품플랫폼(product platform)은 다양한 상품을 생산하거나 판매하기 위해 공동적으로 사용하는 기본구조, 틀을 의미하며, 공통 구성부품, 모듈 또는 부품의 집합이다. 제품군(product family)은 유사한 특징과 기능성을 공유하고, 다양한 틈새시장을 충족하기 위해 제품플랫폼으로부터 이끌어낸 관련제품의 집단이다. 기술, 공정, 부품 등 공동요소를 갖는 제품의 집합을 의미한다. 예를 들면, 신일전자에서 생산하는 탁상용 선풍기나 스탠드 선풍기 등이 동일한 제품군에 해당된다.

- 구성부품: 제품을 완성하는 데 필요한 확인할 수 있는 부품으로 제품을 구성하는 구성요소
- 모듈: 제품을 구성하는 요소이다. 즉, 기계, 가구, 건물 등을 구성하는 규격화된 조립부품
- 덩어리: 하나의 기능을 수행할 수 있도록 관련된 구성부품의 결합
- 제품플랫폼: 다양한 상품을 생산하거나 판매하기 위해 공동적으로 사용하는 기본구조
- 기능: 어떤 부품이나 장치가 작동하는 일
- 형태: 기능을 달성하기 위한 물리적 형상, 구성, 재질
- 제품구조: 제품 본래의 기능을 수행할 수 있도록 관련된 덩어리의 집합

② 제품구조의 유형

1) 제품구조의 유형

모듈(module)은 다수의 부품으로 구성되어 있는 표준화된 중간 조립품(subassembly) 또는 제품의 구성 조립부품이다. 즉, 기계, 가구, 건물 등을 구성하는 규격화된 조립부품이다. 예를 들면, 자동차의 엔진, 변속기 등이 해당된다. 모듈러 설계는 제품의 다양성을 높이면서도 동시에 제품생산에 사용되는 구성품의 다양성은 낮추는 제품설계의 한 방법이며, 많은 서로 다른 제품으로 조립될 수 있는 구성 조립부품이다. 따라서 모듈들을 개발함으로써 고객에게는 다양한 제품을 제공하되, 생산에는 한정된 수의 기본 구성품만 사용한다. 이러한 모듈은 구성부품이 하나 또는 소수로 이루어져 기능을 구현하고, 매우 명확한 상호작용을 한다. 모듈구조에서 물리적 덩어리가 제품의 기능요소를 구현한다. 기업은 모듈을 활용하여 작동성능에 실질적인 부정적 영향을 주지 않고, 제품다양성을 증가할 수 있다. 모듈구조는 다음과 같이 2가지 속성을 갖고 있다.[3]

- 덩어리는 하나 또는 몇 가지 기능요소를 갖고 있다.
- 덩어리 간의 상호작용은 분명하게 나타나 있고, 제품의 주요 기능에 필수적이다.

예를 들면, 자동차 엔진은 팬 로터, 팬 케이스, 압축기, 연소실, 저압 터빈과 고압 터빈 등 여러 가지의 모듈로 분할되어 있다. 이러한 모듈은 여러 개의 구성부품으로 이루어져 있다. 이 모듈이 결합하여 자동차의 엔진을 형성하고, 특정의 모듈만을 쉽게 교환이나 분해할 수 있다. 이와 같이 완성차 업체는 자동차 조립공정의 일부를 부품업체에 이관한다. 자동차 조립에는 2만여 개의 작은 부품이 소요되는데, 대형 부품회사가 몇 개의 덩어리로 분할하여 중간 부품을 만들면, 완성차 업체는 이를 조립하는 생산방식을 취한다. 따라서 완성차 업체는 수만 개의 부품을 조립하는 공정을 모듈방식을 통해 수백 개로 대폭 줄일 수 있다. 모듈설계방식에서는 각 제품을 개별적으로 설계하지 않고, 표준화된 구성부품의 조립품인 모듈들을 중심으로 제품을 설계한다.

---

3 Ulrich(2012).

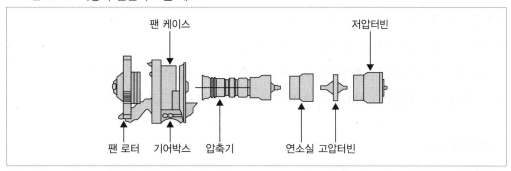

자동차의 예를 들면, [그림 12-3]처럼 좌측은 자동차의 모듈 종류이다. 이때 전체 모듈의 수가 16가지이지만, 생산 가능한 제품의 수는 무려 200가지나 된다. 이처럼 모듈은 다양한 제품으로 결합될 수 있는 표준화된 소수의 구성부품(모듈)을 개발하여 최종 조립단계에서 이들을 서로 상이하게 결합함으로써 제품다양화를 구현할 수 있다.

▼ 그림 12-3 모듈의 예

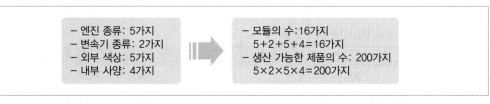

2) 모듈구조와 통합구조의 특징

제품구조는 모듈제품구조와 통합제품구조의 특성을 대부분 갖고 있고, 또한 요소 간의 상호 관련 형태로 전체 제품시스템을 다른 하위시스템으로 나누고, 다양한 하위시스템의 구조와 기능을 조정한다. 구성요소 간의 강도와 형태의 복잡성에 따라서 제품구조는 모듈제품구조와 통합제품구조로 분류한다.[4] 모듈구조(modularization product)에서는 단순한 기능요소와 구조요소 간의 연결은 일대일 대응이지만, 통합제품구조(integrity product)에서는 복잡한 다대 다 대응이다. 모듈제품구조는 기능적 요소를 물리적 구성부품으로 일대일 배열로 이루지고, 구성부품 사이에 있는 분리된(decoupled) 인터페이스를 지정한다. 반면에 통합제품구조는 기능적 요소를 물리적

---

4 Ulrich(2012).

구성부품으로 복잡한 다대일이나 일대다 배열을 포함하고, 구성부품 사이의 연결된(coupled) 인터페이스를 지정한다. 모듈방식과 통합방식의 차이는 제품 안에 있는 구성부품의 상호연결이다. 많은 부품으로 이루어진 자동차는 대표적인 통합제품구조이지만, CPU, DRAM이나 HDD 등이 독립적으로 개발되고 생산되는 PC는 대표적인 모듈제품구조이다. 일반적인 제품구조는 모듈과 통합구조 결합이 포함되어 있다. 다음은 모듈구조와 통합구조의 특징이다.

☑ 모듈구조

• 제품의 각 기능적 요소는 다수의 부품으로 구성되어 있는 표준화된 중간조립품
• 각 물리적 요소 사이의 상호작용이 잘 정의된 설계

☑ 통합구조

• 제품의 기능적 요소는 하나 이상의 구성부품으로 구현
• 하나의 구성부품은 여러 가지 기능적 요소를 구현
• 구성부품 사이의 상호작용이 불명확

▼ 표 12-1 모듈구조와 통합구조의 장단점

	장점	단점
모듈 구조	장치 재구성 개선	장치의 유사제작 가능
	신장치의 도입속도와 장치 다양성 증가	경쟁자가 장치의 모방용이
	유지관리 및 서비스 개선	장치성능 감소
	어느 정도 제조와 개발작업 분리가능	통합설계보다 고비용
통합 구조	경쟁자의 설계모방 곤란	생산할 때 설계의 변경지장
	적은 인터페이스	생산 가능한 다양한 장치감소
	시스템 성능향상과 시스템 비용 절감	

모듈제품구조(modular product architectures)는 각 구성부품의 독립성(분해된 구조)을 명확히 하고 하나 이상의 기능요소를 구현한다. 이때 각 기능요소는 정확히 하나의 물리적 덩어리에 의해서 구현된다. 덩어리는 내부에서 통합되나, 기능적으로나 물리적으로 서로 독립적이다. 각 제품은 모듈이 설치되는 일련의 모듈 구멍(module slot)으로 구성된다. 따라서 모듈방식은 다양한 유사한 제품을 제조하기 위해 제품구조 안에서 교환될 수 있는 구성부품이나 소조립품(subassembly)이다.

예는 PC가 있다. 마더 보드를 제외하고, PC의 모든 구성부품은 비교적 쉽게 교환하거나 제거할 수 있는 능력을 갖고 있다.

▼ 그림 12-4 **모듈제품구조**

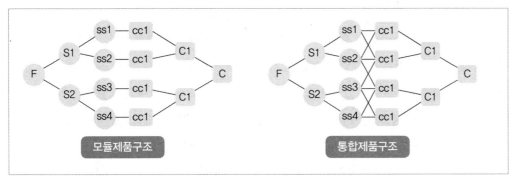

모듈제품구조   통합제품구조

*F와 C는 전체 제품기능, S와 C는 하위 기능, ss와 cc는 차하위 기능
Source: Fujimoto(2002)

이와 달리 통합제품구조(integral product architectures)는 한 덩어리보다 더 많이 사용하여 구현하는 방식이다. 단일 덩어리는 많은 기능을 구현한다. 덩어리 간의 상호작용은 불명확하며, 제품의 주요 기능에 부수될 수 있다. 통합제품구조는 다양한 방법으로 상호작용하는 다른 구성부품 간의 많은 연결을 갖고 있다. 통합구조에서 제품의 기능요소와 물리적 구성부품 간의 일대일 배치는 존재하지 않고, 구성부품 사이에 공유된 인터페이스가 연결되거나 매우 상호의존적이다. 한 구성부품에 대한 변화는 다른 요소에 변화를 주지 않고서는 이루어질 수 없다. 통합구조의 예는 스마트폰이나 MP3이다. 이러한 손바닥 크기의 장치는 개인 음악을 조직하고, 가동하고, 저장할 수 있는 기능을 갖고 있다. 대부분의 물리적 제품은 어느 정도 통합구조이다.

- 제품의 기능적 요소는 하나 이상의 덩어리를 사용함으로써 구현된다.
- 단일 덩어리는 많은 기능요소를 구현한다.
- 덩어리 간의 상호작용은 분명하지 않고, 제품의 주요 기능에 부수적이다.

통합구조는 일반적으로 성능을 향상하고, 비용을 절감한다. 덩어리는 내부에서 통합되고, 서로 상호의존적이다. 통합구조 설계는 팀 구성원이 각각의 전문지식에 의존하기 때문에 지식공유와 상호학습을 향상하는 효과가 있다. 통합구조는 물리적 요소에 의해 공유된 기능이고, 모듈구조는 분리된 요소에 의해 각 기능이 전달된다. 통합제품구조는 각 부품의 상호의존성(긴밀하게 연결된 구조)을 명확히 한다.

3) 모듈제품 개발의 이점

모듈설계(modualr design)는 호환성이 있는 표준모듈을 다르게 결합하여, 제품의 다양성과 생산원가의 절감이라는 이중의 목적을 달성하는 제품설계이다. 제품구조에 있어서 모듈화(modularization)는 여러 수준이 있지만, 모듈구조를 효과적으로 사용한다면 제품시장에서 경쟁할 때 많은 전략적으로 중요한 이점은 제품의 다양성, 대량주문생산, 개발비용의 절감, 규모의 경제, 빠른 기술적 진보, 출시시간의 단축, 하도급·네트워크 협력, 유지보수·수리 및 재활용의 용이성과 마케팅과 기술부문의 통합 등을 을 달성할 수 있다.[5]

☑ 제품의 다양성

사용자의 눈에 제품차별화의 중요한 원천이라고 생각되는 제품기능이나 특징이 단일 부품이나 부품의 하위시스템에 포함되기 위해서 모듈제품설계는 기술적으로 분할할 수 있다. 작업의 분해, 동시개발과 모듈 내에서 설계자유도를 제공하기 때문에 기능적 부품의 변형에 따라서 기능성, 특징과 성능수준의 다른 조합에 근거한 제품의 변형을 산출하기 위해 모듈구조 속으로 대체될 수 있다.

☑ 대량주문생산

회사는 일반적으로 표준화된 대량생산제품을 지원하는 과정을 선택한다. 대량생산과 주문생산을 결합하는 것은 역설이다. 대량주문생산(mass customization)은 유연한 공정을 통한 합리적인 저원가로 주문제품이나 서비스를 대량으로 제공할 수 있는 능력과 관련이 있다. 모듈구조로 생산된 제품은 제조시스템에 너무 많은 복잡성을 추가하지 않고 더욱 쉽게 변화를 줄 수 있다.[6] 그래서 모듈구조는 제품의 주문제작 정도를 향상하고, 순수한 주문제품과 대량주문제품을 구별한다. 따라서 부품이나 모듈이 표준화는 대량주문제품이 반복적인 생산과 관련이 있는 저원가와 지속적인 품질을 달성하게 한다.

---

5 Sanchez(2002).

6 Ulrich & Eppinger(2012).

☑ 개발비용의 절감

모듈설계 전략은 제품모델에 관하여 공통으로 사용되는 부품설계로 제품구조를 분할함으로 써 제조비용을 절감한다. 그러한 공통이나 재사용이 가능한 부품은 고객에게 기술적으로 필요한 기능을 제공하나 제품차별화의 원천은 아니다. 시간이 지남에 따라 향상되는 재사용된 부품설계의 가장 큰 이점은 서비스 비용과 신제품도입과 관련된 비용을 감소한다. 감소된 재료와 구매비용은 부품수의 축소로부터 얻게 된다. 모듈에서 대부분의 변화는 특징, 포장과 외관에 작은 변화를 줌으로써 성취될 수 있기 때문에 제품군의 생산이 상대적으로 용이하다.

☑ 규모의 경제

생산부품, 학습효과의 확대와 외주부품의 구매력 증가로 제조비용은 감소된다. 공통과 재사용의 확대는 부품다양화를 감소하고, 결과적으로 부품의 재고비용을 감소하여, 규모의 경제를 실현할 수 있다.

☑ 빠른 기술적 진보

제품개발에서 모듈구조는 과업 중에 분할되는 설계를 위한 부품개발의 공정을 허용한다. 모듈제품개발은 전략적 유연성의 중요한 형태가 된다. 전략적 유연성은 기존이나 새로운 모듈의 다른 결합으로부터 파생되는 제품변형을 신속하고 저렴하게 산출함으로써 변화하는 시장과 기술에 회사가 반응하는 유연한 제품설계이다. 중요한 점은 한 부분의 제품변화는 제품의 제한된 부분에만 영향을 미친다는 점이다. 모듈제품구조는 구성부품의 분해, 교체와 설계의 변경이 용이하기 때문에 제품수명주기 동안에 이용할 수 있는 기술적으로 향상된 부품을 수용하도록 설계할 수 있다. 부품 인터페이스가 향상된 부품의 도입을 쉽게 지원할 수 있고, 기술적으로 개선된 부품으로 향상된 제품변형을 즉시 시장에 출시할 수 있다.

☑ 출시시간의 단축

개발활동은 모듈 간의 인터페이스가 명확하고 후속작업이 설정된 인터페이스 사양과 일치하면 가능하다. 부품개발 과정 중에 부품 인터페이스가 충분히 명확하지 않고 표준화되지 않을 때 발생하는 부품의 시간이 걸리는 재설계를 제거함으로써 전반적인 개발시간과 자원의 필요조건을 감소할 수 있다.

☑ 하도급 · 네트워크 협력

모듈구조에 대한 분명하고 표준화된 구성부품 인터페이스는 신제품의 구성부품을 위한 시스템사양을 제공한다. 이것은 신제품구조에서 설계자의 분산 네트워크가 부품을 개발하도록 한다. 신제품개발에서 모듈화의 성공이나 실패는 공급자와 구매자의 협력에 달려있다. 밀접한 협력으로 여러 가지로 조합할 수 있는 표준화된 부품을 제조함으로써 최소 종류의 부품으로 최대 종류의 제품을 생산할 수 있다.

☑ 유지보수 · 수리 및 재활용의 용이성

모듈에 의해서 유지 보수 · 수리 및 재활용의 운용은 아주 간단하다. 예를 들면, PC에서 HDD가 결합이 생겼다면 전체시스템에 영향을 주지 않고, 쉽게 대체되거나 수선될 수 있다. 모듈구조는 시장불확실성을 다루는 데 사용된다. 미래소비자 선호가 불확실할 때 제품변형의 범위를 수용하는 유연성은 미래에 소비자가 원하는 제품변형에 관한 축소할 수 없는 불확실성을 다루는 수단으로써 모듈구조 안에 설계된다.

☑ 마케팅과 기술부문의 통합

모듈구조가 특정 사용자의 편익이 특정 기술부품 속으로 일대일 배치되는 것을 표현할 수 있기 때문에 각 부품의 전략적 역할은 분명하게 된다. 이와 같이 전체 제품이 갖고 있는 가능한 문제와 가능성을 확인하는 것이 보다 더 쉽다.

③ 제품플랫폼

제품플랫폼(product platform)은 다양한 제품을 생산하거나 판매하기 위해 공동적으로 사용하는 기본구조, 틀을 의미하며, 공통 구성부품, 모듈 또는 부품의 집합이다. 대체로 공통성이 같아서 이를 토대로 제품군이 구성된다. 따라서 제품플랫폼은 제품군 안에 포함되어 있는 다양한 제품들에 공통으로 포함시킬 수 있는 부품들의 집합이다. 제품플랫폼의 활용은 부품들을 공유함에 따라 적은 비용으로 다양한 제품을 효율적으로 개발할 수 있고, 제조의 복잡성을 줄일 수 있다. 또한 제품의 개발속도와 유연성을 증가시키고, 제품의 신뢰도를 증가시킬 수 있다. 예를 들면, 자동차 플랫폼, 전자제품 플랫폼, 방문서비스 네트워크 등이 있다. 제품플랫폼에 걸쳐서 구성부품과 제조공정을 공유함으로써 회사가 얻는 장단점이 있다.

1) 제품플랫폼의 장점

- 자원의 효율적 사용으로 제품차별화를 할 수 있다.
- 제조설계와 제조공정의 유연성과 민감성을 증가한다.
- 한 번에 단일 제품만을 개발하는 경쟁자로부터 시장점유율을 지킨다.
- 개발시간과 시스템 복잡성을 감소한다.
- 개발과 제조비용 축소와 제품개발의 효율성을 향상할 수 있다.
- 제품개량능력을 향상할 수 있다.
- 주문생산을 촉진할 수 있다.
- 제품에 대한 학습촉진과 복잡한 제품의 검사와 확인 감소

2) 제품플랫폼의 단점

- 예상치 못한 기술적인 문제가 있다.
- 고객욕구의 예측실패와 같은 초기의 실수는 영향이 크다.
- 지나친 공통성은 브랜드 이미지에 부정적인 영향을 준다.
  그러나 주문제작은 제품의 독특성과 차별성을 강조한다.
- 제품플랫폼 개발의 고정비용이 크다.
- 개발공정이 더욱 복잡하게 된다.
- 저급모델이 고급모델의 판매를 잠식할 수 있다.
- 저급과 고급 간의 부품공유는 저급의 과도한 설계로 단위변동비를 증가
- 단일제품처럼 제품군을 관리할 필요가 있는 제한된 수명을 가지고 있다.

4 제품구조의 구성요소

표준구성부품이 부품의 재사용성을 촉진하지만, 기업에 새로운 부품은 개선된 제품구조의 기술성능을 향상한다. 문제는 표준과 기업에 새로운 부품의 바람직한 결합으로 제품구조를 설계

하는 것이다. 대체가능성 측면은 부품공유로 동일한 제품군이 동일한 부품을 갖는다는 전제에 근거한 전략이다. 제품이 통합구조일 때 제품을 구성하는 부품설계는 서로 조절되어야 하고, 최적 조정은 잠재성과를 충분히 추출하기 위해 개별제품에서 찾아야 한다. 이와 달리 모듈구조는 다른 부품과 모듈을 연결하는 표준화된 인터페이스를 제공한다. 이러한 인터페이스와 호환되는 한 기존부품을 선택함으로써 다양한 제품을 생산할 수 있다.

1) 표준구성부품

구성부품(component)은 제품을 구성하는 구성요소나 부품을 의미한다. 이는 핵심설계 컨셉을 구성하는 제품의 물질적인 특징 부분이고, 잘 설계된 기능을 수행한다. 표준구성부품은 이전이나 기존 구조설계에서 사용되는 구성부품이다. 표준구성부품의 부분집합은 표준재고(off-the-shelf) 또는 일반 부품인 제품 구성요소이다. 많은 공급자들이 이러한 구성부품을 생산하기 때문에 산업표준으로 받아들여지는 명확한 기술사양을 갖고, 구매량에 따라서 변화하는 단위가격으로 열거된다. 표준구성부품에 대한 이전 경험 때문에 다른 구성부품과의 인터페이스 호환성은 비싼 검사비용을 발생하지 않는다. 기존 구성부품을 선택하는 가장 큰 이점은 투자의 최소화이다. 기존 부품의 재사용은 제품개발과 제작에 추가적인 투자를 피할 수 있다. 표준구성부품은 생산량으로부터 규모의 경제(economies of scale)를 활용하고, 제품의 크기와 중량, 제품의 변동비를 극소화한다.

2) 기업에 새로운 부품

새롭고 독특한 부품은 투자와 제조고정비를 요구한다. 부품공유는 신제품과 관련된 필요한 제조투자를 감소한다. 경영문제는 경쟁력 있는 높은 정도의 독특성을 어떻게 제공하는가이다. 기업에 새로운 구성부품은 처음으로 기업에 도입되는 제품별 구성요소이다. 기업에 새로운 구성부품이 다른 구성부품과 어떻게 상호작용하는지에 관한 이전 지식이 제한되어 있기 때문에 표준구성부품보다 더 큰 기술위험을 포함한다. 제품구조 안에 있는 다른 구성부품과의 인터페이스 호환성은 정기적으로 검사와 재평가해야 하고, 이러한 과정은 비용과 시간이 더 든다.

제품구조의 전반적인 성능을 향상함으로써 구성부품의 기술적 우수성에 의해서 위험은 정당화된다. 기업에 새로운 구성부품의 사용은 구성부품이 제품구조로 통합되는 것이 경쟁자의 모방을 막고 회사에 경쟁우위를 주기 때문에 전략적이다. 그러나 구성부품 간의 강한 상호의존성으로 시스템이 더 많은 기능성을 요구하기 때문에 많은 새로운 구성부품은 제품개발기간을 지연하고, 제품구조의 기술적 복잡성을 증가한다. 기업에 새로운 구성부품을 설계하는 것은 복잡한 방식으로 발생하는 고객요구 사항과 관련하여 제품성능을 극대화한다.

3) 인터페이스

인터페이스(interface)는 구성부품 간에 공유하는 연결이다. 인터페이스 사양은 기술시스템을 포함하는 모든 구성부품에 대한 기본적인 상호작용을 위한 프로토콜이다. 모듈방식은 기계의 생산에 규격화된 부품을 사용하는 것으로써 구성부품의 인터페이스 사양을 표준화함으로써 부품설계 간의 높은 상호의존성을 만든다. 인터페이스 사양의 공식화 및 개발은 세계적인 산업표준을 설정하는데 매우 큰 영향을 준다. 인터페이스의 표준화와 상세정도는 구성부품 간의 호환성을 명확하게 한다. 표준구성부품으로 구성된 제품구조는 모듈구조이지만, 결과적으로 기업에 새로운 부품의 도입은 모듈방식을 제한한다.

4) 연결결합도

제품성능은 복잡하고 상호의존적인 방식으로 서로 관련된 많은 구성부품에 의해 지배된다. 모듈 연결결합도(coupling)는 모듈이 실행되는 동안 다른 모듈과 연결되는 정도를 의미한다. 구성부품들이 서로 관련시키는 방식은 연결결합도를 창출한다. 기능성을 위한 많은 구성부품으로 연결되는 구성부품은 높은 연결결합의 정도를 강요한다. 부품 사이에 공유하는 강한 상호의존성이 부품의 재결합, 분리와 대체를 억제하기 때문에 높은 비율의 중요한 구성부품이 있는 제품구조는 쉽게 분해되지 않고, 높은 상승 특이성을 보인다.

5) 대체 가능성

제품구조 모듈방식의 또 다른 중요한 요소는 대체 가능성(substitutability)이다. 기술진보는 다른 것을 재사용하고, 대체의 경제를 활용하는 동안 어떤 부품을 대체함으로써 달성된다. 대체의 경제는 기존부품의 부분적인 보유를 통해서 높은 성능을 계획하는 비용이 시스템을 새롭게 계획하는 것보다 더 저렴할 때 존재한다. 표준부품이 부품 재사용성을 촉진하지만, 기업에 새로운 부품은 향상된 제품구조의 기술성능을 증대한다.

▼ 표 12-2 제품구조의 구성요소

구성요소	세부사항
표준부품	• 규모의 경제 • 원가절감 • 전문화 • 능력개발
기업에 새로운 부품	• 기술위험 • 제품 신기성 • 탁월한 성능 • 제한된 모방 • 장기적 신제품개발 주기
연결결합도	• 상승 특이성 • 중요부품의 확인 • 부품 간의 연결결합의 결속
대체가능성	• 대체의 경제 • 부품공유 • 제품다양화 • 품질향상

02 제품플랫폼 설계

모델 틀은 제품가치, 시장수요와 경쟁과 같은 고객영역과 연결된다. 경쟁을 만들지 않는 비독점시장에서 플랫폼 전략의 잠재이익을 평가하는 것은 많은 문제점이 있다. 기능과 물리적 영역에는 제품구조와 공학성능, 공정영역에는 제조비용, 재무영역에는 투자금융이 있다. 모델을 구축하는 절차는 고객영역에 대한 탐색부터 시작한다. 고객욕구를 탐색하여, 고객에게 제공할 제품가치를 정의하고, 시장의 경쟁환경으로부터 시장수요를 예측한다. 고객에게 제품가치를 제공하기 위해 기능적 요소를 결정하고, 물리적 영역으로 변환하는 제품구조를 결정한다. 또한 이와 관련하여 제조비용과 투자금융 측면을 고려한다. 결국 기업이 시장수요와 고객욕구에 기반하여 기능적 요소를 물리적 요소로 전환하여 수익을 창출하는 과정이 모델 구축절차이다.

▼ 그림 12-5 제품플랫폼 구축 모형

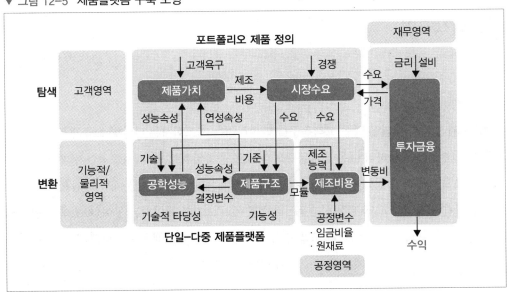

문제에 관한 해결책은 하위제품군에서 제품군으로 분할되는 것이다. 개인적 관찰은 기능적 영역이 기술이나 물리적 성격이 있는 영역보다 더 넓은 제품군을 다룰 수 있다. 물리적이고 기술적인 가능성에 의해 제약을 받는다. [그림 12-6]은 기능영역에서 사양이 상업관점으로 변환될 때 제품군의 범위가 감소되는 과정이다. 사양의 범위는 기능적 영역을 포함한다. 상업적 관점은 주로 판매과정 안에서 사용된다. 예를 들면, 시장에 제품을 전달하는 것은 저가와 고가 제품변형 간을 구별하기 위해 제품군 분할이 결정된다. 설계와 관련하여 제품군의 차이범위는 추가적인 영역 전달문제이다.

▼ 그림 12-6 **제품군의 범위 감소**

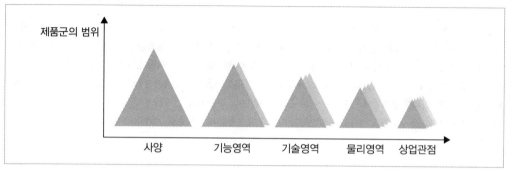

1 탐색국면

1) 제품가치

선호도가 밀집하지 않은 많은 고객욕구를 만족하려는 제조회사는 다양한 고급제품이 판매를 자극하고, 수입을 창출하기 때문에 제품군의 수요를 충족하려고 한다. 성공적인 신제품 플랫폼을 설계하고 개발하기 위하여 고객과 시장의 상호작용은 중요하다. 제품개발의 탐색국면은 전체 제품전략이 정의되고, 잠재적 신제품이나 플랫폼의 요소가 확인되는 곳이다. 고객이 인식하는 것은 해결능력의 향상이 아니라 제품의 기능성이다. 따라서 고객욕구를 탐구해야 한다. 고객욕구를 탐색하기 위해 고려해야 할 요소들이 있다.

- 고객만족을 유발하는 제품특징을 확인한다.
- 구매과정과 제품만족 간의 상호관련성을 이해한다.
- 고객욕구의 다양성과 고객 간의 최적의 통합을 결정한다.
- 고객관점에서 적절한 가치를 선택한다.

2) 시장수요

시장세분화는 각 세분시장, 계층의 욕구와 기대를 확인할 수 있는 가치 있는 도구이다. 시장세분화 분석의 결과는 시장세분화 안에 있는 설계변수와 기능속성을 군집화하는 것이다. 일단 시장이 기술되면, 회사는 고객이 회사의 제품이 매력적이라는 것을 발견하는 다양한 수준과 저비용을 유지하는 복잡성의 수준을 평가한다. 회사는 각 세분시장에서 하나의 모형을 정확하게 경쟁력이 있을 것이라고 판단하는 제품군을 정의한다. 회사는 어떤 세분시장을 목표로 하는지와 어떤 제품을 세분시장에 계획하는지를 결정한다. 이를 위해 제품군 포지션을 수행한다. 제품군 포지셔닝은 제품의 결합과 개별제품의 구성을 특정속성에 의해서 최적화하는 것이다. 이렇게 하면, 제품계열 설계문제를 해결하고, 고객선호분석을 동시에 수행할 수 있다. 고객선호분석은 개별제품의 부분가치 효용을 평가하는 효과적인 수단인 컨조인트분석에 근거한다.

② 변환과정

포괄적인 제품군의 실현과정은 고객욕구, 기능 요구 사항과 기술적 해결책뿐만 아니라 제조공정과 같은 문제를 고려한다. 공통성(commonality)은 구성부품, 모듈, 플랫폼과 제품군 수준에서 제품과 공정을 고려할 필요가 있다. 제조자의 관점에서 생산비용 절감으로 이어질 수 있는 공동특징, 구성부품과 소조립품이 있는 신제품을 설계하는 것이 필수적이다.

1) 제품구조

제품구조는 제품의 가치창출 기능으로 정의하고, 물리적 구성부품과 모듈이 배열된 것이다. 제품구조에 대한 투입 규제와 표준, 기능적 요구 사항과 성능속성이다. 제품구조의 정의는 독립설계변수의 벡터에 대한 물리적 구성부품과 관련된다. 제품구조에서 주요 난제의 하나는 형태(객체)와 기능(공정)의 동시 시각화이다. 형태공정 방법론(object process methodology)은 제품구조를 나타내는 그래픽을 뜻한다.

2) 공학성능

제품구조는 보통 공학성능에 주어진 투입이다. 공학설계 공정에서 대부분의 단계를 확인하고, 기술하고, 공정을 개선하고, 문제를 해결하기 위하여 의도된 것을 확인한다. 이 모델의 주요 과업은 기능속성이 요구된 목표에 가깝게 이르도록 상하 경계와 다른 기술제약을 조건으로 하여 타당하거나 최적 가치를 결정하는 것이다.

3) 공통성

공통성(commonality)은 다른 시스템과의 접속을 위해 표준화되거나 공통적인 규약과 인터페이스를 채택하고 있는 정도이다. 공통성은 각 세분시장에서 고객의 선택을 제한하지 않고, 어떤 제품군 안에 있는 제품에 대해 가치 없는 것을 추가하는 변형제품을 최소화함으로써 얻게 된다. 공통성은 제품개발 중 제품생산 시작부터 완성까지 걸리는 시간(lead-time)과 위험, 재고비용과 처리비용, 공정시간, 제품라인의 복잡성, 준비시간과 재정비 시간을 감소하는 장점이 있다. 대부분의 공통성 지표는 구성부품 관점에 근거한다. 부품의 특징적인 3가지 유형이 있다.

- 독특성: 제품군 내에서 한 제품만이 사용하는 것이다.
- 변형: 제품군의 일부 제품이나 전 제품이 설계, 형태와 재료가 조금 다르다.
- 공통성: 제품군의 일부 제품이나 전 제품이 공유하는 동일한 부품을 필요로 한다.

4) 제품가치

기능·물리적 영역과 고객영역 간의 인터페이스는 주로 성능속성이 시장에서 어떻게 바뀌는지와 관계있다. 제품가치(product value)의 역할은 기능속성이 화폐단위로 표현되는 가치라고 부르는 절대적 스칼라 양 V로 바뀌는 것이다. 물리적인 양에는 방향의 구별은 없고 하나의 수치만으로 완전히 표시되는 양인 스칼라(scalar) 양과 대소와 함께 공간적인 방향을 동시에 표시하는 양인 벡터(vector) 양이 있다. 가치는 소비자가 제품이나 서비스에서 끌어내는 총이익이나 유용성을 표현한다. 구매시간에 구매자가 얻는 지각된 순가치(net value)는 V–P이고, 판매자의 이익은 P–C 이다. 이때 V는 가치, P는 가격, C는 비용이다.

스타일과 편안함과 같은 공학모델에 의해 직접적으로 예측될 수 없는 것이 연성속성이고, 제품가치모델은 이 속성에 의해서 또한 영향을 받는다. 그리고 그것은 소비자 조사를 통해서 측정할 수 있을 뿐이다. 연성제품속성(soft product attribute)은 디자인, 스타일과 이미지이며, 이것은 제품개발에 관여된 사람들이 더 부드럽거나 무형적인 가치를 전달하는 것을 더 중요하게 한다. 연성제품속성은 주관적이고 정서적이다. 이런 것들은 매력적인, 젊은, 운동가다운, 즐거운, 여성과 같은 단어로 묘사되지만, 객관적인 도구로 측정하거나 정량화할 수 없다. 이러한 속성들은 제품특징과 사용자 경험과 관련이 있다. 연성속성은 산업설계자들의 범위이다. 연성속성은 문제와 해결책 사이에 직접적인 연결이 없기 때문에 관리하기가 매우 복잡하다.

반대로 경성제품속성(hard product attribute)은 객관적이고 측정가능하며 제품의 기능성과 성능과 관계가 있다. 예를 들면, 힘, 속도, 무게와 가격 등이다. 이런 것들은 주로 엔지니어의 범위이다. 제품의 주요 경성속성은 다소 명확하다. 성능, 무게, 비용과 주요 특징은 모두 측정하고 검사뿐만 아니라 정의하기가 상대적으로 쉽다. 경성속성에 대하여 제품특징화와 제품설계는 직접적이고 명확하다. 제품이 충분히 강력하지 않다면 더욱 강력한 재료를 사용하고, 더 강력한 설계를 해야 한다. 제품이 너무 무겁다면 재료나 구성부품을 축소하거나 더 가벼운 재료를 사용해야 한다.

경성속성은 객관적이다. 시간, 장소, 문화와 개인적인 의견을 초월하고 합리적이며, 규칙이 있다. 이와 달리 연성속성은 경성속성과 정확히 반대이며, 주관적이고, 시간, 장소, 문화와 개인적인 의견에 매우 많이 의존한다. 또한 정서적이며 규칙이 없다. 따라서 이 두 유형은 종합적으로 다른 방법과 도구를 사용하여야 한다.

▼ 표 12-3 제품속성 유형의 차이점

연성속성	경성속성
주관적	객관적
계량불가	계량가능
정서적	합리적
모호	명확
사용자지향	성능지향
획기적	진화적
전체적	부분적
전면	기본

5) 시장수요

제품에 대한 가격과 수요가 알려질 때 실제 나타난 시장가치를 발견할 수 있다. 독점시장에 대해 선형수요모델은 D=K(V – P)이다. 이때 D는 단위시간에 팔리는 수요, K는 수요의 절대탄력성,

V는 가치, P는 가격이다. 경쟁자가 있는 경쟁시장에서 수요는 증가한다. 한 경쟁자에 의해 도입된 가격과 가치 차이가 다른 경쟁자에게 영향을 주고, 약간 다른 모델이 수용될 수 있다.

6) 제조비용

수요가 평가되면 제품량, 노무비와 재료비, 변동제조비를 추정할 수 있다. 이것은 제품구조와 공정구조의 지식에 달려있다. 제품변동비의 구축은 대표적으로 다음 3가지 방법의 하나로 이루어진다.

- 개별비용추정: 개별 제조 및 조립 단계의 비용
- 비용―추정 관계: 선도자 제품과 역사적 원가에 대한 적합회귀곡선
- 유추 원가계산: 알려진 제품과 그 원가를 취하여 설계변수나 제품 옵션에서 변화를 조정함으로써 얻는 차이원가를 계산한다.

7) 투자금융

마지막으로 수익의 추정은 투자비용의 추정을 필요로 한다. 투자금융은 분기별, 연도별, 다년도별 순현재가치 기준으로 이루어진다.

아래 그림은 상충관계 곡면을 설명하는 예이다. 5가지 점들이 있고, F안만 파레토 경계선 안쪽에 있기 때문에 비효율적이다. 왜냐면 한 지점의 우상향하는 지점에 위치한 모든 가능한 지점들은 처음 지점에 대해 선호되고 더 효율적인 지점이다. 그러나 파레토 경계선 밖으로 나가면 달성이 불가능한 지점(unattainable point)이 된다.

예를 들면, 무게와 생산비용 두 개의 목적함수를 동시에 최소화하고자 하는 경우에 6개 설계안의 성능은 목적함수 공간에 있다. 설계 A안과 B안을 비교하면 중량과 생산비용에서 B안이 더 우수하다. 그러나 B안과 C안을 비교하면 중량에서는 B안이 우수하지만, 생산비용에서는 C안이 더 우수하고, 두 안이 모두 최대의 효율적인 지점인 파레토 최적(Pareto optimal)의 빨간 선 위에 위치하고 있기 때문에 어느 안이 더 선호된다고 판단할 수 없다. 다목적 최적설계는 가장 우수한 설계안의 집합을 찾으며, 이 해의 집합을 파레토 최적해(Pareto optimal solutions)라고 한다. 그림 B안에서는 설계후보 C안, B안, E안을 잇는 곡선이 파레토 최적해 표면을 근사한다.

파레토 프런티어

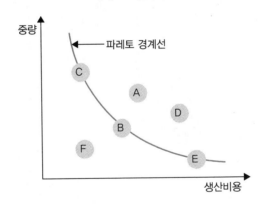

All good things which exist are the fruit of originality(John Stuart Mill).

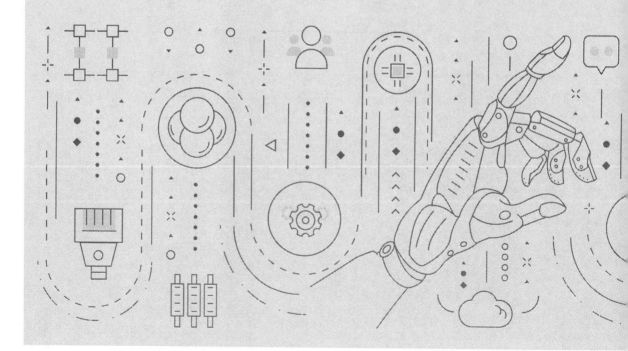

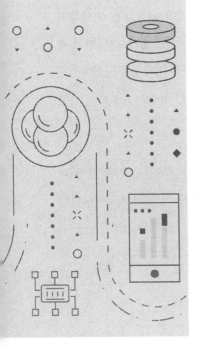

CHAPTER

13

제품설계

01 제품설계

02 제품설계 평가

03 프로토타입

O2O 경제의 끊임없는 진화

▶ O2O 경제의 도래

O2O는 전자상거래 혹은 마케팅 분야에서 온라인 (online)과 오프라인(offline)이 결합되는 현상이다. O2O 산업은 음식 배달, 숙박, 부동산 등 생활 밀착형 서비스에 대한 수용도가 높다. 예를 들면, 배달의 민족, 요기요, 배달통, 카카오T, 우버, 직방, 다방, 에어비앤비 등이 있다. 시중은행들이 다방, 배달의 민족 등 다양한 인기 O2O 연계 서비스업체들과 손잡고 금융서비스를 확대하고 있다. O2O는 오프라인의 비즈니스 기회를 온라인으로 연결하는 커머스 모델을 뜻한다. 온라인으로 수요를 파악해 오프라인에서 즉시 서비스를 제공한다는 점에서 온디맨드(On-Demand) 서비스 또는 공유경제라고도 한다.

▶ 온라인서 주문한 와인, 매장서 결제

이마트가 스마트폰 애플리케이션(앱)으로 사전 주문한 와인을 오프라인 매장에서 결제하는 온·오프라인 연계(O2O) 와인 예약 서비스를 시작한다. 이마트 매장에 없는 와인도 이마트 앱 검색을 통해 사전에 예약을 한 뒤 나중에 매장에서 결제하고 수령할 수 있다. 서비스 가능 상품은 현재 2,480원짜리 '하프보틀' 와인부터 990만 원짜리(테세롱 꼬냑 퀴베 익스트림) 브랜디까지 총 1,800종이다. 이마트는 O2O 와인 예약 서비스 실시 이벤트로 추첨을 통해 여행상품권 100만 원권(3명)과 스타벅스 아메리카노 1잔(500명)을 증정하는 경품행사를 진행한다.

▶ 운행대수 3,000대로 늘리는 전동킥보드 씽씽

피유엠피(대표 윤문진)가 운영하는 O2O 결합형 마이크로 모빌리티 공유 플랫폼 '씽씽'이 가입자 4만명을 확보했다. 지난 4월 26일 강남에서 시범운영을 시작한지 80일만이다. 씽씽의 이용 횟수는 18만회, 총

이동 거리는 20만km에 달한다. 과금체계도 만들었다. 요금제는 1,000원에 5분. 그 이후에는 분당 100원이다.

과금체계 도입과 함께 운행대수도 3,000대 이상으로 늘린다. 현재 1,000대에서 7월 말까지 2,000대를 더 배치할 계획이다. 윤문진 피유엠피 대표는 "80일간 시범운영을 통해 얻은 인사이트를 기반으로 요금제를 구축하고, 운행대수를 확장하는 등 만반의 준비를 마쳤다"면서 "국내 최초 O2O 결합형 플랫폼으로서 다채로운 경쟁력을 갖춘 만큼 마이크로 모빌리티 시장을 선도하고, 나아가 친환경과 스마트시티 구축에 일조할 것"이라고 덧붙였다.

▶ 로봇이 요리하고 드론은 배송하고 상상을 현실로 만드는 유통혁명

피자를 주문하면 매장이 아닌, 배송하는 트럭에서 구우며 온다. 무인 편의점 '모비마트'를 호출하면 매장이 자율주행차에 실려 찾아온다. 알리바바의 대형마트 '허마셴셩'은 고객 대신 직원들이 장을 봐준다. '식료품 시장의 우버'로 불리는 '인스타카트'는 직원도 아닌, 일반인이 대신 장을 보고 배달까지 해준다. 소비자는 주문, 결제, 실시간 배송 위치 추적까지 전 과정을 스마트폰 하나로 모두 확인할 수 있다.

유통업이 송두리째 바뀌고 있다. 키오스크, 익일·새벽배송 수준에 머무르는 국내와 달리, 해외에서는 말 그대로 '유통혁명'이 진행 중이다. 실험 단계를 넘어 이미 상용화되고 수익도 내고 있다. 변화의 소용돌이에서 살아남으려면 이제 상상력을 펼쳐야 한다. O2O, 모빌리티, 로봇 기술 간 융합과 초연결을 통해 완전히 새로운 유통 모델을 고민해야 하는 시점이다.

유통업의 무게추는 크게 세 단계로 이동해왔다. 물자가 부족했던 산업화 초기에는 제조업체가 '갑'이었다면, 20세기 후반에는 유통(판매)업체가, 21세기 들어서는 물류업체가 '갑'이 됐다. 온라인·모바일 쇼핑이 일상화되며 이제 소비자들이 오프라인 매장에 찾아오지 않기 때문이다. '갑'의 위치를 빼앗긴 유통업체들은 이제 살아남기 위한 몸부림에 나섰다.

▐▶ 계산원도, 계산대도 없는 무인 상점

알리바바는 회원제 신선식품 슈퍼마켓 '허마셴셩(盒馬 鮮生)'으로 '3㎞ 이내 30분 배달'에 나섰다. 2016년 상하이 진차오 1호점 개장을 시작으로 중국 전역에 150개 이상 점포를 운영 중이다. 허마셴셩은 알리바바가 인수해 신 유통 실험모델로 내세우고 있는 회원제 신선제품 매장 이다. 최근 조직 개편에서 독립 조직 부문으로 격상, 알 리바바의 신사업으로 각광받고 있다. 18분 내 배송으로 스타벅스를 턱밑까지 추격 중인 '루이싱 커피'도 있다. 아마존이 운영하는 '아마존고'는 계산원도, 계산대도 없는 무인 상점이다. 매장 천 장에 설치된 수백 개의 센서와 카메라, 그리고 소비자의 스마트폰을 통해 누가 무엇을 사는지 알아보고 자동으로 결제가 이뤄진다. 2021년까지 미국 전역에 3,000개 출점할 계획이다. 아마존 은 드론배송도 준비 중이다. 곧 30㎞ 이내에 2.3㎏ 이하의 물품을 배달하는 드론을 선보인다.

▐▶ 이동형 무인 매장

일본은 자율주행차에 상점이 결합된 '이동형 무인 매 장'을 준비하고 있다. 토요타와 소프트뱅크는 지난해 9월 공동으로 마스(서비스로서의 모빌리티 · Mobility as a Service) 컨소시엄 '모네테크놀로지스(MONET Technologies)'를 설립 하고 통합 운송 서비스 개발에 나섰다. 여기에는 이온몰, 니토리, 요시노야, 산토리 등 유통 · 외식 기업을 포함한 100여 개 업체가 참여했다. 향후 자율주행차 시대가 도래 하면 차 안에서 외식, 쇼핑이 이뤄져 모빌리티가 하나의 '이동형 점포'로 진화할 전망이다. 최근 구글의 자율주행차 사업체 '웨이모(Waymo)'가 캘리포니아 도로에서 승객 운송 시범 서비스 허가 를 획득한 만큼, 이동형 무인점포가 현실화될 날이 머지않아 보인다.

전문가들은 향후 유통업이 궁극의 편리함과 새로운 경험을 제공하지 않으면 살아남을 수 없다고 단언한다. 마윈 알리바바 회장은 "앞으로 10년, 20년이면 순수한 전자상거래, 순수한 오프라인 매장은 사라지고 이 두 가지가 결합된 신(新)유통만 살아남을 것"이라고 말했다. 하나의 유령이 전 세계 자동차 시장을 배회하고 있다. 다름 아닌 '마스(MaaS)'라는 유령이. 마스는 말 그대로 '서비스로서의 모빌리티(Mobility as a Service)'를 뜻한다. 마스(MaaS · Mobility as a Service)는 전동휠, 자전거, 승용차, 버스, 택시, 철도, 비행기 등 모든 운송수단(모빌리티)의 서비스화를 의미한다. 마스가 상용화되면 하나의 통합된 플랫폼에서 모빌리티 검색 · 예약 · 결제 서비스가 일괄 제공되고, 차량은 구매하는 대신 공유 또는 구독할 수 있게 된다. 차량 안에서는 쇼핑, 외식, 사무, 영화 감상 등 다양한 콘텐츠 소비도 가능해져 모빌리티 중심 서비스가 확산될 전망이다. 승용차는 물론, 전동휠 · 자전거 · 버스 · 택시 · 철도 · 비행기 등 모든 운송수단이 개별적으로 제공되는 현행 방식에서 벗어나, 하나의 통합된 플랫폼에서 일괄 제공되는 것을 가리킨다. 각 산업구조 재편은 불가피하다. 승용차 · 전동휠 · 자전거 등은 소유에서 구독으로, 버스와 택시는 호출 · 공유로, 철도와 비행기는 패키지 예약 상품으로 이용 방법이 달라진다. 승객은 지하철 노선도 앱에서 최단 시간 · 최소 환승 노선을 검색하듯, 마스 앱에서 출발지와 목적지 간 최단 시간 · 최소 환승 방법을 검색하고 결제까지 할 수 있다. 이동 중에는 외식, 쇼핑, 영화 감상 등 각종 콘텐츠 소비도 가능해진다. 그야말로 모빌리티를 중심으로 온갖 서비스가 통합되는 시대가 다가오고 있다.

출처: 조선일보 2019.07.04., 매일경제 2019.05.23., 2019.07.16., 2019.08.09

01 제품설계

아이디어 탐색	→	아이디어 창출	→	컨셉창출	→	제품개발	→	출시전략
시장기회확인		창조적 사고		속성편익		품질기능전개		수요예측
고객욕구확인		선행기술 조사		컨셉서술		제품사양		사업타당성
고객문제확인		트리즈 기법		컨셉보드		제품구조		출시전략
기술공백확인		디자인씽킹		컨셉평가		제품설계		출시전술
		비즈니스모델		컨셉선정		프로토타입		시장추적
						테스트마케팅		
						지식재산권		

1 제품설계의 개념

제품설계(product design)는 소비자들의 욕구를 충족하는 제품과 서비스를 착안하고, 물리적 실체를 구현하기 위해 골격을 구성하는 과정이다. 즉, 고객의 소리를 제품사양으로 전개하여 설계의 특성에 따라 변환하고, 가치를 창출하는 과정이다. 제품에 따라서 다르게 설정해야 할 제품설계의 핵심적 특성이 있다. 즉, 질(quality), 양(quantity), 동일성(identity)과 방법(method)이다. 질은 제품품질, 양은 대량생산, 동일성은 제품특성, 그리고 방법은 설계를 산출하는 방법이다. 예를 들면, 경주용 자전거, 산악자전거나 일반자전거는 설계에서 핵심적 특성을 설정하는 방법이 다를 수밖에 없다.

▼ 그림 13-1 설계변환 과정

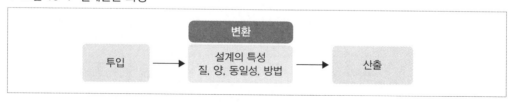

설계용어는 많은 혼란이 있지만, 제품설계는 일반적으로 공학설계(engineering design)와 산업설계(industrial design)를 포함한다.[1] 공학설계와 산업설계는 실제 설계활동에서 노력을 기울이는 제품설계의 주요 요소이다. 제품설계는 창조적인 과정이다. 창조적 예술은 순수예술의 영역이지만, 설계는 응용과학으로 설계의 유형별로 순수예술 영역을 포함하는 정도가 [그림 13-2]처럼 조금씩 다르다. 제품설계는 대표적으로 마케팅의 언어 안에서 분할시장이라 하는 고객의 집단과 함께 시작한다.[2] 제품설계의 많은 문제는 미적 감각, 의미, 원가, 지속가능성과 사용성을 포함하여 명확하게 이루어지지 않는 점이다.

▼ 그림 13-2 제품설계의 위치

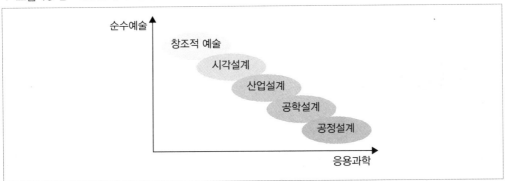

Source: Horväăth(2004)

② 제품설계의 유형

제품설계를 일반적으로 시각설계, 산업설계, 공학설계와 공정설계로 분류한다. 시각설계(visual design)는 품목의 외관 특징에 관한 설계로 스타일링 설계(styling design)라고도 한다. 산업설계(industrial design)는 형태, 심미감, 상징적 의미와 사용자 경험과 주로 관련되어 있다. 공학설계(engineering design)는 시스템, 기본적 기능과 특징을 개발하고, 분석하는 데에 다양한 기법과 과학적 원리를 적용하는 설계이다. 공학설계가 기술적 시스템이 어떻게 작동하는가를 구체화하는 것이라면, 공정설계(process design)는 대량생산 시스템을 위한 구성부품, 도구, 장비의 설계에 제한된 설계이다.

---

1 Haik(2003).

2 Ulrich and Eppinger(2011).

산업설계자는 스타일 설계자들과 제품설계자들과 함께 더 많은 작업을 하는 동안 공정설계자와 함께 작업한다. 산업설계자가 설계와 스타일에 참가하는 동안 테스트와 설계에도 참여한다. 그러나 산업설계자들은 다른 분야와 중첩되고, 제품이 어떻게 구성되는지를 알아야 하고, 공학문제를 이해하고, 공학검사결과를 판독할 수 있어야 한다.

▼ 그림 13-3 제품설계의 유형

3 제품설계의 기준

1) 제품설계의 구성요소

제품설계에서 산업설계와 공학설계를 비교하면, 산업설계는 제품의 인간 사용기능을 강조하지만, 공학설계는 제품작동기능을 구현하는데 중요한 역할을 한다. 이를 각각 제품의 외부설계와 내부설계라고도 한다. 공학설계자들은 기능구현, 성능과 제품구조를 해결하나, 산업설계자는 제품의 외부설계에 관여하는 사람으로 사용자 경험, 심미감, 인체공학과 사용자 공유영역과 같은 설계부문을 해결한다.

▼ 그림 13-4 제품설계의 구성요소

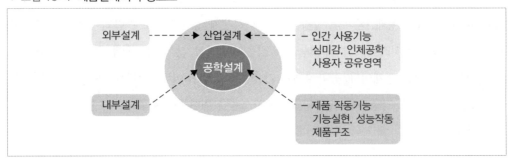

2) 제품설계 기준

제품설계는 산업에 의해서 생산되는 대상의 형식적 품질을 결정하는 창조적 활동이다. 형식적 품질은 외적 특징을 포함하지만 주로 구조와 기능적 관계이며, 제조자와 사용자의 관점에서 시스템을 일관된 통일성으로 전환한다. 설계는 인간환경의 모든 측면을 포함하고, 산업생산에 의해서 조건화된다. 산업설계는 대량생산 방법에 의해서 제조되는 방대한 제품과 관계가 있다. 제품설계 기준은 기능, 심리, 기술, 경제기준 등이 있다.

▼ 그림 13-5 **제품설계의 기준**

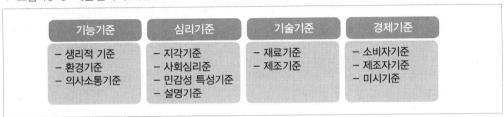

기능기준	심리기준	기술기준	경제기준
– 생리적 기준 – 환경기준 – 의사소통기준	– 지각기준 – 사회심리준 – 민감성 특성기준 – 설명기준	– 재료기준 – 제조기준	– 소비자기준 – 제조자기준 – 미시기준

(1) 기능기준

제품의 기능은 물리적 욕구 때문에 존재하게 되고, 설계자의 의무는 이러한 욕구를 충족하는 것이다. 기능기준(functional criteria)은 생리적 기준, 환경기준과 의사소통기준의 충족을 최적화하는 것이다. 기능기준은 제품의 사용방향이다.

- 생리적 기준(physiological criteria): 인체 공학적으로 설계하여 제품을 인간에게 신체적(시각이나 청각적으로)으로 일치시킨다.
- 환경기준(environmental criteria): 제품이 환경요소와 기준 안에서 작동되도록 한다. 서로 관련이 있어야 한다. 이러한 관계에서 환경기준의 일치를 최적화한다.
- 의사소통기준(communicational criteria): 제품 자체가 사용자와 의사소통해야 한다. 제품의 이해와 작동이 간단하고 용이하도록 한다.

(2) 심리기준

인간은 자신의 생활, 환경과 환경을 형성하는 대상에서 모든 것을 추정한다. 심리기준(psychological criteria)은 추론으로 야기되는 조건이다. 제품특성과 품질을 추론하고, 사회규범과 일치하고, 표적집단의 독특한 욕구가 충족되도록 설계를 최적화한다.

- 지각기준(perceptional criteria): 제품특성과 품질을 추론하고 신뢰할 수 있도록 제품설계를 최적화한다. 설계는 제품특성을 추론할 수 있는 지각기준을 제시해야 한다.
- 사회심리기준(socio · cultural criteria): 사람은 시간과 장소에 따라 다르고, 역동적인 성질이 있다. 공동체의 사회규범에 일치하도록 설계를 최적화한다.
- 민감성 특성기준(sensitive quality criteria): 민감성은 표적집단이 갖고 있는 독특한 욕구이다. 제품은 표적집단의 민감한 특성을 나타내도록 한다. 제품에 대한 호감도나 관여도는 개인차가 있다. 사람들은 공감을 유발하고 자신들과 동일한 것을 찾는다.
- 설명기준(explanatorily criteria): 설계자가 고객의 욕구를 제품설계에 사실대로 반영할 수 있어야 한다. 설계자는 설계를 통해 사용자와 함께 의사소통하기를 원한다는 생각뿐만 아니라 과학적 목표와 기준을 갖는다.

(3) 기술기준

기술기준(technological criteria)은 제품기능, 사용조건과 제조방법을 최적화하도록 유도한다. 따라서 기술수준, 즉 재료기준과 제조기준을 충족한다.

- 재료기준(material criteria): 선택된 재료가 제품의 사용조건, 기능과 형태와 일치한다.
- 제조기준(production criteria): 선택된 구조와 재료의 결합이 제조방법에 적합해야 한다.

(4) 경제기준

설계는 경제적 환경에서 최적화되어야 한다. 이러한 기준을 충족하는 설계는 모든 단위에서 경제적 이익을 목표로 한다. 경제기준(economic criteria)은 소비자기준, 제조자기준과 미시기준을 충족해야 한다.

- 소비자기준(consumers'level): 소비자 욕구를 충족할 때 가격을 중요시한다. 가격을 설계에 부과하는 것은 복잡하다. 설계자는 판매가격의 최초 책임자이다.
- 제조자기준(producers'level): 이익 극대화를 목적으로 제조자는 제조방법, 마케팅, 생산력, 시간 등을 고려한다.
- 미시수준(macro-level): 설계는 많은 인적, 물적 자원이 소비된다. 설계자는 소비자의 욕구를 충족하고, 제조에 적절한 자원을 사용하는 데 책임이 있다.

4 제품설계의 고려사항

제품설계(product design)는 욕구를 다루는 제품과 서비스를 착안하고 구도를 주는 것이다. 제품설계는 대표적으로 마케팅의 언어 안에서 분할시장이라 부는 고객의 집단과 함께 시작한다.[3] 제품설계의 많은 문제는 심미성, 의미, 원가, 지속가능성과 사용성을 포함하여, 명확하게 이루어지지 않는다는 점이다.

1) 고객 요구 사항의 위계모형

제품은 제조와 마케팅 비용 같은 비용(cost), 소비자가 부담할 가격(price)과 소비자가 느끼는 가치(value)를 갖고 있다. 제품의 기능성은 요구 사항대로 제품이 작동하는 역할이다. 제품은 적절하게 작동하고, 안전하고, 경제적이어야 한다. 그러나 제품이 기능성만으로는 충분하지 않다. 제품은 제대로 작동하고 사용하기 쉬워야 하는데, 이것은 사용성(usability)으로 제품 소유자의 생활을 향상한다.

▼ 그림 13-6 **고객 요구 사항의 위계 모형**

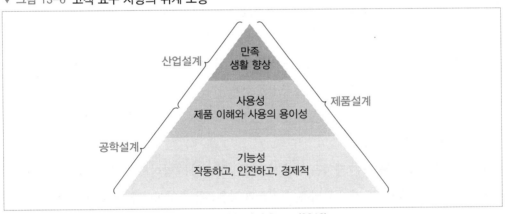

source: Ashby & Johnson(2013)

제품설계는 산업설계와 공학설계를 모두 포함하고, 기능성, 사용성과 만족을 모두 포함하는 설계가 되어야 한다. 공학설계는 주로 기능성과 사용성에 집중하고, 산업설계는 사용성과 만족에 중점을 둔다. 제품의 가치는 제품의 기능성(functionality), 사용성(usability)과 만족(satisfaction)이 소비자의 기대를 충족하는 정도이다. 감동적인 특징은 잘 작동하고, 효과적으로 상호작용하며,

---

3 Ulrich and Eppinger(2011).

소유하는 것을 가치로 느끼는 것이다. 인간관계에서 혐오스런 특징은 너무 매력적이지 않아 가까이 있는 것을 참을 수 없는 경우이다. 제품도 이와 마찬가지이다. 제품들 간의 가장 혐오스런 차이는 제품들을 구성하는 재료에 있다.

2) 제품특성

[그림 13-7]은 제품특성을 분해한 것으로 중앙원은 제품의 필수 기능과 특성에 관한 정보이다. 기능은 제품의 기본적인 설계요구 사항이 되며 제품의 특징(features)이다. 제품특성(product character)은 맥락, 개성, 사용성, 공정과 재료에 의해서 형성된다. 재료와 공정은 제품을 유형적인 형태, 즉 뼈와 살을 제공하는 제품의 생리기능(product physiology)을 창조한다. 맥락, 개성과 사용성은 소비자의 심리에서 발생하는 기능으로 이것은 제품이 사용자와 소통하는 방식인 정보이며, 이들은 감각과 인지적으로 상호작용한다.

(1) 맥락

맥락은 설계자가 해결책을 발견하는 모든 의사결정에 영향을 미친다. 그것은 심리상태를 설정한다. 주요 요인으로는 표적대상, 사용장소, 사용시기와 사용목적 등이 있다.

- 표적대상: 여성에게 매력적인 제품을 창조하는 설계자는 유아용 제품과 다른 것을 선택한다. 표적대상에 따라 적합한 재료와 공정을 선택한다.
- 사용장소: 집에서 사용하는 제품은 공개된 장소에서 사용하는 제품보다 재료와 형태의 다른 선택을 필요로 한다.
- 사용시기: 가끔 사용하는 제품은 항상 사용하는 것과 다른 방식으로 설계된다.
- 사용목적: 선물용품과 자가 소비품, 사치품과 실용품은 사양이나 설계조건이 다르다.

▼ 그림 13-7   제품특성의 분해

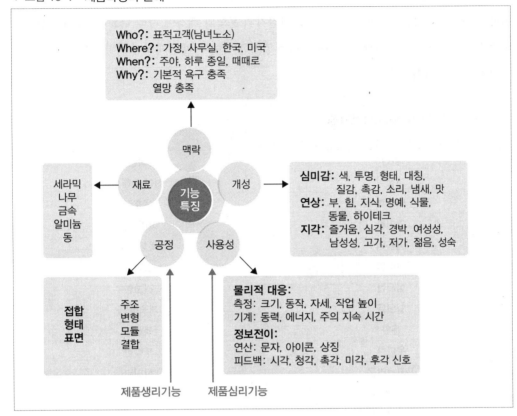

(2) 재료

제품의 기능을 형성하고 연결하고 구동하는 것은 재료와 공정이다. 제품성공은 시각, 청각이나 촉각 반응에 의해 사용자의 행동에 대한 반응, 제품상태를 소통하는 노력과 공유영역이 아니라 직관적인 작동을 심리적으로 충족하는 것이다. 재료의 부적절한 사용으로 많은 제품이 실패하고 제품의 잠재적 사용자를 배제하는 결과를 초래한다.

(3) 제품개성

제품개성(product personality)은 심미감, 연상과 지각에서 발생한다. 심미감(aesthetics)은 인간의 감각을 둔화하게 하고, 시각, 청각, 촉각, 후각, 미각 등 오감을 자극한다. 심미감은 색, 형태, 질감, 느낌, 냄새, 소리와 관계가 있다. 또한 제품은 연상을 갖고 있다. 연상(association)은 제품이 상기하는 것, 제품이 제안하는 것이다. 가장 추상적인 것은 지각이다. 지각(perceptions)은 제품이 관찰자를 유인하는 반응이며 느끼는 방식이다. 소비자들 간에 의견이 불일치하는 공간이 바로 지각이다. 제품의 지각은 시간에 따라 변하고, 관찰자의 문화와 배경에 따라 다르다. [표 13-1]은 의미를 선명하게 하기 위해 지각과 반대 어휘를 열거한 것이다. 제품개성에 관한 견해를 소통하기 위해 사용되는 어휘이다.

▼ 표 13-1 **지각된 제품속성의 반대쌍**

공격적	수동적
값싼	**비싼**
고전적	**최신 유행의**
냉소적	**우호적**
영리한	**어리석은**
범용의	**독점적인**
장식된	**소박한**
섬세한	**견고한**
일회용	**지속적인**
둔한	**섹시한**
우아한	**투박한**
사치스러운	**절제된**
여성스런	**남성스런**
공식적인	**비공식적인**
손으로 만든	**대량생산**

source: Ashby & Johnson(2013)

(4) 재료

재료(material)는 개성을 갖고 있는가? 재료가 정직하게 사용되어야 한다는 사고방식이 있다. 이 방식에 의하면 사기와 위장은 받아들일 수 없는 것이다. 재료는 내재적 품질과 자연적인 외관을 나타내는 방식으로 사용되어야 한다는 것을 의미하며, 아울러 장인정신의 전통에 뿌리를 둔다. 설계 정직성(integrity)은 소비자들이 가치 있게 생각하는 품질이지만, 소비자들은 유머, 공감, 경이, 흥분, 심지어 충격까지도 중요하게 생각한다.

미적 속성(aesthetic attributes)은 오감과 관련이 있다. 금속은 차갑다고 느끼고, 코르크는 따뜻하다고 느낀다. 재료로부터 느끼는 인상은 매우 다르기 때문에 어떤 경우에는 받아들이기 어렵다. 재료는 특징적인 미적 속성을 갖는다. 금속은 단단하고, 다이아몬드는 더 단단하다. 단단한 재료는 쉽게 흠이 가지 않는다. 광택이 있고, 마모되지 않고, 내구성이 강하나, 재료가 단단하다는 인상은 재료 공학자에 의해서 측정된 재료 고유속성과 직접적으로 관계된다. 재료의 품질은 제품개성에 기여한다. 설계자가 인식하고 사용하는 결과가 주어진 개성을 창조하려고 할 때 제품은 이루어진 재료의 속성을 포함한다.

▼ 표 13-2 재료의 미적 속성

감각	속성
촉각	따뜻한, 차거운, 부드러운, 단단한, 신축성 있는, 딱딱한
시각	투명한, 불투명한, 반사하는, 광택 있는 질감
청각	조용한, 시끄러운, 둔한, 날카로운, 울리는, 음조 낮은, 음조가 높은
맛 / 냄새	쓴, 달콤한, 신, 담백한

source: Ashby & Johnson(2013)

어떤 재료는 확실히 미적 특성을 갖고, 이것을 개성이라고 한다. 배우처럼 요청받은 역할에 의존하기 때문에 재료는 다양한 개성을 띤다. 고급 가구의 나무는 장인정신을 제시하지만, 포장상자는 값싼 효용을 제공한다. 카메라 렌즈의 유리는 정밀공학을 연상하지만, 맥주병은 처분하기 쉬운 포장을 연상한다. 부귀와 권력을 연상하는 금은 초소형 회로에서 사용될 때는 기술적 기능성과 같은 다른 연상을 갖는다. 재료, 공정, 사용성과 개성은 맥락이나 분위기에 맞춰진 제품특성을 창조하기 위해 결합된다.

5 제품설계 절차

설계과정은 고객의 요구 사항과 회사에서 제공할 편익을 물리적인 형태로 구현하기 위한 설계도면을 작성하는 과정이다. 제품 설계과정에 소요되는 경비는 약 5%에 불과하지만, 제품원가와 품질의 약 80% 이상이 설계과정에서 결정된다. 이처럼 설계는 원가개념에 근거하여야 한다. 설계절차는 과업명료화, 개념설계와 상세설계의 3단계로 구분한다.

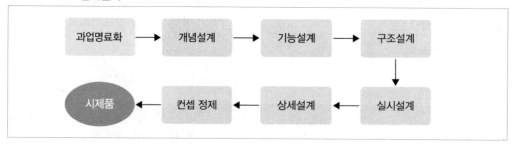

1) 과업명료화

고객문제를 분명하고, 명확하게 정의하여 문제에 대한 해결책을 탐구한다. 분석문제와 달리 설계문제는 설계자의 마음속에 모호하고, 추상적인 아이디어로 시작한다. 문제의 정의는 문제를 완벽하게 이해하고, 일련의 단계를 통하여 진화한다. 첫 단계는 명확하고, 분명한 용어로 문제를 형성하는 것이다. 문제정의를 기술할 때 욕구를 더 완벽하게 확인할 수 있다. 다음은 문제정의 단계에서 고려할 요소이다.

- 문제는 현실적이고, 정확한가?
- 신제품에 대한 욕구가 실제로 있는가?
- 문제가 아직까지 해결되지 않았는가?
- 문제에 대한 기존 해결안은 무엇인가?
- 문제를 해결하는 방법이 올바른가?
- 어떤 회사가 기존 해결책을 만드는가?
- 해결책을 지배하는 경제적 요인은 무엇인가?
- 사람들은 문제해결책에 얼마나 돈을 지불할 것인가?
- 안전, 미와 환경문제와 같이 문제해결에 중요한 다른 요인은 무엇인가?

2) 제품설계 절차

설계자들은 고객의 욕구를 포착하기 위해 사용자의 미충족욕구를 분석하고 고객의 행동을 관찰한다. 설계는 고객문제의 해결과정으로써 문제의 인식에서 시작하여 관련된 해결안으로 종결한다. 고객문제는 설계과정을 통해 해결안으로 전환된다. 설계는 대체로 개념설계, 구조설계, 실시설계와 상세설계가 있다. 개념설계는 산업설계와 기능설계를 포함한다.

(1) 개념설계

개념설계(conceptual design)는 설계의 첫 작업으로 필요한 생산기계, 장비와 설계의 사양을 결정한다. 그런 다음 제품의 구조나 기능을 검토하여 계획안을 설계도면에 구현한다. 공학설계자가 최적의 배치를 밝혀내기 위해 체계적이거나 기계적인 방법을 사용하는 배치설계 단계이다. 배치는 제품의 최종형태를 결정할 때 결정적인 요인이 된다.

(2) 기능설계

기능설계(functional design)는 제품의 기능과 성능에 대한 설계이며, 최종설계에서 가장 중요한 설계이다. 기능설계에서는 고객의 욕구를 충족시키는 제품을 설계한다. 고객이 요구하는 기능 및 성능을 제품에 반영하는 단계로 제품의 품질수준을 결정한다. 이 단계에서는 고려해야 할 중요한 요소가 다름 아닌 신뢰성과 일관성이다.

(3) 구조설계

구조설계(architecture design)는 기능을 형태로 전환하는 설계이다. 기능설계에 근거하여 사전에 물리적 형태의 해결안을 설계하는 활동이다. 물리적 해결안(physical solution)은 아이디어가 계획된 기능으로 물리적으로 구현되는 과정으로 상대적인 크기, 형태, 위치와 방향의 용어로 포착되고, 물리적 모듈과 구성부품에 위치를 잡는 과정이다. 설계자는 기능을 충족하는 물리적 해결안을 발견한다. 따라서 본원적 대상을 만족하는 구체적인 물리적 해결안을 정확히 표현하는 것이 중요하다.

(4) 실시설계

실시설계(embodiment design)는 기능을 수행하는 데 필요한 조립이나 모듈을 확인함으로써 제품이 수행하는 각 기능을 이해하는 데 필수적인 사전설계이다. 제품구조의 배열이 작동하는지를 실증하기 위해 분석하고 모형을 구축하는 단계이다. 실시설계에서 배치(layout)와 형태(form)가 최종적으로 정의된다.

(5) 상세설계

상세설계(detail design)는 제조와 조립을 위한 본설계로 필요한 설계변수의 설계와 사양을 결정하고 실제의 제작도면을 산출하는 단계이다. 따라서 상세한 각 부품의 형상이나 재료, 가공법 등이 정해지고, 실제의 제작도면이 산출되고, 시작품을 제작하여 실험적인 성능평가를 할 수 있는 단계이다. 시작품이나 CAD를 써서 작동상태, 조립상태, 형상, 치수 등 많은 부분을 테스트할 수 있다.

(6) 제품컨셉 정제

문제를 해결하는 새로운 아이디어를 창출할 때 창조성으로 시작한다. 창조성은 기술적 문제를 해결하는 규칙과 이론의 체계적인 적용보다 훨씬 크다. 제품컨셉 정제(concept refinement)는 개념설계와 구조설계에서 근본적인 문제나 개선사항을 발견한 경우 설계사양이나 구조를 변경하여 개선하는 활동과정이다. 그런 다음 제조와 조립설계로 진입한다. 이 단계에서는 제조자료, 선택된 공정, 자재 등을 확정하여 물리적 실체를 구현하기 위한 설계를 최종 확정하는 단계이다. 최종사양을 확정하여 설계가 완성되면 시제품을 개발하여 제품테스트 단계로 넘어간다.

02 제품설계 평가

1 기술설계의 의미

공학문제의 해결책을 의미하는 것은 인공물(artifact)이다. 즉, 유형이나 무형제품 또는 과정인 사람이 만든 시스템이다. 인공물은 가치가 있는 경제적이거나 사회적인 목적을 충족한다. 인공물은 과학적 원리에 따라 설계되고, 설계를 통합하는 체계적인 방법을 의미한다. 인공물의 기술설계는 다양한 양식으로 발생할 수 있다. 하나는 비공식적 모델, 수학적 모델이나 컴퓨터 모델인 기호모델(symbolic model)의 형태로 인공물을 추상적으로 표현한다. 다른 방식은 프로토타입의 형태로 물리적인 모델(physical model)이다. 대부분의 경우에 기술설계(technological design)는 인공물의 측면을 기술함으로써 하나의 모델 이상으로 구성되고, 다음의 목적을 충족한다.

- 인공물에 관하여 이해관계자 간의 의사전달
- 지시 사용자, 설치, 유지보수 및 미래의 수정을 위한 인공물의 기록
- 인공물의 분석
- 인공물의 구축

② 기술설계의 평가

설계의 평가과정은 매우 중요하다. 조기에 오류를 발견하고, 가능성을 평가하고, 이러한 결과를 기초로 하여 수정과 변경 작업이 이루어진다. 즉, 설계결과물이 본래의 의도대로 작동되는지와 요구 사항을 충실히 만족하는지를 평가해야 한다. 이러한 기술설계를 평가하는 요소는 기능성, 구성, 실현가능성, 영향과 표현 등이 있다.

▼ 그림 13-9 기술설계 평가 요소

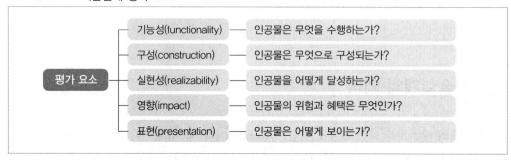

1) 평가기준

설계평가는 기능성, 구성, 실현성, 영향과 표현 등 각각의 평가요소를 더욱 세분화하여, 5점 척도로 평가한다. 그런 다음 전체 집계표에서 각 항목에 대한 가중치를 설정하여 평가할 수 있다. 각각의 평가기준을 살펴보면 다음과 같다.

(1) 기능성: 기능성의 평가요소는 만족도, 사용의 용이성과 재사용성 등이 있다.

• 만족도(satisfaction): 설계물이 요구 사항을 충족하는 정도이다. 설계가 요구 사항과 일치하는 정도를 평가한다. 설계결과물이 요구 사항을 충분히 충족하는가를 평가한다.

▼ 표 13-3 만족도 평가 척도

1	2	3	4	5
매우 불충족	조금 불충족	조금 충족	충족	매우 충족

• 사용의 용이성(ease of use): 이해관계자가 제품을 쉽게 사용할 수 있는 정도이다. 최종사용자, 운영자, 기사와 같은 이해관계자는 인공물의 설치와 운영에 책임이 있다.

▼ 표 13-4 사용의 용이성 평가 척도

1	2	3	4	5
매우 어렵다	어렵다	수용할 만하다	쉽다	매우 쉽다

- 재사용성(reusability): 인공물이 다른 맥락에서 사용될 수 있는 정도이다.

▼ 표 13-5 재사용성 평가 척도

1	2	3	4	5
전혀 사용불가	동일한 맥락에서 동일한 사용	동일한 맥락에서 다른 사용	다른 맥락에서 동일한 사용	다른 맥락에서 다른 사용

(2) 구성: 구성의 평가요소는 구조화, 창조성과 설득력 등이 있다.

- 구조화(structuring): 제조와 유지보수에 적합하게 구조물이 결합된 정도이다. 분석은 인공물을 구성부품으로 분해하는 것이다. 구조화는 인공물의 구성을 이해하는 것이 중요하다. 구조화는 다음과 같이 4가지 요소가 있다.

  - 단계 또는 비단계적 관점
  - 구성부품 간의 저수준 결합정도
  - 구성부품 내에서의 높은 결합
  - 분명한 공유영역

▼ 표 13-6 구조화 평가 척도

1	2	3	4	5
전혀 아니다	조금 아니다	보통이다	조금은 그렇다	매우 그렇다

- 창조성(creativity): 독창성(originality)의 척도이다. 이것을 표현하는 방법은 세상에 새로운 정도로 놀랄 만한 요인이 있는 정도이다.

▼ 표 13-7 창조성 평가 척도

1	2	3	4	5
전혀 놀라지 않는다	비전문가가 놀란다	동료가 놀란다	전문가가 놀란다	상사가 놀란다

- 설득력(convincingness): 제품사양대로 설계가 이루어지고, 설계가 제품을 완벽하게 구성할 수

있는 정도이다. 설득력은 구성이 명확한 경험적 증거를 확인하는 방법으로 모의실험, 프로토타입의 실험이나 공식적 실험을 근거로 한 통계적 주장이다.

▼ 표 13-8 설득력 평가 척도

1	2	3	4	5
전혀 증거가 없다	비공식적인 증거	모의실험에 근거한 경험 증거	프로토타입에 근거한 경험 증거	공식적 경험 증거

(3) 실현성: 실현성의 평가요소는 기술적 실현성과 경제적 실현성 등이 있다.

- 기술적 실현성(technical realizability): 인공물을 생산하는 것이 기술적으로 가능한 확실한 정도이다.

▼ 표 13-9 기술적 실현성 평가 척도

1	2	3	4	5
전혀 아니다	조금 아니다	보통이다	조금 가능하다	매우 가능하다

- 경제적 실현성(economical realizability): 인공물에 대한 사업성이다. 사업성은 인공물에 투자하도록 이해관계자에게 확신을 주는 정도이다.

▼ 표 13-10 경제적 실현성 평가 척도

1	2	3	4	5
전혀 아니다	조금 아니다	보통이다	조금 가능하다	매우 가능하다

(4) 영향: 영향의 평가요소는 사회적 영향과 위험 등이 있다.

- 사회적 영향(societal impact): 인공물이 사회적 규범이나 가치에 미치는 영향이다.

▼ 표 13-11 사회적 영향 평가 척도

1	2	3	4	5
전혀 아니다	조금 아니다	보통이다	조금 가능하다	매우 가능하다

- 위험(risks): 인공물의 위험이나 사용과 관련된 위험이다. 위험경감을 위한 측정뿐만 아니라 위험분석은 매우 중요하다.

1	2	3	4	5
전혀 아니다	조금 아니다	보통이다	그렇다	매우 그렇다

(5) 표현: 표현(presentation)은 인공물의 설계 요구 사항을 완성하고 정확하게 구현하는 정도이다. 표현의 평가요소는 완성도와 정확성이 있다.

• 완성도(completeness): 인공물의 완성수준으로 현재 수정이나 추가적인 작업 없이 어느 정도 제작이 가능한가를 측정하는 것이다.

▼ 표 13-13 **완성도 평가 척도**

1	2	3	4	5
전혀 아니다	조금 아니다	보통이다	그렇다	매우 그렇다

• 정확도(correctness): 현재의 인공물이 요구된 사항을 작동하는 정도나 오류를 발생하지 않는 정도를 말하며, 설계오류로 인한 실패위험이나 재작업의 정도를 평가하는 것이다.

▼ 표 13-14 **정확도 평가 척도**

1	2	3	4	5
전혀 아니다	조금 아니다	보통이다	그렇다	매우 그렇다

2) 종합적인 평가

설계작업이 완료되고 나서는 종합적인 설계평가가 이루어진다. 이때 제품이 핵심편익이나 경쟁자와의 차별화 수준에 따라 가중치의 값이 다를 수 있다. 그뿐만 아니라 산업이나 제품범주에 따라서도 고객의 선호도가 다르기 때문에 가중치는 신중하게 설정한다. 즉, 부분별로 평가한 것을 일목요연하게 종합적으로 평가하는 것이다. 가중치는 각 기준의 중요도에 따라서 설정하거나 이해관계자들로부터 조사하여 반영할 수 있다.

▼ 표 13-15 전체 설계평가 척도 집계표

구분	기준	가중치	점수	가중치 점수	순위
기능성	만족도				
	사용성				
	재사용성				
구성	구조화				
	창조성				
	설득력				
실현성	기술적 실현성				
	경제적 실현성				
영향	사회적 영향				
	위험				
표현	완성도				
	정확도				
전체 설계평가 총점					

03 프로토타입

1 프로토타입의 개요

프로토타입(prototype)은 원형(original type), 본, 표준이나 모형을 의미하며, 신제품의 실물크기 작업 모형(full-scale working model of a new product)을 뜻한다. 즉, 장차 시판할 제품과 유사하게 제작된 시제품을 의미한다. 프로토타입은 잠재고객이 평가할 실물 크기의 제품이 실제로 작동하는 제품으로 컨셉 스케치, 모형, 평가요소나 제품의 기능적 사전제품을 포함한다. 따라서 프로토타입은 제품을 개발하기 위해 사전에 개발한 준제품으로 미완성품이지만, 중요한 기능들은 모두 포함되어 있다.

개발팀은 이 프로토타입을 통해 사용자의 욕구와 요구 사항을 충족할 때까지 개선과 보완작업을 반복한다. 실제로 대부분의 제품들은 이러한 반복과정을 통해서 출시된다. 따라서 프로토타입은 완성제품을 출시하기 전의 제품원형으로 개발과 검증을 거쳐야 비로소 생산할 제품이 된다. 산업설계자들은 성능속성이나 특징을 모두 평가하는 것이 아니라 특정 영역으로 제한하여 제작하는 집중프로토타입을 선호하는 경향이 있다. 따라서 프로토타입이 갖추어야 할 요건은 제품특징, 기능성, 상호작용과 유사성이 있다.

▼ 그림 13-10 **프로토타입의 요건**

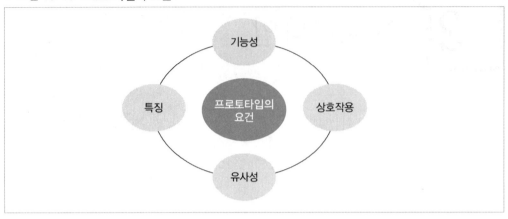

- 특징(features): 시제품이 최종 제품의 특징을 포함하고 있는 정도
- 기능성(functionality): 시제품이 최종 제품의 기능을 포함하고 있는 정도
- 상호작용(interaction): 시제품이 최종 제품과 상호작용하고 있는 정도
- 유사성(similarity): 시제품이 최종 제품의 외관과 유사한 정도

2 프로토타입의 유형

개발팀은 아이디어와 제품의 기능성을 신속하게 검증하기 위해 가공물인 프로토타입을 제작한다. 유형은 분석적, 초점, 물리적 및 종합적 프로토타입이 있다. 분석적 프로토타입(analytical prototype)은 유형적으로 제작하지는 않고 제품을 분석하지만, 시각으로 제품을 표현하는 방식이다. 초점프로토타입(focused prototype)은 일부의 제품속성만 제공하는 모형이다. 물리적 프로토타입(physical prototype)은 제품과 유사하게 제작된 유형적 가공물(tangible artifact)로 검증과 실험을 위해 사용된다. 종합적 프로토타입(comprehensive prototype)은 제품이 충분히 작동할 수 있는 제품속성을 충족하는 방식이다. 제품의 모든 속성을 제공하는 실물크기(full-scale)의 완전한 사용이 가능한 제품으로 실제로 구현할 제품과 모양이나 기능이 모두 동일하다. 이것은 생산에 투입하기 전 설계결함을 확인하기 위해 사용자로부터 프로토타입을 평가받는 방식이다. 제품의 원형을 제작하여 사용자가 프로토타입을 직접 사용하면서 개선사항을 찾아서 기능을 추가하거나 변경하

고, 설계자는 이를 재구축하여 사용자가 만족할 때까지 개선하는 방식이다.

▼ 그림 13-11　프로토타입의 유형

막업(mock-up)은 가장 간단한 초기 프로토타입이다. 막업은 정확한 치수를 나타내고, 실물크기로 제작되는 물리적인 물체이다. 견본을 막업이라고 표현한다. 매우 쉬운 기계적 기능이 막업 안에서 통합되고, 구성요소에 어울리지 않는 인터페이스를 잘 검증할 수 있다. 막업은 제작이 신속하고, 견본이나 기존 부품으로도 비교적 쉽게 조립할 수 있다.

3　프로토타입의 장단점

프로토타입의 주된 사용목적은 제품의 검증과 평가이다. 프로토타입은 개발비용이 많이 드는 위험을 감소하고, 제품개발을 촉진하는 장점이 있다. 제품개발 과정에서 프로토타입은 제품의 실패위험을 줄일 수 있는 등 장점이 있다. 프로토타입은 제품의 작동과 고객욕구의 충족여부를 확인할 수 있다. 개발자 중심이 아니라 사용자 중심의 사고방식으로 개발초기에 개선사항이나 제품오류를 발견할 수 있다. 제품사양이나 제품속성의 변경이 용이하다. 사용자가 현재 개발된 프로토타입을 직접 사용함으로써 여러 가지 제안과 변경할 점을 파악하여 개발과정에 반영하게 된다.

프로토타입은 최고경영자, 판매자, 협력자, 개발팀, 고객과 투자자 등과의 의사소통을 강화할 수 있다. 설계자들에게 프로토타입은 최종사용자에서 최고경영층 간의 연결자로서 확대된 역할을 수행한다. 최종사용자와의 통합은 설계변경이 바람직한 최적의 정보에 도달할 수 있기 때문에 설계자들은 제품개발팀에 정보를 전달하는 역할을 한다. 제품요소의 결합이 제품의 전체 기능과 충돌하는 부분이 있는지를 파악할 수 있다.

비교적 빠른 기간 안에 사용자가 평가하여 수정작업을 거치기 때문에 제품개발시간과 비용을 줄일 수 있다. 그러나 이러한 개발과정이 체계적이지 못하고 계속 수정작업을 한다면 장점이 오히려 단점이 될 수 있다. 프로토타입은 유형적인 목표를 제공하고, 공정을 나타내고, 일정을 강화한다. 따라서 프로토타입의 일반적 사용목적은 제품이 의도된 기능성을 달성하였는지를 검증하기 위한 것이다.

여러 가지 장점에도 불구하고 단점은 몇 가지 있다. 첫째, 사용자들이 프로토타입을 최종 제품으로 오해할 수 있다. 둘째, 프로토타입을 폐기할 경우 비경제적이다. 셋째, 프로토타입을 개발하는 데에는 많은 개발시간과 비용이 발생한다. 마지막으로 프로토타입 제작은 많은 관련부서 간의 협력으로 이루어지는 것이기 때문에 관리통제가 비교적 쉽지 않다.

▼ 표 13-16 프로토타입의 장단점

장점	단점
사용자 욕구충족 확인	프로토타입을 최종의 제품으로 오해
개선, 추가 및 변경 가능	많은 개발시간과 비용
개발자와 사용자의 의사소통 원활	프로토타입 폐기 시 비경제적임
제품의 추적성, 시험 가능성 확보	관리 통제 난이
제품의 이해와 품질향상	

4 프로토타입의 개발방식

1) 프로토타입의 개발원칙

프로토타입의 유형결정은 계획된 사용목적에 달려있다. 목표로 계획된 프로토타입은 신제품을 개발할 때 제품 수정사항을 사용자 관점에서 탐구하여 개선하는 데 사용된다. 프로토타입의 개발원칙은 일반적으로 정보의 공유와 제조용이성설계 등이 있다.

☑ 정보의 공유

제품설계는 직접적 관여자와 이를 지원해주는 지원적 관여자들에 의해서 협동적으로 이루어진다. 제품설계 작업에는 많은 사람들이 관여하고 있다, 직접적 관여자는 R&D, 산업설계자와 의장설계자, 기술설계자, 제품설계자, 제조기술자와 시스템 설계자 및 생산운영자 등이 있으나, 지원적 관여자는 설계자문자, 마케팅 직원, 판매직원, 공급자, 정부, 고객, 변호사나 기술서비스 제공자 등이 있다. 원자재 공급자들은 설계자나 개발자들이 아는 것보다 더 적합한 재료를 알고 있다. 그들은 고객들과 마찬가지로 자신들이 기여할 수 있는 아이디어를 포기하는 경우가 있다. 따라서 개발자들은 직접적 관여자들의 아이디어 이상으로 지원적 관여자들로부터 많은 견해를 종합하는 것이 필요하다.

　제품설계는 제품의 모양과 기능을 기술적용을 통해 유형적으로 구현하는 것이다. 제품설계는 고객욕구를 포착하여 제품 아이디어를 컨셉, 상세설계, 공정계획, 제조설계와 전달제품으로 전환하는 것을 결정하는 전체적인 과정이다. 설계자들은 최종사용자에서 최고경영층 간의 연결자로서 확대된 역할을 수행할 뿐만 아니라 제품개발팀에게 최종사용자로부터 입수한 설계변경이 바람직한 최적의 정보를 전달하는 역할을 한다.

▼ 표 13-17 설계관여자의 유형

직접적 관여자	지원적 관여자
R&D	설계자문자
산업설계자와 의장설계자	마케팅 직원, 판매직원
기술설계자	공급자
제품설계자	정부
제조기술자와 시스템 설계자	고객
생산운영	회사/변호사
	기술비스

☑ 제조용이성설계

컴퓨터를 이용한 설계방식은 컴퓨터지원설계(Computer Aided Design: CAD), 컴퓨터지원제조(Computer Aided Manufacturing: CAM), 컴퓨터이용공학(Computer Aided Engineering: CAE), 제조용이성설계 등이 있고, 이러한 방식은 제품설계와 개발을 매우 효과적으로 가능하게 해 주는 컴퓨터지원기술이다. 이러한 기술들을 이해하고 작업하는 직원들에게 많은 장점을 제공하는데, 모든 욕구를 분석적인 환경으로 통합하여 작업을 단축하고 인간이 하는 것보다 더 많은 것을 한다.

　제조용이성설계(Design For Manufacturability: DFM)는 제조하기 쉬운 방법으로 제품을 설계하는 기법이다. 제조비용을 최소화하기 위해 부품의 표준화, 부품의 모듈화를 사용한다. 설계하는 시간에 평균적으로 제조비용의 80% 이상이 결정된다. DFM 기법의 배경은 설계단계에서 표면적으로 사소한 것이 뒤에 커다란 제조비용을 초래하게 된다는 것이다. 그래서 제조설계 초기에 고려해야 한다. 가장 중요한 DFM 과정은 조립을 위한 설계이다. 조립과 제조의 용이성을 점검하고, 제품단순화를 촉진하는 것과 관계가 있다. 프로토콜이 매우 명확하게 수용되지 않는다거나, 마케팅 직원이나 다른 부서 직원들이 설계과정 중에 관계되어 있지 않다면, 개발자들은 제조시간과 비용에 호의적으로 행동하더라도 소비자 가치와 제품의 유용성에는 비호의적으로 행동할 수 있다.

신속한 원형제작(rapid prototyping)인 3D 프린터는 기업에서 어떤 물건을 제품화하기 전에 프로토타입을 만들기 위한 용도로 개발되었다. 1980년대 초에 미국의 3D시스템즈 사에서 플라스틱 액체를 굳혀 입체 물품을 만들어내는 프린터를 처음으로 개발하였다. 2D 프린터가 활자나 그림을 인쇄하듯이 입력한 도면을 바탕으로 3차원의 입체 물품을 만들어낸다. 3D 프린터는 어떤 제품 아이디어든 설계도만 있으면 플라스틱은 물론 고무·금속·세라믹 등을 소재로 한 시간에서 하루 안에 실물로 만들 수 있다. 3차원 컴퓨터 모델로부터 직접 입체물을 제작할 수 있다. 미국의 경제학자인 제러미 리프킨(Jeremy Rifkin)은 "3차 산업혁명의 특징은 누구나 기업가가 돼 혁신적 아이디어를 제품으로 만드는 것이다. 3D 프린터는 3차 산업혁명의 주인공이다"라고 했다. 3D 프린터가 주목받는 핵심적인 이유는 재료가 가볍고 필요한 소량만 낭비 없이 맞춤 생산할 수 있으며, 제품출시가 획기적으로 빠르기 때문이다. 3D 프린터 세계 1위 스트라타시스(Stratasys)의 CEO 데이비드 레이스는 3D 프린터가 제조업 분야에 불러올 변화로 기업혁신 가속화, 글로벌 물류산업의 요동, 신흥국의 저임금 아웃소싱 매력의 감소 등 3가지를 들었다.

2) 프로토타입의 제작절차

▼ 그림 13-12 **프로토타입의 제작절차**

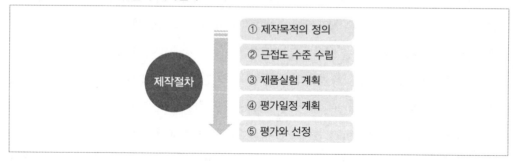

제작절차

① 제작목적의 정의
② 근접도 수준 수립
③ 제품실험 계획
④ 평가일정 계획
⑤ 평가와 선정

(1) 제작목적의 정의

제작계획 수립 절차는 프로토타입을 제작하는 목적을 명확하게 설정하는 것으로부터 시작한다. 제작목적을 구체적으로 명확하게 설정하기 위해서 고객욕구와 기대를 얼마나 충족하는지를 탐색하기 위한 목적인지, 아니면 제품개발 관여자 간의 원활한 의사소통의 목적인지를 결정한다. 제작목적을 명확하게 설정하면 의도한 고객의 욕구를 열거하고, 제품에서 충족정도를 탐색할 수 있기 때문이다.

(2) 제품과의 근접도 수준 수립

프로토타입이 최종 제품에 얼마나 유사한지를 파악하기 위해서 제품 근접도의 수준을 설정한다. 설정한 제품 근접도의 수준에 따라서 프로토타입의 유형을 결정하여 제작하기 위함이다. 즉, 시간과 비용의 낭비가 없는 가장 적합한 프로토타입을 제작하려는 목적이다. 따라서 이러한 결정은 신속한 제작, 적합한 평가와 개발의 유연성을 위해서 매우 신중할 필요가 있다. 또한 작동중심과 외관중심 등의 선택에 따라서 물리적이나 분석적 프로토콜, 종합적이거나 초점, 막업의 유형 등을 선택하기 위해 필요한 과정이다. 결국 수립된 목적에 가장 적합한 프로토타입을 결정하기 위해 제품과의 유사성 수준을 수립하는 것이다.

(3) 제품실험 계획

제품을 개발하려면 사전에 의도된 기능 등을 평가하기 위해 실험을 한다. 이때 실험대상물로 활용하기 위해서 프로토타입을 사용한다. 프로토타입을 사용하는 목적은 의도된 고객욕구와 제품기능성의 충족여부를 판단하여 수정, 추가나 변경을 통하여 제품품질을 향상하기 위한 것이다. 실험계획에는 실험변수 확인, 측정부분의 지정 등이 포함된다. 따라서 프로토타입 제작이 최대가치를 추출할 수 있는 실험을 계획한다.

(4) 평가일정 계획

제품의 출시 전에 제품의 성능과 작동여부를 확인하기 위해 제품검사를 위한 평가일정을 계획한다. 결정할 사항들은 부품의 조립이 준비될 시점이다. 이를테면, 프로토타입을 처음으로 검사할 날과 프로토타입의 검사가 완료되는 날 등을 결정한다. 이러한 과정으로 프로토타입이 구현되면, 사용자의 검토와 요구 사항을 분석하는 단계로 이동한다.

(5) 평가와 선정

최적의 프로토타입을 선정하기 위해서는 테스트 과정이 있다. 테스트 방법은 프로토타입의 사용목적에 맞는 테스트 방법을 선정한다. 프로토타입의 테스트는 알파테스트나 베타테스트가 있다. 알파테스트(alpha test)는 신상품을 개발할 때 신상품을 수정하기 위한 의견을 얻기 위해 직원을 대상으로 하는 성능시험이다. 베타테스트(beta test)는 제품사용자들에게 제품을 사용하게 함으로써 문제점을 찾아내도록 하는 것이다. 이 베타테스트에는 폐쇄형 베타테스트와 개방형 베타테스트가 있다. 폐쇄형 베타테스트는 지정된 인원이 하는 검사이며, 개방형 베타테스트는 인원이나 다른 제한 없이 하는 검사이다. 평가와 선정과정을 통해서 최종 프로토타입이 확정되면, 의도한 최종 제품 생산을 위한 단계로 이동한다.

Asking costs nothing(질문에는 돈이 들지 않는다).

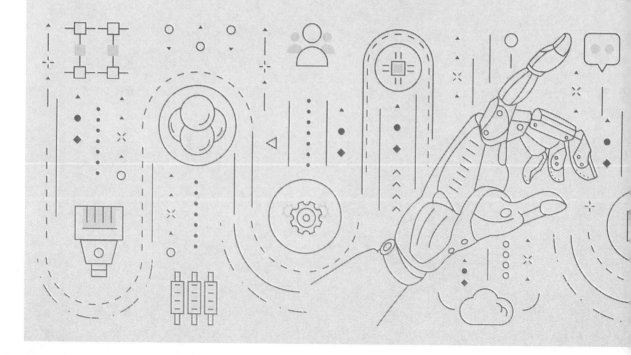

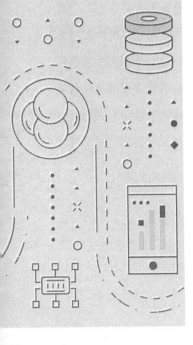

CHAPTER

14

제품테스트와
제품관리

01   제품 사용자 테스트

02   테스트 마케팅

03   지식재산권

04   출시전략

05   출시 후 제품관리

▶ 6년간 年평균 20%씩 성장한 한샘

국내 가구·인테리어 1위 업체 한샘은 2010년 이후 빠르게 성장한 기업 가운데 하나다. 2009년 매출 5,471억원으로 5,000억원을 돌파한 뒤 2015년에는 1조 7,105억원을 기록하면서 6년간 평균 20.9% 성장했다. 영업이익률이 4.2%에서 8.6%로 배 이상 뛰었다. 전 세계를 제패한 스웨덴 가구 회사 이케아(IKEA)가 한국에 진출한 2014년 이후에도 한샘의 고성장은 이어졌다. 한샘은 어떻게 글로벌 공룡인 이케아의 도전을 이겨냈을까?

▶ 가치사슬의 혁신

이케아의 도전에 대항해 한샘은 2011년 이후 개발·생산·유통·시공·고객 서비스 등 사업 전 과정에 걸쳐 혁신을 이뤄냈다. 제품력·영업력·원가경쟁력을 모두 끌어올렸다. 최양하 한샘 회장은 "가구·인테리어 사업은 단순한 상품판매와 다르다"며 "제품 자체의 부가가치, 소비자 니즈를 만족시키는 영업과 상담, 시공을 얼마만큼 잘해주느냐 등의 세 박자가 잘 맞아떨어져야 한다"고 강조했다. 한샘은 경영학에서 말하는 가치사슬 모형의 교과서적인 적용 사례다. 가치사슬 모형은 생산, 유통, 고객 서비스, 제품개발 부문을 주요 활동으로 분류하고, 단계별로 부가가치 창출을 위한 핵심활동을 도출하는 게 중요하다고 강조한다. 한샘은 ▲생산 부문에서는 자동화 ▲유통 및 고객 서비스 부문은 고객 중심 영업과 시공(施工)의 연계 구축 ▲제품 개발 부문에서는 사회변화를 감지하는 디자인 중심의 신제품 개발이라는 해결 방안을 제시하고 실행했다. 사업혁신으로 경쟁업체와 차별화하고 더 많은 부가가치를 창출해 소비자들에게 전달하는 데 성공했다.

▶ 비결 1 : 공장 자동화

한샘의 핵심제품인 주방가구와 대형 수납가구를 생산하는 경기도 안산 제3공장은 1만 7,532㎡ 면적의 공장 안에는 마치 전자제품 조립 공장같이 자동화된 생산설비가 여러 개 쭉 늘어서 있다.

약 60m 길이의 붙박이장 생산라인에서는 검사요원 단 2명만이 일하고 있었다. 가로 1.2m, 세로 2.3m의 재료 합판을 로봇이 들어 올려 가공기계에 투입하면, 표면 가공→재단→테두리 가공→조립용 구멍 뚫기 등의 공정이 자동으로 진행된다. 가구업은 다품종 소량 생산이고, 기계로 대체될 수 없는 노동 집약적 산업이라는 상식을 깬 모습이다.

한샘이 공장 자동화에 나선 것은 2011년 말이다. 이케아의 한국 진출에 대응하기 위해 먼저 원가절감이 필요하다는 판단에서였다. 안흥국 부사장은 "하도급 업체가 재단한 판을 납품받아 조립했던 당시 생산방식으로는 이케아에 맞설 원가 경쟁력을 가질 수 없었다"고 말했다. 그래서 공장 자동화 작업이 시작됐다. 주요 공작 기계는 사오고, 자재 투입·포장·물류 시스템 등 공장 자동화 설비와 소프트웨어(SW)는 한샘이 직접 개발했다. 안 부사장은 "먼저 책장 생산부터 자동화했고, 이후 다른 품목으로 대상을 넓혔다"고 말했다. 한샘은 이를 통해 30% 이상 원가를 낮출 수 있었다.

▶ 비결 2 : 1대1 고객 상담

한샘은 고객들이 어떻게 집을 꾸밀 수 있는지 보여주는 방식으로 매장을 구성한다. '공간을 판매하는 기업'이라는 한샘의 슬로건은 일선 영업 현장에서 분명하게 드러난다. 한샘은 6월 말 현재 9개 대형 직영매장을 운영하고 있다. 매출은 월평균 210억원 가량으로 한샘 전체 매출의 14.5%를 차지한다. 직영점이 높은 성과를 낸 비결은 방문한 고객을 실제 구매로 연결하는 영업능력이다. 1명당 평균 구매액(250~300만원)과 월평균 방문자(3만 4,000명) 수를 토대로 계산하면, 방문 고객 가운데 20%가량을 실제 구매했다. 영업력의 비밀은 영업사원들이 '인테리어 컨설팅'까지 해준다는 것이다. 고객들의 니즈에 맞춰 집을 꾸밀 수 있는 가구, 소품, 커튼, 벽지까지 '세트'로 제공해준다는 점을 강조한 명칭이다. 한샘은 방문고객에게 영업사원이 일대일로 붙어, 고객들의 필요에 맞는 인테리어와 가구 배치에 대해 상세한 정보를 제공하는 걸 원칙으로 하고 있다.

비결 3 : 스피드 경영

한샘은 제품을 가정 내에 설치하는 시공 조직도 주된 경쟁력 원천으로 삼고 있다. 최 회장은 "제품품질이 50%라면 시공이 50%"라고 말한다. 한샘 제품을 구입하면 직영점·대리점을 불문하고 한샘의 자회사인 한샘서비스원 시공기사가 방문해 제품을 설치한다. 2년 전 한 지역에서 대리점과 시공소 간의 갈등이 불거졌을 때 최 회장은 "시공에서 문제가 생길 수 있는 현장은 기사가 시공을 거부할 수 있도록 하라"고 말하기도 했다. 한샘은 생산과 물류 분야 자동화, 표준화를 통해 주문이 들어오면 3일 내에 제품을 공급하고, 1일 내에 시공을 완료한다는 원칙으로 스피드와 생산성을 강조한다.

출처: 조선일보 2016.07.02

01 제품 사용자 테스트

아이디어 탐색	아이디어 창출	컨셉창출	제품개발	출시전략
시장기회확인	창조적 사고	속성편익	품질기능전개	수요예측
고객욕구확인	선행기술 조사	컨셉서술	제품사양	사업타당성
고객문제확인	트리즈 기법	컨셉보드	제품구조	출시전략
기술공백확인	디자인씽킹	컨셉평가	제품설계	출시전술
	비즈니스모델	컨셉선정	프로토타입	시장추적
			테스트마케팅	
			지식재산권	

프로토타입이 완성되면 제품이 구현해야 할 작동과 반응시간을 검증하는 성능테스트(performance testing)를 실시한다. 알파테스트(alpha testing)와 베타테스트(beta testing)를 실시하여 필요하면 제품을 수정하거나 변경작업을 한다. 이 테스트는 신제품이나 서비스가 설치, 제거, 개선이나 변경방법을 찾기 위해 검사하는 것이다. 그런 다음 제품 사용자 테스트를 실시한다. 제품 사용자 테스트는 제품을 실제로 사용할 고객들이 제품을 평가하도록 하는 것을 말한다. 테스트 마케팅은 신제품 및 마케팅 프로그램을 실제로 시장에 도입하여, 소비자의 신제품에 대한 태도와 구매여부를 파악하는 과정이다. 모든 개발이 완료될 때와 제품이나 서비스가 출시되기 전에 수행하여 시장의 반응을 사전에 테스트 마케팅하여 마케팅 전략을 수립하는 데 활용한다.

1 제품 사용자 테스트

제품컨셉을 최종적으로 선정하면 제품개발 작업이 전개된다. 제품컨셉과 고객의 요구 사항을 기반으로 하여 제품사양을 결정하고, 제품설계로 들어간다. 제품설계를 완료하고, 설계대로 제품을 제작하는 것을 제품 프로토타입이라고 한다. 프로토타입이 완성되면, 제품개발팀은 제품의 기능테스트를 실시한다. 기능테스트는 제품설계대로 정확하게 제작되었는지와 제작한 시제품이 제대로 작동되는지를 평가하는 것이다. 이러한 테스트는 주로 제품사양, 성능, 품질 등 제품의 기능과 성능에 집중된다. 이 과정을 통과한 제품은 사용자 테스트를 실시한 후 출시를 위한 테스트 마케팅을 실시하는 과정을 거친다.

제품 사용자 테스트(user testing)는 제품을 실제로 사용할 고객들이 제품을 평가하는 것을 말한다. 즉, 일상적인 제품사용 상태 하에서 제품을 테스트하는 것을 말한다. 제품이 아직까지는 완벽하지 않기 때문에 신제품이 고객의 요구 사항을 충족하거나 문제를 해결할 때까지 개발팀은 테스트를 계속 진행한다. 제품 사용자 테스트는 소비자들의 제품사용 전 지각반응이며 초기 사용경험이 된다. 설계기준과 제품과의 일치성, 사용의 용이성을 제공하는지, 제품의 불만, 불편이나 오류가 없는지는 등에 관한 사용자 테스트는 시장진입의 성공가능성을 한층 더 높여준다.

제품 사용자 테스트로부터 고객의 요구 사항이 반영된 상태인 충실도, 고객에게 제공하는 속성의 독특성과 우수성, 그리고 향후 출시할 때 시용구매와 반복구매를 사전에 파악할 수 있다. 따라서 기업은 제품 사용자 테스트로부터 배우고 얻는 지식을 충분히 활용하여 표적시장에 적합한 제품을 제공할 수 있다. 그러나 제품 사용자 테스트를 생략하면 제품고장이 마케팅 활동 중에 나타나 구매자를 쫓아내는 위험을 안고 가는 것이다. 제품 사용자 테스트와 함께 구매의향, 독특성, 품질이나 신뢰성을 조사할 수 있다.

▼ 그림 14-1   제품테스트 단계

2 제품 사용자 테스트의 유형

기능평가를 실시한 후 제품 사용자 평가를 실험실과 사용자 환경에서 실시할 수 있다. 실험실 평가는 사용자 환경을 반영하지 못하는 단점이 있지만, 제품의 기술적 평가를 위한 평가도구와 기자재들을 구비하고 평가하기 때문에 기능, 성능이나 품질평가에서는 객관성을 확보할 수 있는 장점이 있다. 제품평가는 개발팀에 의한 자체평가, 전문가평가와 사용자평가를 거쳐 출시준비를 하게 된다. 이 과정을 통과하면, 테스트 마케팅으로 전환한다.

▼ 그림 14-2 제품 테스트의 유형

1) 내부평가

☑ 개발팀 평가

제품개발팀은 제품사양과 제품설계에 따라 기술을 적용하여 제품을 제작하게 된다. 이렇게 제작된 제품이 실제로 제품사양과 제품설계를 반영했는지를 점검하는 제품 기능테스트를 실시한다. 기능테스트를 통과하면, 사용자 입장에서 내부적으로 사용자 테스트를 수행한다.

몇 가지 단점이 있다. 첫째, 실험실에서는 많은 성능이나 기능을 테스트하는 도구들이 있어 과학적인 평가가 가능하지만, 실험실이기 때문에 제품의 실제 사용상황을 반영하지 못한다. 둘째, 전문가들이 제품을 평가하는 것이기 때문에 제품의 복잡성으로 인한 사용자의 사용 용이성 등은 잘 고려되지 않는다. 셋째, 제품개발팀과 소비자 간에는 정보의 비대칭이 형성되어 있기 때문에 품질지각과 감성적 요소에서 많은 차이가 발생할 수 있다. 개발팀은 객관적 품질과 합리적 사고방식에 의거하지만, 소비자들은 주관적 품질과 감성적 사고방식을 따르는 경향이 있기 때문이다. 따라서 회사가 제시하고자 하는 핵심편익의 평가는 많은 차이를 발생할 수 있다는 점을 충분히 고려해야 한다.

☑ 종업원 평가

회사 내부의 종업원이 제품 사용자 테스트를 하는 경우이다. R&D 직원, 고객서비스 직원, 판매나 마케팅 직원, 연구원과 임원 등 회사 내부 전문가 등이 포함된다. 이러한 전문가 집단을 활용하면 제품컨셉이나 개발에서 미처 예상하지 못한 점이나 개선할 점 등을 많이 제안 받을 수 있는 장점이 있다. 그러나 이들도 전문가들이기 때문에 제품개발팀 직원과 마찬가지로 최종사용자의 관점과 다르게 제품을 평가하는 경향을 배제하기 어렵다. 내부 종업원은 신중하고 성의껏 제품 사용자 테스트를 하는 장점이 있지만, 회사 충성도, 개발부서의 압박이나 종업원 개인의 생활양식 등으로 제품에 대해 자신의 의견과 태도를 왜곡할 수 있다. 그러나 종업원 패널을 신중하게 선택하여, 훈련하고 동기부여함으로써 어느 정도 극복할 수 있다.

2) 전문가 평가

전문가는 일반 사용자들보다 더 신중하고 더 정확한 반응을 표현한다. 업계, 학계, 소비자 단체 전문가, 공급업자, 유통이나 판매업체 등 회사 외부전문가를 통하여 제품을 평가하는 것은 제품에 대한 기술이나 지식이 풍부하고, 다른 제품과 비교·평가할 수 있기 때문에 많은 장점이 있다. 외부전문가는 내부전문가에 비해 제품에 대한 희망이나 편견 등이 배제되고, 사용자 입장에서 평가하기 때문에 객관적일 수 있다. 내부전문가는 자신이 바라는 희망이 제품평가에 함축되는 경향이 자주 발생하기도 한다. 따라서 내부와 외부전문가를 병행하여 제품평가를 실시하면, 내부전문가의 편향된 시각을 어느 정도 포착할 수 있다. 예를 들면, 자동차 회사는 스타일링 전문가, 맥주 회사는 맛 감식가들이 신제품을 테스트한다. 고객과 비고객, 사용자와 비사용자, 재판매업자, 최종소비자, 조언자, 경쟁제품의 사용자, 수리업체와 신제품에 대한 반응을 찾아내는 기술지원 전문가 등을 포함할 수 있다.

3) 제품 사용자 테스트

내부 평가는 제품 설계자나 제작자 등 전문가에 의한 평가를 말하지만 제품 사용자 평가는 실제로 제품을 사용할 고객을 대상으로 하는 평가이다. 즉, 일반 사용자들이나 잠재고객들이 제품을 사용환경에서 평가하는 것을 의미한다.

☑ 테스트의 목적 설정

제품 사용자 테스트는 산업체이든 개인이든 매우 신중하고 정교하게 실시한다. 관리자들은 제품 사용자 테스트로부터 수집하려는 정보를 결정한다. 그러한 정보가 전체적으로 매우 구체적이어야 하고, 사용자 테스트의 목적은 명확해야 하고, 프로토콜 안에 자세히 설명된 요구 사항을 포함해야 한다. 테스트의 목적은 한 가지만을 고려하지 않는 복합적이다. 첫째, 제품의 물리적 속성, 기능적 속성, 미적 속성, 사용자 속성이나 심리적 속성에 관한 정보를 수집하는 것이다. 이러한 제품속성의 테스트를 통하여 고객의 제품에 대한 신뢰성, 불만이나 불평사항 등을 찾아낸다. 그리고 제품컨셉 측면에서 독특성, 핵심편익, 구매의도나 호감도 등을 고려할 수 있다. 이러한 테스트 결과를 제품개선에 효과적으로 활용할 수 있어야 한다.

- 물리적 속성: 재료, 재질, 원료, 물성, 촉감, 질감, 형태, 길이, 무게, 크기
- 기능적 속성: 기능의 효율성, 작동의 적합성, 구조의 효율성, 기술, 특허
- 미적 속성: 디자인, 스타일상의 특징, 색상
- 사용자 속성: 사용자 인터페이스, 사용의 편리성과 안전성, 사용의 적응성
- 심리적 속성: 유행성, 상징성, 사회성, 차별성, 감각성

☑ 대상자의 선정과 표본의 규모

테스트의 대상자 선정은 제품비밀의 유지와 개발속도와 밀접한 관련이 있다. 일단 제품 사용자 테스트를 시작하면 제품의 비밀유지가 어려워질 뿐만 아니라 개발속도도 그 만큼 지연된다. 시장조사자들은 응답자의 적정수를 신중하게 결정한다. 표본크기는 대체로 전문가는 5명, 종업원은 30명, 최종사용자는 20~100명으로 산업이나 기업의 규모에 따라서 매우 다양하다. 표본크기는 제품의 기능에 달려있고, 표본은 제품표적의 전체 모집단을 대표해야 하고, 테스트 결과는 정확하고 재생할 수 있어야 한다.

☑ 테스트 장소

응답자 접촉은 위치(location)의 문제이다. 사용자 테스트하는 장소는 가정, 상점, 사무실, 공장이나 야외 등에 따라서 다른 결과를 낳을 수 있다. 장소에 따라서 독특한 특징이 있다. 실험실 테스트, 갱 서베이(gang survey), CLT(central location test), HUT(home use test) 등 방법 중에서 제품에 따라서 적합한 방법을 선정해야 한다.

- 실험실 테스트: 제품이 처음 생산된 실험실에서 테스트를 실시한다.
- 갱 서베이(gang survey): 일정한 장소에 조사 대상자를 동시에 불러 모아 동시에 조사를 실시하는 방식이다.
- CLT(central location test): 간이 장소에 조사 대상자를 한 명씩 불러서 조사를 실시하는 방식이다. CLT는 부엌, 식당이나 유사점포와 같은 매우 완벽한 환경, 좋은 실험통제, 속도와 저비용을 제공한다.

• HUT(home use test): 가정에서 제품을 직접 사용하게 하고 개별면접을 통한 설문조사를 실시하는 방식이다.

☑ 브랜드 노출과 은폐

브랜드 신분의 노출여부는 사용자가 브랜드나 제품의 제조자 신분에 관하여 인지하고 있는 정도와 관련이 있다. 브랜드의 공개적인 노출을 선호하는 사람도 있지만, 비밀유지를 선호하는 사람도 있다. 사람들은 특정 기업과 브랜드를 지각하고 있어서 새로운 제품의 브랜드를 노출할 때 이미지의 후광효과가 나타나 사용자 반응을 왜곡할 수 있다. 개발자는 경쟁제품과 비교하고, 사용자가 신제품이 경쟁제품보다 더 좋은 것으로 인식하고 있는지를 알기를 원한다. 두 방식을 겸용하는 것인데, 처음에는 상표미부착 테스트(blind test)를 하고, 그런 다음에 상표부착 테스트(branded test)를 한다. 이렇게 하면 많은 문제를 해결할 수 있다.

☑ 제품설명의 정도

제품에 대한 설명 없이 사용자 테스트를 하면 구체적인 소비자의 반응이나 정보를 잃는 위험을 무릅쓰는 것이다. 설명의 정도는 테스트할 때 제공하는 정보가 소비자가 실제로 나중에 제품을 구매할 때 얻는 정보와의 관계를 말한다. 제품을 적절하게 사용할 수 있고, 충분한 정보를 제공해야 한다. 그래야 제품 사용자 테스트로부터 얻는 정보가 유용하고 충실하다.

☑ 설문지 작성

응답자의 반응을 기록할 수 있는 방법이 여러 가지가 있다. 5점이나 7점 척도는 호불호를 기록하기 위해 사용된다. 응답자는 신제품과 다른 제품을 비교하도록 요청받는다. 현재 사용하는 제품이나 선호제품을 묻고, 선호도를 평가한다. 테스트하는 사람은 맛, 색깔, 착용이나 작동 등 어떤 속성과 중요한 속성을 포함하는 제품에 관한 기술적인 설명을 원한다. 이 경우 의미차별화 척도(semantic differential scale)는 가장 일반적이다. 평가요소들은 속성의 중요도, 만족도, 재구매의도, 추천의도 등이 있다. 아래 설문은 단일 제품을 제시하고 사용자의 의향을 묻는 단일안 평가 방식의 설문문항이다.

- 속성의 중요도: OO제품을 구매하실 때 다음에 제시되는 요소들이 얼마나 중요하다고 생각 하십니까?

	①	②	③	④	⑤
기능					
성능					
내구성					
디자인					
사용성					
가격					
품질					
브랜드명					
제품가치					

① 전혀 중요하지 않다 ⟶ ③ 보통 ⟶ ⑤ 매우 중요하다

- 만족도: 귀하께서 사용해 보신 OO제품에 대해 얼마나 만족하십니까?

	①	②	③	④	⑤
만족도					

① 전혀 만족하지 않다 ⟶ ③ 보통 ⟶ ⑤ 매우 만족한다

- 재구매의도: 귀하께서 OO을 재구매하실 의도는 어느 정도이신가요?

	①	②	③	④	⑤
재구매의도					

① 전혀 구매하지 않다 ⟶ ③ 보통 ⟶ ⑤ 확실히 구매한다

- 추천의도: 귀하께서 OO을 추천하실 의도는 어느 정도이신가요?

	①	②	③	④	⑤
추천의도					

① 전혀 추천하지 않다 ⟶ ③ 보통 ⟶ ⑤ 확실히 추천한다

☑ 제품사용 기간

맛 테스트의 경우 사용자 테스트는 어떤 단일제품 경험을 필요로 한다. 어떤 것은 일주일 정도의 기간, 어떤 것은 6개월에 걸친 사용을 필요로 한다. 실질적인 학습이 필요한 경우라면 더 긴 기간이 필요하다. 초기 신속한 테스트는 혁신자의 초기반응을 예측할 수 있다. 고객인식이 정당하지 못한 실패는 좋은 제품의 비운을 맞게 한다. 반대로 호의적인 초기인상은 신기한 단계를 지나서 잘 유지되어야 한다. 한 달에 걸친 테스트는 소비재에서는 드물지만, 새로운 산업장비가 비용절약 이점에 둔다면, 사용자 테스트는 사용자가 상당한 비용절감을 찾기 위해 충분히 길게 운영하는 것이 좋다.

☑ 제품 제시방법

제품 사용자 테스트는 많은 요소의 결합으로 이루어지지만, 여기에 사용하는 주요 방법으로는 단일안 평가방식, 순차평가방식, 쌍대비교방식, 삼중비교방식 등이 있다.

- 단일안 평가방식(monadic test): 테스트하는 동안에 응답자에게 단일제품을 제시하는 것이다. 서비스는 비록 예외가 있더라도 단일안 평가방식을 사용해야 한다.
- 순차평가방식(sequential monadic test): 동일한 응답자에게 제품을 순차적으로 제시하는 방식이다.
- 쌍대비교방식(paired comparison): 제품 테스트의 사용에 비교제품과 서로 혼합되어 배치되는 방식이다.
- 삼중비교방식(triangular comparison): 쌍대비교방식과 유사하나 두 개의 비교제품과 한 개 제품을 비교하는 것이다.

02 테스트 마케팅

1 테스트 마케팅

테스트 마케팅은 마케팅 프로그램을 실제로 시장에 도입하여 소비자의 신제품에 대한 태도와 구매여부를 파악하는 과정이다. 테스트 마케팅은 출시 후 발생 가능한 마케팅 프로그램의 문제점들을 제품출시 전에 파악하여 해결하고, 수집한 정보를 제품과 시장세분화, 목표시장 선정, 포지셔닝, 가격정책, 제품정책 등 전반적인 마케팅 프로그램에 적용하기 위해서 실시한다.

1) 테스트 마케팅

테스트 마케팅(test marketing)은 제품과 마케팅 계획이 전면적인 출시 전에 출시여부를 결정하기 위해 제품과 마케팅 계획을 선택된 모집단의 표본에게 제시하여 평가받는 제품개발 과정이다. 테스트 마케팅은 구매자들이 제품평가에 참여하는 것을 모르고, 실제 점포와 실제 구매상황으로 구성하는 현장실험실에서 이루어지는 실험이다. 이러한 현장실험(field laboratory)을 테스트 시장(test market)[1]이라고 한다. 소비자 반응을 확인하기 위해 최종 마케팅 믹스를 모의실험한다. 최종 결정에 필요한 판매자료의 질과 양에 따라서 테스트 마케팅은 일정한 기간 동안 지속할 수 있다. 그러나 높은 실시비용 때문에 테스트 마케팅은 내구재(consumer durables)[2]보다는 FMCG(Fast

---

1 판매예정 시장에서 신제품을 판매하기에 앞서 시장에서의 반응을 조사하기 위하여 시험적으로 선정되는 소규모 시장.
2 자동차 · 세탁기 · 텔레비전 · 가구 등과 같이 장기간 사용되는 소비재.

Moving Consumer Goods)[3] 에 적당하다. 테스트 마케팅은 상업화 전의 마지막 단계로 마케팅 계획의 모든 요소가 시험되는 곳이다.

2) 테스트 마케팅 수행 이유

테스트 마케팅을 수행하는 이유는 여러 가지가 있다. 첫째, 사용자들이 실제 제품과 제품특징에 어떻게 흥미를 느끼는지를 이해하는 가장 정확한 방법이다. 모든 특징은 소비자들에게 바람직하지 않을 수 있다. 게다가 사용자가 실제로 제품을 기꺼이 구매하려는 것인지를 이해하기 위해서 이러한 정보를 사용하는 것이 필요하다. 둘째, 첫째 이유가 충족되면, 다음 단계는 제품이 어떻게 사용되고, 정상적인 제품사용 상황에서 얼마나 제품의 내구성이 있는지를 관찰하는 것이다. 제품이 최적으로 수행할 수 없는 상황이나 조건을 확인할 수 있다. 셋째, 이 테스트 마케팅에서 얻은 정보는 제품의 가치를 향상하기 위해 필요하거나 바람직한 주요 변화를 확인하기 위해서 기록하고 검토한다.

최초 제품 테스트와 테스트 마케팅은 매우 다르다. 전자는 소비자들에게 테스트 제품을 제공하고 참여하도록 장려책을 제공한다. 후자는 광범위한 시장을 모의실험하기 위한 실제 환경에서 마케팅 계획의 모든 요소를 포함한다. 공식적인 출시 전에 높은 초기 마케팅 비용, 고객의 호의를 잃은 가능성과 경쟁자가 제품을 신속하게 복사할 기회를 제공하는 위험이 있다. 표적시장에 진출하기 전에 이를 대표할 수 있는 소수의 지역을 선정하여 마케팅 프로그램을 실시하는 것이기 때문에 테스트 시장은 표적시장을 대표할 수 있는 지역을 선정하는 것이 중요하다. 다음은 테스트 마케팅에서 사용할 주요 변수들이다.

- 테스트 도시의 선정 : 광고, 경쟁, 유통 시스템과 제품사용과 같이 지역에 신제품을 위한 기준(norm)을 제공할 수 있는 도시여야 한다.
- 테스트 도시의 수 : 대표성과 비용을 고려하여 도시의 수를 결정한다.
- 표본 점포의 수 : 점포의 수는 전체시장을 대표하기에 적당해야 한다.
- 인구통계적 특성 : 나이, 소득, 직업 등에서 표적고객을 대표할 수 있는 특성
- 경쟁사의 영향력 : 테스트 시장이 경쟁사의 영향으로부터 격리되는 지역

---

3   구매주기가 짧으며, 단기간 내에 소비하는 주로 저렴한 가격의 제품군. 음식료품, 생활용품, 개인용품, 화장품, 영유아 제품 등 비내구재.

모든 테스트가 완료된 후라도 제품수정은 계속적으로 이루어진다. 이 단계에서 제품이 잘 작동되지 않거나 제품이 상업적으로 성공할 것 같지 않다는 것이 명백하다면, 추가적인 테스트를 하거나 제품을 제거할 수 있다. 테스트는 회사가 고객확인의 정확한 측정과 더 높은 품질의 제품을 달성하는 데 도움이 된다. 시장테스트는 제품설계팀에 의해서 언제나 수행되는 것은 아니다. 실시비용이 많이 소요될 수 있고, 경쟁자들에게 신제품을 따라잡을 시간을 줄 수 있다. 이러한 과정은 제품범주, 회사의 운영전략에 달려 있다. 제품의 잠재적 성능, 마케팅과 출시전략, 계획과 잠재판매의 정확한 추정에 충분한 자신감이 있다면, 테스트 마케팅을 생략할 수 있다. 그러나 어떤 의심이 있거나 제품을 더 정교화하게 할 필요가 있다면, 테스트 마케팅을 실시하는 것이 바람직하다. 다음은 테스트 마케팅의 수행 이유이다.

- 판매증가
- 수익증가
- 고객만족 증가
- 제품계획 과정의 향상
- 제조원가 절감

3) 테스트의 목적

제품 테스트 마케팅은 제품의 시장성 여부를 판단하는 것이기도 하지만 제품기능의 개선을 위해 더욱 중요하다. 따라서 제품 테스트의 일반적 목적은 제품관리, 품질향상, 사용성 증진, 고객지원과 마케팅 활용 전략 등이 있다.

(1) 제품관리

- 사용자 경험 전달: 사용자 경험(user experience)을 제공하기 위해 품질, 특징, 설치, 지원과 전달과 같은 모든 제품 구성품이 정상적으로 수행되는지를 확실히 파악하는 것이 가능하다. 제품이 계획된 설계대로 제대로 작동하는지를 파악할 수 있다.
- 사용자의 수용 확보: 신제품이나 새로운 기능을 갖는 테스트는 사용자 수용(acceptance)을 확보하고, 제품이 사용자 요구 사항을 충족하는 것을 확실히 하는 데 도움이 된다.
- 경쟁력 평가: 경쟁제품을 테스트 시장에 포함함으로써 가장 가까운 경쟁제품의 품질, 특징

과 가능성에 대한 소비자 반응을 발견할 수 있다. 이러한 경쟁제품과의 비교평가는 자사의 신제품 경쟁력을 강화하는 수단이 된다.

(2) 품질향상

- 가능성 있는 사안 확인: 테스트는 내부 품질보증팀이 모의실험을 함으로써 불가능한 환경과 상황에서 실제 사용환경을 제공한다. 이것은 발견되지 않은 사안이 시의적절한 방식으로 처리될 수 있다는 것을 의미한다.
- 실제성능 평가: 제품이 통제환경에서는 우수하게 작동할지 모르지만, 실제 세계에서는 작동이 안 될 수 있다. 테스트를 통해서 실제 성능의 예측기준치를 얻을 수 있다.
- 해결조치 사안 재평가: 테스트에서 발견한 문제는 해결책을 조치한다. 이렇게 해결을 조치한 어떤 사안이 적절한 기능을 하고, 사용자의 사양과 요구 사항이 해결되었다는 것을 확실히 확인할 수 있는 기회가 된다.

(3) 사용성 증진

- 사용성 개선: 테스트는 제품의 실제 사용 패턴에 대한 통찰력을 얻는데 사용된다. 상세한 반응은 사용자로부터 얻게 되고, 사용성(usability)의 문제를 알게 된다. 개발팀은 재설계하거나, 고객서비스 직원은 사용자가 이러한 문제를 관리할 수 있도록 사전에 준비할 수 있다.
- 새로운 사용자 경험 촉진: 테스트는 사용성의 개선이나 사전 관리조치로 기존 사용자나 새로운 사용자를 위해 신제품에 대한 더 완벽한 출시를 만들 수 있다.

(4) 고객지원

- 지원과정 간결화 : 사용자 문제가 확인되고 해결되면, 이러한 것들은 강력한 제품지원 시스템을 반영할 수 있다.
- 지원문서화: 사용자들이 테스트 과정에서 직면하는 문제는 고객지원 문서를 개발하고 편집하기 위해 사용된다.

(5) 마케팅 활용 전략

테스트 마케팅의 결과는 모형 평가, 증명과 기준, 조기 충성수용자 확보와 출시 전 인지도 향상 등에 활용할 수 있다.

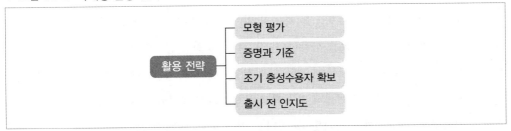

- 모형 평가: 테스트 과정의 다른 측면은 실제 사용경험과 반응 자료의 수집이다. 테스트하는 사람들에게 경험을 말로 분명하게 표현하게 함으로써 개발팀은 제품이 실제 생활에서 어떻게 작동하는지에 관한 현실적인 모습을 구할 수 있다.
- 증명과 기준: 사용자들이 사실상 제품의 첫 번째 실제 고객이기 때문에, 그들의 증명은 마케팅을 위한 기준으로써 사용된다. 새로운 고객을 위한 추천으로써 사용된다.
- 조기 충성수용자 확보: 초기 접근으로 열성적인 사용자의 적절한 집단에 제품이 제공된다면, 그들이 경험한 제품장점을 매우 가치 있게 입증할 것이다. 조기수용자들은 제품을 위해 긍정적인 공중관계 경로로써 행동하고 다른 사람들에게 구매를 장려할 것이다.
- 출시 전 인지도: 테스트는 표적시장에서 긍정적인 구전과 생생한 인지도를 창조한다. 이러한 구전은 높은 초기 판매로 전환할 수 있다.

4) 테스트 시장의 유형

테스트 시장의 유형은 모의점포 테스트 마케팅, 통제 테스트 마케팅과 표준 테스트 마케팅 등이 있다.

▼ 그림 14-4 테스트 시장의 유형

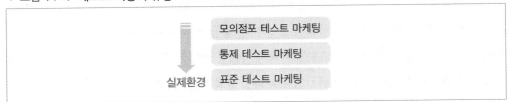

☑ 모의점포 테스트 마케팅

모의점포 테스트 마케팅(simulated store test marketing)은 실험실 내에 가상점포를 만들어, 자사의 신제품과 경쟁제품을 진열하거나 광고를 보여준 후 실험에 참가한 대가로 받은 금액으로 가상의 점포에서 실제로 제품을 구매하도록 하는 방법이다. 제품에 대한 최초반응을 테스트하기 위해 보통 30~40명의 소비자 표본을 사용한다. 이것은 상당히 인공적인 테스트이지만, 통제된 방식과 초기 단계에서 유용한 정보를 제공한다. 이것은 특정 마케팅 조사회사가 원래 상황과 가까운 시나리오를 만든 상세한 모의실험 장소에서 시행하는 대표적인 유형이다. 이 방법의 이점은 결과가 신속하고, 광고효과를 평가할 수 있다는 것이다. 이 방법의 실시비용은 표준이나 통제 테스트 시장보다 저렴하다. 그러나 이 방법은 현실성보다는 조사에 더 많은 뿌리를 두고 있다.

✓ 통제 테스트 마케팅

통제 테스트 마케팅(controlled test marketing)은 실제의 점포를 소수 선정하여, 점포에서 소비자 반응을 조사하는 방법이다. 제품을 테스트 지역으로 보내지만, 제품, 촉진, 배치와 가격 같은 요소는 통제된다. 광고나 매체홍보와 같은 전체 계획을 복제하는 것이 가능하지 않다. 이 방법은 표준시험보다 일반적으로 더 신속하고 더 저렴하나 표준 테스트보다 더 적은 표본을 사용하여 점포의 대표성이 적기 때문에 결과를 판독할 때 더 많은 주의가 요구된다.

✓ 표준 테스트 마케팅

표준 테스트 마케팅(standard test marketing)은 표적시장을 대표할 수 있는 소수의 지역을 선정하여, 그 지역 내 소매상에 신제품을 진열하고, 표적시장에 사용할 광고 및 판촉 캠페인과 유사한 캠페인을 실시한 후 소비자의 반응과 판매성과를 조사하는 방법이다. 특정한 도시에 있는 특정한 점포를 선정하여 본격적인 마케팅 프로그램을 실제와 동일하게 수행하고, 실제 소비자 반응을 조사하는 방법이다. 스캐너 패널 자료(scanner panel data)[4]를 이용하면 테스트 결과를 거의 실시간으로 추적할 수 있다. 이 방법으로 전국 출시할 경우 사용한 마케팅 프로그램을 거의 정확하게 복제할 수 있다. 제품출시가 영향을 주는 소비자 행동에서 변화를 이해할 수 있다. 이 테스트 방법은 주요 출시를 위한 시험출시이고, 판매와 마케팅 계획의 모든 요소는 점포수준에서 반응으로부터 평가될 수 있다. 따라서 현실적으로 가장 효과적인 테스트 방법이지만 비용과 시간이 많이 소요된다.

---

4 소비자들에게 소비자의 ID 번호를 주고 그들이 구입한 제품에 스캐너 코드를 읽으면 구입자, 구입품목과 구입일자가 자동적으로 컴퓨터 기억장치에서 기록된다.

② 테스트 마케팅의 고려사항

큰 규모의 출시 전에 테스트 시장은 추가적인 자료를 얻는 가치 있는 수단이다. 그러나 이러한 장점에도 불구하고 명심해야 할 단점이 있다. 시장에서 테스트를 시작하기 전에 팀과 조직은 충분한 사전계획을 수립하는 것이 중요하다. 따라서 다음과 같은 주요 사항을 고려할 필요가 있다.

▼ 그림 14-5 주요 고려사항

1) 대표성

가장 대표적인 시장이나 지역이 시장테스트를 위해 선정되는 것을 확실히 할 수 있어야 한다. 선정된 시장이 지역이나 대상자가 표적고객을 대표할 수 있어야 한다. 그래야 전국출시에 테스트 마케팅에 적용한 프로그램을 적용할 수 있다. 그러나 표적이 되는 큰 시장의 정확한 대표성은 어떤 것도 없다. 모든 시험시장은 잠재적 왜곡이 있다.

2) 효과성

회사가 제품을 테스트할 준비가 될 때까지 제품을 계획하고 설계하는데 주요 투자가 이미 이루어지고 있다. 테스트 시장 시나리오로부터 얻는 혜택은 제한적이고, 테스트 국면은 경쟁자에게 주의를 주고, 보복할 준비를 주게 되고, 고객을 끌고 매출을 증대하는 소요시간을 줄 가능성을 고려해야 한다.

3) 비용과 위험

시장테스트의 목적은 투자 위험을 감소하는데 있다. 그러나 시장 테스트는 상당한 비용이 발생하고, 결국 타당한 해결안이 있는 것으로 끝나지 않을 때도 있다. 신제품이나 서비스의 개발은 위험과 실패의 가능성으로 가득하다. 이러한 위험을 완화하기 위해 취해지는 방법인 베타나 시장테스트가 제품개발 계획의 중요한 부분이고, 중요성과 주목을 받는 이유이다.

③ 테스트 마케팅 절차

테스트 마케팅은 많은 과정이나 단계를 통해 이루어진다. 각 단계에 들어가는 주목의 정도가 높을수록 기대를 충족할 기회는 더욱 증가한다. 일반적으로 테스트 마케팅 단계는 계획, 참가자 선정, 제품전달, 반응수집, 반응평가 결론 및 수집정보의 활용 등 6단계가 있다.

1) 계획

테스트 마케팅을 시작하기 전에 개발팀은 최종적으로 달성하고자 하는 것을 정의하는 것이 적절하다. 기대와 목적의 적절한 집합은 성공적인 테스트 과정을 확실히 한다. 명확하게 정의된 목적은 테스트 대상자가 관련되고, 사람의 적절한 수가 선택되는 것을 확실히 하는 데 도움이 된다. 또 완전한 테스트 단계에 필요한 시간을 결정하고, 사람들이 최종 목적이 무엇인지를 이해하는 데 도움이 된다. 마감시간이나 시간표, 제품 현재 특징과 상황의 완전한 기록의 계획은 선택된 표적시장의 정의를 결정하는 데 적절하다.

2) 참가자 선정

행동계획이 결정되고 장소가 정해지면 적절한 테스트 집단을 선정할 시간이다. 선정된 참가자들은 의도된 표적시장의 좋은 배합이어야 하고, 회사나 제품에 대해 사전 긍정적이거나 부정적인 어떤 편견을 가져서는 안 된다. 집단의 규모는 제품의 성격과 복잡성, 이용시간, 목표와 산업의 특성에 달려 있다.

3) 제품전달

확인되고 준비된 대상자로 테스트할 제품에 참가자들이 접근할 수 있도록 한다. 효과적인 사용자 경험은 제품의 모든 상세한 내역이 원래 의도된 곳에 가까울 때 기록되는 것이다.

4) 반응수집

대상자가 제품을 사용하기 시작하면, 피드백은 논평, 인용, 조사, 증언이나 면접의 형태로 오기 시작한다. 이것은 재설계, 새로운 설계와 마케팅의 토대이기 때문에 이러한 정보를 정확하게 기록하기 위해서는 시스템을 준비한다.

5) 반응평가

지금까지 수집된 자료는 제품과 회사의 미래 계획에 매우 가치가 있다. 이러한 자료는 비판적으로 검토되고, 제품설계와 지원에 통합될 필요가 있다.

6) 결론 및 수집정보의 활용

기록하고 분석하고 이용한 관련 반응으로 프로젝트를 결정한다. 참가자들은 생각한 프로젝트와 제품에 관한 반응을 제공하고. 시간과 노력에 대해 보상을 받아야 한다. 좋은 보상계획은 우수한 제품으로 나아갈 때 확고한 자리를 잡는데 도움이 된다. 따라서 테스트 시장으로부터 충분한 정보를 얻으면, 이 결과를 토대로 하여 전개할 방향이 세 가지가 있다.

▼ 그림 14-6 테스트 마케팅 활용 전략

- 제품이나 마케팅 수정: 제품이나 마케팅 믹스의 어떤 요소가 작동하지 않는다는 것을 테스트 결과가 강조한다면, 이것은 수정이나 변화가 필요하다. 따라서 출시계획은 수정되어야 하고, 문제의 성격과 마케팅 환경에 따라 동일한 테스트 지역에 재출시해야 하고, 필요하다면 새로운 테스트 지역을 선정하여 테스트를 실시해야 한다.
- 단계적 출시: 테스트 마케팅이 성공적인 결과라면, 회사는 단계적 제품출시를 결정할 수 있다. 본격적인 출시 전에 효과적으로 테스트 기간을 증가하고, 한층 더 학습을 제공한다. 주요 위험은 경쟁자들이 시장을 관찰하고, 다른 지역에 처음으로 잠재적으로 진입하는 것을

허용하는 것이다.

• 전국출시: 테스트가 만족한 결과를 제공한다면, 제품을 전국규모로 출시하기 위해 상업제
  안을 개발하는 데 사용될 수 있다. 테스트 학습은 정확한 매출예측 수준과 패턴에 도움이 된
  다. 마케팅 투자의 수준은 효과적으로 계획될 수 있다. 테스트 결과는 유통업자에게 제시할
  가장 강력한 사례를 제공하기 때문에 전국목록을 확보할 때 가치가 있다.

03 지식재산권

1 지식재산권의 개요

기술경영은 경쟁기업과 차별화된 기술이나 지식에 의한 경영을 의미한다. 이러한 기술경영의 기반은 바로 지식재산권이다. 지식재산권은 인간의 창조적 활동 또는 경험 등을 통해 창출하거나 발견한 지식·정보·기술이나 표현, 표시 그 밖에 무형적인 것으로서 재산적 가치가 실현될 수 있는 지적창작물에 부여된 재산에 관한 권리이다. 지식재산권은 특허, 실용신안권, 디자인권, 상표권 및 저작권 등이 있다.

1) 지식재산권의 개요

재산(property)은 인간의 사회적·경제적인 욕구를 채우는 유형·무형의 수단이다. 재산권(property right)은 경제적 가치를 지니는 권리이다. 즉, 재산적 가치가 있는 물건을 사용, 수익, 처분할 수 있는 권리이다. 재산은 그 형태에 따라 토지·건물·보석·금전 등의 유체재산과 인간의 지적활동의 결과로 얻어진 정신적 산물로써 재산적 가치가 있는 발명, 고안, 저작, 특허 등의 무체재산으로 구분한다. 무체재산을 지식재산(intellectual property)이라고 한다.

▼ 그림 14-7 **재산권의 종류**

　　지식재산은 인간의 창조적 활동 또는 경험 등에 의하여 창출되거나 발견된 지식·정보·기술, 사상이나 감정의 표현, 영업이나 물건의 표시, 생물의 품종이나 유전자원, 그 밖에 무형적인 것으로써 재산적 가치가 실현될 수 있는 것을 말한다(지식재산기본법 제3조 제1호). 산업재산권(industrial property)은 물질문화의 발전에 기여하는 권리이고, 저작권(copyright)은 정신문화의 발전에 기여하는 권리이다. 발명은 특허법, 고안은 실용신안법, 물품의 디자인은 디자인보호법, 상표나 서비스표는 상표법, 그리고 저작물은 저작권법에 의하여 권리를 부여하고 보호하고 있다. 지식재산권에는 산업재산권, 지식재산권과 신지식재산권이 있다. 기타 부정경쟁방지 및 영업비밀보호에 관한 법률, 산업기술의 유출방지 및 보호에 관한 법률, 종자산업법, 식물신품종보호법, 반도체집적회로의 배치설계에 관한 법률과 콘텐츠산업진흥법 등 신지식재산권이 있다.

▼ 그림 14-8 **지식재산권의 종류**

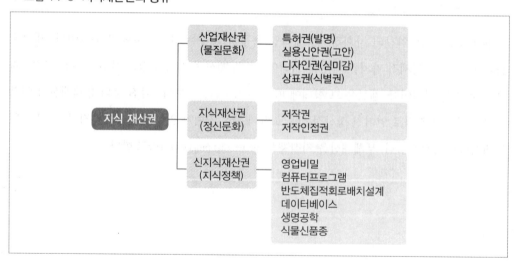

▼ 표 14-1 지식재산권의 관련 법률과 내용

권리의 종류	관련 법률	내용
특허권	특허법	발명(기술적 사상의 창작으로써 고도한 것)
		물질발명, 화학발명, 의약발명, BM발명
실용신안권	실용신안법	실용적인 고안(기술적 사상의 창작)
		물품의 형상, 구조, 조합
디자인권	디자인법	디자인(시각적으로 미감을 주는 물품의 형태)
		제품디자인, 패션디자인, 인테리어 소품
상표권	상표법	상표(상품을 식별하기 위하여 사용하는 표장)
		문자상표, 서비스표, 업무표장, 단체표장
저작권	저작권법	저작물(인간의 사상, 감정의 표현창작물)
		생명공학, 도메인 이름, 인공지능

2) 지식재산권의 필요성

- 시장에서 독점적 지위 확보: 특허 등 지식재산권은 독점적, 배타적인 무체재산권으로 신용을 창출하고, 소비자의 신뢰도를 향상하며, 기술판매를 통한 수입을 얻을 수 있다.
- 특허분쟁의 예방 및 권리보호: 특허는 자신의 발명 및 개발기술을 적시에 출원하여 권리화함으로써 타인과의 분쟁을 사전에 예방하고, 타인이 자신의 권리를 무단 사용할 경우 적극적으로 대응하여 법적인 보호를 받을 수 있다.
- R&D 투자비 회수 및 향후 추가 기술개발의 원천: 특허는 막대한 기술개발 투자비를 회수할 수 있는 확실한 수단이며, 타인과 분쟁 없이 추가 응용기술을 개발할 수 있다.
- 정부의 각종 정책자금 및 세제지원 혜택: 지식재산권은 특허기술사업화 자금지원, 우수발명품 시작품 제작지원, 각종 정부자금 활용과 세제지원 혜택을 받을 수 있다.

3) 특허와 영업비밀

특허법은 발명을 보호 장려하고 그 이용을 도모함으로써 기술의 발전을 촉진하여 산업발전에 이바지함을 목적으로 한다. 발명의욕을 고취하기 위해 특허권자에게 일정 기간 동안 기술이용의 독점권을 부여하는 대가로 발명기술을 활용할 수 있도록 기술을 공개하는 것이다. 코카콜라는 제조기법을 영업비밀로 공개하지 않고 노하우로 사용하고 있지만, 대부분의 기업은 특허로 기술을 공개하고 배타적 독점권으로 활용하고 있다. 따라서 기업은 특허등록과 영업비밀 중에서 전략적 선택을 해야 한다. 자사가 연구개발한 것이 특허등록이 가능한 경우, 장차 경쟁사가 특허를 침해하거나, 경쟁사가 개발할 것으로 예상되는 경우, 그리고 기술공개 시 경쟁사가 모방할 가능성이 있는 경우는 특허등록이 더 바람직하다. 비밀유지가 가능할 경우는 특허등록이나 영업비밀 중에서 회사가 전략적으로 선택해야 할 것이다.

2 지식재산권의 종류

지식재산권은 권리자가 타인의 실시를 배제할 수 있는 배타적 독점권으로 특허권, 실용실안권, 디자인권, 상표권과 저작권 등이 있다. 지식재산권 법은 모든 종류의 창작 및 예술 프로젝트와 관련된 여러 권리를 보호한다. 재산권 법의 가장 잘 알려진 측면에는 특허권, 실용신안권, 디자인권, 상표권 및 저작권이 포함된다. [표 14-2]는 지식재산권의 보호대상과 보호기간을 요약한 것이다.

▼ 표 14-2 지식재산권의 보호대상 및 보호기간

구분	보호대상	보호기간
특허권	기술적 사상의 창작으로써 고도한 것(발명)	20년
실용신안권	제품수명이 짧고 실용적인 개량기술(고안)	10년
디자인권	물품의 형상, 모양(디자인)	20년
상표권	상품의 기호, 문자, 도형(표장)	10년
저작권	인간의 사상이나 감정 표현	생존기간과 사망 후 70년

1) 특허권

특허권은 이를 발명을 한 자 또는 그의 정당한 승계인에게 그 발명을 대중에게 공개한 대가로 일정 기간 동안 배타적인 권리를 주는 행정행위를 말한다. 특허를 주는 절차 및 특허권자가 되기 위한 주체적 요건이 있다. 특허란 보통 새롭고 유용한 물건이나 그 물건의 제조방법, 물질의 새로운 결합방법이나 물질의 유용한 용도를 발명한 자가 받을 수 있는 권리이다. 특허를 받을 수 있는 발명은 자연법칙을 이용한 기술적 사상의 창작으로서 고도한 것이어야 한다.

(1) 실체적 요건

특허(patent)는 자연법칙을 이용한 기술적 사상(idea)의 창작으로써 고도한 것이어야 한다. 아직까지 없었던 물건 또는 방법을 최초로 발명하였을 경우 그 발명자에게 주어지는 권리이다. 특허를 받을 수 있는 발명은 독창적 사상이고, 자연법칙을 이용한 것으로 기술적 효과를 낼 수 있고, 산업 상 이용할 수 있는 것이어야 한다. 권리 존속기간은 출원일로부터 20년이다. 특허권을 취득하기 위한 요건은 자연법칙을 이용한 발명, 신규성, 진보성과 산업 상 이용가능성을 충족해야한다.

▼ 그림 14-9 **특허권의 요건**

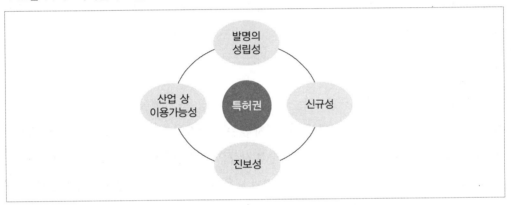

① 발명의 성립성: 자연법칙 이용

발명의 성립성(subject matter)이란 발명이 자연법칙을 이용한 기술적 사상의 창작으로써 고도한 것을 의미한다. 발명은 단순한 아이디어가 아니라 목표를 달성하기 위한 기술적 수단으로 구체화된 아이디어이다. 자연현상 또는 자연법칙 자체는 특허의 대상이 될 수 없고, 반대로 자연법칙을 이용하지 않은 경우에도 특허의 대상이 될 수 없다. 자연법칙은 자연계에 존재하는 물리적, 화학적, 생물학적 원리원칙을 말한다. 자연계에서 경험으로 찾아낸 법칙으로 자연과학의 학문적 법칙, 경험법칙과 생리학 법칙은 포함되지만, 정신활동으로 창안된 법칙, 경제학 법칙, 심리법칙이나 인간의 판단 등은 해당되지 않는다.[5]

• 발명의 성립성: 발명이 자연법칙을 이용한 기술적 사상의 창작으로써 고도한 것

---

5 윤선희(2015). 특허의 이해 – 제2판. 법문사.

발명은 물건의 발명과 방법의 발명이 있다. 물건의 발명은 기계, 기구, 장치, 시설, 전자회로, 화학물질, 식물, 미생물과 같은 유형물을 구현하는 발명이지만, 방법의 발명은 물건을 생산하는 방법, 분석이나 측정방법으로써 구체화되는 발명이다. 예를 들면, 기계장치의 취급방법, 물건의 생산방법, 물질의 생산방법과 동식물의 사육방법 등이 있다. 용도발명은 물건의 특정 성질을 발견하고, 이 성질을 유용하게 이용하는 발명으로 특허법에서는 이를 물건의 발명으로 규정한다. 이러한 방법의 발명도 자연법칙을 이용한 발명이어야 한다. 또 발명은 기본발명과 개량발명으로 구분한다. 기본발명은 발명이 속하는 기술분야에서 기술문제를 최초로 해결한 발명이다. 이것은 발명적 기여가 크고 포괄하는 기술적 범위가 넓다. 예를 들면, 전기, 컴퓨터, 전화기 등이 있다. 개량발명은 선행발명을 기초로 하여 기술적으로 보완하여 개선한 발명을 말한다. 개량발명이 특허발명의 대부분을 차지한다.

② 신규성

특허발명은 특허출원 전에 국내 또는 국외에서 공지·공용·간행물 게재·전기통신회선으로부터 공중이 이용 가능하게 된 발명에 해당되지 않는 독창적인 기술적 사상이어야 한다(특허법 제29조 제1항). 신규성(novelty)은 독창적인 기술적 사상으로 발명이 새로움을 갖추어야 한다는 것을 말한다. 공지, 공용기술이 아닌 것으로 발명의 내용인 기술적 사상이 종래의 기술적 지식, 선행기술에 비추어 알려져 있지 않은 새로운 것을 의미한다. 따라서 신규성은 특허출원 전에 세상에 새로운 것으로 어떠한 방법으로든 공개되지 않은 것이다. 특허출원 전에 세상에 없는 새로운 것을 의미한다. 특허권은 새로운 기술을 발명한 자에게 사회 일반에게 공개하는 대신 그 보상으로 일정 기간 동안 독점권을 부여하는 것이다.

③ 진보성

진보성(inventive step)은 발명의 창작수준의 난이도로 당업자가 출원 시에 선행기술에 의하여 용이하게 발명할 수 없는 정도를 의미한다. 즉, 당업자가 쉽게 생각해 낼 수 없는 것이어야 한다. 종래 발명에 비해 진보된 발명에 대해서만 특허를 부여하다는 요건이다. 당업자란 발명이 속한 기술분야에서 보통의 수준을 갖고 있는 기술자를 의미한다. 진보성은 목적의 특이성, 구성의 곤란성 및 효과의 현저성 여부를 판단한다.

④ 산업 상 이용가능성

특허법은 산업의 발달이 목적이므로 특허를 받기 위해서는 산업 상 이용가능성(industrially applicable)이 있어야 한다. 산업 상 이용가능성이란 당해 발명이 산업과정에서 반복·계속적으로 이용될 수 있는 가능성을 말한다. 따라서 산업 상 이용가능성이 없는 발명이나 산업 이외의 분야에서만 이용할 수 있는 발명은 비록 신규성과 진보성을 갖추고 있더라도 특허를 받을 수 없다. 또한 반복생산이 불가능한 발명이거나 특허명세서에 기재된 내용으로부터 실시가 불가능한 발명의 경우에는 출원은 거절되며, 특허된 경우라 하더라도 무효사유가 된다. 다음은 발명에 해당되지 않는 사항이다.

- 의료행위
- 업으로 이용할 수 없는 발명
- 현실적으로 명백하게 실시할 수 없는 발명

특허청구범위(claim)는 출원인에게 있어 특허권으로서 보호를 요구하는 범위를 말한다. 타인이 이를 침해하는 경우에는 특허권을 침해로부터 보호하는 권리범위로 발명의 상세한 설명에만 기재되고 청구범위에 기재하지 않은 사항은 특허권으로서 보호받을 수 없다.

(2) 특허출원 및 등록 절차

특허출원은 특허를 받기 위해 국가에 대하여 발명공개를 조건으로 특허권의 부여를 요구하는 행위이다. 발명이 특허요건을 구비하고 있는지의 여부에 대하여 일정자격을 갖춘 심사관이 판단하여 발명의 요건을 충족하면 특허권이 부여된다. 절차는 [그림 14-10]과 같다.

▼ 그림 14-10 특허출원 및 등록 절차

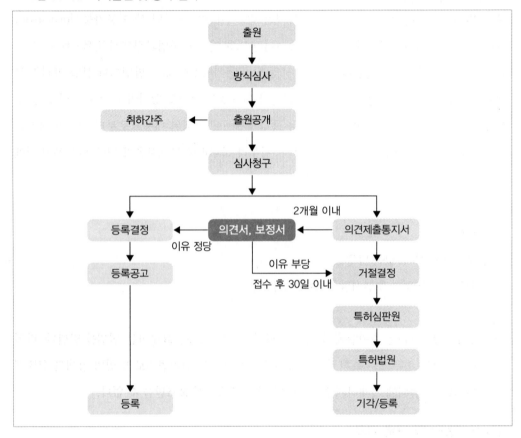

2) 실용신안권

실용신안권(utility model right)은 실용신안을 등록한 자가 독점적, 배타적으로 가지는 지배권이다. 즉, 기존의 물품을 개량하여 실용성과 유용성을 높인 고안을 출원하여 부여받는 권리이다. 실용신안권은 개량발명 또는 소발명을 보호, 장려하고 기술발전을 촉진하여 산업발달에 이바지하기 위한 제도이다. 실용신안은 보호기간이 출원 후 10년이다. 특허등록의 대상은 물품 및 방법이지만, 실용신안등록의 대상은 오직 물품만이 출원 대상에 해당된다.

실용신안권은 자연법칙을 이용한 기술적 사상의 창작물 중에서 산업상 이용할 수 있는 물품의 형상, 구조 또는 조합에 관한 고안이다. 일정한 형체가 없는 의약, 화학물질, 유리, 합금, 시멘트 등의 조성물은 등록될 수 없다. 특허출원을 하였으나 진보성과 고도성이 부족할 때 실용신안으로 변경출원하면 등록가능성이 크다. 다음은 실용신안권의 특징이다.

- 요건: 이미 발명된 것을 보다 편리하고 유용하게 쓸 수 있도록 개량
- 권리 존속기간: 출원일로부터 10년
- 목적: 소발명 보호
- 특허와의 차이점
  - 보호대상: 물품(특허는 방법도 포함)
  - 등록요건: 진보성에서 고도성 제외

3) 디자인권

디자인권(design right)은 디자인을 등록한 자가 그 등록디자인에 대하여 향유하는 독점적·배타적 권리이다. 디자인은 물품(물품의 부분 및 글자체 포함)의 형상, 모양, 색채 또는 이들을 결합한 것으로서 시각을 통하여 미감을 일으키게 하는 것을 의미한다. 즉, 물품이나 글자체의 외관 디자인을 보호하는 권리이다. 디자인권의 성립요건은 물품성, 형태성, 시각성 및 심미성 등을 갖추어야 한다.

- 물품성: 독립성이 있는 구체적인 물품이다. 물품은 독립성이 있는 구체적인 유체동산으로서 통상의 상태에서 독립된 거래의 대상이고, 부품은 호환성이 있어야 한다.
- 형태성: 물품의 형상, 모양, 색채 또는 이들이 결합된 것이다.
- 시각성: 육안으로 식별할 수 있는 것이다.
- 심미성: 미감을 일으키도록 미적 처리가 되어 있는 것이다.

① 디자인권의 등록요건

디자인의 등록에 의해 디자인권이 발생하고, 디자인권자는 업으로서 등록디자인 또는 이와 유사한 디자인을 실시할 권리를 독점한다. 디자인권으로 등록되기 위해서는 공업상 이용가능성, 신규성, 창작 비(非)용이성이 구비되어야 한다.

- 공업상 이용가능성: 공업적 생산과정을 거쳐 동일한 형태와 모양의 물품을 반복해서 생산할 수 있는 정도이다.
- 신규성: 출원 전에 이미 공지되었거나 공연히 실시된 디자인, 간행물에 게재되거나 전기통

신회선을 통해 공중이 이용 가능한 디자인과 동일·유사한 디자인은 등록될 수 없다.

- 창작 비(非)용이성: 통상의 지식을 가진 자가 선행 디자인을 결합하거나 널리 알려진 형상·
  모양·색채 또는 이들을 결합하여 용이하게 창작할 수 있는 디자인은 등록될 수 없다.

② 디자인권 보호제도
- 무심사 등록제도: 유행 주기가 짧아 신속하게 등록될 필요가 있는 디자인을 조기에 등록할
  수 있게 하기 위한 제도로서 출원된 디자인이 디자인 등록요건을 충족하면, 다른 요건을 심
  사하지 않고 등록할 수 있게 하는 제도이다.
- 전체디자인권: 전체디자인권이란 부분디자인의 디자인권에 대응하여 물품의 전체의 형상
  ·모양·색체 또는 이들의 결합에 대하여 성립된 디자인권을 말한다.
- 부분디자인권: 하나의 디자인에 독창적이고 특징적인 디자인이 여러 개 포함되어 있는 경
  우에도 전체로써 하나의 디자인으로만 보호될 수 있는 불합리함을 해소하기 위해 도입된
  제도이다.
- 유사디자인권: 자신의 등록디자인이나 디자인 등록출원한 디자인에만 유사한 디자인에 대
  해 유사한 디자인으로 등록할 수 있게 하는 제도이다.
- 한 벌 물품디자인권: 2 이상의 물품이 한 벌 물품으로 동시에 사용되고 그 한 벌의 물품의 디
  자인이 한 벌 전체로써 통일성이 있다면, 그 한 벌에 대한 디자인을 하나의 디자인으로 등록
  할 수 있다.
- 비밀디자인권: 출원인의 청구에 따라 설정등록일로부터 3년 이내의 기간을 정하여 그 등록
  디자인의 내용을 공개하지 않고 비밀로 두는 제도이다.
- 서체디자인권: 기록이나 표시 또는 인쇄 등에 사용하기 위하여 공통적인 특징을 가진 형태로
  만들어진 한 벌의 글자꼴의 형상·모양·색채 또는 이들의 결합에 대하여 성립된 디자인권이다.

③ 디자인권의 효력: 설정등록에 의하여 발생하고, 출원이 있는 날부터 20년 간 존속한다.

4) 상표권

상표(trade mark)는 다른 사람의 상품 또는 영업과 구별하기 위하여 사용하는 문자, 도형, 기호,
입체적 형상, 색채, 홀로그램, 동작, 소리, 냄새 등의 시각적으로 인식할 수 있는 것이다. 상표권

(trade mark right)은 등록상표를 지정상품에 독점적으로 사용할 수 있는 권리이다. 상표의 기능은 식별기능, 출처표시기능, 품질보증기능, 광고 선전기능, 재산적 기능 등이 있다. 상표권의 독점 기간은 10년이지만 갱신이 가능하다. 다음은 상표의 종류이다.

- 업체상표: 타인의 상품과 구별하기 위해 사용하는 표장
- 서비스표: 타인의 서비스업과 식별되도록 하기 위하여 사용하는 표장
- 단체표장: 동종업자가 설립한 법인의 상품이나 서비스업에 사용(예, 새마을금고)
- 업무표장: 비영리업무를 하는 자가 그 업무를 표시(예, YWCA)
- 증명상표: 증명을 업으로 하는 자가 상품이나 서비스업의 규정 품질을 충족여부 증명
- 색채상표: 기호, 문자, 도형, 색채, 홀로그램, 동작이나 이들에 색채를 결합한 상표

동일한 상표가 없더라도 모두 등록이 되는 것은 아니고 등록이 제한되는 경우가 있다. 보통명 칭상표, 관용상표, 성질표시 표장, 현저한 지리적 명칭, 흔한 성이나 명칭, 간단하고 흔한 상표 등은 등록을 받을 수 없는 상표이다. 다음은 등록이 불가능한 상표이다.

- 보통명칭상표: 상품의 보통명칭은 등록이 불가능하지만, 식별력 있는 요소가 결합되면 가 능하다. 가방, 모자, 라면 등은 불가능하지만, 농심라면이나 영안모자는 가능하다.
- 관용상표: 정종, 메일, 호마이카, 나폴레옹, ~tex, ~lon, 깡
- 성질표시표장: 콘디션, 파워크린, 엑셀, 청정, 무공해, 바이오, hitek
- 현저한 지리적 명칭: 한강, 소양호, 충주호, 런던, 뉴욕, 마이애미 등은 불가능하다.
- 흔한 성이나 명칭, 간단하고 흔한 상표: President, 한글 한자, 영문 두 자 이하의 문자
- 기타
  - 국기, 국장 등과 동일 또는 유사한 상표
  - 공공단체의 표장과 동일 또는 유사한 상표
  - 공서양속에 반하는 상표
  - 박람회의 상패, 상장과 동일 유사한 상표
  - 상품 또는 그 포장의 기능을 나타내는 입체적 형상만으로 구성된 상표
  - 저명한 타인의 성명 또는 명칭을 포함하는 상표

- 상표의 동일 · 유사
  - 유사판단의 3요소: 외관, 발음(칭호), 의미(관념)

5) 저작권

저작권(copyright)은 인간의 사상 또는 감정을 표현한 창작물에 대하여 주어진 독점적 권리이다. 표현의 수단 또는 형식여하를 불문하고, 사람의 정신적 노력에 의하여 얻어진 사상 또는 감정에 관한 창작적 표현물은 모두 저작물이 된다. 저작권은 저작물이 창작된 때부터 발생하며, 어떠한 절차나 형식적 요건을 필요로 하지 않는다. 저작권의 보호기간은 저작자의 생존 동안 및 사후 70년 간이다. 특허는 아이디어(idea)를 보호하나, 저작권은 표현(expression) 자체를 보호한다.

6) 신지식재산권

저작권과 산업재산권을 제외하고, 경제적 가치를 지니는 인간의 지적 창작물인 컴퓨터 프로그램, 유전자조작동식물, 반도체설계, 인터넷, 캐릭터산업 등과 관련된 지식재산권을 신지식재산권(intellectual property rights)이라 한다. 신지식재산권은 컴퓨터 프로그램, 인공지능, 데이터베이스와 같은 산업저작권, 반도체집적회로 배치설계, 생명공학과 같은 첨단산업재산권 및 영업비밀, 멀티미디어와 같은 정보재산권으로 분류되며, 이 외에도 만화영화 등의 주인공을 각종 상품에 이용하여 판매할 수 있는 캐릭터, 독특한 색채와 형태를 가진 독특한 물품의 이미지, 프랜차이징 등도 신지식재산권의 일종으로 포함하기도 한다.

☑ 컴퓨터 프로그램

컴퓨터 프로그램 저작권은 저작권법에 의해 보호된다. 프로그램 등록을 하려면 특징, 주요 기능, 사용방법 설명과 프로그램 복제물을 제출하여야 한다. 컴퓨터 프로그램은 컴퓨터 프로그램 저작권보다는 특허권으로 보호받는 것이 더 유리하다. 특허법에서는 프로그램의 소스뿐만 아니라 알고리즘에서 독점권을 보장받을 수 있다. 컴퓨터 프로그램 보호에서 제외되는 것은 프로그램 언어, 프로토콜, 해법 등이 있다. 프로그램 언어(language)는 모든 컴퓨터 프로그램의 작성의 원천적이고 범용성 있는 도구이다. 프로토콜(ptotocol)은 특정 프로그램의 용법에 관한 특별한 약속이므로 스포츠 경기의 규칙과 같은 것이다. 해법(solution)은 프로그램으로 작성되지 않은 알고리즘 상태의 아이디어를 의미한다.

☑ 반도체 집적회로 배치설계권

반도체 집적회로(semiconductor integrated circuit)는 실리콘 등의 반도체 기판 내에 트랜지스터, 다이오드, 저항 등의 회로소자를 만들어 붙여 서로 접속시킨 회로이다. 반도체 집적회로의 배치설계에 관한 법률에서 배치설계(layout design, mask work)는 반도체 집적회로를 제조하기 위하여 각종 회로소자 및 그들을 연결하는 도선을 평면적 또는 입체적으로 배치한 설계이다. 배치설계권은 창작성이 있는 배치설계를 특허청에 설정등록함으로써 발생하고, 영리목적으로 최초 이용한 날로부터 2년 내에 신청해야 한다.

- 창작성: 배치설계 제작자의 지적노력의 결과로서 통상적이 아닌 특성이 나타나 있어서 기존의 제작물과 구별될 수 있는 배치설계여야 한다.
- 설정등록: 권리의 대상 설정등록

☑ 영업비밀

영업비밀은 기업이 시장에서 경쟁상의 우위를 확보하기 위하여 개발하고 비밀로서 보유한 기술정보와 경영정보이다. 이러한 정보는 공연히 알려져 있지 아니하고 독립된 경제적 가치를 가지는 것으로 상당한 노력에 의하여 비밀로 유지된 기술상 및 경영상의 정보를 말한다.

㉮ 영업비밀의 요건

영업비밀은 공연히 알려져 있지 아니하고 독립된 경제적 가치를 가지는 것으로서 상당한 노력에 의하여 비밀로 유지된 생산방법·판매방법 기타 영업활동에 유용한 기술상 또는 경영상의 정보를 말한다. 공연히 알려져 있지 않은 상태(비공지성(非公知性))여야 한다. 보유자 이외의 타인이 당해 정보를 알고 있다 하더라도 보유자와의 사이에 비밀준수의 의무가 형성된 경우라면 비공지상태라고 할 수 있다. 영업비밀 보유자가 시장에서 특정한 정보의 사용을 통해 경업자(競業者)에 대한 경제상의 이익을 얻을 수 있거나 정보의 취득 또는 개발을 위해 상당한 비용이나 노력이 필요한 경우 등을 의미한다. 일반 공개를 통하여서는 가치를 잃게 되는 지적노력이기 때문에 보호대상이 된다. 다음은 영업비밀의 요건이다.

- 비밀성: 공연히 알려져 있지 아니하고
- 독립적 경제성: 독립된 경제적 가치를 가지는 것으로서

- 비밀 관리성 : 상당한 노력에 의하여 비밀로 유지된
- 정보 : 생산방법, 판매방법, 기타 영업활동에 유용한 기술이나 경영정보

⊕ 영업비밀의 보호대상

영업비밀의 보호대상은 노하우, 영업상 아이디어, 영업전략, 제품사양, 고객명단, 특정 원재료, 자재의 소재지, 구입처 정보, 특정 인사관리 기법, 판매기법, 특허출원 중인 기술내용 등이 있다. 다음은 영업비밀의 대표적 예이다.

- 기술정보 : 설계방법, 설계도면, 공정도, 실험데이터 등
- 상업정보 : 고객명부, 거래선 목록, 신제품의 생산계획, 판매 매뉴얼 등
- 기타 경영정보 : 인사·조직·사무관리법, 재산관리방법 등

㉺ 영업비밀의 침해행위

영업비밀을 부정 공개·사용하는 행위가 있다. 계약관계 등에 의하여 영업비밀을 유지해야 할 의무가 있는 자가 부정한 이익을 얻거나, 보유자에게 손해를 가할 목적으로 그 영업비밀을 사용하거나 공개하는 행위를 말한다. 비밀유지의무란 법률에서 그 의무를 명시한 경우, 개별적인 계약관계가 있는 경우, 계약관계가 없더라도 이에 준하는 신뢰관계가 있는 경우 등을 포함하며, 재직 중 또는 퇴직 후, 계약 중 또는 계약만료 후 등의 상태를 묻지 않는다.

㉻ 영업비밀 침해의 구제권

- 침해정지 청구 권 : 현재 영업비밀의 침해행위뿐만 아니라 장래 침해할 가능성까지도 법원에 침해예방을 청구할 수 있다.
- 침해물 폐기 제거 청구권 : 영업비밀을 침해하여 사용된 물건의 폐기와 제거를 법원에 청구할 수 있다.
- 손해배상청구권 : 영업비밀의 침해행위로 인하여 손해가 발생하였을 때에는 법원에 손해배상을 청구할 수 있다.
- 신용회복조치 청구권 : 영업비밀 침해로 영업비밀 보유자의 영업상 신용이 훼손된 때에는 필요한 회복조치를 법원에 청구할 수 있다.
- 형사고소 : 제3자에게 영업비밀을 누설한 기업의 임직원은 5년 이하의 징역이나 재산상의 이득액의 2배 내지 10배의 벌금에 처할 수 있다.

7) 영업방법 특허

e-비즈니스의 확산은 기업과 기업, 기업과 정부, 기업과 소비자 간의 새로운 경제활동을 창출하거나 변화시키고 있다. 또한 생산, 고용, 문화, 스포츠, 교육, 생활과 취미 모든 사회적 시스템과 생활패턴을 변화시키고 있다. 이러한 변화는 새로운 비즈니스 모델이 특허로 등록되는 지식재산권이 된다. 영업방법 분야의 특허출원도 소셜 네트워킹, 온라인 쇼핑몰, 금융, 광고, 게임 등의 다양한 분야에서 지속적으로 증가하고 있다.

(1) 영업방법 특허

BM은 사업을 운영하는 방법으로써 e-commerce, 보험, 뱅킹 등이 해당되며 아마존의 "원 클릭 쇼핑" 그리고 Priceline의 "역경매" 등이 있다. BM(Business Method)은 영업방법 등 사업 아이디어를 컴퓨터, 인터넷 등의 정보통신기술을 이용하여 구현한 새로운 비즈니스 시스템 또는 방법이다. BM발명이 특허심사를 거쳐 등록되면 BM특허가 된다.

순수한 영업방법 자체는 자연법칙을 이용하지 않는 것으로 특허 대상이 될 수 없으나, 영업방법이 컴퓨터나 정보통신기술을 이용하여 구현되는 경우에는 BM발명으로서 특허 대상이 된다. BM발명은 컴퓨터상에서 소프트웨어에 의한 정보처리가 하드웨어를 이용하여 구체적으로 실현되고 있어야 특허의 대상이 된다. 비즈니스 모델 특허란 정보 시스템을 사용하여 실현된 새로운 비즈니스 방법이나 제도에 대하여 인정되는 특허를 말한다. 비즈니스 모델은 영업발명으로서 프로세스 모델, 데이터 모델과 비즈니스 모델이 인터넷상의 기술과 유기적으로 결합된 형태이다. Business Method와 Business Model은 혼용 사용되고 있다.

▼ 그림 14-11 **영업방법 특허의 구성**

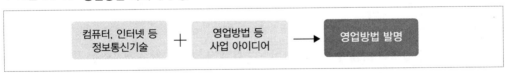

▼ 표 14-3 **BM의 유형과 사례**

모델	설명	사례
프로세스 모델	시계열적인 데이터 처리과정	작업공정, 기능, 업무, 데이터 흐름
데이터 모델	업무를 다루는 데이터 집합, 속성정보	상품가격, 형태, 종류 등
비즈니스 모델	경제법칙 및 현물시장의 거래방법	업무분석, 요건정의, 시스템 설계

(2) 영업방법 특허 요건

BM특허는 컴퓨터, 통신, 인터넷 등의 기술을 기반으로 하여 영업방법(비즈니스 모델)의 아이디어가 산업상 이용할 수 있는 구체적인 기술수단으로 이루어진 발명을 의미한다. BM특허의 대상 여부를 판단하는 것은 청구항에 관련된 발명이며 청구항 전체로서 판단한다. 소프트웨어와 하드웨어가 구체적인 협동수단에 의해 특정한 목적 달성을 위해 정보처리를 수행하는 장치, 그 동작 방법 또는 프로그램을 기록한 컴퓨터로 읽을 수 있는 기록매체가 BM특허의 대상이 된다. BM발명이 특허로 등록되기 위해서는 일반 발명과 같은 특허요건을 만족하여야 한다.

① 발명의 성립성

BM 아이디어 그 자체만으로 특허로서 인정을 받을 수 없고, 정보통신 시스템(하드웨어)과 적절한 연계로써 하나의 발명을 이루어야 한다. 컴퓨터, 통신, 인터넷 기술을 기초기술로 하여 비즈니스 모델인 영업방식과 영업방식을 구현하기 위한 시계열적인 데이터 처리과정(프로세서 모델), 데이터 구조 및 속성 즉, 각 데이터 저장장치 및 처리과정, 데이터 흐름, 하드웨어와의 결합관계 등이 구체적으로 제시되어야 한다. 방법발명의 기재요건은 문제와 해결책이 동시에 제시되어야 한다. 다음은 영업방법과 관련된 발명의 유형이다.

- 종래의 비즈니스 방법 + 컴퓨터와 통신기술
- 새로운 비즈니스 방법 + 컴퓨터와 통신기술
- 종래의 비즈니스 방법 + 새로운 컴퓨터와 통신기술
- 새로운 BM + 새로운 컴퓨터와 통신기술

② 신규성 및 진보성

출원일 이전에 발명의 내용이 실현된 사이트가 운영된 사실이 있는 경우에는 특허를 받을 수 없다. 특허출원 전에 자신이 웹사이트를 공개한 경우에도 이미 발명이 공개된 것이기 때문에 원칙적으로 특허를 받을 수가 없다.

③ 명세서에 상세히 발명의 내용을 기재할 것

권리범위에 따른 상세한 설명이 제3자가 실시할 수 있을 정도로 데이터 속성, 각 데이터 저장장치 및 처리과정, 데이터 흐름, 하드웨어와의 결합관계 등이 구체적이고 상세하게 기재되어야 한다.

☑ 특허 가능

- 기존 영업방법을 신기술로 구현
- 새로운 영업방법을 기존 자동화 기술로 구현
- 새로운 영업방법을 신기술로 구현

☑ 특허 불능

- 기존 영업방법의 단순자동화
- 추상적 아이디어
- 피라미드 판매와 같은 순수 영업방법
- 순수한 영업방법 자체
- 추상적인 아이디어, 인간의 정신 활동, 인간의 행위를 포함하는 경우
- 소프트웨어에 의한 정보처리가 하드웨어를 이용해 구체적으로 실현되고 있지 않은 경우
- 온라인상의 행위와 오프라인상의 행위가 결합된 경우
- 컴퓨터 프로그램 리스트, 데이터 구조 등 정보의 단순한 제시
- 컴퓨터 프로그램 자체(저작권법에 의해 보호)
- 수학 알고리즘 또는 수학 공식, 경제법칙, 금융법칙, 게임규칙 그 자체
- 발명의 과제를 해결하기 위한 구체적 수단이 결여된 미완성 발명

8) PCT출원

PCT(Patent Cooperation Treaty) 규정에 의한 출원으로서 국제출원일이 인정되면 지정국에서 실제 출원한 것과 같은 효과가 발생한다. 특허협력조약에 가입한 국가 간에 출원인이 출원하고자 하는 국가를 지정하여 자국 특허청에 PCT 국제출원서를 제출한 날을 각 지정국에서 출원일로 인정받을 수 있다. 한번의 PCT 국제출원으로 다수의 가입국에 직접 출원한 효과를 얻을 수 있으며, 국제조사 및 국제예비심사보고서의 활용으로 발명의 평가 및 보완기회를 가질 수 있어 특허 획득에 유리하고, 불필요한 비용의 지출을 방지할 수 있다.

☑ 장점

- 1회의 출원으로 다수국에 직접 출원한 효과
- 국제조사, 국제예비심사보고서 활용으로 발명의 평가, 보완기회 부여
- 발명의 평가 결과가 부정적일 경우 절차를 정지하여 경비 절약

☑ 단점

- 특허권 취득의 장기화, 절차가 복잡
- 국제출원 언어: 국어, 영어, 일어
- 국제예비심사 청구 시 우선일부터 30개월 이내

04 출시전략

제품 출시전략은 일반적으로 제품 마케팅 팀에서 관리하여 여러 팀이 관여한다. 제품 출시 계획은 일반적으로 시간과 관련하여 결과물을 명확하게 전달하는 과업이다. 제품이나 서비스 관리, 브랜딩, 마케팅, 유통 관리, 판매 및 사후 판매를 포함한다. 새로운 제품을 출시하거나 기존 제품을 완전히 점검하면 조직에 큰 영향을 미친다. 또한 신규 고객과 기존 고객 모두에게 오래 지속될 수 있는 기회이기도 하다. 따라서 제품 출시는 브랜드의 노출과 인식을 크게 높일 수 있는 여정의 시작이다. 성공하면 더 많은 판매, 더 많은 고객 및 비즈니스를 위한 더 강력한 수익으로 이어질 것이다. 모든 것은 제품이 출시되기 전에 시작된다.

1 제품출시

제품을 출시하기 전에 시장의 반응과 소비자 교육을 유도하기 위해 회사는 사전발표를 실시하기도 한다. 제품 사전발표는 복잡한 문제나 해결책을 시장과 소비자에게 교육하고, 경쟁자를 압박하고, 제품인지도와 자금조달을 위한 것이다. 사전발표에서 회사는 기술의 핵심요소를 기술하고, 적용한 기술을 설명한다. 제품제안을 전체적으로 분명하게 하는 것이 필요하다. 그러나 많은 정보를 조기에 제공하고, 제품을 노출하기 때문에 시장환경이 실질적으로 변화할 수 있을 뿐만 아니라 경쟁자에 의해 제품이 진부화될 수 있다. 또한 제품 사전발표에서 얻는 분석이 실제적인 이상을 포함하지 않을 수 있다. 제품 사전발표 후에 전체시장에 처음으로 제품을 출시하는 것을 상업화라고 한다. 상업화는 신제품을 시장에 출시하는 것으로 제품출시, 안정적인 생산량 증가, 마케팅 자료와 프로그램 개발, 공급사슬 개발, 판매경로 개발, 훈련개발과 지원개발을 포함한다. 신제품의 출시목적은 아래와 같다.

- 성공적인 출시를 위해 회사는 목표를 공유하고 결속한다.
- 제품과 서비스가 표적시장의 대표가 되기 위한 전략적 증거를 제공한다.
- 독립적인 제3자로부터 포지셔닝 전략의 타당성과 전략증거를 구축한다.

- 버즈 마케팅[6]과 일관된 메시지구조로 pull 전략을 시작한다.

- 자금조달을 촉진한다.

- 긴 판매주기를 지원한다.

- 표적고객의 인지와 신뢰도를 확립한다.

- 시장동력을 창출하고 판매주기를 촉진한다.

제품출시(product launch)는 시장과 유통경로에 제품을 물리적인 포지셔닝(physical positioning)을 하는 과정으로 이전 개발단계에서 지출한 총비용을 훨씬 능가하는 상당한 비용을 필요로 한다. 출시활동 계획에서 오는 실수, 오산과 간과는 신제품 성공에 치명적인 장애가 된다. 신제품 출시는 비용과 시간이 많이 들고, 위험을 수반하기 때문에 출시품목, 출시장소, 출시시기와 출시방법 등을 전략적으로 계획한다. 전략적 의사결정은 신제품 개발단계의 초기에서 일어나지만, 출시전략은 마지막 단계에서 일어난다.

신제품출시 전략은 제품출시 전략과 제품출시 전술로 구분된다. 제품출시 전략은 제품전략, 시장전략, 경쟁자 전략과 사업전략을 포함한다. 제품출시 전술은 제품믹스, 가격믹스, 유통믹스와 촉진믹스를 포함한다. 제품출시 전략은 신제품의 물리적 개발이 완성된 후에 일어난다. 따라서 이러한 과정은 성공적인 제품출시에 관한 의사결정이다.

2 제품전략

신제품전략 수립은 산업, 회사와 경쟁자에 따라 매우 다양하다. 경쟁환경과 제품전략 간의 일치나 적합이 중요하다. 제품출시 전략은 몇 가지 있다. 진입전략 변수로는 시장개척, 제품장점, 상대적 촉진노력과 상대적인 가격이다. 결국 제품 혁신성과 제품의 차별성이 출시성공의 주요 요인이 된다. 따라서 적절한 요소의 결합은 성공적인 시장출시에 중요한다. 제품전략은 제품범주, 제품수명주기, 출시시기, 출시지역, 출시방법 등에 관한 의사결정이다.

---

6 buzz란 벌이나 기계 등이 윙윙대는 소리로 고객이 특정 제품이나 서비스에 열광하는 반응이다. 버즈 마케팅(buzz marketing)은 구전 마케팅(verbal marketing)으로 상품을 이용해 본 소비자가 자발적으로 주위 사람에게 긍정적인 메시지를 전달함으로써 좋은 평판이 확산하는 효과가 있다.

1) 제품범주

제품범주 창출전략은 동일한 욕구와 기능을 갖고, 동일한 유통경로를 갖는 경쟁할 제품대상을 선정하는 것이다. 제품범주 분할전략은 후발 진입자가 시장에 이미 형성된 제품범주를 분할하여 자사의 제품을 차별화된 우수한 하위범주와 관련시키고, 기존의 경쟁제품은 진부하고 열등한 하위범주와 관련시키는 계층적 구조를 형성하는 전략이다. 시장세분화 전략은 이미 동일한 제품범주에 다수의 상표들이 진입하여 제품범주가 있는 시장에 기업이 새로운 제품으로 진출하는 전략이다.

2) 출시지역 및 출시시기

신제품의 출시지역은 단일지역, 전국시장과 국제시장에서 동시 또는 단계적으로 결정할 수 있다. 신제품 출시시기에 관한 의사결정은 회사의 목적과 경영전략에 달려있다. 최종적으로 전국시장에 신제품을 도입할 것을 결정하는 단계를 결정하는 전략은 아래와 같다.

- 초기진입 전략: 경쟁제품보다 먼저 출시하여 유통경로를 선점하거나 특정 제품군에서 선도자의 이미지를 확립하는 전략이다.
- 동시진입 전략: 경쟁제품과 동일한 시기에 출시하는 것이다.
- 후발진입 전략: 경쟁제품의 마케팅 비용과 문제점을 활용하여 경쟁제품보다 늦게 출시하는 전략이다.

③ 시장전략

새로 진출하고자 하는 산업은 시장의 규모가 커서 충분한 이익을 창출할 수 있어야 하지만, 중요한 것은 시장의 성장성과 제품수명주기 단계이다. 제품수명주기 상에서 성숙기나 쇠퇴기보다는 가격경쟁이 치열하지 않은 도입기나 성장기여야 한다. 이러한 시장은 신규진입자와 신제품 도입을 잘 받아들이기 때문에 매력적이다. 따라서 신사업의 타당성을 결정하는 주요 요인은 산업의 매력성이다. 사업전략유형은 시장선도자 전략, 시장도전자 전략, 시장추종자 전략과 틈새시장 추구자 전략이 있다. 다음은 매력적인 시장에서 기업의 시장 위치에 따라서 추진할 수 있는 전략이다.

- 선도자 전략: 전체시장 규모 확대, 현 시장 점유율 방어나 확대
- 도전자 전략: 시장점유율 확대
- 추종자 전략: 현 시장점유율 유지
- 틈새시장 추구자 전략: 특정 세분시장에서의 전문화를 통한 수익성 추구

05 출시 후 제품관리

1 잠재적 문제발견

 사전에 계획했거나 예상한 대로 진행되지 않는 경우가 발생할 수 있다. 출시관리는 조기에 잠재적인 문제를 조기에 발견하고, 신속하게 문제를 해결하는 과정이다. 즉, 계획했던 궤도를 이탈하지 않도록 문제를 발견하고, 해결하는 과정이다. 잠재적 문제발견 및 해결절차는 출시 후 문제의 신속한 발견, 통제 가능한 것 선택, 비상계획 수립과 추적시스템 계획이다.

- 출시 후 발생하는 문제의 신속한 발견: 잠재적으로 취약한 문제를 확인하는 단계이다. 이러한 문제는 서툰 광고나 제조와 같은 자사의 내부 전략이나 경쟁자의 보복과 같은 외부환경에서 발생한다. 마케팅 계획단계에서 구매자들이 시장에서 자사제품에 높은 수준의 만족을 나타낼 것이라고 예상하였는데, 자사 신제품을 시용하는 데 문제를 제기한다. 경쟁자가 신제품 소식을 들은 후 보복행동에 들어가는 경우가 있다. 악마의 옹호자[7]를 활용한다면 더 많은 문제를 발견할 수 있다.
- 통제 가능한 것 선택: 통제 가능한 것과 통제 불가능한 것을 구분하고 통제 가능한 문제의 우선순위를 정한다. 통제 불가능한 요소는 환경에 적용한다.
- 관리를 위한 비상계획 개발: 어려움이 실제로 발생할 때를 대비하여 비상계획을 수립한다. 계획은 시간과 상황에 따라 변하지만 비상계획은 즉각적인 행동을 위한 준비이다.

---

7 악마의 옹호자(devil's advocate): 중세 가톨릭교회의 추기경 선임 과정에서 유래한 것으로 문제점을 가능한 한 많이 들춰내 올바른 의사결정을 돕는 사람.

- 추적 시스템 계획: 이때 추적 시스템은 사용할 수 있는 자료를 신속하게 보낼 수 있는 시스템 이어야 한다.

② 출시 후 제품관리

출시 후(post-launch) 제품관리는 제품수명주기의 가장 긴 단계이다. 제품의 중단이나 계속 여부에 대한 의사결정이 이루어질 때 많은 활동이 포함된다. 출시 후 단계의 주요 행동은 사업의 실제적인 진행이다. 출시 후 학습이 이루어지기 위해서 제품반응결과를 보고하는 것은 중요하다. 적절한 제품관리가 될 때 초기 출시 후 관리는 많은 정보를 제공한다. 이러한 정보와 통찰력은 현재와 잠재적 문제를 극복하고, 미래 제품출시 성공을 향상하는 데 유용하다. 그러나 출시감사와 수정행동의 실패는 언제나 경쟁자에게 좋은 기회를 제공한다.

감사의 적시성은 제품유형에 따라 다르다. FMCG는 신속한 평가를 필요로 한다. 대규모 B2B 제품은 감사자료를 수집하고, 평가하기 위해 시장성숙, 혁신소비자나 초기 수용자 조사를 필요로 한다. 출시와 초기 제품성능을 평가하는 핵심 감독자 역할을 특정인에게 부여하는 것이 중요하다. 출시 후 감사는 제품출시 계획의 모든 측면과 요소를 감사하는 것을 의미한다. 출시 후 제품관리 절차는 추적대상의 범위 결정, 감사, 지속적인 추적실시, 그리고 문제의 개선과 반영 등이 있다.

▼ 그림 14-12 출시 후 제품관리

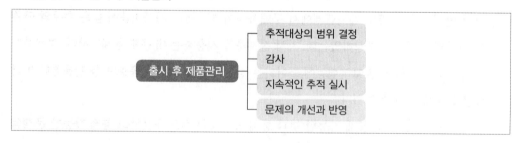

1) 추적대상의 범위 결정

기존 경쟁자뿐만 아니라 새로운 경쟁자 출현은 시장에서 경쟁을 더욱 격화할 뿐만 아니라 자사 브랜드에 위협이 된다. 경쟁자들은 시장을 잠식하기 위해 치밀한 전략, 정교한 마케팅믹스와 노력을 집중한다. 그래서 자사의 제품판매 추이를 감사하고, 문제점을 발견해야 한다. 이러한 과업은 추적 시스템을 통하여 찾아내는 것이다. 따라서 마케팅에서 추적(tracking)이란 신제품 출시가 표적시장에서 잘 맞는지를 알아보는 절차를 말한다. 마케팅 계획의 중요성은 계획된 궤도에 신제품을 배치할 수 있는 능력이다. 경쟁상황, 제품특징과 계획된 마케팅 노력이 합리적인가를 검토하는 것이다.

신제품 출시 후 추적조사는 제품출시 이후에 소비자의 인지(awareness), 태도(attitude), 시용구매(trial), 수용(adoption)과 재구매율(repurchase rate)을 측정하기 위한 소비자 반응조사이다. 이러한 변수의 측정을 통해 소비자 반응을 파악하여 마케팅믹스에 반영하는 것이 효과적이다. 이때 고려해야 할 요소가 있다.

- 경쟁자들은 누구인가?
- 경쟁자들은 회사에 위협이 되는가?
- 경쟁자들은 강한가?
- 경쟁자들의 판매량은 어느 정도인가?
- 신제품이 고객의 욕구를 충족하는가?
- 누가 제품을 구매하는가?
- 고객들은 얼마나 구매하는가?
- 제품에 만족하는가?
- 제품에 대한 결함, 문제나 불만은 없는가?

2) 감사

시장에서 당초 계획과 다르게 소비자들의 반응이 발생하는가? 그렇다면 계획과 다르게 나타나는 이유는 무엇인가? 출시 후 시장상황을 공정하게 감사(audit)하는 것은 매우 중요하다. 공정성을 위해 프로젝트 팀이 아닌 다른 사람에 의해서 시장상황 감사가 이루어질 필요가 있다. 이러한 감사는 출시 후 한 달에서 몇 개월 사이에 집중적으로 이루진다. 이러한 감사결과 보고는 모든 프로젝트와 서류를 조사하는 것이고, 현재 시장에서 계획이 달성되고 있는지와 계속이나 중단을 해야 하는지를 분석할 필요가 있다.

감사팀은 출시과정의 검토를 확인하기 위해 프로젝트 팀의 개인 구성원과 함께 논의한다. 이러한 검토는 각 서류에 대한 목표기술이 충족되는지를 조사하는 것이다. 사업에서 이루어진 가정이 정확하게 증명되는지를 논의하는 것이다. 또한 제품의 재무성과가 예측한 대로 이루어지는지를 검토한다. 검토가 완성되어 상세히 기록하면 이 결과를 프로젝트 팀 전원이 공유한다. 그런 다음 학습할 필요가 있는 주제를 선정하고, 토의하기 위해 다기능 팀 회의나 워크 샵을 개최한다. 이렇게 해야 문제로 나타난 어떤 갭을 좁히기 위해서 필요한 변화를 추진하는 데 공동 노력이 이루어질 수 있다. 또한 이것은 신제품개발주기에서 과정을 지속적으로 향상하는 능력을 제공한다.

3) 지속적인 추적 실시

추적을 제품출시 후에 너무 늦게 시작한다면 초기의 고객과 경쟁자의 반응을 찾아 마케팅믹스에 변화를 줄 기회를 잃게 된다. 추적실시는 일일관찰과 추적과정이 지속적으로 이루어져야 한다. 따라서 제품을 출시한 후 4단계로 검토하는 것이 중요하다. 즉, 성장(growth), 성숙(maturity), 쇠퇴(decline)와 철수(exit) 단계이다. 철수는 현재 시장상황에서 브랜드를 철수하는 것으로 깊게 고려해야 할 필요가 있다. 각 단계에서 중요한 제품관리는 브랜드 관리, 재무관리, 제품 포트폴리오 관리, 고객서비스와 지원 등이 포함된다.

- 브랜드 관리: 언론, 고객과 협력사와 함께 외부적으로 제품을 촉진한다. 판매팀을 지원하고 산업회의, 포럼과 이벤트에 참석하고 기사나 백서를 쓴다.
- 재무관리: 마케팅믹스의 최적화를 추적하고, 손익, 재무상태와 현금흐름을 관리한다.
- 제품 포트폴리오 관리: 제품을 검토·유지·확장하고 시장과 경쟁자를 추적·감시한다.
- 고객 서비스와 지원: 고객 반응을 추적하고 고객을 방문하고 제기된 문제를 조치한다.

4) 문제의 개선과 반영

출시제품에 대한 적절한 추적감시는 많은 잠재적 문제를 발견하여 적절한 궤도에서 출시상품이 계획대로 역할을 수행하게 하고, 많은 정보와 학습을 제공한다. 이러한 정보와 통찰력은 현재와 잠재적 문제를 극복하고, 향후 제품출시 성공을 향상하는 데 도움이 된다. 출시감사와 수정행동의 실패는 경쟁제품의 시장지배력을 강화하는 좋은 기회가 된다. 따라서 추적결과로 얻는 정보는 신속하고 효과적인 방법으로 마케팅믹스를 수정하여 브랜드의 활성화에 활용하여야 한다. 즉, 브랜드 인지도 향상, 포지션의 개선이나 촉진전략의 수정 등에 적용할 수 있다. 제품출시와 관련된 학습은 브랜드 확장이나 신제품개발의 효과적인 정보와 자료가 된다. 브랜드는 살아 있는 생물체이기 때문에 출시 후 브랜드자산의 형성관계를 추적하여 브랜드 강화나 브랜드의 재활성화를 위한 전략과 노력이 지속되어야 한다.

참고문헌

김근배(2018), 끌리는 컨셉만들기 신제품 개발을 위한 완벽한 프로세스, 서울: 중앙북스.

김현정·이수경(옮긴이)(2015), 블루 오션 전략 확장판, 서울, 교보문고.

대니얼 링(지은이), 김정동 외(옮긴이)(2017), 디자인 씽킹 가이드북, 서울: 생능출판사.

다비드 울만(지은이), 고종수(옮긴이)(2015), 제품개발 설계, 서울: 가디언북.

아오키 유키히로(지은이), 구경모(옮긴이)(2006), 제품개발과 브랜드구축, 서울: 한경사.

오경철, 안세훈(2012), 생각이 열리는 나무, 트리즈마인드맵, 성안당.

유순근(2015), 창조적 신제품개발, 서울: 북넷.

_____(2016), 센스 마케팅, 서울: 무역경영사.

_____(2018), 벤처창업과 경영 2판, 서울: 박영사.

_____(2018), 글로벌 리더를 위한 전략경영, 서울: 박영사.

_____(2019), 부의 수직 상승: 아이디어에 길을 묻다, 서울: 박문사.

이상원(편역)(2005), 파란 코끼리를 꿈꾸라(월트 디즈니 창의력의 비밀), 서울: 용오름.

Alam, I., & Perry, C.(2002), "A Customer-Oriented New Service DevelopmentProcess," *Journal of Services Marketing*, 16(6), 515-534.

Albarracin D. & Kumkale, G.T.(2003), "Affect as Information in Persuasion: A Model of Affect Identification and Discounting," *Journal of Personality and Social Psychology*, 84(3), 453-469.

Amabile, T.M. (1997), "Motivating Creativity in Organizations: On Doing what you Love and Loving what you Do," *California Management Review*, 40(1), 39–57.

Armstrong, G., Adam, S., Denize, S., & Kotler, P.(2014), *Principles of Marketing 15E: Global Edition*, Pearson.

Armstrong, Robert, Neil Bodick and Eric Bonabeau(2008), *A More Rational Approach to New-Product Development*, Harvard Business Review, (March), 96-102.

Atasu, A., Sarvary, M., Wassenhove, L.(2009), "Remanufacturing as a Marketing Strategy," *Management Science*, 54(10), 1731-1747.

Axarloglou, K.(2004), "New Products and Market Competition," *International Advances in*

Economic Research, 10(3), 226-234.

Babbar S., Behara R., and White, E.(2002), "Mapping Product Usability," *International Journal of Operations and Product Management*, 22(10), 1071-1089.

Bhat, S., & Reddy, S.(1998), "Symbolic and Functional Positioning of Brands," *Journal of Consumer Marketing*, 15(9), 32-43.

Barry, B., Fulmer, I. S., & Van Kleef, G. A.(2004), *I laughed, I cried, I settled: The Role of Emotion in Negotiation,* *The Handbook of Negotiation and Culture*, 71-94.

Bass, F.M.(1969),"A New Product Growth Model for Consumer Durables,"*Management Science*, 15, 215-227.

Bayus, B. L.(2008), "Understanding Customer Needs," *Handbook of Technology and Innovation Management*, Edited by Scott Shame, 115-141.

Belliveau, P., Griffin, A., & Somermeyer, S. M.(2004), *The PDMA Toolbook 2 for New Product Development*, Hoboken, New Jersey: John Wiley & Sons Inc.

Booz, Allen, & Hamilton(1982), *New Product Management for the 1980's*, New York: Booz, Allen, & Hamilton, Inc.

Boden, M.(1990), The Creative Mind, Abacus.

Carlgren, L.(2013), "Identifying Latent Needs: Towards a Competence Perspective on Attractive Quality Creation," *Total Quality Management & Business Excellence*, 24(11-12), 1347-1363.

Cassar, G., & Gibson, B.(2007), "Forecast Rationality in Small Firms," *Journal of Small Business Management*, 45, Issue 3, 283–302.

Castellion, G.(2012),"Is the 80% Product Failure Rate Statistic Actually True," http://www.quora.com/ Product-Management/ Is - the – 80 – Product- Failure – Rate – Statistic – Actually – True.

Charles W. L. Hill & Gareth R. Jones(2004), *Strategic Management-An Integrated Approach*, Houtghton Mifflin Company, Boston, 156.

Cialdini, Robert B.(1993), *Influence: The Psychology of Persuasion*, New York: William Morrow.

Collier, D. A.(1994), *The Service/Quality Solution: Using Service Management to Gain Competitive Advantage*, Irwin, New York.

Csikszentmihalyi M.(1999), *Edited Extract from R. Sternberg(Ed), Handbook of Creativity*. Cambridge:

Cambridge University Press, 313–35.

Christensen, C.M.(1997), The Innovator's Dilemma: When New Technologies Cause Great Firms to Fail, Boston, MA, *Harvard Business School Press*.

Clark, R. A, and Glodsmith, R. E.(2006), "Interpersonal Influence and Consumer Innovativeness," *International Journal of Consumer Studies*, Vol. 5, 20-32.

Coope R. G.(1998), *Product Leadership: Creating and Launching Superior New Products*(Reading), MA: Perseus Books, 99.

Cooper, R. G.(2001), *Winning at New Products: Accelerating the Process from Idea to Launch*, Cambridge, MA: Perseus Publishing.

Cooper, R. G.(2008), "What leading Companies are doing to Re-invent their NPD Processes," *PDMA Visions Magazine*, 32(3).

Cooper, Robert G.(2011), *Winning at New Products: Creating Value through Innovation* 4th ed. New York: Basic Books.

Crawford C. M. and C. A. Benedetto(2012), *New Product Management, 10th ed*. New York: McGraw-Hill.

De Bono, Edward(1995), "Serious Creativity." *Journal for Quality and Articipation*, 12-12.

Derek F. Abell(1980), *Defining the Business: The Starting Point of Strategic Planning*, N.J.: Prentice-Hall.

Dibb, S., Simkin, L., Pride, W., Ferrel, O.C.(1997), *Marketing Concepts and Strategies, 3rd edition*, Houghton Mifflin, Boston, Ma.

Dyer, J., Gregersen, H., & Christensen, C. M.(2019), Innovator's DNA, Updated, with a New Preface: Mastering the Five Skills of Disruptive Innovators, *Harvard Business Press*.

Edvardsson, B., Gustavsson, A., Johnson, M.D., Sandn, B.(2000), "New Service Development and Innovation," *New Economy*, Studentlitteratur, Lund, Sweden.

Fitzsimmons, J. A., & Fitzsimmons, M. A.(2013). *Service Management: Operations, Startegy, Information Technology*, McGraw-Hill Higher Education.

Fuller, J.(2010),"Refining Virtual Co-creation from a Consumer Perspective," *California Management Review*, 52(5), 98-122.

Gilliland, & Guseman, S.(2010), "Forecasting New Products by Structured Analogy," *Journal of Business Forecasting*, 28, 4. 12-15.

Grinstein, A. (2008), "The Relationships between Market Orientation and Alternative Strategic Orientations: A Meta Analysis. *European Journal of Marketing*, 42, 115-134.

Herrin, R.(2010),"The Politics of Forecasting," *Journal of Business Forecasting*, 29(1), 18-19.

Gino, F., & Ariely, D.(2012), "The Dark Side of Creativity: Original Thinkers can be more Dishonest," *Journal of Personality and Social Psychology*, 102(3), 445.

Goffin, K., & Mitchell, R.(2010), *Innovation Management*, 2nd ed., Hampshire, UK: Palgrave Macmillan.

Griffin, A., & Hauser, J. R.(1993), "The Voice of the Customer," *Marketing Science*, 12(1), 1-27.

Guilford, J. P.(1977), *Way beyond the IQ*, Buffalo, NY: Creative Education Foundation.

Gupta, A., Singh, K., Verma, R.(2010), "Simulation: An Effective Marketing Tool," *International Journal of Computer Applications*, 4, 11.

Gutman, Jonathan(1982),"A Means-End Chain Model Based on Consumer Categorization Processes," *Journal of Marketing*, 46, 2, 60-72.

Heskett, J. L.(1986), *Managing In The Service Economy*, Harvard Business School Press, Boston, Ma.

Howard, J. A.(1977), *Consumer behavior: Application of theory*, New York: McGraw-Hill.

Jain, C.(2008), "Benchmarking New Product Forecasting," *Journal of Business Forecasting*, 26(4), 28-29.

Kahn, K. B.(2006), *New Product Forecasting: An Applied Approach*, Armonk, NY: ME Sharpe.

Kahn, K.(2010),"The Hard and Soft Sides of New Product Forecasting" *Journal of Business Forecasting*, 28, 4, 29-31.

Kano, N., N. Seraku, F. Takahashi and S. Tsuji(1984), "Attractive Quality and Must-be Quality," Hinshitsu, *The Journal of the Japanese Society for Quality Control*, 39-48.

Karkkainen, H., Piippo, P., Puumalainen, K., & Tuominen, M.(2001), "Assessment of Hidden and Future Customer Needs in Finnish Business. to. Business Companies," *R&D Management*, 31(4), 391-407.

Keller K. L.(2003), "Brand synthesis: The Multidimensionality of Brand Knowledge," *Journal of Consumer Research*, 38(February), 131-142.

Keller, K. L., Parameswaran, M. G., &Jacob, I.(2011), *Strategic Brand Management: Building, Measuring, and Managing Brand Equity*, Pearson Education India.

Kim, W. Chan and Renee Mauborgne(2005), "Blue Ocean Strategy: How to Create Uncontested Market Space and Make Competition Irrelevant," *Harvard Business Press*, Boston.

Klink R. R. and G. A. Athaide(2006), "An Illustration of Potential Sources of Concept-Test Error," *Journal of Product Innovation Management*, 23 359–70.

Koners, U., Goffin, K., & Lemke, F.(2010), *Identifying Hidden Needs: Creating Breakthrough Products*, New York: Palgrave Macmillan.

Kotler, Philip, And Gary Armstrong(2014), *Principles Of Marketing*, Pearson Education.

Kotler, P., Keller, K. L., Ancarani, F., & Costabile, M.(2014), *Marketing Management 14/e*, Pearson.

Lancaster, K. J.(1966), "A New Approch to Consumer Theory," *Journal of Political Economy*, 132-157.

Lovelock, C. H., Wright, L.(1999), *Principles of Service Management and Marketing*. Prentice-Hall, Englewood Cliffs, Nj.

Lovelock Christopher & Jochen Wirtz(2011), *Services Marketing: People, Technology, Strategy, 7th edition*, Prentice Hall.

Lubart, T. I.(2000), "Models of the Creative Process: Past, Present and Future," *Creativity Research Journal*, 13(3–4), 295–308.

Makridakis, S., & Hibon, M.(2000), "The M3-Competition: Results, Conclusions and Implications," *International Journal of Forecasting*, 451-476.

Mathisen and Einarsen(2004), "A review of Instrument Assessing Creative and Innovation Environments within Organizations," *Creative Research Journal*, 16(1), 19-140.

Meinel, C., & Leifer, L.(2012), "Design Thinking Research," *Design Thinking Research*, 1-11, Springer, Berlin, Heidelberg.

Michalko, M.(2001). Cracking Creativity. Berkeley.

O'Keefe, D. J.(2002). *Persuasion: Theory and research*, 2nd edn. Thousand Oaks, CA: Sage.

Osterwalder, A. & Pigneur, Y.(2010), *Business Model Generation: A Handbook for Visionaries, Game Changers and Challengers*, Wiley.

Pantzalis, Ioannis(1995), *Exclusivity Strategies in Pricing and Brand Extension*, Unpublished

Doctoral Dissertation, University of Arizona: Tucson, Az.

Park, C. Whan, Bernard J. Jaworski, And D. J. Mcinnis(1986),"Strategic Brand Concept-Image Management," *Journal of Marketing*, 50(3): 135-145.

Peng, L., & Finn, A.(2008),"Concept Testing: The State of Contemporary Practice," *Marketing Intelligence & Planning*, 26(6), 649-674.

Plattner, H., Meinel, C., & Weinberg, U.(2009), Design Thinking. Landsberg am Lech: Mi-Fachverlag.

Porter, M. E.(1980), *Competitive Strategy: Techniques for Analyzing Industries and Competitors*, New York: Free Press

Rosegger, G.(1986), *The Economics of Production and Innovation, 2nd*, Oxford: Pergamon Press

Rogers, E.M.(2003), *Diffusion of Innovations, 5th* ed., New York, Free Press.

Ruvio, A., Shoham, A., & Makovec Brencic, M. (2008),"Consumers' Need for Uniqueness: Short-Form Scale Development and Cross-Cultural Validation,"*International Marketing Review*, 25(1), 33-53.

Shell, R.G.(2006), *Bargaining for advantage*, New York, NY: Penguin Books.

Sharul-Yazid, Y., & Nooh, A-B.(2007), "New Product Development Management Issues and Decision-Making Approaches," *Management Decision*, 45(7), 1123-1142.

Schiffman G. L & Kanuk L. Leslie(2007), *Consumer Behaviour: 9th Edition*, Pearson Education: Inc, Upper Saddle Rivers, New Jersey U.S.A.

Schumpeter, J.(1934), *Capitalism, Socialism, and Democracy*. Harper & Row, New York.

Seligman, M., & Csikszentmihalyi, M.(2000), "Positive Psychology: An Introduction," *Psychological Association*, 55, 5-14.

Sichel, B.(2010),"Approach to New Product Forecasting After the Launch," *Journal of Business Forecasting*, Vol. 28, No. 4, 33-36.

Simon, R.(2010), "New Product Development and Forecasting Challenges," *Journal of Business Forecasting*, 28, 4, 19-21.

Sirgy, J. M., & Johar, J.S.(1999), "Toward an Integrated Model of Self-Congruity and Functional Congruity,"*European Advances in Consumer Research*, 4, 252-256.

Sweeney, J.C. and Soutar, G.N.(2001), "Consumer Perceived Value: The Development of a Multiple Item Scale," *Journal of Retailing*, 77(2), 203-222.

Terwiesch and Ulrich(2009), "*Innovation Tournaments: Creating and Identifying Exceptional Opportunities*," Harvard Business Press, Boston.

Urban, G. L. & Hauser, J. R.(1993), *Design and Marketing of New Products*, Prentice Hall.

Urban, G. L., & Hauser, J. R.(2013), "Competitive Information, Trust, Brand Consideration and Sales: Two field Experiments," *International Journal of Research in Marketing*, 30(2), 101-113.

Ulrich K.T. and S.D. Eppinger(2011), *Product Design and Development 5th ed.*, McGraw-Hill, New York.

Vandecasteele, B., and Geuens, M.(2010), "Motivated Consumer Innovativeness: Concept, Innovativeness: Concept, Measurement, and Validation," *International Journal of Research in Marketing*, 27, 308-318.

Verhallen, T. M., & Robben, H. S.(1994), "Scarcity And Preference: An Experiment on Unavailability and Product Evaluation," *Journal of Economic Psychology*, 15(2), 315-331.

Zeithaml, V. A., Parasuraman, A. & Berry, L. L.(1985), "Problems and Strategies in Services Marketing," *Journal of Marketing*, 49(2). 33–46.

색인

A

Abraham Maslow / 140
accelerated oxidation / 264
affinity diagram / 169
Albert Einstein / 233
Alexander Fleming / 238
Alexander Graham Bell / 237
alternatives / 154
Amazon / 31
analogy / 198
analytical prototype / 514
Andy Maslen / 97
another dimension / 258
Apple / 30
architecture design / 505
articulated needs / 142
asymmetry / 254
attractive needs / 147
attribute diagnostics / 412
Attribute Listing / 202

B

basic needs / 142
belongingness and love needs / 141
bibliographic search / 216
Bob Eberle / 196
Boden / 10
bothersomeness / 172
Brain Storming / 193
Brain Writing / 195
Business Method / 559
business model / 321
business model innovation / 337

C

categorization / 374
category creating strategy / 378
category needs / 377
category partitioning strategy / 379
changing the color / 263
chasm / 22
chasm theory / 22
Christensen / 117
Clayton Christensen / 8, 17
CLT / 531
clustering / 375
combinatorial creativity / 10
commercialization / 63
component / 469
composite materials / 265
comprehensive prototype / 514
concept / 364
conceptual design / 505
consolidation / 255
consumer / 140
consumer durables / 41
consumer non-durables / 41
contextual interview / 155
continuity of useful action / 259
contradiction / 242
contradiction matrix / 267
controlled test marketing / 540
convergent thinking / 191
convert harm into benefit / 260
copying / 261
copyright / 546, 556
core benefit / 386
cost reductions / 46
counterweight / 255
creative destruction / 14, 17
creative thinking / 190
creativity / 10, 16, 184
Csikszentmihalyi / 187
cushion in advance / 256

customer / 140
customer value chain analysis / 164

D

David Bohm / 236
David Kelley / 288
define / 299
deployment / 436
Design For Manufacturability / 517
design right / 553
design thinking / 284
detail design / 506
differential benefit / 386
discovery / 183
disruptive innovation / 17, 117
divergent thinking / 191
do it in reverse / 257
dynamicity / 257

E

economic criteria / 498
economy of scale / 336
economy of scope / 336
Edward de Bono / 208
Elon / 94
embellished descriptions / 407
embodiment design / 505
empathic lead users / 156
empathy / 289
empathy building / 156
empathy map / 293
engineering design / 495
equipotentiality / 257
esteem and status needs / 141
Evaluation Matrix / 210
expected needs / 401
Expedia / 347

experiential benefit / 385
experiential need / 149
explicit needs / 142
exploratory creativity / 10
external factors / 110
extraction / 254
extreme users / 298
extrinsic attributes / 383

F

fad / 78
fashion / 78
feedback / 260
Five Forces Model / 113
flexible membranes or thin films / 262
focused prototype / 514
form / 468
40 inventive principles / 253
Fritz Zwicky / 212
function / 436, 468
functional benefit / 385
functional criteria / 497
functional design / 505
functional needs / 149

G

Galileo Galilei / 234
generic concept / 376
Genrich Altshuller / 239
Geoffrey Moor / 22
GoPro / 93
Gordon / 198
Gordon Technique / 209
Gregor Mendel / 235

H

Highlighting / 206
homogeneity / 263

House of Quality / 437
HUT / 531

I

ideate / 300
immersion / 292
improvements / 45
indifferent needs / 147
industrial design / 495
industrially applicable / 551
industrial property / 546
inert environment / 265
Inexpensive short life / 261
innovation / 13, 16
instrumental value / 162
intellectual property rights / 556
internal factors / 110
intrinsic attributes / 383
invention / 183
inventive step / 550

J

James Dyson / 306

K

Kano 모형 / 146

L

latent needs / 59, 142
lateral thinking / 190
Leonardo da Vinci / 233, 235
Li & Fung / 338
local quality / 254
Lotus Blossom / 203

M

market pull / 26
market segmenting strategy / 379

Markides / 4
Matsumura Yasuo / 203
Means-End Chain / 162
mechanical vibration / 258
mediator / 260
Michael Porter / 113
Michael Rappa / 322
Mind Map / 200
mock-up / 515
module / 469
Morphological Analysis / 212
must-be needs / 146

N

needs / 59, 139, 140
need statements / 167
nesting / 255
Netflix / 305
new-to-the-firm products / 44
new-to-the-world products / 44
niche distribution / 100
niche location / 100
niche market / 99
niche physical product / 100
niche service / 100
Nick Woodman / 93
Niels Bohr / 236
novelty / 550
Nussbaum / 285

O

O2O / 490
one-dimensional needs / 146
opportunity / 74, 219
organizing / 374
Osterwalder / 327

P

Paired Comparison Analysis / 211
partial or excessive action / 258
patent / 549
patentability search / 216
Patent Cooperation Treaty / 561
patent troll / 426
PCT / 561
performance / 450
periodic action / 259
persona / 294
phase transition / 264
physical contradiction / 242
physical prototype / 514
physiological needs / 141
platform / 340
platform business model / 340
PMI / 208
pneumatic or hydraulic construction / 262
porous material / 262
positioning / 63
PPC 기법 / 209
prior action / 256
prior counteraction / 256
process design / 495
product architecture / 467, 469
product attributes / 382
product benefits / 382, 385
product category / 375, 377
product concept / 61, 182
product concept board / 403
product concept statement / 391
product design / 494
product diagnostics / 412
product family / 469
product idea / 182
product innovation / 43

product launch / 564
product life cycle / 46
product line expansion / 45
product mission statement / 150
product personality / 501
product platform / 469
product specification / 449
product typology / 377
property right / 545
protocol / 458
prototype / 302, 513
psychological criteria / 497

Q

QFD / 435
qualitative research / 151
quality / 436
Quality Function Deployment / 435
quantitative research / 151

R

rejecting and regenerating parts / 263
repeat purchase / 401
Repertory grid analysis / 165
replacement of mechanical system / 261
repositioning / 45
Reverse Brainstorming / 213
Reverse Engineering: RE / 372
reverse needs / 147
Robert Crawford / 202
Rogers / 20
rushing through / 259
RWW / 127

S

safety needs / 141
SCAMPER / 196
Schumpeter / 17

segmentation / 63, 253
self-actualization needs / 141
self-service / 261
sensible benefit / 387
separation principle / 244
sequential monadic test / 410
service concept / 368
Sigmund Freud / 234
simple monadic test / 410
simulated store test marketing / 539
singular / 375
Skinner / 238
specific concept / 376
specific difference / 376
spheroidality / 257
standard test marketing / 540
Steve Johnson / 90
subject matter / 549
subscription / 316
subscription economy / 316
SWOT 분석 / 110
symbolic benefit / 385
symbolic needs / 149
Synectics / 198
systematic observation / 155

T

targeting / 63
technical contradiction / 247
technological criteria / 498
technology push / 24
terminal value / 162
test marketing / 535
thermal expansion / 264
3C Analysis / 108
Timothy John Berners Lee / 79
Tony Buzan / 200

trade mark / 554
transformational creativity / 10
transformation of properties / 263
trend / 78
trial needs / 401
trial purchase / 401
TRIZ / 239

U

underserved needs / 143
uniqueness / 387
universal / 375
universality / 255
unmet needs / 143
unserved needs / 142
user testing / 528
utility model right / 552

V

value migration / 78
vertical thinking / 190
visual design / 495
Voice of the Customer / 429

W

window of opportunity / 59, 77
WWW / 79

Y

YouTube / 308

Z

Zara / 339

한국어

ㄱ

가치이동 / 78
가치제안 / 329
간접 네트워크 효과 / 346
갈릴레오 / 234
감정이입구축법 / 156
감정이입 선도사용자법 / 156
값싸고 짧은 수명 / 261
개념설계 / 505
개별개념 / 375
갱 서베이 / 531
겐리히 알츠슐러 / 239
경영혁신 / 14
경제기준 / 498
경험적 욕구 / 149
경험적 편익 / 385
고객 / 140
고객가치 사슬분석 / 164
고객관계 / 331
고객세분화 / 328
고객의 소리 / 429
고든 / 198
고든법 / 209
곡선화 / 257
골칫거리 / 172
공감 / 289
공감지도 / 293
공기압 또는 유압 사용 / 262
공동체모델 / 325
공정설계 / 495
공정혁신 / 14
공학설계 / 495
과부족 조치 / 258
과소제공 욕구 / 143
관찰 / 290

광고모델 / 323
구독 / 316
구독경제 / 316
구독료모델 / 325
구매욕구 형성 / 135
구매컨셉 / 387
구성 / 509
구성부품 / 469
구조설계 / 505
국지적 품질 / 254
군집화 / 375
규모의 경제 / 336
균형추 / 255
그레고르 멘델 / 235
극단적 사용자 / 298
기계 시스템 대체 / 261
기능 / 436, 468
기능기준 / 497
기능설계 / 505
기능성 / 508
기능적 욕구 / 149
기능적 편익 / 385
기대욕구 / 401
기본적 욕구 / 142
기술기준 / 498
기술변수 / 249
기술적 모순 / 247
기술지향 / 24
기존제품의 개량 / 45
기회 / 74, 76, 219
기회의 창 / 59, 77

ㄴ

내구소비재 / 41
내부요인 / 110
내재적 속성 / 383
네트워크효과 / 346

넷플릭스 / 305
닐스 보어 / 236

ㄷ

다공성 물질 / 262
다비드 봄 / 236
5가지의 힘 / 113
다용도 / 255
단일안 평가방식 / 410
당연적 욕구 / 146
대안상품 / 154
도전자 전략 / 566
독점성 / 387
독창성 / 185
독특성 / 387
동등성 / 257
동시진입 전략 / 565
동질성 / 263
드 보노 / 208
디자인권 / 553
디자인 씽킹 / 284

ㄹ

레오나르도 다 빈치 / 233, 235
로저스 / 20
리앤펑 / 338
리포지셔닝 / 45

ㅁ

마르키데스 / 4
마쓰무라 야스오 / 203
마인드맵 / 200
마켓컬리 / 36
매력적 욕구 / 147
매슬로우 / 140
맥락적 면접법 / 155
명시적 욕구 / 142
모듈 / 469

모순 / 242, 248
모순 행렬표 / 267
모의점포 테스트 마케팅 / 539
목록격자분석 / 165
몰입 / 292
무관심 욕구 / 147
물리적 모순 / 242
물리적 프로토타입 / 514
미제공 욕구 / 142
미충족 욕구 / 143

ㅂ

반복구매 / 401
발견 / 183
발명 / 183
발명의 성립성 / 549
밥 에벌 / 196
범위의 경제 / 336
범주화 / 374
벨 / 237
변형적 창조성 / 10
보편개념 / 375
복사 / 261
복수안 순차평가방식 / 410
복합재료 / 265
분리 / 253
분리원리 / 244
분석적 프로토타입 / 514
불활성 환경 / 265
브레인 라이팅 / 195
브레인스토밍 / 193
비내구소비재 / 41
비대칭 / 254
비용구조 / 336
비즈니스 모델 / 321
비즈니스 모델 캔버스 / 326
비즈니스 모델 혁신 / 337

ㅅ

40개 발명원리 / 253
사업컨셉 / 72
사용량모델 / 325
사전 반대조치 / 256
사전 예방조치 / 256
사전 조치 / 256
산업 상 이용가능성 / 551
산업설계 / 495
산업재산권 / 546
산화제 / 264
삼성전자 / 33
39개 기술변수 / 252
상대평가방식 / 411
상세설계 / 506
상업화 / 63
상징적 욕구 / 149
상징적 편익 / 385
상태 변화 / 264
상표 / 554
색상 변화 / 263
생리적 욕구 / 141
생산자모델 / 324
서비스컨셉 / 368
서비스혁신 / 14
서지사항 조사 / 216
선도자 전략 / 566
설득적 광고 문안 작성 / 97
성능 / 450
세상에 새로운 제품 / 44
셀프 서비스 / 261
소비자 / 140
소속 · 애정 욕구 / 141
속성 변화 / 263
속성열거법 / 202
속성진단 / 412
수단-목적 사슬 / 162

수단적 가치 / 162
수렴적 사고 / 191
수익원 / 332
수직적 사고 / 190
수평적 사고 / 190
슘페터 / 17
스키너 / 238
스티브 존슨 / 90
시각설계 / 495
시네틱스 / 198
시용구매 / 401
시용욕구 / 401
시장세분화 / 63
시장세분화 전략 / 379
시장지향 / 26
신규성 / 550
신지식재산권 / 556
실시설계 / 505
실용신안권 / 552
실험실 테스트 / 531
실현성 / 510
심리기준 / 497
쌍비교분석법 / 211
3C 분석 / 108

ㅇ

아리스토텔레스 / 237
아이디어 단계 / 300
안전 · 안정 욕구 / 141
알베르트 아인슈타인 / 233
역동성 / 257
역방향 / 257
역 브레인스토밍 / 213
역 엔지니어링 / 372
역품질 욕구 / 147
연꽃기법 / 203

열팽창 / 264
영업비밀 / 557
영향 / 510
오스터왈더 / 327
외부요인 / 110
외재적 속성 / 383
욕구 / 59, 139, 140
욕구서술문 / 167
원가절감 / 46
월드 와이드 웹 / 79
유개념 / 376
유연막 또는 박막 / 262
유용한 작용의 지속 / 259
유창성 / 185
유추 / 198
유통경로 / 330
유튜브 마케팅 / 307
유행 / 78
융통성 / 185
익스피디아 / 347
인터뷰 / 291
일원적 욕구 / 146

ㅈ

자라 / 339
자아실현 욕구 / 141
잠재적 욕구 / 59, 142
장식서술 보드 / 407
재산권 / 545
저작권 / 546, 556
전개 / 436
전화위복 / 260
정교성 / 185
정량조사 / 151
정보중개모델 / 324
정성조사 / 151
정의 / 299

제조용이성설계 / 517
제품개성 / 501
제품계열 확장 / 45
제품구조 / 467, 469
제품군 / 469
제품력 / 402
제품범주 / 375, 377
제품범주 분할전략 / 379
제품범주 욕구 / 377
제품범주 창출전략 / 378
제품 사명선언문 / 150
제품사양 / 449
제품 사용자 테스트 / 528
제품설계 / 494
제품속성 / 382
제품수명주기 / 46
제품 아이디어 / 182
제품유형 / 377
제품진단 / 412
제품출시 / 564
제품컨셉 / 61, 182, 367
제품컨셉 보드 / 403
제품컨셉 서술문 / 391
제품편익 / 382, 385
제품플랫폼 / 469
제품혁신 / 14, 43
제프리 무어 / 22
제휴모델 / 324
조기다수자 / 21
조직화 / 374
조합적 창조성 / 10
존경 욕구 / 141
종개념 / 376
종차 / 376
종합적 프로토타입 / 514
주기적 작용 / 259
주요활동 / 164

중간 매개물 / 260
중개모델 / 323
즈위키 / 212
지각자 / 21
지각적 편익 / 387
지식재산 / 546
지원활동 / 164
직접 네트워크 효과 / 346
진귀성 / 387
진동 / 258
진보성 / 550

ㅊ

차별적 편익 / 386
차원변화 / 258
창조성 / 10, 16, 184
창조성의 체계모델 / 187
창조적 사고 / 190
창조적인 사람 / 188
창조적 파괴 / 14, 17
천재들의 창조적 사고 전략 / 232
천재의 비밀 / 232
체계적 관찰법 / 155
초기수용자 / 20
초기진입 전략 / 565
초점프로토타입 / 514
최종적 가치 / 162
추세 / 78
추종자 전략 / 566
추출 / 254
칙센트미하이 / 187
친화도 / 169

ㅋ

캐즘 / 22
캐즘이론 / 22
컨셉 / 364

컴퓨터 프로그램 저작권 / 556
크리스텐슨 / 8, 117
클레이튼 크리스텐슨 / 17

ㅌ

탐험적 창조성 / 10
테스트 / 303
테스트 마케팅 / 535
토니 부잔 / 200
통제 테스트 마케팅 / 540
통합 / 255
트리즈 / 239
특허 / 215, 549
특허괴물 / 426
특허법 / 547
특허성 조사 / 216
특허정보 조사 / 215
틈새서비스 / 100
틈새시장 / 99
틈새시장 추구자 전략 / 566
틈새위치 / 100
틈새유통 / 100
틈새제품 / 100
팀 버너스 리 / 79

ㅍ

파괴적 혁신 / 17, 117
판매자모델 / 324
페르소나 / 294
편익추론 형성 / 136
평가행렬법 / 210
폐기 및 재생 / 263
포개기 / 255
포지셔닝 / 63
표적화 / 63
표준 테스트 마케팅 / 540
표현 / 511

표현된 욕구 / 142
품질 / 436
품질기능전개 / 435
품질의 집 / 437
프로이트 / 234
프로토콜 / 458
프로토타입 / 302, 513
플랫폼 / 340
플랫폼 비즈니스 모델 / 340
플레밍 / 238
피드백 / 260

ㅎ

하이라이팅 / 206
핵심자원 / 334
핵심적 편익 / 386
핵심파트너 / 335
핵심활동 / 334
혁신 / 13, 16
혁신수용의 확산곡선 / 20
혁신수용자 / 20
현실-승리-가치법 / 127
형태 / 468
형태분석법 / 212
확산적 사고기법 / 191
후기다수자 / 21
후발진입 전략 / 565

저자소개

유순근

• 숭실대학교 초빙교수
• 전 한림대학교 교수
• 고려대학교 경영대학 졸업
• 숭실대학교 대학원(경영학 박사)
• 법무부장관상 수상(2013)

주요 저서
• 지옥에서도 악마들끼리는 거짓말하지 않는다(박문사)
• 신제품개발론 (박영사)
• 부의 수직 상승: 아이디어에 길을 묻다(박문사)
• 행동변화 이론과 실제(박문사)
• 글로벌 리더를 위한 전략경영(박영사)
• 벤처창업과 경영 2판(박영사)
• 논리와 오류: 비판적 사고와 논증, 2018년 세종도서(박영사)
• 창업을 디자인하라(무역경영사)
• 센스 경영학(진샘미디어)
• 창업 온 · 오프 마케팅(박영사)
• 서비스 마케팅(무역경영사)
• 센스 마케팅(무역경영사)
• 비즈니스 커뮤니케이션(무역경영사)
• 신상품 마케팅(무역경영사)
• 기업가 정신과 창업경영(비앤엠북스)
• 중소기업 마케팅(북넷)
• 속임수와 기만탐지전략(좋은땅)

신제품개발론

초판발행	2020년 1월 15일
중판발행	2022년 2월 10일
지은이	유순근
펴낸이	안종만·안상준
편 집	전채린
기획/마케팅	정성혁
표지디자인	조아라
제 작	고철민·조영환
펴낸곳	(주) 박영사
	서울특별시 금천구 가산디지털2로 53, 210호
	(가산동, 한라시그마밸리)
	등록 1959. 3. 11. 제300-1959-1호(倫)
전 화	02)733-6771
f a x	02)736-4818
e-mail	pys@pybook.co.kr
homepage	www.pybook.co.kr
ISBN	979-11-303-0889-0 93320

copyright©유순근, 2020, Printed in Korea

정 가   37,000원